札幌龍谷学園高等学校

〈収録内容〉

■ 2024年度入試の問題・解答解説・解答用紙・「合否の鍵はこの問題だ!!」、2025年度入試受験用の「出題傾向の分析と合格への対策」は、弊社HP の商品ページにて公開いたします。

■ 2018年度は、弊社ホームページで公開しております。
本ページの下方に掲載しておりますQRコードよりアクセスし、データをダウンロードしてご利用ください。

2024 年度……………2024 年 10 月 弊社 HP にて公開予定
※著作権上の都合により、掲載できない内容が生じることがあります。

2023 年度……………特進コース　・国)
プログレス進学コース
未来創造コース　国)
※プログレス進学コースの理・社・国は特進コースと共通
※未来創造コースの国語は特進コースと一部共通

2022 年度……………特進コース　(数・英・理・社・国)
プログレス進学コース　(数・英)
未来創造コース　(数・英・国)
※プログレス進学コースの理・社・国は特進コースと共通
※未来創造コースの国語は特進コースと一部共通

2021 年度……………スーパー特進・特進コース　(数・英・理・社・国)
スーパープログレス進学・プログレス進学コース　(数・英)
未来創造コース　(数・英・国)
※スーパープログレス進学・プログレス進学コースの理・社・国はスーパー特進・特進コースと共通
※未来創造コースの国語はスーパー特進・特進コースと一部共通

2020 年度……………スーパー特進・特進コース　(数・英・理・社・国)
スーパープログレス進学・プログレス進学コース　(数・英)
未来創造コース　(数・英・国)
※スーパープログレス進学・プログレス進学コースの理・社・国はスーパー特進・特進コースと共通

2019 年度……………スーパー特進・特進コース　(数・英・理・社・国)
スーパープログレス進学・プログレス進学コース　(数・英)
未来創造コース　(数・英・国)
※スーパープログレス進学・プログレス進学コースの理・社・国はスーパー特進・特進コースと共通

2018 年度……………スーパー特進・特進コース　(数・英・理・社)
スーパープログレス進学・プログレス進学コース　(数・英)
未来創造コース　(数・英)
※スーパープログレス進学・プログレス進学コースの理・社・国はスーパー特進・特進コースと共通

解答用紙データ配信ページへスマホでアクセス！ ⇒

※データのダウンロードは 2025 年 3 月末日まで。
※データへのアクセスには、右記のパスワードの入力が必要となります。 ⇒ 924865

本書の特長

実戦力がつく入試過去問題集

- ▶ 問題 …………… 実際の入試問題を見やすく再編集。
- ▶ 解答用紙 …… 実戦対応仕様で収録。
- ▶ 解答解説 …… 詳しくわかりやすい解説には、難易度の目安がわかる「基本・重要・やや難」の分類マークつき（下記参照）。各科末尾には合格へと導く「ワンポイントアドバイス」を配置。採点に便利な配点つき。

入試に役立つ分類マーク

基本 確実な得点源！
受験生の 90％以上が正解できるような基礎的、かつ平易な問題。
何度もくり返して学習し、ケアレスミスも防げるようにしておこう。

重要 受験生なら何としても正解したい！
入試では典型的な問題で、長年にわたり、多くの学校でよく出題される問題。
各単元の内容理解を深めるのにも役立てよう。

やや難 これが解ければ合格に近づく！
受験生にとっては、かなり手ごたえのある問題。
合格者の正解率が低い場合もあるので、あきらめずにじっくりと取り組んでみよう。

合格への対策、実力錬成のための内容が充実

- ▶ 各科目の出題傾向の分析、合否を分けた問題の確認で、入試対策を強化！
- ▶ その他、学校紹介、過去問の効果的な使い方など、学習意欲を高める要素が満載！

解答用紙ダウンロード 解答用紙はプリントアウトしてご利用いただけます。弊社ＨＰの商品詳細ページよりダウンロードしてください。トビラのＱＲコードからアクセス可。

UD FONT 見やすく読みまちがえにくいユニバーサルデザインフォントを採用しています。

札幌龍谷学園高等学校

▶交通　地下鉄東西線 西18丁目駅　徒歩８分
　　　JR桑園駅　スクールバス５分

〒060-0004　札幌市中央区北4条西19丁目1-2
☎011-631-4386
https://sapporo-ryukoku.ac.jp

沿　革

1963年、学校法人札幌龍谷学園女子高等学校発足。1995年、学校法人札幌龍谷学園高等学校に変更。1998年、男女共学制施行。

教育理念

「生かされて生きる」
仏教精神・浄土真宗の教えを建学の精神とし、"心を育てる""一人ひとりを大切にする"ことをすべての教育活動の基本としている。

教育目標

「和顔愛語(わげんあいご)」
いつも人の苦しみや悲しみを思いやる人になろう
「精進努力(しょうじんどりょく)」
いつも自分のいたらなさを知り努力する人になろう
「報恩感謝(ほうおんかんしゃ)」
いつも「おかげさま」の心をもって生活する人になろう

学習課程

※令和4年度からコースを3つに編成。生徒の多様な進路希望に対応し、「探究」的な学びのアプローチや、資格の取得、文武両道の実現など一人ひとりのニーズに応えることを第一に考えたコース設定になっている。

「特進コース」
高い志を持って難関国公立大学・難関私立大学合格を目指すコース。週3日7時間授業＋土曜日の午前授業に加えて、進学講習・夏季集中勉強会を実施。習熟度や学力レベルに応じて、「選抜クラス」と「文理クラス」に分かれたクラス編成となる。

「プログレス進学コース」
部活動や校外活動の充実と、大学受験の両方を実現したい人のためのコース。週2日7時間授業を実施。放課後は部活動に全力投球できる。

「未来創造コース」
確かな基礎学力を身につけ、未来を自分の力で切り拓く力を養うコース。2年生から3つのクラスのいずれか1つを選択して履修する。
(総合進学クラス)主要3教科に力を入れて、しっかりと学び、幅広い進路に対応した確かな力を身につけるクラス。外国人を接客できる能力の育成を目指した英会話の授業、ネイティブ教員による「中国語会話」の授業も選択可能。
(生活福祉クラス)生活・福祉に関する科目を週9時間実施。西野学園と連携した福祉の授業が充実しており、「介護職員初任者研修」のほか、「家庭科食物調理技術検定」の資格取得も可能。
(情報オフィスクラス)情報・商業に関する科目を週9時間実施。「情報処理検定」「簿記検定」の資格取得が可能。

進　路

龍谷大学をはじめとする大学・短期大学と龍谷総合学園のネットワークで結ばれていて、東京・京都・大阪などの各関係学校、120校以上の指定校推薦がある。

●これまでの主な進学実績

（国公立）北海道大、北海道教育大、小樽商科大、室蘭工業大、北見工業大、東京工業大、筑波大、弘前大、防衛医科大、など

（私立大）早稲田大、慶應義塾大、法政大、明治大、中央大、日本大、東京理科大、龍谷大、京都女子大、北海学園大、北星学園大、北海道科学大、藤女子大、など

部活動

ダンス部は、全国高等学校ダンスドリル選手権大会で全国大会４連覇している。また、男子バドミントン部・女子ソフトテニス部は全国大会常連である。

●強化指定部

ソフトテニス、卓球、野球、男子バドミントン、サッカー、女子バスケットボール

●運動部

陸上、男子バスケットボール、女子バレーボール、女子バドミントン、馬術、柔道

●文化部

ダンス、茶道、ロボティクス、書道、漫画研究、吹奏楽、ホームメイキング、弁論、ESS、若葉会インターアクト、美術、パソコン、宗育局、放送局、図書局、吟詠剣詩舞同好会

年間行事

修学旅行は、東京・沖縄コース、関西コース、海外コース（ハワイ）の３つに分かれ、どこに行くかは自由に選ぶことができる。ニセコでのスキー宿泊学習は、２泊３日で行われる。

５月　花まつり・宗祖降誕会
７月　学園祭
８月　勉強合宿
９月　遠足（３年）
10月　体育大会、修学旅行（2年）
11月　芸術鑑賞会
１月　３年生を送る会
２月　スキー宿泊学習（１年）

◎2023年度入試状況◎

学　科	推薦・単願	一　般
募集数	300	
応募者数	1370	
受験者数	1330	
合格者数	1307	

※入試状況は全コース計

過去問の効果的な使い方

① **はじめに**　入学試験対策に的を絞った学習をする場合に効果的に活用したいのが「過去問」です。なぜならば，志望校別の出題傾向や出題構成，出題数などを知ることによって学習計画が立てやすくなるからです。入学試験に合格するという目的を達成するためには，各教科ともに「何を」「いつまでに」やるかを決めて計画的に学習することが必要です。目標を定めて効率よく学習を進めるために過去問を大いに活用してください。また，塾に通われていたり，家庭教師のもとで学習されていたりする場合は，それぞれのカリキュラムによって，どの段階で，どのように過去問を活用するのかが異なるので，その先生方の指示にしたがって「過去問」を活用してください。

② **目的**　過去問学習の目的は，言うまでもなく，志望校に合格することです。どのような分野の問題が出題されているか，どのレベルか，出題の数は多めか，といった概要をまず把握し，それを基に学習計画を立ててください。また，近年の出題傾向を把握することによって，入学試験に対する自分なりの感触をつかむこともできます。

過去問に取り組むことで，実際の試験をイメージすることもできます。制限時間内にどの程度までできるか，今の段階でどのくらいの得点を得られるかということも確かめられます。それによって必要な学習量も見えてきますし，過去問に取り組む体験は試験当日の緊張を和らげることにも役立つでしょう。

③ **開始時期**　過去問への取り組みは，全分野の学習に目安のつく時期，つまり，9月以降に始めるのが一般的です。しかし，全体的な傾向をつかみたい場合や，学習進度が早くて，夏前におおよその学習を終えている場合には，7月，8月頃から始めてもかまいません。もちろん，受験間際に模擬テストのつもりでやってみるのもよいでしょう。ただ，どの時期に行うにせよ，取り組むときには，集中的に徹底して取り組むようにしましょう。

④ **活用法**　各年度の入試問題を全問マスターしようと思う必要はありません。できる限り多くの問題にあたって自信をつけることは必要ですが，重要なのは，志望校に合格するためには，どの問題が解けなければいけないのかを知ることです。問題を制限時間内にやってみる。解答で答え合わせをしてみる。間違えたりできなかったりしたところについては，解説をじっくり読んでみる。そうすることによって，本校の入試問題に取り組むことが今の自分にとって適当かどうかが，はっきりします。出題傾向を研究し，合否のポイントとなる重要な部分を見極めて，入学試験に必要な力を効率よく身につけてください。

数学

各都道府県の公立高校の入学試験問題は，中学数学のすべての分野から幅広く出題されます。内容的にも，基本的・典型的なものから思考力・応用力を必要とするものまでバランスよく構成されています。私立・国立高校では，中学数学のすべての分野から出題されることには変わりはありませんが，出題形式，難易度などに差があり，また，年度によっての出題分野の偏りもあります。公立高校を含め，ほとんどの学校で，前半は広い範囲からの基本的な小問群，後半はあるテーマに沿っての数問の小問を集めた大問という形での出題となっています。

まずは，単年度の問題を制限時間内にやってみてください。その後で，解答の答え合わせ，解説での研究に時間をかけて取り組んでください。前半の小問群，後半の大問の一部を合わせて50%以上の正解が得られそうなら多年度のものにも順次挑戦してみるとよいでしょう。

英語

英語の志望校対策としては，まず志望校の出題形式をしっかり把握しておくことが重要です。英語の問題は，大きく分けて，リスニング，発音・アクセント，文法，読解，英作文の5種類に分けられます。リスニング問題の有無(出題されるならば，どのような形式で出題されるか)，発音・アクセント問題の形式，文法問題の形式(語句補充，語句整序，正誤問題など)，英作文の有無(出題されるならば，和文英訳か，条件作文か，自由作文か）など，細かく具体的につかみましょう。読解問題では，物語文，エッセイ，論理的な文章，会話文などのジャンルのほかに，文章の長さも知っておきましょう。また，読解問題でも，文法を問う問題が多いか，内容を問う問題が多く出題されるか，といった傾向をおさえておくことも重要です。志望校で出題される問題の形式に慣れておけば，本番ですんなり問題に対応することができますし，読解問題で出題される文章の内容や量をつかんでおけば，読解問題対策の勉強として，どのような読解問題を多くこなせばよいかの指針になります。

最後に，英語の入試問題では，なんと言っても読解問題でどれだけ得点できるかが最大のポイントとなります。初めて見る長い文章をすらすらと読み解くのはたいへんなことですが，そのような力を身につけるには，リスニングも含めて，総合的に英語に慣れていくことが必要です。「急がば回れ」ということわざの通り，志望校対策を進める一方で，英語という言語の基本的な学習を地道に続けることも忘れないでください。

国語

国語は，出題文の種類，解答形式をまず確認しましょう。論理的な文章と文学的な文章のどちらが中心となっているか，あるいは，どちらも同じ比重で出題されているか，韻文(和歌・短歌・俳句・詩・漢詩)は出題されているか，独立問題として古文の出題はあるか，といった，文章の種類を確認し，学習の方向性を決めましょう。また，解答形式は，記号選択のみか，記述解答はどの程度あるか，記述は書き抜き程度か，要約や説明はあるか，といった点を確認し，記述力重視の傾向にある場合は，文章力に磨きをかけることを意識するとよいでしょう。さらに，知識問題はどの程度出題されているか，語句(ことわざ・慣用句など)，文法，文学史など，特に出題頻度の高い分野はないか，といったことを確認しましょう。出題頻度の高い分野については，集中的に学習することが必要です。読解問題の出題傾向については，脱語補充問題が多い，書き抜きで解答する言い換えの問題が多い，自分の言葉で説明する問題が多い，選択肢がよく練られている，といった傾向を把握したうえで，これらを意識して取り組むと解答力を高めることができます。「漢字」「語句・文法」「文学史」「現代文の読解問題」「古文」「韻文」と，出題ジャンルを分類して取り組むとよいでしょう。毎年出題されているジャンルがあるとわかった場合は，必ず正解できる力をつけられるよう意識して取り組み，得点力を高めましょう。

数学

出題傾向の分析と 合格への対策

●出題傾向と内容

3つのコースの形式は統一されていて，本年度の出題数は，大問5題で小問数25題と，昨年より小問数が3題減った。

1は6題の小問集合で，数・式の計算，平方根，連立方程式，2次方程式，データの範囲。2は方程式の解，比例，正四角錐の体積，直線の式，平行線と角，円周角の定理の小問群，3は等式の変形，角度，確率，箱ひげ図，展開，相似の小問群でここまでが全コース共通問題だった。4は図形と関数・グラフの融合問題で線分の長さや面積を考える問題，5が正四面体の辺の長さや面積，体積を考える問題だった。4と5の小問がコースによって変えられていた。

学習のポイント

教科書内容のすべての範囲の基本事項を身につけ，標準的なレベルの問題に対応できる力もつけておきたい。

●2024年度の予想と対策

来年度も出題形式や問題構成に大きな変化はないだろう。45分という試験時間になれるためにも，過去問演習は大切になる。特進コースとプログレス進学コース，プログレス進学コースと未来創造コースの間では共通する問題も多いので，レベルを確認するためにも自分の受験するコース以外の過去問も確認しておこう。

小問集合については，中学数学の広い範囲にわたって出題されるので，分野のかたよりなくすべての範囲について基本事項を確認しておく必要がある。後半の大問については出題数が少ないので，過去問だけでなく標準レベルの問題集などで，力をつけておこう。

▼年度別出題内容分類表 ……

※特進をA，プログレス進学をB，未来創造をCとする。

出題内容			2019年	2020年	2021年	2022年	2023年
数と式		数の性質			ABC		
		数・式の計算	ABC	ABC	ABC	ABC	ABC
		因数分解	ABC	ABC	ABC	ABC	
		平方根	ABC	ABC	ABC	ABC	ABC
方程式・不等式		一次方程式	ABC	ABC	ABC	ABC	ABC
		二次方程式	ABC	ABC	ABC	ABC	ABC
		不等式					
		方程式・不等式の応用			A	ABC	
関数		一次関数	ABC	ABC	ABC	ABC	ABC
		二乗に比例する関数	ABC	ABC	ABC	ABC	ABC
		比例関数		ABC	ABC	ABC	ABC
		関数とグラフ	ABC	ABC	ABC	ABC	ABC
		グラフの作成					
図形	平面図形	角度	ABC	ABC	ABC	ABC	ABC
		合同・相似	ABC	ABC	ABC	ABC	ABC
		三平方の定理	ABC	BC		ABC	
		円の性質	A	ABC		ABC	ABC
	空間図形	合同・相似		A			
		三平方の定理		A			ABC
		切断					
	計量	長さ	ABC	ABC	AB	ABC	ABC
		面積	ABC	ABC	ABC	ABC	ABC
		体積	AB	ABC	ABC	ABC	ABC
	証明		A				
	作図						
	動点						
統計		場合の数			ABC	ABC	
		確率	ABC	ABC	ABC	ABC	ABC
		統計・標本調査				ABC	ABC
融合問題		図形と関数・グラフ	ABC	ABC	ABC	ABC	ABC
		図形と確率			ABC		
		関数・グラフと確率					
		その他					
その他			A		ABC		

札幌龍谷学園高等学校

英語　出題傾向の分析と合格への対策

●出題傾向と内容

本年度は，長文読解問題，発音問題，会話文問題，語句選択問題，書き換え問題，語句整序問題の計6題であった。

語彙や文法についてはいずれも比較的標準的なレベルで，学校での学習を身につけておけば十分に対応できる。特に重要な熟語や構文についてしっかりと身につけておきたい。

長文や会話文のレベルもごく標準的なものであり，設問のレベルでも難しいものはないので，比較的解きやすいであろう。

基本的な語彙や文法をきちんと身につける練習を重ねて，ミスを犯さないように注意したい。また，ある程度の量の長文を速く，正確に読みこなせるための練習を重ねておき，長文読解問題に十分対応できるようにしておきたい。

✔学習のポイント

中学校で習う内容を大切にして，基本をしっかりと身につけ，どんな分野にも対応できるようにしておくべきである。

●2024年度の予想と対策

来年度も出題傾向，出題数ともに大きな変化はなく，基礎的な英語の学力を確認する問題になると思われる。

長文読解問題は日頃の練習しだいで力がついていくので，休むことなく学習するべきである。その際には知らなかった語彙や文法に出会ったらきちんと身につけるよう細かな努力をし続けることが大切である。

単語の発音問題については一度に覚えようとしてもかなわないので，新しい単語を習うたびに，スペルや意味だけでなく，どのように発音をするかまで意識して理解するように努力しておくべきである。

会話文問題は，会話においてよく使われる表現に注目して，その意味や使い方をしっかりと身につけておくようにしたい。

語句選択や書き換えなどの文法問題については，問題集などで一つでも多くの問題に触れて知識を深めたりするなど，経験を積んでおくようにするべきである。

語句整序問題もまた日頃から練習を積んで，慣れておくことが一番大切である。

▼年度別出題内容分類表 ……

※特進をA，プログレス進学をB，未来創造をCとする。

	出題内容	2019年	2020年	2021年	2022年	2023年
話し方・聞き方	単語の発音	ABC	ABC	ABC	ABC	ABC
	アクセント					
	くぎり・強勢・抑揚					
	聞き取り・書き取り					
語い	単語・熟語・慣用句	B	ABC			ABC
	同意語・反意語					
	同音異義語					
読解	英文和訳(記述・選択)	B	AC		ABC	
	内容吟味	ABC	ABC	ABC	ABC	ABC
	要旨把握					
	語句解釈		BC	C		
	語句補充・選択	ABC	ABC	ABC	ABC	ABC
	段落・文整序					
	指示語	ABC	ABC	ABC	ABC	ABC
	会話文	AC	ABC	ABC		
文法・作文	和文英訳					
	語句補充・選択	ABC	ABC	ABC	ABC	ABC
	語句整序	ABC	ABC	ABC	ABC	ABC
	正誤問題					
	言い換え・書き換え	ABC	ABC	ABC	ABC	ABC
	英問英答					
	自由・条件英作文					
文法事項	間接疑問文	ABC	BC	ABC	ABC	
	進行形	C	B	AC	ABC	AC
	助動詞	ABC	ABC	ABC	ABC	ABC
	付加疑問文					
	感嘆文	AC	A		A	A
	不定詞	ABC	ABC	ABC	ABC	ABC
	分詞・動名詞	ABC	ABC	BC	ABC	ABC
	比較	ABC	ABC	ABC	AB	ABC
	受動態	ABC	ABC	ABC	ABC	ABC
	現在完了	ABC	ABC	ABC	BC	ABC
	前置詞	ABC	ABC	ABC	ABC	ABC
	接続詞	ABC	BC	ABC	ABC	ABC
	関係代名詞	ABC	ABC		BC	AB

札幌龍谷学園高等学校

理科

出題傾向の分析と 合格への対策

●出題傾向と内容

問題数は大問が5題，うち1題が小問集合で，その他は各分野からの出題であった。試験時間は45分で，物理分野の問題でやや難しい内容の時もあるが，それ以外のレベルは大半が標準的な内容である。

出題範囲に関しては，理科の4分野すべてからの出題で，頻出分野としては，物質とその変化，酸とアルカリ・中和，地層と岩石・天気の変化・ヒトの体のしくみなどが挙げられる。

教科書レベルの問題が大半で，基礎的な知識がしっかりと身についているかを見る問題であった。物理，化学分野では計算問題も出題される。

✔学習のポイント

教科書の要点をしっかりと理解し，必要な事項は確実に覚えよう。

●2024年度の予想と対策

教科書を中心とした学習をまず行うこと。多くの問題が，問題集で必ず取り上げられる内容であるため，教科書やワークレベルの問題を多く解き，基礎的な計算や重要語句などをしっかりと理解したうえで，要点を覚えることが大切である。

例年，小問集合タイプの問題が1題出題される。出題範囲に関しては，比較的よく出題される分野もあるとはいえ，おおむね偏りがなく，理科の全分野の知識が求められる。そのため，苦手分野を作らないようにすることが大切である。

▼年度別出題内容分類表 ……

	出題内容	2019年	2020年	2021年	2022年	2023年
第一分野	物質とその変化	○	○	○		○
	気体の発生とその性質	○		○	○	
	光と音の性質	○	○			○
	熱と温度					
	力・圧力			○	○	
	化学変化と質量				○	○
	原子と分子					
	電流と電圧		○		○	
	電力と熱			○		
	溶液とその性質	○	○			
	電気分解とイオン					
	酸とアルカリ・中和	○	○			
	仕事					
	磁界とその変化		○			
	運動とエネルギー	○				○
	その他			○		○
第二分野	植物の種類とその生活					○
	動物の種類とその生活					
	植物の体のしくみ		○			
	動物の体のしくみ			○		
	ヒトの体のしくみ	○			○	
	生殖と遺伝		○		○	
	生物の類縁関係と進化					
	生物どうしのつながり			○		
	地球と太陽系					○
	天気の変化	○		○	○	
	地層と岩石		○	○		○
	大地の動き・地震		○			
	その他					

札幌龍谷学園高等学校

社会

出題傾向の分析と 合格への対策

●出題傾向と内容

本年度は大問が6題と増えてはいるが小問数が50問程度と昨年と変化はない。解答形式は語句記入が6割程度で残りが記号選択，記述問題も2問ある。分野別では地理と公民が各1題に歴史が4題，ボリューム的には地理と歴史が半々で公民の比重はやや低くなっている。

地理は地球や日本列島に関する出題で，気候やエネルギー，さらには地学のような設問もみられる。歴史は古代朝鮮半島に関するものや応仁の乱後の国内事情，19世紀の年表からの国内外の歴史，戦後の日本や世界の政治史からの出題。公民は世界と一体化した経済に関する文章から，為替や社会保障，国際社会など。

学習のポイント

地理：各地の特色を気候と産業を絡めて覚える。
歴史：政治や文化などのテーマでも歴史を捉えよう。
公民：用語の意味や手順を正確に覚える。

●2024年度の予想と対策

比較的難易度は高いので，十分に対策を立てて臨まないと合格はおぼつかないと思われる。公立高校の入試問題のレベルよりは難易度が高いので注意が必要である。どの分野でも，単に難しい言葉をいっぱい覚えれば何とかなるというものではないので，出てくる用語を意味を理解して覚えるとともに，関連する事柄との因果関係などにも目を向けて理解して覚えていくことが大事。地理分野では各地の様子を気候と産業などを絡めておさえておきたい。歴史分野では時代ごとの政治の様子はもちろん，文化や経済，外交などのテーマでも歴史の流れをつかんでおきたい。また，学校で使っている資料集などにもよく目を通し，場所をしっかりと把握しておきたい。公民分野では，政治の仕組み，用語の意味などはもちろん因果関係をつかんでおくこと。また経済分野に関しても同様に用語の意味や因果関係を含めておさえておくようにしたい。

▼年度別出題内容分類表 ……

出題内容			2019年	2020年	2021年	2022年	2023年
地理的分野	(日本)	地形図					
		地形・気候・人口	○		○	○	○
		諸地域の特色	○		○	○	
		産業				○	○
		交通・貿易					
	(世界)	人々の生活と環境	○	○	○	○	
		地形・気候・人口	○	○	○	○	○
		諸地域の特色					
		産業		○	○		○
		交通・貿易					
	地理総合						
歴史的分野	(日本史)	各時代の特色	○	○	○	○	○
		政治・外交史	○	○	○	○	○
		社会・経済史	○	○	○	○	○
		文化史	○	○	○	○	○
		日本史総合					
	(世界史)	政治・社会・経済史			○	○	○
		文化史					
		世界史総合					
	日本史と世界史の関連			○	○	○	○
	歴史総合						
公民的分野	家族と社会生活				○		○
	経済生活		○	○		○	○
	日本経済		○	○			○
	憲法（日本）					○	
	政治のしくみ		○	○	○		
	国際経済			○	○	○	○
	国際政治		○	○	○		○
	その他			○			
	公民総合						
各分野総合問題							

札幌龍谷学園高等学校

国語

出題傾向の分析と 合格への対策

●出題傾向と内容

特進とプログレス進学は，論説文，小説，古文の大問三題構成，未来創造は，古文の代わりに語句や古典の基礎知識を問う国語総合問題が出題されていた。

論説文は，指示語や脱文・脱語補充を通した文脈把握の設問の他，筆者の考えが問われた。

小説は，情景や心情把握を中心に表現の特徴などが問われた。漢字の読み書きや語句の意味なども，大問に含まれて出題されている。

古文は，仮名遣いや口語訳，内容の読み取りが中心で，文学史の知識も問われている。

解答は記号選択式と記述式が併用されている。

学習のポイント

読解問題は，傍線部前後の文章や段落をしっかり読むことを意識しよう。接続語や指示語に注目して学習をすすめよう。

●2024年度の予想と対策

特進とプログレス進学は，論理的文章と文学的文章の読解問題と小説の読解問題と古文の読解問題の出題が予想される。未来創造は，現代文の読解問題と古典の基本知識が予想される。

現代文の読解問題では，本文の内容をふまえて自分の考えを書く設問や，30字程度の記述が例年出題されている。ふだんから自分の考えや，形式段落の内容，人物の心情を簡潔にまとめる練習を重ねておきたい。

古文や漢文，古典知識に関しては，教科書や資料集を利用して，仮名遣いや文学史，漢文の返り点などの基礎知識を正確に理解しておくことが対策となる。

漢字の読み書きや知識問題は確実に得点できるようふだんから丁寧な学習を心がけよう。

▼年度別出題内容分類表 ……

※特進をA，プログレス進学をB，未来創造をCとする。

		出題内容	2019年	2020年	2021年	2022年	2023年
内容の分類	読解	主題・表題	A	ABC	AB	AB	
		大意・要旨	ABC	ABC	ABC	ABC	AB
		情景・心情	AB	ABC	ABC	ABC	ABC
		内容吟味	ABC	ABC		ABC	ABC
		文脈把握	ABC	ABC	ABC	ABC	ABC
		段落・文章構成					
		指示語の問題	ABC	ABC	ABC	ABC	ABC
		接続語の問題	ABC	ABC	ABC	ABC	
		脱文・脱語補充	ABC	ABC	ABC	ABC	ABC
	漢字・語句	漢字の読み書き	ABC	ABC	ABC	ABC	ABC
		筆順・画数・部首					
		語句の意味	ABC	ABC	ABC	ABC	AB
		同義語・対義語					
		熟語			C	ABC	C
		ことわざ・慣用句	C	ABC	ABC	ABC	ABC
	表現	短文作成					
		作文(自由・課題)					
		その他					
	文法	文と文節					AB
		品詞・用法	ABC	ABC	ABC	AB	C
		仮名遣い	ABC	ABC	ABC	ABC	AB
		敬語・その他					
	古文の口語訳				AB		
	表現技法				C		ABC
	文学史		ABC	C	ABC	ABC	AB
問題文の種類	散文	論説文・説明文	ABC	ABC	ABC	ABC	ABC
		記録文・報告文					
		小説・物語・伝記	AB	ABC	ABC	ABC	ABC
		随筆・紀行・日記					
	韻文	詩					
		和歌(短歌)	C		C		C
		俳句・川柳					C
	古文		ABC	AB	AB	AB	AB
	漢文・漢詩		C	C	ABC	C	C

札幌龍谷学園高等学校

2023年度 合否の鍵はこの問題だ!!

（特進コース）

数学 4, 5

昨年までも全コースの問題とコースごとの問題があったが，今年は，1～3が全コース共通問題，4は図形と関数・グラフの融合問題で，未来創造コースだけが別問題でプログレス進学コースと特進コースは共通，5は同じ題材でプログレス進学コースと未来創造コースが共通問題で，特進コースだけ小問が別問題だった。昨年よりもコースによる難易度の差が小さくなった印象がある。

4では場合分けが難しい。点Pが$x=2$より左にあればQがRより上にあるので，RQの長さはQのy座標からRのy座標を引けば求まるが，点Pが$x=2$よりも右になればRがQより上になるので，RQの長さはRのy座標からQのy座標をひいて求めることになる。問3の指示に従えば考えるべきことが読み取れるだろう。

5は正三角形を折りたたんで作る正四角錐に関する問題。正三角形DEFの一辺をaとおくと（問題では1辺が6cmだが）EFの中点Pとして$EP=\frac{1}{2}a$，$DP=\frac{\sqrt{3}}{2}a$，（正三角形DEFの面積）$=\frac{1}{2}\times EF\times DP=\frac{1}{2}\times a\times\frac{\sqrt{3}}{2}a=\frac{\sqrt{3}a^2}{4}$となる。覚えることが苦手でなければ，一辺が$a$の正三角形の面積が$\frac{\sqrt{3}a^2}{4}$になることは公式として記憶してもよいだろう。解説では三平方の定理を利用して高さOGを求めたが，Gが正三角形DEFの重心になることは知っていてもよいだろう。$OP=DP=\frac{\sqrt{3}}{2}a^2$，$DG:GP=2:1$になることから$GP=\frac{\sqrt{3}}{6}a$，三平方の定理より$OG=\frac{\sqrt{6}}{3}a$，（正四面体の体積）$=\triangle DEF\times OG\times\frac{1}{3}=\frac{\sqrt{2}}{12}a^3$となる。考え方が大切であるが，正四面体の体積の公式として覚えてもよい。

英語 1

1の長文問題は，このテストで唯一長文を用いた問題である。他の問題は比較的容易なものが多く，また，解きやすいものが並んでいるので，得点差がつきにくいと思われる。よって，一番大きな問題である1の長文問題でいかに高得点を取れるかが重要なポイントとなる。

この長文で用いられている語彙やごく標準的であり，語注も多く用意されているので，語彙の点についてはあまり心配しなくてもよい。ただし，語彙力に不安がある人は，中学で習った単語や熟語をしっかりと復習しておかねばならないのは当然である。

文法的な部分においてもごく標準的で，特に難しい内容は用いられていない。比較的読みやすい文章で書かれているので，ある程度以上文法が身についている人はそれほど苦労しないだろう。

内容は物語になっており，理解しやすい内容のものだと言える。

設問を見ると，文法的な問題も含みながら，長文の内容を確認する問題が並んでいる。よって，長文の内容をより正確に読み取れれば高得点も可能であろう。

このような問題を解くために，日頃から長文を読む練習を重ねておかねばならない。長文は数多く読めば読むほど慣れることができるので，努力することが大切である。

理科 2 問5・問6

大問が5題で，1が小問集合の問題であり，その他は各分野から1題ずつの出題であった。問題のレベルは多くは教科書程度で標準的である。しっかりとした理科の知識が求められる問題である。試験時間は45分である。

今回合否を分ける鍵となった問題として，2の運動の問題を取り上げる。

基本的にグラフを読み取る問題である。グラフでは，縦軸に速度，横軸に時間をとっている。電車の速度が一定になるのは，グラフが横軸に平行な部分であり，3～7分と10～11分である。減速するのはグラフの傾きが負になる部分であり，7～10分と11～12分である。電車の移動距離は，グラフの直線と横軸で囲まれた部分の面積で表される。0～3分の間に移動した距離は直線と横軸に囲まれた三角形の部分の面積で求まる。1500×3÷2＝2250(m)である。また，3～7分間に移動した距離はこの間の直線と横軸で囲まれた四角形の部分の面積から求まる。1500×4＝6000(m)である。

問5，問7は速度の単位の変換の問題である。10～11分の間は電車の速度は600m/分で一定である。これを秒速になおすと，600÷60＝10(m/秒)になる。また，最高速度は1500m/分なのでこれを時速になおすと，1500×60÷1000＝90(km/h)になる。

問6では12.3kmを12分かかって移動するので，平均の速度が12300÷12＝1025(m/分)になる。

グラフの見方がわかればやさしい問題であった。

試験は全般的に教科書の内容に沿った問題の出題が大半であり，それらの標準的な問題をしっかりと得点することが重要である。そのためにも，教科書や標準レベルの問題集で基本例題をまずしっかりと理解し，類題を解いて自信をつけるようにしてほしい。また，広く知識を問われるので，要点をノートにまとめるなど，普段から知識をふやすための自分なりの工夫を行ってほしい。

社会 1 問2

設問は「日本列島は4種類の厚さ100kmほどの硬い岩石でできたものの上に形成されているが，このかたい岩石のことをカタカナで何というか」というもの。地球の表面は卵の薄皮のような薄い地殻から構成されている。地殻の厚さは大陸で約30～40km，海底で約10kmといわれる。地殻の下にあるのがマントルで，その上部はかたい岩石から構成され，地殻と一緒に一枚の層のようなものを構成している。これが設問のかたい岩石でプレートと呼ばれる。このプレートの下にあるマントルは柔らかく流動性のある岩石層で，プレートはこの柔らかく流動しやすい層の対流により水平方向に移動，これに伴って大陸も移動しているというのがプレートテクトニクスといわれる理論である。今から100年以上前，ドイツの学者が南アメリカとアフリカの両海岸線が結合することに着想を得て発表した大陸移動説である。

さて，地球上には10枚以上のプレートが存在しているといわれる。ユーラシアとインドのような大陸プレート同士が衝突する境界ではヒマラヤのような大山脈が形成され，大陸プレートと海洋プレートの衝突では海洋プレートが大陸プレートの下に沈み込み海溝が形成される。プレートの衝突や沈み込みにより地殻には大きな力が加えられひずみが蓄積される。このひずみの蓄積が限界に達し一気に解放される時に発生するのが東日本大震災のような巨大地震である。日本列島付近では太平洋プレート，フィリピン海プレート，ユーラシアプレート，北アメリカプレートがせめぎ合った世界でも極めて複雑な地域である。太平洋プレートは北アメリカプレートの下に沈み込み8000m以上の日本海溝を形成，フィリピン海プレートはユーラシアプレートの下に潜り込み南海トラフを構成している。トラフとは6000～7000m以下の比較的幅の広い細長い窪地である。紀伊半島から四国にかけての南方沖合にある南海トラフは東海地震・東南海地震・南海地震という3つのプレート境界型地震の震源域と考えられている。これらは100～150年の周期で過去何度も発生しており，3つが連動して巨大地震となったこともある。富士山の最後の噴火といわれる1707年の宝永噴火では噴火の始まる2か月ほど前に南海トラフを震源とするマグニチュード9前後の日本最大クラスの地震が発生したといわれる。

国語 一 問九

★合否を分けるポイント

一の大意を問う設問で，配点も大きい。この問題に解答できるかどうかが合否を分けることになる。それぞれの選択肢は一般的に正しいとされていることも書かれているが，あくまでも筆者の主張と合致するものを選ぼう。

★こう答えると合格できない

本文でも触れているが，こどもは常識による先入観や固定観念を持っていないので，誰も考えつかないような発想をすることがあるという一般的な考えを正しいとしてしまうと，本文の内容に合致するものを選べず，「合格」できない。選択肢の内容が本文に書かれているか，書かれているのなら該当箇所と選択肢をきちんと照らし合わせよう。

★これで「合格」!

冒頭の「知性」とは何か，という問題提起の答えを読み解くつもりで本文を読み進めよう。筆者は「知性を持つことの最大の恩恵の一つ」として「『驚く』経験ができる」ことを挙げ，この「驚き」は「精神的高揚感」につながり，さらに「知的探究の始まり」，つまり「好奇心」を生むと述べている。筆者は，この「好奇心」が「既知のものと未知のものとの間に関連を見つけ出し，さらに大きな驚きをもたら」すと論を進めており，この内容に「さまざまなものに興味を持ち，一見無関係に思えるものでも結びつけて考えることができる」とあるイが合致する。「よく」で始まる段落の「小さな子ども相手に授業をすることもありますが，その反応はいたって平凡なものであることが多い」に，アは合致しない。ウの「動揺せず落ち着いて解決できる」，エの「たゆまぬ努力によってやっと生み出せるもの」と読み取れる内容は書かれていないことを確認すれば，自信を持って正答のイを選び，「合格」だ！

MEMO

大切なことはメモしておこうネ！

ダウンロードコンテンツのご利用方法

※弊社 HP 内の各書籍ページより，解答用紙などのデータダウンロードが可能です。

※巻頭「収録内容」ページの下部 QR コードを読み取ると，書籍ページにアクセスが出来ます。（Step 4 からスタート）

Step 1 東京学参 HP（https://www.gakusan.co.jp/）にアクセス

Step 2 下へスクロール『フリーワード検索』に書籍名を入力

Step 3 検索結果から購入された書籍の表紙画像をクリックし，書籍ページにアクセス

Step 4 書籍ページ内の表紙画像下にある『ダウンロードページ』をクリックし，ダウンロードページにアクセス

Step 5 巻頭「収録内容」ページの下部に記載されているパスワードを入力し，『送信』をクリック

解答用紙・+αデータ配信ページへスマホでアクセス！ ⇒

＊データのダウンロードは 2024 年 3 月末日まで。

＊データへのアクセスには，右記のパスワードの入力が必要となります。 ⇒ ●●●●●●

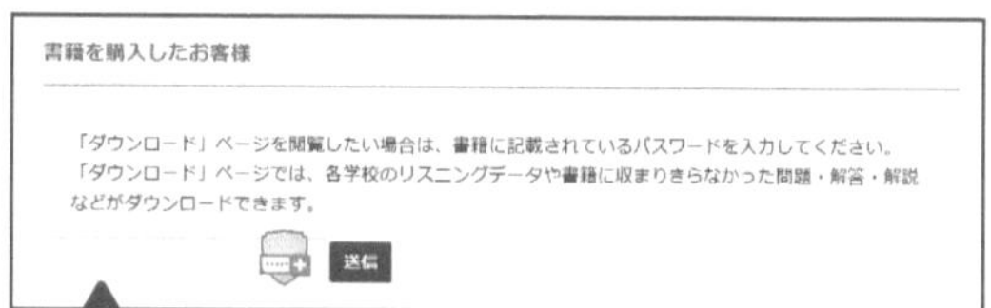

Step 6 使用したいコンテンツをクリック

※ PC ではマウス操作で保存が可能です。

2023年度

★★★★★★★★★★★★★★★★★★★★★★★★

入　試　問　題

2023年度

札幌龍谷学園高等学校入試問題（特進コース）

【数　学】（45分）　　＜満点：100点＞

【注意】 定規・コンパス・分度器は使用してはいけません。

1　次の問いに答えなさい。

問１　$5+(-7)$　を計算しなさい。

問２　$(-12x+20)\div(-4)$　を計算しなさい。

問３　次のデータは，ある高校の生徒５人について，身長を示したものです。このデータの範囲を求めなさい。

165　　172　　158　　169　　178　(cm)

問４　連立方程式　$\begin{cases} y=x+2 \\ 3x+y=14 \end{cases}$　を解きなさい。

問５　$2\sqrt{3}$を$\sqrt{a}$の形に直しなさい。

問６　２次方程式　$x^2-2x-35=0$　を解きなさい。

2　次の問いに答えなさい。

問１　xについての方程式　$\dfrac{2x+a}{3}=5$　の解が８のとき，aの値を求めなさい。

問２　yはxに比例し，$x=2$のとき，$y=4$です。yをxの式で表しなさい。

問３　右の図で，正四角錐の体積を求めなさい。

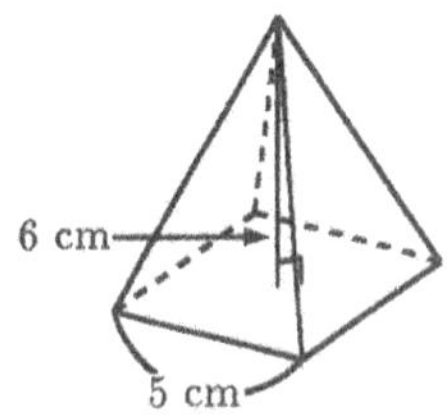

問４　２点 (1，1)，(3，5) を通る直線の式を求めなさい。

問５　右の図で，$\ell \parallel m$のとき，$\angle x$の大きさを求めなさい。

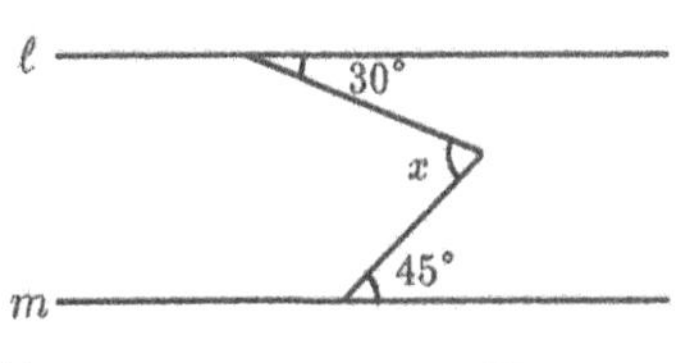

問６　右の図はOを中心とする円です。$\angle x$の大きさを求めなさい。

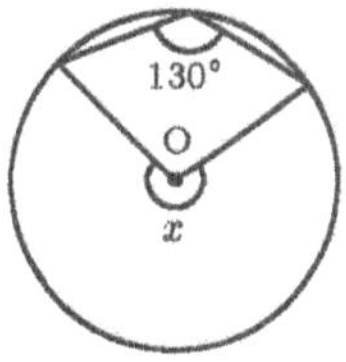

3　次の問いに答えなさい。

問１　等式　$c=\dfrac{2a+b}{3}$　を a について解きなさい。

問２　右の図で，AB＝AC，BC＝BDのとき，∠x の大きさを求めなさい。

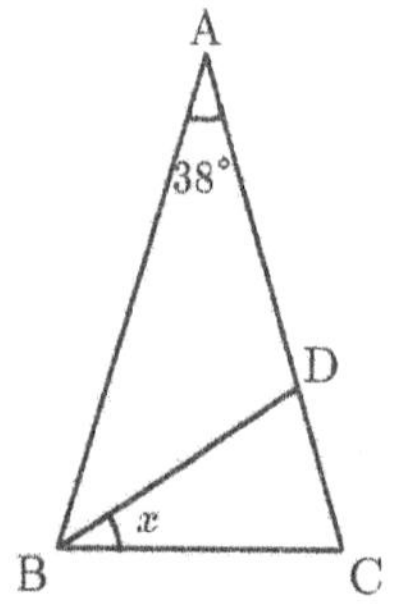

問３　大小２つのさいころを同時に投げるとき，出る目の和が10になる確率を求めなさい。

問４　次のデータは，ある高校の生徒10人について，ボール投げの結果を示したものです。下記の①～④の箱ひげ図の中から正しいものを選びなさい。

15　15　18　19　20　22　22　24　25　30　（m）

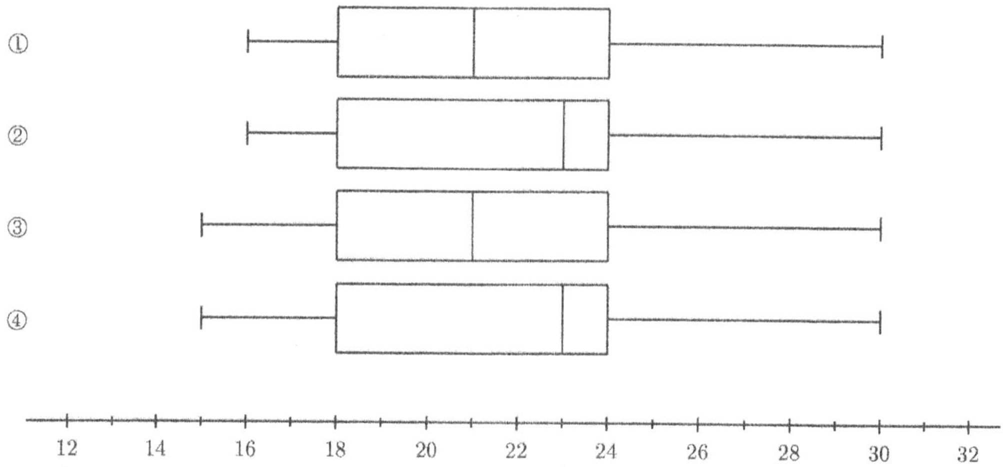

問５　$(x+5y-1)(x-5y+1)$　を展開しなさい。

問６　下の図において，△ABCの辺AB，AC上にそれぞれ点D，Eをとります。∠DEA＝∠ABCのとき，線分ADの長さを求めなさい。

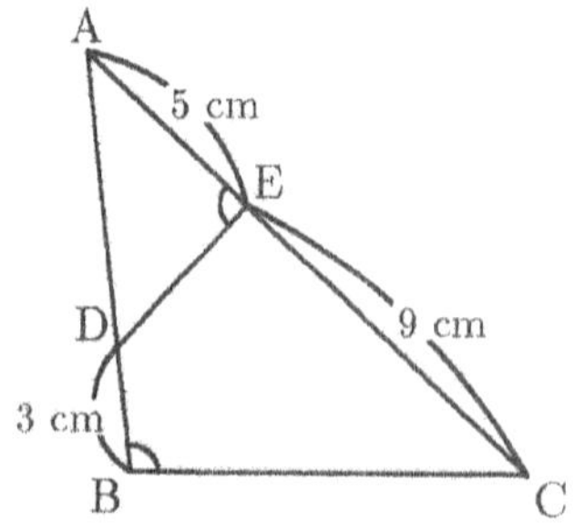

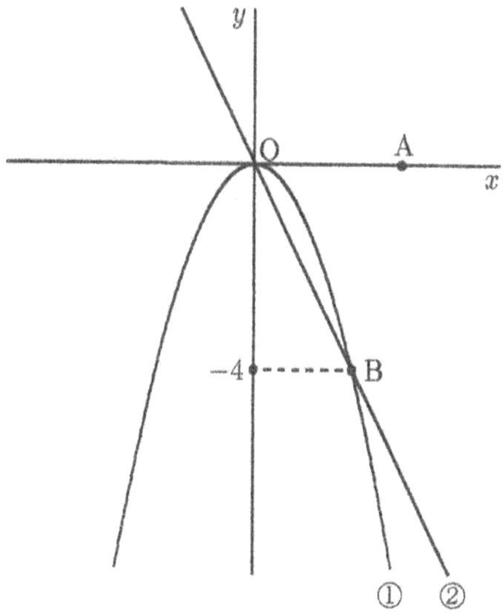

4　右の図において，放物線①は関数 $y = -x^2$ のグラフです。直線②は原点を通る右下がりの直線です。点Aの座標は（3，0）であり，また，点Bは放物線①と直線②の交点で，その y 座標は−4です。

問1　関数 $y = -x^2$ について，x の値が−4から−1まで増加するときの変化の割合を求めなさい。

問2　直線②の式を求めなさい。

また，線分OA上の点をP（a，0）とし，点Pを通り x 軸に垂直な直線が，放物線①と交わる点をQ，直線②と交わる点をRとします，点Pは線分OA上を点Oから点Aまで動きます。

問3　点Rの y 座標が点Qの y 座標より小さくなるときの a の値の範囲を求めなさい。

問4　点Rと点Qを結ぶ線分の長さが1になるような a の値を求めなさい。

5　右の図1のように，1辺の長さが12cmの正三角形ABCがあります。辺AB，BC，CAの中点をそれぞれD，E，Fとします。図2は正三角形ABCにおいて，線分DE，EF，FDを折り目として同じ側に折り曲げ，3点A，B，Cを1点Oで重ねてできる正四面体を示したものです。正四面体の頂点Oから面DEFに引いた垂線と面DEFの交点をGとします。

問1　辺DFの長さを求めなさい。

問2　三角形DEFの面積を求めなさい。

問3　正四面体ODEFの体積を求めなさい。

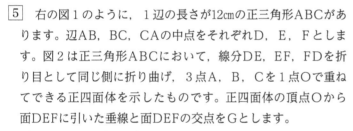

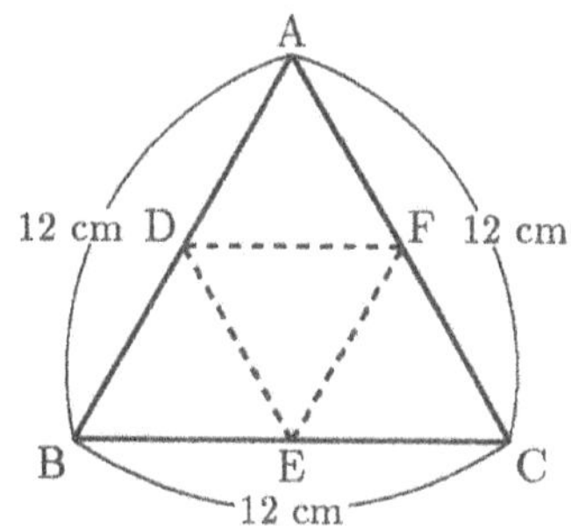

図1

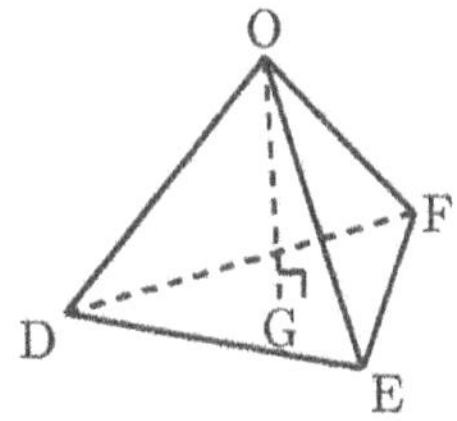

図2

【英　語】（45分）　＜満点：100点＞

1 次の英文を読み，設問に答えなさい。

Here is an English sentence (1) was written by a university student. ①<u>It surprised me so much</u>: "(a)<u>Yesterday, I went to Shibuya to buy my shirt</u>." The natural question of most *native speakers of English will probably be: "If it was (2) shirt, why did you have to buy it?" The student tried to say, of course, that "I went to Shibuya to buy (3) shirt for myself," but the *original sentence shows us the student doesn't know how to use *possessive pronouns very well.

For example, students will often start an *essay with something like the *following: "(b)<u>During the summer vacation, I went to Fukuoka, and I met my friend</u>." Here the natural question will probably be: "Do you actually have (A) in the *whole world?" Here, you have to understand an important *role of possessive pronouns; they work ②<u>like</u> "the".

Think, for example, about the following sentences of an essay ③(<u>write</u>) in perfect English: "(c)<u>One summer, I went to the zoo in *Portland, Its gorilla area was interesting</u>." In this case, we know (B) from the *phrase "the zoo in Portland". *Otherwise, the author probably wrote "a zoo in Portland". In the same way, the phrase "Its gorilla area" tells us (C). If not, the writer probably wrote "One of its gorilla areas (ア)**<u>were</u>** interesting," "Its gorilla areas (イ)**<u>were</u>** interesting," or "Some of its gorilla areas (ウ)**<u>were</u>** interesting." *That is, the "④<u>its</u>" in "its gorilla area" is working just like the "the" in "the zoo in Portland".

The same is true with the sentence "During the summer vacation, I went to Fukuoka, and I met my friend." The sentence will only *make sense if the student has only one friend. ⑤<u>Otherwise</u>, the phrase will have to be either "one of my friends" or "some of my friends".

When people talk with each other, they can easily understand (4) possessive pronouns mean. For example, take a look at the following sentence again: "Yesterday, I went to Shibuya to buy my shirt." *Obviously, the speaker didn't mean to say "Yesterday, I had only one shirt, and I went to Shibuya to buy ⑥<u>that shirt</u> though I already had it," and the listener will just ask why the speaker has said ⑦<u>so</u>. When a learner of English is ⑧(<u>write</u>) in ⑨<u>the language</u>, using possessive pronouns *correctly is very important; ⑩<u>it</u> can clearly express the learner's message.

注：*native* 母国語の　*original* もとの　*possessive pronoun* 所有格の代名詞
essay （学生の）レポート・作文　*following* 次の（もの）　*whole* すべての　*role* 役割
Portland ポートランド市　*phrase* 表現・語句　*otherwise* そうでなければ

that is つまり　*make sense* 筋が通る　*obviously* 明らかに　*correctly* 正しく

問１　下線部①を書きかえた以下の文の（　）内に入る適語を答えなさい。

①　I (　　　)(　　　) at it so much.

問２　空欄（１）～（４）に入る適切な語を，選択肢から１つずつ選びなさい。ただし，同じ語を繰り返し用いてはならない。

a	my	your	who	which	what	how

問３　空欄（A）に入れるべき適切な語を次から選び，番号で答えなさい。

１．only one friend　２．one more friend　３．more than one friend

問４　下線部②と同じ用法の like を含む文を１つ選びなさい。

１．I like spring best.　２．I'd like to stay with her.

３．How do you like Japan?　４．It looks like a cat.

問５　下線部③⑧を，本文の内容に合うように，適切な形に変えなさい。

問６　本文の内容から考えて，空欄（B），（C）に入れるのに最も適切な日本文を，次からそれぞれ１つ選び番号で答えなさい。

（B）１．ポートランドには，たくさんの動物園があること。

２．ポートランドには，特別な動物園しかないこと。

３．ポートランドには，動物園があまりないこと。

４．ポートランドには，動物園が一つしかないこと。

（C）１．その動物園にしか，ゴリラがいないこと。

２．その動物園には，ゴリラが一カ所にしかいないこと。

３．その動物園には，ゴリラが一頭しかいないこと。

４．その動物園には，ゴリラしかいないこと。

問７　（ア）～（ウ）のうち，用法に誤りがあるものを１つ選び，記号で答えなさい。

問８　下線部④の内容として適切なものを次から選び，番号で答えなさい。

１．one　２．some　３．the only　４．any

問９　下線部⑤の内容として適切なものを次から選び，番号で答えなさい。

１．If the student has only one friend

２．If the student has more than one friend

３．If the student has one more friend

問10　下線部⑥が指すものを，本文から抜き出しなさい。

問11　下線部⑦が指している１文を，同じ段落内から抜き出しなさい。

問12　下線部⑨が指すものを，本文中の１語で答えなさい。

問13　下線部⑩が指している部分を，そのまま抜き出しなさい。

問14　次の中から本文の内容に合わない文を３つ選び，番号で答えなさい。

１．The example (a) says that the student finally went to Shibuya and bought a shirt for himself.

２．The student in the example (a) understands the use of possessive pronouns correctly.

3．The person in one of the examples went to Portland to see one of his or her friends.
4．The example (c) says that there is only one gorilla in the zoo in Portland.
5．Most native speakers of English will have a question when they hear the examples (a) and (b).

2 各組で下線部の発音が他と異なるものを1つ選び，番号で答えなさい。

ア．1．east　2．meat　3．steak　4．peace　5．mean
イ．1．news　2．music　3．mouse　4．lose　5．design
ウ．1．cook　2．room　3．book　4．look　5．took
エ．1．apple　2．park　3．cap　4．thank　5．stand
オ．1．bench　2．championship　3．coach　4．chicken　5．chorus

3 各文の（　）内から最も適切な語（句）を選び，番号で答えなさい。

ア．Cleaning the classroom (1．is　2．am　3．are) important for students.
イ．Shohei Otani is a great baseball player. I will go to see (1．his　2．him　3．her) game tomorrow.
ウ．The boys enjoyed (1．to play　2．playing　3．play) soccer yesterday.
エ．Emily and Sarah (1．don't　2．hasn't　3．haven't) seen the movie yet.
オ．It is difficult (1．to　2．for　3．of) me to play the guitar.
カ．Tomorrow's meeting is important, but I don't (1．begin　2．ask　3．have) to attend it.
キ．Sam is looking for a book (1．writing　2．wrote　3．written) in Japanese.
ク．I want to know (1．what　2．which　3．where) to buy the ticket.
ケ．This book always helps me (1．understood　2．understand　3．understanding) English.
コ．Do you know the man (1．who　2．which　3．whose) lives in this house?

4 各組の文がほぼ同じ意味になるように，（　）に入る適切な語を1語ずつ答えなさい。

ア．When Jimmy left the room, he said nothing.
Jimmy left the room without (1)(2).
イ．Edger plays soccer well.
Edger is a (1) soccer (2).
ウ．These are the pictures which were taken by Jane in Osaka.
These are the pictures (1)(2) in Osaka.
エ．Your opinion is very nice.
(1)(2) your opinion is!

オ．When she heard the news, she became very angry.
The news (1)(2) very angry.

5 各文の（ ）内の語を適切に並べかえたとき，（ ）内の３番目と６番目にくる語の番号を答えなさい。

ア．Susie (1．guitar 2．than 3．can 4．play 5．better 6．Mike 7．the).

イ．My (1．when 2．to 3．me 4．home 5．come 6．father 7．told).

ウ．She (1．popular 2．is 3．most 4．of 5．the 6．one 7．singers) in Japan.

エ．It will be (1．to 2．abroad 3．easy 4．travel 5．soon 6．us 7．for).

オ．The bike (1．couldn't 2．that 3．was 4．buy 5．expensive 6．so 7．I) it.

【理　科】（45分）　＜満点：100点＞

1　以下の問いに答えなさい。

問１　Ｙさんは，風のない夜に，花火大会で打ち上げられた花火を会場から離れた場所で，友人たちと一緒に見た。次の問いに答えなさい。

(1)　花火が開いた瞬間に光と音は同時に発生したが，Ｙさんたちは，花火の光が見えてから少し時間がたった後に音が聞こえた。それはなぜか。解答用紙の言葉に続けて７文字程度で答えなさい。

音の伝わる速さは光に比べて

(2)　この花火について，光が見えてからその音が聞こえるまでの時間を，Ｙさんたちが測定して平均を求めたところ，2.5秒であった。花火が開いた場所から，Ｙさんたちが測定をした場所までの距離は何ｍか。このときの音の速さを340m/sとして，整数で答えなさい。

問２　(1)　物質は，そのすがたから，固体，液体，気体の３つに分けることができる。３つのうち，ふつう密度が最も小さいのはどれか答えなさい。

(2)　物質の状態に関する記述とそれに関する用語の組合せとして誤っているものを１つ選び，番号で答えなさい。

	状態に関する記述	用語
1	粒子がすきまなく規則正しく並んでいる。	固体
2	粒子が自由に飛びまわっている。	気体
3	物質が，固体，液体，気体の間で状態を変える。	状態変化
4	つねに液体の表面で，液体が気体になって飛び出す。	沸騰

問３　(1)　タンポポを手に持って観察するときのルーペの使い方について述べたものである。文中の①，②の（　）内から最も適するものを１つずつ選び，それぞれ記号で答えなさい。

　はじめに，ルーペを①(ア．目に近づけて　イ．目から遠ざけて) 持つ。次に，②(ウ．ルーペ　エ．タンポポ) を動かして，よく見える位置を探す。

(2)　右の図はタンポポの１つの花の模式図である。タンポポの花粉はどの部分で作られるか。図のａ～ｅから最も適するものを１つ選び，記号で答えなさい。

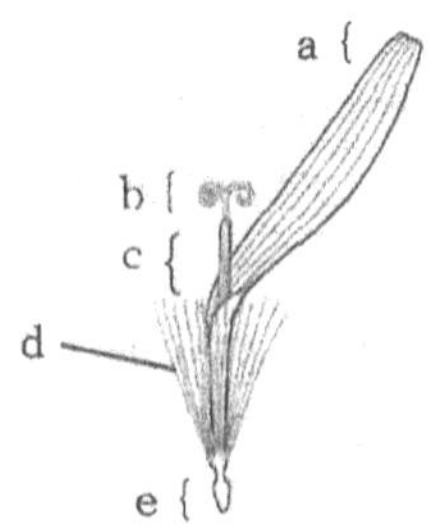

問４　次のページの図は２種類の火成岩を偏光顕微鏡で観察した結果をスケッチしたものである。Ａの岩石は，やや大きめの鉱物が組み合わさってできており，Ｂの岩石はａと呼ばれる細かい粒などで囲まれた中に鉱物が見られた。

(1)　Ｂの岩石のａの部分は何と呼ばれているか漢字で答えなさい。

(2)　地下の深いところでゆっくりと冷えて固まった岩石はＡ，Ｂのどちらか答えなさい。

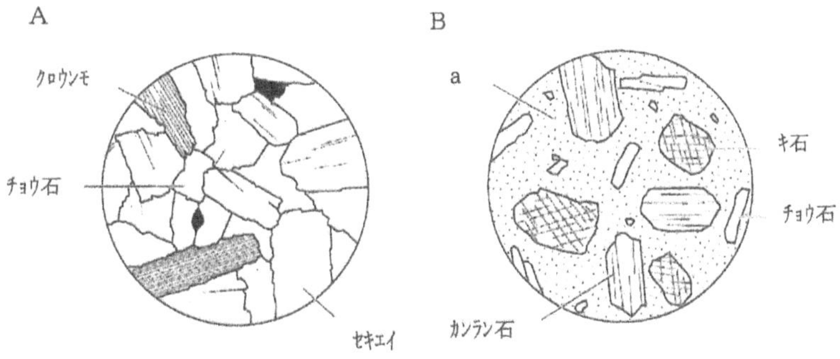

2 下のグラフは，A駅を出発した電車がB駅に到着するまでの速さと時間の関係を表したものである。以下の問いに答えなさい。

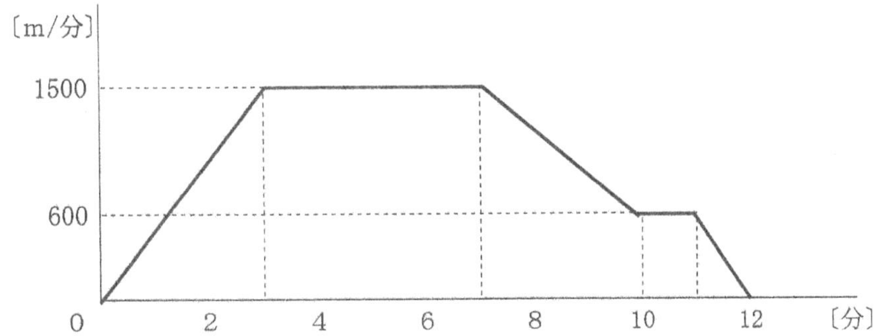

問１　電車が一定の速さで走っているのはいつか。次のア～オの中からすべて選び，記号で答えなさい。

(ア)　０～３分の間　(イ)　３～７分の間　(ウ)　７～10分の間

(エ)　10～11分の間　(オ)　11～12分の間

問２　電車が減速して走っているのはいつか。次のア～オの中からすべて選び，記号で答えなさい。

(ア)　０～３分の間　(イ)　３～７分の間　(ウ)　７～10分の間

(エ)　10～11分の間　(オ)　11～12分の間

問３　０～３分の間に，電車はどれだけ進んだか。次のア～カの中から最も適するものを１つ選び，記号で答えなさい。

(ア)　300m　(イ)　750m　(ウ)　1500m　(エ)　2250m　(オ)　3000m　(カ)　4500m

問４　３～７分の間に，電車はどれだけ進んだか。次のア～カの中から最も適するものを１つ選び，記号で答えなさい。

(ア)　375m　(イ)　500m　(ウ)　1500m　(エ)　4500m　(オ)　6000m　(カ)　7500m

問５　10～11分の間の電車の速さはどれか。次のア～オの中から最も適するものを１つ選び，記号で答えなさい。

(ア)　６m/秒　(イ)　10m/秒　(ウ)　12m/秒　(エ)　20m/秒　(オ)　25m/秒

問６　A駅とB駅の間の距離は12.3kmである。この電車の，A駅とB駅の間における平均の速さはどれだけか。次のア～オの中から最も適するものを１つ選び，記号で答えなさい。

(ア)　125m/分　(イ)　250m/分　(ウ)　575m/分　(エ)　750m/分　(オ)　1025m/分

問７　Ａ駅とＢ駅の間で，この電車の瞬間の速さが最大になったとき，その速さはどれだけか。次のア～オの中から最も適するものを１つ選び，記号で答えなさい。

(ア)　40km／h　　(イ)　60km／h　　(ウ)　90km／h　　(エ)　150km／h　　(オ)　180km／h

3　わたしたちの身の回りには，たくさんの金属が存在する。下のⅠ，Ⅱについて，以下の問いに答えなさい。

Ⅰ　金属の特徴について考える

問１　すべての金属に共通する性質として誤っているものを１つ選び，番号で答えなさい。

	金属に共通する性質
1	熱をよく伝える。
2	磁石を近づけると，つく。
3	みがくと，特有の光沢がでる。
4	たたいて，広げることができる。

問２　金属に塩酸を加えると，無臭の気体が発生する。この気体の化学式を書きなさい。

問３　金属には電気をよく通すという性質があるが，金属以外でも電気を通すものがある。次のア～エの中から，ふつう電気を通すものとして最も適するものを１つ選び，記号で答えなさい。

(ア)　ゴム　　(イ)　炭素　　(ウ)　ガラス　　(エ)　油

Ⅱ　鉄は，わたしたちの生活の中で最も使われている金属の１つであり，鉄鉱石（おもな成分は酸化鉄）として存在している。酸化鉄は鉄原子と酸素原子の結びつき（比）の違いにより，複数の種類の酸化鉄が存在する。それぞれの酸化鉄は物質としての性質も異なり，下の表におもな酸化鉄の性質をまとめた。また現在，工場などで鉄をつくるときには，鉄鉱石に一酸化炭素を反応させて鉄をつくっている。

	鉄原子と酸素原子の結びつき（比）	色	１ｇからつくられる鉄の質量（ｇ）	１ｇから鉄をつくるときに反応する一酸化炭素の体積（Ｌ）
酸化鉄（Ⅱ）	1 ： 1	黒	0.78ｇ	0.31Ｌ
酸化鉄（Ⅲ）	2 ： 3	赤	0.70ｇ	0.42Ｌ

問４　鉄の元素記号を答えなさい。

問５　鉄鉱石から鉄をつくるように，酸化物から酸素を取り除く変化を何というか。漢字２文字で答えなさい。

問６　鉄鉱石から鉄をつくるときに，一酸化炭素を用いる理由として最も適するものを１つ選び，番号で答えなさい。

	一酸化炭素を用いる理由
1	一酸化炭素は，酸素を含んでいるから。
2	一酸化炭素は，熱をよく通すから。
3	一酸化炭素は，電気をよく通すから。
4	一酸化炭素は，酸素と結びつきやすいから。

問７　ある鉄鉱石（Ｘ）は，酸化鉄（Ⅱ）と酸化鉄（Ⅲ）の混合物である。この鉄鉱石（Ｘ）１kg から鉄をつくったところ，一酸化炭素が343Ｌ反応した。この鉄鉱石（Ｘ）１kg に含まれる酸化鉄（Ⅱ）と酸化鉄（Ⅲ）はそれぞれ何ｇか整数で答えなさい。

4　Ⅰ，Ⅱの問いに答えなさい。

Ⅰ　問１　右の図に示す植物について述べた次のア～エのうち，正しいものを２つ選び記号で答えなさい。

(ア)　茎の断面図では，図１のように維管束が輪の形に並んでいる。
(イ)　茎の断面図では，図２のように維管束が全体に散らばっている。
(ウ)　ひげ根が見られる。
(エ)　主根と側根が見られる。

図１

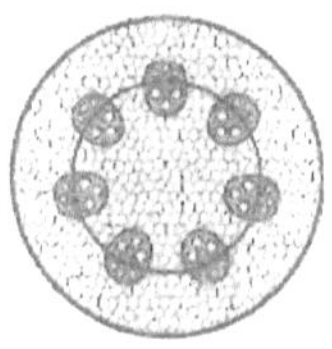

図２

問２　右の図に示す植物と同じ茎や根をもつ植物をすべて選び，記号で答えなさい。
(ア)　イネ　　(イ)　サクラ　　(ウ)　ヒマワリ　　(エ)　トウモロコシ　　(オ)　アブラナ

Ⅱ　下の図は，植物のなかま分けを示したものである。Ａ～Ｇには植物をなかま分けしたときの名前が，①，②には植物をなかま分けするときの基準が入るようになっている。

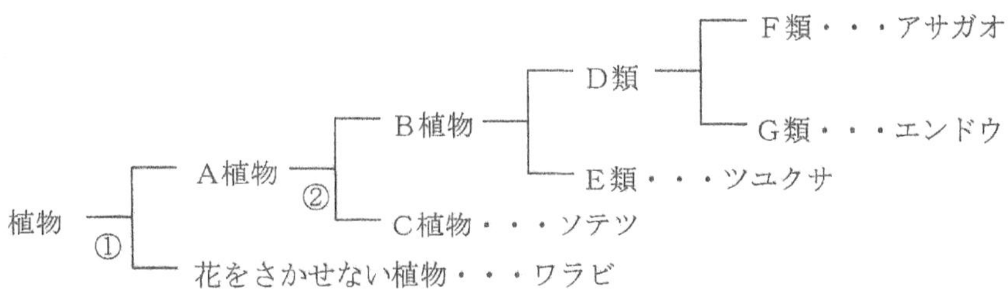

問３　図の①，②に入る基準をそれぞれ次のア～キのから中から最も適するものを１つ遊び，それぞれ記号で答えなさい。
(ア)　胚珠が子房につつまれているかいないか。
(イ)　維管束があるかないか。
(ウ)　光合成をするかしないか。
(エ)　陸上で生活するか，水中で生活するか。
(オ)　種子をつくるか，つくらないか。
(カ)　花弁がくっついているか，はなれているか。
(キ)　根，茎，葉の区別があるかないか。

問４　ワラビは何をつくってなかまをふやすか答えなさい。

問５　ワラビと同じなかまにあてはまる植物をすべて選び，記号で答えなさい。

㋐　スギナ　　㋑　イチョウ　　㋒　ススキ　　㋓　ケヤキ　　㋔　ワカメ

問６　図のＤ類にあてはまる植物の葉脈の形状の名称を答えなさい。

問７　図のＦにあてはまる語句を答えなさい。

5　Ⅰ，Ⅱの問いに答えなさい。

Ⅰ　太陽の動きは１年を通して変化する。右の図のＡ，Ｂ，Ｃは札幌における春分・秋分，夏至，冬至の太陽の動きを示している。

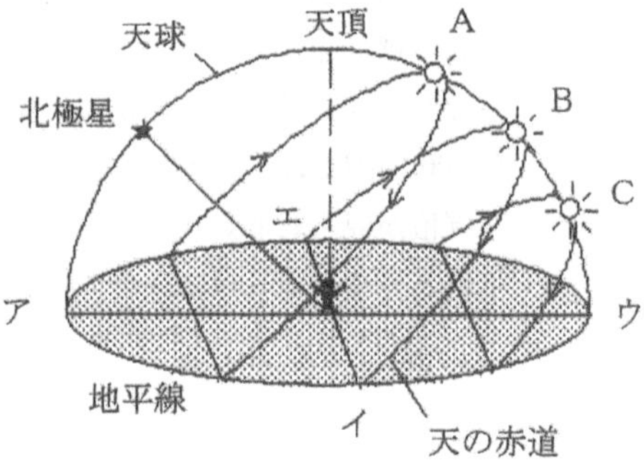

問１　ア～エの方角に適する語句の正しい組み合わせを１つ選び，番号で答えなさい。

	ア	イ	ウ	エ
1	北	東	南	西
2	南	西	北	東
3	北	西	南	東
4	南	東	北	西

問２　夏至における太陽の動きはＡ，Ｂ，Ｃのどれか答えなさい。また，このときの札幌の南中高度の高さを小数点以下第１位まで答えなさい。ただし札幌の緯度を北緯43.0°とする。

問３　次の文章の（ア）～（イ）に適する語句の正しい組み合わせを１つ選び，番号で答えなさい。

赤道上のある地点では，春分の太陽は真東から昇り，天頂を通って真西に沈む。これに対して北極点では，夏至では太陽が（　ア　）地平線の近くを動き，冬至では太陽が（　イ　）地平線の近くを動く。

	（ア）	（イ）
1	沈まず	沈まず
2	沈まず	昇らず
3	昇らず	沈まず
4	昇らず	昇らず

Ⅱ　天体に関する以下の問題に答えなさい。

問４　地球から見て月と太陽が重なり，太陽が完全にかくされる現象を皆既日食という。地球から見た太陽と月の大きさがほぼ同じ大きさに見えるためこのような現象が起きる。地球から月までの距離を38万km，地球から太陽までの距離を１億5000万km，太陽の直径を140万kmとすると，月の直径は何kmになるか。小数点以下第１位を四捨五入して，整数で答えなさい。

問５　次の３つの文章はそれぞれ太陽系の惑星を示している。適する惑星の名称の正しい組み合わせをあとから１つ選び，番号で答えなさい。

㋐　太陽系で最大の惑星で，大気は水素とヘリウムからなり，アンモニアの雲に覆われている。

自転速度が速いため，複雑な縞模様が見られ，大赤斑と呼ばれる模様もある。

(イ)　表面にはクレーターもあるが，火山や水が流れたような複雑な地形もみられる。大気の主成分は二酸化炭素で非常にうすく，大気圧も地球の170分の１しかない。表面温度は－140～20℃程度（平均－60℃）と，場所や季節による差が大きい。

(ウ)　表面温度が460℃にも達する高温で，大気の主成分は二酸化炭素で大気圧は90気圧以上もあり，厚い硫酸の雲におおわれていて，地表は観察できない。地球からは満ち欠けが観察できる。

	（ア）	（イ）	（ウ）
1	土星	水星	金星
2	木星	金星	火星
3	土星	火星	水星
4	木星	火星	金星

問６　下の図は冬に見られる星座で，Ａは冬の大三角を構成している星の一つとなっており，Ｂはリゲルという星である。この星座の名称を答えなさい。

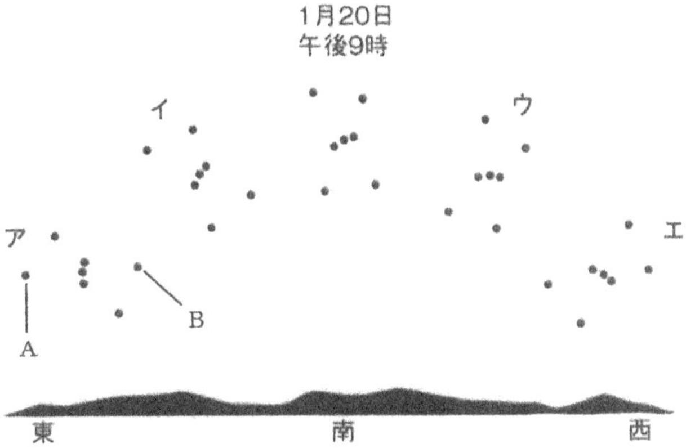

問７　この星座は１月20日の午後９時に南の方角に観測できた。上の図のア～エは毎月20日の同じ時刻に観察した記録である。

３月の星座の位置はそれぞれア～エのどれに当たるか１つ選び，記号で答えなさい。

【社　会】（45分）　＜満点：100点＞

1　次の文を読み，各問いに答えなさい。

日本列島は，ユーラシア大陸と太平洋にはさまれたところに位置しています。日本は，４種類の①厚さ100km ほどの硬い岩石でできたものの上に形成されています。また，それぞれの厚い岩石でできたものは動いているため，日本は②沈み込み帯を形成しています。そのため，日本は③火山活動も活発な地域となっています。世界には２つの新期造山帯があり，日本は（　1　）造山帯に属しています。日本にはさまざまな海岸があり，海底でつくられた平坦面が海岸にそって階段状になる海岸段丘や④三陸海岸のように海水による沈水が特徴的な海岸地形などが形成されています。日本は，地殻の動きが活発なところに位置しているため，自然災害が絶え間なく発生しています。⑤地震により地盤が液体のようになったり，津波により甚大な被害を受けたり，火山が噴火し火砕流が発生したりします。それだけではなく，さまざまな⑥気象災害も多い国です。毎年，日本各地で大雨による水の災害が発生しています。

日本の近海は，黒潮と呼ばれる（　2　）流の日本海流，親潮と呼ばれる（　3　）流の千島海流が流れています。太平洋の日本近海には，⑦日本海流と千島海流のぶつかるところがあり，世界有数の漁場となっています。日本の気候は，五つの気候帯にあてはめると，本州・九州・四国が主に（　4　）帯，北海道が（　5　）帯に属しています。また，⑧季節により風向きが逆になる風の影響を強く受けます。

問１　空欄（１）～（５）にあてはまる語句を答えなさい。

問２　下線部①のことをカタカナで答えなさい。

問３　下線部②に関連して，

⑴　日本列島に沿って海の深みが形成されています。この細長く深い凹地のことを何というか答えなさい。

⑵　静岡県から高知県にかけて，太平洋沖にある水深6000mより浅い海底の溝のことを何というか答えなさい。

問４　下線部③に関連した発電方法を，次のア～エより一つ選び記号で答えなさい。

ア 太陽光発電

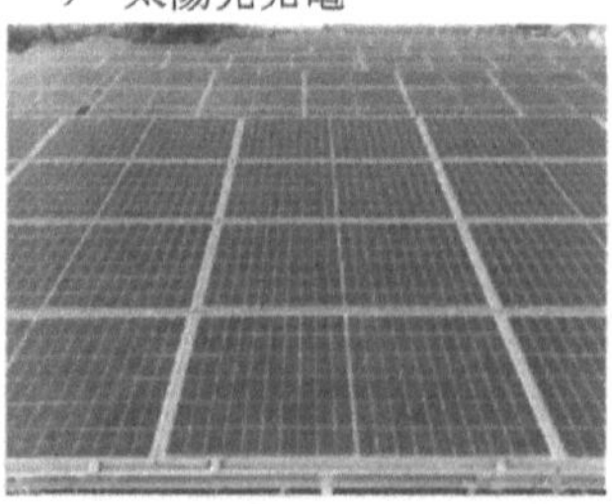

イ 水力発電

ウ 地熱発電

エ 風力発電

＊写真出典　　PhotoAC

問５　下の表は，日本・中国・フランスの発電量の内訳である。空欄（ａ）（ｂ）に入る発電方法をそれぞれ答えなさい。

	（ａ）発電	水力発電	（ｂ）発電
中国	７２．４％	１９．２％	３．４％
フランス	１０．３％	１１．７％	７２．５％
日本	８２．６％	８．０％	１．７％

国際エネルギー機関
公表資料より作成

問６　下線部④のことを何というか答えなさい。

問７　下線部⑤のような現象のことを何というか答えなさい。

問８　下線部⑥に関連して，台風などの強い低気圧の接近に伴い，平常時より海水面が高くなる現象を何というか答えなさい。

問９　下線部⑦を何というか答えなさい。

問10　下線部⑧に関連して，

⑴　この風の名称を答えなさい。

⑵　日本の冬の風向きとして正しいものを，次のア～エより一つ選び記号で答えなさい。

ア　北東　　イ　北西　　ウ　南東　　エ　南西

⑶　下の表は，コメの収穫量の順位である。これらの道県に共通していることを説明した文として正しいものを，次のア～エより一つ選び記号で答えなさい。

1位	2位	3位	4位
新潟県	北海道	秋田県	山形県

ア　夏にオホーツク高気圧から寒冷な地方風の影響を強く受ける地域である。

イ　冬に日本海側から湿った風が吹くため，積雪がある地域である。

ウ　秋に梅雨前線の影響を受け，曇天が１～２カ月続く地域である。

エ　夏から秋にかけて午後に一時的な強い風をともなう大粒の雨であるスコールが毎日のように降る地域である。

⑷　瀬戸内地方は降水量が１年を通して少ない。その理由を，キーワードをすべて使用して説明しなさい。

＜キーワード＞　**中国山地**　**四国山地**　**夏の風**　**冬の風**

2　次の各問いに答えなさい。

私たちの生活は，自分が思っている以上に世界とつながっている。2022年２月から続いている①ウクライナとロシアの長引く紛争状態の影響により，②ヨーロッパで生産されている商品が，なかなか日本に輸入されなくなったり，実際に手にするまでに長い時間が必要になったりしている。世界的にも③インフレが進行し，生活に必要なモノの値段もどんどん上がった。

夏以降には，コロナ感染症拡大によって制限されていた各国との往来も制限が緩和され，多くの外国人旅行者が日本に戻ってきた。この春以降急速に進んだ（　　　）の影響もあり，今は日本の不動産などが外国人によって次々に購入されているという。

かつて，日本は輸出国だから（　　　）の方がモノが売れてよいと言われていたが，今は④工場の多くは海外に移転してしまい，日本の工場を稼働しようにも，労働者がいないとも言われている。

北朝鮮からのミサイル問題も今年に入ってやけに多い。コロナ前には予想もしていなかったことが，次々とおきている。

問１　空欄（　）に共通してあてはまる語句を，次のア～エより一つ選び記号で答えなさい。

ア　円高　　イ　円安　　ウ　好況　　エ　不況

問２　下線部①について，

⑴　1991年まで，この二つの国は同じ国であった。社会主義国であった当時の国名を答えなさい。

⑵　次の文の空欄（Ａ）（Ｂ）にあてはまる語句を答えなさい。

ロシアは国連（　Ａ　）の常任理事国であり，決議に対する（　Ｂ　）を行使することができる。

問３　下線部②に関連して，

⑴　ＥＵ加盟国を，語群より二つ選びなさい。

＜語群＞　**イギリス　　ドイツ　　トルコ　　ベルギー**

⑵　北欧諸国では社会保障が充実しているといわれる。日本で採用されている社会保障制度について，下の表中の空欄Ａ～Ｄにあてはまる語句を答えなさい。

（Ａ）	疾病・老齢・失業・労働災害・介護の５種類の公的な保険
（Ｂ）	生活に困窮している人々に対する金銭的な支援
（Ｃ）	生活に不安を抱える人々に対する非金銭的な支援
（Ｄ）	国民の健康の維持をはかる活動

問４　下線部③が発生することで経済活動にどのような変化があるか，次のⅠ～Ⅲの正誤について正しいものを，次のア～カより一つ選び記号で答えなさい。

Ⅰ　物価が上がることにより，少しずつ給料も上がっていく

Ⅱ　購買意欲の低下を招くことで，急激に物価が下がる

Ⅲ　銀行では金利をあげて，お金を借りにくくする

ア　Ⅰ　正　Ⅱ　正　Ⅲ　誤　　イ　Ⅰ　正　Ⅱ　誤　Ⅲ　正
ウ　Ⅰ　正　Ⅱ　誤　Ⅲ　誤　　エ　Ⅰ　誤　Ⅱ　正　Ⅲ　正
オ　Ⅰ　誤　Ⅱ　正　Ⅲ　誤　　カ　Ⅰ　誤　Ⅱ　誤　Ⅲ　正

問５　下線部④のような状態のことを産業の空洞化という。産業の空洞化が発生した背景について，次の説明文の空欄にあてはまる語句を，語群より選びなさい。

1985年，（　Ａ　）の貿易赤字を改善するため，先進国は協調してドル高是正をはかった。その結果日本では円高がすすみ，日本の（　Ｂ　）競争力が落ちた。そのため，円高対策として日本企業の多くが海外に工場を移転したため，（　Ｃ　）が日本から抜け去ってしまうという産業の空洞化が発生した。

＜語群＞**イギリス　　アメリカ　　中国　　製造業　　サービス業　　運輸業　　輸入　　輸出**

3　古代の朝鮮半島について，次の問いに答えなさい。

Ⅰ	Ⅱ	Ⅲ
広開土王碑には，3世紀後半にヤマト王権と戦ったことが記載されている。	6世紀半ば，日本に（　）を伝える。7世紀後半，日本に援軍を求めたが，唐と新羅の連合軍に滅ぼされる。	辰韓から名称を変え，7世紀後半には，朝鮮半島全土を統一した。

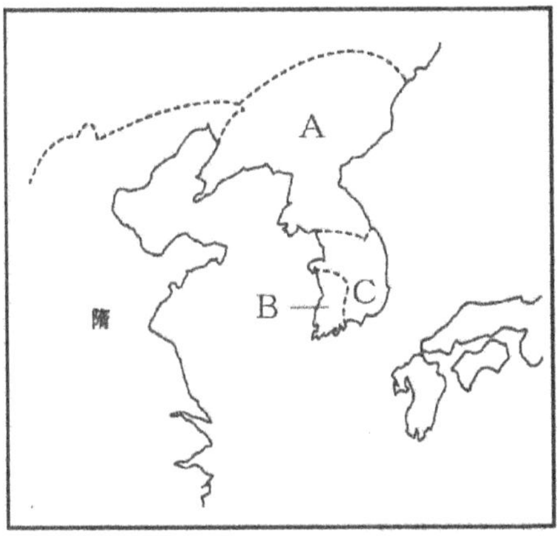

問1　上の文Ⅰ～Ⅲの国名と地図上のA～Cの組み合わせとして正しいものを，次のア～カより一つ選び記号で答えなさい。

ア　Ⅰ　高句麗－A　Ⅱ　百　済－B　Ⅲ　加　羅－C
イ　Ⅰ　高句麗－A　Ⅱ　百　済－B　Ⅲ　新　羅－C
ウ　Ⅰ　百　済－B　Ⅱ　高句麗－A　Ⅲ　加　羅－C
エ　Ⅰ　百　済－B　Ⅱ　高句麗－C　Ⅲ　新　羅－A
オ　Ⅰ　新　羅－C　Ⅱ　高句麗－B　Ⅲ　百　済－A
カ　Ⅰ　新　羅－C　Ⅱ　百　済－A　Ⅲ　加　羅－B

問2　上の文Ⅱについて，

(1)　空欄（　）にあてはまる語句を漢字2字で答えなさい。

(2)　下線部の戦いを何というか答えなさい。

4　応仁の乱以降の国内の様子について，次の各問いに答えなさい。

問１　応仁の乱が発生した原因を，右の関係系図から次の人名をすべて使用して説明しなさい。

＜人名＞　　**細川勝元**　　**山名宗全**

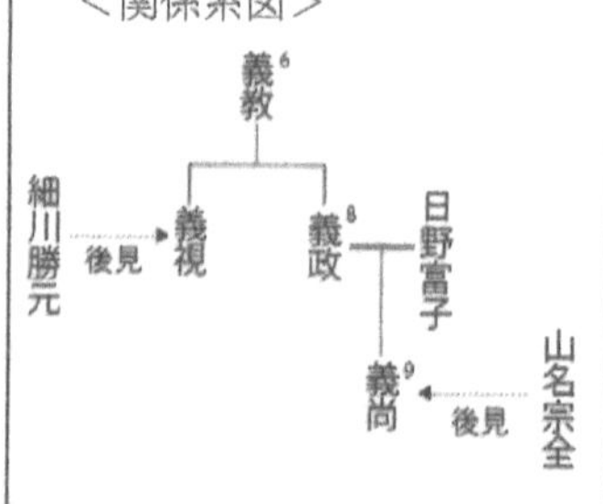

問２　将軍足利義政が建立した銀閣寺（写真）の一階部分に取り入れた近代の和風住宅の原型となった様式を，次のア～エより一つ選び記号で答えなさい。

ア　禅宗様式　　イ　大仏様式

ウ　寝殿造　　　エ　書院造

＜銀閣寺＞

問３　応仁の乱により京都を脱出した雪舟があらわした右の作品のような，墨一色で描かれた作品を何というか答えなさい。

＜雪舟作品＞

問４　下の地図の空欄Ａ～Ｄにあてはまる戦国大名の組み合わせとして正しいものを，次のア～カより一つ選び記号で答えなさい。

ア　Ａ 北条　Ｂ 織田　Ｃ 毛利　Ｄ 島津

イ　Ａ 北条　Ｂ 織田　Ｃ 島津　Ｄ 毛利

ウ　Ａ 北条　Ｂ 毛利　Ｃ 織田　Ｄ 島津

エ　Ａ 伊達　Ｂ 毛利　Ｃ 織田　Ｄ 有馬

オ　Ａ 伊達　Ｂ 織田　Ｃ 島津　Ｄ 毛利

カ　Ａ 伊達　Ｂ 毛利　Ｃ 島津　Ｄ 有馬

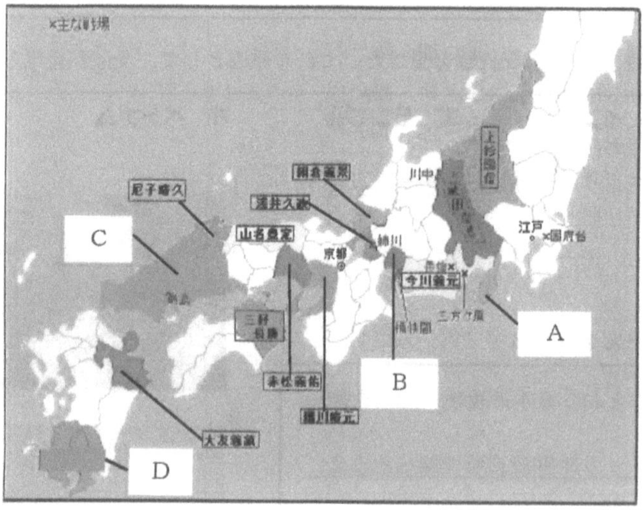

5　戦後の日本について，各問いに答えなさい。

問１　次のページの写真の出来事を古い順に並べたときに正しいものを，次のア～カより一つ選び記号で答えなさい。

ア　1→2→3→4　　イ　1→4→2→3　　ウ　1→2→4→3

エ　2→1→4→3　　オ　2→4→1→3　　カ　2→1→3→4

1

サンフランシスコ平和条約調印

2

買い出し列車

3

東京オリンピック開会式

4

安保闘争

問２　右の写真①を参考に，第４次中東戦争の影響から発生した世界的な出来事を答えなさい。

写真①

写真②

問３　右の写真②は，東西冷戦終結を宣言した会談である。会談が行われた場所と，当時のアメリカ大統領の名前の組み合わせとして正しいものを，次のア～エより一つ選び記号で答えなさい。

ア　マルタ　　ブッシュ大統領
イ　マルタ　　クリントン大統領
ウ　ベルリン　ブッシュ大統領
エ　ベルリン　クリントン大統領

問４　戦後の内閣について，誤っているものを次の文ア～オより一つ選び記号で答えなさい。

ア　佐藤栄作内閣は，韓国と日韓基本条約を調印した。
イ　田中角栄内閣の時に日中共同声明が調印され，中国と国交を正常化した。
ウ　池田勇人内閣は「所得倍増」政策を打ち出し，経済成長を積極的に促した。
エ　中曽根康弘内閣の下で税率が３％の消費税が導入された。
オ　細川護熙内閣が誕生したことで，「55年体制」は崩壊した。

6　19世紀の年表を見て，各問いに答えなさい。

西　暦	国内のできごと	海外のできごと
1804		フランスで（１）が皇帝となる
1825	異国船打払令を出す	
1840		アヘン戦争がおこる
1841	①天保の改革始まる	
1851		清で太平天国の乱がおこる
1853	ペリーが浦賀に来航する	
1854	日米和親条約を結ぶ	
1857		（２）で大反乱がおこる
1858	②日米修好通商条約を結ぶ	
1861		アメリカで（３）がおこる
1866	薩長同盟が結ばれる	
1867	③天皇に政権の返上を申し出る	

問１　空欄（１）にあてはまる人物名を答えなさい。

問２　空欄（２）について，下の説明文を参考にして反乱が発生したアジアの地域を，次のア～オより一つ選び記号で答えなさい。

> イギリスの安い綿製品が流入し，伝統的な綿布産業が大きな打撃を受けた。これを原因として，反乱が発生した。

ア　シンガポール　　イ　タイ　　ウ　インド　　エ　モンゴル　　オ　ベトナム

問３　空欄（３）にあてはまる出来事を右のⅠ・Ⅱを参考に答えなさい。

Ⅰ

Ⅱ

問４　下線部①の内容として正しいものを，次のア～エより一つ選び記号で答えなさい。

ア　株仲間を解散させた。
イ　軽犯罪者の更生のための人足寄場を作った。
ウ　幕府の学校で朱子学以外の儒学を禁止した。
エ　裁判や刑の基準を定めた公事方御定書を制定した。

問５　下線部②の内容を一部抜粋した文を読み，問いに答えなさい。

> ・すべて日本に対する輸出入の品々には，別記のとおり日本の役所へ関税を納めること。
> ・日本人に対して法を犯したアメリカ人は，アメリカ領事裁判所で調べたうえ，アメリカの法律で罰する。

⑴　上の文の下線部から連想される語句を，５文字で答えなさい。

> ○○○○○を認める

⑵　この条約にある不平等問題を解決し対等の地位を得ることに成功した当時の外務大臣を，次のア～オより一つ選び記号で答えなさい。

ア　岩倉 具視　　イ　青木 周蔵　　ウ　井上 馨
エ　小村 寿太郎　　オ　陸奥 宗光

問６　下線部③の出来事を何というか，右のⅢを参考にして答えなさい。

Ⅲ

イ　この世の人々は、根本のところでは同情心や思いやりがないこと。

ウ　この世の全ては常に移り変わり、同じ状態にはとどまらないこと。

エ　この世に生きることは当然ではなく、奇跡の連続だということ。

四 古文問題

次の古文を読んで、問いに答えなさい。

養ひ飼ふものには、馬・牛。繋ぎ苦しむるこそいたましけれど、なくてかなはぬものなれば、いかがはせん（なくてはならないものであるから、どうしようもない。）。①犬は、a守り防ぐつとめ、人にもまさりたれば、b必ず c あるべし。されど、家ごとにあるものなれば、殊更に求め飼はずともありなん。

②そのほかの鳥・獣、すべて用なきものなり。走る獣は、檻にこめ、鎖をさされ（鎖をつけられ）、飛ぶ鳥は翼を切り、籠に入れられて、雲を恋ひ、野山を思ふ愁へ、止む時なし。その思ひ、我が身にあたりて忍びがたくは（我が身にひきあてて堪えがたいと思うとすれば、）、③心あらん人、これを楽しまんや。④生を苦しめて目を喜ばしむるは、桀・紂（桀や紂のような暴君の心）が心なり。＊王子猷が鳥を愛せし、林に楽しぶを見て、逍遙の友としき（そぞろ歩きの友とした）。捕へ苦しめたるにあらず。

（『徒然草』）

＊王子猷…中国晋代の書家。風流の人として有名。

問一 ――部①「犬は」の述語を本文中の……部a～cから一つ選び、記号で答えなさい。

問二 ――部②「その」が指し示すものを次から全て選び、記号で答えなさい。

ア 家　イ 人　ウ 犬　エ 牛　オ 馬

問三 ――部③「心あらん人、これを楽しまんや」は「情けのあるような人は、これを楽しんだりするだろうか」という意味である。そのとき「これ」の指し示す内容を本文中の語句を用いて十字程度で答えなさい。

問四 ――部④「生を苦しめて目を喜ばしむるは、桀・紂が心なり」と対極的な動物の鑑賞の仕方を具体的に述べている箇所を本文中から一文で探し、最初の五字を抜き出して答えなさい。

問五 次の歴史的仮名づかいを現代仮名づかいにしなさい。

ア いとほし　イ らうたし　ウ くもゐ

問六 次は、生徒が調べてまとめた本文の説明である。これを読んで（1）（2）の問いに答えなさい。

> 本文の出典である『徒然草』は鎌倉時代に兼好法師によって書かれた。清少納言の（ Ⅰ ）、鴨長明の（ Ⅱ ）と並ぶ、日本を代表する（ Ⅲ ）である。自然や人間についての鋭い観察や思索の中に、無常観が表現されている。

（1）（Ⅰ）～（Ⅲ）にあてはまるものを次から選び、それぞれ記号で答えなさい。

ア 源氏物語　イ 方丈記　ウ 枕草子　エ 奥の細道
オ 物語　カ 説話　キ 随筆

（2）～～部「無常観」とあるが「無常」について最も適切に述べているものを次から選び、記号で答えなさい。

ア この世にある常識というものは、時代とともに変わるということ。

三 国語総合問題

次の各問いに答えなさい。

問一　次の①～③の読み方にあてはまる四字熟語として正しいものを次から選び、それぞれ記号で答えなさい。

①　いしんでんしん………ア　異心伝真　イ　威信伝心　ウ　意心伝真　エ　以心伝心

②　ゆうじゅうふだん……ア　優柔普段　イ　優中不断　ウ　憂柔不段　エ　優柔不断

③　こりつむえん…………ア　孤立無援　イ　故立無縁　ウ　故立無援　エ　孤立無縁

問二　次の（　）にあてはまる漢字を、～～部の意味を参考に次から選び、それぞれ記号で答えなさい。

①　彼のスーツ姿は（　　）についていた。〔調和する・しっくり合う〕

ア　鼻　イ　心　ウ　胸　エ　板

②　今日の講話は（　　）を噛むような話だった。〔味わいや面白みがない〕

ア　塩　イ　砂　ウ　唇　エ　指

③　先生の怒りはもっともだと（　　）をすぼめた。〔引け目を感じる〕

ア　目　イ　背　ウ　肩　エ　口

問三　次の俳句・和歌について①～⑥の設問に答えなさい。

（Ⅰ）　斧入れて香におどろくや冬木立

（Ⅱ）　あとの雁先へとは誰が（　　）の空

（Ⅲ）　ａ黒髪もｂ長かれとのみｃ掻(か)き撫(な)でしなど＊珠の緒のｄみじかかりけん

（Ⅳ）　ひさかたの光のどけき春の日にしづ心なく花の散るらん

＊珠の緒…命

①　（Ⅰ）の歌の中にある＝＝部の語句の意味を次から一つ選び、記号で答えなさい。

ア　感動する　イ　振り向く　ウ　はっと気づく　エ　震える

②　（Ⅰ）の歌から切れ字を抜き出して答えなさい。

③　（Ⅱ）の歌の（　）にあてはまる季節を漢字一字で答えなさい。

④　（Ⅲ）の歌の中の……部ａ～ｄから形容詞を二つ選び、記号で答えなさい。

⑤　（Ⅳ）の歌で使われている修辞法を次から一つ選び、記号で答えなさい。

ア　序詞　イ　掛詞　ウ　縁語　エ　枕詞

⑥　（Ⅲ）の歌と同じテーマであるものを（Ⅰ）、（Ⅱ）、（Ⅳ）から一つ選び、記号で答えなさい。

問四　次の設問に答えなさい。

（１）　①、②を書き下し文にしなさい。

①　低レテ頭ヲ思フ二故郷ヲ一。

②　尽クシテ二人事ヲ一待ツ二天命ヲ一。

（２）　次の書き下し文にしたがって、解答欄の漢文に返り点を付けなさい。

人に田を耕す者有り。

問四　――部②「名案を思いついた」とあるが、どうすることが「名案」なのか。本文中から十五字以内で探し、解答欄に合うように抜き出して答えなさい。

問五　③ にあてはまる語句を本文中から漢字二字で抜き出して答えなさい。

問六　――部④「マユミはまだふて腐れている」とあるが、なぜか。最も適切なものを次から選び、記号で答えなさい。

ア　自分に相談することもなくミサが一方的に謝ってしまったことに対して不快な気持ちになったから。
イ　老人に全く反論できなかったことが情けなく、悔しい気持ちをぬぐいさることができなかったから。
ウ　ふて腐れた態度を取っていないと、深く落ち込んで情けない気持ちでいっぱいになってしまうから。
エ　ふて腐れた態度を続けることで、自分たちの正当性を周りに訴えられるという気持ちがあったから。

問七　⑤ にあてはまる語を次から選び、記号で答えなさい。

ア　批判　　イ　主張　　ウ　反抗　　エ　反省

問八　――部⑥「思春期の繊細さ」の説明として最も適切なものを次から選び、記号で答えなさい。

ア　自分たちは間違ったことをしていないのに、老人のせいで恥をかかされたことに対して深く傷ついている様子。
イ　自分たちの間違いに本当は気づいているのに、そのことをなかなか認められず強がることしかできない様子。
ウ　自分たちがひどいことをしたということに気づいて、すっかり自信をなくしてしまい立ち直れない様子。
エ　被害者である自分たちが加害者のように扱われ、周りもそのことを理解してくれないことに戸惑っている様子。

問九　☆特進コース・プログレス進学コースの受験生は答えなさい。
本文の表現の特徴として最も適切なものを次から選び、記号で答えなさい。

ア　体言止めや倒置法を多用することで、登場人物の気持ちや行動に深みが出るように描いている。
イ　口語表現や場面状況を丁寧に描くことで、登場人物の気持ちの揺らぎを効果的に表現している。
ウ　方言を使用した会話を用いることで、地方独特の生き生きとした文化を豊かに描いている。
エ　比喩表現を多用することによって、登場人物の気持ちの変化や、その複雑さを強調している。

問十　あなたは電車で**優先席**が必要だと思いますか。「必要だ」「必要ない」のどちらかに○をつけて立場を明らかにし、その理由を解答欄に合う形で三十字以内で答えなさい。

未来創造コースの受験生は、次のページの 三 国語総合問題を解答しなさい。 特進・プログレス進学コースの受験生は、22ページの 四 古文問題を解答しなさい。

週に二度か三度はこんなことをやっていた。不愉快に思いながらミサたちを見覚えていた乗客は、あの中にどれくらいいたのだろう。
へこんだ。
②名案を思いついたつもりでいたのに、それはずるいことだとこっぴどく叱られた。他人から、bコウシュウの面前で。
あの老人が腹に据えかねて人前でミサを怒鳴りつけるほど二人は今まで目立っていて、それもひどくみっともなく目立っていたのだ。
「［　③　］、自分が座りたかっただけやで」
④マユミはまだふて腐れている。でもふて腐れている理由が分かる。
ミサも同じ理由でふて腐れていたからだ。
ふて腐れたポーズを取っていないと泣いてしまう。他人に怒られて恐かったのと、周囲の白い目が恥ずかしかったのと、他人に叱られるまでその行いを恥ずかしいと思わなかった自分たちのバカさ加減が情けないのと、——制服で学校が分かって言いつけられるかもしれないという心配も少し。
ミサたちの名前まで分かるわけがないけれど、例えば朝礼なんかで「このようなcクジョウが当校にありました」なんて発表されたら内心の屈辱は想像を絶する。
「でも、今度からやめとこな」
ミサのほうから言った。
「またあんなふうに難癖つけられてもイヤやし」
そう付け加えると、マユミも無言で頷いた。
それがそのときのミサたちの精一杯の［　⑤　］だった。別にあたしら悪いわけちゃうけどジジイがうるさいからもうやめといたるわ。⑥思春期の繊細さは自分たちの落ち度を髪の毛dヒトスジほども認めたがらない。
だが、心のどこかに確かにわだかまる疚しさがその日から乗る車両を変えるようになった。
ミサもマユミも、もう荷物で乗り物の席を取っておくようなことはしなくなった。
そしていつの間にか、そんなことは非常識でみっともないことだと最初から知っていましたよというような顔をするようになっていた。あの老人に叱られて初めて知ったことだなんてお互い口にも出さず。
けれど、そんな顔ができるのはあの老人のお陰だと覚えていることもお互いが知っていた。

（有川　浩『阪急電車』）

問一　〰〰部a～cのカタカナは漢字を、漢字は読みを答えなさい。
☆特進・プログレス進学コースの受験生は〰〰部dのカタカナの漢字も答えなさい。

問二　══部Ⅰ「唇を尖らせて」、Ⅱ「白い目」の本文中での意味を次から選び、それぞれ記号で答えなさい。
Ⅰ「唇を尖らせて」…　ア　ふざけた様子で　イ　とぼけた様子で　ウ　不満そうに　エ　生意気そうに
Ⅱ「白い目」…………　ア　怒りの目つき　イ　非難の目つき　ウ　恨みの目つき　エ　憎悪の目つき

問三　——部①「言い捨てるような口調」とあるが、この時のミサの心情として最も適切なものを次から選び、記号で答えなさい。
ア　納得していない　イ　おびえている
ウ　怒りが込み上げている　エ　落ち込んでいる

えなさい。

> しかし、仮にけん玉でも、あやとりでも、あるいはヨーヨーでも、大人が本気でこれらを趣味なり仕事なりにしたときには、そこに凝らされる創意工夫は、子どもの比ではないでしょう。

問八　☆特進・プログレス進学コースの受験生は答えなさい。
本文の後には次の一文が続いている。空欄にはどのような表現が入るのが適切か。本文中の語句を用いて二十字程度で考えて答えなさい。

> ニュートンが林檎が落ちるのを見て万有引力の法則を発見した例にしても、ニュートンにそれができたのは、［　　　］からです。

問九　本文の内容に合致するものを次から一つ選び、記号で答えなさい。

ア　こどもは、常識による先入観や固定観念を持っていないので、誰も考えつかないような発想をすることがある。
イ　知性のある人は、さまざまなものに興味を持ち、一見無関係に思えるものでも結びつけて考えることができる。
ウ　多くの知識や経験を持っていることで、予想しないことが起きても動揺せず落ち着いて解決できるようになる。
エ　斬新なアイデアは、ある日突然思いつくものではなく、たゆまぬ努力によってやっと生み出されるものである。

二　次の文章を読んで、問いに答えなさい。

老人が雷のような声を落とした。
「混んでる電車でみんな座りたいのに鞄座らせてまで連れの分の席取って、どんな教育されとんじゃ！」
え～、ちょっとぉ。何よこのジジイ。マユミがⅠ唇を尖らせて言い返しかけたとき、
「どこの学校のガキどもやお前らは！　言うてみい！」
学校に言いつけられる！　ミサはとっさに席を立った。
「降りよ」
マユミに鞄を押しつけて、老人に頭を下げる。
「すみませんでした、これから気をつけますっ」
①言い捨てるような口調で、だが一応は謝った。この辺りでマユミも自分たちに向けられているⅡ白い目に気づいたらしい。不満そうな顔のままでミサと一緒に頭を下げる。
逃げるように電車を降りて、ホームのベンチに座る。程なく発車のベルとともにドアが閉まり、電車が走りはじめる。
ミサが取ってあった席は、電車が走り出しても誰も座っていなかった。
「……絶対ホームから見えへんようになったらあのジジイが座るんやで」
ふて腐れたようにマユミがコンクリの床を蹴った。
「自分が座りたかったからa難癖つけてただけやで、絶対」
そうじゃないのは二人ともたぶん分かっていた。
一方的にミサたちを怒鳴りつけていた老人。ミサたちに向けられていた白い目。

ですから知識は、知性とは似て（　Ⅰ　）なるものであるとはいえ、知性の「もと」になるものです。既知の知識が増えていくと、ちょうど脳のシナプスが増えていくように、知識はいもづる式に他の知識とのつながりを増やしていきます。

よく「子どもは好奇心の塊である」と言われますが、私は必ずしもそうは思いません。実際、私は大学生だけでなく、小さな子ども相手に授業をすることもありますが、その反応はいたって平凡なものであることも多いです。子どもはまだ世間に毒されていない無垢（むく）な存在だからこそ、常識にとらわれず、ｄ斬新な発想を生み出せるというのは、（　Ⅱ　）や過去の美化からくる幻想だと感じることがあります。

私に言わせれば、③様々な物事に好奇心を抱き、新たな発想を考えつくのは、むしろ多くの知識を蓄えた大人のほうです。「子ども時代の好奇心を失う」といった言い方もされますが、私は（　Ⅲ　）を覚えます。

子どもの場合、何かの遊びに夢中になる度合いは、たしかに大人を上回るかもしれませんし、上達のスピードも大人より速いかもしれません。大人より子どものほうが強い好奇心を向けるｅタイショウがあることも否定しません。

もし会社の昇進試験で、「ヨーヨーの新しい技を考案しなさい」という課題が出されたならば、その会社の社員たちは必死でヨーヨーを練習し、その中から斬新な技だっていくつも生み出されると思います。

「無垢」ならアイデアが湧くわけではありません。子ども時代の私は、「無垢」な状態で将棋を何百回も指しましたが、ロクな手を思いつきませんでした。知識がなければ、創造性も出てこないのです。

このことからも、人間の知性を駆動させる「驚き」や「好奇心」といったエネルギーは、実はすでに一定の知識を備えている人ほど強く持っていることがわかります。

（齊藤　孝『20歳の自分に伝えたい知的生活のすゝめ』）

問一　〰〰部ａ～ｄのカタカナは漢字を、漢字は読みを答えなさい。

☆特進・プログレス進学コースの受験生は〰〰部ｅのカタカナの漢字も答えなさい。

問二　――部①「タウマゼイン」とあるが、筆者はこれをどのようなものだと考えているか。本文中から三十五字以内で探し、最初と最後の五字を抜き出して答えなさい。

問三　――部②「既知のものと未知のものとの間に関連を見つけ出し」とあるが、ニュートンが万有引力の法則を発見したエピソードの中から、具体的にそのことを指し示す例を一文で探し、最初と最後の五字を抜き出して答えなさい。

問四　（Ⅰ）にあてはまる語を次から一つ選び、記号で答えなさい。

ア　非　　イ　不　　ウ　未　　エ　無

問五　（Ⅱ）、（Ⅲ）にあてはまる語句を次から選び、それぞれ記号で答えなさい。

ア　納得感　　イ　達成感　　ウ　違和感

エ　期待感　　オ　嫌悪感

問六　――部③「様々な物事に好奇心を抱き、新たな発想を考えつくのは、むしろ多くの知識を蓄えた大人のほうです」とあるが、筆者がそう考える理由を本文中から二十字以内で探し、解答欄に合うように抜き出して答えなさい。

問七　本文には次の一文が抜けている。入るべき箇所の直前の五字を答

【国　語】（四五分）〈満点：一〇〇点〉

【注意】
1 問題は一～四まであります。
2 一、二は全コース共通問題です。すべての受験生が解答しなさい。
ただし、受検するコースによって、解答すべき問いが異なる場合があります。☆印のついた問いは、その指示をよく読んでから解答すること。
3 三、四はコース別問題です。三は未来創造コースの受験生が、四は特進コース、プログレス進学コースの受験生が解答しなさい。
4 字数が指示されている問いについては、句読点や符号も字数に含めて答えなさい。
5 文字や句読点・符号は、はっきりと丁寧に書きなさい。

一　次の文章を読んで、問いに答えなさい。

そもそも「知性」とはなんでしょうか。それがあると、何が良いのでしょうか。

知性を持つことの最大の恩恵の一つは、これを持つことで、日々の生活の様々な局面で「驚く」経験ができるということです。古代ギリシャの哲学者ソクラテスは、ギリシャ語で「驚き」「驚異」「驚愕（きょうがく）」を意味する「タウマゼイン」、つまり自分の想像を超えたものを目の当たりにしたときに喚起される精神的高揚感こそが、すべての知的探求の始まりであり、哲学の始まりでもある、と考えていました。

（中略）

ソクラテスの a説く「①タウマゼイン」は、馴染（なじ）みのある言葉では「好奇心」にも置き換えられるでしょう。私たちが何か未知のものに接して「エーッ！」と驚くとき、そこには好奇心が働いています。

それが活発であればあるほど、まるで電池から伸びた導線を電球につなぐとパッと光を放つように、②既知のものと未知のものとの間に関連を見つけ出し、さらに大きな驚きをもたらしてくれます。

「ニュートンの林檎（りんご）」の伝説的なエピソードは、そうした知性の「あるものと他のものをつなげる」働きを伝える最も有名な例でしょう。

ニュートンが万有引力の法則を発見した17世紀にも、握っているペンから手を離せば、ペンが下に落ちることを知らない人はいませんでした。ところがニュートンは、林檎の木から実が落ちるというなんでもない光景を目にしたことで、「林檎は地面に落ちるのに、月はなぜ落ちないのか」という根源的な bギモンを抱くことができました。

そして、林檎にも月にも等しく地球の引力が働いている一方、月の場合は同時に遠心力も働いていることで、地球の周りを回転し続けていると見抜いたのです。「モノが地面に落ちる」という、過去にほぼすべての人類が見てきたはずの光景を、ニュートンは知性の力によって、「天体の運動」という壮大なスケールのものとつなげてしまいました。

そうした既知の知識が未知の知識とつながった瞬間、自分の好奇心が満たされることで、他の何物にも代えがたい幸福感に cヒタることができます。

その幸福感から出発して、自分自身の好奇心をより大きく育てあげ、さらに新しい知識との出会いを果たせる人が、本当に知性のある人でしょう。

2023年度

札幌龍谷学園高等学校入試問題（プログレス進学コース）

【数　学】（45分）　＜満点：100点＞

【注意】 定規・コンパス・分度器は使用してはいけません。

1 次の問いに答えなさい。

問1　$5+(-7)$ を計算しなさい。

問2　$(-12x+20)\div(-4)$ を計算しなさい。

問3　次のデータは，ある高校の生徒5人について，身長を示したものです。このデータの範囲を求めなさい。

165　172　158　169　178（cm）

問4　連立方程式 $\begin{cases} y=x+2 \\ 3x+y=14 \end{cases}$ を解きなさい。

問5　$2\sqrt{3}$を$\sqrt{a}$の形に直しなさい。

問6　2次方程式　$x^2-2x-35=0$　を解きなさい。

2 次の問いに答えなさい。

問1　x についての方程式　$\dfrac{2x+a}{3}=5$　の解が8のとき，a の値を求めなさい。

問2　y は x に比例し，$x=2$ のとき，$y=4$ です。y を x の式で表しなさい。

問3　右の図で，正四角錐の体積を求めなさい。

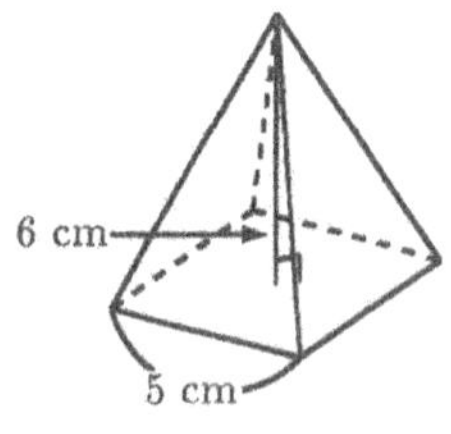

問4　2点（1，1），（3，5）を通る直線の式を求めなさい。

問5　右の図で，$\ell \parallel m$ のとき，$\angle x$ の大きさを求めなさい。

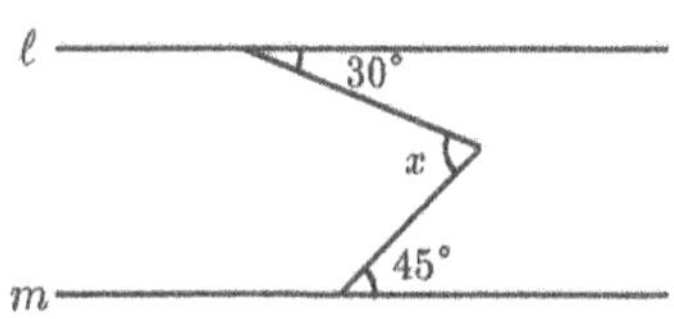

問6　右の図はOを中心とする円です。$\angle x$ の大きさを求めなさい。

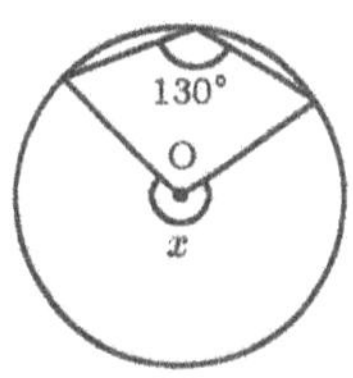

3　次の問いに答えなさい。

問１　等式　$c=\dfrac{2a+b}{3}$　を a について解きなさい。

問２　右の図で，AB＝AC，BC＝BDのとき，∠x の大きさを求めなさい。

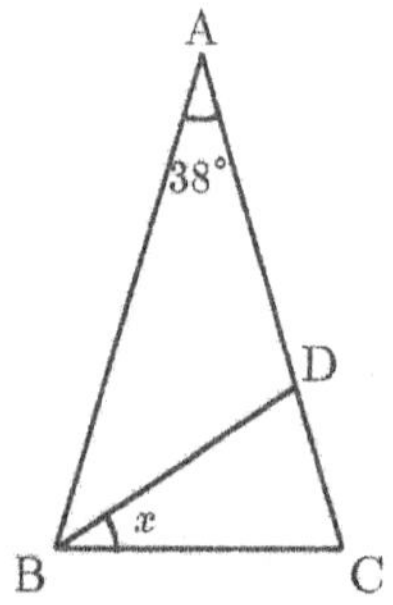

問３　大小２つのさいころを同時に投げるとき，出る目の和が10になる確率を求めなさい。

問４　次のデータは，ある高校の生徒10人について，ボール投げの結果を示したものです。下記の①～④の箱ひげ図の中から正しいものを選びなさい。

15　15　18　19　20　22　22　24　25　30　（m）

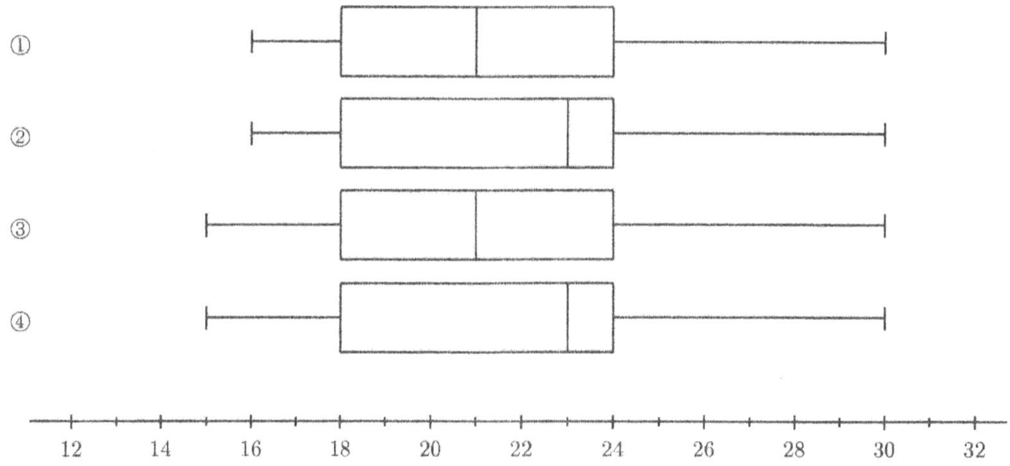

問５　$(x+5y-1)(x-5y+1)$　を展開しなさい。

問６　下の図において，△ABCの辺AB，AC上にそれぞれ点D，Eをとります。∠DEA＝∠ABCのとき，線分ADの長さを求めなさい。

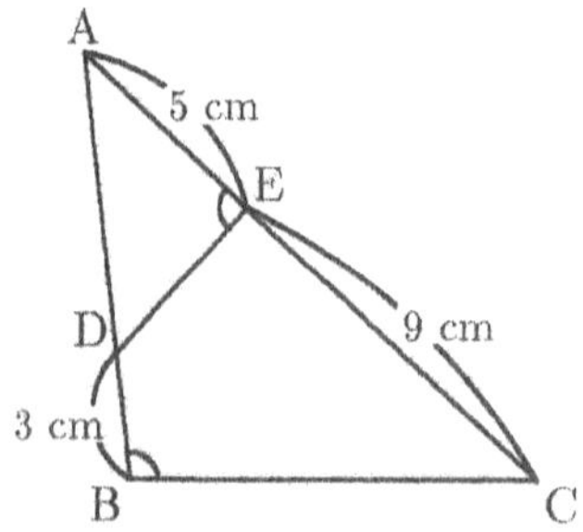

4　右の図において，放物線①は関数 $y=-x^2$ のグラフです。直線②は原点を通る右下がりの直線です。点Aの座標は（3，0）であり，また，点Bは放物線①と直線②の交点で，その y 座標は－4です。

問1　関数 $y=-x^2$ について，x の値が－4から－1まで増加するときの変化の割合を求めなさい。

問2　直線②の式を求めなさい。

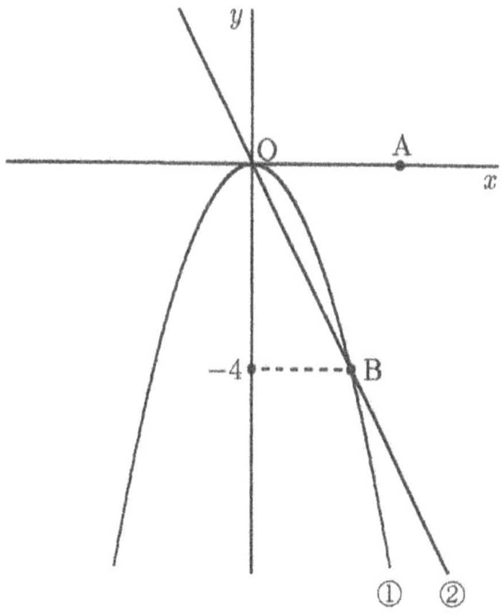

また，線分OA上の点をP $(a,\ 0)$ とし，点Pを通り x 軸に垂直な直線が，放物線①と交わる点をQ，直線②と交わる点をRとします，点Pは線分OA上を点Oから点Aまで動きます。

問3　点Rの y 座標が点Qの y 座標より小さくなるときの a の値の範囲を求めなさい。

問4　点Rと点Qを結ぶ線分の長さが1になるような a の値を求めなさい。

5　右の図1のように，1辺の長さが12㎝の正三角形ABCがあります。辺AB，BC，CAの中点をそれぞれD，E，Fとします。図2は正三角形ABCにおいて，線分DE，EF，FDを折り目として同じ側に折り曲げ，3点A，B，Cを1点Oで重ねてできる正四面体を示したものです。正四面体の頂点Oから面DEFに引いた垂線と面DEFの交点をGとし，辺EFの中点をPとします。

問1　辺DFの長さを求めなさい。

問2　線分DPの長さを求めなさい。

問3　正四面体ODEFの体積を求めなさい。

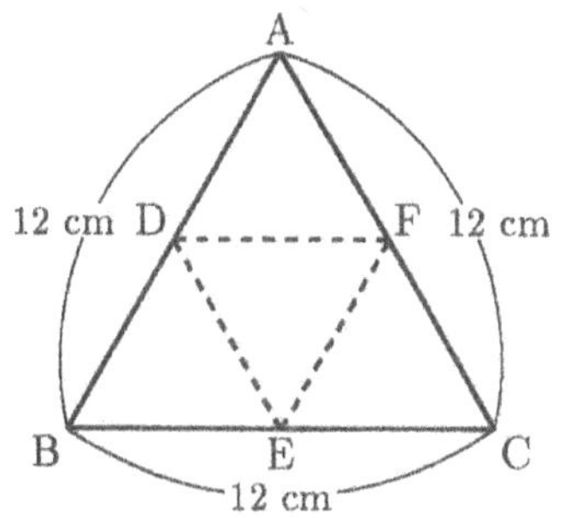

図1

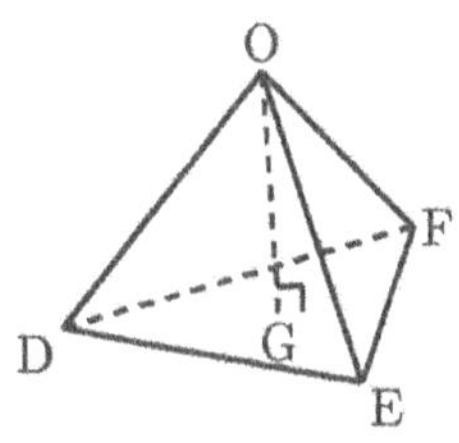

図2

【英　語】（45分）　＜満点：100点＞

1　次の英文を読み，設問に答えなさい。

One day an elderly *postman knocked on the door of a house and *called out, “Here’s a letter for you ...” *As soon as he said this, a little girl’s voice *echoed （ ア ） inside, “I’m coming now ... Please wait.” But even after 5 minutes no one came. He asked again, “①(1. who 2. is 3. anyone 4. take 5. there 6. can) this letter? I still have many other places ②(go) after this.” The girl replied, “If you are *in a hurry, put the letter under the door. It will take me more time to open it.” “No, I’ll wait. It is a *registered letter, so I need someone’s *signature.”

Then, the door opened. The postman was very angry, and he was about to *shout at the girl, but he didn’t, because a little girl with no legs ③(be) there. He was so surprised that he almost forgot to *breathe for a moment. Soon, he *came back to himself, and he quietly gave the letter, got her signature and left.

The little girl was often alone in her house. Her mother was not in this world anymore, and her father worked far away. To take care （ イ ） the girl, a *maid stayed in the house （ ウ ） her in the morning and evening, but she was alone in the day.

Over the *following months, ④when there was mail, the postman knocked and then waited *patiently at the door. *Gradually, they *got to know each other much ⑤(well). She *noticed that he *delivered the mail in very old shoes.

One rainy day, when the postman left after giving a letter to the girl, his *foot prints were left just inside the door. ⑥She put *a sheet of paper on them and *traced his foot prints. She asked the maid to get a pair of shoes of that size and keep them in the house.

The biggest festival of this town was coming. The postman thought that he wanted to give her a present （ エ ） the festival. After much *thought he ⑦(buy) a small box of chocolates for her. Next day, he went to her house and knocked.

When the girl opened the door, the postman gave her the small box of chocolates and said, “Take this small gift.” She was happy and asked him to wait. After a while, she brought a big box and gave it to him. She said, “This is a gift for you.” He was surprised. After thinking for a while he said, “How can I receive a gift from you?” She said, “Please don’t *refuse my gift. I will be sad.” The postman kept the box and kindly put his hand （ オ ） her head. After going home, when the postman opened the box, he wasn’t able to believe his eyes because there was ⑧a pair of shoes in it. He had no idea that the girl was worried about him.

A few days later, the postman went to his post office and said to the *postmaster, "⑨Please let me move to another area." When ⑩he was asked the reason, the postman told ⑪him everything and said *in tears, "Sir, I want to say 'Thank you' to her, but her gift is too great for me, and I can't *repay her, so I can't see her again."

注：*postm*：郵便配達人　*call out*：叫ぶ　*as soon as*：～するとすぐに　*echo*：響き渡る
in a hurry：急いで　*registered*：書留扱いの　*signature*：署名・サイン　*shout*：どなる
breath：息をする　*come back to onself*：正気に戻る　*maid*：お手伝いさん　*following*：次の
patiently：辛抱強く　*gradually*：徐々に　*get to*：～するようになる　*notice*：～に気づく
deliver：～を配達する　*foot print(s)*：足跡　*a sheet of*～：１枚の～　*trace*：～をなぞる
thought：考えること　*refuse*：～を拒絶する　*postmaster*：郵便局長　*in tears*：涙を流して
repay：～に報いる

問１　空欄（ア）～（オ）に入る適切な語を次から選び，番号で答えなさい。
１．on　２．during　３．with　４．to　５．from　６．of　７．until

問２　下線部①が次の意味になるように，（　）内の語を並べかえ，番号で答えなさい。ただし，文頭の語も小文字にしてある。
①「この手紙を受け取ることのできる人はいますか」

問３　下線部②③⑤⑦の各語を適切な形にかえなさい。答えは１語とは限らない。

問４　下線部④の理由として最も適切なものを選び，番号で答えなさい。
１．少女には両脚がなく，ドアを開けるまでに時間がかかることを知っていたから。
２．以前，少女に長い時間待たされたことに腹を立てて，どなってしまったことを後悔していたから。
３．少女は警戒心が強く，なかなかドアを開けてくれないことを知っていたから。

問５　下線部⑥の理由を日本語で説明しなさい。

問６　下線部⑧を少女が郵便配達人にあげた理由として最も適切なものを選び，番号で答えなさい。
１．郵便配達人が新しい靴を欲しがっていることに気づいていたから。
２．郵便配達人がボロボロになった靴を履いて配達していたことに気づいていたから。
３．郵便配達人が似合わない靴を履いて配達していたことに気づいていたから。

問７　下線部⑨の発言での，郵便配達人の気持ちとして最も適切なものを選び，番号で答えなさい。
１．少女からもらったものが自分のあげたものよりも安っぽく感じ，がっかりした。
２．少女がしてくれたことに比べて，自分が少女のためにできることがあまりに小さく，顔向けできないと思った。
３．少女が自分のことを見下していることを知り，悲しくなった。

問８　下線部⑩⑪が指すものを本文中から，それぞれ２語で抜き出しなさい。

問９　本文の内容に合うものには○，合わないものには×で答えなさい。
１．The girl lived alone in her house in the day because her mother died in the past.

2．The postman didn't receive the present from the girl after all.
3．When the postman gave the registered letter to the girl, he wasn't busy at all.
4．The postman decided to make a small box of chocolates for the girl after he thought for a long time.
5．When the postman saw the girl for the first time, he was too surprised to shout at her.

2　各組で下線部の発音が他と異なるものを１つ選び，番号で答えなさい。

ア．	1．east	2．meat	3．steak	4．peace	5．mean
イ．	1．news	2．music	3．mouse	4．lose	5．design
ウ．	1．cook	2．room	3．book	4．look	5．took
エ．	1．apple	2．park	3．cap	4．thank	5．stand
オ．	1．bench	2．championship	3．coach	4．chicken	5．chorus

3　各文の（　）内から最も適切な語（句）を選び，番号で答えなさい。

ア．Cleaning the classroom（ 1．is　2．am　3．are ）important for students.
イ．Shohei Otani is a great baseball player. I will go to see（ 1．his　2．him　3．her ）game tomorrow.
ウ．The boys enjoyed（ 1．to play　2．playing　3．play ）soccer yesterday.
エ．Emily and Sarah（ 1．don't　2．hasn't　3．haven't ）seen the movie yet.
オ．It is difficult（ 1．to　2．for　3．of ）me to play the guitar.
カ．Tomorrow's meeting is important, but I don't（ 1．begin　2．ask　3．have ）to attend it.
キ．Sam is looking for a book（ 1．writing　2．wrote　3．written ）in Japanese.
ク．I want to know（ 1．what　2．which　3．where ）to buy the ticket.
ケ．This book always helps me（ 1．understood　2．understand　3．understanding ）English.
コ．Do you know the man（ 1．who　2．which　3．whose ）lives in this house?

4　各組の文がほぼ同じ意味になるように，（　）に入る適切な語を１語ずつ答えなさい。

ア．Must I go to your office at 5 p.m.?
（ 1 ）I（ 2 ）to go to your office at 5 p.m.?

イ．What do you call this food in Japanese?
What（ 1 ）this food（ 2 ）in Japanese?

ウ．It is the department store built in 2000.
It is the department store（ 1 ）（ 2 ）built in 2000.

エ．Your bag is not as new as mine.
Your bag is（ 1 ）（ 2 ）mine.

オ．My mother taught me how I should cook curry and rice.
My mother taught me （　1　）（　2　） cook curry and rice.

5 （　　）内の語を適切に並べかえて日本語の意味を表す英文を完成した時，（　）内の２番目と５番目にくる語の番号を答えなさい。

ア．戦争は世界中の人々を悲しませる。
Wars （ 1．the　2．world　3．everyone　4．make　5．over　6．all ） sad.

イ．健太は４時間ずっとスマホを使っています。
Kenta （ 1．for　2．been　3．his　4．has　5．using　6．smartphone ） four hours.

ウ．ミカは日本で最も人気がある歌手の１人だ。
Mika is （ 1．singers　2．one　3．popular　4．most　5．of　6．the ） in Japan.

エ．先生は毎日勉強することが大切だと言った。
Our teacher（ 1．that　2．is　3．told　4．every day　5．us　6．studying ） important.

オ．来年利尻島に行けたらいいのに。
I（ 1．go　2．I　3．could　4．wish　5．Rishiri Island　6．to ） next year.

MEMO

大切なことはメモしておこうネ！

2023年度

札幌龍谷学園高等学校入試問題（未来創造コース）

【数　学】（45分）　＜満点：100点＞

【注意】 定規・コンパス・分度器は使用してはいけません。

1 次の問いに答えなさい。

問1　$5+(-7)$ を計算しなさい。

問2　$(-12x+20)\div(-4)$ を計算しなさい。

問3　次のデータは，ある高校の生徒5人について，身長を示したものです。このデータの範囲を求めなさい。

165　172　158　169　178　(cm)

問4　連立方程式 $\begin{cases} y=x+2 \\ 3x+y=14 \end{cases}$ を解きなさい。

問5　$2\sqrt{3}$を$\sqrt{a}$の形に直しなさい。

問6　2次方程式　$x^2-2x-35=0$　を解きなさい。

2 次の問いに答えなさい。

問1　xについての方程式　$\dfrac{2x+a}{3}=5$　の解が8のとき，aの値を求めなさい。

問2　yはxに比例し，$x=2$のとき，$y=4$です。yをxの式で表しなさい。

問3　右の図で，正四角錐の体積を求めなさい。

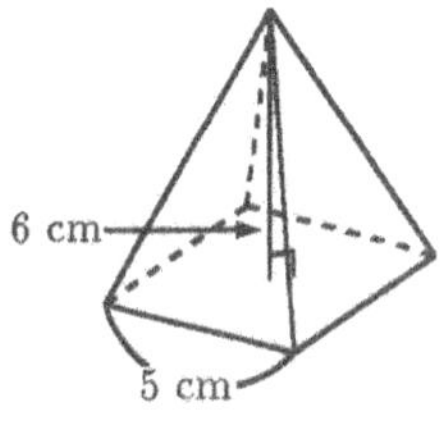

問4　2点（1，1），（3，5）を通る直線の式を求めなさい。

問5　右の図で，$\ell /\!/ m$のとき，$\angle x$の大きさを求めなさい。

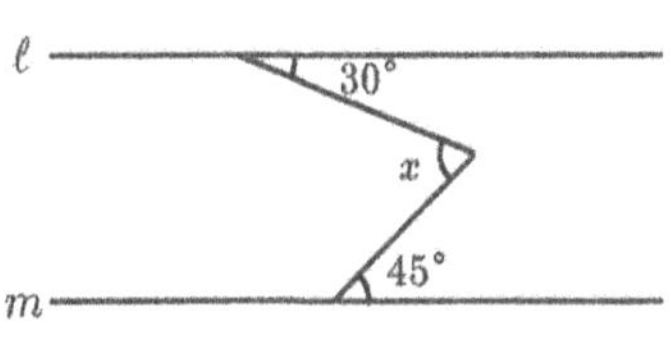

問6　右の図はOを中心とする円です。$\angle x$の大きさを求めなさい。

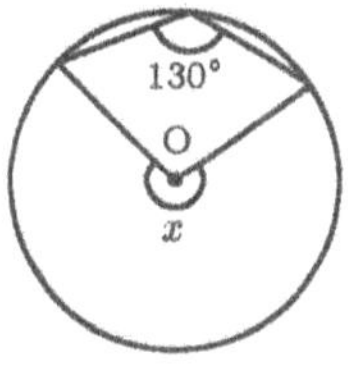

3　次の問いに答えなさい。

問１　等式　$c=\dfrac{2a+b}{3}$　を a について解きなさい。

問２　右の図で，AB＝AC，BC＝BDのとき，∠ x の大きさを求めなさい。

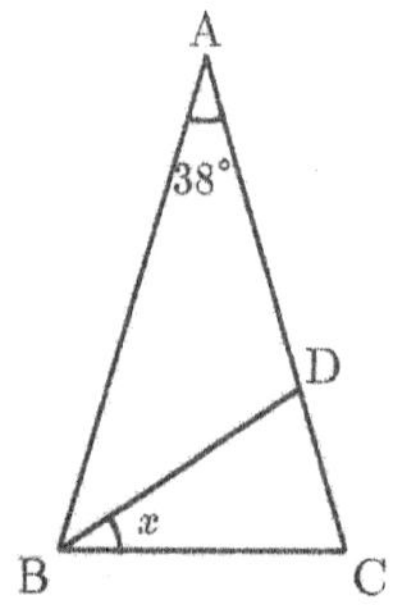

問３　大小２つのさいころを同時に投げるとき，出る目の和が10になる確率を求めなさい。

問４　次のデータは，ある高校の生徒10人について，ボール投げの結果を示したものです。下記の①～④の箱ひげ図の中から正しいものを選びなさい。

15　15　18　19　20　22　22　24　25　30　（m）

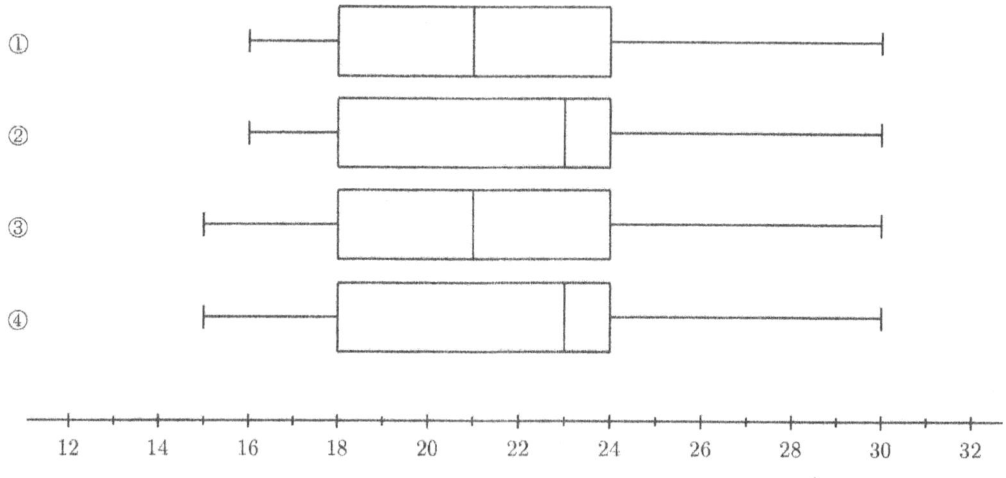

問５　$(x+5y-1)(x-5y+1)$　を展開しなさい。

問６　下の図において，△ABCの辺AB，AC上にそれぞれ点D，Eをとります。∠DEA＝∠ABC のとき，線分ADの長さを求めなさい。

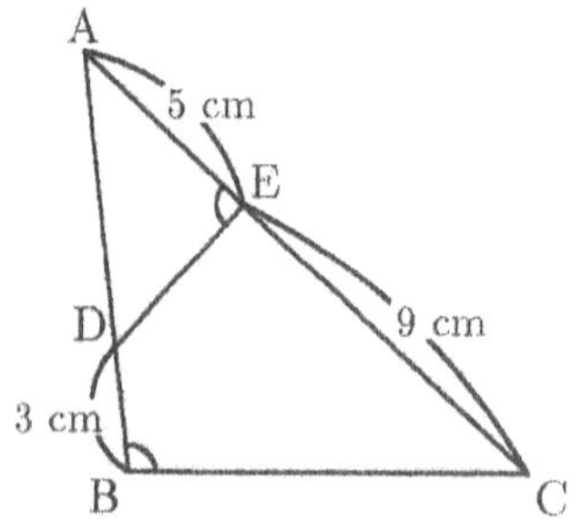

4　右の図において，放物線 $y = x^2$ と直線 $y = 3x + 4$ の交点をA，Bとします。

問１　関数 $y = x^2$ について，x が－１から２まで増加するときの変化の割合を求めなさい。

問２　点Aの座標を求めなさい。

問３　点Bの座標を求めなさい。

問４　△AOBの面積を求めなさい。ただし，座標軸の１目盛りを１cmとします。

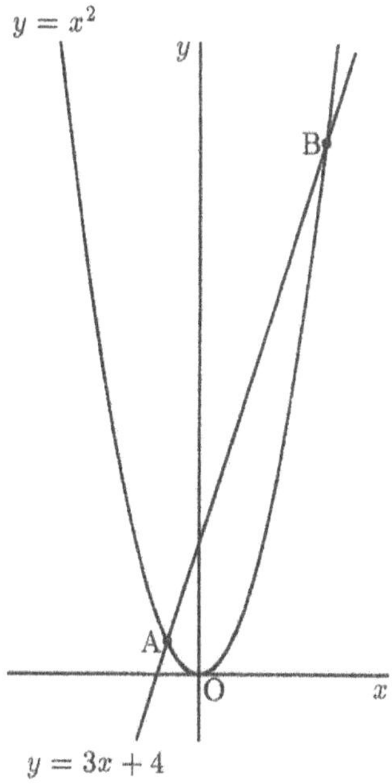

5　右の図１のように，１辺の長さが12cmの正三角形ABCがあります。辺AB，BC，CAの中点をそれぞれD，E，Fとします。図２は正三角形ABCにおいて，線分DE，EF，FDを折り目として同じ側に折り曲げ，３点A，B，Cを１点Oで重ねてできる正四面体を示したものです。正四面体の頂点Oから面DEFに引いた垂線と面DEFの交点をGとし，辺EFの中点をPとします。

問１　辺DFの長さを求めなさい。

問２　線分DPの長さを求めなさい。

問３　正四面体ODEFの体積を求めなさい。

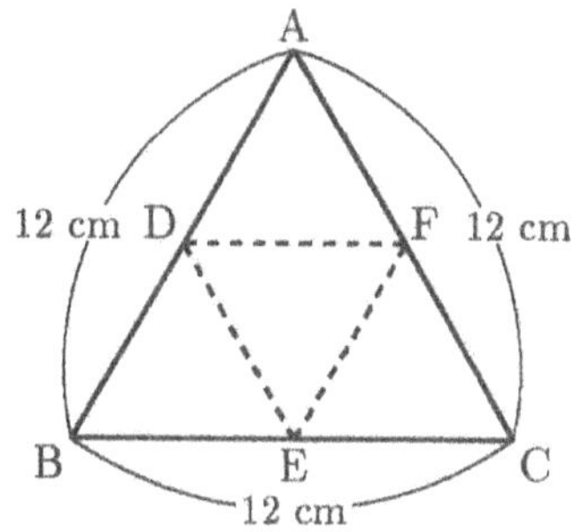

図１

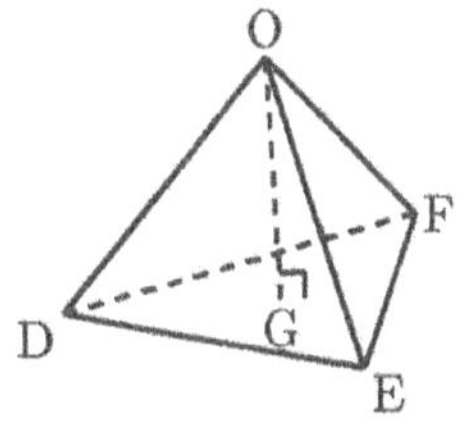

図２

【英　語】（45分）　＜満点：100点＞

1 次の英文を読み，設問に答えなさい。

Long ago, there was an old king. He didn't have a son or daughter. There was nobody to *take his place after he died. So, he made a plan ①to find a young person to be the future king or queen.

One day in April, he invited children from the village near his *castle（ ア ）his garden. He gave each child one *seed. He told ②them to grow a flower. The person（ イ ）the best flower would be the future leader.

One boy, Tom, was happy. He loved to grow things. He thought he could grow the best flower. He went home and *planted the seed. Every day, he gave ③it the right amount（ ウ ）water and sunshine.

For weeks, nothing grew. ④Tom said to his father, "I don't want to see the king." His father said, "No, my son, go to the king and tell ⑤him you worked hard."

The next day, the king's garden was full of kids. Tom looked around. Everyone had a beautiful flower, *except ⑥him. The king looked at the plants carefully, but he didn't smile. Then he saw Tom. He walked over and asked him, "Why is there no flower（ エ ）your *flowerpot?"

Tom said, "The seed didn't grow."

The king smiled and spoke with a kind voice, "Thank you all, but ⑦I do not know（1．to / 2．you / 3．grow / 4．how / 5．able / 6．were）these things. I gave you a bad seed, boys and girls. It wasn't possible to grow anything. Only this boy didn't bring any flower to me. He is honest. He will be the next king."

注：*take one's place*：引き継ぐ　*castle*：城　*seed*：種　*plant*：～を植える
except：～を除いて　*flowerpot*：植木鉢

問1 空欄（ア）～（エ）に入る適切な語を次から選び，番号で答えなさい。
1．of　2．inside　3．to　4．with

問2 下線部①と同じ用法の不定詞を含む文を1つ選び，番号で答えなさい。
1．You need to study hard for the test.
2．He asked her to open the door.
3．I have a lot of homework to do today.
4．To eat vegetables is good for your health.

問3 下線部②，③，⑤，⑥が指すものをそれぞれ次から選び，番号で答えなさい。
1．Tom's father　2．the seed　3．the children
4．Tom　5．the king

問4 下線部④の理由を日本語で答えなさい。

問５　下線部⑦の和訳が，「あなたたちがどうやってこれらのもの［花］を育てることができたのか，私にはわからない」となるように，（　）内の語を並べかえ，番号で答えなさい。

問６　次の質問に対する答えの部分の（　　）に入る適切な語を１語ずつ答えなさい。

１．Did the king have a daughter?
（　1　），he（　2　）.

２．What did the king give the children?
He（　3　）seeds to（　4　）.

３．Were there many children in the king's garden?
（　5　），there（　6　）.

問７　本文の内容に合うものには○，合わないものには×で答えなさい。

１．Tom was not good at growing flowers.
２．Tom took care of the seed.
３．Tom's father said to him, "Don't go to the king."
４．Tom could not have a beautiful flower.
５．The king smiled because everyone had a beautiful flower.

問８　次のそれぞれの語を（　）内の指示に従って書きかえなさい。

１．bad（反対の意味を表す語）
２．flower（同じ発音で意味が異なる語）
３．spoke（原形）

2　各組で下線部の発音が他と異なるものを１つ選び，番号で答えなさい。

ア．	１．east	２．meat	３．steak	４．peace	５．mean
イ．	１．news	２．music	３．mouse	４．lose	５．design
ウ．	１．cook	２．room	３．book	４．look	５．took
エ．	１．apple	２．park	３．cap	４．thank	５．stand
オ．	１．bench	２．championship	３．coach	４．chicken	５．chorus

3　各文の（　）内から最も適切な語（句）を選び，番号で答えなさい。

ア．Cleaning the classroom（１．is　２．am　３．are）important for students.
イ．Shohei Otani is a great baseball player. I will go to see（１．his　２．him　３．her）game tomorrow.
ウ．The boys enjoyed（１．to play　２．playing　３．play）soccer yesterday.
エ．Emily and Sarah（１．don't　２．hasn't　３．haven't）seen the movie yet.
オ．It is difficult（１．to　２．for　３．of）me to play the guitar.
カ．Tomorrow's meeting is important, but I don't（１．begin　２．ask　３．have）to attend it.
キ．Sam is looking for a book（１．writing　２．wrote　３．written）in Japanese.
ク．I want to know（１．what　２．which　３．where）to buy the ticket.

ケ. This book always helps me（ 1. understood　2. understand　3. understanding ）English.

コ. Do you know the man（ 1. who　2. which　3. whose ）lives in this house?

4　日本文に合うように（　）内の語（句）を適切に並べかえたとき，（　）内の２番目と４番目にくる語（句）の番号を答えなさい。なお，文頭の語も小文字にしてある。

ア. 彼はクラスメイトにもこの事実を知ってほしい。
（ 1. his classmates　2. he　3. to　4. know　5. wants ）this fact.

イ. 私たちは昨夜７時に夕食を食べていました。
（ 1. eating　2. were　3. dinner　4. at 7:00　5. we ）last night.

ウ. オーストラリアにどのくらい住んでいますか。
（ 1. how　2. lived　3. you　4. have　5. long ）in Australia?

エ. あなたは本を何冊持っていますか。
（ 1. you　2. many　3. books　4. do　5. how ）have?

オ. その知らせを聞いて私たちは喜んだ。
（ 1. us　2. made　3. happy　4. news　5. the ）.

5　各組の文がほぼ同じ意味になるように，（　）に入る適切な語を１語ずつ答えなさい。

ア. You can't do this homework in a day.
This homework can't（ 1 ）（ 2 ）in a day.

イ. Could you tell me the way to the station?
（ 1 ）can I（ 2 ）to the station?

ウ. Kaito is taller than Meg.
Meg is（ 1 ）as tall（ 2 ）Kaito.

エ. Hurry up, and you can catch the bus.
（ 1 ）（ 2 ）hurry up, you can catch the bus.

オ. Because I don't have enough time, I can't go with you.
If I（ 1 ）enough time, I（ 2 ）go with you.

特進

2023年度

解　答　と　解　説

《2023年度の配点は解答欄に掲載してあります。》

＜数学解答＞

1 問1 -2 問2 $3x-5$ 問3 20cm 問4 $x=3$, $y=5$ 問5 $\sqrt{12}$
問6 $x=7$, -5

2 問1 $a=-1$ 問2 $y=2x$ 問3 50cm^3 問4 $y=2x-1$ 問5 75度
問6 260度

3 問1 $a=\frac{3c-b}{2}$ 問2 38度 問3 $\frac{1}{12}$ 問4 ③ 問5 $x^2-25y^2+10y-1$
問6 7cm

4 問1 5 問2 $y=-2x$ 問3 $0<a<2$ 問4 $a=1$, $1+\sqrt{2}$

5 問1 6cm 問2 $9\sqrt{3}$cm^2 問3 $18\sqrt{2}$cm^3

○配点○
各4点×25 計100点

＜数学解説＞

1 (数・式の計算，データの範囲，連立方程式，平方根，2次方程式)

基本 問1 $5+(-7)=-2$

問2 $(-12x+20)\div(-4)=\frac{-12x}{-4}+\frac{20}{-4}=3x-5$

問3 (範囲)＝(最大値)－(最小値) $178-158=20$(cm)

問4 $y=x+2$…①を$3x+y=14$…②に代入すると$3x+(x+2)=14$ $4x+2=14$ $4x=12$ $x=3$ ①に代入すると$y=3+2=5$

基本 問5 $2\sqrt{3}=2\times\sqrt{3}=\sqrt{4}\times\sqrt{3}=\sqrt{4\times3}=\sqrt{12}$

問6 $x^2-2x-35=0$ 左辺を因数分解する。 $(x-7)(x+5)=0$ $x=7$, -5

2 (1次方程式の解，比例，体積，直線の式，平行線と角，円と角)

問1 $\frac{2x+a}{3}=5$の両辺を3倍すると$2x+a=15$ この方程式の解が$x=8$なので，代入すると$2\times8+a=15$ $a=15-16$ $a=-1$

問2 yがxに比例することは，比例定数をaとすると$y=ax$と表すことができる。$x=2$のとき$y=4$なので代入すると$4=a\times2$ $a=2$ 比例の式は$y=2x$

問3 (四角錐の体積)＝(底面積)×(高さ)×$\frac{1}{3}=\frac{5\times5\times6}{3}=50$(cm^3)

問4 直線の式は$y=ax+b$と表せるが，(1, 1)を通ることから$a+b=1$…① (3, 5)を通ることから$3a+b=5$…② ②－①は$2a=4$ $a=2$ ①に代入すると$2+b=1$ $b=-1$ 直線の式は$y=2x-1$

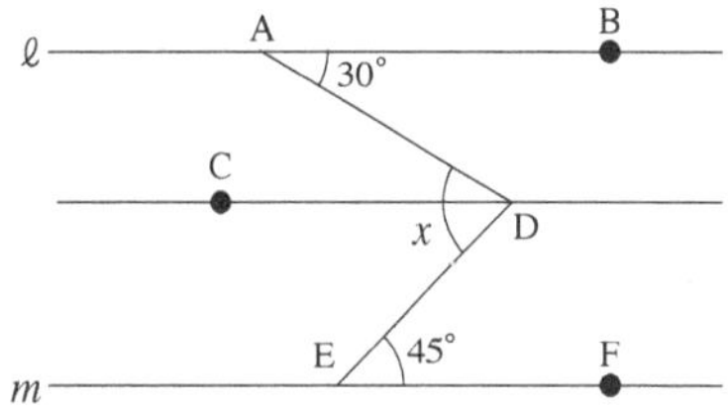

問5 右図のように点をとる。Dを通りℓ，mに平行な直線をひくと，平行線の錯角は等しいので∠ADC＝∠BAD，∠EDC＝∠DEF ∠x＝∠ADC＋∠EDC＝∠BAD＋∠DEF＝30＋45＝75(度)

問6 $\overset{\frown}{AC}$に対する円周角が∠ABC，中心角が∠x　同じ弧に対する中心角は円周角の2倍なので，∠x＝130×2＝260(度)

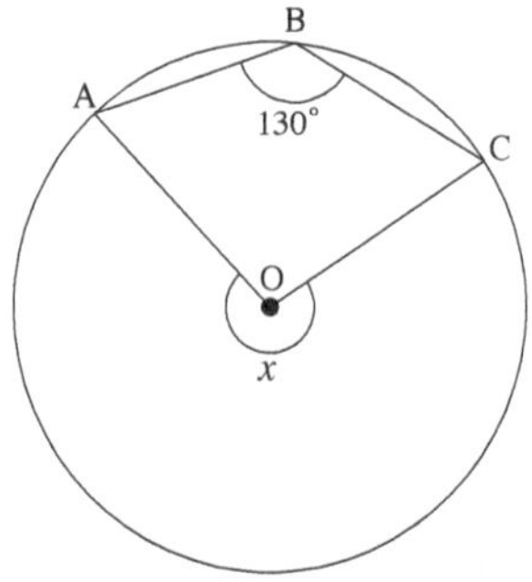

3 (等式の変形，角度，確率，箱ひげ図，展開，相似)

問1 $c=\frac{2a+b}{3}$の両辺を3倍して$3c=2a+b$　左右を入れ替えると$2a+b=3c$　bを移項して$2a=3c-b$　両辺を2で割ると$a=\frac{3c-b}{2}$

問2 △ABCが二等辺三角形で，底角が等しいことより∠ACB＝(180－38)÷2＝71　△BCDが二等辺三角形なので，∠x＝180－71×2＝38(度)

問3 2つのさいころを同時に投げるとき目のでかたは全部で6×6＝36(通り)。その中で出る目の和が10になるのは(大のさいころの目，小のさいころの目)＝(4，6)，(5，5)，(6，4)の3通りなのでその確率は$\frac{3}{36}=\frac{1}{12}$

重要 問4 与えられたデータから最小値は15なので①，②は違う。また中央値は5番目と6番目の平均で(20＋22)÷2＝21となり，③が答えになる。

問5 $(x+5y-1)(x-5y+1)=\{x+(5y-1)\}\{x-(5y-1)\}=x^2-(5y-1)^2=x^2-(25y^2-10y+1)=x^2-25y^2+10y-1$

やや難 問6 ∠BAC＝∠EAD(共通)，∠ABC＝∠AED(仮定)より2組の角がそれぞれ等しいので△ABC∽△AED　対応する辺の比が等しいのでAB：AE＝AC：AD　AD＝xとおくと$(x+3):5=14:x$　$x(x+3)=5\times14$　$x^2+3x-70=0$　$(x+10)(x-7)=0$　$x>0$より$x=7$　7cm

4 (図形と関数・グラフの融合問題)

問1 $y=-x^2$について$x=-4$のとき$y=-(-4)^2=-16$，$x=-1$のとき$y=-(-1)^2=-1$なので，(xの増加量)＝$-1-(-4)=3$，(yの増加量)＝$-1-(-16)=15$　(変化の割合)＝$\frac{(y\text{の増加量})}{(x\text{の増加量})}=\frac{15}{3}=5$

問2 Bは$y=-4$で$y=-x^2$上の点なので，$-x^2=-4$　$x^2=4$　$x=\pm2$　$x>0$より$x=2$でB(2，－4)　直線②は原点を通る直線なので$y=mx$とおけるが，B(2，－4)を通ることから$2m=-4$　$m=-2$　直線②は$y=-2x$

問3 Qが放物線①上の点，Rが直線②上の点なので，グラフをみると点Bの左右で上下がいれかわっている。Rのy座標がQのy座標より小さくなる(グラフで下になる)のは，$0<a<2$のとき

やや難 問4 P(a，0)，Q(a，$-a^2$)，R(a，$-2a$)と表される。$0<a<2$の範囲ではQR＝$-a^2-(-2a)=-a^2+2a$となるので，$-a^2+2a=1$　$a^2-2a+1=0$　$(a-1)^2=0$　$a=1$　$2<a<3$の範囲ではQR＝$-2a-(-a^2)=a^2-2a$となるので，$a^2-2a=1$　$a^2-2a-1=0$　解の公式を利用して$a=\frac{-(-2)\pm\sqrt{(-2)^2-4\times1\times(-1)}}{2\times1}=\frac{2\pm\sqrt{4+4}}{2}=\frac{2\pm2\sqrt{2}}{2}=1\pm\sqrt{2}$　$2<a<3$より$a=1+\sqrt{2}$　QR＝1となるaは2つあり，$a=1$，$1+\sqrt{2}$

5 (空間図形の計量)

問1 D，FがAB，ACの中点なので，△ABCについて中点連結定理によりDF＝$\frac{1}{2}$×BC＝$\frac{1}{2}$×12＝6(cm)

重要 問2 問1と同様にEF＝$\frac{1}{2}$×AB＝6，DE＝$\frac{1}{2}$×AC＝6となり，△DEFは1辺6cmの正三角形である。DとEFの中点Mを結ぶと，△DEMは30度，60度，90度の角をもつ直角三角形となり，EM＝3，DM＝$3\sqrt{3}$となる。△DEF＝$\frac{1}{2}$×EF×DM＝$\frac{1}{2}\times6\times3\sqrt{3}=9\sqrt{3}$(cm^2)

問3 OMを結ぶとOM＝DM＝$3\sqrt{3}$　GM＝xとおくと△OMGにおいて三平方の定理により$OG^2=(3\sqrt{3})^2-x^2=27-x^2$…①　DG＝$3\sqrt{3}-x$となり，△ODGにおいて三平方の定理により$OG^2=6^2$

$-(3\sqrt{3}-x)^2=36-(27-6\sqrt{3}+x^2)=9+6\sqrt{3}-x^2$…② ①と②により$27-x^2=9+6\sqrt{3}x-x^2$
$6\sqrt{3}x=18$ $x=\frac{18}{6\sqrt{3}}=\frac{18\times\sqrt{3}}{6\sqrt{3}\times\sqrt{3}}=\frac{18\sqrt{3}}{18}=\sqrt{3}$ ①に代入すると$OG^2=27-(\sqrt{3})^2=24$
$OG=2\sqrt{6}$ (正四面体ODEFの体積)$=\triangle DEF\times OG\times\frac{1}{3}=9\sqrt{3}\times2\sqrt{6}\times\frac{1}{3}=18\sqrt{2}$ (cm^3)

★ワンポイントアドバイス★
[1], [2]にいろいろな単元の基本問題が並ぶので，まずはここで確実に得点しておきたい。短時間で的確に解答できるように力をつけておけば，後半の問題にしっかり時間をかけられる。

<英語解答>

[1] 問1 was surprised 問2 (1) which (2) your (3) a (4) what
問3 1 問4 4 問5 ③ written ⑧ writing 問6 (B) 4 (C) 2
問7 ア 問8 3 問9 2 問10 only one shirt 問11 (Yesterday,) I went to Shibuya to buy my shirt 問12 English 問13 using possessive pronouns correctly 問14 2, 3, 4

[2] ア 3 イ 3 ウ 2 エ 2 オ 5

[3] ア 1 イ 1 ウ 2 エ 3 オ 2 カ 3 キ 3 ク 3 ケ 2 コ 1

[4] ((1), (2)の順) ア saying, anything イ good, player ウ Jane, took
エ How, nice オ made, her

[5] (3番目，6番目の順) ア 7, 2 イ 3, 5 ウ 4, 1 エ 6, 2 オ 5, 1

○配点○
[1] 問3，問4，問6，問9～問11，問13 各3点×8 他 各2点×13(問1完答)
[2]～[5] 各2点×25([4]，[5]各完答) 計100点

<英語解説>

[1] **(長文読解問題・説明文：語句補充，前置詞，語形変化，内容吟味，動詞，指示語)**

(全訳) これは大学生が書いた英語の文章です。①それは私をとても驚かせました：「(a)昨日，シャツ(my shirt)を買いに渋谷に行きました。」英語を母語とする人のほとんどは，おそらく次のような自然な疑問を持つでしょう。「もしそれが(2)あなたのシャツだったら，なぜそれを買わなければならなかったのですか？」もちろん，学生は「自分用の(3)1枚のシャツ(a shirt for myself)を買うために渋谷へ行きました」と言おうとしましたが，元の文から，学生が所有格の発音の使い方をあまりよく知らないことがわかります。

たとえば，学生はよく次のように作文を始めます。「(b)夏休みに福岡に行って，友達(my friend)に会った。」ここでおそらく自然な疑問はこうなるでしょう：「実際，世界中であなたには友達は一人しかいないのですか？」ここでは，所有代名詞の重要な役割を理解する必要があります。それらは「その」②のように働きます。

たとえば，完璧な英語で③書かれたエッセイの次の文について考えてください。「(c)ある夏，ポートランドの動物園に行きました。ゴリラのエリアが面白かったです。」この場合，「ポートランド

の動物園(the zoo in Portland)」というフレーズから，ポートランドには動物園が1つだけあることがわかります。「そうでなければ，著者はおそらくポートランドの動物園(a zoo in Portland)と書いたでしょう。」同様に，「ゴリラのエリア(Its gorilla area)です」というフレーズは，動物園でゴリラが1か所でしか見られないことを示しています。そうでない場合，著者はおそらく「そのゴリラのエリアのうちの1つ(One of its gorilla areas)は(ア)面白かった」と書いたでしょう。「ゴリラのエリア(Its gorilla areas)は(イ)面白かった」，「ゴリラのエリアのいくつか(Some of its gorilla areas)は(ウ)面白かった」。つまり，「ゴリラのエリア」の「④その」は，「ポートランドの動物園」の「その」と同じように機能します。

同じことが「夏休みに福岡に行って，友達に会った」という文にも当てはまります。この文は学生に友達が1人しかいない場合にのみ意味を持ちます。⑤そうでない場合は，フレーズは「私の友だちの1人」または「私の友達の何人か」のどちらかでなければなりません。

人々が互いに話すとき，所有代名詞が(4)何を意味するのかを簡単に理解できます。たとえば，次の文をもう一度見てください。「昨日，私はシャツを買うために渋谷に行きました。」明らかに，話者は「昨日，私はシャツを1枚しか持っていなかったので，⑥そのシャツを買うために渋谷に行きました」と言おうとしたわけではありませんし，聞く人は話し手がなぜ⑦そう言ったのかを尋ねるでしょう。英語の学習者が⑨その言語で⑧書くとき，所有代名詞を正しく使うことは非常に重要であり，⑩それは学習者のメッセージを明確に表現することができます。

問1　〈 be surprised at ～ 〉で「～に驚く」という意味を表す。

問2　(1)　先行詞が物で，主格を表すので，which か that を用いる。　(2)　my shirt とあるので，それを聞いた人は「あなたのシャツ」と表現する。　(3)「自分のシャツ」を買うというのは誤りなので，単に「1枚のシャツ」と言うべきである。　(4)　関係代名詞の what は〈 the things that ～ 〉という意味を表す。

問3　作文には「私の友達(my friend)」とあり，そのように表現すると，友達は1人しかいないことになってしまう。

問4　前置詞の〈 like ～ 〉は「～のような(に)」という意味を表す。1と3の like は動詞，2の like は would like to という助動詞の一部である。

基本　問5　③「～された」という意味を表して，直前にある名詞を修飾するときには，過去分詞の形容詞的用法を使う。　⑧　進行形の文なので〈 be 動詞＋～ ing 〉の形にする。

問6　(B)　the を用いると動物園は1つしかないことになる。　(C)　area が単数なので，ゴリラのエリアは1つしかないことになる。

問7　(ア)の主語は One なので，単数に合う動詞にしなければならない。

問8　ゴリラのエリアは1つしかないので，3が正しい。

問9　直前に「学生に友達が1人しかいない」場合とある。そうでない場合を表しているので，2が答え。

問10　自分がすでに持っている1枚のシャツを指している。

問11　例となって出されている1文を指している。

問12　直前にある「英語」を指している。

問13　所有代名詞を正しく使える場合について言っている。

重要　問14　1「例の(a)は，生徒が渋谷に行って自分用のシャツを買ったことを結局表している。」文の意味をよく表しているので，正しい。　2「例の(a)の生徒は所有代名詞の使い方を正しく知っている。」知っていないために曖昧な英文を書いたので，誤り。　3「例の1つの中の人は自分の友達に会いにポートランドに行った。」動物園に行くために行ったので，誤り。　4「例の

(c)はポートランドにはたった1頭のゴリラしかいないと言っている。」 書かれていない内容なので，誤り。 5 「例の(a)と(b)を聞いたとき，多くの英語のネイティブスピーカーは疑問をもつだろう。」 第1，第2段落の内容に合うので，正しい。

2 (発音問題)

ア 1 [íːst] 2 [míːt] 3 [stéik] 4 [píːs] 5 [míːn]
イ 1 [njuːz] 2 [mjúːzik] 3 [máus] 4 [luz] 5 [dizáin]
ウ 1 [kúk] 2 [rúːm] 3 [búk] 4 [lúk] 5 [túk]
エ 1 [ǽpl] 2 [pɑ́rk] 3 [kǽp] 4 [θǽŋk] 5 [stǽnd]
オ 1 [béntʃ] 2 [tʃǽmpiənʃìp] 3 [kóutʃ] 4 [tʃíkin] 5 [kɔ́rəs]

3 (語句補充問題:動詞，代名詞，動名詞，現在完了，不定詞，助動詞，分詞，疑問詞，関係代名詞)

ア 「教室を掃除することは，生徒たちにとって大切だ。」 動名詞は単数あつかいをする。

イ 「大谷翔平は偉大な野球選手だ。私は明日彼の試合を見に行くつもりだ。」「彼の」とするので所有格を選ぶ。

ウ 「少年たちは昨日サッカーをして楽しんだ。」〈enjoy ~ ing〉で「~するのを楽しむ」という意味を表す。

エ 「エミリーとサラはまだその映画を見ていない。」「これまでに~したことがない」という意味は，現在完了の経験用法を用いて表す。

オ 「ギターを弾くことは私にとっては難しい。」〈it is ~ for S to …〉で「Sが…することは~である」という意味になる。

カ 「明日のミーティングは重要だが，私はそれに出席する必要がない。」〈don't have to ~〉で「~する必要がない」という意味になる。

キ 「サムは日本語で書かれた本を探している。」「~された」という意味を表して，直前にある名詞を修飾するときには，過去分詞の形容詞的用法を使う。

ク 「私はどこでその切符を買うのかを知りたい。」〈where to ~〉で「どこで~するべきか」という意味を表す。

ケ 「この本はいつも，私が英語を理解するのを助けてくれる。」〈help A ＋動詞の原形〉で「Aが~するを手伝う」という意味を表す。

コ 「この家に住む人を知っていますか？」 lives 以下の部分が man を修飾するので，主格の関係代名詞を用いる。

4 (書き換え問題：動名詞，名詞，分詞，感嘆文，SVOC)

ア 「部屋を去るとき，ジミーは何も言わなかった。」→「ジミーは何も言わずに部屋を去った。」〈without ~ing〉で「~することなしに」という意味を表す。

イ 「エドガーは上手にサッカーをする。」→「エドガーはよいサッカー選手だ。」〈play ~ well〉は〈a good player of ~〉で書き替えることができる。

ウ 「これらはジェーンによって大阪で撮られた写真だ。」「撮られた」は受動態の意味を表すので，過去分詞の形容詞的用法を使う。

基本 エ 「あなたの意見はとてもよい。」→「あなたの意見はなんてよいのだろう！」 感嘆文は〈how＋形容詞／副詞〉から始まり，主語と述語がその後に続く。

オ 「そのニュースを聞いたとき，彼女はとても怒った。」→「そのニュースは彼女をとても怒らせた。」〈make A B〉で「AをBにする」という意味になる。

5 (語句整序問題：比較，不定詞，比較，接続詞)

ア (Susie) can play the guitar better than Mike (.)「スージーはマイクより上手にギターを

弾ける。」 well の比較級は better である。

イ (My) father told me when to come home (.)「私の父は私にいつ帰宅するべきか言った。」〈 when to ~ 〉で「いつ~するべきか」という意味を表す。

ウ (She) is one of the most popular singers (in Japan.)「彼女は日本で一番人気のある歌手のひとりだ。」〈 one of ~ 〉で「~の中の1つ」という意味になる。

エ (It will be) easy for us to travel abroad soon (.)「私たちが外国に旅行するのはすぐ容易になるだろう。」〈 it is ~ for S to … 〉で「S が…することは~である」という意味になる。

オ (The bike) was so expensive that I couldn't buy (it.)「その自転車はとても高かったので，私は買えなかった。」〈 so ~ that S can't … 〉で「とても~なので S は…できない」という意味になる。

★ワンポイントアドバイス★

[5]のオでは〈 so ~ that S can't … 〉が使われており，これは〈 too ~ for S to … 〉「S が…するには~すぎる」で書き換えられる。この文を書き換えると The bike was too expensive for me to buy. (it がないことに注意)となる。

<理科解答>

[1] 問1 (1) 遅いから。 (2) 850m 問2 (1) 気体 (2) 4 問3 (1) ① ア ② エ (2) c 問4 (1) 石基 (2) A

[2] 問1 イ，エ 問2 ウ，オ 問3 エ 問4 オ 問5 イ 問6 オ 問7 ウ

[3] 問1 2 問2 H_2 問3 イ 問4 Fe 問5 還元 問6 4 問7 酸化鉄(Ⅱ) 700g 酸化鉄(Ⅲ) 300g

[4] 問1 イ，ウ 問2 ア，エ 問3 ① オ ② ア 問4 胞子 問5 ア，オ 問6 網状脈 問7 合弁花

[5] 問1 3 問2 (記号) A (南中高度) 70.4 問3 2 問4 3547km 問5 4 問6 オリオン座 問7 エ

○配点○

[1] 各2点×8(問3完答) [2] 各3点×7(問1，問2各完答) [3] 各3点×7(問7完答)

[4] 各3点×7(問1，問2，問3，問5各完答) [5] 各3点×7(問2完答) 計100点

<理科解説>

基本 [1] (理科総合―小問集合)

問1 (1) 光の速さは1秒間に約30万kmであるが，音の速さは約340m/秒である。光に比べて音の速さが遅いので，音が遅れて伝わる。 (2) 2.5秒後に音が伝わったので，340×2.5=850(m)である。

問2 (1) 同じ質量で比較すると気体が最も体積が大きい。密度は気体が最も小さい。 (2) 液体の表面から気化が起きる現象を蒸発といい，液体の内部から気化が起きる現象を沸騰という。

問3 (1) ルーペで観察するときは，ルーペを目に近づけて物体を動かしてピントを合わせる。 (2) 図のaが花弁，bがめしべ，cがおしべ，dが冠毛，eが子房である。花粉はおしべで作られる。

問4 (1) Bは火山岩であり，大きな鉱物を斑晶，その間をうめる物質を石基という。 (2) Aが地下の深いところでゆっくりと冷えてできた深成岩である。その特徴は，鉱物の大きさがほぼ同じくらいの大きさの等粒状組織である。

2 (運動とエネルギー―物体の運動)

基本 問1 縦軸に速度をとっているので，横軸に平行な部分が速度一定の時である。3～7分と10～11分で速度が一定である。

基本 問2 グラフの傾きが正のときは，電車は加速している。傾きが負の時は，減速している。7～10，11～12分の間に減速している。

重要 問3 グラフと横軸で囲まれた部分の面積が，電車が移動した距離を示す。0～3分の間に1500×3÷2＝2250(m)進んだ。

問4 同様に，1500×4＝6000(m)進む。

問5 この間の速度は一定で，600m/分である。これを秒速に変換すると600÷60＝10(m/秒)である。

問6 12.3kmを12分で移動したので，平均の速さは12300÷12＝1025(m/分)である。

問7 最大の速さは1500m/分なので，時速にすると1500×60÷1000＝90(km/h)である。

基本 3 (化学変化と質量―酸化鉄の還元)

問1 磁石を近づけるとくっつく金属は鉄，コバルト，ニッケルの3種類である。

問2 多くの金属で，塩酸と反応すると水素が発生する。しかし，塩酸に溶けない金属もある。

問3 炭素からできる物質の中で，黒鉛は電気をとおす。乾電池の電極として使われている。

問4 鉄の元素記号はFeである。

問5 酸化物から酸素を取り除く変化を還元という。

問6 一酸化炭素は相手から酸素を奪い取って，自らが二酸化炭素になる。還元力の強い物質である。

重要 問7 酸化鉄(Ⅱ)をx(g)，酸化鉄(Ⅲ)を1000－x(g)とすると，それぞれと反応する一酸化炭素の合計は，$0.31x+0.42(1000-x)=343$となる。$x=700$ 酸化鉄(Ⅱ)は700g，酸化鉄(Ⅲ)は300gである。

4 (植物の種類とその生活―植物の分類)

重要 問1 ユリは単子葉植物である。単子葉植物の特徴は，茎の維管束がばらばらに散らばっており，葉は平行脈で，根はひげ根である。

基本 問2 例の中の単子葉植物は，イネとトウモロコシである。

重要 問3 ①は種子をつくるかつくらないかの違いである。Aは種子植物である。 ②は胚珠が子房に包まれているかいないかの違いである。Bは被子植物，Cは裸子植物である。Dは双子葉植物，Eは単子葉植物である。F，Gの違いは，花弁がくっついているか離れているかである。Fが合弁花，Gが離弁花である。

基本 問4 ワラビは胞子でなかまを増やす。

問5 種子をつくらない植物は，シダ植物のスギナ，褐藻植物のワカメである。

問6 Dは双子葉植物であり，葉脈は網状脈である。

問7 Fは花びらがくっついている合弁花類である。

5 (地球と太陽系―南中・星の動き)

基本 問1 北極星の方向や太陽の南中時の位置から，アが北，イが西，ウが南，エが東である。

基本 問2 北半球では夏至の日の太陽の南中高度が1年で最も高い。図ではAが夏至の日の太陽の動きを示す。

問3 北極点では，夏至の日の太陽は地平線に沈まず，冬至の日の太陽は地平線から顔を出さない。

重要 問4　月の直径を$x$kmとすると，比例関係より38(万km)：1億5000(万km)＝x：1400000　x＝3546.6≒3547(km)である。

重要 問5　(ア)　太陽系最大の惑星は木星であり，木星の大気は水素とヘリウムからなる。表面に大赤班と呼ばれる模様が観察されるのも特徴の一つである。　(イ)　火星の特長は，直径が地球の半分ほどの大きさで，二酸化炭素を主成分とするごく薄い大気がある。表面には火山や水の流れたような跡が見られる。　(ウ)　金星の特長は，大気の主成分が二酸化炭素で，厚い硫酸の雲で覆われており表面は観察できない。二酸化炭素による温室効果で，表面温度が460℃にも達する高温である。

基本 問6　リゲルを含む星座はオリオン座である。Aはベテルギウスで，おおいぬ座のシリウス，こいぬ座のプロキオンとともに冬の大三角を形成している。

重要 問7　星は1か月で約30°西に移動する。2か月後の3月には，オリオン座はエの位置に見える。

★ワンポイントアドバイス★

標準的なレベルの問題であり，質問の仕方も典型的である。理科全般のしっかりとした幅広い知識が求められる。

＜社会解答＞

[1] 問1　(1)　環太平洋　(2)　暖(流)　(3)　寒(流)　(4)　温(帯)　(5)　亜寒(帯)
問2　プレート　問3　(1)　海溝　(2)　南海トラフ　問4　ウ　問5　a　火力
b　原子力　問6　リアス海岸　問7　液状化現象　問8　高潮
問9　潮目[潮境]　問10　(1)　季節風　(2)　イ　(3)　イ　(4)　夏の風が四国山地，冬の風が中国山地にさえぎられ，乾いた風が流れ込むため降水量が少なくなるから。

[2] 問1　イ　問2　(1)　ソ連[ソビエト連邦]　(2)　A　安全保障理事会　B　拒否権
問3　(1)　ドイツ・ベルギー　(2)　A　社会保険　B　公的扶助　C　社会福祉
D　公衆衛生　問4　イ　問5　A　アメリカ　B　輸出　C　製造業

[3] 問1　イ　問2　(1)　仏教[儒教]　(2)　白村江の戦い

[4] 問1　将軍の後継ぎ問題が発生し，東軍大将の細川勝元と西軍大将の山名宗全に分かれて戦乱が始まった。　問2　エ　問3　水墨画　問4　ア

[5] 問1　エ　問2　(第一次)オイルショック[石油危機]　問3　ア　問4　エ

[6] 問1　ナポレオン　問2　ウ　問3　南北戦争　問4　ア　問5　(1)　領事裁判権
(2)　エ　問6　大政奉還

○推定配点○

[1] 各2点×19　[2] 各2点×13(問3(1)完答)　[3] 各2点×3　[4] 各2点×4
[5] 各2点×4　[6] 各2点×7　計100点

＜社会解説＞

[1] (地理ー地球・地形・気候・産業など)

重要 問1　(1)　アルプス・ヒマラヤ造山帯と共に現在活動中の造山帯。　(2)　赤道方面から北上。　(3)　千島列島東方を南下。　(4)　四季の変化がある。　(5)　温帯と寒帯の中間に分布。

問2　地球の表面を覆う固い板状の岩石。地球全体で十数個のプレートがありマントル上部と一体となり移動，境界部では衝突や沈み込みが起こり大地震も発生する。

問3　(1)　プレートが陸の下に沈み込むために生ずる地形。　(2)　海底の長いくぼみで舟状海盆とも呼ばれる。南海トラフは数百年に1回の割合で発生する南海地震の震源域。

問4　火山大国の日本は地熱エネルギーが豊富だが，さまざまな理由から開発が遅れている。

問5　a　日本はLNG，中国は石炭が中心。　b　フランスは原子力を積極的に推進。

問6　山地が沈降して形成されたノコギリの歯のような海岸。津波には極めて弱いといわれる。

問7　砂粒の間の水が振動することで地盤全体が流れやすくなる現象。埋立地などで多くみられる。

問8　気圧が1hPa低下すると海面は1cm上昇するといわれる。

問9　寒暖両系の魚が集まり，湧昇流が海底の栄養分を巻き上げプランクトン豊かな海となる。

基本　問10　(1)　大陸と海洋の温度差から発生。　(2)　夏は太平洋から，冬は大陸から日本列島に吹き込む。　(3)　低温乾燥の空気が日本海から大量の水蒸気を補給し日本海側に雪を降らす。
(4)　季節風を2つの山地がさえぎるため，瀬戸内は温暖で降水量の少ない気候となる。

2　(公民―日本経済・国際社会など)

問1　円安とは円の購買力が下がること。円安になると輸出は増えるが海外旅行は高くなる。

重要　問2　(1)　1989年のマルタ会談で冷戦が終了，91年にはソ連が解体された。　(2)　A　国際社会の平和と安全の維持が任務。　B　国際連盟の失敗から学んだ大国の離脱を防ぐ策。

問3　(1)　ヨーロッパ統一のスタートとして1958年に結成されたEECの加盟国。　(2)　超高齢社会の出現で社会保障費は予算の3分の1を超えている。

問4　インフレは通貨膨張とも訳される。政府や日銀は増税や財政支出の縮小，金利の引き上げなどを通じて市中に出回っている通貨量を縮小させる政策を選択する。

問5　A　アメリカはドル安の効果で輸出競争力を回復。　B　1ドル200円が100円の円高になると200万円の車は1万ドルから2万ドルになる。　C　円高や人件費から海外移転の企業が増加。

3　(日本と世界の歴史―古代の朝鮮半島など)

問1　Ⅰ　高句麗19代の国王。　Ⅱ　日本と友好関係にあった国家。　Ⅲ　唐の援助で半島を統一。

問2　(1)　日本書紀によると552年に百済の聖明王が仏像や経典・僧侶などを献じたという。
(2)　百済の再建をめざして大軍を派遣したが白村江で大敗，以降半島から撤退した。

4　(日本の歴史―中世の政治・文化史など)

問1　有力大名の家督争いも加わり各地の大名が二手に分かれて対立，京は焼け野原となった。

重要　問2　玄関を設け襖(ふすま)や障子で区切った部屋に畳を敷くなど日本家屋の原型となった様式。

問3　墨の濃淡で立体感や色感を表現。明に渡った雪舟が日本独自の山水画を大成した。

問4　A　幕府の有力御家人　　B　尾張守護代の家老　　C　安芸の国人　　D　薩摩の守護

5　(日本と世界の歴史―現代の政治・経済史など)

問1　買い出し列車は終戦直後。独立を回復した1951年にはGNP(国民総生産)が戦前水準に到達。

重要　問2　アラブ諸国が石油の禁輸と価格を4倍に引き上げたため国内では狂乱物価となった。

問3　地中海のマルタでブッシュ・ゴルバチョフの米ソ首脳会談が実現，冷戦の終結が宣言された。

問4　中曽根内閣は売上税の導入を撤回，12年後に竹下内閣により消費税が3%で導入された。

6　(日本と世界の歴史―近代の政治・経済史など)

問1　フランス革命の混乱の中で頭角を現しヨーロッパの大半を征した。

問2　イギリス綿布に市場を奪われたインドは原料の供給と製品の輸入国に転落。

問3　奴隷制と貿易政策を争点に発生した内戦。北部の勝利により工業国へと発展していった。

問4　物価高騰の要因として株仲間を解散。イ・ウは寛政，エは享保の改革。

問5 (1) 治外法権とも呼ばれる。 (2) 1911年の日米通商航海条約で不平等条約の解消に成功。

重要 問6 討幕運動を回避するため15代将軍・徳川慶喜が政権の返上を決定。

★ワンポイントアドバイス★

世界に関する事項は分野を問わず苦手な受験生が多い。普段から世の中の動きに関心を持ち，ニュースなどで出てくる国は必ず調べる習慣をつけよう。

＜国語解答＞

一 問一 a と b 疑問 c 浸 d ざんしん e 対象 問二 自分の想像～神的高揚感 問三 「モノが地～いました。 問四 ア 問五 Ⅱ エ Ⅲ ウ
問六 知識がなければ，創造性も出てこない(から。) 問七 しません。
問八 (例) 彼が物理の知識をあらかじめ豊富に備えていた 問九 イ

二 問一 a なんくせ b 公衆 c 苦情 d 一筋 問二 Ⅰ ウ Ⅱ イ
問三 ア 問四 荷物で乗り物の席を取っておく(こと。) 問五 絶対 問六 ウ
問七 エ 問八 イ 問九 イ 問十 必要だ (例) (なぜなら)困っている人に座席を譲る必要があると人々に伝えることができる(から。) 必要ない (例) (なぜなら)優先席でなければ席を譲らなくてもよいと考える人が出てくる(から。)

三 問一 ① エ ② エ ③ ア 問二 ① エ ② イ ③ ウ
問三 ① ウ ② や ③ 秋 ④ b・d ⑤ エ ⑥ Ⅱ
問四 (1) ① 頭を低れて故郷を思ふ。 ② 人事を尽くして天命を待つ。
(2) 人ニ有リ㆓耕ス㆑田ヲ者㆒。

四 問一 C 問二 ウ・エ・オ 問三 (例) 鳥や獣を飼うこと。
問四 王子猷が鳥 問五 ア いとおし イ ろうたし ウ くもい
問六 (1) (Ⅰ) ウ (Ⅱ) イ (Ⅲ) キ (2) ウ

○配点○

[特進コース・プログレス進学コース]

一 問一 各2点×5 問六 4点 問九 5点 他 各3点×7(問二・問三各完答)
二 問一・問二・問五 各2点×7 他 各3点×7
四 問一・問二・問五・問六(1) 各2点×8(問二完答) 他 各3点×3 計100点

[未来創造コース]

一 問一 各2点×4 問六 4点 問九 5点 他 各3点×6
二 問一・問二・問五 各2点×6 他 各3点×6
三 問四 各3点×3 他 各2点×13 計100点

＜国語解説＞

一 (論説文一大意・要旨，内容吟味，文脈把握，脱文・脱語補充，漢字の読み書き，ことわざ・慣用句)

問一 a 音読みは「セツ」「ゼイ」で，「説話」「遊説」などの熟語がある。 b 「疑」の訓読みは「うたが(う)」。 c 音読みは「シン」で，「浸水」「浸透」などの熟語がある。 d 目新しいこと。「斬」の訓読みは「きる(る)」。 e 行為の目標となるもの。

基本 問二　冒頭の段落に「タウマゼイン」とあり，その後の「つまり」という説明の意味を表す接続語に続けて「自分の想像を超えたものを目の当たりにしたときに喚起される精神的高揚感」と述べている。

問三　直後の段落以降に「ニュートンの林檎」についてのエピソードが書かれている。「そして」で始まる段落の「『モノが地面に落ちる』という，過去にほぼすべての人類が見てきたはずの光景」が「既知のもの」に，「『天体の運動』という壮大なスケールのもの」が「未知のもの」に相当する。

問四　「似て(Ⅰ)なる」で，見かけは似ているが内部はまったく違うという意味になる語があてはまる。

問五　Ⅱ　前の「子どもはまだ世間に毒されていない無垢な存在だからこそ……斬新な発想を生み出せる」という考えは，どのような「幻想」によるものか。子どもは無垢であってほしい，子どもには常識にとらわれない発想をしてほしいという気持ちに通じる語句があてはまる。　Ⅲ　前の「子ども時代の好奇心を失う」について，直前の段落で「『子どもは好奇心の塊である』と言われますが，私は必ずしもそうは思いません」と述べており，この「必ずしもそうは思いません」に通じる語句があてはまる。強い不快感を意味するオの「嫌悪感」は合わない。

問六　傍線部③の「知識」が「新たな発想を考えつく」とする根拠を述べている部分を探す。「『無垢』なら」で始まる段落の「知識がなければ，創造性も出てこないのです」に着目する。

問七　挿入文は，大人の方が子どもよりけん玉やヨーヨーに創意工夫を凝らすことができると述べている。挿入文にある「ヨーヨー」について，「もし」で始まる段落で大人の方が創意工夫ができるとする具体的な内容を述べているので，挿入文は「もし」で始まる段落の前に入る。

やや難 問八　続く一文の文脈から，ニュートンが万有引力の法則を発見したのは，何のおかげであったのかを考える。筆者は「知識がなければ，創造性も出てこない」と述べているので，ニュートンには「知識」があったからだとわかる。ニュートンが持っていたのは，どのような知識なのかを具体的に付け加えてまとめる。

重要 問九　筆者は「知性」を持つことで驚きを得られ，その驚きは「好奇心」にも置き換えられると述べた後，「それが」で始まる段落で「既知のものと未知のものとの間に関連を見つけ出し，さらに大きな驚きをもたら」すと説明している。この内容にイが合致する。

二 (小説—情景・心情，内容吟味，文脈把握，脱文・脱語補充，漢字の読み書き，ことわざ・慣用句，表現技法)

問一　a「難癖をつける」は，ささいな欠点を見つけて大げさにとがめること。　b　社会一般の人々。　c　迷惑を被っていることに対する不平。　d　一本。「髪の毛ヒトスジ」で，ほんの少しという意味になる。

問二　Ⅰ「くちびる(を)とがらせ(て)」と読む。　Ⅱ　同じ意味を表す「白眼視(はくがんし)」という言葉がある。

問三　後に「だが，一応は謝った」と続いているので，納得していない心情が読み取れる。

問四　冒頭で，老人に「鞄座らせてまで連れの分の席取って」と言われており，これがミサとマユミの「名案」にあたる。この内容を簡潔に述べている部分を，文章の後半から抜き出す。

問五　直後の「自分が座りたかっただけ」と，同様の会話が前に「……絶対ホームから見えへんようになったらあのジジイが座るんやで」とある。ここから，あてはまる漢字二字を抜き出す。

問六　一つ後の段落以降で「ミサも同じ理由でふて腐れていた」とあり，その後で「ふて腐れたポーズを取っていないと泣いてしまう……他人に叱られるまでその行いを恥ずかしいと思わなかった自分たちのバカさ加減が情けない」と心情を述べている。この心情から読み取れる理由を「情けない気持ちでいっぱいになってしまう」と表現しているウが最も適切。アの「不快」は感じ取れない。イの「老人に全く反論できなかったこと」に対して情けなく感じているわけではない。二人は，エにあるように「自分たちの正当性を周りに訴え」ようとはしていない。

やや難 問七　同じ文の「それ」は，前の「でも，今度からやめとこな」と言うミサに対して，「マユミも無言で頷いた」ことを指し示している。二人は，荷物で席を取るようなことはもうしないと言っているので，「難癖つけられてもイヤやし」と言いながらも，「反省」しているとわかる。もう席取りはしないと言っているので，アの「批判」やウの「反抗」は読み取れない。イの「主張」すべき相手はいない。

重要 問八　直後の文の「心のどこかに確かにわだかまる疾しさ」から，自分たちの間違いに気づいていることが読み取れる。また，傍線部の直前の文の「別にあたしら悪いわけちゃうけどジジイがうるさいからもうやめといたるわ」や，同じ文の「自分たちの落ち度を髪の毛ヒトスジほども認めたがらない」から，自分たちの間違いを認められず強がる様子も読み取れる。この内容にイが最も適切。強がる様子に，アの「深く傷ついている」やウの「立ち直れない様子」は合わない。二人は自分たちの間違いを察しているので，「戸惑っている」とあるエも適切でない。

問九　文章は口語で，ミサとマユミの会話と行動を中心に二人の気持ちが読者に伝わるよう表現されている。アの「体言止めや倒置法」，エの「比喩表現」は用いられていない。ウの「方言」は会話に使用されているが，地方独特の文化を描くものではない。

やや難 問十　まず，「必要だ」「必要でない」の立場を明確にした上で，日常生活の経験をもとに理由を考える。「必要だ」とした場合には，人々に座席を譲る必要があることを知らせることができるから，席を譲ってもらえる可能性が高まるから，などの理由が考えられる。また，「必要ない」とした場合には，どんな場合でも困っている人には席を譲るべきだから，などの理由を述べる。

三 **(和歌(短歌)，俳句・川柳，漢文(漢詩)ー脱文・脱語補充，語句の意味，熟語，ことわざ・慣用句，品詞・用法，表現技法)**

問一　①　言葉に頼らなくても心が通じ合うこと。　②　気が弱くてなかなか決断できないこと。　③　一人ぼっちで助けてくれる人がいないこと。

基本 問二　①の「板」を使った慣用句は他に「板に上す」「立板に水」，②の「砂」を使った慣用句は他に「砂にする」，③の「肩」を使った慣用句は他に「肩で風を切る」「肩を入れる」などがある。

やや難 問三　①「おどろく」には，驚くの他にはっと気づくという意味がある。　②「切れ字」は，句の切れ目や末尾に置いて詠嘆の気持ちを表す。　③「雁」は秋の季語。　④「長かれ」は「長し」という形容詞の命令形。「みじかかり」は「短し」という形容詞の連用形。　⑤「ひさかたの」は，「光」を導く「枕詞」。　⑥（Ⅲ）の歌は，黒髪が長くなれと撫でてやっていた(娘の)命はなんと短かったことかという意味で，命のはかなさがテーマとなっている。「あとの雁が先になる」は若い者が先に死ぬという意味なので，（Ⅱ）が同じテーマとなっている。（Ⅳ）は，桜の花が散るのを惜しむ気持ちを詠んでいる。

問四　(1)　①「頭」を「低」れて「故郷」を「思」ふ，と読む。　②「人事」を「尽」くして「天命」を「待」つ，と読む。　(2)「人」は最初に読むのでそのままにし，「に」という送り仮名をつける。「田を耕す」とあるので，「耕」の左下にレ点と右下に「す」という送り仮名をつける。「者有り」と続くので，「者」の左下に一点，「有」の左下に二点と右下に「り」という送り仮名を付ける。

四 **(古文ー文脈把握，指示語の問題，語句の意味，文と文節，仮名遣い，文学史)**

〈口語訳〉　養い飼うものには，馬・牛(がある)。(紐で)繋いで苦しめるのはふびんだが，(馬や牛は)なくてはならないものであるから，どうしようもない。犬は，(家を)守り防ぐ任務は，人間よりも優れているので，必ず飼うべきだ。そうは言っても，どの家にもいるものなので，特別に探して飼わなくともよいであろう。

その他の鳥・獣は，すべて無駄なものである。走る獣が，檻に閉じ込められ，鎖をつけられ，飛ぶ鳥は翼を切られ，籠に入れられて，雲を恋しく思い，野山を思う悲しさは，止む時がない。その思いを，我が身にひきあてて堪えがたいと思うとすれば，情けのあるような人は，これを楽しんだりするだろうか。生きているものを苦しめて楽しむのは，桀や紂のような暴君の心だ。王子猷は鳥を愛し，(鳥が)林に遊ぶのを見て，そぞろ歩きの友とした。捕まえて苦しめるためではない。

問一　「犬は」「あるべし」と続く。「必ず」は「あるべし」を修飾しているので，述語ではない。

基本　問二　この前で，「馬・牛」と「犬」を挙げている。

やや難　問三　直前の文「走る獣は，檻にこめ，鎖をさされ，飛ぶ鳥は翼を切り，籠に入れられて，雲を恋ひ，野山を思ふ愁，止む時なし」に着目する。ここから，情けのあるような人が楽しまないとしていることを簡潔にまとめる。

問四　「桀や紂」と対極的な動物の鑑賞の仕方として，直後の文で「王子猷」を挙げている。

重要　問五　ア　歴史的仮名づかいの語頭以外のハ行は，現代仮名づかいではワ行にする。　イ　歴史的仮名づかいの「らう」は，現代仮名づかいでは「ろう」にする。　ウ　歴史的仮名づかいの「ゐ」は，現代仮名づかいでは「い」にする。

基本　問六　(1)　Ⅰ　清少納言の作品はウの「枕草子」。　Ⅱ　鴨長明の作品は「方丈記」。　Ⅲ　「徒然草」「枕草子」「方丈記」は，日本の三大随筆。　(2)　「常」であるものは「無」い，と考える。

★ワンポイントアドバイス★

読解問題では指示語の指示内容を考えながら読み進めていくことで，文脈をとらえよう。

プログレス進学

2023年度

解 答 と 解 説

《2023年度の配点は解答欄に掲載してあります。》

＜数学解答＞

1 問1 -2 問2 $3x-5$ 問3 20cm 問4 $x=3$, $y=5$ 問5 $\sqrt{12}$
問6 $x=7$, -5

2 問1 $a=-1$ 問2 $y=2x$ 問3 50cm^3 問4 $y=2x-1$ 問5 75度
問6 260度

3 問1 $a=\frac{3c-b}{2}$ 問2 38度 問3 $\frac{1}{12}$ 問4 ③ 問5 $x^2-25y^2+10y-1$
問6 7cm

4 問1 5 問2 $y=-2x$ 問3 $0<a<2$ 問4 $a=1$, $1+\sqrt{2}$

5 問1 6cm 問2 $3\sqrt{3}$cm 問3 $36\sqrt{3}$cm^2

○配点○

各4点×25 計100点

＜数学解説＞

1 (数・式の計算, データの範囲, 連立方程式, 平方根, 2次方程式)

基本 問1 $5+(-7)=-2$

問2 $(-12x+20)\div(-4)=\frac{-12x}{-4}+\frac{20}{-4}=3x-5$

問3 (範囲)=(最大値)−(最小値) $178-158=20$(cm)

問4 $y=x+2$…①を$3x+y=14$…②に代入すると$3x+(x+2)=14$ $4x+2=14$ $4x=12$ $x=3$ ①に代入すると$y=3+2=5$

基本 問5 $2\sqrt{3}=2\times\sqrt{3}=\sqrt{4}\times\sqrt{3}=\sqrt{4\times3}=\sqrt{12}$

問6 $x^2-2x-35=0$ 左辺を因数分解する。 $(x-7)(x+5)=0$ $x=7$, -5

2 (1次方程式の解, 比例, 体積, 直線の式, 平行線と角, 円と角)

問1 $\frac{2x+a}{3}=5$の両辺を3倍すると$2x+a=15$ この方程式の解が$x=8$なので, 代入すると$2\times8+a=15$ $a=15-16$ $a=-1$

問2 yがxに比例することは, 比例定数をaとすると$y=ax$と表すことができる。$x=2$のとき$y=4$なので代入すると$4=a\times2$ $a=2$ 比例の式は$y=2x$

問3 (四角錐の体積)=(底面積)×(高さ)$\times\frac{1}{3}=\frac{5\times5\times6}{3}=50$(cm^3)

問4 直線の式は$y=ax+b$と表せるが, (1, 1)を通ることから$a+b=1$…① (3, 5)を通ることから$3a+b=5$…② ②−①は$2a=4$ $a=2$ ①に代入すると$2+b=1$ $b=-1$ 直線の式は$y=2x-1$

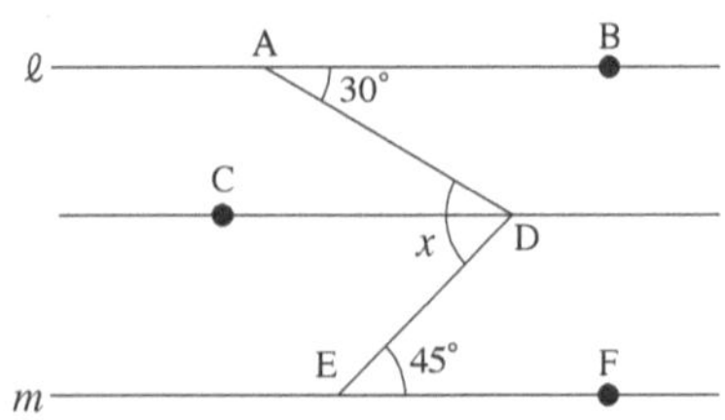

問5 右図のように点をとる。Dを通りℓ, mに平行な直線をひくと, 平行線の錯角は等しいので∠ADC=∠BAD, ∠EDC=∠DEF ∠x=∠ADC+∠EDC=∠BAD+∠DEF=30+45=75(度)

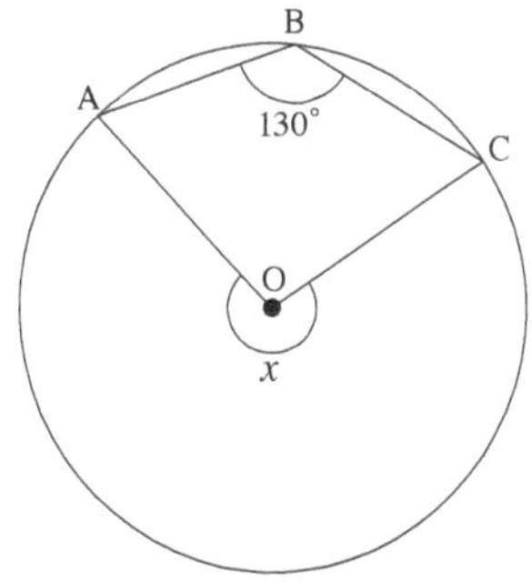

問6 $\overset{\frown}{AC}$に対する円周角が∠ABC，中心角が$\angle x$　同じ弧に対する中心角は円周角の2倍なので，$\angle x=130\times2=260$(度)

3 (等式の変形，角度，確率，箱ひげ図，展開，相似)

問1 $c=\frac{2a+b}{3}$の両辺を3倍して$3c=2a+b$　左右を入れ替えると$2a+b=3c$　bを移項して$2a=3c-b$　両辺を2で割ると$a=\frac{3c-b}{2}$

問2 △ABCが二等辺三角形で，底角が等しいことより∠ACB＝$(180-38)\div2=71$　△BCDが二等辺三角形なので，$\angle x=180-71\times2=38$(度)

問3 2つのさいころを同時に投げるとき目のでかたは全部で$6\times6=36$(通り)。その中で出る目の和が10になるのは(大のさいころの目，小のさいころの目)＝(4，6)，(5，5)，(6，4)の3通りなのでその確率は$\frac{3}{36}=\frac{1}{12}$

重要 問4 与えられたデータから最小値は15なので①，②は違う。また中央値は5番目と6番目の平均で$(20+22)\div2=21$となり，③が答えになる。

問5 $(x+5y-1)(x-5y+1)=\{x+(5y-1)\}\{x-(5y-1)\}=x^2-(5y-1)^2=x^2-(25y^2-10y+1)=x^2-25y^2+10y-1$

やや難 問6 ∠BAC＝∠EAD(共通)，∠ABC＝∠AED(仮定)より2組の角がそれぞれ等しいので△ABC∽△AED　対応する辺の比が等しいのでAB：AE＝AC：AD　AD＝xとおくと$(x+3):5=14:x$　$x(x+3)=5\times14$　$x^2+3x-70=0$　$(x+10)(x-7)=0$　$x>0$より$x=7$　7cm

4 (図形と関数・グラフの融合問題)

問1 $y=-x^2$について$x=-4$のとき$y=-(-4)^2=-16$，$x=-1$のとき$y=-(-1)^2=-1$なので，(xの増加量)$=-1-(-4)=3$，(yの増加量)$=-1-(-16)=15$　(変化の割合)$=\frac{(y\text{の増加量})}{(x\text{の増加量})}=\frac{15}{3}=5$

問2 Bは$y=-4$で$y=-x^2$上の点なので，$-x^2=-4$　$x^2=4$　$x=\pm2$　$x>0$より$x=2$でB(2，−4)　直線②は原点を通る直線なので$y=mx$とおけるが，B(2，−4)を通ることから$2m=-4$　$m=-2$　直線②は$y=-2x$

問3 Qが放物線①上の点，Rが直線②上の点なので，グラフをみると点Bの左右で上下がいれかわっている。Rのy座標がQのy座標より小さくなる(グラフで下になる)のは，$0<a<2$のとき

やや難 問4 P$(a, 0)$，Q$(a, -a^2)$，R$(a, -2a)$と表される。$0<a<2$の範囲ではQR$=-a^2-(-2a)=-a^2+2a$となるので，$-a^2+2a=1$　$a^2-2a+1=0$　$(a-1)^2=0$　$a=1$　$2<a<3$の範囲ではQR$=-2a-(-a^2)=a^2-2a$となるので，$a^2-2a=1$　$a^2-2a-1=0$　解の公式を利用して$a=\frac{-(-2)\pm\sqrt{(-2)^2-4\times1\times(-1)}}{2\times1}=\frac{2\pm\sqrt{4+4}}{2}=\frac{2\pm2\sqrt{2}}{2}=1\pm\sqrt{2}$　$2<a<3$より$a=1+\sqrt{2}$　QR＝1となるaは2つあり，$a=1$，$1+\sqrt{2}$

5 (空間図形の計量)

問1 D，FがAB，ACの中点なので，△ABCについて中点連結定理によりDF$=\frac{1}{2}\times$BC$=\frac{1}{2}\times12=6$(cm)

問2 問1と同様にEF$=\frac{1}{2}\times$AB＝6，DE$=\frac{1}{2}\times$AC＝6となり，△DEFは1辺の長さ6cmの正三角形になる。DE＝DF(＝6)，EP＝FP(＝3)，DPが共通であることから△DPE≡△DPFであり，∠DPE＝∠DPF＝$180\div2=90$(度)となり，△DPEは，30度，60度，90度の角をもつ直角三角形となる。辺の比は$1:2:\sqrt{3}$となるので，DP$=\sqrt{3}\times$EP$=3\sqrt{3}$(cm)

重要 問3 4つの面は合同な正三角形になるので，表面積は△DEFの4倍と考えてよい。△DEF$=\frac{1}{2}\times$

$EF \times DP = \frac{1}{2} \times 6 \times 3\sqrt{3} = 9\sqrt{3}$　　正四面体ODEFの表面積 $= 4 \times 9\sqrt{3} = 36\sqrt{3}$ (cm^2)

★ワンポイントアドバイス★

教科書レベルの問題が広い範囲にわたって出題されるので，まずはあらゆる分野の基本事項が理解できているか，確認しておこう。その上で標準レベルの問題に取り組める力をつけておきたい。

＜英語解答＞

1　問1　ア 5　イ 6　ウ 3　エ 2　オ 1　問2 253164　問3 ② to go ③ was ⑤ better ⑦ bought　問4 1　問5 郵便配達人の靴のサイズを知る[測る]ため　問6 2　問7 2　問8 ⑩ the postman ⑪ the postmaster
問9 1 ○　2 ×　3 ×　4 ×　5 ○

2　ア 3　イ 3　ウ 2　エ 2　オ 5

3　ア 1　イ 1　ウ 2　エ 3　オ 2　カ 3　キ 3　ク 3　ケ 2　コ 1

4　((1), (2)の順)　ア Do, have　イ is, called　ウ which [that], was　エ older, than　オ how, to

5　(2番目，5番目の順)　ア 3, 1　イ 2, 6　ウ 5, 3　エ 5, 4　オ 2, 6

○配点○

1　問2，問4，問6～問8　各3点×6　問5　4点　他　各2点×14

2～5　各2点×25(4，5各完答)　計100点

＜英語解説＞

1　(長文読解問題・物語文：語句補充，語句整序，内容吟味，指示語)

(全訳)　ある日，年配の郵便配達人が家のドアをノックして，「あなた宛の手紙です…」と声をかけました。その瞬間，中(ア)から少女の声が響きました。「今から行きます…待っていてください」。しかし，5分経っても誰も来なかったので，彼はもう一度尋ねました。「①この手紙を受け取ってくれる人はいますか？　この後，まだ②行くべきところがたくさんあるんです」と言うと，女の子は「お急ぎなら，手紙をドアの下に置いておいてください。開けるのにもう少し時間がかかります。」と答えました。「いいえ，待ちます。書留なので誰かの署名が必要です。」

すると，ドアが開きました。郵便配達人はとても怒っていて，女の子にどなろうとしましたが，そうしませんでした。足のない小さな女の子がそこに③いたからです。彼はあまりの驚きに，一瞬息をするのを忘れそうになりました。すぐに彼は我に返り，静かに手紙を渡し，彼女にサインをもらって立ち去りました。

その少女は家の中で一人でいることが多かったのです。彼女の母親はもうこの世にいませんでした，そして彼女の父親は遠くで働いていました。女の子の(イ)世話をするため，朝と夕方はお手伝いさんが家で彼女(ウ)に付き添っていましたが，日中は一人でした。

それから数か月間，④郵便配達人は郵便物が届くとノックし，ドアの前で辛抱強く待っていました。徐々に，彼らはお互いを⑤もっとよく知るようになりました。彼女は，彼が非常に古い靴を履

いて郵便物を配達したことに気づきました。

ある雨の日，郵便配達人が少女に手紙を渡して立ち去ると，ドアのすぐ内側に彼の足跡が残されていました。⑥彼女はその上に紙を置き，彼の足跡をたどりました。彼女はメイドに，そのサイズの靴を買ってきて家の中に保管するように頼みました。

この町で最大のお祭りが近づいていました。郵便配達人は祭りの(エ)期間中に彼女にプレゼントをあげたいと思いました。いろいろ考えた結果，彼は彼女のためにチョコレートの小さな箱を⑦買いました。翌日，彼は彼女の家に行き，ノックしました。

女の子がドアを開けると，郵便配達人はチョコレートの入った小さな箱を彼女に渡し，「この小さな贈り物を受け取ってください。」と言いました。彼女は喜んで，待っていてもらいました。しばらくして，彼女は大きな箱を持ってきて，それを彼に渡しました。彼女は言いました，「これはあなたへの贈り物です。」彼は驚きました。しばらく考えた後，彼は言いました，「どうして私があなたから贈り物を受け取ることができるでしょうか？」彼女は言いました，「私の贈り物を拒否しないでください。郵便配達人は箱を受けとり，彼女の頭(オ)にやさしく手を置きました。帰宅後，郵便配達人が箱を開けると，中には⑧一足の靴が入っていたので目を疑いました。彼はその少女が自分のことを心配しているとは知りませんでした。

数日後，郵便配達人は郵便局に行き，郵便局長に「⑨別の地域に異動させてください」と言いました。理由を尋ねると，郵便配達人はすべてを話し，涙ながらにこう言いました。「彼女に『ありがとう』と言いたかったのですが，彼女からの贈り物は私にとってあまりにも素晴らしいものでした，そして私は彼女にお返しすることができないので，もう彼女に会うことはできません。」

基本 問1 ア 「～から」と場所を表すときには from を使う。 イ 〈 take care of ～ 〉で「～の世話をする」という意味を表す。 ウ 「～といっしょに」という意味を表すときには with を使う。 エ 〈 during ～ 〉は「～の間に」という意味を表す。 オ 「～の上に」という意味を表すときには on を使う。

問2 〈 there is (are) ～ 〉は「～がいる(ある)」という意味を表す。また，who can take this letter という部分が anyone を修飾するので，主格の関係代名詞が使われている。

問3 ② 不定詞の形容詞的用法は「～するべき」という意味を表す。 ③ 主語は girl であり，過去のことなので，was にする。 ⑤ well の比較級は better である。 ⑦ 過去の出来事なので過去形にする。

問4 家にいるのは両脚がない少女であることを知ったので，郵便配達人はゆっくりと待つようにした。

問5 少女は郵便配達人の靴が古いことに気づいていたので，郵便配達人に新しい靴をあげたいと思った。そのために靴のサイズを測ったのである。

問6 少女は郵便配達人の靴が古いことに気づいていた。

問7 最後の部分にあるように，郵便配達人は少女から与えられた親切に充分応える術がなかったので，二度と会わないようにしたいと思った。

問8 ⑩ 別の地域に異動したいという理由をたずねられた人物である。 ⑪ 郵便配達人が理由を語った相手の人物である。

重要 問9 1 「少女は，母親が過去に死んでいたので，日中は家の中でひとりで暮らしていた。」第3段落の内容に合うので，正しい。 2 「郵便配達人は結局少女からプレゼントをもらわなかった。」受け取っているので，誤り。 3 「郵便配達人が少女に書留を渡したとき，彼はまったく忙しくなかった。」「行くべきところがたくさんある」と言っているので，誤り。 4 「彼は長く考えた後で，少女のためにチョコレートの小さな箱を作ることに決めた。」「買った」とあるので，誤り。　5「郵便配達人が初めて少女を見たとき，彼は彼女にどなるには驚きすぎた。」第2段落の内容に合うので，正しい。

2 （発音問題）

ア　1 [íːst]　2 [míːt]　3 [stéik]　4 [píːs]　5 [míːn]
イ　1 [njuːz]　2 [mjúːzik]　3 [máus]　4 [luz]　5 [dizáin]
ウ　1 [kúk]　2 [rúːm]　3 [búk]　4 [lúk]　5 [túk]
エ　1 [ǽpl]　2 [pɑ́rk]　3 [kǽp]　4 [θǽŋk]　5 [stǽnd]
オ　1 [béntʃ]　2 [tʃǽmpiənʃìp]　3 [kóutʃ]　4 [tʃíkin]　5 [kɔ́rəs]

3 （語句補充問題：動詞，代名詞，動名詞，現在完了，不定詞，助動詞，分詞，疑問詞，関係代名詞）

ア「教室を掃除することは，生徒たちにとって大切だ。」動名詞は単数あつかいをする。

イ「大谷翔平は偉大な野球選手だ。私は明日彼の試合を見に行くつもりだ。」「彼の」とするので所有格を選ぶ。

ウ「少年たちは昨日サッカーをして楽しんだ。」〈 enjoy ~ ing 〉で「～するのを楽しむ」という意味を表す。

エ「エミリーとサラはまだその映画を見ていない。」「これまでに～したことがない」という意味は，現在完了の経験用法を用いて表す。

オ「ギターを弾くことは私にとっては難しい。」〈 it is ~ for S to … 〉で「 S が…することは～である」という意味になる。

カ「明日のミーティングは重要だが，私はそれに出席する必要がない。」〈 don't have to ~ 〉で「～する必要がない」という意味になる。

キ「サムは日本語で書かれた本を探している。」「～された」という意味を表して，直前にある名詞を修飾するときには，過去分詞の形容詞的用法を使う。

ク「私はどこでその切符を買うのかを知りたい。」〈 where to ~ 〉で「どこで～するべきか」という意味を表す。

ケ「この本はいつも，私が英語を理解するのを助けてくれる。」〈 help A ＋動詞の原形〉で「 A が～するを手伝う」という意味を表す。

コ「この家に住む人を知っていますか？」 lives 以下の部分が man を修飾するので，主格の関係代名詞を用いる。

4 （書き換え問題：助動詞，受動態，関係代名詞，比較，不定詞）

ア「あなたのオフィスに午後5時に行かなければいけませんか？」〈 have to ~ 〉で「～しなければならない」という意味を表す。

イ「日本語ではこの食べ物を何と呼びますか？」→「この食べ物は日本語では何と呼ばれますか？」受動態の文なので〈 be 動詞＋過去分詞〉という形にする。

ウ「それは2000年に建てられたデパートだ。」先行詞が物で，主格を表すので，which か that を用いる。

基本 エ「あなたのバッグは私のほど新しくない。」→「あなたのバッグは私のより古い。」〈 not as ~ as … 〉で「…ほど～でない」という意味を表す。

オ「私の母は私にカレーライスの作り方を教えてくれた。」〈 how to ~ 〉で「～する方法(仕方)」という意味を表す。

5 （語句整序問題：make OC，現在完了，比較，接続詞，仮定法）

ア（ Wars ）make everyone all over the world（ sad. ）〈 make A B 〉で「 A を B にする」という意味になる。

イ　(Kenta) has been using his smartphone for (four hours.)　現在完了の進行形は〈 have + been + ~ing 〉という形で表す。

ウ　(Mika is) one of the most popular singers (in Japan.)　〈 one of ~ 〉で「~の中の1つ」という意味になる。

エ　(Our teacher) told us that studying every day is (important.)　〈 that S V 〉という形の that 節は「~こと」という意味を表す。

オ　(I) wish I could go to Rishiri Island (next year.)　〈 wish ~ S could … 〉は仮定法で，実現が不可能な願望を表す。

★ワンポイントアドバイス★

5のオでは仮定法過去を表す。これでは，文の内容が現実とは異なる内容であることを示すために，主語と合わない動詞をわざと用いるようにする。例えばＩに対して were を使う。(例)　I wish I were a bird.「私が鳥だったらいいのに。」

未来創造

2023年度

解　答　と　解　説

《2023年度の配点は解答欄に掲載してあります。》

＜数学解答＞

1 問1 -2 問2 $3x-5$ 問3 20cm 問4 $x=3$, $y=5$ 問5 $\sqrt{12}$
問6 $x=7$, -5

2 問1 $a=-1$ 問2 $y=2x$ 問3 50cm^3 問4 $y=2x-1$ 問5 75度
問6 260度

3 問1 $a=\dfrac{3c-b}{2}$ 問2 38度 問3 $\dfrac{1}{12}$ 問4 ③ 問5 $x^2-25y^2+10y-1$
問6 7cm

4 問1 1 問2 A$(-1, 1)$ 問3 B$(4, 16)$ 問4 10cm^2

5 問1 6cm 問2 $3\sqrt{3}$cm 問3 $36\sqrt{3}\text{cm}^2$

○配点○

各4点×25 計100点

＜数学解説＞

1 (数・式の計算，データの範囲，連立方程式，平方根，2次方程式)

基本 問1 $5+(-7)=-2$

問2 $(-12x+20)\div(-4)=\dfrac{-12x}{-4}+\dfrac{20}{-4}=3x-5$

問3 (範囲)＝(最大値)－(最小値) $178-158=20$(cm)

問4 $y=x+2$…①を$3x+y=14$…②に代入すると$3x+(x+2)=14$ $4x+2=14$ $4x=12$ $x=3$ ①に代入すると$y=3+2=5$

基本 問5 $2\sqrt{3}=2\times\sqrt{3}=\sqrt{4}\times\sqrt{3}=\sqrt{4\times3}=\sqrt{12}$

問6 $x^2-2x-35=0$ 左辺を因数分解する。 $(x-7)(x+5)=0$ $x=7$, -5

2 (1次方程式の解，比例，体積，直線の式，平行線と角，円と角)

問1 $\dfrac{2x+a}{3}=5$の両辺を3倍すると$2x+a=15$ この方程式の解が$x=8$なので，代入すると$2\times8+a=15$ $a=15-16$ $a=-1$

問2 yがxに比例することは，比例定数をaとすると$y=ax$と表すことができる。$x=2$のとき$y=4$なので代入すると$4=a\times2$ $a=2$ 比例の式は$y=2x$

問3 (四角錐の体積)＝(底面積)×(高さ)×$\dfrac{1}{3}=\dfrac{5\times5\times6}{3}=50(\text{cm}^3)$

問4 直線の式は$y=ax+b$と表せるが，$(1, 1)$を通ることから$a+b=1$…① $(3, 5)$を通ることから$3a+b=5$…② ②－①は$2a=4$ $a=2$ ①に代入すると$2+b=1$ $b=-1$ 直線の式は$y=2x-1$

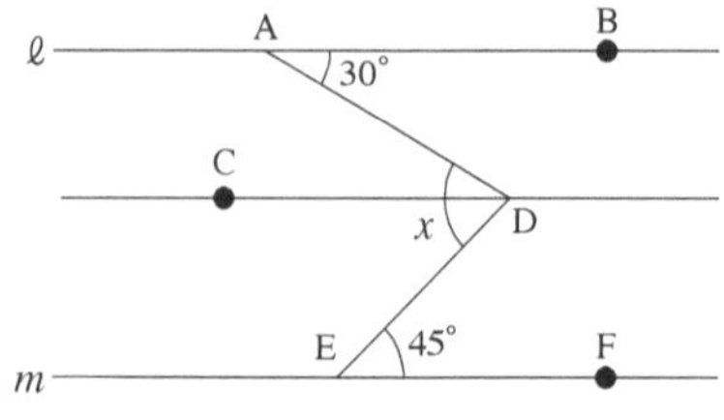

問5 右図のように点をとる。Dを通りℓ，mに平行な直線をひくと，平行線の錯角は等しいので∠ADC＝∠BAD，∠EDC＝∠DEF ∠x＝∠ADC＋∠EDC＝∠BAD＋∠DEF＝30＋45＝75(度)

問6 $\overset{\frown}{AC}$に対する円周角が∠ABC，中心角が∠x　同じ弧に対する中心角は円周角の2倍なので，∠x＝130×2＝260(度)

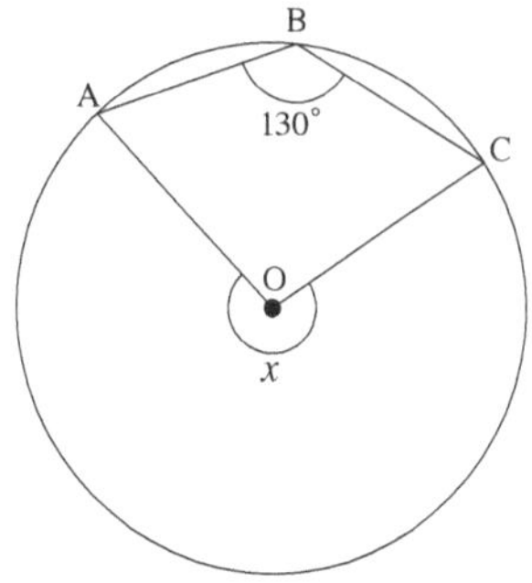

3 (等式の変形，角度，確率，箱ひげ図，展開，相似)

問1 $c=\frac{2a+b}{3}$の両辺を3倍して$3c=2a+b$　左右を入れ替えると$2a+b=3c$　bを移項して$2a=3c-b$　両辺を2で割ると$a=\frac{3c-b}{2}$

問2 △ABCが二等辺三角形で，底角が等しいことより∠ACB＝(180－38)÷2＝71　△BCDが二等辺三角形なので，∠x＝180－71×2＝38(度)

問3 2つのさいころを同時に投げるとき目のでかたは全部で6×6＝36(通り)。その中で出る目の和が10になるのは(大のさいころの目，小のさいころの目)＝(4，6)，(5，5)，(6，4)の3通りなのでその確率は$\frac{3}{36}=\frac{1}{12}$

重要 問4 与えられたデータから最小値は15なので①，②は違う。また中央値は5番目と6番目の平均で(20＋22)÷2＝21となり，③が答えになる。

問5 $(x+5y-1)(x-5y+1)=\{x+(5y-1)\}\{x-(5y-1)\}=x^2-(5y-1)^2=x^2-(25y^2-10y+1)=x^2-25y^2+10y-1$

やや難 問6 ∠BAC＝∠EAD(共通)，∠ABC＝∠AED(仮定)より2組の角がそれぞれ等しいので△ABC∽△AED　対応する辺の比が等しいのでAB：AE＝AC：AD　AD＝xとおくと$(x+3):5=14:x$　$x(x+3)=5\times14$　$x^2+3x-70=0$　$(x+10)(x-7)=0$　$x>0$より$x=7$　7cm

4 (図形と関数・グラフの融合問題)

問1 $y=x^2$について$x=-1$のとき$y=(-1)^2=1$　$x=2$のとき$y=2^2=4$となるので，(xの増加量)＝2－(－1)＝3，(yの増加量)＝4－1＝3　(変化の割合)＝$\frac{(y\text{の増加量})}{(x\text{の増加量})}=\frac{3}{3}=1$

問2 A，Bは$y=x^2$…①と$y=3x+4$…②の交点なので，①，②を連立方程式として解けば，その座標が求まる。$x^2=3x+4$　$x^2-3x-4=0$　$(x-4)(x+1)=0$　$x=4,\ -1$　点Aは図より$x<0$なので$x=-1$，$y=(-1)^2=1$　A(－1，1)

問3 点Bは図より$x>0$なので，$x=4$　$y=4^2=16$　B(4，16)

重要 問4 直線$y=3x+4$とy軸($x=0$)の交点をCとすると，C(0，4)　△AOB＝△OAC＋△OBC＝$\frac{1}{2}\times4\times1+\frac{1}{2}\times4\times4=2+8=10$(cm²)

5 (空間図形の計量)

問1 D，FがAB，ACの中点なので，△ABCについて中点連結定理によりDF＝$\frac{1}{2}$×BC＝$\frac{1}{2}$×12＝6(cm)

問2 問1と同様にEF＝$\frac{1}{2}$×AB＝6，DE＝$\frac{1}{2}$×AC＝6となり，△DEFは1辺の長さ6cmの正三角形になる。DE＝DF(＝6)，EP＝FP(＝3)，DPが共通であることから△DPE≡△DPFであり，∠DPE＝∠DPF＝180÷2＝90(度)となり，△DPEは，30度，60度，90度の角をもつ直角三角形となる。辺の比は1：2：$\sqrt{3}$となるので，DP＝$\sqrt{3}$×EP＝$3\sqrt{3}$(cm)

やや難 問3 4つの面は合同な正三角形になるので，表面積は△DEFの4倍と考えてよい。△DEF＝$\frac{1}{2}$×EF×DP＝$\frac{1}{2}\times6\times3\sqrt{3}=9\sqrt{3}$　正四面体ODEFの表面積＝$4\times9\sqrt{3}=36\sqrt{3}$(cm²)

★ワンポイントアドバイス★

他のコースの問題もほぼ同じで，問題のレベルも大きく変わるものではないので，受験するコースの問題を解き，復習したあと，少し時間をおいて別のコースの問題を解いてみるのもよいだろう。

＜英語解答＞

[1] 問1 ア 3 イ 4 ウ 1 エ 2 問2 3 問3 ② 3 ③ 2 ⑤ 5
⑥ 4 問4 王様からもらった種から花を育てることができなかったから
問5 426513 問6 1 (1) No (2) didn't 2 (3) gave (4) them
3 (5) Yes (6) were 問7 1 × 2 ○ 3 × 4 ○ 5 ×
問8 1 good 2 flour 3 speak

[2] ア 3 イ 3 ウ 2 エ 2 オ 5

[3] ア 1 イ 1 ウ 2 エ 3 オ 2 カ 3 キ 3 ク 3 ケ 2
コ 1

[4] (2番目，4番目の順) ア 5,3 イ 2,3 ウ 5,3 エ 2,4 オ 4,1

[5] ((1)，(2)の順) ア be, done イ How, get ウ not, as エ If, you
オ had, could

○配点○

[1] 問3～問5 各3点×6 他 各2点×16(問6各完答)

[2]～[5] 各2点×25([4]，[5]各完答) 計100点

＜英語解説＞

[1] **(長文読解問題・物語文：語句補充，不定詞，指示語，内容吟味，語句整序，語彙)**

(全訳) 昔々，年老いた王様がいました。彼には息子も娘もいませんでした。彼が亡くなった後，彼の代わりになる人は誰もいませんでした。そこで彼は，将来の王か王妃となる若者を①見つける計画を立てました。

4月のある日，彼は城の近くの村の子供たちを庭(ア)に招待しました。彼は子供たち一人一人に種を一つずつ与えました。彼は②彼らに花を育てるように言いました。最高の花を(イ)持つ人が将来のリーダーとなるでしょう。

トムという男の子は幸せでした。彼は物を育てるのが大好きでした。彼は自分なら最高の花を育てることができると思いました。彼は家に帰って種を植えました。毎日，適切な量(ウ)の水と日光を③それに与えました。

何週間も何も成長しませんでした。④トムは父親に「王様には会いたくない」と言いました。父親は「いいえ，息子よ，王様のところに行って，⑤彼に自分はよくがんばったと言いなさい。」と言いました。

翌日，王の庭は子供たちでいっぱいでした。トムは周りを見回しました。⑥彼を除いて，誰もが美しい花を持っていました。王様は植物を注意深く見ましたが，微笑みませんでした。それから彼はトムを見ました。彼は近づいてきて，「なぜあなたの植木鉢の(エ)中に花がないのですか？」と

尋ねました。

トムは「種は育ちませんでした。」と言いました。

王様は微笑み，優しい声でこう言いました。「みなさん，ありがとう，でも⑦あなたたちがどのようにしてこれらのものを育てたかわかりません。少年少女たちよ，私はあなたたちに悪い種を与えました。何も成長させることはできませんでした。この少年だけは私に花を持ってきませんでした。彼は正直です。彼が次の王となるでしょう。」

問1　ア　「～へ」という意味を表すので，to を用いる。　イ　〈 with ～ 〉で「～を持った」という意味を表す。　ウ　「～の」という意味を表すので，of を用いる。　エ　「～の中に」という意味を表すので，inside を用いる。

基本　問2　形容詞的用法の不定詞を選ぶ。3以外はすべて名詞的用法である。

問3　②　城に集められた子供たちを指している。　③　少年がもらった種を指している。　⑤　城に行って会う王様を指している。　⑥　花を持っていない少年を指している。

問4　少年は種から花を咲かせられると思っていたが，努力してもそうはならなかったので，王様に会いたくないと思った。

問5　〈 how S V 〉で「 S がどのように V するか」という意味を表す。また，〈 be able to ～ 〉は〈 can ～ 〉と同じように「～できる」という意味を表す。

問6　1「王様には娘がいたか？」「息子も娘もいませんでした」とある。　2「王様は子供たちに何を与えたか？」「種を一つずつ与えました」とある。　3「王様の庭には多くの子供たちがいたか？」「王の庭は子供たちでいっぱいでした」とある。

重要　問7　1「トムは花を育てるのが得意でなかった。」「彼は自分なら最高の花を育てることができると思いました」とあるので，誤り。　2「トムは種の世話をした。」 水や光を与えたとあるので，正しい。　3「トムの父親は彼に『王様のところに行くな。』と言った。」 父親は行くように言ったので，誤り。　4「トムは美しい花を得ることができなかった。」「何週間も何も成長しませんでした」とあるので，正しい。　5「誰もが美しい花を持っていたので，王様は微笑んだ。」「微笑みませんでした」とあるので，誤り。

問8　1「悪い」の反意語なので「よい」とする。　2　[flɑ́ʊɚ]と発音する単語に「小麦粉」がある。　3　spoke は speak の過去形である。

2　(発音問題)

ア　1 [íːst]　2 [míːt]　3 [stéik]　4 [píːs]　5 [míːn]

イ　1 [njuːz]　2 [mjúːzik]　3 [máus]　4 [luz]　5 [dizáin]

ウ　1 [kúk]　2 [rúːm]　3 [búk]　4 [lúk]　5 [túk]

エ　1 [ǽpl]　2 [pɑ́rk]　3 [kǽp]　4 [θǽŋk]　5 [stǽnd]

オ　1 [béntʃ]　2 [tʃǽmpiənʃìp]　3 [kóutʃ]　4 [tʃíkin]　5 [kɔ́rəs]

3　(語句補充問題:動詞，代名詞，動名詞，現在完了，不定詞，助動詞，分詞，疑問詞，関係代名詞)

ア　「教室を掃除することは，生徒たちにとって大切だ。」 動名詞は単数あつかいをする。

イ　「大谷翔平は偉大な野球選手だ。私は明日彼の試合を見に行くつもりだ。」「彼の」とするので所有格を選ぶ。

ウ　「少年たちは昨日サッカーをして楽しんだ。」〈 enjoy ～ ing 〉で「～するのを楽しむ」という意味を表す。

エ　「エミリーとサラはまだその映画を見ていない。」「これまでに～したことがない」という意味は，現在完了の経験用法を用いて表す。

オ　「ギターを弾くことは私にとっては難しい。」〈 it is ～ for S to … 〉で「 S が…することは～

である」という意味になる。

カ 「明日のミーティングは重要だが，私はそれに出席する必要がない。」〈 don't have to ～ 〉で「～する必要がない」という意味になる。

キ 「サムは日本語で書かれた本を探している。」「～された」という意味を表して，直前にある名詞を修飾するときには，過去分詞の形容詞的用法を使う。

ク 「私はどこでその切符を買うのかを知りたい。」〈 where to ～ 〉で「どこで～するべきか」という意味を表す。

ケ 「この本はいつも，私が英語を理解するのを助けてくれる。」〈 help A ＋動詞の原形〉で「Aが～するを手伝う」という意味を表す。

コ 「この家に住む人を知っていますか？」 lives 以下の部分が man を修飾するので，主格の関係代名詞を用いる。

4 (語句整序問題：不定詞，進行形，疑問詞，現在完了，SVOC)

ア He wants his classmates to know (this fact.) 〈 want A to ～ 〉で「Aに～してほしい」という意味を表す。

イ We were eating dinner at 7：00 (.) 進行形の文なので〈 be 動詞＋～ ing 〉の形にする。

ウ How long have you lived (in Australia?) 〈 how long ～ 〉は「どれくらいの間～」という意味で，時間や期間の長さをたずねる時に用いられる。

エ How many books do you (have?) 数をたずねるときは〈 how many ＋複数形の名詞 〉という表現を用いる。

オ The news made us happy (.) 〈 make A B 〉で「AをBにする」という意味になる。

5 (書き換え問題：受動態，疑問詞，比較，命令文，仮定法)

ア 「あなたはこの宿題を1日でできない。」→「この宿題は1日ではできない。」 助動詞がある文を受動態にするときは，〈助動詞＋ be ＋過去分詞〉の形にする。

イ 「駅への道を教えてもらえませんか？」→「私はどのようにして駅へ行けますか。」 方法についてたずねる時は how を使う。〈 get to ～ 〉で「～に着く」という意味になる。

基本 ウ 「ケイコはメグより背が高い。」→「メグはケイコほど背が高くない。」〈 not as ～ as … 〉で「…ほど～ではない」という意味になる。

エ 「急ぎなさい，そうすればバスに間に合います。」→「もし急いだら，バスに間に合います。」〈 if ＋主語＋動詞～〉で「もし～ならば」という意味を表す。

オ 「十分な時間がないので，あなたと一緒に行けません。」→「もし十分な時間があったら，あなたと一緒に行けるのに。」〈 if 主語＋過去形の動詞～ 〉は仮定法過去で，実際とは異なる仮定を表す。

★ワンポイントアドバイス★

5のオでは仮定法過去を表す。これでは，文の内容が現実とは異なる内容であることを示すために，主語と合わない動詞をわざと用いるようにする。例えば I に対して were を使う。(例) I wish I were a bird.「私が鳥だったらいいのに。」

2022年度

★★★★★★★★★★★★★★★★★★★★★★★★

入　試　問　題

2022年度

札幌龍谷学園高等学校入試問題（特進コース）

【数　学】（45分）〈満点：100点〉
【注意】 定規・コンパス・分度器は使用してはいけません。

1　次の問いに答えなさい。

問１　$(+2)-(+3)$　を計算しなさい。

問２　$-\frac{1}{4}-\frac{3}{5}\div\frac{4}{5}$　を計算しなさい。

問３　$-2^3+(-2)^2$　を計算しなさい。

問４　$-x+3-(-3x+5)$　を計算しなさい。

問５　１次方程式　$7x+6=4x-3$　を解きなさい。

問６　$4a^3b^2\div(-2ab^2)$　を計算しなさい。

問７　連立方程式 $\begin{cases}2x-3y=7\\3x+2y=4\end{cases}$　を解きなさい。

問８　x^2+2x-3　を因数分解しなさい。

問９　$(\sqrt{2}-1)^2$　を計算しなさい。

問10　２次方程式　$x^2-3x+1=0$　を解きなさい。

2　次の問いに答えなさい。

問１　yはxに反比例し，$x=6$のとき$y=-4$です。このとき，$x=-3$のときのyの値を求めなさい。

問２　半径$\sqrt{3}r$ cmの球の体積を求めなさい。ただし，円周率をπとします。

問３　生徒6名のテストの点数が8点，6点，4点，10点，2点，9点でした。このときの中央値を求めなさい。

問４　１次関数$y=\frac{3}{2}x-5$について，xの変域が$-2\leqq x\leqq 4$のときのyの変域を求めなさい。

問５　箱の中に白玉と黒玉が合わせて300個入っています。この箱から20個の玉を取り出したところ，白玉は5個ありました。箱の中にはあと何個の白玉が入っていると考えられるか求めなさい。

3　次の問いに答えなさい。

問１　10％の食塩水と15％の食塩水を混ぜて，12％の食塩水200 gをつくります。このとき，10％の食塩水は何g混ぜればよいか求めなさい。

問２　2つのさいころA，Bを同時に投げ，Aの出た目をa，Bの出た目をbとするとき，abの値が整数の2乗になる確率を求めなさい。

問３　下の図で，∠ABCの二等分線と∠ACEの二等分線の交点をDとするとき，∠xの大きさを求めなさい。

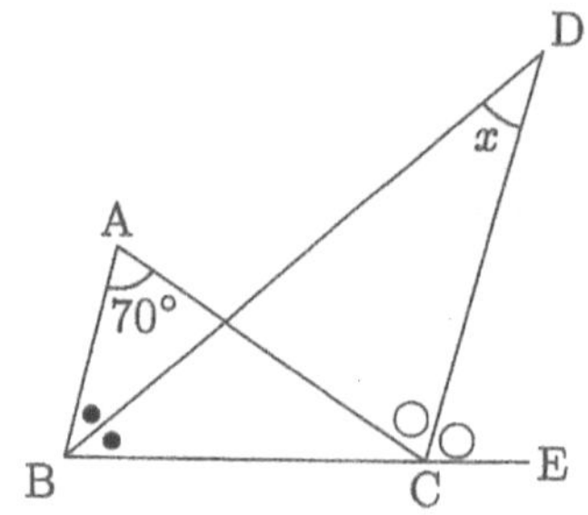

問４　下の図で，ADの長さを求めなさい。

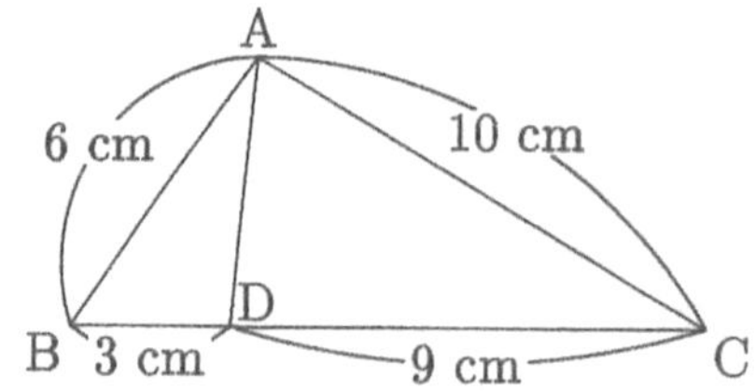

問５　下の図で，点Oは円の中心です。∠xの大きさを求めなさい。

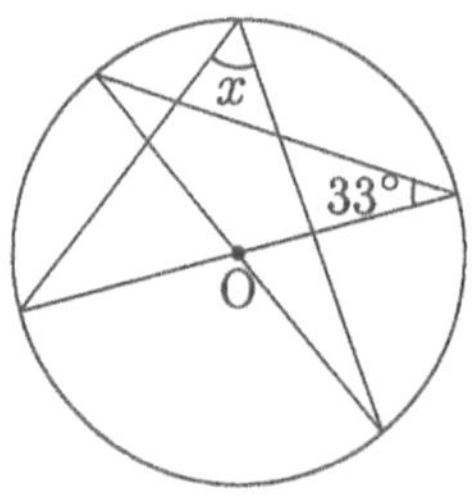

4　右の図は，放物線$y=ax^2$と直線ℓが2点A，Bで交わっています。点Aのx座標は-1で，点Bの座標は(2，8)です。このとき，次の問いに答えなさい。

問1　直線ℓの方程式を求めなさい。

問2　原点を通り，△OABの面積を2等分する直線の方程式を求めなさい。

問3　x軸上に点Pをとります。△ABPの周の長さが最小となるとき，点Pのx座標を求めなさい。

問4　放物線上のx座標が負の部分に点Qをとります。△QABの面積が△OABの面積の3倍となるとき，点Qのx座標を求めなさい。

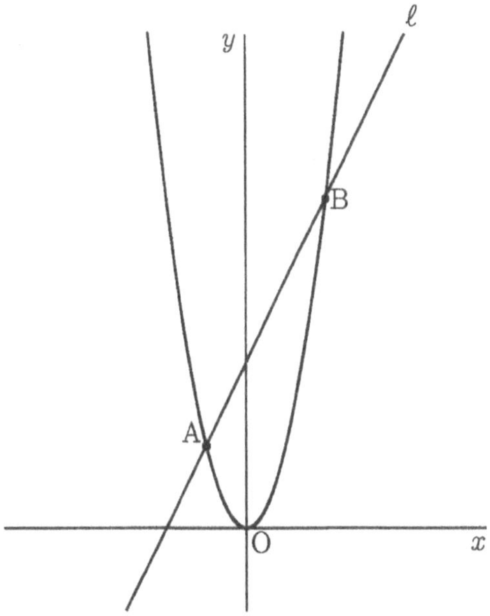

5　右の図は，1辺の長さが2 cmの正六角形ABCDEFです。このとき，次の問いに答えなさい。

問1　正六角形の6個の頂点のうち，3点を結んで三角形を作ります。直角三角形は何個作ることができるか求めなさい。

問2　正六角形の対角線のうち，最も短い対角線の長さを求めなさい。

問3　正六角形の面積を求めなさい。

問4　四角形ABCDを直線ADを軸として1回転してできる立体の体積を求めなさい。ただし，円周率をπとします。

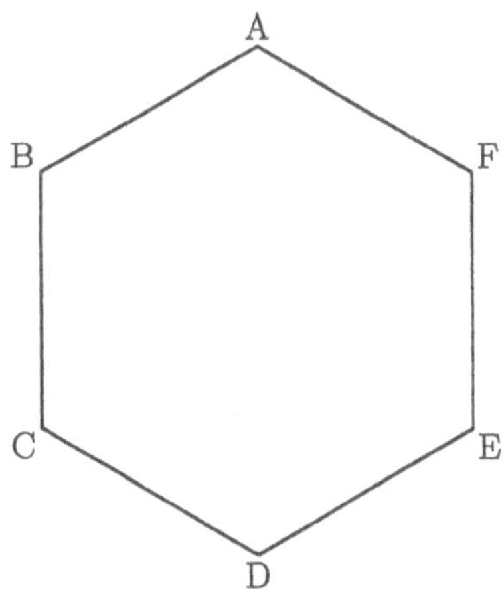

【英　語】（45分）〈満点：100点〉

1 次の英文を読み，設問に答えなさい。

Joe is 75 years old, and lives alone, with the memories of his dead wife. His children have grown up and now live in other cities. They sometimes visit him together.

On a holiday, Joe was waiting (1) the *arrival of his children. When he was cleaning his home to welcome them, he lost his favorite watch. He felt quite sad, because it was a gift (2) his wife. He got it when their first child was born. (ア)It became very special to him after his wife died. ①Joe treasured it and always wore it.

When he met his children, he felt very happy and forgot (3) the watch. He had a very happy time (4) them for a while. One of his children began to talk about his wife, and then he suddenly remembered it and became very *upset. His children asked him why he was so upset. Joe said, "Dear children, ②I lost the most important gift that I've ever had. Your mom gave it to me and I lost (イ)it when I was cleaning! ③I *feel like there's a big hole in my heart." Joe was (5) *tears. The children felt very sorry for him and began to look for the watch with him.

After a while his daughter said to him, "Dad, ④do you (1. the / 2. you / 3. when / 4. saw / 5. watch / 6. remember / 7. last) before (ウ)it was *missing?" Joe said, "I'm not sure, but I was cleaning the kitchen then, I think ..." After ⑤(hear) this, they went there and began to look for (エ)it.

They tried to find it ⑥for about (　　　) an hour with Joe, but could find (⑦) there. After a while, Joe said, "I'm a little tired," so they *gave up and went back to the *living room. Some time later, however, one of his sons suddenly moved back (6) the kitchen.

He came in (オ)it and sat there ⑧in *silence. The other children soon reached him, but ⑨(1. he / 2. be / 3. them / 4. quiet / 5. told / 6. to / 7. very). He sat there for a few minutes and then *rushed to his father. Yes, ⑩he had the (⑪) precious thing of all to his father, and happily gave it back to him.

He was surprised and asked how he could find the watch. The son said, "I sat in the kitchen without making any *sound. The kitchen soon became so quiet. After a few minutes, I heard its '*tick tick' sound and found it."

This is the power of silence; if we are *calm when we have a problem, we can find the *solution very easily!

注：*arrival*：到着　*upset*：動揺して　*feel like*：～のような気がする　*tear*：涙
missing：行方不明の　*give up*：諦める　*living room*：居間　*silence*：沈黙　*rush*：大急ぎで行く
sound：音　*tick*：(時計の)カチカチ(という音)　*calm*：落ち着いた，冷静な　*solution*：解決方法

問1　(1)～(6)に入る前置詞を次から選びなさい。
about / with / in / from / for / to

問2　下線部①の内容を表す英文として最も適切なものを下から選び，番号で答えなさい。
1. Joe gave it to one of his children.
2. Joe carefully looked for it.
3. Joe put it in a box and didn't open it.
4. Joe took very good care of it.

問３　下線部(ア)～(オ)の中で指すものが異なるものの記号を答え，さらにそれが指すものを本文から抜き出しなさい。

問４　下線部②を日本語になおしなさい。

問５　下線部③の内容として最も適切なものを下から選び，番号で答えなさい。

1. 妻に怒られているようで胸が痛む。
2. 心の中から妻の存在がなくなった気がする。
3. 贈り物を失くして，妻に対して申し訳ないと思う。
4. 妻に謝りたい気持ちが抑えられない。

問６　下線部④⑨の(　　)内の語を並べかえて，日本文の意味を表す英語を完成しなさい。なお，解答欄には番号で記入すること。

④「いつあなたが時計を最後に見たか覚えていますか?」

⑨「彼は彼らに本当に静かにするように言った」

問７　下線部⑤を，適切な形にかえなさい。

問８　下線部⑥が「約30分間」という意味になるように，空所に入れるべき適語を答えなさい。

問９　空欄⑦に入れるのに最も適した語を次から１つ選び，番号で答えなさい。

1. something　　2. anything　　3. everything　　4. nothing

問10　下線部⑧とほぼ同じ意味の表現を，本文中から4語で抜き出しなさい。

問11　下線部⑩が指すものを，本文中から4語で抜き出しなさい。

問12　空欄⑪に入れるのに最も適した語を次から１つ選び，番号で答えなさい。

1. many　　2. much　　3. more　　4. most

問13　本文の内容に合うものには○を，合わないものには×をつけなさい。

1. Joe still lives happily with his wife and his children.
2. Joe's wife gave a watch to him several days before she died.
3. Joe's son found the watch because he could hear its sound.
4. This story says, "if we aren't upset with a problem, we can solve it."

2　各組で下線部の発音が他と異なるものを１つ選び，番号で答えなさい。

ア．	1. nice	2. him	3. hit	4. picture	5. sing
イ．	1. sad	2. plan	3. take	4. language	5. stand
ウ．	1. such	2. much	3. uncle	4. put	5. brush
エ．	1. think	2. father	3. thank	4. three	5. teeth
オ．	1. played	2. studied	3. traveled	4. moved	5. worked

3　各文の(　　)内から最も適切な語(句)を選び，番号で答えなさい。

ア．(1. Is　2. Was　3. Were) Mike in the library yesterday?

イ．His hobby is (1. playing　2. play　3. played) baseball.

ウ．My father is (1. tall　2. taller　3. the tallest) in my family.

エ．Sam (1. make　2. makes　3. making) cakes with his friends every Sunday.

オ．I was (1. study　2. studied　3. studying) science at four o'clock yesterday.

カ．I have two daughters. One is in Sapporo and (1. another　2. others　3. the other) is in Osaka.

キ．My mother was cooking (1. when　2. that　3. if) I came home.

ク．Mark went to Osaka (1. seeing　2. to see　3. see) his uncle last month.

ケ．This lake is as (1. large　2. larger　3. the largest) as *Lake Biwa*.

コ．If I (1. have　2. had　3. having) enough time, I would sleep for 10 hours.

4 各組の文がほぼ同じ意味になるように，(　　)に入る適切な語を1語ずつ答えなさい。

ア．I read the book before eating lunch yesterday.
I read the book before (1) (2) lunch yesterday.

イ．Meg didn't send the letter to Sally.
The letter (1) (2) to Sally by Meg.

ウ．You don't have to attend the meeting today.
It isn't (1) (2) you to attend the meeting today.

エ．How delicious this apple is!
(1) (2) delicious apple this is!

オ．The museum has many kinds of pictures.
(1) (2) many kinds of pictures at the museum.

5 各文の(　　)内の語を適切に並べかえたとき，(　　)内の3番目と6番目にくる語の番号を答えなさい。

ア．The (1. are　2. boys　3. my　4. playing　5. in　6. park　7. that) classmates.

イ．Could (1. where　2. buy　3. me　4. to　5. tell　6. the　7. you) concert ticket?

ウ．He (1. of　2. is　3. writers　4. the　5. most　6. one　7. famous) in the U.S.

エ．The dress (1. was　2. couldn't　3. buy　4. expensive　5. he　6. that　7. so) it.

オ．How (1. does　2. from　3. it　4. take　5. to　6. here　7. long) the airport?

【理　科】（45分）〈満点：100点〉

1　以下の問いに答えなさい。

問1　長さ1mの棒と，6Nの力を加えるとのびが0.1 mになるばねがある。ただし棒の重さは考えない。

　図のように棒の端Bを床に固定されたばねに接続し，逆側の端Aに重さ4Nのおもりを取り付け，Aからx mのG点を糸でつるすと棒は水平になり，静止した。このとき，ばねののびは0.2 mだった。

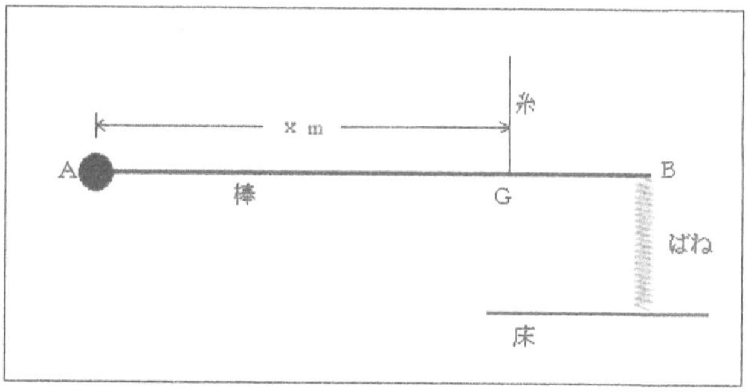

（1）ばねが棒を引く力は何Nか，計算しなさい。

（2）AからGの長さxは何mか，計算しなさい。

問2　炭酸水素ナトリウム4.0 gを十分に加熱したところ，固体と液体と気体に分解した。なお，生成した固体と液体と気体は，それぞれ1種類ずつで，すべて異なる物質である。

（1）この反応で生成した固体と液体と気体の名称をそれぞれ答えなさい。

（2）発生した気体について，正しい内容の文章を下から1つ選び，番号で答えなさい。

①この気体は，他の物質の燃焼を助けるはたらきがある。

②この気体を燃やすと，水ができる。

③この気体には，刺激臭がある。

④この気体は，有機化合物を燃焼したときに発生する。

（3）反応後に残った固体の質量を測定したところ2.6 gで，生成した液体は0.4 gだった。発生した気体は何gか。小数第一位まで答えなさい。

問3　動物の受精卵は細胞分裂を繰り返して胚となる。下の図はカエルの発生過程を示している。

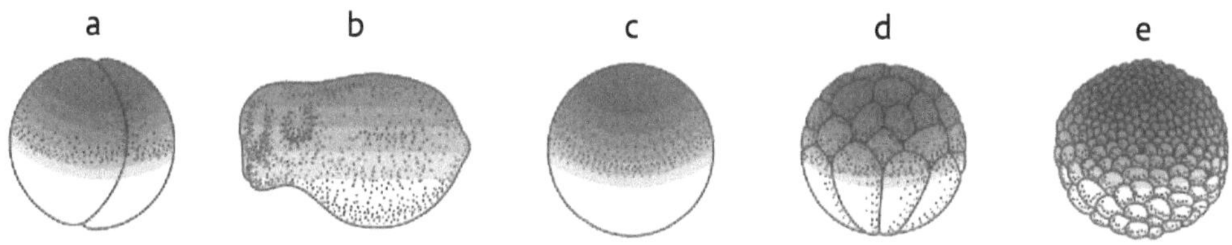

（1）受精卵が3回分裂すると，細胞の数はいくつになるか，答えなさい。

（2）図の発生過程を発生の早いほうから順番に並べて記号で答えなさい。

問4（1）空全体に対する雲のしめる割合が7割であるときの天気と天気記号を，それぞれ答えなさい。

（2）雲はいろいろな高さのところでみられる。高度2000～7000 mのところによくみられる雲の様子と，その名称を次のア～ケの中から最も適するものを1つずつ選び，記号で答えなさい。

雲の様子

ア.

イ.

ウ.

エ.

雲の名称

オ．巻雲　　カ．巻積雲　　キ．積雲　　ク．高積雲　　ケ．層積雲

2 図のような回路を作って５つの抵抗に流れる電流を測定したところ　ｂｅ間とｅｆ間に流れる電流はそれぞれ１Ａと３Ａだった。以下の問いに答えなさい。なお，⟶は電流の流れる方向を表している。

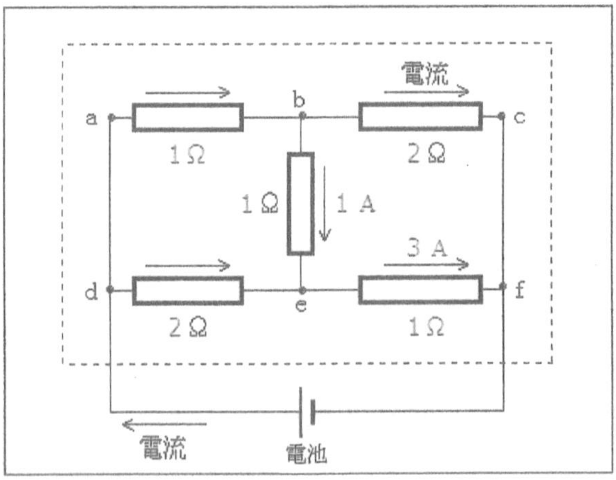

問１　ｄｅ間に流れる電流は何Ａか，計算しなさい。

問２　電池の電圧は何Ｖか，計算しなさい。

問３　ａｂ間に流れる電流は何Ａか，計算しなさい。

問４　ｂｃ間の電圧は何Ｖか，計算しなさい。

問５　ｅｆ間での消費電力は何Ｗか，計算しなさい。

問６　ｂｅ間では１分間の電力量は何Ｊか，計算しなさい。

問７　[点線枠]部分を１個の抵抗（合成抵抗）として扱うと何Ωに相当するか，計算しなさい。

3　気体は目に見えず，手に取るのも困難である。そこで，気体を得る方法について考察した。次の文章を読んで，以下の問いに答えなさい。

Ⅰ　化学反応によって気体を得る

身のまわりの物質には，熱したり，他の物質と混ぜたりすると，気体を発生するものがある。例えば，塩化アンモニウムと水酸化カルシウムを混ぜたものを加熱すると気体の（　A　）が発生する。なお，発生した気体を得るためには，その気体の性質に適した集め方をしなければならない。

問1　（　A　）に適する気体の名称を書きなさい。

問2　（　A　）の性質は，水に溶けやすく，空気の質量を1としたときの質量の比が0.6である。この気体を集める方法として最も適するものを下から1つ選び，記号で答えなさい。

（1）水上置換法　　（2）上方置換法　　（3）下方置換法

問3　次の（1）～（4）のうち，発生する気体が同じものになる組合せを選び，番号で答えなさい。

（1）石灰石に塩酸をかける。　　（2）二酸化マンガンにオキシドールをかける。

（3）湯の中に発泡入浴剤を入れる。　　（4）塩酸にマグネシウムを入れる。

Ⅱ　状態変化によって気体を得る

すべての物質は，固体，液体，気体という3つの状態をもち，温度や圧力などの条件によって状態が変化する。状態は変化しても物質としては変化しないので，「状態変化は（　ア　）」と言える。今，水の状態変化を考えてみよう。一般的に水蒸気は，液体の水が状態変化することで得られる。この状態変化を（　a　）という。しかし温度に注意してみると，100℃より低い温度で水蒸気になる場合と，100℃に達して水蒸気になる場合がある。後者は，沸点の100℃に到達したときの現象であり，この現象は（　b　）と呼ばれる。沸点は物質の種類によって決まっており，エタノールの場合は約（　c　）℃である。

問4　（　ア　）に入る文章として最も適するものを下から1つ選び，番号で答えなさい。

（1）化学変化である　　（2）化学変化ではない

（3）化学変化の場合と，化学変化ではない場合がある

問5　（　a　）（　b　）（　c　）に当てはまる語句または数字をそれぞれ答えなさい。

問6　次の（1）～（5）の文章を読み，（b）について正しく書かれているものを1つ選んで番号で答えなさい。

（1）雨が降って道路にできた水たまりが翌日に無くなったのは，日光が当たって温度が上昇し，沸点に達したからである。

（2）洗濯してぬれた衣類が，室外で干したことで乾燥したのは，日光が当たって温度が上昇し，沸点に達したからである。

（3）熱は上に向かう性質があるので，水を下部から加熱した際には水の上部ほど沸点に到達するのが早く，（b）は表面だけで水蒸気が作られる。

（4）水が沸点近くになると，表面だけでなく内部からも，さかんに水蒸気が作られる。

（5）水を加熱し，（b）が始まってすぐ，さらに強く加熱し続けると，（b）が終わる前に水の温度はどんどん上昇する。

Ⅲ　特別な方法で気体を発生させる。

水蒸気は，上記のⅠやⅡの（a）（b）とは異なる方法で発生することもある。例えば，0℃

より低い温度で凍結させた食品を真空に近い状態に置いておくと，食品内部に含まれている水分が気体になって発生する。このようにして食品から水分を除いて乾燥させ，長期間の保存を可能にする方法がある。この方法をフリーズドライ（凍結乾燥）といい，このときの水分（水）は（　d　）している。

問７　（　d　）に適する語句を漢字２文字で答えなさい。

問８　真空に関する次の文章の（　e　）に漢字１文字を入れなさい。

真空とは，その言葉の意味から考えると，気体などの物言がまったく存在しないことをいう。しかし，その状況を作り出すことは困難で，わずかながら物質が存在してしまう。そのため，気体などの物質が微量でほとんど存在しない状況であれば真空とみなされる。宇宙空間も真空と言われるが，微量の物質は存在している。私たちが生活で使用している物の中にも真空のものがあり，代表的な物として魔法瓶がある。魔法瓶は，金属の壁の中が真空のため，（　e　）の伝わりが起こりにくく，温度を維持しやすい。

4　次の図１はヒトの体が必要な物質を取り入れ，運搬しているしくみの代表的なものを模式的に表しており，器官Ａは体内に酸素を取り入れる器官で器官Ａから器官Ｅは，腎臓，肝臓，心臓，小腸，肺のいずれかを表している。また ⟶ は器官Ａから器官Ｅの間の主な血液の循環経路（血管）を表している。以下の問いに答えなさい。

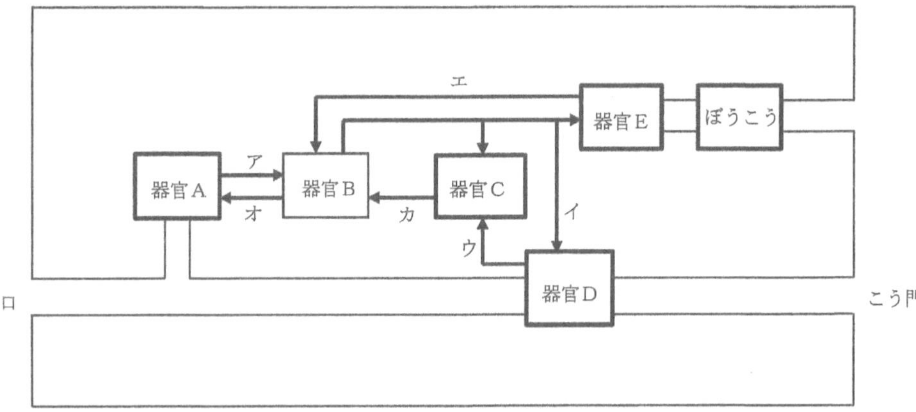

図１

問１　器官Ａと器官Ｂのあいだを流れているアとオの血管の血液の循環を何というか答えなさい。

問２　器官Ｃ，器官Ｄ，器官Ｅのそれぞれの名称を答えなさい。

問３　次の（１）（２）（３）の血液が流れている血管はア～オのどれか。それぞれ１つずつ選んで記号で答えなさい。

（１）最も酸素が多く含まれている血液。

（２）食後に最も多く栄養分（グルコースやアミノ酸）が含まれている血液。

（３）血液内の老廃物（尿素など）が最も少ない血液。

問４　右の図２は器官Ｂをからだの正面から見たものである。次の（１）（２）の血管は器官Ｂのどの部屋につながっているか，それぞれａ～ｄの記号で答え，その部屋の名称を答えなさい。

（１）オから器官Ａに向かって流れる血液が通る血管がつながっている。

（２）エ，カから器官Ｂに戻る血液が通る血管がつながっている。

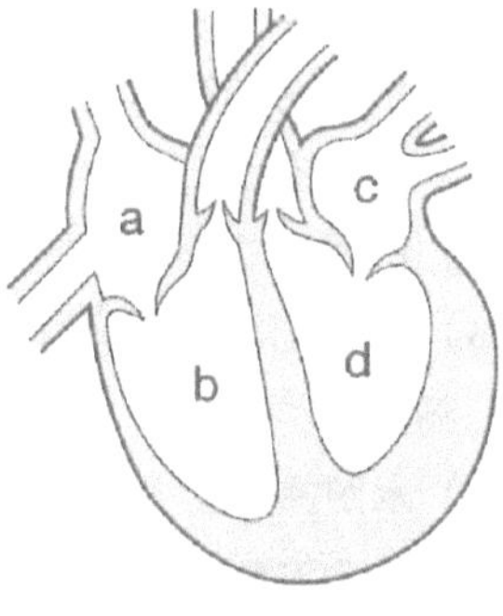

図２

問５　細胞のはたらきによってできたアンモニアは尿素などの害の少ない物質に変えられるが，そのはたらきを行っている器官は器官Ａから器官Ｅのどれか，Ａ～Ｅの記号で答えなさい。

5 以下の問いに答えなさい。

問１　金属製のコップに水を入れ，しばらく置いたのち，水温をはかったところ21℃であった。次に氷を入れた試験管でコップの水の温度を下げると，コップの表面がくもり始めた。

（１）コップの表面がくもり始めた理由について，次の文の（　　）に適する語句をそれぞれ答えなさい。

（　ア　）を含んでいる空気がコップの周りで冷やされ，その空気の湿度が（　イ　）くなって，（　ア　）が（　ウ　）した。

（２）コップの表面がくもり始めたときの温度をはかったところ，16℃であった。下の表をもとにして，この時の理科室の湿度を四捨五入して小数第一位で答えなさい。

気　温〔℃〕	14	15	16	17	18	19	20	21	22	23	24	25
飽和水蒸気量〔g/m³〕	12.1	12.8	13.6	14.5	15.4	16.3	17.3	18.3	19.4	20.6	21.8	23.1

問２　右の図は，前線をともなう低気圧が北海道付近を通過しているときの天気図である。

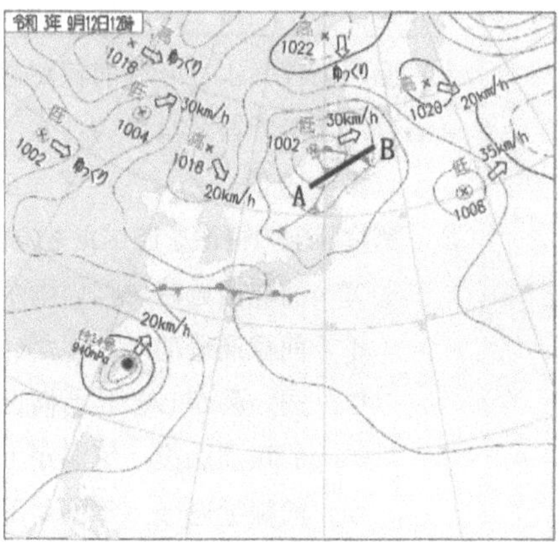

（1）前線のA－Bの断面を模式的に表したものとして次のア～エの中から最も適するものを1つ選び，記号で答えなさい。

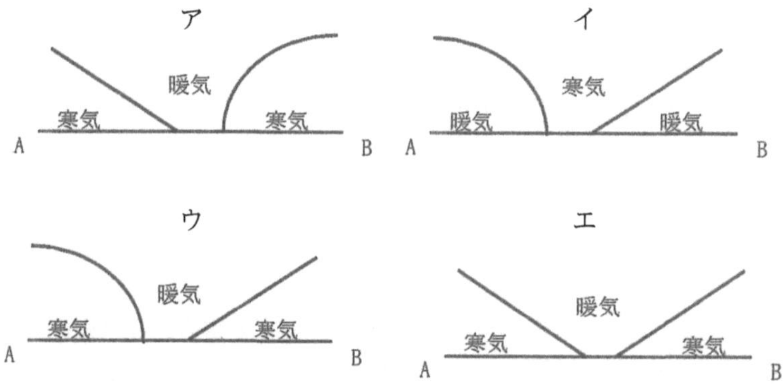

（2）前線付近の雨の降る範囲を表しているものとして次のア～エの中から最も適するものを1つ選び，記号で答えなさい。

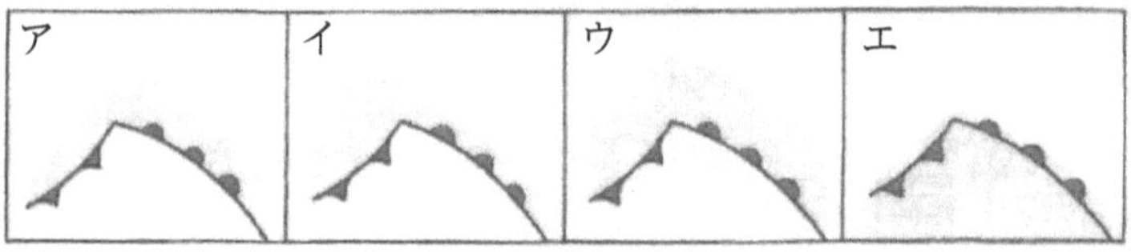

（3）次の文章は，寒冷前線でどのような雲が発達するかについて説明したものである。次の①～④の（　　　）の中から最も適するものを1つずつ選び，それぞれ記号で答えなさい。

冷たい空気は，暖かい空気に比べて①（ア．軽い　イ．重い）。また，2つの空気は，接していてもすぐには混じり合わない。このため，前線面では，②（ウ．暖気が寒気の下に　エ．寒気が暖気の下に）もぐりこみ，③（オ．寒気　カ．暖気）を上に押し上げる。この時，④（キ．積乱雲などの垂直に発達する雲　ク．乱層雲や高層雲などの層状に発達する雲）ができる。

問3　下の表はある地点Yで，ある日の18時～翌日の8時にかけて気象観測を行った記録の一部である。

時	18	19	20	21	22	23	24	1	2	3	4	5	6	7	8
気温	20.4	20.2	20.0	19.6	19.5	19.8	19.8	23.0	23.2	22.5	22.0	22.2	19.2	19.0	19.5
湿度	81.0	80.5	87.0	85.0	86.0	87.2	86.0	78.0	75.0	77.8	77.2	74.0	83.0	79.0	72.0

（1）温暖前線および寒冷前線が通過した時刻を次のア～エの中から最も適するものを1つずつ選び，記号で答えなさい。

ア　19時ごろ　　イ　24時ごろ　　ウ　3時ごろ　　エ　5時ごろ

（2）寒冷前線の特徴を述べたものを，次のア～キの中から適するものを3つ選び，記号で答えよ。

ア　前線通過時に強い雨が降りだし，短時間で雨が上がる。
イ　前線通過前からしだいに天気が悪くなり，弱い雨が長時間降る。
ウ　弱い雨がしとしとと何日も降り続くことが多い。
エ　前線通過後，気温が上昇する。
オ　前線通過後，気温が下降する。
カ　前線の通過にともない，南よりの風から北または西よりの風に変わる。
キ　前線の通過にともない，東よりの風から南よりの風に変わる。

【社　会】（45分）〈満点：100点〉

1　次の文は，日本の歴史の転換期をまとめたものである。各問いに答えなさい。

７世紀初め中国では，律令に基づく①帝国が誕生し，朝鮮半島に多大な影響を与えた。日本国内では，聖徳太子の死後，蘇我氏の独裁的な政治が強まったため，②中大兄皇子と中臣鎌足らは蘇我氏を倒し③政治改革に着手し，④律令国家の建設を目指した。

問１　下線部①の国家名を，次のア～エより一つ選び記号で答えなさい。

ア　秦　　イ　漢　　ウ　隋　　エ　唐

問２　下線部②は，のちに何天皇となったか，次のア～エより一つ選び記号で答えなさい。

ア　孝徳天皇　　イ　天智天皇

ウ　天武天皇　　エ　持統天皇

問３　下線部③のことを何というか，漢字４文字で答えなさい。

問４　下線部④について，右の図は律令国家の政治の仕組みを示している。空欄（Ⅰ）～（Ⅲ）にあてはまる語句の組み合わせとして正しいものを，次のア～エより一つ選び記号で答えなさい。

〈律令による役所のしくみ〉

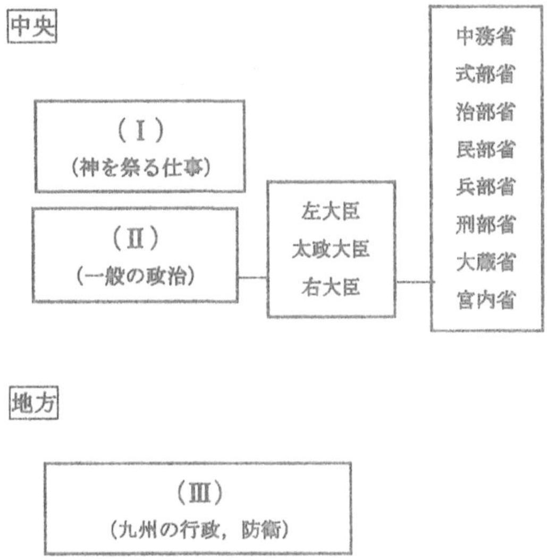

ア　Ⅰ－神祇官　　Ⅱ－太政官　　Ⅲ－大宰府

イ　Ⅰ－太政官　　Ⅱ－神祇官　　Ⅲ－大宰府

ウ　Ⅰ－神祇官　　Ⅱ－太政官　　Ⅲ－六波羅探題

エ　Ⅰ－太政官　　Ⅱ－神祇官　　Ⅲ－六波羅探題

⑤長期間続いた江戸幕府が⑥天皇に政権の返上を申し出たことで，天皇を中心とする新政府が誕生した。新政府が，⑦近代化を目指す政策を進め，欧米の文化も積極的に取り入れたことで，伝統的な生活が変化し始めた。

問５　下線部⑤の期間として正しいものを，次のア～エより一つ選び記号で答えなさい。

ア　約150年　　イ　約200年　　ウ　約250年　　エ　約300年

問６　下線部⑥を何というか答えなさい。

問７　下線部⑦に関係のない絵や写真を，次のア～エより一つ遊び記号で答えなさい。

ア

イ

ウ

エ

2 時刻に関する次の各問いに答えなさい。

問１　日本の標準時の経度を答えなさい。

問２　時刻の基準となるイギリスの旧グリニッジ天文台を通る子午線を何というか，またその経度を答えなさい。

問３　日付変更線は，ほぼある経度に沿って南北に走っている。その経度を答えなさい。

問４　次の文中の空欄（A）～（C）にあてはまる数字や語句を答えなさい。

地球は１日に１回転します。地球１周は360度ですから，360度を１日の時間である24で割ると，１時間につき15度分回転することがわかります。このため経度が15度ずれると時差が（A）時間生じることになります。ロンドンを基準に東側の国では経度が15度増えるごとに時間が（B）なり，逆に西側の国では時間が（C）なります。

問５　日本の時刻が２月18日午前９時のとき，ニューヨーク（西経75度），フランス（東経15度）のそれぞれの日時を答えなさい。

3 近代国家の様子に関する次の文を読み，各問いに答えなさい。

18世紀アメリカ大陸の植民地へ移住した（１）の人々は，①本国からの課税に反発して独立を決意した。植民地軍は②アメリカ独立戦争に勝利して，アメリカ合衆国として独立した。一方，古くから③身分制度が確立していたフランスでは，国王や貴族など一部の人々を中心とした政治に対しての不満が爆発し④フランス革命がおこり，王政を廃止して共和政が成立した。革命を終息させたナポレオンはのちに（２）に就任するが，その後，戦争での敗戦がもとで流刑となった。世界初の⑤産業革命を成功させた（１）では綿織物工業が発達し，18世紀末には蒸気機関を普及させ工業中心の社会を形成した。

問１　空欄（１）・（２）にあてはまる語句を，次のア～オより一つ選び記号で答えなさい。

ア　イギリス　　イ　国王　　ウ　オランダ

エ　皇帝　　オ　フランス

問２　下線部①に関して，右の絵を参考に植民地の人々の抵抗を表す事件を答えなさい。

問３　下線部②に関して，

（１）植民地軍を率いた総司令官を答えなさい。

（２）植民地軍に協力するかたちで参戦した国を，次のア～エより一つ選び記号で答えなさい。

ア　オランダ　　イ　フランス

ウ　イタリア　　エ　スペイン

（３）右の絵はアメリカ合衆国の独立当時の国旗である。国旗中の星の数は何を表しているのか答えなさい。

問４　下線部③に関して，第一身分と第二身分に与えられていた特権のなかで，何が免除されていたのか答えなさい。

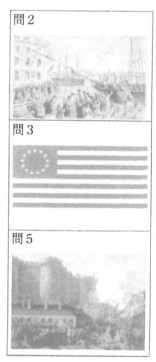

問２

問３

問５

問５　下線部④に関して，

（１）右の絵はフランス革命の開始を表すものである。絵の中で民衆の攻撃対象となっている建物の名前を答えなさい。

（２）革命中に発表された「人間は，生まれながらにして自由かつ平等な権利をもっている」からはじまる宣言を答えなさい。

問６

問６　下線部⑤に関して，

（１）産業革命は資本主義社会の形成につながったが，その反面多くの社会問題を生むことにもなった。右の絵が意味する社会問題を下の用語を用いて答えなさい。

〈　労働時間　　　児童労働　〉

（２）工場や土地など個人財産をもつことをせず共有すべきだと主張した人物を，次のア～ウより一つ選び記号で答えなさい。

ア　ルソー　　イ　マルクス　　ウ　モンテスキュー

4　本州に住む龍子さんの調べ学習に関する次の設問に答えなさい。

問１　以下の文は北海道の気候について龍子さんがまとめたものである。空欄（１）～（５）にあてはまる語句を答えなさい。

> 北海道の四季のうち，長い（１）が北海道の気候を特徴づけています。平地でも11月から雪が降り始め４月ごろまで雪が残るそうです。太平洋側は日本海側に比べて積雪量が（２）です。日本海側などの多雪地域では排雪作業が定期的に行われます。
>
> 日本列島の周辺で海水が凍るのはオホーツク海だけです。観光資源になっている（３）は樺太の海岸沿いに南下し，１月ごろに北海道に押し寄せます。また，寒流である（４）海流（親潮）が南下する太平洋沿岸では，暖かい空気が海面で冷やされて海霧が発生しやすくなるそうです。そのため夏でも気温が上がらず枯れた草が分解されずにたまったできた（５）が広がっています。釧路湿原などはその代表例です。

問２　龍子さんは，北海道の各都市の降水量や気温についても調査を行い，雨温図にまとめた。以下の雨温図ア～エは函館市・小樽市・帯広市・釧路市のいずれかのものである。小樽市のものとして適切な雨温図を，次のア～エより一つ選び記号で答えなさい。

ア　イ　ウ　エ

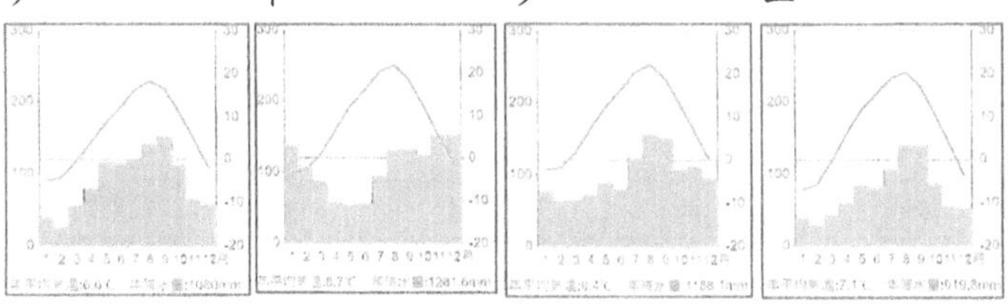

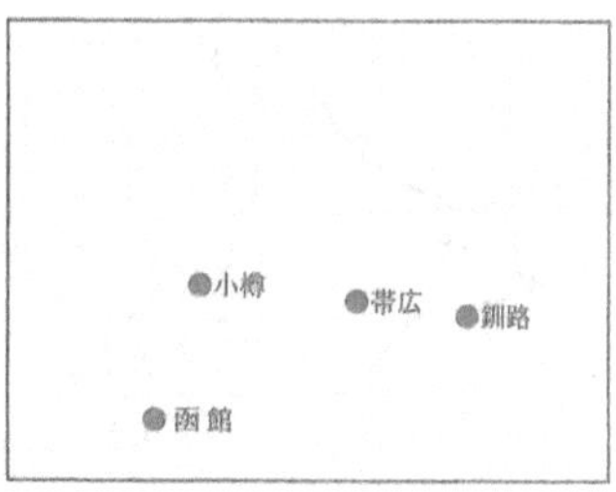

問３　北海道の気候を調べる中で，龍子さんはあるウェブニュースをみつけ，友人の谷君と話をした。以下の二人の会話の下線部Ａ～Ｄのうち誤っているものを，一つ選び記号で答えなさい。

> ウニなどの大量死で価格が上昇する中，最需要期の年末を控えた飲食店などで，食材調達などへの懸念が広がっている。緊急事態宣言の解除で客足が回復しつつある中，飲食店は赤字覚悟で価格を据え置き，百貨店はおせちの産地変更も視野に入れる。これから漁が最盛期を迎える産地で赤潮が確認されることから，市場関係者は「先行きは非常に厳しい」との見方を示す。

龍子：今回のニュースでは Ａ赤潮が原因で，プランクトンが大量発生したと疑われているみたいね。

谷　：そうだね。Ｂ赤潮は日本でも初めての現象らしいね。

龍子：Ｃ北海道の漁業生産も年々減り続けているのに，それに追い打ちをかけるような出来事よね。

谷　：たしかにね。僕も気になって調べてみたけど，漁業生産が年々減っているのは Ｄ1982年に排他的経済水域が設定され，北洋漁業が制限されたのが大きいようだね。

問４　龍子さんは一連の会話から，北海道の漁業が「とる漁業」から「育てる漁業」への転換がはかられていることを知り，「養殖」に加え，「栽培漁業」という言葉があることを学んだ，養殖と栽培漁業の違いについて，簡単に説明しなさい。

問５　龍子さんは北海道の漁業の危機に関連して，北海道の農業についても興味を持ち，農林水産省のホームページの統計情報から農業産出額データを抜粋し，以下の表を作成した。表を参考に各問いに答えなさい。

作物の区分	北海道の産出額	日本全国の産出額	都道府県別順位
A	1,254 億円	17,484 億円	2
麦類	327 億円	543 億円	1
B	542 億円	2,007 億円	1
野菜	1,951 億円	21,515 億円	1
C	71 億円	8,399 億円	29
工芸農作物	433 億円	1,699 億円	1

※令和３年３月31日時点における最新の統計等の公表データを使用

（１）区分Ａ～Ｃは果実・米・いも類のいずれかである。その組み合わせとして正しいものを，次のア～カより一つ選び記号で答えなさい。

	ア	イ	ウ	エ	オ	カ
A	果実	果実	米	米	いも類	いも類
B	米	いも類	いも類	果実	果実	米
C	いも類	米	果実	いも類	米	果実

（２）北海道が全国生産量１位の野菜の種類を，次のア～キより三つ選び記号で答えなさい。

ア　サツマイモ　　イ　てんさい　　ウ　トマト　　エ　きゅうり
オ　大根　　カ　ねぎ　　キ　にんじん

（3）北海道の農業に関連する内容として誤っているものを，次のア～エより一つ選び記号で答えなさい。

ア　表に載っていない農畜産物の代表例としては，生乳が全国生産量の半分以上を占めている。

イ　十勝平野は火山灰地になっていて，稲作が中心となっている。

ウ　北海道の農家一戸あたりの耕地面積は全国平均の10倍ほどある。

エ　TPPによる貿易の自由化により，今後の北海道農業への影響が懸念される。

各国の食料自給率（カロリーベース）の推移

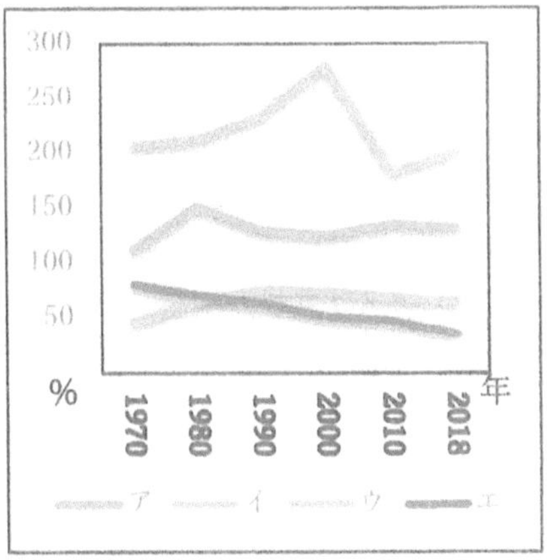

農林水産省ホームページデータより作成

問6　食に関して，価格や流通についての以下の問いに答えなさい。

（1）需要と供給に関する次の文のうち正しいものを，次のア～エより一つ選び記号で答えなさい。

ア　需要量が供給量よりも多くなると，超過供給が生じる。

イ　需要量が供給量よりも多いと，価格は下がっていく。

ウ　供給量が需要量よりも多くなると，超過需要が生じる。

エ　供給量が需要量よりも多いと，価格は下がっていく。

（2）右上のグラフは各国の食料自給率の推移である。日本の数値を示すものを，ア～エより一つ選び記号で答えなさい。

（3）食料が消費者の手元にとどくまでの総輸送量・距離などをフードマイレージと呼ぶ。龍子さんは，お友達と「日本のフードマイレージ」について意見交換した。

正しい意見を下線部Ａ～Ｃより二つ選び記号で答えなさい。

龍子：輸入量は多いけど，アジア圏からの輸入が多いように感じるから，Ａアメリカや中国と比べると小さいんじゃない？

谷　：でもスーパーに行ったとき，アルゼンチンから来たぶどうがたくさん売っていたから，結構 Ｂアジア圏では大きいんじゃないだろうか。

桃音：そうね，私もそう思うわ。パパはよく「安くておいしい」と言ってチリ産のワインを飲んでいるもの。でも，だとすると，移動距離が長いということは，Ｃ輸送にかかる二酸化炭素の排出量も多いということでしょ？

菅波：うん，聞いたことがあるよ。僕のうちは地産地消をこころがけていて，農家からの直売なども利用しているし，道の駅ではいろいろな農産物が買えるよ。そういう動きがもっと進めばいいのかもしれない。

問7　「緊急事態宣言」が出されていた期間には，飲食店や映画館・劇場に対し，行政側から大規模な「営業自粛」を求められた。この期間に起きた出来事に関連して，これが「憲法で保障されている経済活動の自由」に違反するのではないか，という議論がおきた。　※「自粛」とは「自らで判断してとりやめる」という意味。

（1）下線部に関係すると思われる日本国憲法の条文を，次のア～エより二つ選び記号で答えなさい。

ア　第15条①　公務員を選定し，及びこれを罷免することは，国民固有の権利である。

イ　第22条①　何人も，公共の福祉に反しない限り，居住，移転及び職業選択の自由を有する。

ウ　第29条③　私有財産は，正当な補償の下に，これを公共のために用いることができる。

エ　第32条　何人も，裁判所において裁判を受ける権利を奪われない。

（2）人権は本来，国家が定めた法律に基づいてもおかされない権利である。日本国憲法は人権の制限や限界を「社会全体の利益」ととらえている。「社会全体の利益」を示す言葉を５文字で答えなさい。

問８　「赤字経営」に陥る企業が増加し，日本全体の景気が悪くなる状態を何というか答えなさい。

問９　ロシアまたはソ連に関係する以下の文のうち誤っているものを，次のア～エより一つ選び記号で答えなさい。

ア　アメリカとともに，中距離核戦力全廃条約に調印した。

イ　二酸化炭素排出量が多く，中国に次いで世界２位である。

ウ　日ソ共同宣言では，平和条約が結ばれた後に歯舞群島と色丹島を日本に引き渡すことが合意された。

エ　ロシアは国連安全保障理事会の常任理事国の１つである。

エ　人生の災いや幸福は転々として予測することができないものであるという考え。

問六　次の歴史的仮名づかいを現代仮名づかいにしなさい。

①　わらは　②　やうやく　③　ゆゑ

問七　本文の出典『沙石集』は鎌倉時代の作品である。同時代の作品を次から一つ選び、記号で答えなさい。

ア　平家物語　イ　万葉集

ウ　奥の細道　エ　伊勢物語

四　古文問題

次の古文を読んで、問いに答えなさい。

漢朝に、北叟（ほくそう）といふ俗（俗人がいた）ありけり、事にふれて憂へ悦ぶ事なし。ある時、ただ一疋（いっぴき）持ちたる馬（一頭飼っていた）、いづちともなく（どこ）①失せぬ。隣りの人、訪ひ（とぶら）（お見舞いにきたところ）ければ、「いさ悦ぶべき事にてか侍る（はべ）らむ（はて喜ぶべきことでしょうか）。嘆くべき事にてか侍らむ（悲しむべきでしょうか）」とぞいひける。

さるほどに両三日ありて、天下に有り難きほどの駿馬（しゅんめ）、具して来る（連れて戻ってきた）。人また来りて、「御嘆きと思ひたれば、御悦びにこそ」といへば、また、「②これも嘆くべき事にてか侍るらむ、悦ぶべき事にてか侍るらむ」とて悦ばず。

最愛の子、この馬に乗りて遊ぶほどに、落ちて肘（ひじ）を打ち折る。人また訪ひて、「この御馬③の出来（いできた）る事を、御悦びと思ひたれば、御嘆きにこそ」といへば、また、「これも悦ぶべき事にてか侍るらん」とて、嘆かざるほどに、天下に大乱起こりて、武士多く向かひて滅びけるに、④この子、かたはによりて命を全くす（体が不自由なため戦に行かず、命が助かった）。

（『沙石集』）

問一　――部①「失せぬ」の意味として最も適切なものを次から選び、記号で答えなさい。

ア　死ななかった　　イ　いなくなってしまった
ウ　逃げなかった　　エ　死んでしまった

問二　――部②「これ」とは何を指すか。解答欄に合うように本文中から二十字以内で抜き出して答えなさい。

問三　――部③「の」と同じ用法のものを次から一つ選び、記号で答えなさい。

ア　そのために、三尺のねずみを作り
イ　雀の子を犬君がにがしつる
ウ　雪のおもしろう降りたりし朝
エ　河のほとりに群れゐて

問四　――部④「この子かたはによりて命を全くす」とあるが、「この子」が体が不自由になったのはなぜか。原因にあたる一文を本文中から探し、最初と最後の五字を抜き出して答えなさい。

問五　══部「事にふれて憂へ悦ぶ事なし」とあるが、それは「北叟」がどのような考えをもっているからか。最も適切なものを次から選び、記号で答えなさい。

ア　悪いことばかりが続く人生などなく、どんな人生も必ず幸せになるという考え。
イ　たまに良いことがあっても、人の一生はうまくいかないものであるという考え。
ウ　人生に起こる良いことも悪いことも死んでしまえばすべて無になるという考え。

から。

エ　どうすれば最後の回数券を使わずにいられるかまで考えていたのに、不意に回数券を使わなければならなくなったから。

問六　[⑤]にあてはまるように、次のア～ウの文を適切な順番に並べ替え、順番を記号で答えなさい。

ア　でも、バスに乗り込み、最初は混み合っていた車内が少しずつ空いてくると、急に悲しみが胸に込み上げてきた。

イ　母の前では涙をこらえた。

ウ　病院前のバス停のベンチに座っているときも、必死に唇を噛（か）んで我慢した。

問七　[⑥]にあてはまる語を本文中から抜き出して答えなさい。

問八　本文中の季節の移り変わりは次のうちどれか。最も適切なものを選び、記号で答えなさい。

ア　春から夏　　イ　夏から秋

ウ　秋から冬　　エ　冬から春

> 未来創造コースの受験生は、次のページの[三]国語総合問題を解答しなさい。
> 特進・プログレス進学コースの受験生は、20ページの[四]古文問題を解答しなさい。

[三]　国語総合問題

次の各問いに答えなさい。

問一　次の慣用句の（　）にあてはまる、色を表す漢字一字を答えなさい。

①（　）羽の矢が立つ　　②（　）子の手をひねる

③（　）菜に塩　　④　腹が（　）い

問二　次の各問いに答えなさい。

（1）次の作品の作者を後のア～オから選び、それぞれ記号で答えなさい。

①　土佐日記　　②　方丈記　　③　枕草子

④　山歌集　　⑤　源氏物語

ア　西行法師　　イ　紀貫之　　ウ　紫式部

エ　清少納言　　オ　鴨長明

（2）（1）の①～⑤の作品の中で、成立した時代が異なるものを番号で答えなさい。

問三　次の歴史的仮名づかいを現代仮名づかいにしなさい。

①　しばゐ　　②　さうざうし

③　はづかし　　④　あはれ

問四　次の漢文の読む順番を、右側の□に数字で答えなさい。

①　□傍 □若レ □無レ □人　　②　□富 □貴 □非二 □吾 □願一

③　□宋 □人 □有二 □得レ □玉 □者一

その声にすうっと手を引かれるように、少年は嗚咽交じりに、回数券を使いたくないんだと伝えた。母のこともしゃべった。新しい回数券を買うと、そのぶん、母の退院の日が遠ざかってしまう。ごめんなさい、ごめんなさい、と手の甲で目元をｃオオった。ｄケイサツに捕まってもいいから、この回数券、ぼくにください、と言った。

河野さんはなにも言わなかった。かわりに、小銭が運賃箱に落ちる音が聞こえた。目元から手の甲をはずすと、整理券と一緒に百二十円、箱に入っていた。もう前に向き直っていた河野さんは、少年を振り向かずに、「早く降りて」と言った。「次のバス停でお客さんが待ってるんだから、早く」――声はまた、ぶっきらぼうになっていた。

（重松　清「バスに乗って」）

問一　〰〰部ａ～ｃのカタカナは漢字を、漢字は読みを答えなさい。

☆特進・プログレス進学コースの受験生は〰〰部ｄのカタカナの漢字も答えなさい。

問二　――部①「全然とんちんかんな答え方」とあるが、どのような点が「とんちんかん」なのか。最も適切なものを次から選び、記号で答えなさい。

ア　定期券の方が安いと勧められているのに、逃げるという行動で答えてしまったこと。

イ　定期券の方が安いと親切に教えてくれているのに、かぼそい声でしか答えられなかったこと。

ウ　定期券の方が安いと値段のことを言われているのに、病院に行く目的を答えてしまったこと。

エ　言われなくても分かっていることを言われたのに「わかっています」と答えなかったこと。

問三　――部②「かろうじて」の意味を次から一つ選び、記号で答えなさい。

ア　やっとのことで　　イ　よどみなく

ウ　先回りして　　エ　しばらくして

☆特進・プログレス進学コースの受験生は答えなさい。

――部⑦「かぶりを振」るの意味を次から選び、記号で答えなさい。

ア　頭を振って同意を表す。

イ　頭を振って否定を表す。

ウ　手首を振って拒否を表す。

エ　上体を振って疑問を表す。

問四　――部③「回数券を使わずにすむ」とあるが、少年はなぜ回数券を使いたくないのか。本文中の言葉を用いて四十字以内で答えなさい。

問五　――部④「泣きだしそうになってしまった」とあるが、それはなぜか。最も適切なものを次から選び、記号で答えなさい。

ア　母との時間を楽しく過ごした後、一人でバスに乗って帰るのは心細く寂しいので、父と一緒に車で帰りたかったから。

イ　父が自分との約束よりも仕事を優先させたことに傷つき、自分に対して愛情がないのではないかと不安に思ったから。

ウ　父と一緒に車で帰ることを楽しみにしていたのに、いつも嫌な思いをするバスに乗って帰らなければならなくなった

「……お見舞い、だから」

かぼそい声で応え、そのまま、逃げるようにステップを下りて外に出た。①全然とんちんかんな答え方をしていたことに気づいたのは、バスが走り去ってから、だった。

夕暮れが早くなった。病院に行く途中で橋から眺める街は、炎が燃えたつような色から、もっと暗い赤に変わった。帰りは夜になる。最初の頃は帰りのバスを降りるときに広がっていた星空が、いまはバスの中から眺められる。病院の前で帰りのバスを待つとき、いまはまだ②かろうじて西の空に夕陽が残っているが、あとしばらくすれば、それも見えなくなってしまうだろう。

買い足した回数券の三冊目が――もうすぐ終わる。

少年は父に「迎えに来て」とねだるようになった。車でaツウキンしている父に、会社帰りに病院に寄ってもらって一緒に帰れば、③回数券を使わずにすむ。

「今日は残業で遅くなるんだけどな」と父が言っても、「いい、待ってるから」とねばった。母から看護師さんに頼んでもらって、面会時間の過ぎたあとも病室で父を待つ日もあった。

それでも、行きのバスで回数券は一枚ずつ減っていく。最後から二枚目の回数券を――今日、使った。あとは表紙を兼ねた十一枚目の券だけだ。

明日からお小遣いでバスに乗ることにした。毎月のお小遣いは千円だから、あとしばらくはだいじょうぶだろう。

ところが、迎えに来てくれるはずの父から、病院のナースステーションに電話が入った。

「今日はどうしても抜けられない仕事が入っちゃったから、一人でバスで帰って、って」

看護師さんから伝言を聞くと、④泣きだしそうになってしまった。今日は財布を持って来ていない。回数券を使わなければ、家に帰れない。

［　　⑤　　］シートに座る。窓から見えるきれいな真ん丸の月が、じわじわとにじみ、揺れはじめた。座ったままうずくまるような格好で泣いた。バスの重いエンジンの音に紛らせて、うめき声を漏らしながら泣きじゃくった。

『本町一丁目』が近づいてきた。顔を上げると、車内には他の客は誰もいなかった。b降車ボタンを押して、手の甲で涙をぬぐいながら席を立ち、ウインドブレーカーのポケットから回数券の最後の一枚を取り出した。

バスが停まる。運賃箱の前まで来ると、運転手が河野さんだと気づいた。それでまた、悲しみがつのった。こんなひとに最後の回数券を渡したくない。

整理券を運賃箱に先に入れ、回数券をつづけて入れようとしたとき、とうとう泣き声が出てしまった。

「どうした?」と河野さんが訊いた。「なんで泣いてるの?」――［⑥］ではない言い方をされたのは初めてだったから、逆に涙が止まらなくなってしまった。

「財布、落としちゃったのか?」

泣きながら⑦かぶりを振って、回数券を見せた。

じゃあ早く入れなさい――とは、言われなかった。

河野さんは「どうした?」ともう一度訊いた。

吉田さん「でもそれって、興味の無いことを忘れているのではなく、興味のあることを覚えているのだから、〝□〟だと思うんだけど…。」
川野先生「筆者の言うことを鵜呑みにせず、疑問を持って考えるというのはとてもいいことだね。」

（ⅰ）会話文中の□にあてはまる語を本文中から抜き出して答えなさい。

（ⅱ）会話文の内容に合致するものを次から一つ選び、記号で答えなさい。

ア　川野先生は、筆者の主張に疑問を持つことはよいことだと考えているが、吉田さんの疑問は的外れだと思っている。

イ　吉田さんは、選択的に忘却するはずのことでも忘れられない場合があると主張し、筆者の考えに疑問を呈している。

ウ　高山さんは筆者の主張とそれに対する吉田さんの意見の両方に賛成しており、賛成の理由を論理的に解説していた。

エ　吉田さんも高山さんも、議論されている問題に対し自身の経験をもとに考えを深め、筆者とは反対の見解を述べた。

問六　――部②「無意識の網目」を別の言い方で表現している箇所を本文中から七字で探し、抜き出して答えなさい。

問七　本文の内容に合致するものを次から一つ選び、記号で答えなさい。

ア　同様の経験をしても忘却の仕方は人それぞれで、そこに個性があらわれるため、人にとって忘却は重要だ。

イ　コンピューターは忘却することがなく、百パーセント記憶することができるので、人間よりも優秀である。

ウ　コンピューターのようなキカイにも、使用する中でそれぞれのクセが発現し、記憶の仕方が個性的になる。

エ　記憶よりも忘却にこそ人の個性はあらわれるので、我々にとって忘却することは記憶よりも重要なことだ。

二　次の文章を読んで、問いに答えなさい。

小学校五年生の「少年」は入院した母の元へ毎日バスに乗ってお見舞いへ行っている。初めて一人でバスに乗った時、運転手の「河野さん」に停車する前に歩き出したことを注意されてから、「河野さん」が運転するバスに乗るのが怖くなっていた。回数券を買う日の運転手も「河野さん」だったので、「少年」は運が悪いと感じつつ、回数券の購入に手間取ってしまう。

大きくため息をついた河野さんは、「ちょっと、後ろのお客さん先にするから」と少年に脇にどくよう顎を振った。

少年は頬を赤くして、他の客が全員降りるのを待った。お父さん、お母さん、お父さん、お母さん、と心の中で両親を交互に呼んだ。助けて、助けて、助けて……と訴えた。

客が降りたあと、河野さんはまたカバンを探り、追加の二冊を少年に差し出した。

代金を運賃箱に入れると、「かよってるの?」と、さっきよりさらにぶっきらぼうに訊かれた。「病院、かようんだったら、定期のほうが安いぞ」

わかっている、そんなの、言われなくたって。

ますが、忘れるのはずっと個人的です。めいめいの好み、興味、利害 e トクシツ、気分のからまった忘却スクリーンの間を記憶が通過します。関心に合ったものは、スクリーンのネットにかかって残り、あとは忘却されます。

同じことを経験し、学習しても、人によって記憶として残るものが同じでないのは、この忘却スクリーンが個人的なものであるからです。人の個性は、したがって、忘却においてよくあらわれることになります。

そして、忘却が記憶と同じように大切であることをわれわれに示しているのです。

（外山　滋比古『自分の頭で考える』）

問一　〰〰部a～dのカタカナは漢字を、漢字は読みを答えなさい。
☆特進・プログレス進学コースの受験生は〰〰部eのカタカナの漢字も答えなさい。

問二　（Ａ）～（Ｃ）にあてはまる語を次から選び、それぞれ記号で答えなさい。（同じ記号は一度しか使えない）

ア　もし　　イ　しかし　　ウ　たとえば
エ　ところで　　オ　つまり

問三　══部Ⅰ「一様に」、Ⅱ「ユニークで」の本文中での意味を次から選び、それぞれ記号で答えなさい。

Ⅰ「一様に」……　ア　他の人のために
イ　同じように
ウ　丁寧に
エ　懸命に

Ⅱ「ユニークで」……　ア　異様で　　イ　愉快で
ウ　独特で　　エ　奇怪で

問四　□に共通して入る語を次から一つ選び、記号で答えなさい。

ア　純　　イ　汎　　ウ　不　　エ　非

問五　——部①「選択的忘却」について問いに答えなさい。
☆特進・プログレス進学コースの受験生は全ての問いに、未来創造コースの受験生は（２）の問いに答えなさい。

（１）「選択的忘却」とはどのようなことか。本文中の語句を用いて三十五字以内で説明しなさい。

（２）「選択的忘却」について意見交換をしている次の会話を読んで、問いに答えなさい。

川野先生「吉田さん、高山さん、筆者の言う『選択的忘却』についてどう思う?」
吉田さん「私は、なんとなく違和感を覚えます。」
川野先生「どうしてそう思うのかな?」
吉田さん「例えば、〝トラウマになる〟という言い方があるように、覚えていたくないような辛いことばかり心に残っていて、そのために大変な思いをしている人が多くいると聞いたことがあるからです。」
高山さん「そうか。でも、私は筆者の言うことがよくわかるな。勉強をしていて、自分の興味のあることはよく覚えていられるけど、そうではないことは忘れてしまう。これって、選択的忘却なんじゃないかな。」

【国　語】（四五分）〈満点：一〇〇点〉

【注意】

1　問題は一から四まであります。

2　一、二は全コース共通問題です。すべての受験生が解答しなさい。ただし、受験するコースによって、解答すべき問いが異なる場合があります。☆印のついた問いは、その指示をよく読んでから解答すること。

3　三、四はコース別問題です。三は未来創造コースの受験生が、四は特進コース、プログレス進学コースの受験生が解答しなさい。

4　字数が指示されている問いについては、句読点や符号も字数に含めて答えなさい。

5　文字や句読点・符号は、はっきりと丁寧に書きなさい。

一　次の文章を読んで、問いに答えなさい。

忘却といっても、人さまざまです。同じように忘れているのではなく、めいめい、自分の基準に合わせて、覚えていたり、忘れたりするらしいのです。まったく同じ忘れ方をする人間は、この世に二人といないと言ってよいでしょう。だれしも、自分の個性に合わせて、覚えていることがあり、忘れることがある。Ⅰ一様に、完全に覚えたり、忘れたりするのは〝人間的〟ではありません。

（　A　）筆記試験をします。少数ながら満点の答案がありますが、大多数はどこか間違えています。覚えていれば満点になるでしょうが、忘れたことは答えられませんから〝誤り〟となります。その間違いが個性的です。人によって異なったところで間違えるのは、（　B　）忘れているのです。満点は□個性的ですが、減点されている答案は別々に誤っているのです。忘却のしかたはひとりひとりⅡユニークで、完全に同じ間違いはないということです。

八十五点の答案が二つあるとして、（　C　）まったく同じところで間違っているとすれば、二つの答案の間にカンニングがあったことを疑ってみることができます。百点満点の答案は□個性的ですから、カンニングがあっても答案だけからはわかりません。

忘却には、百パーセントということがありません。なんらかの意味で価値のあると思われるところを残し、虫食いのように部分的に忘れていくと言ってもよいでしょう。コンピューターは、百パーセント記憶して、部分的に忘れることはできません。

人間がコンピューターに勝てるのは、この①選択的忘却です。どんな大型のコンピューターでも、選択的記憶もできませんし、考えられもしません。

一卵性ａ双生児は、生物学的にはまったく同じであると言ってよいのですが、成長するにつれて、個人差がはっきりするようになります。心理的に違った経験をしているからで、中でも忘却は重要な個性化の要因と考えられます。同じようにつくられたキカイでも、長い間使っているうちに、ｂコユウのクセがあらわれるようにはなります。

何人かに同じ文章を読ませて、あとでそれをｃサイゲンさせてみると、人によって、覚えているところと、忘れたところが微妙に違うことがよくわかります。めいめい別々なところにアクセントを置いて記憶し、別々な②無意識の網目をくぐらせて忘却しているためでしょう。だいたい記憶はｄ画一的です。何でも同じように記憶しようとし

2022年度

札幌龍谷学園高等学校入試問題（プログレス進学コース）

【数　学】（45分）〈満点：100点〉

【注意】 定規・コンパス・分度器は使用してはいけません。

1　次の問いに答えなさい。

問1　$(+2)-(+3)$　を計算しなさい。

問2　$-\frac{1}{4}-\frac{3}{5}\div\frac{4}{5}$　を計算しなさい。

問3　$-2^3+(-2)^2$　を計算しなさい。

問4　$-x+3-(-3x+5)$　を計算しなさい。

問5　1次方程式　$7x+6=4x-3$　を解きなさい。

問6　$4a^3b^2\div(-2ab^2)$　を計算しなさい。

問7　連立方程式 $\begin{cases} 2x-3y=7 \\ 3x+2y=4 \end{cases}$　を解きなさい。

問8　x^2+2x-3　を因数分解しなさい。

問9　$(\sqrt{2}-1)^2$　を計算しなさい。

問10　2次方程式　$x^2-3x+1=0$　を解きなさい。

2　次の問いに答えなさい。

問1　yはxに反比例し，$x=6$のとき$y=-4$です。このとき，$x=-3$のときのyの値を求めなさい。

問2　半径$\sqrt{3}r$ cmの球の体積を求めなさい。ただし，円周率をπとします。

問3　生徒6名のテストの点数が8点，6点，4点，10点，2点，9点でした。このときの中央値を求めなさい。

問4　1次関数$y=\frac{3}{2}x-5$について，xの変域が$-2\leqq x\leqq 4$のときのyの変域を求めなさい。

問5　箱の中に白玉と黒玉が合わせて300個入っています。この箱から20個の玉を取り出したところ，白玉は5個ありました。箱の中にはあと何個の白玉が入っていると考えられるか求めなさい。

3　次の問いに答えなさい。

問１　10％の食塩水と15％の食塩水を混ぜて，12％の食塩水200 gをつくります。このとき，10％の食塩水は何g混ぜればよいか求めなさい。

問２　2つのさいころA，Bを同時に投げ，Aの出た目をa，Bの出た目をbとするとき，abの値が整数の2乗になる確率を求めなさい。

問３　下の図で，∠ABCの二等分線と∠ACEの二等分線の交点をDとするとき，∠xの大きさを求めなさい。

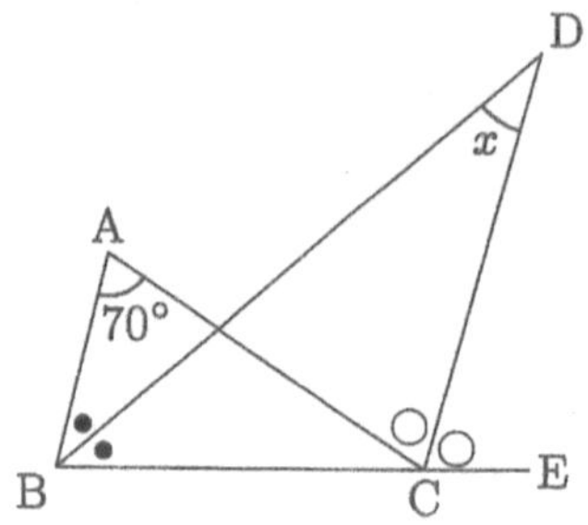

問４　下の図で，ADの長さを求めなさい。

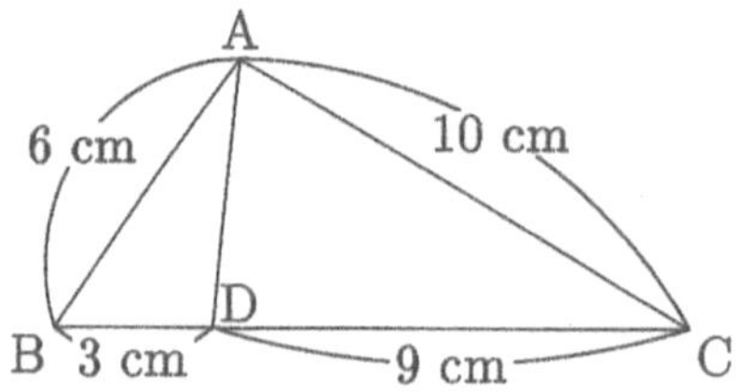

問５　下の図で，点Oは円の中心です。∠xの大きさを求めなさい。

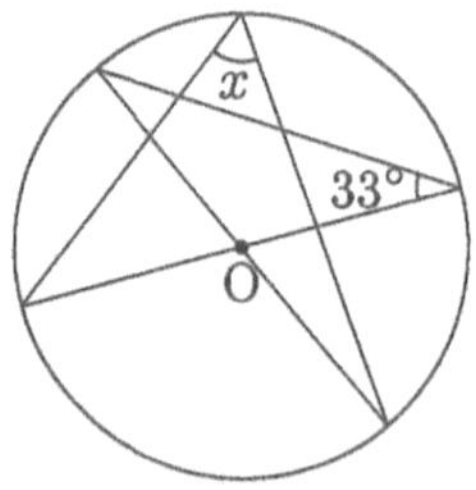

4　右の図は，放物線$y=ax^2$と直線ℓが2点A，Bで交わっています。点Aのx座標は-1で，点Bの座標は(2，8)です。このとき，次の問いに答えなさい。

問1　aの値を求めなさい。

問2　直線ℓの方程式を求めなさい。

問3　△OABの面積を求めなさい。

問4　原点を通り，△OABの面積を2等分する直線の方程式を求めなさい。

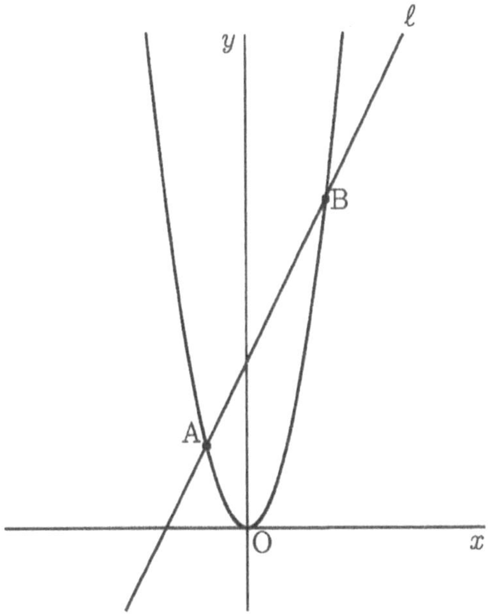

5　右の図は，1辺の長さが2 cmの正六角形ABCDEFです。このとき，次の問いに答えなさい。

問1　正六角形の6個の頂点のうち，3点を結んで三角形を作ります。直角三角形は何個作ることができるか求めなさい。

問2　正六角形の対角線のうち，最も短い対角線の長さを求めなさい。

問3　正六角形の面積を求めなさい。

問4　四角形ABCDを直線ADを軸として1回転してできる立体の体積を求めなさい。ただし，円周率をπとします。

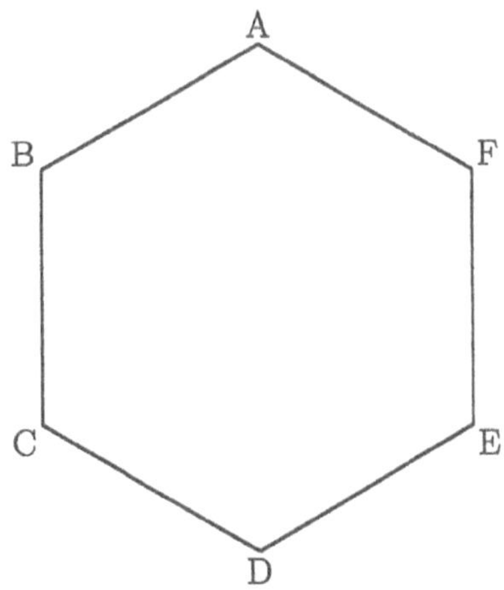

【英　語】（45分）〈満点：100点〉

1 次の英文を読み，設問に答えなさい。

On December 10, 1964, at the age of 35, *Martin Luther King Jr. accepted the *Nobel Peace Prize in *Oslo, *Norway. He was the youngest winner in history. But he did not accept ①it for himself. He accepted it for all of the people who fought（　ア　）discrimination and *inequality all（　イ　）the world.

The next day, he spoke at a college in Norway. "Black people and poor people cannot stay poor forever," ②he said. "Ten *million American families are poor. They know they live in the ③(rich) country on earth. ④(1. time / 2. is / 3. for / 4. to / 5. it / 6. fight) poor people. Rich countries must help poor countries."

And he spoke about war. "War is not the way ⑤to solve problems," he said. "We have to end war and *violence（　ウ　）countries. We can solve problems through peaceful activities."

Now, Martin Luther King Day is a very special day. Banks, schools and offices are ⑥(close) on this day, every years and Americans spend a lot of time preparing for this day. King realized that helping other people was very important. So Americans help the poor, the sick, *the homeless, and old people on this day. ⑦They do not go to work, but they do work for the local people in their towns.

There are also special ways to remember King in *churches. *Preachers from many different churches join together and speak about King and his work. ⑧People in the churches (1. were / 2. the songs / 3. popular / 4. that / 5. with / 6. sing) protest *marchers.

Almost everybody understands the *need to teach children about *equality. In schools across the US, teachers prepare school children for Martin Luther King Day. Children learn about the *civil rights campaign. ⑨They have special classes on African American history, too.

⑩King's wife and his children keep King's memory alive.（　エ　）January 1993, King's son wrote, "My father died at the age of 39. But he lived a life *fuller than most people." He is *gone, but not ⑪(forget).

注：*Martin Luther King Jr.*：キング牧師（アメリカ公民権運動の指導者）
Nobel Peace Prize：ノーベル平和賞　*Oslo*：オスロ（ノルウェーの首都）　*Norway*：ノルウェー
inequality：不平等　*million*：100万（の）　*violence*：暴力　*the homeless*：家のない人々，ホームレス
church(es)：教会　*preacher(es)*：牧師　*marcher*：行進する人　*need*：必要性
equality：平等　*civil rights campaign*：公民権運動　*full*：充実した　*gone*：亡くなった

問1　下線部①②⑦⑨が表すものを，本文中より英語で抜き出しなさい。

問2　空欄（ア）～（エ）に当てはまる最も適切な語を次から選び，番号で答えなさい。

1. between　　2. in　　3. over　　4. against

問3　下線部③⑥⑪を適切な形にかえなさい。

問4　下線部④⑧が次の意味になるように，（　　）内の語句を並べかえ，番号で答えなさい。

④貧しい人々のために戦う時が来た

⑧教会の人々は，抗議行動をした人々に人気があった歌を歌う

問5　次の英文の中で，下線部の不定詞の用法が下線部⑤の用法と同じものを選び，番号で答えなさい。

1. My dream is to be a pilot.
2. I went to the station to see my friend yesterday.
3. I am happy to see him again.
4. I have a lot of homework to do today.

問6　下線部⑩を日本語に直しなさい。

問7　本文の内容に合うものには○，合わないものには×で答えなさい。

1. Martin Luther King Jr. died four years after he received the Nobel Peace Prize.
2. Martin Luther King Jr. said that poor countries must fight with rich countries in the world.
3. Martin Luther King Day is so special because he received the Nobel Peace Prize on this day.
4. On Martin Luther King Day, people don't help poor or sick people because it is a national holiday.
5. Martin Luther King Jr. had a full life and most American people still remember him.

問8　次の英語の質問に対する答えの空欄に入る適切な数字または語を1語ずつ答えなさい。

1. How old was Martin Luther King Jr. when he got the Nobel Peace Prize?
   He was（　1　）（　2　）old.
2. What do American children learn?
   They learn not（　1　）the civil rights campaign（　2　）also African American history.

[2] 各組で下線部の発音が他と異なるものを1つ選び，番号で答えなさい。

ア．	1. nice	2. him	3. hit	4. picture	5. sing
イ．	1. sad	2. plan	3. take	4. language	5. stand
ウ．	1. such	2. much	3. uncle	4. put	5. brush
エ．	1. think	2. father	3. thank	4. three	5. teeth
オ．	1. played	2. studied	3. traveled	4. moved	5. worked

[3] 各文の（　　）内から最も適切な語（句）を選び，番号で答えなさい。

ア．（1. Is　2. Was　3. Were）Mike in the library yesterday?

イ．His hobby is（1. playing　2. play　3. played）baseball.

ウ．My father is（1. tall　2. taller　3. the tallest）in my family.

エ．Sam（1. make　2. makes　3. making）cakes with his friends every Sunday.

オ．I was（1. study　2. studied　3. studying）science at four o'clock yesterday.

カ．I have two daughters. One is in Sapporo and（1. another　2. others　3. the other）is in Osaka.

キ．My mother was cooking（1. when　2. that　3. if）I came home.

ク．Mark went to Osaka（1. seeing　2. to see　3. see）his uncle last month.

ケ．This lake is as（1. large　2. larger　3. the largest）as *Lake Biwa*.

コ．If I（1. have　2. had　3. having）enough time, I would sleep for 10 hours.

4 各組の文がほぼ同じ意味になるように，(　　)に入る適切な語を1語ずつ答えなさい。

ア．He said to me, "Please teach me Japanese."
He (1) me (2) teach him Japanese.

イ．Don't speak to anyone while you are in a library.
You (1) be (2) while you are in a library.

ウ．Could you tell me the way to Sapporo Station?
Could you tell me (1) to (2) Sapporo Station?

エ．You can use your smartphone here.
You (1) (2) to use your smartphone here.

オ．Ann writes me letters, so I'm happy.
Ann's letters (1) (2) happy.

5 各文の(　　)内の語を適切に並べかえたとき，(　　)内の2番目と5番目にくる語の番号を答えなさい。なお，文頭に来る語も小文字にしてあるので，注意すること。

ア．You are (1. with　2. kind　3. help　4. enough　5. me　6. to) my homework.

イ．(1. good　2. they　3. how　4. been　5. have　6. long) friends?

ウ．My father (1. I　2. loves　3. for　4. cup　5. bought　6. the) his birthday.

エ．Do you (1. spoken　2. that　3. know　4. by　5. is　6. English) many people?

オ．It (1. to　2. is　3. us　4. important　5. study　6. for) English.

2022年度

札幌龍谷学園高等学校入試問題
（未来創造コース）

【数　学】（45分）〈満点：100点〉

【注意】 定規・コンパス・分度器は使用してはいけません。

1 次の問いに答えなさい。

問1　$(+2)-(+3)$　を計算しなさい。

問2　$-\frac{1}{4}-\frac{3}{5}\div\frac{4}{5}$　を計算しなさい。

問3　$-2^3+(-2)^2$　を計算しなさい。

問4　$-x+3-(-3x+5)$　を計算しなさい。

問5　1次方程式　$7x+6=4x-3$　を解きなさい。

問6　$4a^3b^2\div(-2ab^2)$　を計算しなさい。

問7　連立方程式　$\begin{cases} 2x-3y=7 \\ 3x+2y=4 \end{cases}$　を解きなさい。

問8　x^2+2x-3　を因数分解しなさい。

問9　$(\sqrt{2}-1)^2$　を計算しなさい。

問10　2次方程式　$x^2-3x+1=0$　を解きなさい。

2 次の問いに答えなさい。

問1　yはxに反比例し，$x=6$のとき$y=-4$です。このとき，$x=-3$のときのyの値を求めなさい。

問2　半径$\sqrt{3}r$ cmの球の体積を求めなさい。ただし，円周率をπとします。

問3　生徒6名のテストの点数が8点，6点，4点，10点，2点，9点でした。このときの中央値を求めなさい。

問4　1次関数$y=\frac{3}{2}x-5$について，xの変域が$-2\leqq x\leqq 4$のときのyの変域を求めなさい。

問5　箱の中に白玉と黒玉が合わせて300個入っています。この箱から20個の玉を取り出したところ，白玉は5個ありました。箱の中にはあと何個の白玉が入っていると考えられるか求めなさい。

3　次の問いに答えなさい。

問１　10％の食塩水と15％の食塩水を混ぜて，12％の食塩水200 gをつくります。このとき，10％の食塩水は何g混ぜればよいか求めなさい。

問２　2つのさいころA，Bを同時に投げ，Aの出た目をa，Bの出た目をbとするとき，abの値が整数の2乗になる確率を求めなさい。

問３　下の図で，∠ABCの二等分線と∠ACEの二等分線の交点をDとするとき，$\angle x$の大きさを求めなさい。

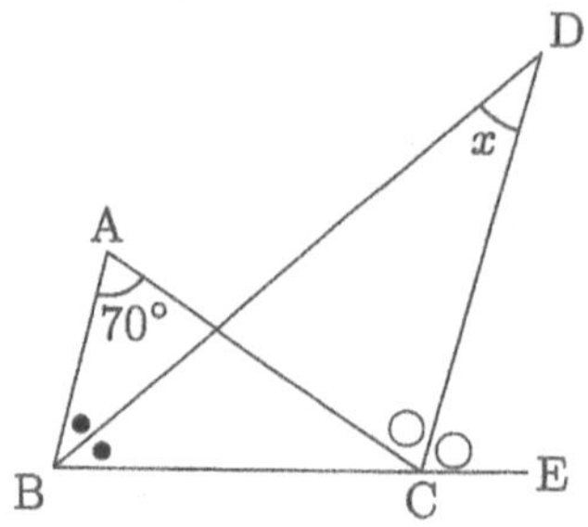

問４　下の図で，ADの長さを求めなさい。

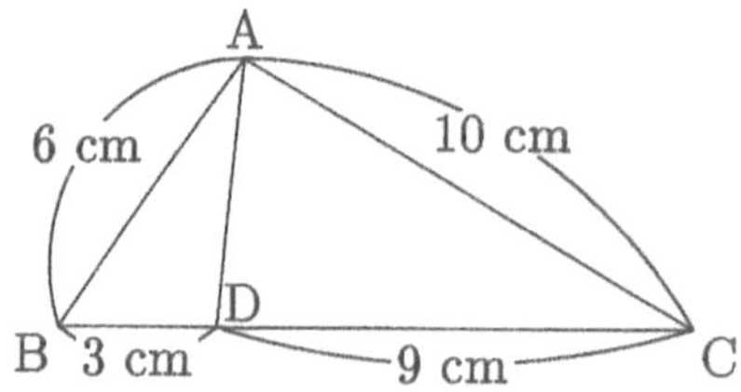

問５　下の図で，点Oは円の中心です。$\angle x$の大きさを求めなさい。

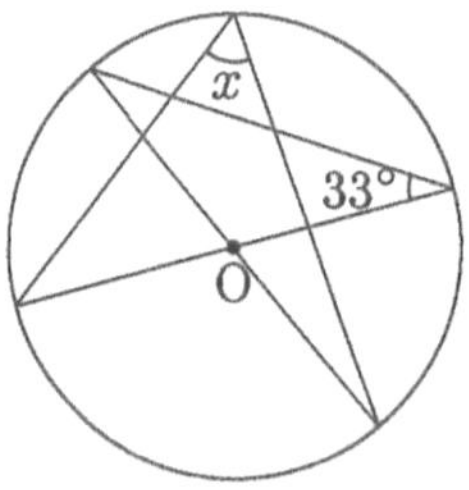

4　右の図は，放物線$y=ax^2$と直線ℓが2点A，Bで交わっています。点Aのx座標は-1で，点Bの座標は(2，8)です。このとき，次の問いに答えなさい。

問1　aの値を求めなさい。

問2　直線ℓの方程式を求めなさい。

問3　△OABの面積を求めなさい。

問4　原点を通り，△OABの面積を2等分する直線の方程式を求めなさい。

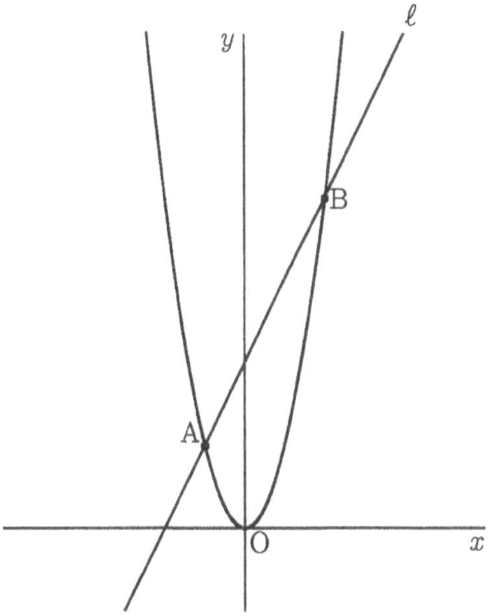

5　右の図は，1辺の長さが2 cmの正六角形ABCDEFです。このとき，次の問いに答えなさい。

問1　正六角形の対角線の本数を求めなさい。

問2　∠BACの大きさを求めなさい。

問3　線分ADの長さを求めなさい。

問4　正六角形の面積を求めなさい。

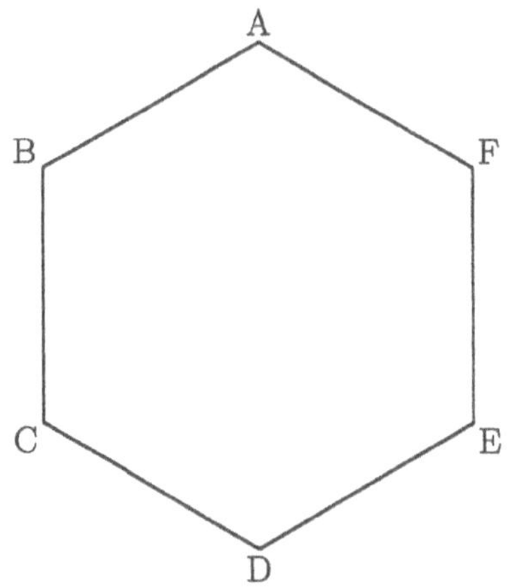

【英　語】（45分）〈満点：100点〉

1 次の英文を読み，設問に答えなさい。

In a town, ①(1. was / 2. boy / 3. a little / 4. there). He was very ill, and had to stay in bed all day. He couldn't play outside (1) his friends, so he could only see (ア)them out of the window. He felt very sad, because his condition became *worse *day by day.

One day, when he was looking through the window *as usual, something suddenly appeared outside. He was very surprised, but he wanted to know what it was. So, he looked (2) the window again. Then, a monkey with a red hat appeared! He felt that it was *funny, and asked the monkey, "Who are you? What are (イ)you doing there?" "②I came here to make you feel happy!" answered the monkey. "Let's have some fun!" They talked with each other (3) many things, and had a very good time together. "Oh, sorry, I have to go now!" said the monkey. "(A) you going to come again tomorrow?" asked the boy. "Sure!" answered the monkey and left.

The next day, something appeared outside the window again, but this time it wasn't the monkey. It was a dog with *glasses! The little boy asked the dog, "③(1. you / 2. wearing / 3. why / 4. are) glasses?" "Of course, it is because I want to see (ウ)you more clearly!" answered the dog. "It's so funny!" said the boy. "Why?" asked the dog. "Because you are a dog and are wearing glasses! Dogs don't wear (エ)them, do they?" answered the boy. The boy had a happy time with the dog. Then, the dog left.

Similar things happened again and again every day. These made the boy's condition much better. Finally, ④he (1. that / 2. became / 3. well / 4. so) he could go to school again. (4) his first day of school, he told his friends about the funny characters (B) visited him every day. They were very interested in them, but only his best friend wasn't. The boy *came up to him and tried to ask ⑤the reason. Then, he saw something *sticking out of his school bag. It was a *costume (5) an elephant! (オ)He talked with the elephant yesterday! (カ)It was him! The friend said, "I wore different costumes every day to make you feel better! ⑥I wanted you to come to school again!"

And from that day, the little boy had happy school days with all of his friends.

注：*worse*：もっと悪い　*day by day*：日に日に　*as usual*：いつものように　*funny*：おかしな
glasses：眼鏡　*come up to*：～のすぐそばまでやって来る　*stick out of*：～からはみ出す　*costume*：衣装

問1　空欄(1)～(5)に入る最も適切な語を，次から選び，番号で答えなさい。

1. about　2. of　3. at　4. on　5. with

問2　下線部①③④が次の日本語の意味を表すように，(　　)内の語(句)を並べかえ，番号で答えなさい。

①「一人の少年がいました」
③「なぜ君は眼鏡をかけているの？」
④「彼はとても元気になったので，また学校に通えるようになった」

問３　下線部(ア)〜(カ)が指すものを，それぞれ次から選び，番号で答えなさい。なお，２度用いるものがあるので注意すること。

1. the little boy　　2. his friends　　3. the elephant
4. the monkey　　5. glasses

問４　空欄(A)(B)に入る最も適切な語を次から選び，番号で答えなさい。

A．1. Be　　2. Am　　3. Is　　4. Are
B．1. whose　　2. which　　3. where　　4. what

問５　下線部②⑥を日本語に直しなさい。

問６　下線部⑤the reasonの内容を次から選び，番号で答えなさい。

1. おかしなキャラクターに毎日会ったという主人公の話に，少年達が興味を持たなかった理由。
2. おかしなキャラクターに一日も会えなかったという主人公の話に，少年達が興味を持たなかった理由。
3. おかしなキャラクターが毎日主人公の親友のところにやってきたという話に，主人公が興味を持たなかった理由。
4. おかしなキャラクターが毎日主人公のところにやってきたという話に，主人公の親友が興味を持たなかった理由。

問７　本文の内容に合うものには○，合わないものには×で答えなさい。

1. The little boy had to spend all day in bed because he was sick.
2. The little boy talked to the dog with a red hat.
3. The monkey wore the glasses to see the little boy better.
4. The little boy was too surprised to talk with the funny characters.
5. The little boy enjoyed school life, thanks to his best friend.

2　各組で下線部の発音が他と異なるものを１つ選び，番号で答えなさい。

ア．1. nice　　2. him　　3. hit　　4. picture　　5. sing
イ．1. sad　　2. plan　　3. take　　4. language　　5. stand
ウ．1. such　　2. much　　3. uncle　　4. put　　5. brush
エ．1. think　　2. father　　3. thank　　4. three　　5. teeth
オ．1. played　　2. studied　　3. traveled　　4. moved　　5. worked

3　各文の(　　)内から最も適切な語(句)を選び，番号で答えなさい。

ア．(1. Is　　2. Was　　3. Were) Mike in the library yesterday?
イ．His hobby is (1. playing　　2. play　　3. played) baseball.
ウ．My father is (1. tall　　2. taller　　3. the tallest) in my family.
エ．Sam (1. make　　2. makes　　3. making) cakes with his friends every Sunday.
オ．I was (1. study　　2. studied　　3. studying) science at four o'clock yesterday.
カ．I have two daughters. One is in Sapporo and (1. another　　2. others　　3. the other) is in Osaka.
キ．My mother was cooking (1. when　　2. that　　3. if) I came home.

ク．Mark went to Osaka (1. seeing　2. to see　3. see) his uncle last month.

ケ．This lake is as (1. large　2. larger　3. the largest) as *Lake Biwa*.

コ．If I (1. have　2. had　3. having) enough time, I would sleep for 10 hours.

4 日本文に合うように(　　)内の語を適切に並べかえたとき，(　　)内の2番目と4番目に来る語の番号で答えなさい。

ア．父に手伝ってくれるように頼もう。

Let's (1. father　2. help　3. to　4. my　5. ask) us.

イ．パーティーがいつ始まるのか教えてください。

Please tell (1. when　2. will　3. me　4. party　5. the) start.

ウ．屋根の上に座っている猫は私の友人のです。

The (1. on　2. roof　3. cat　4. sitting　5. the) is my friend's.

エ．私たちは街をきれいに保たなければならない。

We (1. clean　2. keep　3. our　4. city　5. should).

オ．彼の名前は世界中で知られている。

His (1. known　2. people　3. is　4. to　5. name) all over the world.

5 各組の文がほぼ同じ意味になるように，(　　)に入る適切な語を1語ずつ答えなさい。

ア．Is this your textbook?

(1) this textbook (2)?

イ．My friend found the book in the park.

The book (1) (2) in the park by my friend.

ウ．Must I clean my room right now?

Do I (1) (2) clean my room right now?

エ．His friend came to Japan last month. She is still in Japan now.

His friend (1) (2) in Japan since last month.

オ．Would you like another cup of coffee?

(1) (2) another cup of coffee?

特進

2022年度

解　答　と　解　説

《2022年度の配点は解答欄に掲載してあります。》

＜数学解答＞

[1] 問1 -1　問2 -1　問3 -4　問4 $2x-2$　問5 $x=-3$　問6 $-2a^2$
問7 $x=2,\ y=-1$　問8 $(x+3)(x-1)$　問9 $3-2\sqrt{2}$　問10 $x=\frac{3\pm\sqrt{5}}{2}$

[2] 問1 $y=8$　問2 $4\sqrt{3}\pi r^3$cm^3　問3 7点　問4 $-8\leqq y\leqq 1$　問5 70個

[3] 問1 120g　問2 $\frac{2}{9}$　問3 35度　問4 5cm　問5 57度

[4] 問1 $y=2x+4$　問2 $y=10x$　問3 $-\frac{2}{5}$　問4 $\frac{1-\sqrt{33}}{2}$

[5] 問1 12個　問2 $2\sqrt{3}$cm　問3 $6\sqrt{3}$cm^2　問4 8πcm^3

○配点○

[1] 各3点×10　[2]～[3] 各4点×10　[4] 問1 3点　他 各4点×3

[5] 問1 3点　他 各4点×3　計100点

＜数学解説＞

[1] (数・式の計算，方程式，因数分解)

基本 問1 $(+2)-(+3)=-1$

問2 $-\frac{1}{4}-\frac{3}{5}\div\frac{4}{5}=-\frac{1}{4}-\frac{3}{5}\times\frac{5}{4}=-\frac{1}{4}-\frac{3\times5}{5\times4}=-\frac{1}{4}-\frac{3}{4}=-1$

問3 $-2^3+(-2)^2=-2\times2\times2+(-2)\times(-2)=-8+4=-4$

問4 $-x+3-(-3x+5)=-x+3+3x-5=2x-2$

基本 問5 $7x+6=4x-3$　$7x-4x=-3-6$　$3x=-9$　$x=-3$

問6 $4a^3b^2\div(-2ab^2)=\frac{-4a^3b^2}{2ab^2}=-2a^2$

問7 $2x-3y=7$は両辺を2倍して$4x-6y=14$…①　$3x+2y=4$は両辺を3倍して$9x+6y=12$…②
①＋②は$13x=26$　$x=2$　②に代入すると$18+6y=12$　$6y=-6$　$y=-1$

問8 $x^2+2x-3=(x+3)(x-1)$

問9 $(\sqrt{2}-1)^2=(\sqrt{2})^2-2\times\sqrt{2}\times1+1^2=2-2\sqrt{2}+1=3-2\sqrt{2}$

問10 $x^2-3x+1=0$　解の公式を利用する。$x=\frac{-(-3)\pm\sqrt{(-3)^2-4\times1\times1}}{2\times1}=\frac{3\pm\sqrt{9-4}}{2}$
$x=\frac{3\pm\sqrt{5}}{2}$

[2] (反比例，球の体積，中央値，変域，標本調査)

問1 yがxに比例することは，aを定数として$xy=a$と表すことができる。$x=6$，$y=-4$を代入すると$a=6\times(-4)=-24$　$xy=-24$　$x=-3$のとき$-3y=-24$　$y=8$

問2 $\frac{4}{3}\pi(\sqrt{3}r)^3=\frac{4}{3}\pi\times3\sqrt{3}r^3=4\sqrt{3}\pi r^3$ (cm^3)

問3 6名の得点を小さい順に並べると，2点，4点，6点，8点，9点，10点。6名の中央値は3番目と4番目の平均なので$(6+8)\div2=7$(点)

問4 $y=\frac{3}{2}x-5$について，$x=-2$のとき$y=\frac{3}{2}\times(-2)-5=-8$，$x=4$のとき$y=\frac{3}{2}\times4-5=1$
$-2\leqq x\leqq4$のとき$-8\leqq y\leqq1$となる。

問5　20個取り出したとき，残りは300−20＝280(個)となり，その中に白玉がx個入っているとすると，白玉の割合が等しくなると考えて$\frac{5}{20}=\frac{x}{280}$　　$x=280\times\frac{5}{20}=70$

3　**(方程式の応用，確率，角度，相似，円の性質)**

問1　10%の食塩水をxg混ぜるとすると，合計が200gになることから15%の食塩水は$(200-x)$g混ぜることになる。食塩の量について方程式を立てる。$x\times\frac{10}{100}+(200-x)\times\frac{15}{100}=200\times\frac{12}{100}$　両辺を100倍すると$10x+15(200-x)=2400$　　$10x+3000-15x=2400$　　$10x-15x=2400-3000$　$-5x=-600$　　$x=120$

問2　2つのさいころの目の出方は全部で6×6＝36(通り)。その中で，abの値が整数の2乗になるのは$(a,\ b)=(1,\ 1)$，$(1,\ 4)$，$(2,\ 2)$，$(4,\ 1)$，$(3,\ 3)$，$(4,\ 4)$，$(5,\ 5)$，$(6,\ 6)$の8通り。よってその確率は$\frac{8}{36}=\frac{2}{9}$

問3　∠ABD＝∠DBC＝b，∠ACD＝∠DCE＝cとおく。△ABCについて外角の定理により∠ACE＝∠BAC＋∠ABC　　$2c=70+2b$　　$2c-2b=70$　　$c-b=35$…①　　△BCDについて外角の定理により∠DCE＝∠BDC＋∠DBC　　$c=x+b$　　$x=c-b$　　①により$x=35$

問4　△ABDと△CBAにおいて，AB：CB＝6：(3＋9)＝1：2，BD：BA＝3：6＝1：2であり，AB：CB＝BD：BAとなる。また，∠ABD＝∠CBA(共通)なので，2組の辺の比が等しく，その間の角が等しいので△ABD∽△CBAである。対応する辺の比は等しいのでAD：CA＝AB：CB　　AD：10＝1：2　　AD＝10×1÷2＝5(cm)

問5　右図のように頂点に名前をつける。また，CD，BCを結ぶ。$\overset{\frown}{BC}$に対する円周角の定理により∠BDC＝∠BEC＝33°　　BDが直径なので△BCDは∠BCD＝90°の直角三角形である。したがって，∠CBD＝180°−90°−33°＝57°　　$\overset{\frown}{CD}$に対する円周角の定理により　∠x＝∠CBD＝57°

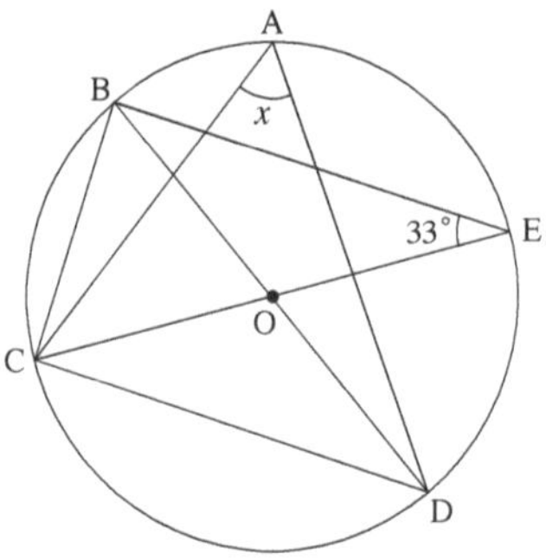

4　**(図形と関数・グラフの融合問題)**

問1　B(2, 8)が$y=ax^2$上の点なので$2^2\times a=8$　　$a=2$　　放物線の式は$y=2x^2$となる。点Aは$y=2x^2$上の点で$x=-1$なので，$y=2\times(-1)^2=2$　　A(−1, 2)　　直線ℓの方程式を$y=mx+n$とおくとAを通ることから$-m+n=2$…①　　Bを通ることから$2m+n=8$…②　　②−①は$3m=6$　　$m=2$　　①に代入すると$-2+n=2$　　$n=4$　　直線ℓの方程式は$y=2x+4$

問2　ABの中点をMとすると，$M\left(\frac{-1+2}{2},\ \frac{2+8}{2}\right)=M\left(\frac{1}{2},\ 5\right)$　　OMを結ぶと，△OAMと△OBMは底辺AM＝BMで，高さも等しい，したがって面積の等しい三角形となり，OMが△OABの面積を2等分する。OMの式を$y=px$とおくと，Mを通ることから$\frac{1}{2}p=5$　　p＝10　　$y=10x$

やや難　問3　ABの長さは決まっているので，△ABPの周の長さを最小にするには，AP＋BPを最小にすればよい。x軸に関してAと対称な点をA′とするとA′(−1, −2)である。直線A′Bの式を$y=mx+n$とおくとA′を通ることから$-m+n=-2$…①　　Bを通ることから$2m+n=8$…②　　②−①は$3m=10$　$m=\frac{10}{3}$　　②に代入すると$\frac{20}{3}+n=8$　　$n=\frac{4}{3}$　　直線A′Bは$y=\frac{10}{3}x+\frac{4}{3}$　　この直線とx軸の交点をPとすればよい。$\frac{10}{3}x+\frac{4}{3}=0$の両辺を3倍して$10x+4=0$　　$10x=-4$　　$x=-\frac{2}{5}$

重要　問4　直線ABとy軸の交点をCとすると，C(0, 4)であり，OC＝4である。y軸上正の部分にDC＝3×OC＝12となるように点DをとるとD(0, 16)となる。このときDC＝3OCなので，△ABD＝△ACD＋△BCD＝3×△ACO＋3×△BCO＝3×(△ACO＋△BCO)＝3×△OABとなる。点Dを通り直線ℓに平行な直線は$y=2x+16$となるがこの直線と放物線の交点をQとすれば，△QAB＝

△ABD＝3×△OABとなる。$2x^2=2x+16$　$2x^2-2x-16=0$　$x^2-x-8=0$　解の公式により，$x=\frac{-(-1)\pm\sqrt{(-1)^2-4\times1\times(-8)}}{2\times1}=\frac{1\pm\sqrt{1+32}}{2\times1}$　点Qはx座標が負なので$x=\frac{1-\sqrt{33}}{2}$

5 (正六角形，三平方の定理，回転体の体積)

重要 問1　対角線AD，BE，CFは1点で交わり，正六角形は6個の正三角形に分けられる。この3本の対角線の交点をOとおくと，正六角形ABCDEFは点O中心，半径OAの円に内接する。ADが直径となり，直径に対する円周角は90度なので，△ABD，△ACD，△AED，△AFDは直角三角形となる。BEも直径なので同様に△BCE，△BDE，△BAE，△BFEも直角三角形となり，CFも直径なので△CDF，△CEF，△CBF，△CAFも直角三角形となり，合計3×4＝12(個)の直角三角形を作ることができる。

問2　例えばACが最も短い対角線である。ACとOBの交点をMとする。△ABOは1辺2cmの正三角形であり，MはOBの中点になるので△ABMは30度，60度，90度の角をもつ直角三角形となり，辺の比は$1:2:\sqrt{3}$である。AB＝2，BM＝1，AM＝$\sqrt{3}$となり，AC＝2×AM＝$2\sqrt{3}$(cm)

やや難 問3　△OAB＝$\frac{1}{2}$×OB×AM＝$\frac{1}{2}\times2\times\sqrt{3}=\sqrt{3}$　正六角形ABCDEF＝6×△OAB＝$6\sqrt{3}$(cm^2)

問4　体積を求める立体は，BFを底面の直径，Aを頂点とする円錐と，CEを底面の直径，Dを頂点とする円錐と，CEを底面の直径，高さをBCとする円柱の3つの部分の和である。BF＝CE＝AC＝$2\sqrt{3}$，円錐の高さ＝BM＝1なので，$(\sqrt{3})^2\times\pi\times1\times\frac{1}{3}\times2+(\sqrt{3})^2\times\pi\times2=2\pi+6\pi=8\pi$($\mathrm{cm}^3$)

★ワンポイントアドバイス★

まずは1～3の共通問題で確実に得点していくことが大切。45分間で小問28題と問題数も少なくないので，時間配分にも気をつける必要がある。その上で後半の問題をどこまで処理できるか，標準的な問題演習を重ねていこう。

＜英語解答＞

1 問1 (1) for　(2) from　(3) about　(4) with　(5) in　(6) to
問2 4　問3 (異なるものの記号) オ　(指すもの) (the) kitchen
問4 私は，今までに持った[手にした](中で)最も大切な贈り物を失くした。
問5 2　問6 ④ 6324157　⑨ 1536274　問7 hearing　問8 half
問9 4　問10 without making any sound　問11 one of his sons [One of his children]　問12 4　問13 1 ×　2 ×　3 ○　4 ○

2 ア 1　イ 3　ウ 4　エ 2　オ 5

3 ア 2　イ 1　ウ 3　エ 2　オ 3　カ 3　キ 1　ク 2　ケ 1　コ 2

4 ((1),(2)の順) ア I, ate　イ wasn't, sent　ウ necessary, for　エ What, a　オ There, are

5 (3番目，6番目の順) ア 5,1　イ 3,2　ウ 1,7　エ 4,2　オ 3,6

○配点○

1 問1，問3，問7～問13 各2点×17(問3完答)　問2，問5，問6 各3点×4　問4 4点
2～5 各2点×25(4，5各完答)　計100点

<英語解説>

1 (長文読解問題・物語文:語句補充,内容吟味,指示語,英文和訳,語句整序,語形変化)

(全訳) ジョーは75歳で,亡くなった妻の思い出とともに一人暮らしをしている。彼の子供たちは成長し,現在は他の都市に住んでいる。彼らは時々一緒に彼を訪ねる。

ある休日,ジョーは子供たちの到着を(1)待っていた。彼らを迎えるために家を掃除していたとき,彼はお気に入りの時計をなくしてしまった。それは彼の妻(2)からの贈り物だったので,彼はとても悲しかった。彼は最初の子供が生まれたときにそれを手に入れたのだった。彼の妻が亡くなった後,(ア)それは彼にとって非常に特別なものになった。ジョーは①それを大切にし,いつも身に着けていた。

彼は子供たちに会ったとき,とてもうれしくて時計(3)のことを忘れていた。彼はしばらく彼ら(4)ととても幸せな時間を過ごした。彼の子供の一人が彼の妻について話し始めた,そして彼は突然それを思い出し,非常に動揺した。彼の子供たちは,彼がなぜそんなに動揺しているのかと彼に尋ねた。ジョーは,「親愛なる子供たちよ,②私はこれまでにもらった中で最も重要な贈り物を失った。君たちのお母さんがそれを私にくれて,私は掃除中に(イ)それをなくしてしまったんだ!③心に大きな穴が開いたような気がする」と言った。ジョーは(5)涙を流していた。子供たちは彼をとても気の毒に思い,彼と一緒に時計を探し始めた。

しばらくすると,娘が彼に「父さん,(ウ)それがなくなる前に,④それをいつ最後に見たか覚えている?」と言った。ジョーは「よくわからないが,その時私は台所を掃除していたと思う…」と言った。これを⑤聞いた後,彼らはそこに行って(エ)それを探し始めた。

彼らはジョーと一緒に⑥約30分間それを見つけようとしたが,そこでは⑦何も見つからなかった。しばらくして,ジョーは「ちょっと疲れた」と言い,あきらめて居間に戻った。しかし,しばらくして,息子の一人が突然台所(6)に戻った。

彼は(6)そこに入って行き,⑧黙ってそこに座っていた。他の子供たちはすぐに彼のところに行ったが,⑨彼は彼らにとても静かにしているようにと言った。彼はそこに数分間座った後,急いで父親のところに行った。そう,⑩彼は父親にとって⑪最も貴重なものを持っていて,喜んで彼に返した。

父親は驚いて,どうやってその時計を見つけたのかと尋ねた。息子は「ぼくは全く音を立てないようにして台所にいたんだ。台所はすぐにとても静かになったよ。数分後,『カチカチ』という音が聞こえて,見つけたんだよ」

これが沈黙の力である。問題が発生したときに落ち着いていれば,解決策を簡単に見つけることができるのだ。

基本 問1 (1) 〈 wait for ~ 〉で「~を待つ」という意味を表す。 (2) 〈 from ~ 〉は「~から」という意味を表す。 (3) 〈 about ~ 〉は「~について」という意味を表す。 (4) 〈 with ~ 〉は「~と一緒に」という意味を表す。 (5) 〈 be in tears 〉は「泣いている」という意味を表す。 (6) 〈 to ~ 〉は「~へ」という意味を表す。

問2 〈 treasure ~ 〉は「~を大切にする」という意味を表すので,4「ジョーはそれを丁寧に扱った」が答え。1「ジョーはそれを子供たちの一人に与えた」,2「ジョーは注意深くそれを探した」,3「ジョーはそれを箱に入れて,それを開けなかった」

問3 オ以外はすべて「時計」を指している。オは息子が入っていった「台所」を指している。

問4 〈 最上級を伴う名詞+that+現在完了の経験用法 〉で「~した中で一番…」という意味を表す。

問5 〈 feel like ~ 〉で「~のように感じる」という意味を表す。妻の思い出につながる大切な時計をなくして，虚しい思いを感じていることを表しているので，2が答え。2以外はすべてジョーの感情に合わないので，誤り。

問6　④　間接疑問文なので，〈疑問詞＋主語＋動詞〉の形になっている。　⑨　〈 tell A to ～ 〉で「A に～するように言う」という意味になる。

問7　前置詞の目的語として動詞を置く時には動名詞にする。

問8　half an hour で30分という意味を表す。

問9　nothing は「何も～ない」という意味を表す。

問10　〈 in silence 〉で「黙って」という意味になる。音を立てずにいる様子を表す表現を探す。

問11　時計を見つけて，父親に渡した人物なので，「息子」である。

問12　precious は，the most を使って最上級にする。

重要 問13　1「ジョーは今もまだ妻や子供たちと幸せに暮らしている」 妻は亡くなり，子供たちは離れてくらしているとあるので，誤り。　2「ジョーの妻は亡くなる数日前に彼に時計をあげた」「最初の子供が生まれたとき」とあるので，誤り。　3「ジョーの息子はその音が聞こえたので時計を見つけた」「『カチカチ』という音が聞こえて，見つけた」とあるので，正しい。　4「この物語は『もし問題にあわてなければ，それを解決できる』と言っている」 最後の段落の内容に合うので，正しい。

2　(発音問題)

ア　1 [náis]　2 [hím]　3 [hít]　4 [píktʃər]　5 [siŋ]

イ　1 [sǽd]　2 [plǽn]　3 [téik]　4 [lǽŋgwidʒ]　5 [stǽnd]

ウ　1 [sʌ́tʃ]　2 [mʌ́tʃ]　3 [ʌ́ŋkl]　4 [pút]　5 [brʌ́ʃ]

エ　1 [θíŋk]　2 [fɑːðə]　3 [θǽŋk]　4 [θríː]　5 [tíːθ]

オ　1 [pléid]　2 [stʌ́did]　3 [trǽvld]　4 [múːvd]　5 [wərkt]

3　(語句補充問題：動詞，動名詞，比較，進行形，慣用表現，接続詞，不定詞，仮定法)

ア「マイクは昨日図書館にいましたか」 動詞の be は「～にいる，ある」という意味で存在を表す。

イ「彼の趣味は野球をすることだ」 動名詞は「～こと」という意味を表す。

ウ「私の父は家族の中で一番背が高い」 最上級の文なので〈 the ＋最上級〉の形になる。

エ「サムは毎週日曜日に友達たちとケーキを作る」 習慣などよく繰り返される行動を表す時には現在形を使う。

オ「私は昨日4時に理科を勉強していた」 ある時点で行っていた動作を表すので，過去進行形を使う。

カ「私には2人の娘がいる。1人は札幌で，もう1人は大阪にいる」 2つあるものについて説明するときは，〈 one ～ , the other ～ 〉という表現を用いる。

キ「私が帰宅したとき，私の母は調理をしていた」 when は時間の流れの上の一点を指し示す。

ク「マークは先月おじさんに会うために大阪に行った」 不定詞の副詞的用法は「～するために」という意味で目的を表す。

基本 ケ「この湖は琵琶湖と同じくらい大きい」〈 as ～ as … 〉で「…と同じくらい～」という意味になる。

コ「もし十分な時間があったら，私は10時間眠るだろう」〈 if 主語＋過去形の動詞～ 〉は仮定法過去で，実際とは異なる仮定を表す。

4　(書き換え問題：接続詞，受動態，不定詞，感嘆文，there)

ア「私は昨日昼食前に本を読んだ」→「私は昨日昼食を食べる前に本を読んだ」 before の後に

動名詞が置かれている表現を書き換えて，before の後に「主語＋動詞」を置く。

イ 「メグはサリーに手紙を送らなかった」→「手紙はメグによってサリーに送られなかった」 受動態の文にするので，〈 be 動詞＋過去分詞〉という形にする。

ウ 「あなたは今日ミーティングに出る必要はない」〈 it is ～ for S to … 〉で「 S が…することは～である」という意味になる。

エ 「このリンゴは何ておいしいんだろう！」 感嘆文では〈 what ＋(冠詞)＋形容詞＋名詞〉から始まり，主語と述語がその後に続く。

オ 「博物館には多くの種類の絵がある」〈 there is (are) ～ 〉は「～がある」という意味を表す。

5 (語句整序問題：分詞，不定詞，比較，接続詞，疑問詞)

ア (The) boys playing in that park are my (classmates.)「公園で遊んでいる少年たちは私のクラスメートだ」 現在分詞は「～している」という進行中の意味を表し，直前にある名詞を修飾する。

イ (Could) you tell me where to buy the (concert ticket?)「そのコンサートのチケットをどこで買ったらよいのか教えてもらえますか」〈 where to ～ 〉で「どこで～するべきか」という意味を表す。

ウ (He) is one of the most famous writers (in the U.S.)「彼は合衆国で一番有名な作家の1人だ」〈 one of ～ 〉で「～の中の1つ」という意味になる。

エ (The dress) was so expensive that he couldn't buy (it.)「そのドレスはとても高かったので，彼は買えなかった」〈 so ～ that S can't … 〉で「 とても～なので S は…できない」という意味になる。

オ (How) long does it take from here to (the airport?) 「ここから空港までどれくらいかかりますか」〈 how long ～ 〉は「どれくらいの間～」という意味で，時間や期間の長さを尋ねる時に用いられる。

★ワンポイントアドバイス★

3のコでは仮定法が使われているが，if 節の中が be 動詞の場合には were を使うことを覚えておこう。仮に主語が I であっても were を用いる。(例)If I were a bird, I would fly to you. (もし私が鳥なら，あなたの所に飛んでいくだろう。)

＜理科解答＞

1 問1 (1) 12N (2) 0.75m 問2 (1) (固体) 炭酸ナトリウム (液体) 水 (気体) 二酸化炭素 (2) ④ (3) 1.0g 問3 (1) 8個 (2) c→a→d→e→b 問4 (1) (天気) 晴れ (天気記号) ⦶ (2) (雲の様子) ウ (雲の名称) ク

2 問1 2A 問2 7V 問3 3A 問4 4V 問5 9W 問6 60J 問7 1.4Ω

3 問1 アンモニア 問2 2 問3 1と3 問4 (2) 問5 a 蒸発 b 沸騰 c 78 問6 (4) 問7 昇華 問8 熱

4 問1 肺循環 問2 C 肝臓 D 小腸 E 腎臓 問3 (1) ア (2) ウ (3) エ 問4 (1) (記号) b (名称) 右心室 (2) (記号) a

(名称) 右心房　問5 C
5 問1 (1) ア 水蒸気　イ 高　ウ 凝縮　(2) 74.3%　問2 (1) ウ
(2) ア　(3) ① イ　② エ　③ カ　④ キ　問3 (1) 温暖前線 イ
(寒冷前線) エ　(2) ア，オ，カ
○配点○
1 問1(1)，問3(1)，問4(2) 各2点×3(問4(2)完答)　問1(2)，問3(2)，問4(1) 各3点×3
(問4(1)完答)　他 各1点×5　2 問4 2点　他 各3点×6　3 各2点×10
4 各2点×10(問4(1)・(2)各完答)　5 問1(1)，問3(1) 各2点×2(各完答)
問1(2)，問2(1)・(2)，問3(2) 各3点×4(問3(2)完答)　他 各1点×4　計100点

<理科解説>

重要 1 (理科総合―小問集合)

問1 (1) 6Nで0.1m伸びるので，0.2m伸びるには12Nの力が必要である。 (2) 支点Gの両側で，(力の大きさ)×(支点からの距離)が等しい。Aにかかる力：Bにかかる力＝4：12＝1：3なので，長さの比はAG：GB＝3：1となり，$AG=1\times\frac{3}{4}=0.75$(m)である。

問2 (1) 炭酸水素ナトリウムは熱分解すると，炭酸ナトリウムと水と二酸化炭素に分解する。
(2) 発生する気体は二酸化炭素であり，無色・無臭の気体で有機化合物を燃焼するときに発生する。 (3) 反応前の合計の質量と反応後の合計の質量は等しい。発生した気体の質量をx(g)とすると，$4.0=2.6+0.4+x$　$x=1.0$gである。

問3 (1) 1回目の分裂で2個の細胞になる。2回目で4個，3回目で8個になる。 (2) cの状態から2個になり，さらに分裂が進みdを経てeになる。この時期の分裂を卵割という。卵割のときは，分裂はするが細胞の大きさは大きくならず1個の細胞の大きさは小さくなる。その後，様々な器官が形成されるようになる。

問4 (1) 空全体を占める雲の量が1以下で快晴，2以上8以下で晴れ，9以上で曇りとされる。
(2) 高度2000～7000m付近で見られるのは，ウのひつじ雲と呼ばれる雲で高層雲である。アは地上から2000m付近で見られる層積雲，イは積雲，エは5000～13000m付近で見られる巻雲(すじぐも)である。

2 (電流と電圧―回路と電流・電圧)

問1 キルヒホッフの法則に関する問題である。回路全体を流れる電流をI，ab間を流れる電流をI_1，bc間の電流をI_2，de間をI_3，ef間をI_4，be間をI_5とすると，$I_3+I_5=I_4$より，$I_3=3-1=2$(A)である。

やや難 問2 電池の電圧をE，ab間にかかる電圧をE_1，bc間をE_2，de間をE_3，ef間をE_4，be間をE_5とすると，d→e→fにおいて$E-E_3-E_4=0$より，$E-4-3=0$　$E=7$Vになる。

やや難 問3 a→b→cにおいて$E-E_1-E_2=0$より，$7-I_1-2I_2=0$…①　また，$I_1=I_2+I_5$であり$I_5=1$(A)なので，$I_1=I_2+1$…②　①と②より，$I_1=3$(A)，$I_2=2$(A)である。

問4 bc間の電流が2Aなので，その間にかかる電圧は2×2＝4(V)になる。

問5 ef間の電流は3A，抵抗は1Ωなので，電力＝電流×電流×抵抗より，3×3×1＝9(W)である。

問6 be間の電流が1A，抵抗が1Ωなので電力は1Wであり，1分間の電力量は1×60＝60(J)である。

問7 回路全体を流れる電流Iは，$I=I_1+I_3$より3＋2＝5Aであり，電池の電圧が7Vなので，全抵抗は7÷5＝1.4(Ω)である。

3 (気体の発生とその性質―気体の発生)

基本 問1 塩化アンモニウムと水酸化カルシウムを加熱すると，アンモニアが発生する。

基本 問2　水に溶けやすく空気より軽い気体の捕集は，上方置換法で行う。

重要 問3　(1)では二酸化炭素，(2)では酸素，(3)では二酸化炭素，(4)では水素が発生する。

問4　化学変化は物質を構成する粒子の組み合わせが変化するもので，状態変化では粒子の組み合わせは変化しない。それで状態変化は物理変化であり，化学変化ではない。

重要 問5　液体の表面からの気化を蒸発といい，内部からの気化を沸騰という。沸騰が起きる温度を沸点という。エタノールの沸点は約78℃である。

問6　沸点に達しなくても液体は表面から蒸発して気体になる。沸点に達すると，すべての液体が気体になるまで温度は変わらない。

問7　固体から直接気体になる変化を昇華という。

問8　熱が伝わるには，熱を伝える物質が必要である。魔法瓶では内部の金属とその外側の間が真空になっており，熱が伝わりにくい。

4 (ヒトの体のしくみ―ヒトの器官・心臓)

問1　器官Aは肺，Bは心臓であり，この間の血液の循環を肺循環という。

基本 問2　CはDから血液が流れ込むので肝臓，Dは小腸，Eはぼうこうとつながっているので腎臓である。

基本 問3　(1)　肺で酸素を受け取った血液が流れるのが，アの血管(肺静脈)である。　(2)　小腸(D)で吸収した栄養を多く含む血液が流れるのが，ウの血管(肝門脈)である。　(3)　腎臓で老廃物を濾しとった後の血液が流れるのが，エの血管である。

基本 問4　(1)　肺に血液を送り込む血管は，bの右心室から出ている。　(2)　全身から心臓に戻る大静脈がつながるのは，aの右心房である。

問5　肝臓のはたらきの一つが，有害なアンモニアを尿素に変えることである。

5 (天気の変化―湿度・天気図・前線)

基本 問1　(1)　コップに氷を入れるとコップが冷やされ，コップの表面にふれた空気中の水蒸気が凝結して水滴が生じる。このとき，コップのまわりの温度が下がり飽和水蒸気量が低くなるので，湿度は高くなる。　(2)　コップがくもり始めたのが16℃なので，実際の水蒸気量は$13.6g/cm^3$であった。室温の21℃のときの飽和水蒸気量が$18.3g/cm^3$なので，湿度は$(13.6\div18.3)\times100=74.31\cdots\fallingdotseq74.3$(%)である。

基本 重要 問2　(1)　暖気は暖かい空気を含み軽く寒気の上に上昇していくが，寒気は冷たい空気を含み重いので暖気の下にもぐりこむ。　(2)　温暖前線の前側と寒冷前線の後側で雨が降る。温暖前線による雨はしとしとと雨が長い時間降り，寒冷前線による雨は激しい雨が短時間降る。　(3)　暖かい空気は体積が膨張するので軽く，逆に冷たい空気は重い。前線面では重い空気(寒気)が軽い空気(暖気)にもぐりこみ，暖気を押し上げる。押し上げられた空気は上空で冷やされ，積乱雲などの雲が発達し激しい雨を降らせる。

問3　(1)　温暖前線が通過すると気温が上昇し，湿度が下がる。24時から1時の間で急激な温度上昇が見られるので，この時間に温暖前線が通過した。また，寒冷前線が通過すると急激に気温が下がり湿度は上昇する。5時から6時の間に急激な気温の下降が見られるので，この時間に寒冷前線が通過した。　(2)　寒冷前線が通過すると，急激な気温の下降と，短時間に強い雨が降る。風向きは前線の通過後，南寄りの風から北または西寄りの風に変わる。

★ワンポイントアドバイス★

標準的なレベルの問題であり，理科全般のしっかりとした幅広い知識が求められる。

＜社会解答＞

1 問1 エ　問2 イ　問3 大化改新　問4 ア　問5 ウ　問6 大政奉還
問7 イ

2 問1 東経135度　問2 本初子午線，0度　問3 180度　問4 A 1
B 早く　C 遅く　問5 (ニューヨーク) 2月17日19時　(フランス) 2月18日1時

3 問1 (1) ア　(2) エ　問2 ボストン茶会事件　問3 (1) ワシントン
(2) ア[イ，エ]　(3) 州の数[13植民地]　問4 税金
問5 (1) バスティーユ牢獄[牢獄]　(2) 人権宣言　問6 (1) 長く不規則な労働時間と，せまい炭坑内での児童労働が問題となっていた。　(2) イ

4 問1 (1) 冬　(2) 少ない　(3) 流氷　(4) 千島　(5) 泥炭地　問2 イ
問3 B　問4 大きくなるまで育てたのち出荷する漁業を養殖漁業，人工的に育てた稚魚などを放流し，自然の中で育ち大きくなった後で漁獲する漁業を栽培漁業という。
問5 (1) ウ　(2) イ，オ，キ　(3) イ　問6 (1) エ　(2) エ
(3) B，C　問7 (1) イ，ウ　(2) 公共の福祉　問8 不景気　問9 イ

○配点○
1 各2点×7　2 各2点×9　3 問6(1) 3点　他 各2点×10
4 問4 3点　他 各2点×21　計100点

＜社会解説＞

1 (日本の歴史―古代・近代の政治・社会史など)

問1 隋の皇帝の禅譲を受けて建国，均田制や租庸調といった税制を整え律令政治を完成させた世界帝国。遣唐使を通じて日本の政治や社会に大きな影響を与えた。

問2 孝徳・斉明天皇の皇子として政治改革を断行，都を近江国の大津に移して即位した。

問3 蘇我氏を滅ぼした乙巳(いっし)の変(645年)から始まった，天皇を中心とする中央集権国家を目指した一連の改革。難波に都を移し中国に倣って初めて年号を大化と定めた。

問4 二官八省からなる中央行政組織と「遠(とお)の朝廷(みかど)」といわれた政府の出先機関。

問5 徳川家康が征夷大将軍に就任した1603年から1867年の大政奉還まで。

重要 問6 土佐藩前藩主・山内容堂らの進言で決断。徳川家主導の雄藩連合政権を目指したものの，薩長を中心とするクーデターにより政権の中枢から除かれてしまった。

問7 イは大正のモガファッション。アは地租改正，ウは富岡製糸場，エは牛鍋を食べている図。

2 (地理―地球と時差の計算など)

重要 問1 兵庫県明石市を通る経線。グリニッジ時(世界時)とは9時間の時差がある。

問2 本初とは「初めの」という意味。この子午線を0度とし東西をそれぞれ180に分割する。

問3 東経(西経)180度の子午線にそって南北に走り，この線より西では東より1日進んでいる。太平洋上の一部の国では国内の日付を統一させるため大きく迂回させている。

問4 東経135度を標準時とする日本は世界でも時間が進んでいる国の一つと言える。

重要 問5 ニューヨークは(135＋75)÷15＝14(時間)，フランスは(135－15)÷15＝8(時間)遅らせる。

3 (日本と世界の歴史―市民革命と近代国家の成立など)

重要 問1 (1) 17世紀前半，メイフラワー号で移住。 (2) フランス革命の混乱の中頭角を現したナポレオンは国民投票で帝位につきナポレオン1世と称した。

問2　茶の独占権を東インド会社に与えたことに入植者が反発，茶を海に投棄した事件。これにより本国・イギリスとの関係は決定的となり独立戦争に発展していった。

問3　(1)　裕福な農園経営者。戦後請われて政界に復帰，初代大統領に就任した。　(2)　イギリスと対立していたフランスなどは植民地側にたって参戦した。　(3)　13ある星と赤白の線の数は独立当時の州の数を表している。その後星の数は増え現在はアメリカ50州を表現。

問4　第一身分は聖職者，第二身分は貴族，第三身分は農民や都市の民衆。土地の大半を所有する第一・第二身分は納税義務がなく，国民の9割以上を占める第三身分が重税に苦しんでいた。

問5　(1)　政治犯を収容していた牢獄は圧政のシンボルとなっていた。　(2)　国民主権や人権の不可侵，所有権の保障などを規定，人権の歴史上大きな意義を持つ文章。

問6　(1)　大人に比べて賃金が安いことや体が小さいことから，工場や狭い炭坑内での作業に多くの子供たちが長時間の労働を強いられていた。　(2)「資本論」を著し資本主義社会の様々な矛盾や問題点を指摘した人物。

4　**(日本の地理・公民―北海道の気候・産業・人権・価格・景気変動など)**

問1　(1)　国内で唯一の冷帯気候の地域。　(2)　中央部の山塊が季節風を遮るため降雪が少ない。　(3)　アムール川の河口付近から流れ出てオホーツク海を覆う。　(4)　栄養分が多いことから親潮と呼ばれる。　(5)　酸性が強く農業には不向きな土壌。

問2　日本海に面した小樽は冬季の積雪量が多い。アは釧路，ウは函館，エは帯広。

問3　赤潮は高度経済成長下に富栄養化が進んだ内海を中心に日本各地で発生。

問4　乱獲や温暖化などで漁獲量は減少，育てる漁業の割合は大きくなっている。しかし，最近は輸入が急増しており自給率は半分近くまで落ち込んでいるのが実情である。

問5　(1)　広大な大地の北海道の農業生産額は極めて大きいが果実生産はそれほど盛んではない。　(2)　テンサイはサトウダイコンと呼ばれる砂糖の原料で冷涼な地で栽培される。　(3)　十勝平野はジャガイモや豆類を中心に大規模な農業経営が行われている。

問6　(1)　供給量が多かったり需要量が少なければ価格は下がる。　(2)　自給率はカロリーベースで40%にまで落ちている。　(3)　フードマイレージは輸入量と輸送距離の積で表す。

重要　問7　(1)　アは参政権，エは請求権。　(2)　経済活動の自由は公共の福祉による制限を受けやすい。

問8　赤字経営になると従業員を解雇したり最悪の場合は倒産の危険もある。

問9　二酸化炭素の排出量が中国についで2位なのはアメリカ。

★ワンポイントアドバイス★

地元北海道に関する問題が地理などを中心に多く見られる。地域の問題についてはより細かな点まで掘り下げて学習を進めておこう。

<国語解答>

一 問一 a そうせいじ b 固有 c 再現 d かくいつてき e 得失
問二 A ウ B オ C ア 問三 Ⅰ イ Ⅱ ウ 問四 エ
問五 (1) なんらかの意味で価値があるところを記憶し，部分的に忘れていくこと。
(2) (i) 選択的記憶 (ii) イ 問六 忘却スクリーン 問七 ア

二 問一 a 通勤 b こうしゃ c 覆(った) d 警察 問二 ウ
問三 ② ア ⑦ イ 問四 (例) 新しい回数券を買うとその分，母の退院の日が遠ざかってしまうと感じているから。 問五 エ 問六 イ→ウ→ア
問七 ぶっきらぼう 問八 ウ

三 問一 ① 白 ② 赤 ③ 青 ④ 黒
問二 (1) ① イ ② オ ③ エ ④ ア ⑤ ウ (2) ②
問三 ① しばい ② そうぞうし ③ はずかし ④ あわれ
問四 ① 1432 ② 12534 ③ 126435

四 問一 イ 問二 天下に有り難きほどの駿馬，具して来る(こと。) 問三 ウ
問四 最愛の子，～打ち祈る。 問五 エ 問六 ① わらわ ② ようやく
③ ゆえ 問七 ア

○配点○
[特進コース・プログレス進学コース]
一 問一・問二・問四 各2点×9 問七 4点 他 各3点×6
二 問一 各2点×4 問四 5点 問六 4点 他 各3点×6
四 問五 4点 問六 各2点×3 他 各3点×5 計100点
[未来創造コース]
一 問一・問二・問四 各2点×8 問七 4点 他 各3点×5
二 問一 各2点×3 問四 5点 問六 4点 他 各3点×5
三 問二(2) 3点 他 各2点×16 計100点

<国語解説>

一 **(論説文一大意・要旨，内容吟味，文脈把握，接続語の問題，脱文・脱語補充，漢字の読み書き，語句の意味，熟語)**

問一 a 同じ母親から同時に生まれた二人の子。「双」の訓読みは「ふた」で，「双子」などの熟語がある。 b そのものだけが持っていること。 c 再び現すこと。 d 何もかも同じで個性がないこと。「画」を「カク(カッ)」と読む熟語には，他に「画策」「画期的」などがある。 e 得ることと失うこと。「得」の訓読みは「え(る)」「う(る)」。

問二 A 直前の段落の「忘却といっても，人さまざま」であることを言うための例を，後で「筆記試験をします……忘却のしかたはひとりひとりユニークで，完全に同じ間違いはない」と挙げているので，例示の意味を表す語があてはまる。 B 前の「人によって異なったところで間違える」を，後で「忘れている」と言い換えているので，説明の意味を表す語があてはまる。 C 後に「間違っているとすれば」とあるので，仮定の意味を表す語があてはまる。

問三 Ⅰ 「いちよう(に)」と読む。直前の文の「自分の個性に合わせて」と対照的な意味であることからも判断できる。 Ⅱ 直前の「ひとりひとり」や，直後の「完全に同じ間違いはない」

に通じる意味を選ぶ。

基本 問四　直前の「満点」や「百点満点の答案」は，人によって違う「間違い」がないということなので，「個性的」でないという意味になる語が共通して入る。

やや難 問五　(1)　——線①「選択的忘却」という語から，選んで忘れることだと推察する。直前に「この」とあるので，前の内容に着目すると，直前の段落に「なんらかの意味で価値のあると思われるところを残し，虫食いのように部分的に忘れていくと言ってもいい」とあり，この語句を用いて説明する。　(2)　(i)　[　　]を含む吉田さんの会話は，高山さんの「選択的忘却」という語に疑問を呈するものである。直前の「興味のあることは覚えている」にふさわしい語を探す。「人間が」で始まる段落に，「選択的忘却」と対照的な「選択的記憶」という語がある。　(ii)　二つ目の吉田さんの会話「覚えていたくないような辛いことばかり，心に残っていて，そのために大変な思いをしている人が多くいる」という内容に，イが合致する。吉田さんの疑問に対して，最後の会話で川野先生が「とてもいいことだね」と言っているので，アは合致しない。吉田さんの会話を聞いて，高山さんは「でも，私は筆者の言うことがよくわかる」と言っているので，「両方の意見に賛成」とあるウや，「吉田さんも高山さんも……筆者とは反対の見解」とあるエは合致しない。

問六　——部②「無意識の網目」という言葉の意味や前後の文脈から，知らないうちに記憶を選択して忘却させるもの，という意味の表現を探す。一つ後の文に「忘れるのはずっと個人的」とあり，さらにその後の文で「めいめいの好み，興味，利害，トクシツ，気分のからまった忘却スクリーンの間を記憶が通過します」と説明しており，ここから適当な表現を抜き出す。

重要 問七　「同じことを」で始まる段落の「人の個性は……忘却においてよくあらわれる」と，最終段落の「忘却が記憶と同じように大切である」という内容に，アが合致する。この内容に，「忘却することは記憶よりも重要」とあるオは合致しない。イの「コンピューターは……人間よりも優秀」に通じる叙述はない。「忘却には」で始まる段落の「コンピューターは……部分的に忘れることはできません」に，「コンピューターのようなキカイにも……記憶の仕方が個性的になる」とあるウは合致しない。

二　(小説―情景・心情，内容吟味，文脈把握，脱文・脱語補充，漢字の読み書き，語句の意味，ことわざ・慣用句)

問一　a　勤め先へ通うこと。「勤」の他の音読みは「ゴン」で，「勤行」という熟語がある。
b　電車や自動車から降りること。「降」の訓読みは「お(りる)」「ふ(る)」。　c　「覆」の他の訓読みは「くつがえ(る)」。音読みは「フク」で，「転覆」「覆面」などの熟語がある。　d　社会公共の秩序を維持するための行政上の組織。「警」を使った熟語には，他に「警告」「警護」などがある。

問二　「定期のほうが安いぞ」と河野さんに言われて，少年が「……お見舞い，だから」と答えたことを「全然とんちんかんな答え方」としている。値段を言われて，病院に行く目的を答えてしまったこと，と述べているウが適切。少年は「わかっています」と声に出していないので，エは適切ではない。アの「逃げるという行動」やイの「かぼそい声」に対して，「とんちんかんな答え方」と言っているわけではない。

問三　②　「かろうじて」には，わずかに，やっとのことで，という意味がある。ここでは「夕陽が残っている」様子にふさわしいアを選ぶ。　⑦　「かぶり」は頭の意味。前の「財布，落としちゃったのか？」という河野さんの問いかけを否定していることから判断する。

やや難 問四　少年が「回数券を使わずにすむ」理由を述べている部分を探す。「その声に」で始まる段落に「母のこともしゃべった。新しい回数券を買うと，そのぶん，母の退院の日が遠ざかってしまう」とあり，この言葉を用いてまとめる。理由を問われているので，「～から」で結ぶ。

問五　直後に「今日は財布を持って来ていない。回数券を使わなければ，家に帰れない」とあるので，少年が「泣きだしそうになってしまった」のは，回数券を使わなければならなくなったからだとわかる。この理由を述べているエが最適。前の「回数券を使わずにすむ」「行きのバスで回数券は一枚ずつ減っていく……あとは表紙を兼ねた十一枚目の券だけだ」や，後の少年が回数券を使いたくない理由から，少年が回数券を使いたくない気持ちを読み取る。他の選択肢は，この少年の気持ちにそぐわない。

重要 問六　⑤ は，一つ前の文「看護師さんから伝言を聞くと，泣きだしそうになってしまった」から，後の「シートに座る……うめき声を漏らしながら泣きじゃくった」に至るまでの，少年の様子を想像する。まず，病院での様子を述べるイの「母の前では涙をこらえた」が一番目になる。次に「病院前のバス停のベンチに座っているとき」の様子を述べるウが二番目となる。ウの「唇を噛んで我慢した」を受けて，アの「でも，バスに乗り込み……急に悲しみが胸に込み上げてきた」と続くので，アが三番目となる。

重要 問七　前後の文脈から，河野さんのいつもの「言い方」を述べている部分を探す。冒頭の「ちょっと，後ろのお客さん先にするから」という言葉や，「さっきよりさらにぶっきらぼうに訊かれた」という描写に着目する。ここから，河野さんの「言い方」を表現する語を抜き出す。

問八　「夕暮れが」で始まる段落の「夕暮れが早くなった……街は，炎が燃えたつような色から，もっと暗い赤に変わった」という情景描写や，少年が「ウインドブレーカー」を着ていることから，季節は秋から冬へ移り変わる頃だと判断する。

三　**(ことわざ・慣用句，仮名遣い，文学史，漢文)**

問一　①は大勢の中から特に選び出される，②はきわめて容易にできる，③は元気がなくしょげる，④は心の中で悪だくみをしている，という意味になる漢字一字があてはまる。

基本 問二　(1)　①は作者が女性のふりをして書いた日記文学，②は仏教的無常観をもとにした随筆，③は②とともに三大随筆の一つ，④の「さんかしゅう」は個人の歌集，⑤は五十四帖からなる長編物語。　(2)　②は鎌倉時代に成立し，他はすべて平安時代に成立した。

問三　①　歴史的仮名づかいの「ゐ」は，現代仮名づかいでは「い」にする。　②「さう」は，現代仮名づかいでは「そう」。　③「づ」は，現代仮名づかいでは「ず」。　④　語頭以外のハ行は，現代仮名づかいではワ行に読む。

問四　①「傍」らに「人」「無」きが「若」し，の順番に読む。　②「富貴」は「吾」が「願」ひに「非」ず。　③「宋人」「玉」を「得」る「者」「有」り。

四　**(古文―主題・表題，文脈把握，指示語の問題，語句の意味，品詞・用法，仮名遣い，文学史)**

〈口語訳〉　漢の王朝の時代に，北叟という俗人がいた。(北叟は)何かにつけ心配したり喜んだりすることがない。ある時，たった一頭飼っていた馬が，どこへともなくいなくなってしまった。隣の人が，お見舞いにきたところ，(北叟は)「はて喜ぶべきことでしょうか。悲しむべきことでしょうか」と言った。

そうしているうちに二三日経って，(いなくなった馬が)天下にめったにいないほどのすぐれた馬を，連れて戻ってきた。人がまた来て，「悲しんでいらっしゃると思っていたら，喜んで(いらっしゃる)」と言うと，(北叟は)また，「これも悲しむべきことでしょうか，喜ぶべきことでしょうか」と喜ばない。

(北叟の)最愛の子が，この馬に乗って遊んでいるうちに，落ちて肘の骨を折った。人がまたお見舞いに来て，「この馬が来たことを，喜んでいらっしゃると思ったら，悲しんで(いらっしゃる)」と言うと，また，(北叟は)「これも喜ぶべきことでしょうか」と，悲しまないでいると，天下に戦が起こって，武士が多く向かって死んでしまったのだが，この子は，体が不自由なため戦に行かず，命が助かった。

問一　――部①「失せぬ」には，なくなってしまった，いなくなってしまった，死んでしまった，という意味がある。後で北叟が飼っていた馬が「駿馬，具して来る」とあるので，馬は死んでしまったわけではない。

問二　北叟は，何に対して「嘆くべき事にてか侍るらむ」と言っているのか。直前の文に，飼っていた馬が「天下に有り難きほどの駿馬，具して来る」ことを指している。

問三　――部③の「の」は主語を表し，同じ用法のものはウ。他はすべて連体修飾の用法。

問四　「この子」が怪我をしたことが読み取れる部分を探す。同じ段落の冒頭に「最愛の子，この馬に乗りて遊ぶほどに，落ちて肘を打ち折る」とある。

重要　問五　「事にふれて憂へ悦ぶ事なし」は，何かにつけ心配したり喜んだりすることがないという意味で，この様子から，人生の良いことや悪いことは予測することができないという北叟の考えが読み取れる。同様の考えを述べる「塞翁が馬」という故事成語や「禍福はあざなえる縄の如し」ということわざがある。

問六　①　歴史的仮名づかいの語頭以外のハ行は，現代仮名づかいではワ行にする。　②　歴史的仮名づかいの「やう」は，現代仮名づかいでは「よう」にする。　③　歴史的仮名づかいの「ゑ」は，現代仮名づかいでは「え」にする。

基本　問七　アは鎌倉時代，イは奈良時代，ウは江戸時代，エは平安時代の作品。

★ワンポイントアドバイス★

漢字の読み書きだけではなく，語句の意味やことわざ・慣用句，文法，文学史といった国語の知識が幅広く問われている。資料集などを使ってまとめて覚えることで，確実に得点としたい。

プログレス進学

2022年度

解　答　と　解　説

《2022年度の配点は解答欄に掲載してあります。》

＜数学解答＞

1　問1　-1　問2　-1　問3　-4　問4　$2x-2$　問5　$x=-3$　問6　$-2a^2$
問7　$x=2,\ y=-1$　問8　$(x+3)(x-1)$　問9　$3-2\sqrt{2}$　問10　$x=\dfrac{3\pm\sqrt{5}}{2}$

2　問1　$y=8$　問2　$4\sqrt{3}\pi r^3\text{cm}^3$　問3　7点　問4　$-8\leqq y\leqq 1$　問5　70個

3　問1　120g　問2　$\dfrac{2}{9}$　問3　35度　問4　5cm　問5　57度

4　問1　$a=2$　問2　$y=2x+4$　問3　6　問4　$y=10x$

5　問1　12個　問2　$2\sqrt{3}$cm　問3　$6\sqrt{3}\text{cm}^2$　問4　$8\pi\text{cm}^3$

○配点○

1　各3点×10　2～3　各4点×10　4　問1　3点　他　各4点×3

5　問1　3点　他　各4点×3　計100点

＜数学解説＞

1　(数・式の計算，方程式，因数分解)

基本　問1　$(+2)-(+3)=-1$

問2　$-\dfrac{1}{4}-\dfrac{3}{5}\div\dfrac{4}{5}=-\dfrac{1}{4}-\dfrac{3}{5}\times\dfrac{5}{4}=-\dfrac{1}{4}-\dfrac{3\times5}{5\times4}=-\dfrac{1}{4}-\dfrac{3}{4}=-1$

問3　$-2^3+(-2)^2=-2\times2\times2+(-2)\times(-2)=-8+4=-4$

問4　$-x+3-(-3x+5)=-x+3+3x-5=2x-2$

基本　問5　$7x+6=4x-3$　$7x-4x=-3-6$　$3x=-9$　$x=-3$

問6　$4a^3b^2\div(-2ab^2)=\dfrac{-4a^3b^2}{2ab^2}=-2a^2$

問7　$2x-3y=7$は両辺を2倍して$4x-6y=14$…①　$3x+2y=4$は両辺を3倍して$9x+6y=12$…②
①+②は$13x=26$　$x=2$　②に代入すると$18+6y=12$　$6y=-6$　$y=-1$

問8　$x^2+2x-3=(x+3)(x-1)$

問9　$(\sqrt{2}-1)^2=(\sqrt{2})^2-2\times\sqrt{2}\times1+1^2=2-2\sqrt{2}+1=3-2\sqrt{2}$

問10　$x^2-3x+1=0$　解の公式を利用する。　$x=\dfrac{-(-3)\pm\sqrt{(-3)^2-4\times1\times1}}{2\times1}=\dfrac{3\pm\sqrt{9-4}}{2}$
$x=\dfrac{3\pm\sqrt{5}}{2}$

2　(反比例，球の体積，中央値，変域，標本調査)

問1　yがxに比例することは，aを定数として$xy=a$と表すことができる。$x=6$，$y=-4$を代入すると$a=6\times(-4)=-24$　$xy=-24$　$x=-3$のとき$-3y=-24$　$y=8$

問2　$\dfrac{4}{3}\pi(\sqrt{3}r)^3=\dfrac{4}{3}\pi\times3\sqrt{3}r^3=4\sqrt{3}\pi r^3\ (\text{cm}^3)$

問3　6名の得点を小さい順に並べると，2点，4点，6点，8点，9点，10点。6名の中央値は3番目と4番目の平均なので$(6+8)\div2=7$(点)

問4　$y=\dfrac{3}{2}x-5$について，$x=-2$のとき$y=\dfrac{3}{2}\times(-2)-5=-8$，$x=4$のとき$y=\dfrac{3}{2}\times4-5=1$
$-2\leqq x\leqq4$のとき$-8\leqq y\leqq1$となる。

問5　20個取り出したとき，残りは300－20＝280(個)となり，その中に白玉がx個入っているとすると，白玉の割合が等しくなると考えて　$\frac{5}{20}=\frac{x}{280}$　$x=\frac{280\times5}{20}=70$

3　**(方程式の応用，確率，角度，相似，円の性質)**

問1　10％の食塩水をxg混ぜるとすると，合計が200gになることから15％の食塩水は$(200-x)$g混ぜることになる。食塩の量について方程式を立てる。$x\times\frac{10}{100}+(200-x)\times\frac{15}{100}=200\times\frac{12}{100}$　両辺を100倍すると$10x+15(200-x)=2400$　$10x+3000-15x=2400$　$10x-15x=2400-3000$　$-5x=-600$　$x=120$

問2　2つのさいころの目の出方は全部で6×6＝36(通り)。その中で，abの値が整数の2乗になるのは$(a,\ b)=(1,\ 1)$，$(1,\ 4)$，$(2,\ 2)$，$(4,\ 1)$，$(3,\ 3)$，$(4,\ 4)$，$(5,\ 5)$，$(6,\ 6)$の8通り。よってその確率は$\frac{8}{36}=\frac{2}{9}$

問3　$\angle ABD=\angle DBC=b$，$\angle ACD=\angle DCE=c$とおく。△ABCについて外角の定理により$\angle ACE=\angle BAC+\angle ABC$　$2c=70+2b$　$2c-2b=70$　$c-b=35$…①　△BCDについて外角の定理により$\angle DCE=\angle BDC+\angle DBC$　$c=x+b$　$x=c-b$　①により$x=35$

問4　△ABDと△CBAにおいて，AB：CB＝6：(3＋9)＝1：2，BD：BA＝3：6＝1：2であり，AB：CB＝BD：BAとなる。また，∠ABD＝∠CBA(共通)なので，2組の辺の比が等しく，その間の角が等しいので△ABD∽△CBAである。対応する辺の比は等しいのでAD：CA＝AB：CB　AD：10＝1：2　AD＝10×1÷2＝5(cm)

やや難　問5　右図のように頂点に名前をつける。また，CD，BCを結ぶ。$\overset{\frown}{BC}$に対する円周角の定理により$\angle BDC=\angle BEC=33^\circ$　BDが直径なので△BCDは$\angle BCD=90^\circ$の直角三角形である。したがって，$\angle CBD=180^\circ-90^\circ-33^\circ=57^\circ$　$\overset{\frown}{CD}$に対する円周角の定理により　$\angle x=\angle CBD=57^\circ$

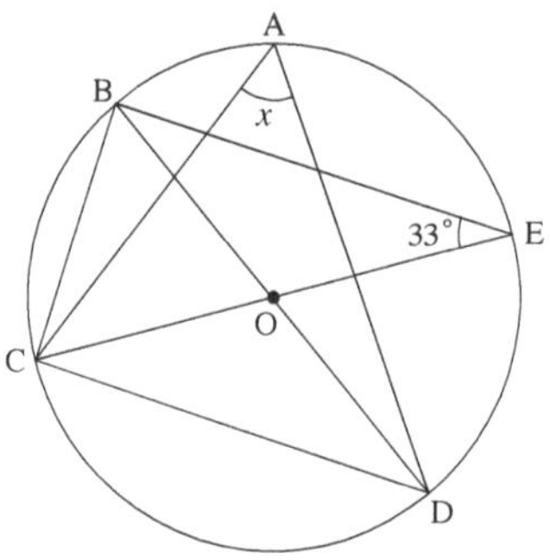

4　**(図形と関数・グラフの融合問題)**

問1　B(2，8)が放物線$y=ax^2$上の点なので，$2^2\times a=8$　$a=2$　放物線の式は$y=2x^2$となる。

問2　Aは$y=2x^2$上の点で　$x=-1$なので$y=2\times(-1)^2=2$　A(－1，2)である。直線ℓの式を$y=mx+n$とおくとAを通ることから$-m+n=2$…①　Bを通ることから$2m+n=8$…②　②－①は$3m=6$　$m=2$　②に代入すると$4+n=8$　$n=4$　直線ℓの式は$y=2x+4$

重要　問3　直線ℓとy軸の交点をCとするとC(0，4)　$\triangle OAB=\triangle OAC+\triangle OBC=\frac{1}{2}\times4\times1+\frac{1}{2}\times4\times2=2+4=6$

問4　ABの中点をMとおくと$M\left(\frac{-1+2}{2},\ \frac{2+8}{2}\right)=M\left(\frac{1}{2},\ 5\right)$　△OAMと△OBMは底辺AM＝BM，高さが等しくなるので，△OAM＝△OBMとなる，したがって直線OMが△OABの面積を2等分する。直線OMの式を$y=px$とおくと，Mを通ることから$\frac{1}{2}p=5$　$p=10$　直線OMの式は$y=10x$

5　**(正六角形，三平方の定理，回転体の体積)**

重要　問1　対角線AD，BE，CFは1点で交わり，正六角形は6個の正三角形に分けられる。この3本の対角線の交点をOとおくと，正六角形ABCDEFは点O中心，半径OAの円に内接する。ADが直径となり，直径に対する円周角は90度なので，△ABD，△ACD，△AED，△AFDは直角三角形となる。BEも直径なので同様に△BCE，△BDE，△BAE，△BFEも直角三角形となり，CFも直径なので△CDF，△CEF，△CBF，△CAFも直角三角形となり，合計3×4＝12(個)の直角三角形を作ることができる。

問2　例えばACが最も短い対角線である。ACとOBの交点をMとする。△ABOは1辺2cmの正三角形であり，MはOBの中点になるので△ABMは30度，60度，90度の角をもつ直角三角形となり，辺の比は$1:2:\sqrt{3}$である。AB＝2，BM＝1，AM＝$\sqrt{3}$となり，AC＝$2\times$AM＝$2\sqrt{3}$(cm)

やや難 問3　△OAB＝$\frac{1}{2}\times$OB$\times$AM＝$\frac{1}{2}\times2\times\sqrt{3}=\sqrt{3}$　正六角形ABCDEF＝$6\times$△OAB＝$6\sqrt{3}$(cm^2)

問4　体積を求める立体は，BFを底面の直径，Aを頂点とする円錐と，CEを底面の直径，Dを頂点とする円錐と，CEを底面の直径，高さをBCとする円柱の3つの部分の和である。BF＝CE＝AC＝$2\sqrt{3}$，円錐の高さ＝BM＝1なので，$(\sqrt{3})^2\times\pi\times1\times\frac{1}{3}\times2+(\sqrt{3})^2\times\pi\times2=2\pi+6\pi=8\pi$(cm^3)

★ワンポイントアドバイス★

全コース共通の[1]～[3]に基本的な問題が並ぶ。中学数学の各単元の基本事項をしっかり身につけておきたい。[4]，[5]には標準的な問題が並ぶので，過去問演習を通して問題のレベルを確かめ，力をつけておこう。

＜英語解答＞

[1] 問1　①　(the) Nobel Peace Prize　②　Martin Luther King Jr.　⑦　Americans
⑨　Children　問2　ア　4　イ　3　ウ　1　エ　2　問3　③　richest
⑥　closed　⑪　forget [forgotten]　問4　④　521463　⑧　624135　問5　4
問6　キング(牧師)の妻と子供たちは，キング(牧師)の記憶を生かし続けている
問7　1　○　2　×　3　×　4　×　5　○
問8　((1), (2)の順)　1　35, years　2　only, but

[2] ア　1　イ　3　ウ　4　エ　2　オ　5

[3] ア　2　イ　1　ウ　3　エ　2　オ　3　カ　3　キ　1　ク　2　ケ　1
コ　2

[4] ((1), (2)の順)　ア　asked, to　イ　must, quiet　ウ　how, reach
エ　are, allowed　オ　make, me

[5] (2番目，5番目の順)　ア　4，5　イ　6，4　ウ　6，5　エ　2，1　オ　4，1

○配点○

[1] 問1，問2，問3，問7　各2点×16　他　各3点×6(問8各完答)
[2]～[5]　各2点×25([4]，[5]各完答)　計100点

＜英語解説＞

[1] (長文読解問題・物語文：指示語，語句補充，語形変化，語句整序，不定詞，英文和訳，内容吟味)

(全訳)　1964年12月10日，35歳のマーティン・ルーサー・キング・ジュニアは，ノルウェーのオスロでノーベル平和賞を受賞した。彼は史上最年少の受賞者だった。しかし，彼は①それを自分自身のために受けなかった。彼は(イ)世界中で差別と不平等(ア)に対して戦ったすべての人々のためにそれを受けた。

翌日，彼はノルウェーの大学で講演を行った。「黒人や貧しい人々が永遠に貧しいままでいることはできません」と②彼は言った。「アメリカの1,000万世帯は貧しいです。彼らは，地球上で③最も裕福な国に住んでいることを知っています。④貧しい人々のために戦う時が来ました。豊かな国は貧しい国を助けなければなりません」

そして彼は戦争について話した。「戦争は問題を⑤解決する方法ではありません」と彼は言った。「私たちは戦争と国家(ウ)間の暴力を終わらせなければなりません。私たちは平和的な活動を通じて問題を解決することができます」

さて，マーティン・ルーサー・キング・デーはとても特別な日である。毎年この日には銀行，学校，オフィスが⑥休みで，アメリカ人はこの日の準備に多くの時間を費やす。キングは，他の人を助けることが非常に重要であることに気付いていた。そのため，アメリカ人はこの日，貧しい人，病人，ホームレス，老人を助ける。⑦彼らは仕事に行かないが，自分たちの町の地元の人々のために働く。

教会でキングを追悼する特別な方法もある。多くの異なる教会の牧師が集まり，キングと彼の仕事について話す。⑧教会の人々は，抗議行動で人気のあった歌を歌う。

ほとんどの人は，子どもたちに平等について教える必要性を理解している。米国中の学校では，教師が子供たちにマーティン・ルーサー・キング・デーの準備をさせている。子供たちは公民権キャンペーンについて学ぶ。⑨彼らにはアフリカ系アメリカ人の歴史に関する特別クラスもある。

⑩キングの妻と彼の子供たちは，キングの記憶を抱き続けている。1993年1月(エ)に，キングの息子は次のように書いている。「私の父は39歳で亡くなった。彼は多くの人々よりも充実した人生を送った。彼は去ったが，忘れられていない」

基本 問1　①　キング牧師が受け取った物である。　②　ノルウェーの大学で講演を行った者である。　⑦　マーティン・ルーサー・キング・デーに，仕事に行かない者である。　⑨　アフリカ系アメリカ人の歴史に関する特別クラスを受ける者である。

問2　(ア)　〈 fight against ～ 〉で「～に対して戦う」という意味を表す。　(イ)　〈 all over the world 〉は「世界中で」という意味を表す。　(ウ)　〈 between ～ 〉で「～の間の」という意味を表す。　(エ)　月名を表すときには in を用いる。

問3　③　直前に the があるので最上級の文だとわかる。　⑥，⑪　受動態の文なので〈 be 動詞＋過去分詞〉という形にする。

問4　④　不定詞の形容詞的用法は「～するべき」という意味を表す。　⑧　that 以下が songs を修飾するので，主格の関係代名詞が使われている。

問5　下線部⑤と4の不定詞は形容詞的用法である。1は名詞的用法，2と3は副詞的用法，

問6　〈 keep ～ alive 〉で「～を生かしておく」という意味になる。

重要 問7　1「マーティン・ルーサー・キング・ジュニアは，ノーベル平和賞を受賞した4年後に亡くなった」「私の父は39歳で亡くなった」とある。ノーベル平和賞を受賞したのは35歳のときなので，正しい。　2「マーティン・ルーサー・キング・ジュニアは，世界の貧しい国々は裕福な国々と戦わねばならないと言った」 国同士の戦いをするべきだとは言っていないので，誤り。　3「マーティン・ルーサー・キング・デーは，彼がこの日にノーベル平和賞を受賞したので，とても特別だ」 文中に書かれていない内容なので，誤り。　4「マーティン・ルーサー・キング・デーには，国民の祭日なので，人々は貧しい，または病気の人々を助けない」 文中に書かれていない内容なので，誤り。　5「マーティン・ルーサー・キング・ジュニアは，充実した人生を送り，多くのアメリカ人は今も彼を覚えている」 最後の段落の内容に合うので，正しい。

問8　1「ノーベル平和賞を受賞したとき，マーティン・ルーサー・キング・ジュニアは何歳だったか」「彼は35歳だった」「～歳」という意味は〈 ～ years old〉と表す。　2「アメリカの子どもたちは何を学ぶか」「彼らは公民権キャンペーンだけでなく，アフリカ系アメリカ人の歴史も学ぶ」〈 not only A but also B 〉で「A だけではなく B も」という意味になる。

2 (発音問題)

ア 1 [náis] 2 [hím] 3 [hít] 4 [píktʃər] 5 [siŋ]
イ 1 [sǽd] 2 [plǽn] 3 [téik] 4 [lǽŋgwidʒ] 5 [stǽnd]
ウ 1 [sʌ́tʃ] 2 [mʌ́tʃ] 3 [ʌ́ŋkl] 4 [pút] 5 [brʌ́ʃ]
エ 1 [θíŋk] 2 [fɑːðə] 3 [θǽŋk] 4 [θríː] 5 [tíːθ]
オ 1 [pléid] 2 [stʌ́did] 3 [trǽvld] 4 [múːvd] 5 [wərkt]

3 (語句補充問題：動詞，動名詞，比較，進行形，慣用表現，接続詞，不定詞，仮定法)

ア 「マイクは昨日図書館にいましたか」 動詞の be は「～にいる，ある」という意味で存在を表す。

イ 「彼の趣味は野球をすることだ」 動名詞は「～こと」という意味を表す。

ウ 「私の父は家族の中で一番背が高い」 最上級の文なので〈 the ＋最上級〉の形になる。

エ 「サムは毎週日曜日に友達たちとケーキを作る」 習慣などよく繰り返される行動を表す時には現在形を使う。

オ 「私は昨日4時に理科を勉強していた」 ある時点で行っていた動作を表すので，過去進行形を使う。

カ 「私には2人の娘がいる。1人は札幌で，もう1人は大阪にいる」 2つあるものについて説明するときは，〈 one ～ , the other ～ 〉という表現を用いる。

キ 「私が帰宅したとき，私の母は調理をしていた」 when は時間の流れの上の一点を指し示す。

ク 「マークは先月おじさんに会うために大阪に行った」 不定詞の副詞的用法は「～するために」という意味で目的を表す。

基本 ケ 「この湖は琵琶湖と同じくらい大きい」 〈 as ～ as … 〉で「…と同じくらい～」という意味になる。

コ 「もし十分な時間があったら，私は10時間眠るだろう」 〈 if 主語＋過去形の動詞～ 〉は仮定法過去で，実際とは異なる仮定を表す。

4 (書き換え問題：不定詞，助動詞，受動態，SVOC)

ア 「彼は私に『私に日本語を教えてください。』と言った」→「彼は私に日本語を教えてくれるよう頼んだ」 〈 ask A to ～ 〉で「A に～するよう頼む」という意味を表す。

イ 「図書館にいる間は誰かと話すな」→「あなたは図書館の中にいる間静かでいなければならない」 must は「～しなければならない」という意味を表す。

ウ 「札幌駅への道を教えてもらえますか」→「札幌駅への行き方を教えてもらえますか」 〈how to ～ 〉で「～する方法(仕方)」という意味を表す。

エ 「あなたはここでスマートフォンを使ってもよい」→「あなたはここでスマートフォンを使うことを許されている」 〈 be allowed to ～ 〉で「～することを許される」という意味を表す。

オ 「アンは私に手紙を書くので，私はうれしい」→「アンの手紙は私をうれしくさせる」 〈 make A B 〉で「A を B にする」という意味になる。

5 (語句整序問題：不定詞，現在完了，関係代名詞，接続詞，受動態)

ア (You are) kind enough to help me with (my homework.) 「あなたは私の宿題を手伝ってくれるほど親切だ」 〈 ～ enough to … 〉で「…するくらい～だ」という意味になる。

イ How long have they been good (friends?) 「彼らはどれくらいの間親友でいますか」 「ずっと～している」という意味は，現在完了の継続用法で表す。

ウ (My father) loves the cup I bought for (his birthday.) 「私の父は，私が彼の誕生日に買ったコップを気に入っている」 I 以下の部分が cup を修飾するので，目的格の関係代名詞が使われているが，この文では省略されている。

エ　(Do you) know that English is spoken by (many people.)「英語は多くの人々によって話されることをあなたは知っていますか」〈 that S V 〉という形の that 節は「～こと」という意味を表す。

オ　(It) is important for us to study (English.)「英語を勉強することは私たちにとって大切だ」〈 it is ～ for S to … 〉で「S が…することは～である」という意味になる。

★ワンポイントアドバイス★

5のアでは〈 ～ enough to … 〉が使われているが，それとは反対の意味を表す表現として〈 too ～ to … 〉(…するには～すぎる)も覚えておこう。(例)He is too young to drive a car. (彼は車を運転するには若すぎる。)

未来創造

2022年度

解　答　と　解　説

《2022年度の配点は解答欄に掲載してあります。》

＜数学解答＞

1 問1 -1　問2 -1　問3 -4　問4 $2x-2$　問5 $x=-3$　問6 $-2a^2$
問7 $x=2,\ y=-1$　問8 $(x+3)(x-1)$　問9 $3-2\sqrt{2}$　問10 $x=\frac{3\pm\sqrt{5}}{2}$

2 問1 $y=8$　問2 $4\sqrt{3}\pi r^3$cm^3　問3 7点　問4 $-8\leqq y\leqq 1$　問5 70個

3 問1 120g　問2 $\frac{2}{9}$　問3 35度　問4 5cm　問5 57度

4 問1 $a=2$　問2 $y=2x+4$　問3 6　問4 $y=10x$

5 問1 9本　問2 30度　問3 4cm　問4 $6\sqrt{3}$cm^2

○配点○

1 各3点×10　2～3 各4点×10　4 問1 3点　他 各4点×3
5 問1 3点　他 各4点×3　計100点

＜数学解説＞

1 (数・式の計算，方程式，因数分解)

基本 問1 $(+2)-(+3)=-1$

問2 $-\frac{1}{4}-\frac{3}{5}\div\frac{4}{5}=-\frac{1}{4}-\frac{3}{5}\times\frac{5}{4}=-\frac{1}{4}-\frac{3\times5}{5\times4}=-\frac{1}{4}-\frac{3}{4}=-1$

問3 $-2^3+(-2)^2=-2\times2\times2+(-2)\times(-2)=-8+4=-4$

問4 $-x+3-(-3x+5)=-x+3+3x-5=2x-2$

基本 問5 $7x+6=4x-3$　$7x-4x=-3-6$　$3x=-9$　$x=-3$

問6 $4a^3b^2\div(-2ab^2)=\frac{-4a^3b^2}{2ab^2}=-2a^2$

問7 $2x-3y=7$は両辺を2倍して$4x-6y=14$…①　$3x+2y=4$は両辺を3倍して$9x+6y=12$…②
①＋②は$13x=26$　$x=2$　②に代入すると$18+6y=12$　$6y=-6$　$y=-1$

問8 $x^2+2x-3=(x+3)(x-1)$

問9 $(\sqrt{2}-1)^2=(\sqrt{2})^2-2\times\sqrt{2}\times1+1^2=2-2\sqrt{2}+1=3-2\sqrt{2}$

問10 $x^2-3x+1=0$　解の公式を利用する。　$x=\frac{-(-3)\pm\sqrt{(-3)^2-4\times1\times1}}{2\times1}=\frac{3\pm\sqrt{9-4}}{2}$
$x=\frac{3\pm\sqrt{5}}{2}$

2 (反比例，球の体積，中央値，変域，標本調査)

問1 yがxに比例することは，aを定数として$xy=a$と表すことができる。$x=6$，$y=-4$を代入すると$a=6\times(-4)=-24$　$xy=-24$　$x=-3$のとき$-3y=-24$　$y=8$

問2 $\frac{4}{3}\pi(\sqrt{3}r)^3=\frac{4}{3}\pi\times3\sqrt{3}r^3=4\sqrt{3}\pi r^3$ (cm^3)

問3 6名の得点を小さい順に並べると，2点，4点，6点，8点，9点，10点。6名の中央値は3番目と4番目の平均なので$(6+8)\div2=7$(点)

問4 $y=\frac{3}{2}x-5$について，$x=-2$のとき$y=\frac{3}{2}\times(-2)-5=-8$，$x=4$のとき$y=\frac{3}{2}\times4-5=1$
$-2\leqq x\leqq4$のとき$-8\leqq y\leqq1$となる。

問5　20個取り出したとき，残りは300－20＝280(個)となり，その中に白玉がx個入っているとすると，白玉の割合が等しくなると考えて$\frac{5}{20}=\frac{x}{280}$　　$x=\frac{280\times5}{20}=70$

③　(方程式の応用，確率，角度，相似，円の性質)

問1　10%の食塩水をxg混ぜるとすると，合計が200gになることから15%の食塩水は$(200-x)$g混ぜることになる。食塩の量について方程式を立てる。$x\times\frac{10}{100}+(200-x)\times\frac{15}{100}=200\times\frac{12}{100}$　両辺を100倍すると$10x+15(200-x)=2400$　　$10x+3000-15x=2400$　　$10x-15x=2400-3000$　$-5x=-600$　　$x=120$

問2　2つのさいころの目の出方は全部で6×6＝36(通り)。その中で，abの値が整数の2乗になるのは$(a,\ b)=(1,\ 1)$，$(1,\ 4)$，$(2,\ 2)$，$(4,\ 1)$，$(3,\ 3)$，$(4,\ 4)$，$(5,\ 5)$，$(6,\ 6)$の8通り。よってその確率は$\frac{8}{36}=\frac{2}{9}$

問3　$\angle ABD=\angle DBC=b$，$\angle ACD=\angle DCE=c$とおく。△ABCについて外角の定理により$\angle ACE=\angle BAC+\angle ABC$　　$2c=70+2b$　　$2c-2b=70$　　$c-b=35$…①　　△BCDについて外角の定理により$\angle DCE=\angle BDC+\angle DBC$　　$c=x+b$　　$x=c-b$　　①により$x=35$

問4　△ABDと△CBAにおいて，AB：CB＝6：(3＋9)＝1：2，BD：BA＝3：6＝1：2であり，AB：CB＝BD：BAとなる。また，∠ABD＝∠CBA(共通)なので，2組の辺の比が等しく，その間の角が等しいので△ABD∽△CBAである。対応する辺の比は等しいのでAD：CA＝AB：CB　　AD：10＝1：2　　AD＝10×1÷2＝5(cm)

問5　右図のように頂点に名前をつける。また，CD，BCを結ぶ。$\overset{\frown}{BC}$に対する円周角の定理により∠BDC＝∠BEC＝33°　　BDが直径なので△BCDは∠BCD＝90°の直角三角形である。したがって，∠CBD＝180°－90°－33°＝57°　　$\overset{\frown}{CD}$に対する円周角の定理により　　$\angle x=\angle CBD=57°$

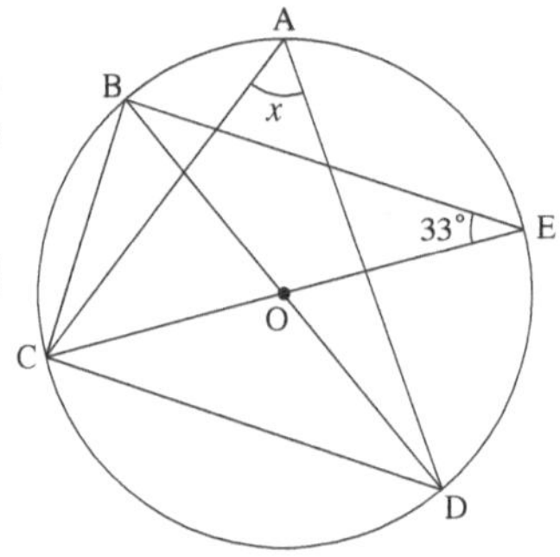

④　(図形と関数・グラフの融合問題)

問1　B(2，8)が放物線$y=ax^2$上の点なので，$2^2\times a=8$　　$a=2$
放物線の式は$y=2x^2$となる。

問2　Aは$y=2x^2$上の点で　$x=-1$なので$y=2\times(-1)^2=2$　　A(－1，2)である。直線ℓの式を$y=mx+n$とおくとAを通ることから$-m+n=2$…①　　Bを通ることから$2m+n=8$…②　　②－①は$3m=6$　　$m=2$　　②に代入すると$4+n=8$　　$n=4$　　直線ℓの式は$y=2x+4$

問3　直線ℓとy軸の交点をCとするとC(0，4)　　$\triangle OAB=\triangle OAC+\triangle OBC=\frac{1}{2}\times4\times1+\frac{1}{2}\times4\times2=2+4=6$

問4　ABの中点をMとおくと$M\left(\frac{-1+2}{2},\ \frac{2+8}{2}\right)=M\left(\frac{1}{2},\ 5\right)$　　△OAMと△OBMは底辺AM＝BM，高さが等しくなるので，△OAM＝△OBMとなる，したがって直線OMが△OABの面積を2等分する。直線OMの式を$y=px$とおくと，Mを通ることから$\frac{1}{2}p=5$　　$p=10$　　直線OMの式は$y=10x$

⑤　(正六角形，三平方の定理，面積)

問1　六角形の頂点は6つある。1つの頂点から，自分自身に向かって対角線をひくことはできない。また両隣の頂点に向かってひく線は対角線でなく正六角形の辺になる。したがって，1つの頂点からひける対角線の本数は6－3＝3(本)である。例えば，Aからひける対角線はAC，AD，AEの3本である。頂点は6つあるので3×6＝18(本)の対角線を考えることができるが，たとえばAからひく対角線として考えるABは，Bからひく対角線BAと同じものである。同様にすべての対角線を2回ずつ数えていることになるので，実際の対角線は18÷2＝9(本)になる。

問2　正六角形ABCDEFは対角線AC，AD，AEによって4つの三角形に分けることができる。この4

つの三角形の内角の和と正六角形の6つの内角の和が等しくなるので，6つの内角の和＝180°×4＝720°　正六角形の1つの内角は720°÷6＝120°となる。△BACは∠CBA＝120°，BA＝BCの二等辺三角形なので底角は等しく，∠BAC＝∠BCA＝(180°−120°)÷2＝30°

問3　正六角形ABCDEFはADを軸として線対称なので，∠ADC＝∠ADE＝120°÷2＝60°　∠ACD＝120°−30°＝90°　△ACDは30度，60度，90度の角をもつ辺の比1：2：$\sqrt{3}$の三角形である。AD＝2×CD＝2×2＝4(cm)

問4　△ABCが二等辺三角形なので，BからACに垂線をおろすと，垂線はACの中点(Mとする)で交わる。△ABMは30度，60度，90度の角をもつ直角三角形で，AB＝2よりBM＝1，AM＝$\sqrt{3}$，AC＝$2\sqrt{3}$となり，△ABC＝$\frac{1}{2}$×AC×BM＝$\frac{1}{2}\times 2\sqrt{3}\times 1=\sqrt{3}$，△ACD＝$\frac{1}{2}$×CD×AC＝$\frac{1}{2}\times 2\times 2\sqrt{3}=2\sqrt{3}$　四角形ABCD＝$\sqrt{3}+2\sqrt{3}=3\sqrt{3}$，正六角形ABCDEF＝$3\sqrt{3}\times 2=6\sqrt{3}$cm^2

★ワンポイントアドバイス★

[1]～[3]の全コース共通問題には中学数学の広い範囲の基本的な問題が並ぶ。まずはここまでの問題を確実に解けるよう力をつけておこう。[4]，[5]も共通のテーマで作られているので特進コース，プログレス進学コースの問題も，解いておくとよい。

＜英語解答＞

[1]　問1　(1)　5　(2)　3　(3)　1　(4)　4　(5)　2　問2　①　4132　③　3412　④　2431　問3　ア　2　イ　4　ウ　1　エ　5　オ　1　カ　3　問4　A　4　B　2　問5　②　僕は君を楽しませるためにここに来た　⑥　僕は君に学校へ戻ってきてほしかった　問6　4　問7　1　○　2　×　3　×　4　×　5　○

[2]　ア　1　イ　3　ウ　4　エ　2　オ　5

[3]　ア　2　イ　1　ウ　3　エ　2　オ　3　カ　3　キ　1　ク　2　ケ　1　コ　2

[4]　(2番目，4番目の順)　ア　4,3　イ　1,4　ウ　4,5　エ　2,4　オ　3,4

[5]　((1)(2)の順)　ア　Is, yours　イ　was, found　ウ　have, to　エ　has, been　オ　How, about

○配点○

[1]　問5　各3点×2　他　各2点×22(問2各完答)　[2]～[5]　各2点×25([4]，[5]各完答)

計100点

＜英語解説＞

[1]　**(長文読解問題・物語文：語句補充，語句整序，指示語，英文和訳，内容吟味)**

(全訳)　とある町に，①一人の少年がいた。彼は重病で，一日中寝ていなければならなかった。彼は友達(1)と外で遊ぶことができなかったので，窓から(ア)彼らを見ることしかできなかった。彼の状態は日増しに悪化したので，彼はとても悲しかった。

ある日，いつものように窓から外を見ていると，突然外に何かが現れた。彼はとても驚いたが，それが何であるかを知りたがった。それで，彼は再び窓(2)を見た。すると，赤い帽子をかぶった猿が現れた！　彼はそれがおかしいと感じ，猿に「君は誰？ (イ)君はそこで何をしているの？」と尋ねた。「②僕は君を楽しませるためにここに来ました！」と猿は答えた。「一緒に楽しもうよ！」彼らはお互いに多くのこと(3)について話し，とても楽しい時間を過ごした。「あ，ごめん，もう行かなきゃ！」猿は言った。「また明日(A)来るの？」少年は尋ねた。「もちろん！」猿は答えて立ち去った。

翌日，また窓の外に何かが現れたが，今度はサルではなかった。メガネをかけた犬だった！　少年は犬に「③どうしてメガネをかけているの？」と尋ねた。「もちろん，(ウ)君をもっとはっきりと見たいからだよ！」と犬は答えた。「とてもおかしいね！」と男の子は言った。「どうして？」と犬は言った。「君が犬でメガネをかけているからだよ！　犬は(エ)メガネをかけないよね？」と男の子は答えた。男の子は犬と楽しいひとときを過ごした。そして，犬は立ち去った。

似たようなことが毎日のように繰り返された。これらにより，少年の状態はずっと良くなった。ついに④彼は元気になり，再び学校に通えるようになった。学校の初日(4)に，彼は毎日彼を訪ねてきた面白いキャラクターについて友達に話した。彼らはそれらにとても興味を持っていたが，彼の親友だけが興味を持っていなかった。少年は彼に近づき，⑤その理由を尋ねようとした。すると，ランドセルから何かがはみ出しているのが見えた。象(5)の着ぐるみだった！　(オ)彼は昨日ゾウと話したのだ！　(カ)それは彼だったのだ！　友人は，「気分を良くするために毎日違う衣装を着たよ！　⑥僕は君に学校へ戻ってきてほしかったんだ！」と言った。

そしてその日から，少年は友達みんなと楽しい学校生活を送った。

基本 問1　(1)　〈 with ～ 〉は「～と一緒に」という意味を表す。　(2)　〈 look at ～ 〉で「～を見る」という意味を表す。　(3)　〈 about ～ 〉は「～について」という意味を表す。　(4)　「～日に」と表すときは〈 on ～ 〉を使う。　(5)　「～の」と表すときは〈 of ～ 〉を使う。

問2　①　〈 there is (are) ～ 〉は「～がある」という意味を表す。　③　進行形の文なので〈 be 動詞＋～ ing 〉の形になり，be 動詞を主語の前に置く。　④　〈 so ～ that S can … 〉で「とても～なのでSは…できる」という意味になる。

問3　全訳参照。

問4　A 未来のことを表すときは〈 be going to ～ 〉を用いる。　B visited 以下が characters を修飾するので，主格の関係代名詞を用いる。

問5　②　不定詞の副詞的用法は「～するために」という意味で目的を表す。また，〈 make A V 〉で「AにVさせる」という意味になる。　⑥　〈 want A to ～ 〉で「Aに～してほしい」という意味を表す。

問6　少年は毎日訪ねてきた面白いキャラクターについて友達に話した。彼らはそれらにとても興味を持ったが，彼の親友だけは興味を持たなかったために，少年はその理由を知りたかったので，4が答え。1は「少年達が興味を持たなかった」，2は「一日も会えなかった」，3は「主人公が興味を持たなかった」が，それぞれ文中の内容に合わない。

重要 問7　1「少年は病気だったので，一日中ベッドで過ごさなければならなかった」　第1段落の内容に合うので，正しい。　2「少年は赤い帽子をかぶった犬に話しかけた」　赤い帽子をかぶっていたのは猿なので，誤り。　3「猿は少年をよりよく見るためにメガネをかけていた」　メガネをかけていたのは犬なので，誤り。　4「少年はびっくりして，変なキャラクターたちと話すことができなかった」　いろいろなことを話しているので，誤り。　5「少年は親友のおかげで，学校を楽しんだ」　最後の2つの段落の内容に合うので，正しい。

2 (発音問題)

ア　1 [náis]　2 [hím]　3 [hít]　4 [píktʃər]　5 [siŋ]

イ　1　[sǽd]　2　[plǽn]　3　[téik]　4　[lǽŋgwidʒ]　5　[stǽnd]
ウ　1　[sʌ́tʃ]　2　[mʌ́tʃ]　3　[ʌ́ŋkl]　4　[pút]　5　[brʌ́ʃ]
エ　1　[θíŋk]　2　[fɑːðə]　3　[θǽŋk]　4　[θríː]　5　[tíːθ]
オ　1　[pléid]　2　[stʌ́did]　3　[trǽvld]　4　[múːvd]　5　[wərkt]

3　(語句補充問題：動詞，動名詞，比較，進行形，慣用表現，接続詞，不定詞，仮定法)

ア 「マイクは昨日図書館にいましたか」 動詞の be は「～にいる，ある」という意味で存在を表す。

イ 「彼の趣味は野球をすることだ」 動名詞は「～こと」という意味を表す。

ウ 「私の父は家族の中で一番背が高い」 最上級の文なので〈 the ＋最上級〉の形になる。

エ 「サムは毎週日曜日に友達たちとケーキを作る」 習慣などよく繰り返される行動を表す時には現在形を使う。

オ 「私は昨日4時に理科を勉強していた」 ある時点で行っていた動作を表すので，過去進行形を使う。

カ 「私には2人の娘がいる。1人は札幌で，もう1人は大阪にいる」 2つあるものについて説明するときは，〈 one ～ , the other ～ 〉という表現を用いる。

キ 「私が帰宅したとき，私の母は調理をしていた」 when は時間の流れの上の一点を指し示す。

ク 「マークは先月おじさんに会うために大阪に行った」 不定詞の副詞的用法は「～するために」という意味で目的を表す。

基本 ケ 「この湖は琵琶湖と同じくらい大きい」 〈 as ～ as … 〉で「…と同じくらい～」という意味になる。

コ 「もし十分な時間があったら，私は10時間眠るだろう」 〈 if 主語＋過去形の動詞～ 〉は仮定法過去で，実際とは異なる仮定を表す。

4　(語句整序問題：不定詞，間接疑問文，分詞，SVOC，受動態)

ア (Let’s) ask my father to help (us.) 〈 ask A to ～ 〉で「 A に～するよう頼む」という意味を表す。

イ (Please tell) me when the party will (start.) 間接疑問文なので，〈疑問詞＋主語＋動詞〉の形になる。

ウ (The) cat sitting on the roof (is my friend’s.) 現在分詞は「～している」という進行中の意味を表し，直前にある名詞を修飾する。

エ (We) should keep our city clean (.) 〈 keep A B 〉で「 A を B のままにしておく」という意味になる。

オ (His) name is known to people (all over the world.) 〈 be known to 〉で「～に知られる」という意味を表す。

5　(書き換え問題：代名詞，受動態，助動詞，現在完了，疑問詞)

ア 「これはあなたの教科書ですか」→「この教科書はあなたのですか」 「～のもの」という意味は所有代名詞で表す。

イ 「私の友達は公園でその本を見つけた」→「その本は私の友達によって公園で見つけられた」 受動態の文なので〈 be 動詞＋過去分詞〉という形にする。

ウ 「私は今部屋を掃除しなければなりませんか」 〈 have to ～ 〉で「～しなければならない」という意味を表す。

エ 「彼の友達は先月日本に来た。彼女は今も日本にいる」→「彼の友達は先月からずっと日本にいる」 「ずっと～している」という意味は，現在完了の継続用法で表す。

オ 「もう一杯コーヒーをいかがですか」〈 how about ～ 〉で「～はいかがですか」という意味を表す。

★ワンポイントアドバイス★

[1]の問2④では〈 so ～ that S can … 〉が使われているが，これは〈 ～ enough to … 〉(…するのに十分～だ)で書き換えることができることを覚えておこう。この文を書き換えると he became well enough to go to school again となる。

2021年度

★★★★★★★★★★★★★★★★★★★★★

入　試　問　題

2021年度

札幌龍谷学園高等学校入試問題
（スーパー特進・特進コース）

【数　学】（45分）〈満点：100点〉

【注意】 定規・コンパス・分度器は使用してはいけません。

1　次の問いに答えなさい。

(1)　$-\dfrac{3}{4}-\left(\dfrac{1}{2}\right)^2$　を計算しなさい。

(2)　$\dfrac{-(x-12)-2(-2x+3)}{3}$　を計算しなさい。

(3)　比例式　$(x+2):(x-2)=3:2$　を解きなさい。

(4)　yがxに反比例するとき，xの値が25%増加すると，yの値は何%減少するか求めなさい。

(5)　中心角が120°，弧の長さが12π cmのおうぎ形の周りの長さを求めなさい。ただし，円周率をπとします。

(6)　32000 kmを，有効数字を3桁として，有効数字がはっきりわかる形で表しなさい。

(7)　$12xy^4\div(-3x)\times 2y$　を計算しなさい。

(8)　2桁の自然数があります。その十の位の数と一の位の数の和は12です。また，その十の位の数と一の位の数を入れかえてできる自然数は，もとの自然数より54大きくなります。もとの自然数を求めなさい。

(9)　点$(-2,\ 2)$を通り，直線$y=\dfrac{1}{2}x$に平行な直線の式を求めなさい。

(10)　右の図のように，正五角形ABCDEの頂点Aが線分OX上にあり，頂点C，Dが線分OY上にあります。$\angle x$の大きさを求めなさい。

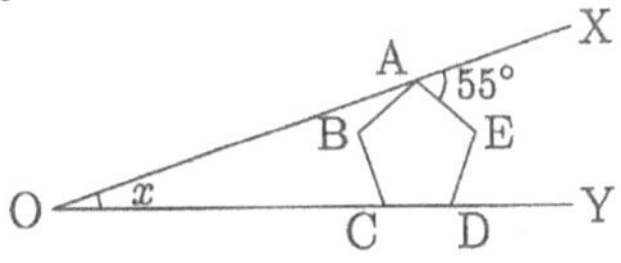

(11)　右の図で，四角形ABCDは平行四辺形です。AB＝AEのとき，$\angle x$の大きさを求めなさい。

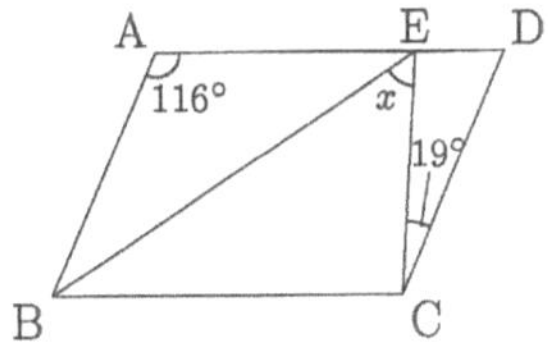

(12)　右の図のように，△ABCの辺BC上に点Dがあり，AB＝AD，∠BAD＝2∠CADです。このとき，△ACDの面積を求めなさい。

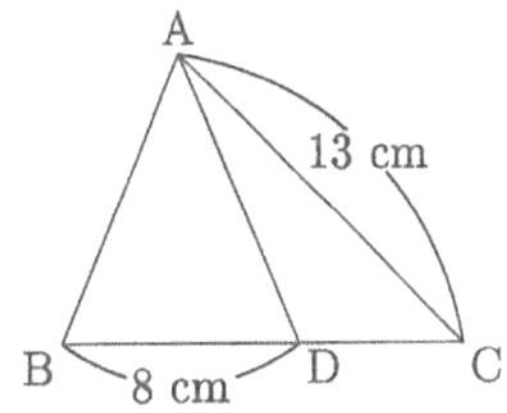

(13)　$(x+2)^2-(x-2)(x+2)$　を計算しなさい。

(14)　ある自然数を2乗すると，1225になります。この自然数を求めなさい。

(15)　$(a-b)x-(a-b)y$　を因数分解しなさい。

(16)　$\sqrt{170}$　を小数で表したときの整数部分の数を求めなさい。

(17)　2次方程式　$3x^2-24=0$　を解きなさい。

(18)　関数$y=-x^2$で，xの値が2から4まで増加するときの変化の割合を求めなさい。

2　右の図のように，放物線$y=ax^2$上に4点A，B，C，Dがあります。点Aの座標は$(-2,\ 8)$，点Bのx座標は-1，線分AD，BCはともにx軸に平行です。このとき，次の問いに答えなさい。

(1)　aの値を求めなさい。

(2)　四角形ABCDの面積を求めなさい。

(3)　点Bを通り，四角形ABCDの面積を2等分する直線の方程式を求めなさい。

(4)　線分AD，BCとy軸との交点をそれぞれ点E，Fとします。四角形ABFEをy軸を回転の軸として1回転させたときにできる回転体の体積を求めなさい。ただし，円周率をπとします。

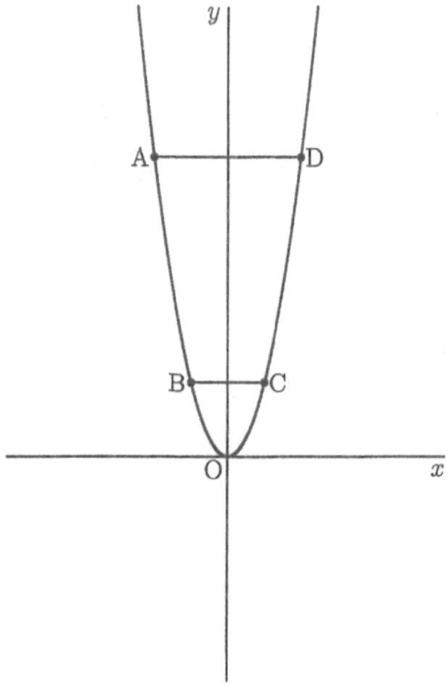

3　右の図は，立方体ABCD-EFGHと，その頂点を表す文字A～Hを1つずつ書いた8枚のカードです。このうち，たくろうさんはA～Dの4枚，ひとみさんはE～Hの4枚から，よくきってそれぞれカードを取り出します。次の問いに答えなさい。

(1)　たくろうさんとひとみさんがそれぞれ1枚ずつカードを取り出すとき，カードの取り出し方は全部で何通りあるか求めなさい。

(2)　(1)のとき，取り出した2枚のカードが表す頂点を結んだ直線が直線EFとねじれの位置になる確率を求めなさい。

(3)　たくろうさんとひとみさんの取り出したカードが合わせて3枚のとき，この3枚のカードが表す頂点を結んでできる三角形のうち，正三角形は全部で何個できるか求めなさい。

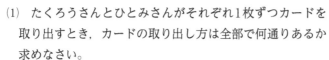

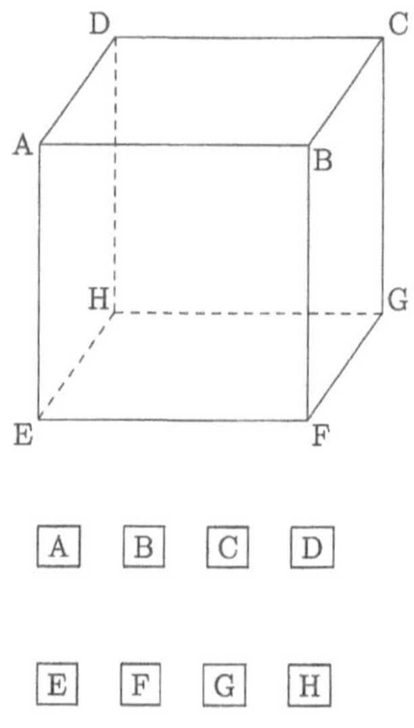

【英　語】（45分）〈満点：100点〉

1　次の英文を読み，設問に答えなさい。

One weekend, Mary and her *partner David went shopping together at *Wal-Mart. While they were looking around the store, Mary found something and suddenly said to David, "I need a *water dispenser for my *office." "What? What do you mean?" asked David. "Don't you know? OK. I'll tell you about it. It is a *machine and serves *pure drinking water. You set a big *five-gallon jug into it and that's all. Then, you can use the blue *handle if you want cold water, or you can get hot water with the red ①one. That's very easy and *convenient," said Mary. "Are you sure you need one?" asked David. "You already have water in your office. If you want to serve cold water to your *clients, you can make ②it cold in the *refrigerator in your office. You also have a coffeemaker there, ③so you can (1. serve / 2. water / 3. hot / 4. use / 5. to / 6. it) to your clients. I don't think that you need to buy ④one now," he said. "Why don't you buy some *bottled water?"

She looked angry with his *reaction, but he continued talking; "You have to buy another jug from that store every month when ⑤the water *runs out. ⑥It is going to *cost you $30 a month. I don't think you will use ⑦so much water every month! Why don't you wait a few months ⑧until you (1. get / 2. many / 3. know / 4. clients / 5. you / 6. how) a month? When you have ⑨enough, a water dispenser will be necessary. You don't have to buy one now."

He continued telling her (⑩) she shouldn't buy a water dispenser. "The *trunk of your car is so small that the dispenser won't fit into (ア), and (イ) won't fit into your back seat." and finally he said, "That's the end of this *argument!" ⑪(1. saying / 2. to / 3. other / 4. anything / 5. without / 6. each), they both left Wal-Mart in Mary's car. Soon they arrived at David's place. After he got *out of (ウ), she stopped and thought for a while. Then, she suddenly *started the engine, and drove back to Wal-Mart. She hurried to the dispenser, and said to a salesclerk, "I'll take one!" Though the box for that machine was almost as big as Mary, she took (エ) out in a cart to her car and, with a lot of effort, put it into the trunk. She felt very happy and went back to her office with it.

That night, when David called her, he asked, "You didn't go back to Wal-Mart and buy that thing, did you?" "Of course not!" she told him. "Are you sure?" "Yes!" she answered. "OK, I believe you," he said and *hung up.

The next morning, David came to her office earlier *than usual, and found ⑫that thing there. It looked very new! After a while, Mary came to (オ). He asked, "What's this, Mary? It's a dispenser, isn't it?" Mary looked very surprised, but soon said, "No, it's big (⑬) water! YOU told me to buy some!!"

注：*partner*：共同経営者　*Wal-Mart*：米国の大型スーパー　*water dispenser*：給水器　*office*：事務所
machine：機械　*pure drinking water*：きれいな飲料水　*five-gallon jug*：5ガロン(≒約19リットル)の水の容器
handle：取っ手　*convenient*：便利な　*client*：顧客　*refrigerator*：冷蔵庫　*reaction*：反応
bottled：ペットボトル入りの　*run out*：～がなくなる　*cost*：(人)に(お金)がかかる
trunk：車の後部荷物入れ　*argument*：議論　*out of*：～から外へ
start the engine：(車などの)エンジンをかける　*hang up*：電話を切る(*hung*は過去形)　*than usual*：普段よりも

問1　下線部①が指しているものを，本文中から1語で抜き出しなさい。

問2　下線部②が指しているものを，本文中から1語で抜き出しなさい。

問3　下線部③⑧⑪の（　　）内の語を並べ加えて日本文の意味を表す英文を完成し，番号で答えなさい。なお文頭の語も小文字にしてある。

③「だから顧客にお湯を出すのにそれを使うことができる」

⑧「君がひと月に何人の顧客を得るのかがわかるまで」

⑪「お互いに何も言わずに」

問4　下線部④が指しているものを，本文中から3語で抜き出しなさい。

問5　下線部⑤が指しているものを，本文中から3語で抜き出しなさい。

問6　下線部⑥のItの内容を，日本語で説明しなさい。

問7　下線部⑦が述べている水の量を日本語で答えなさい。

問8　下線部⑨の後に補うべき1語を本文中から抜き出しなさい。

問9　空欄⑩に入る最も適切な疑問詞を次の選択肢から選び，番号で答えなさい。

1. what　2. why　3. who　4. which　5. whose

問10　空欄（ア）～（オ）に入る最も適切な語句をそれぞれ次の選択肢から選び，番号で答えなさい。なお，同じ語は1度しか使えない。

1. her office　2. the water dispenser　3. the trunk　4. the box　5. her car

問11　下線部⑫のthat thingとは何か。本文中の英語で答えなさい。

問12　空欄⑬に入る適切な語を，本文中から1語で抜き出しなさい。

問13　下の英文で，本文の内容に合うものは○で，合わないものは×で答えなさい。

ア．Mary and David went to Wal-Mart to buy a water dispenser.

イ．David didn't think Mary should buy a water dispenser for her clients.

ウ．David went back to Wal-Mart to buy a water dispenser for Mary.

エ．Mary managed to carry a water dispenser to her house in her car.

オ．Mary was very happy because she finally was able to get a water dispenser.

2　各組で下線部の発音が他と異なるものを1つ選び，番号で答えなさい。

ア．	1. mouth	2. together	3. thousand	4. thirty	5. cloth
イ．	1. talks	2. plays	3. brings	4. swims	5. turns
ウ．	1. diary	2. climate	3. village	4. bicycle	5. beside
エ．	1. reach	2. evening	3. even	4. meter	5. enter

3　各文に対する応答として最も適切なものを右の□から選び，番号で答えなさい。

ア．What line should I take to get to Kotoni?

イ．Why don't you come here tomorrow?

ウ．May I speak to Sam, please?

エ．Must we start it now?

1. Sorry, you have the wrong number.
2. No, you don't have to.
3. Thank you. Here's your change.
4. Take the train from Track No.2.
5. OK. See you then.
6. Yes, please. I'm looking for the station, too.

4 各文の（　）内から最も適切な語(句)を選び，番号で答えなさい。

ア．I have (1. a few　2. a little　3. little　4. any　5. much) tickets for that concert.

イ．(1. This　2. That　3. It　4. Those　5. There) will rain tonight.

ウ．They have no class (1. in　2. with　3. at　4. to　5. on) Sundays.

エ．What language (1. speak　2. speaks　3. is speaking　4. is spoken　5. has spoken) in that country?

オ．I want Bob (1. go　2. to go　3. going　4. gone　5. to going) shopping.

カ．Most of (1. we　2. our　3. us　4. ours　5. ourselves) know the name of the musician.

キ．Alex (1. live　2. lives　3. lived　4. is living　5. has lived) in Japan for three months, five years ago.

5 各組の文がほぼ同じ意味になるように，（　）に入る適切な語を1語ずつ答えなさい。

ア．Sally plays tennis well.
Sally is a (1) tennis (2).

イ．When Charles saw the movie, he was excited.
The movie (1) Charles (2).

ウ．I have a lot of homework. I must do it now.
I have a lot of homework (1)(2) now.

エ．Mr. Brown came to Osaka two weeks ago, and he is still there now.
Mr. Brown (1)(2) in Osaka for two weeks.

オ．Mike can't play the guitar as well as Sam.
Sam can play the guitar (1)(2) Mike.

6 各文の（　）内の語を適切に並べかえたとき，（　）内の3番目と6番目にくる語の番号を答えなさい。

ア．My mother (1. the　2. food　3. me　4. cook　5. showed　6. how　7. to).

イ．It was (1. for　2. abroad　3. hard　4. them　5. at　6. travel　7. to) that time.

ウ．I (1. what　2. time　3. should　4. don't　5. we　6. leave　7. remember) here.

エ．Could you (1. to　2. me　3. have　4. if　5. nothing　6. you　7. help) do now?

オ．The car (1. she　2. was　3. buy　4. so　5. expensive　6. that　7. couldn't) it.

【理　科】（45分）〈満点：100点〉

1　以下の問いに答えなさい。

問1　実験Ⅰ　ばねばかりに50 Nの金属のおもりをつるし，300 Nの水を満たした容器の中ほどに静かに入れたところ，20 Nの水が容器からあふれ出た。このときばねばかりの目盛りは30 Nを示していた。

実験Ⅱ　金属のおもりを容器の底まで静かに下ろし，おもりとばねをつなぐ糸をはずして台ばかりにのせたところ，台ばかりの目盛りはX〔N〕を示した。なお，この台ばかりは，あらかじめ容器の重さを引いてある。

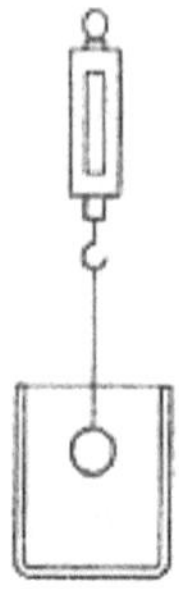
実験Ⅰ

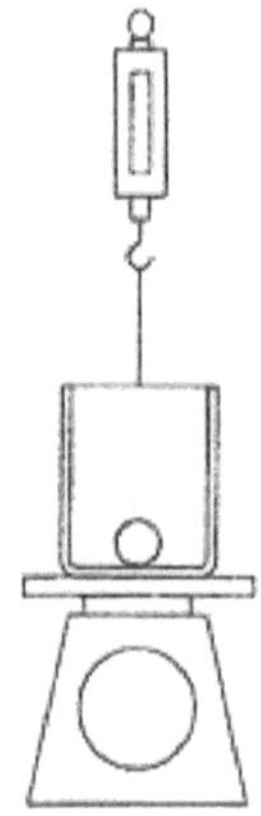
実験Ⅱ

（1）実験Ⅰで，金属のおもりにはたらく浮力の大きさを答えなさい。

（2）実験Ⅱで，水の重さを答えなさい。

（3）実験Ⅱで，Xは何Nになるか，計算しなさい。

問2（1）物質の状態変化について，誤った内容のものを下から1つ選び，記号で答えなさい。

ア　食塩と水では，食塩の方が沸点が高い。

イ　沸点の違いを利用して，空気から酸素と窒素を分離することができる。

ウ　液体から気体に変化するとき，体積はつねに増加する。

エ　固体から液体に変化するとき，質量はつねに変化しない。

オ　固体から液体に変化するとき，体積はつねに増加する。

（2）アンモニアについて以下の問いに答えなさい。

①アンモニアの化学式を答えなさい。

②中性のBTB溶液にアンモニアを加えると，何色を示すか答えなさい。

③実験でアンモニアを捕集するときには上方置換法を用いる。その理由となるアンモニアの性質を2つ答えなさい。

問3　メダカの泳ぎの動きをくわしく調べるために，次の実験を行った。

実験Ⅰ　図1のように，円形の水そうにメダカを数匹入れて泳ぐ様子を観察した後，手で水そうの水を右回りに回した。

実験Ⅱ　水の流れが止まってから，図2のように水そうの外側で，縦じまの模様の紙を右回りに数分間回した。その後，左回りに数分間回した。

図1

図2

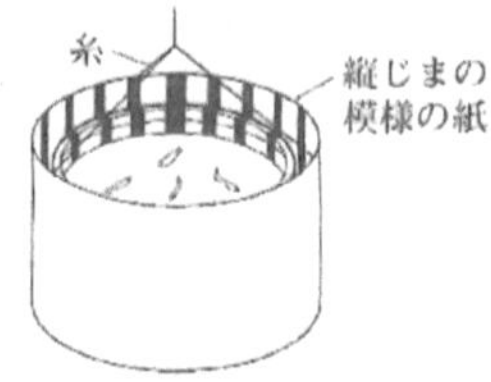

（1）次の①，②について，それぞれア，イのうち正しいものを選び，記号で答えなさい。

①実験Ⅰで，水を回すとメダカは一定の方向に泳いだ。水そうの真上から見て，どちらの方向に泳いだか。

ア　右回りの方向　　　イ　左回りの方向

②実験Ⅱで，メダカは紙の動きにより一定の方向に向いて泳いだ。実験Ⅱで，実験Ⅰと同じ向きにメダカが動いたのは，縦じまの模様の紙を水そうの真上から見て，どちらの向きに回したときか。

ア　右回りに回したとき　　　イ　左回りに回したとき

（2）メダカの動きについて述べた文章の（　　）に適する語をそれぞれ答えなさい。

実験Ⅱで，メダカは紙の動きにより一定の方向に向いて泳いだ。このことからメダカが（　A　）で，周りの変化を感じ取ったことがわかる。このようにメダカは周りの様子を敏感に感じ取り行動する。これは刺激が神経を通じて脳や（　B　）に伝えられ，そこからの命令が筋肉に伝えられるからである。

問4　右の図は乾湿計，表は乾湿計の湿度表を拡大したものである。この乾湿計を用いて湿度を調べた。

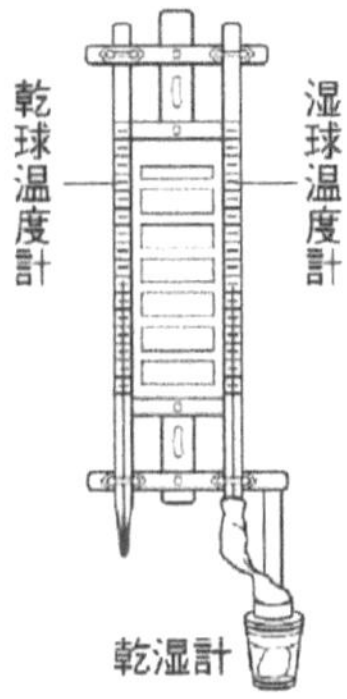

乾湿計

乾球の示度〔℃〕	乾球と湿球の示度の差〔℃〕						
	0.0	0.5	1.0	1.5	2.0	2.5	3.0
15	100	94	89	84	78	73	68
14	100	94	89	83	78	72	67
13	100	94	88	83	77	71	66
12	100	94	88	82	76	70	65
11	100	94	87	81	75	69	63
10	100	93	87	80	74	68	62
9	100	93	86	80	73	67	60

（1）乾球と湿球のメモリの読みの差が0℃のときの温度を何というか答えなさい。

（2）乾球の温度が9℃のとき，湿度は60％であった。このとき湿球は何℃を示していたか答えなさい。

（3）ある時間の乾球は12℃，湿球は9.5℃を示していた。12℃の空気1 m^3 中の飽和水蒸気量を10.8 gとすると，この空気中に含まれている水蒸気量は何gか，小数第二位で答えなさい。

2　100 V用で100 Wの電球Aと100 V用で40 Wの電球Bを用いて図1，図2のような回路をつくった。以下の問いに答えなさい。

図1

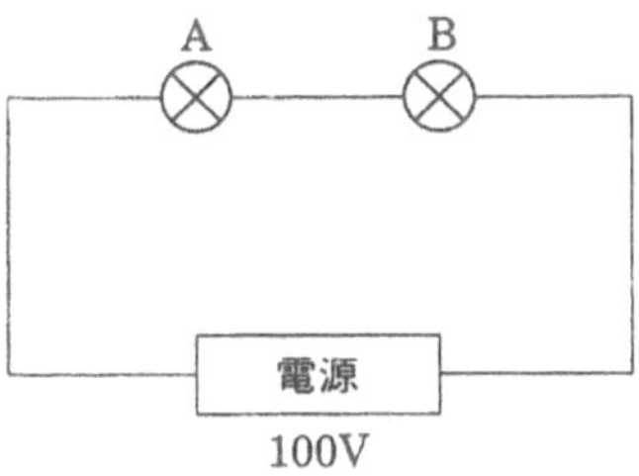

図2

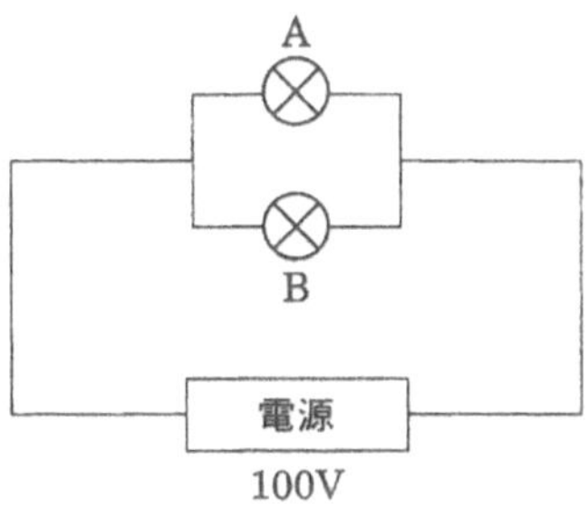

問1　電球Aと電球Bをそれぞれ1つずつ100 Vの電源につないで点灯させたとき，明るさ，および流れる電流の大きさを比較するとどのようなことがいえるか。最も適するものを下から1つ選び，記号で答えなさい。

ア　電球Aの方が電球Bより明るく，電球Aの方が電球Bよりも小さな電流が流れる。
イ　電球Aの方が電球Bより明るく，電球Aの方が電球Bよりも大きな電流が流れる。
ウ　電球Bの方が電球Aより明るく，電球Bの方が電球Aよりも小さな電流が流れる。
エ　電球Bの方が電球Aより明るく，電球Bの方が電球Aよりも大きな電流が流れる。

問２　図１，２の４つの電球を，例にならって明るい順に並べなさい。

〔例〕図１のＡ → 図１のＢ → 図２のＡ → 図２のＢ

問３　図２の回路全体で消費される電力は何Ｗになるか，答えなさい。

問４　図２の電球Ａで消費される電力の80％が熱に変わるとすると，電球Ａの１分間の発熱量は何Ｊになるか，答えなさい。

問５　電球Ａの抵抗と電球Ｂの抵抗はそれぞれ何Ωか，答えなさい。

問６　図１の回路全体で消費される電力は何Ｗか，小数第二位を四捨五入して答えなさい。

３　鉄，アルミニウム，金，銅および不明の金属Ａ～Ｅがある。これら５つの金属について，次の実験Ⅰ～Ⅲを行った。以下の問いに答えなさい。

実験Ⅰ　特徴を調べる

操作１　磁石を近づける，水に入れる，電気を通すか調べる，表面を観察する，の４通りの方法によって，特徴を調べた。

操作２　表面を観察した結果として，色を下の表１にまとめた。

表１

	金属Ａ	金属Ｂ	金属Ｃ	金属Ｄ	金属Ｅ
色	銀白色	赤色	黄色	銀白色	銀白色

実験Ⅱ　体積を調べる

操作１　メスシリンダーに，水を入れて，液面の目盛りをはかった（Ｘ）。

操作２　操作１のメスシリンダーに金属を入れて，液面の目盛りをはかった（Ｙ）。

操作３　金属Ａ～Ｅそれぞれの結果および，ＸとＹの差（Ｚ）を下の表２にまとめた。

表２

	金属Ａ	金属Ｂ	金属Ｃ	金属Ｄ	金属Ｅ
Ｘ　操作１の目盛り（ｍＬ）	17.0	18.7	22.0	23.0	21.0
Ｙ　操作２の目盛り（ｍＬ）	22.0	27.0	27.0	32.5	
Ｚ　差（Ｙ－Ｘ）	5.0	8.3	5.0	9.5	e

実験Ⅲ　質量を調べる

操作１　化学天秤で質量をはかり，下の表３にまとめた（Ｍ）。

表３

	金属Ａ	金属Ｂ	金属Ｃ	金属Ｄ	金属Ｅ
Ｍ　質量（ｇ）	13.5	74.1	96.5	74.1	66.3

問１　実験Ⅰの操作１で特徴を調べたところ，４通りの方法のうち３つは金属Ａ～Ｅすべてに共通する結果が得られた。共通しない結果を下から１つ選び，記号で答えなさい。

a　磁石を近づけると，くっつく。　　b　水に入れると沈む。

c　電気を通す。　　d　表面に光沢がある。

問2　金属ＥのＹ（実験Ⅱの操作２）を調べると，下の図のようになった。この結果をもとに，表２のｅに入る数値を小数第一位で答えなさい。

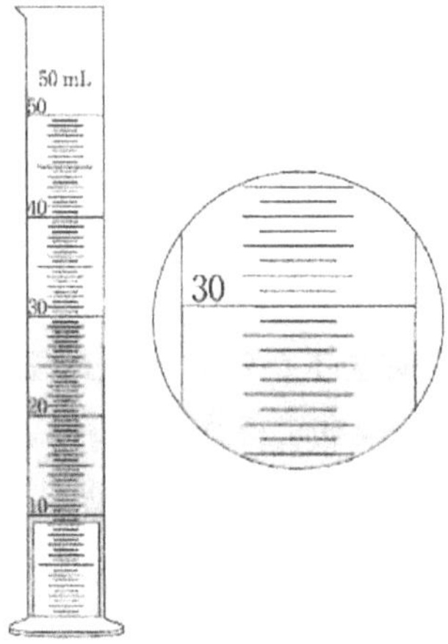

問3　金属Ａ～Ｅの中には，同じ種類の金属がある。その組み合わせを答えなさい。また，その理由として最も適するものを下から１つ選び，記号で答えなさい。

ａ　Ｚ（表２の差）の値が同じだから。
ｂ　Ｙ（表２の操作Ⅱの目盛り）の値が同じだから。
ｃ　Ｍ（表３）の値が同じだから。
ｄ　Ｚ×Ｍの値が同じだから。
ｅ　Ｚ÷Ｍの値が同じだから。
ｆ　Ｍ÷Ｚの値が同じだから。

問4　他に金属について調べたことを下の文章にまとめた。空欄アとイには金属の名称を，空欄ウには金属Ａ～Ｅから１つ選び，記号で答えなさい。

金属の多くは常温で固体の状態だが，常温で液体の状態で存在するものがある。その金属は（　ア　）で，体温計や血圧計に使われている。これは，（　ア　）が熱によって膨張する性質を利用している。

金属の中には比較的軽いものが存在し，それをまとめて軽金属と呼んでいる。軽金属の密度は5.0 g/cm^{3}以下となっている。（　イ　）は軽金属の代表であり，飲料の缶や１円硬貨に使われている。（　イ　）の密度は2.7 g/cm^{3}であり，実験の金属Ａ～Ｅの中の（　ウ　）が（　イ　）である。

問5　金属の銅を空気中で加熱すると色が変化する。この変化を化学反応式で表しなさい。

4 以下の問いに答えなさい。

Ⅰ Aさんは，動物を将来コンピュータ上に記録して検索できるようにしたいと思った。そこでまず，下のような特徴を表す3桁の数字で，動物ごとに分類番号をつけた。

〔百の位〕 1：背骨がない　　2：背骨がある
〔十の位〕 1：えらで呼吸　　2：肺で呼吸
　　　　　3：えらと肺で呼吸する時期がある
〔一の位〕 1：卵生（殻のない卵）
　　　　　2：卵生（殻のある卵）
　　　　　3：胎生

動物名	分類番号
アメリカザリガニ	111
ウズラ	
エゾナキウサギ	
ゲンゴロウブナ	
スルメイカ	111
トノサマガエル	231
ニホンカナヘビ	
ニホンザル	
ハコネサンショウウオ	
ビワコオオナマズ	
リュウキュウヤマガメ	
ヤンバルクイナ	

問1 分類番号は，スルメイカだと111，トノサマガエルだと231になる。次の3種類の動物の分類番号をそれぞれ答えなさい。

ア ビワコオオナマズ
イ エゾナキウサギ
ウ リュウキュウヤマガメ

問2 恒温動物につく可能性のある分類番号をすべて答えなさい。

問3 右の表には，問1の動物を含む12種類の動物が上から五十音順に並んでいる。これらに分類番号をつけて，その数字を小さい順に並べなおした場合，5番目と10番目に来る動物は何か。その名称を答えなさい。なお，分類番号が同じときは，動物名を五十音順に並べるものとする。

Ⅱ タラコ（スケトウダラの卵巣）を使って卵の数を調べるため，次のような操作を行った。

〔操作1〕図1のタラコの表面の膜を取り除き，上皿てんびんで全体の質量をはかったところ120.0 gであった。

〔操作2〕この膜を取り除いたタラコから0.4 gずつ3つの小片a，b，cをとった。

〔操作3〕小片a，b，cのそれぞれを図2のように注意深くピンセットでほぐしながら，卵の数を数えた。下の表はその結果である。

図1

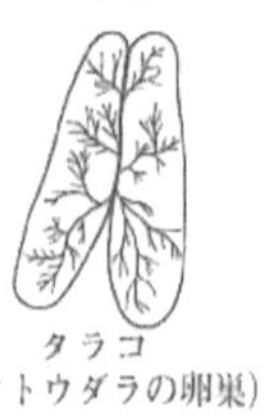

図2

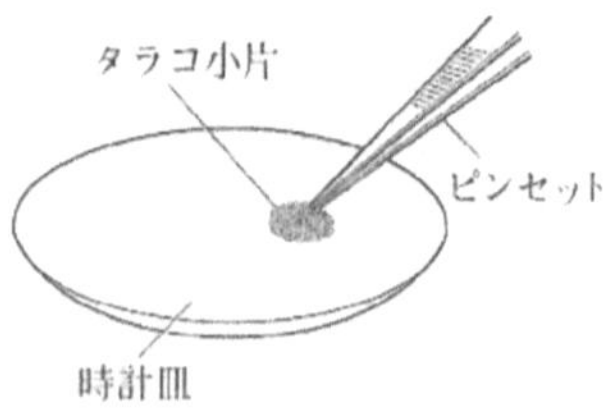

	小片a	小片b	小片c
質　量（g）	0.4	0.4	0.4
卵の数（個）	690	715	698

問4 操作3で卵の数を調べるのに，小片a，b，cについて同じことをくり返したのはなぜか。（　　）に適する語句を答えなさい。

数値を平均化することで，（　　　）を小さくするため。

問5 表の結果から，このタラコ120.0 g中にはおよそ何個の卵が含まれていると考えられるか。整数で答えなさい。

問６　１回の産卵数がウグイスは４～６個，ヒキガエルは2,500～8,000個とスケトウダラと比べて１回の産卵数ははるかに少ないが子孫を残し続けている。この理由として最も適するものを下から１つ選び，記号で答えなさい。

ア　スケトウダラと比べて他の動物は，卵と子の死亡率が低いから。
イ　スケトウダラと比べて他の動物は，天敵のいない環境で生活しているから。
ウ　スケトウダラと比べて他の動物は，あたたかい地域に生活している動物だから。
エ　スケトウダラと比べて他の動物は，からだが小さいから。

5　図１は，ある地域の現在の等高線（5ｍ間隔）のようすを表した模式図である。図２は，図１のア地点とイ地点における，地表から地下20ｍまでのボーリング調査の結果の地層のようすを模式図で表したものである。すべての地層は水平につながっており，厚さは変化せず，地層の上下が逆転するような大地の変化は見られないものとして，以下の問いに答えなさい。

図１

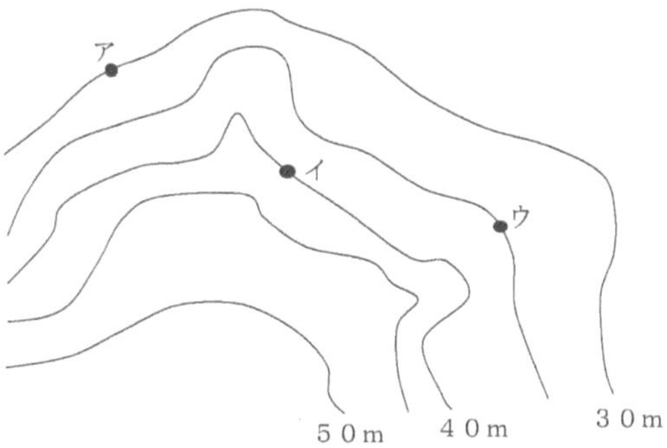

図２

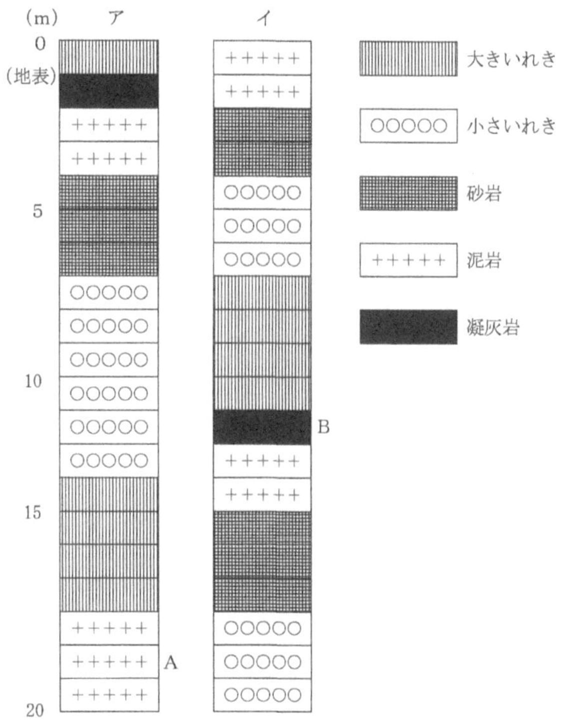

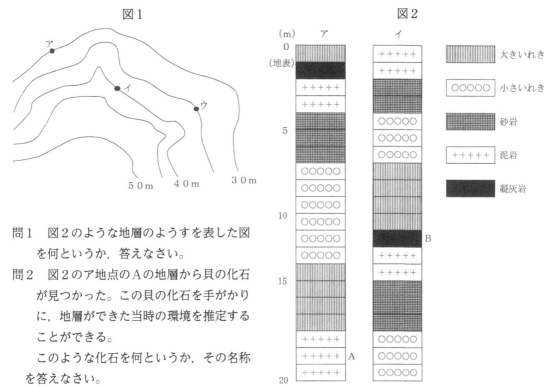

問１　図２のような地層のようすを表した図を何というか，答えなさい。

問２　図２のア地点のAの地層から貝の化石が見つかった。この貝の化石を手がかりに，地層ができた当時の環境を推定することができる。

このような化石を何というか，その名称を答えなさい。

問３　図１のウの地点でも，ボーリング調査をして地層のようすを調べることになった。図１と図２をもとにして，ウの地点の０（地表）から地下５ｍまでの地層のようすの模式図を推定して答えなさい。

問４　図２のイ地点のＢの地層が堆積した当時，この地域ではどのような地球の活動があったと推定されるか，最も適するものを下から１つ選び，番号で答えなさい。

（１）気温が極端に低下した。

（２）火山の活動があった。

（３）大きな地震と津波があった。

（４）高い気圧と太陽の熱によって岩石が固められた。

問５　地層の堆積の実験で，ペットボトルに砂と小石と泥を同じ体積で混ぜて３分の１ほど入れてから水を満たし，栓をしてからよく振ってしずかに机の上に置いた。１時間たってから観察すると，ペットボトルの底に沈んでいるものは底からどのような順番になっているか，最も適するものを下から１つ選び，番号で答えなさい。

（１）泥－砂－小石　　（２）砂－小石－泥　　（３）泥－小石－砂

（４）小石－泥－砂　　（５）小石－砂－泥　　（６）砂－泥－小石

問６　いま，手元に石灰岩とチャートの２種類の岩石がある。これらの特徴を示している文章として最も適するものを下から１つ選び，番号で答えなさい。

（１）石灰岩には二酸化ケイ素が，チャートには炭酸カルシウムが多くふくまれている。

（２）石灰岩はたいへんかたい岩石で，くぎなどで表面に傷をつけることはできないが，チャートはやわらかく，簡単に崩れる。

（３）石灰岩にうすい塩酸をかけると，とけて二酸化炭素を発生させる。

（４）チャートはアルカリ性なので，土壌の酸性を弱めたり，植物にカルシウムなどの養分を供給するはたらきをもつ。

【社　会】（45分）〈満点：100点〉

1　次の文を読み，各問いに答えなさい。

中学3年生の太郎君は地理の授業のまとめとして，国土交通省の**地理情報システム**を活用して北海道や札幌市の地形や防災情報について調査を行うことにした。太郎君は調査を進めるにあたって，国土地理院の地理院地図とハザードマップポータルサイトなどのウェブサイトを使用することにした。

問1　下線部の略称として正しいものを，次のア～エより一つ選び記号で答えなさい。

ア　GPS　　イ　GDP　　ウ　GSI　　エ　GIS

問2　太郎君は地理院地図の陰影起伏図の機能を使って北海道の凹凸を表現した図1を作成した。それに関連した各問いに答えなさい。

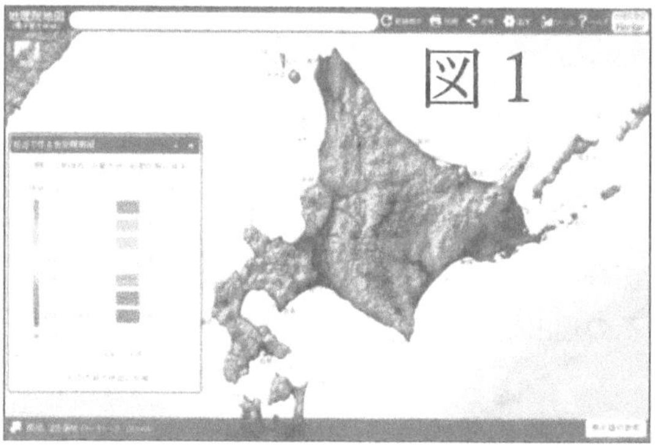
図1

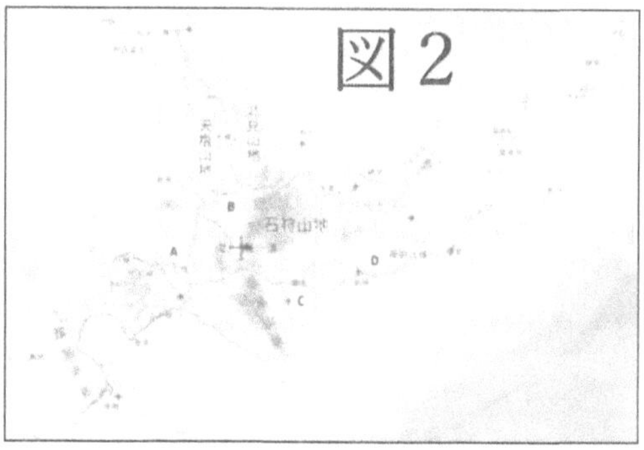

図2

（1）次の文は，太郎君が図1から読み取って，北海道の凹凸や農業について考察したものである。下線部①～④のうち誤っているものを，一つ選び記号で答えなさい。

> 北海道の中央部には①天塩山地，北見山地，石狩山地，日高山脈が南北にはしっていることがわかった。②広大な平野部や盆地では，地域によって畑作，稲作，酪農などの適地適作が行われている。南西部には有珠山などの，現在も活発に活動している③火山地帯の一部に断層湖である洞爺湖がある。また，2030年度末に開業予定である④北海道新幹線の札幌と函館間には起伏が多く，トンネルの区間が長距離になることが予想される。

（2）図2のA～Dの名称として適切なものを，次のア～エより一つずつ選び記号で答えなさい。

ア　石狩平野　　イ　上川盆地　　ウ　釧路平野　　エ　十勝平野

問3　次に，ハザードマップポータルサイトで札幌市周辺部のハザードマップを確認することにした。以下の図ア～ウはそれぞれ土砂災害・洪水・道路の防災情報を示したものである。洪水のハザードマップとして適切なものを，次のア～ウより一つ選び記号で答えなさい。

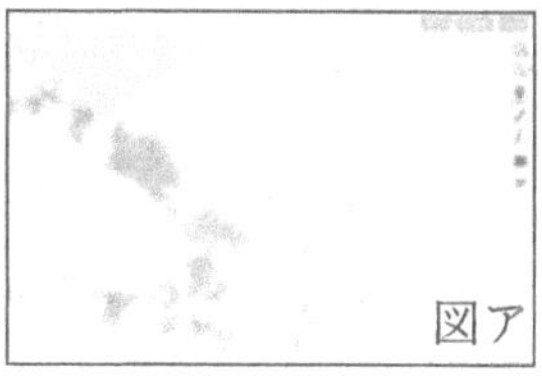
図ア

図イ

図ウ

問４　太郎君は地理院地図の色別標高図の機能を使って札幌市の各地点の標高がわかる地図を作成した。この図から読み取れる札幌の地形として正しいものを，次のア～エより一つ選び記号で答えなさい。

ア　砂州　　　　イ　三角州

ウ　海岸段丘　　エ　扇状地

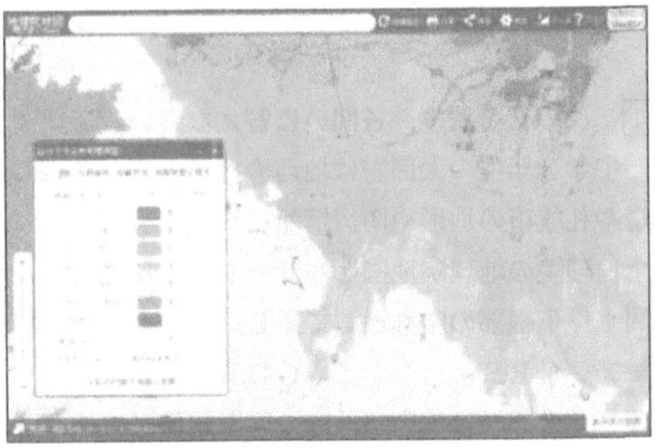

2　次の宗教や言語に関する文を読み，各問いに答えなさい。

世界にはさまざまな宗教があります。このうち発祥の地や民族を越えてひろく信仰されている宗教を①世界宗教といいます。一方でその地域やある民族だけが信仰する②民族宗教も存在します。

問１　下線部①について，

（１）写真ア～ウの建造物に関連する宗教を答えなさい。

（２）写真ア～ウの中で信者が最も多い宗教を，記号で答えなさい。

（３）南米はウの宗教を信仰している人が多い。その理由を説明しなさい。

ア

イ

ウ

帝国書院ホームページ

問２　下線部②について，

（１）信者の数が10億人を超えており，牛を神聖視する宗教を答えなさい。

（２）選民思想を持ち，イスラエルに住む多くの人々が信仰している宗教を答えなさい。

3　次の各問いに答えなさい。

問１　A～Dの説明文と大陸の組み合わせとして正しいものを，次のア～エより一つ選び記号で答えなさい。

A　新期造山帯のアンデス山脈が西側にある大陸で，熱帯の割合が最も高い。

B　1960年に多くの国々が独立をした大陸で，南北に連なる地溝帯がある。

C　ヨーロッパとアジアを合わせた語を語源とする大陸で，世界最高峰がある。

D　イギリスが13植民地を建設した大陸で，亜寒帯の割合が最も高い。

	A	B	C	D
ア	ユーラシア大陸	南アメリカ大陸	アフリカ大陸	北アメリカ大陸
イ	アフリカ大陸	北アメリカ大陸	ユーラシア大陸	南アメリカ大陸
ウ	南アメリカ大陸	アフリカ大陸	ユーラシア大陸	北アメリカ大陸
エ	北アメリカ大陸	ユーラシア大陸	アフリカ大陸	南アメリカ大陸

問２　本州中央部の糸魚川市，松本市，静岡市を結ぶ糸魚川静岡構造線を西の縁として，地面が大きく落ち込んだところを何というか，カタカナで答えなさい。

問３　1991年，雲仙岳で発生した高温のガスと火山からの噴火物（火山砕屑物（さいせつ））が高速で流れ下る現象のことを何というか，答えなさい。

問４　大雨の際に，大きな岩や細かい泥が斜面を流れ下る現象のことを何というか，答えなさい。

4　次の農業に関する文を読み，各問いに答えなさい。

農業はその目的から①自給的農業，②商業的農業，③企業的農業に分類される。農業に影響をおよぼす条件として自然条件と社会条件があげられる。

問１　下線部①を代表する下の表があらわす穀物を答えなさい。

【生産量上位５カ国】

順位	1位	2位	3位	4位	5位
国名	中国	インド	インドネシア	バングラデシュ	ベトナム

問２　スリランカ，インド北東部のアッサム，ダージリンやケニアで栽培される高温多雨で排水良好な土地に適した作物を答えなさい。

問３　下線部②について，下の表は小麦の生産量上位５カ国のものである。Ⅰに入る国を答えなさい。

【生産量上位５カ国】

順位	1位	2位	3位	4位	5位
国名	（Ⅰ）	インド	ロシア	アメリカ	フランス

問４　下線部③について，

（１）熱帯・亜熱帯にみられる輸出向けの作物を大規模に栽培する農業を答えなさい。

（２）チョコレートの原料として使用される高温多雨の気候を好む商品作物を答えなさい。

問５　生物由来のエネルギーを利用したアルコール燃料やガスのことを何というか答えなさい。

5　縄文時代と弥生時代を紹介する下の絵を参考に，社会生活の違いを説明しなさい。

縄文時代

⇒

弥生時代

6 テレビアニメ番組として世界で最も長く放映されている『サザエさん』で知られる漫画家長谷川町子さん。連載が始まった1946（昭和21）年以降の長谷川さんの生涯をたどりながら，各問いに答えなさい。

西暦年	出　来　事
1946年	「夕刊フクニチ」で連載漫画の依頼を受ける
1947年	『サザエさん』の連載再開
	⇕ Ⅰ
1951年	朝日新聞の朝刊を飾り，新聞4コマ漫画の第一人者となる…（ア）
	⇕ Ⅱ
1960年	漫画家廃業宣言（半年後活動再開）…（イ）
	⇕ Ⅲ
1966年	『いじわるばあさん』の連載開始
	⇕ Ⅳ
1970年	サザエさんバス事件
	⇕ Ⅴ
1979年	NHK朝の連続ドラマ『マー姉ちゃん』放送
1982年	紫綬褒章受章
1992年	長谷川町子死去…（ウ）

問1　（ア）の年に日本は主権を回復するが，その時の首相と平和条約を調印したアメリカの都市をそれぞれ答えなさい。

問2　（イ）の年に発生した右の写真の出来事を答えなさい。

問3　（ウ）の年に制定された自衛隊の海外派遣を認めた法案を答えなさい。

問4　次のa・bの出来事は，年表中のⅠ～Ⅴのどの時期に該当するか番号で答えなさい。

a　日韓基本条約を結ぶ　　　b　湯川秀樹がノーベル物理学賞を受ける

7 下の図は16世紀末の世界を紹介したものである。各問いに答えなさい。

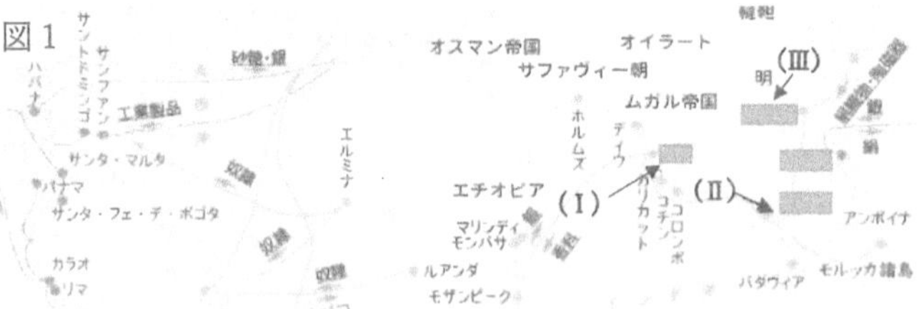

問1　ヨーロッパ人による新航路の開拓が続いた時代を答えなさい。

問2　図1の空欄（Ⅰ）～（Ⅲ）にあてはまる街の組み合わせとして正しいものを，次のア～エより一つ選び記号で答えなさい。

ア　Ⅰ　マニラ　　　Ⅱ　ゴア　　　Ⅲ　マラッカ

イ　Ⅰ　マカオ　　　Ⅱ　マラッカ　　Ⅲ　マニラ

ウ　Ⅰ　ゴア　　　　Ⅱ　マラッカ　　Ⅲ　マカオ

エ　Ⅰ　マラッカ　　Ⅱ　マカオ　　　Ⅲ　マニラ

問３　日本から輸出された鉱産物で，世界の産出量の３分の１を占めたものを答えなさい。
問４　日本にやってきた西洋人を紹介した図２の絵を何というか答えなさい。

8　次の伊藤博文に関する文を読み，各問いに答えなさい。

新政府発足当時から，伊藤博文は政府の要職に就いていた。①1871年には，２年間かけて欧米各国を訪問した。その後国会開設を約束した政府の方針をうけ，伊藤は憲法作成にのりだした。伊藤はヨーロッパへ派遣され君主権の強い（１）の憲法を中心に調査し，帰国後は憲法草案の作成をはじめた。1885年には初代（２）になり，1889年の大日本帝国憲法の発布に大きく貢献した。また朝鮮での植民地化を進めて，②1910年には朝鮮を統治することになったが，伊藤はそれを見届けることなく③1909年に朝鮮の民族活動家に暗殺された。

問１　空欄（１）・（２）にあてはまる語句を答えなさい。
問２　下線部①の使節団を答えなさい。
問３　下線部②のことを漢字４文字で答えなさい。
問４　下線部③の民族活動家を答えなさい。

9　次のグラフを見て，各問いに答えなさい。

グラフ１　　品目別の輸出入の割合（『日本貿易精覧』より）

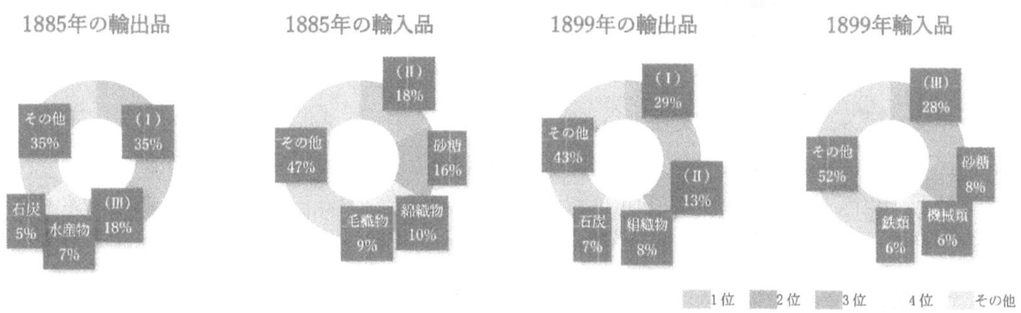

問１　グラフ１の（Ⅰ）～（Ⅲ）にあてはまる品目を，次のア～エより一つ選び記号で答えなさい。

	Ⅰ	Ⅱ	Ⅲ
ア	綿糸	機械類	綿花
イ	生糸	綿糸	綿花
ウ	生糸	綿花	綿糸
エ	綿織物	綿糸	緑茶

グラフ２　　　　日本の輸出入額の変化（『日本外国貿易年表』より）

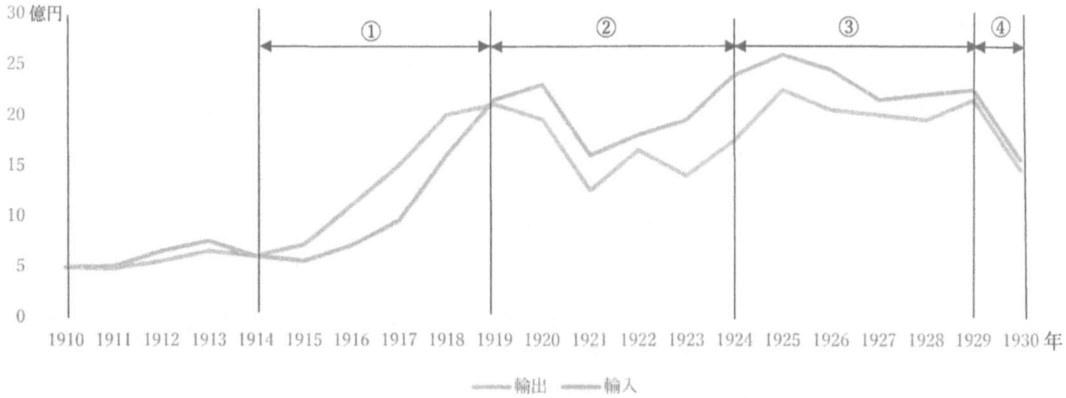

問２　①の期間に輸出額が輸入額を上回った理由を説明しなさい。

問３　②の期間に発生した出来事を，次のア～エより一つ選び記号で答えなさい。

ア　関東大震災がおこる　　イ　治安維持法が制定される

ウ　普通選挙が実現する　　エ　護憲運動がおこる

問４　③の期間は政党内閣の時代であるが，この期間に首相に就任した人物を，次のア～エより一つ選び記号で答えなさい。

ア　原敬　　イ　大隈重信　　ウ　加藤高明　　エ　犬養毅

問５　④の期間に輸出入額がともに減少する原因となった出来事を，漢字４文字で答えなさい。

10　次の文を読み，各問いに答えなさい。

2020年は，私たちが今まで経験したことのない，様々な変化にさらされた一年でした。

今年は，①東西ドイツ統一から30年にあたる年でした。この30年の間に②ボーダレス化・グローバル化は加速度的に拡大してきましたが，目に見えないウイルスの脅威により，一瞬にして国境や都市は封鎖され，再び自由な往来は制限されてしまいました。また，③高度経済成長期の象徴ともいえる日本万国博覧会（大阪万博）から50年の年でもありました。生活の多くの場面であらたな技術の導入と「非接触」が推進され，コミュニケーションのあり方や働き方も変化を余儀なくされました。さらに，④ウイルスと戦い続ける医療従事者の方々の献身的な努力に支えられた2020年は，ナイチンゲール生誕200年の年でもありました。

政治的にも大きな変化の年でした。アメリカでは大統領選挙が行われ，⑤日本では新たな首相が誕生しました。人類が自分たちのあり方を大きく見つめ直した2020年。数十年後，振り返ってみる2020年は，未来の私たちの目にどのように映るのでしょう。

問１　下線部①に関連して，

（１）経済的，政治的，安全保障的なヨーロッパの統一を目指して，1993年に発足した組織を答えなさい。

（２）ドイツで現在使用されている共通通貨と同じ通貨を導入している国として誤っているものを，次のア～オより一つ選び記号で答えなさい。

ア　イギリス　　イ　フランス　　ウ　スペイン　　エ　フィンランド　　オ　ギリシャ

（３）経済や環境，安全保障などで同じ課題を抱える国々が，地域的にまとまって互いに協力・協調していこうとする動きのことを何というか答えなさい。

問２　下線部②に関連して，次の文中の空欄Ａ～Ｃにあてはまる語句を答えなさい。

> 地球環境問題を解決するために，国際的な取り組みが進められています。1992年にリオデジャネイロで開催された（Ａ）では，気候変動枠組条約などが調印されました。1997年にはこの気候変動枠組条約の締約国会議で，温室効果ガス削減を義務付ける（Ｂ）が採択されました。しかし，すべての国で削減に向けた努力がなされなければ温暖化は止まりません。そこで，地球上のすべての国と地域が具体的な削減目標達成に取り組むために，2015年に（Ｃ）が採択されました。

問３　下線部③に関連して，

（１）この時期は，農村部から工場のある都市部へ若者が移住した。この若者のことを何と呼ぶか答えなさい。

（２）下の図Ａ・Ｂは，高度経済成長期の「1965年人口ピラミッド」と，その100年後の予想を示した「2065年人口ピラミッド」である。
この図からわかることとして正しいものを，次のア～エより一つ選び記号で答えなさい。

図Ａ（1965年）

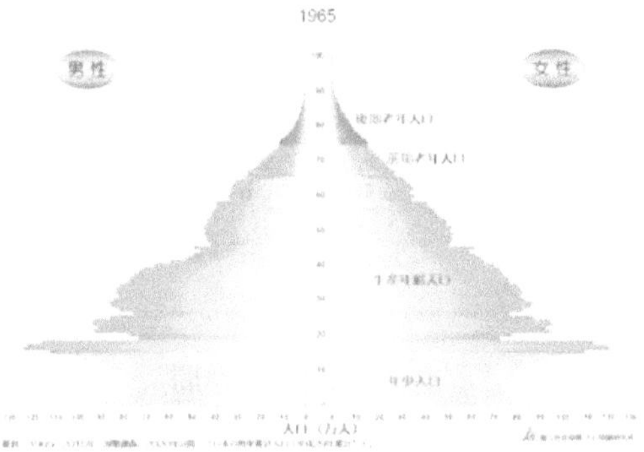

図Ｂ（2065年）

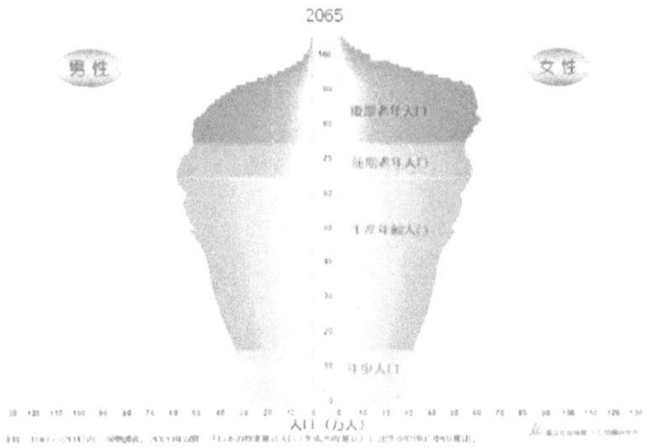

ア　後期老年人口をみると，図Ａ・Ｂともに三角形になっており，年齢が上がるに連れて人口が減少していることを表している。

イ　生産年齢人口をみると，図Ａ・Ｂともに「裾広がり」となっており経済活動を支える基盤となっていることがわかる。

ウ　後期老年人口と前期老年人口の男女を比較すると，後期老年人口は女性が多い傾向があり，特に図Ｂではその傾向が顕著に表れている。

エ　年少人口をみると，図Ｂは図Ａの半分程度であり，緩やかに人口が増加していることがわかる。

問４　下線部④に関連して，

（１）日本の社会保障制度の四つの種類を答えなさい。

（２）急速に進行する少子高齢化に対応するため，40歳以上の人は加入が義務付けられ，介護が必要な時にサービスを受けられるように導入された制度を答えなさい。

（３）障がいの有無にかかわらず，すべての人が社会のなかで普通の生活を送ることを何というか答えなさい。

（４）一人の女性が生涯に生む子どもの数を平均したものを何というか答えなさい。

問５　下線部⑤に関連して，内閣の仕事を次のア～エより二つ選び記号で答えなさい。

ア　法律案の議決　　イ　条約の締結　　ウ　予算の議決　　エ　予算の作成

四　次の古文を読んで、問いに答えなさい。

今日は[a]その事をなさんと思へど、あらぬ急ぎ（思いよらない急なこと）先(ま)づ出で来て紛(まぎ)れ暮らし、待つ人は障(さは)りありて［①］、頼めぬ人（期待していない人）は来たり。頼みたる方の事は違(たが)ひて（うまく行かず、）、思ひ寄らぬ道ばかりは叶(かな)ひぬ。煩(わづら)はしかりつる事は[b]ことなくて、易かるべき事はいと心苦し。日々に過ぎ行くさま、かねて（前もって）思ひつるには似ず。一年の中もかくのごとし（そのようだ）。一生の間も②しかなり（その通りだ）。

かねてのあらまし（予想）、皆違ひ行くかと思ふに、おのづから（たまたま）、違はぬ事もあれば、いよいよ、③物は定め難し。不定(ふぢやう)と心得(こころえ)ぬるのみ、まことにて違はず。

（『徒然草』）

問一　～～～部a、bの現代語訳として最も適切なものを次から選び、それぞれ記号で答えなさい。

a「その事をなさん」
ア　そのことをしよう
イ　そのことをするまい
ウ　そのことをしたくない
エ　そのことをしてほしい

b「ことなくて」
ア　違いはなくて
イ　言葉がなくて
ウ　特に意味はなくて
エ　何事もなくて

問二　［①］にあてはまる語として最も適切なものを次から選び、記号で答えなさい。
ア　来れば　　イ　せず　　ウ　来ず　　エ　したり

問三　――部②「しかなり」とはどういうことか。本文中から一文で探し、抜き出して答えなさい。

問四　――部③「物は定め難し」について、次の各問いに答えなさい。

（1）――部③の「難」と同じ意味・用法の「難」が用いられている熟語を次から一つ選び、記号で答えなさい。
ア　難点　　イ　難解　　ウ　非難　　エ　災難

（2）「難」を使った次の漢文を書き下し文にしなさい。

少年易(ク)レ老(イ)学難(シ)レ成(リ)

問五　本文の内容に合致するものを次から一つ選び、記号で答えなさい。
ア　すべては当てにならないということが真実だ。
イ　なにごとも急いですることが大切だ。
ウ　つまらないことで人生を無駄にしてはならない。
エ　回り道に見えることにこそ価値がある。

問六　本文の出典である『徒然草』の成立時代と作者の組み合わせとして適切なものを次から一つ選び、記号で答えなさい。
ア　平安時代・鴨長明　　イ　平安時代・兼好
ウ　鎌倉時代・鴨長明　　エ　鎌倉時代・兼好

問七　次の歴史的仮名づかいを現代仮名づかいにしなさい。
ア　ひたひ　　イ　かうべ　　ウ　さんぐわつ

三 国語総合問題

次の各問いに答えなさい。

問一 次の①～③の慣用句の意味を後から選び、それぞれ記号で答えなさい。

① 板につく　② 目をかける　③ 脂がのる

ア 特にかわいがる。　イ うっとうしく感じる。

ウ ものなれた様子である。　エ 仕事の調子が出る。

問二 次のことばが（　）内の意味を表すように、空欄に適切な漢数字を入れて四字熟語を完成させなさい。

① □苦□苦（非常に苦労すること）

② □変□化（物事がさまざまに変化すること）

③ □束□文（値段が非常に安いこと）

問三 次の歴史的仮名づかいを現代仮名づかいにしなさい。

① いはく　② をりふし　③ ゆゑ　④ かやう

問四 次の和歌について、後の問いに答えなさい。

A	桜花咲きにけらしなあしひきの山のかひより見ゆる白雲
B	新玉の年の終はりになるごとに雪も我が身もふりまさりつつ
C	雨降れど露ももらじをかさとりの山はいかでかもみぢそめけむ

（1）A～Cの和歌は『古今和歌集』に収められている。『古今和歌集』は平安時代に成立した和歌集であるが、同時代に成立した文学作品を次から一つ選び、記号で答えなさい。

ア 竹取物語　イ 平家物語

ウ 奥の細道　エ 万葉集

（2）体言止めが用いられている和歌をA～Cから一つ選び、記号で答えなさい。

（3）――部「が」と同じ用法のものを次から一つ選び、記号で答えなさい。

ア 雀の子を、犬君が逃がしつる。

イ あやしがりて、寄りて見るに、

ウ 雁などの連ねたるが、いと小さく見ゆるはいとをかし。

エ 道長が家より、帝・后立ちたまふべきものならば

（4）秋の季節を詠んでいる和歌をA～Cから一つ選び、記号で答えなさい。

問五 次の漢文を書き下し文にしなさい。

① 思フ二故郷ヲ一

② 有レバレ備ヘ無シレ患ヒ

③ 無カレレ為ル二牛後ト一

問三　（　①　）にあてはまる最も適切な語句を次から選び、記号で答えなさい。

ア　単純さと複雑さ　　イ　単純さと意外さ

ウ　複雑さと意外さ

問四　――部②「それはもう知ってるよ。」について、このときの芙美恵の父に対する気持ちを本文中の言葉を用いて三十五字以内で説明しなさい。

問五　（　③　）、（　④　）にあてはまる語を次から選び、それぞれ記号で答えなさい。

ア　しばらく　　イ　たとえば

ウ　ようやく　　エ　どれほど

問六　本文中には次の一文が抜けている。入れる場所として最も適切な箇所を本文中のＡ～Ｄから選び、記号で答えなさい。

芙美恵は、やっと自覚した。

問七　――部⑤「いまの自分の顔は見たくなかった」とあるが、それはなぜか。最も適切なものを次から選び、記号で答えなさい。

ア　自分を常に楽しませてくれていた父が元気だった頃の姿を思い出して寂しさがこみ上げると同時に、父を労る気持ちはあるものの仕事を優先している自分を責めているから。

イ　自分を喜ばせたいという父の気持ちを拒絶し、父を傷つけたせいで心が離ればなれになったことを深く反省してはいるが、もう昔の自分には戻れないことを痛感しているから。

ウ　自分を喜ばせたい一心で「もろびとこぞりて」を弾いた父の気持ちを理解できなかった自分を責め、素直に父を受け入れていたころの幸福感を今一度かみしめたかったから。

エ　過去の記憶を無くしてしまい、「もろびとこぞりて」を聞いても関心を示さない現在の父の姿を哀れに思ったが、その原因は自分にあったと気づいたから。

問八　☆スーパー特進・特進・スーパープログレス・プログレス進学コースの受験生は答えなさい。

本文の表現の特徴として最も適切なものを次から選び、記号で答えなさい。

ア　比喩を用いた間接的な表現を多用することによって、登場人物を取り巻く世界を幻想的に描いている。

イ　聴覚・視覚・味覚など五感を使った表現を巧みに用い、芙美恵の気持ちの変化を生々しく描いている。

ウ　作品の視点を父から芙美恵に移すことによって、登場人物の気持ちのすれ違いを効果的に描いている。

エ　会話表現や回想シーンを効果的に用いて、芙美恵の気持ちだけではなく父の思いも丁寧に描いている。

未来創造コースの受験生は、21ページの[三]国語総合問題を解答しなさい。 スーパー特進・特進・スーパープログレス進学・プログレス進学コースの受験生は、20ページの[四]古文問題を解答しなさい。

ほかおいしかった。

同じ手は一度しか通じないのに、その後もクリスマスのたびに「おとうさんも弾けるぞ。」と去年のことを忘れ去ったかのように、父は何度でもくりかえした。芙美恵はあるとき「②それはもう知ってるよ。」と素っ気なく云い、ドシラソファミレドと自ら鍵盤をたたいて、つづきも弾き、父のささやかな楽しみを奪った。

A なぜ、同じことをくりかえすのか不思議でならなかった。思春期にさしかかっていて、芙美恵は父をうっとうしくさえ思った。いつしかクリスマスの夜をいっしょに過ごすこともなくなった。

B あれから長い時が過ぎ、いまは芙美恵にも父を労る気持ちがある。だが、彼女の職場はサイマツが稼ぎどきで休みをとりにくい。クリスマスの直前になって（　③　）時間をみつけて施設に電話をかけた。職員の人に、父を呼びだしてもらった。電話の向こうから「もろびとこぞりて」が聞こえてきた。施設でもクリスマスソングを流しているのだ。

C けれども父はなにも反応しない。ボケてしまったのかと芙美恵は不安になり、「おとうさんの弾ける曲だね。」とⅡほのめかしてみる。すると父は「ああ、だけど芙美恵のほうがうまいからな。」と遠慮がちな声で云った。

D 父に弾かせずに、自分が最後まで弾いてしまったあのとき以来、父はもう「もろびとこぞりて」のことを口にしなくなっていたのだ。

父が弾く「もろびとこぞりて」をはじめて聞いたときの芙美恵が、（　④　）輝く目をしていたのか、どのくらいとびきりの笑顔で父を見つめたのか、彼女は記憶をたどってそのときの表情を思いだそうとした。⑤いまの自分の顔は見たくなかった。

目が潤んでくる。芙美恵はハンカチを取りだそうとして上着のポケットに手をいれた。＊プラスティックの星が出てきた。油性ペンでスマイルマークが描きたしてある。子どものときの彼女のいたずら描きだ。小さなしあわせで、いっぱいだった。

ドシラソファミレド。芙美恵は電話に向かい父に聞こえるように口ずさんだ。

（長野　まゆみ「ドシラソファミレド」）

＊　プラスティックの星…クリスマスツリーの飾り。自宅を片付けた時に拾ってポケットに入れていた。

問一　～～部a～cのカタカナは漢字を、漢字は読みを答えなさい。

☆スーパー特進・特進・スーパープログレス進学・プログレス進学コースの受験生は～～部dの読みも答えなさい。

問二　═══部Ⅰ「ことのほか」、Ⅱ「ほのめかしてみる」の本文中での意味を次から一つ選び、それぞれ記号で答えなさい。

Ⅰ「ことのほか」
　ア　ほんの少し
　イ　とりわけ
　ウ　いつもより
　エ　なんとも言えなく

Ⅱ「ほのめかしてみる」
　ア　それとなく言う
　イ　お世辞を言う
　ウ　はっきりと言う
　エ　はげますように言う

Ⅰ「リアリティ」　ア　理想　イ　現実　ウ　経験　エ　意味

Ⅱ「醍醐味」　ア　本当の面白さ　イ　本当のわかりやすさ　ウ　本当の目的　エ　本当の大変さ

問八　☆スーパー特進・特進・スーパープログレス進学・プログレス進学コースの受験生は答えなさい。
（⑦）にあてはまる語を本文中から漢字二字で抜き出して答えなさい。

問九　本文の内容として最も適切なものを次から選び、記号で答えなさい。

ア　読書によって多くの体験をすることは難しく、経験を積むことはできないが、旅に出る若者は必ず読書をきっかけとして世界を広げている。

イ　自分を肯定してくれる本を選んで読む狭い読書は、限定された著者の経験や考え方を積み重ねるだけで、体験する世界が広がらない。

ウ　読書をすることで、他人と共通する部分を確認しながら自分の考え方や生き方の方向性を見つけることが、アイデンティティの形成に有効である。

エ　現在の自分の考え方を否定し、より高次の自分へと進むことができるという点において、読書はアイデンティティの形成に役立つと言える。

問十　あなたは読書することを必要だと思いますか。「必要だ」「必要ない」のどちらかに○をつけて立場を明らかにし、その理由を解答欄に合う形で三十字以内で答えなさい。

二　次の文章を読んで、問いに答えなさい。

芙美恵の年老いた父は体が不自由になり、母が亡くなった後は介護施設に入居していた。

師走が近い。介護施設のなかも、はやばやと金銀のモールや豆電球のイルミネーションで、クリスマスの飾りつけをしてあった。

芙美恵は昔、オルガンを習っていた。「メリーさんのひつじ」や「ロンドン橋落ちた」などの簡単な曲をどうやら弾けるぐらいのころ、クリスマスが近づいて「きよしこの夜」の練習をはじめた。

ある晩、仕事からもどった父が「おとうさんもクリスマスの曲を弾けるぞ。」と[a]ジマンそうに云（い）った。鍵盤などさわったこともないはずの人が——そのときもドの鍵盤を芙美恵に確認するほどだったのに——オルガンに向かった。

右手の人差し指だけで「もろびとこぞりて」のはじめの一小節を弾いたのだ。

たしかに「もろびとこぞりて」だった。芙美恵はびっくりした。思いがけなかった。口のなかで歌詞にあわせて拍子をとりながらドシラソファミレドと弾けば「もろびとこぞりて」になるのだ。

その（①）に、芙美恵はよっぽど目を輝かせ、とびきりの笑顔を浮かべたのだろう。また、それを見て父もうれしかったのだろう。よろこびがあふれた。母がこしらえたチキングリルが、[Ⅰ]ことの

く。その積み重ねに、本は役立つ。優れた著者が自分と同じ経験や意見を述べてくれていると、安心して自分を肯定できる。自分に ツゴウ[d] のいい著者ばかりを選んで読むというのは、狭い読書の仕方のように思われるかもしれないが、読書をし始めた頃はとくに、共感を持って読める本の方が加速する。

読んでいると「そうそう、自分も実はそう考えていた」と思うことがよくあるが、多くの場合、そこまで明確に考えていたわけではない。言われてみると、それまで自分も同じことを考えていたと感じるということだ。しかし、この サッカク[e] は問題ない。あたかも自分が書いた文章のように他の人の書いたものを読むことができるというのは、幸福なことだ。

なぜこの著者はこんなにも自分と同じような感覚を持っているのだろうか、あるいは、まさにこれは自分が書いたもののようだと感じることさえ、私の場合あった。

自分の経験と著者の経験、自分の脳と著者の脳とが混じり合ってしまう感覚。

これが、読書の 醍醐味[Ⅱ] だ。これは自分を見失うということではない。一度自分と他者との間に本質的な事柄を共有するというのが、アイデンティティ[*] 形成の重要なポイントだ。自分ひとりに閉じて内部で循環するだけでは、アイデンティティは形成されない。他者と本質的な部分を共有しつつ、自己の一貫性をもつ。これがアイデンティティ形成のコツだ。

（齊藤　孝『読書力』）

＊　アイデンティティ…自分が存在しているという認識。

問一　〰〰部a～dのカタカナは漢字を、漢字は読みを答えなさい。

問二　☆スーパー特進・特進・スーパープログレス進学・プログレス進学コースの受験生は答えなさい。

〰〰部e「サッカク」の「カク」と同じ漢字が用いられている四字熟語を、次から選び記号で答えなさい。

ア　四カク四面　　イ　主カク転倒
ウ　一点一カク　　エ　前後不カク

問三　（ ① ）～（ ③ ）にあてはまる語を次から選び、それぞれ記号で答えなさい。

ア　むしろ　　イ　なぜなら
ウ　あるいは　　エ　たとえば

問四　――部④「それ」の指示する内容を、本文中から二十三字で抜き出して答えなさい。

問五　（ ⑤ ）にあてはまる最も適切なものを次から選び、記号で答えなさい。

ア　自分の考えを真似された気がする
イ　自分の考えを利用された気がする
ウ　自分の考えが肯定される気がする
エ　自分の考えが否定される気がする

問六　――部⑥「暗黙知や身体知」とはどのようなものか。――部⑥の後から二十字以内で抜き出して答えなさい。

問七　══部Ⅰ「リアリティ」、Ⅱ「醍醐味」の本文中での意味を次から一つ選び、それぞれ記号で答えなさい。

【国　語】〈四五分〉〈満点：一〇〇点〉

【注意】

1 問題は一から四まであります。
2 一、二はコース共通問題です。すべての受験生が解答しなさい。ただし、☆印は、スーパー特進・特進コース、スーパープログレス進学・プログレス進学コースの受験生が解答しなさい。
3 三、四はコース別問題です。三は未来創造コースの受験生が、四はスーパー特進・特進コース、スーパープログレス進学・プログレス進学コースの受験生が解答しなさい。
4 字数が指示されている問いについては、句読点や符号も字数に含めて答えなさい。
5 文字や句読点・符号は、はっきりと丁寧に書きなさい。

一 次の文章を読んで、問いに答えなさい。

読書を必要ないとする意見の根拠として、読書をするよりも体験することが大事だという論がある。これは、根拠のない論だ。体験することは、読書することとまったく[a]矛盾しない。本を読む習慣を持っている人間が多くの体験をすることは、まったく難しくはない。

（　①　）いろいろな体験をする動機づけを読書から得ることがある。（　②　）、藤原新也のアジア[b]放浪の本（『印度放浪』朝日新聞社、など）を読んで、アジアを旅したくなる若者がいる。本に誘われて旅をするというのはよくあることだ。（　③　）考古学の本を読み、実際に[c]イセキ掘りの手伝いに行く者もある。読書がきっかけとなって体験する世界は広がってくる。

④それ以上に重要なことは、読書を通じて、自分の体験の意味が確認されるということだ。本を読んでいて「自分と同じ考えの人がここにもいた」という気持ちを味わうことは多い。まったく生まれも育ちも違うのに、同じ考えを持っている人に出会うと、（　⑤　）。自分ではぼんやりとしかわからなかった自分の体験の意味が、読書によってはっきりとすることがある。「あれはこういう意味だったのか」と腑に落ちることが、私は読書を通じてたくさんあった。

暗黙知という言葉がある。自分ではなかなか意識化できないが、意識下や身体ではわかっているという種類の知だ。言語化しにくいけれども何となくからだでわかっているような事柄は、私たちの生活には数多い。むしろそうした⑥暗黙知や身体知が、氷山でいうと水面の下に巨大にあり、その氷山の一角が明確に言語化されて表面に出ている、という方が[Ⅰ]リアリティに即しているだろう。本を読むことで、この暗黙知や身体知の世界が、はっきりと浮かび上がってくる。自分では言葉にして表現しにくかった事柄が、優れた著者の言葉によってはっきりと言語化される。こうした文章を読むと（　⑦　）を覚え、線を引きたくなる。

「自分ひとりの経験ではなかったのだ」という思いが、自分の生を勇気づける。自分をつくっていくためには、現在の自己を否定して、より高次の自分へと進んでいくこともももちろん必要だが、私の実感では、自分を肯定してくれる者に出会うことによって、すっきりと次に進むことができるように思う。体験すること自体が重要なのではなく、その体験の意味をしっかりと自分自身でつかまえ、その経験を次に生かしていくことが重要なのだ。体験の意味を深め、経験としてい

2021年度

札幌龍谷学園高等学校入試問題
（スーパープログレス進学・プログレス進学コース）

【数　学】（45分）〈満点：100点〉

【注意】 定規・コンパス・分度器は使用してはいけません。

1 次の問いに答えなさい。

(1) $-3+(-3)$ を計算しなさい。

(2) $\dfrac{-(x-12)-2(-2x+3)}{3}$ を計算しなさい。

(3) 1次方程式 $5x+21=2x$ を解きなさい。

(4) yはxに比例し，$x=2$のとき$y=-8$です。このとき，yをxの式で表しなさい。

(5) 中心角が120°，孤の長さが12π cmのおうぎ形の周りの長さを求めなさい。ただし，円周率をπとします。

(6) 32000 kmを，有効数字を3桁として，有効数字がはっきりわかる形で表しなさい。

(7) $12xy^4\div(-3x)\times 2y$ を計算しなさい。

(8) 連立方程式 $\begin{cases} x=2y+10 \\ 3x+y=9 \end{cases}$ を解きなさい。

(9) 点$(-2,\ 2)$を通り，傾きが-2の直線の式を求めなさい。

(10) 右の図のように，正五角形ABCDEの頂点Aが線分OX上にあり，頂点C，Dが線分OY上にあります。$\angle x$の大きさを求めなさい。

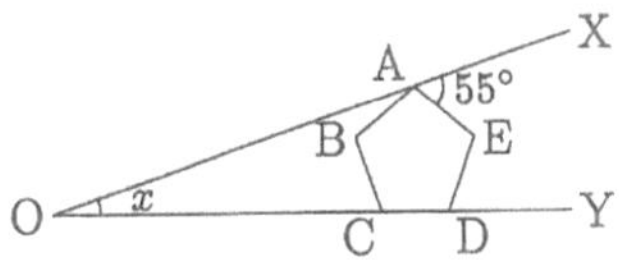

(11) 右の図で，四角形ABCDは平行四辺形です。AB＝AEのとき，$\angle x$の大きさを求めなさい

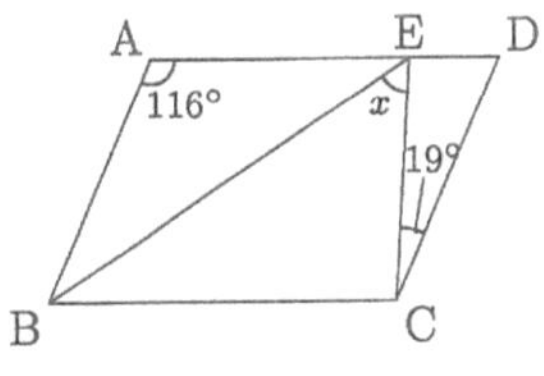

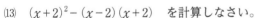

(12) 右の図のように，△ABCは直角三角形で，辺BC上に点Dがあり，∠BAD＝∠DACです。このとき，△ACDの面積を求めなさい。

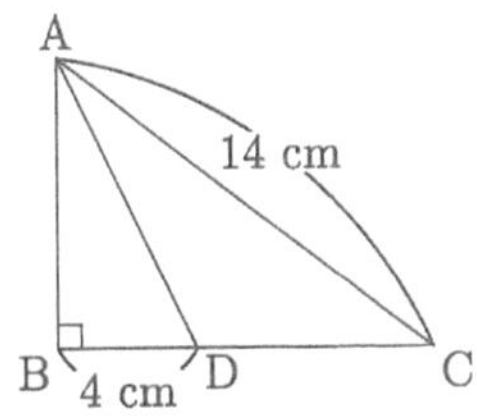

(13) $(x+2)^2-(x-2)(x+2)$ を計算しなさい。

(14) 600 を素因数分解しなさい。

(15) x^2+x-12 を因数分解しなさい。

(16) $\sqrt{170}$ を小数で表したときの整数部分の数を求めなさい。

(17) 2次方程式 $3x^2-24=0$ を解きなさい。

(18) 関数$y=-x^2$で，xの変域が$-2\leqq x\leqq 1$のときのyの変域を求めなさい。

2　右の図のように，放物線$y=ax^2$上に4点A，B，C，Dがあります。点Aの座標は$(-2,\ 8)$，点Bのx座標は-1，線分AD，BCはともにx軸に平行です。このとき，次の問いに答えなさい。

(1)　aの値を求めなさい。

(2)　四角形ABCDの面積を求めなさい。

(3)　点Bを通り，四角形ABCDの面積を2等分する直線の方程式を求めなさい。

(4)　線分AD，BCとy軸との交点をそれぞれ点E，Fとします。四角形ABFEをy軸を回転の軸として1回転させたときにできる回転体の体積を求めなさい。ただし，円周率をπとします。

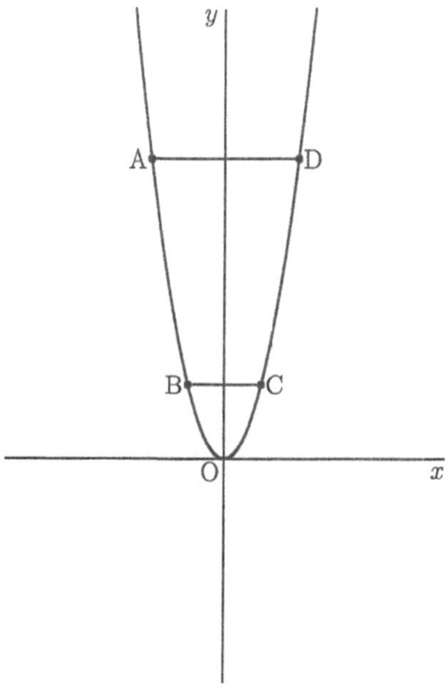

3　右の図は，立方体ABCD-EFGHと，その頂点を表す文字A～Hを1つずつ書いた8枚のカードです。このうち，たくろうさんはA～Dの4枚，ひとみさんはE～Hの4枚から，よくきってそれぞれ1枚ずつカードを取り出します。取り出した2枚のカードが表す頂点を結んだ直線について，次の問いに答えなさい。

(1)　カードの取り出し方は全部で何通りあるか求めなさい。

(2)　この直線が，平面ABCDに垂直になる確率を求めなさい。

(3)　この直線が，直線EFとねじれの位置になる確率を求めなさい。

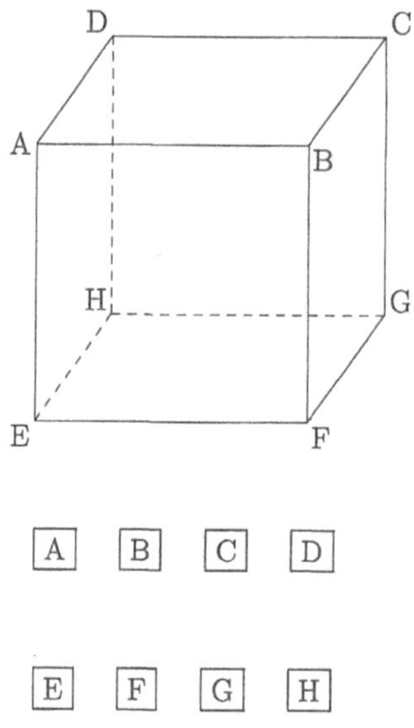

【英　語】（45分）〈満点：100点〉

1　次の英文を読み，設問に答えなさい。

Energy is amazing because we use it for everything in our *daily lives. Energy can work things, move things and start things, so we use many kinds of energy to live today. Energy is *everywhere and in everything, but we can't make energy, break it, or lose it. (ア)It just becomes a different type.

One type of energy is heat and every one of us (1)(use) it for many things in our lives. For example, we make our houses warm, cook food, and *boil water, with it. Sound and light are different types of energy and they travel (　A　) the air. We use sound to hear, to listen (　B　) music, and to talk on the phone. With light from the sun we can see during the day.

We use computers, *smartphones and other *devices every day, but how do most of them work? They need electricity, another kind of energy. (　C　) it, they can't work at all. Today, we can use (イ)it to make our homes warm, and even to run cars and buses! In addition, electricity gives us many different types of energy, such as heat, light, and sound. It is very important to us.

*Coal, oil and *gas are called fossil fuels, and ①we (1. of / 2. produce / 3. necessary / 4. much / 5. amount / 6. our) of energy, for example, heat and electricity, from them. Probably about seventy-five percent of all the energy necessary for us is made (　D　) them every day. One example of (ウ)them is *gasoline, and most cars still run on it. They are very useful but they also have problems. Some of (エ)them are *air pollution and greenhouse gases. To stop this, other *sources of energy should be (2)(use), and they have to produce no air pollution or greenhouse gases when we use (オ)them to make other types of energy.

There is another problem with fossil fuels and it is their amount. (カ)It is limited, so we *certainly won't be able (3)(use) them *forever. Now we have to start thinking (　E　) other energy sources than fossil fuels. How about sunlight, wind and water? If we use them, the problem will be solved because ②the amount *available is not limited. If we want to go to a place, most of us can walk, ride a bike or take a bus or a train there, and we can save much energy. In addition, if we turn off the lights when we don't need (キ)them, we can use a smaller amount of ③energy, too.

In the future, however, the number of people on earth will increase and we will need more energy to live. So, ④what will you do to save energy for the future?

注：*daily*：毎日の　*everywhere*：あらゆるところに　*boil*：～をわかす　*smartphone*：スマートフォン
device：装置　*coal*：石炭　*gas*：（気体の）ガス　*gasolins*：ガソリン　*air pollution*：大気汚染
source：源　*certainly*：間違いなく　*forever*：永久に　*available*：（前の名詞を修飾して）利用可能な

問1　下線部(ア)～(キ)が指すものを，それぞれ本文に沿って次の選択肢から選び，番号で答えなさい。

1. the lights　2. fossil fuels　3. their amount　4. other sources of energy
5. problems　6. energy　7. electricity

問2　空欄(A)～(E)に入る最も適切な語をそれぞれ次の選択肢から選び，番号で答えなさい。なお，同じ語は1度しか使えない。

1. without　2. about　3. through　4. to　5. from

問3　下線部(1)～(3)の語を適切な形にかえなさい。なお，答えは1語とは限らないので注意すること。

問4　次のa～dに必要なエネルギーを，それぞれ本文に沿って選択肢1～5から選び，番号で答えなさい。

a. 料理をする　　b. 何かを聞く　　c. 何かを見る　　d. コンピューターを使う

1. sound　　2. heat　　3. electricity　　4. gasoline　　5. light

問5　下線部①が「私達は必要とするエネルギー量の多くを生み出す」の意味になるように（　　）内の語を並べかえなさい。

問6　私達が使用する全エネルギーのうち，化石燃料が生み出すものが占めるおおよその割合を，本文に沿って答えなさい。

問7　下線部②は「何の量」を指していますか。本文に沿って日本語で答えなさい。

問8　下線部③は「何エネルギー」を指していますか。本文中から1語で抜き出しなさい。

問9　下線部④の質問に対して，あなた自身の考えを，10語以上の英語で答えなさい。

2　各組で下線部の発音が他と異なるものを1つ選び，番号で答えなさい。

	1	2	3	4
ア．	1. er<u>u</u>pt	2. s<u>u</u>mmer	3. m<u>u</u>sical	4. <u>u</u>nder
イ．	1. v<u>e</u>getable	2. y<u>e</u>t	3. c<u>e</u>ntury	4. sc<u>e</u>ne
ウ．	1. m<u>o</u>st	2. dr<u>o</u>p	3. cl<u>o</u>ck	4. r<u>o</u>ck
エ．	1. s<u>ea</u>t	2. alr<u>ea</u>dy	3. w<u>ea</u>k	4. <u>ea</u>st
オ．	1. v<u>i</u>llage	2. v<u>i</u>sitor	3. cont<u>i</u>nue	4. fl<u>i</u>ght

3　各文に対する応答として最も適切なものを，右の□から選び，番号で答えなさい。

ア．Can I have another cup of coffee, please?
イ．Thank you for the delicious dinner.
ウ．What's the matter?
エ．How long does it take to get to the station?
オ．How often have you visited Tokyo?

1. I have a headache.
2. Certainly.
3. You are welcome.
4. Four times.
5. About twenty minutes.

4　各文の（　　）内から最も適切な語(句)を選び，番号で答えなさい。

ア．Jiro and Saburo (1. play　2. plays　3. to play　4. playing) soccer.
イ．My father can (1. reading　2. to read　3. read　4. reads) Chinese.
ウ．(1. Are　2. Do　3. Does　4. Did) you call your mother this morning?
エ．My sister bought a present for (1. I　2. me　3. my　4. mine) last week.
オ．There (1. isn't　2. wasn't　3. aren't　4. weren't) any bananas on the table yesterday.
カ．Tokyo Station (1. is built　2. was built　3. builds　4. built) by Kingo Tatsuno in 1914.
キ．I told him (1. come　2. comes　3. to come　4. coming) at seven.
ク．That man (1. sits　2. sat　3. to sit　4. sitting) on the chair is my uncle.

ケ. A dictionary is used when we look (1. at 2. for 3. up 4. like) words.

コ. Stars come (1. out 2. from 3. on 4. in) at night.

5 各組の文がほぼ同じ意味になるように，(　　)に入る適切な語を1語ずつ答えなさい。

ア. My aunt went to India. She isn't here.
My aunt (1)(2) to India.

イ. He speaks so quickly that I can't understand him.
He speaks (1) quickly for me (2) understand.

ウ. Shiro is not as tall as Goro.
Goro is (1)(2) Shiro.

エ. My brother arrived at the airport at seven last night.
My brother (1)(2) the airport at seven last night.

オ. Taro likes baseball. Hanako likes baseball, too.
(1) Taro (2) Hanako like baseball.

6 各文の(　　)内の語を適切に並べかえたとき，(　　)内の2番目と5番目にくる語(句)の番号を答えなさい。

ア. They (1. meet 2. going 3. at 4. are 5. to 6. the station) at six tomorrow.

イ. I think (1. should 2. you 3. right 4. home 5. go 6. that) now.

ウ. We went to (1. yesterday 2. park 3. play 4. the 5. baseball 6. to).

エ. I (1. to 2. the guitar 3. don't 4. how 5. play 6. know).

オ. I (1. is 2. remember 3. not 4. when 5. Ichiro's birthday 6. do).

MEMO

大切なことはメモしておこうネ！

2021年度

札幌龍谷学園高等学校入試問題（未来創造コース）

【数　学】（45分）〈満点：100点〉

【注意】 定規・コンパス・分度器は使用してはいけません。

1 次の問いに答えなさい。

(1) $-3+(-3)$　を計算しなさい。

(2) $(x-4)-(2x-3)$　を計算しなさい。

(3) 1次方程式　$5x+21=2x$　を解きなさい。

(4) yはxに比例し，$x=2$のとき$y=-8$です。このとき，yをxの式で表しなさい。

(5) 底面積が$30\ \mathrm{cm}^2$，高さが$4\ \mathrm{cm}$の四角錐の体積を求めなさい。

(6) 中学校のあるクラスの生徒数38人を概数で40人と表すとき，誤差は何人か求めなさい。

(7) $3a\times(-ab)$　を計算しなさい。

(8) 連立方程式　$\begin{cases} x=2y+10 \\ 3x+y=9 \end{cases}$　を解きなさい。

(9) 点$(-2,\ 2)$を通り，傾きが-2の直線の式を求めなさい。

(10) 正五角形の1つの外角の大きさを求めなさい。

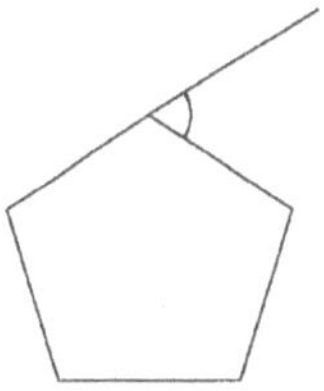

(11) 右の図で，四角形ABCDは平行四辺形です。AB＝ADのとき，$\angle x$の大きさを求めなさい。

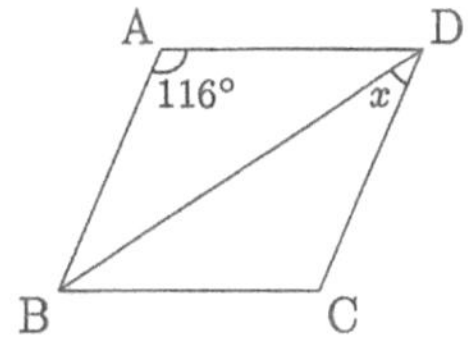

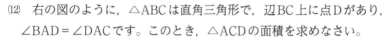

(12) 右の図のように，△ABCは直角三角形で，辺BC上に点Dがあり，∠BAD＝∠DACです。このとき，△ACDの面積を求めなさい。

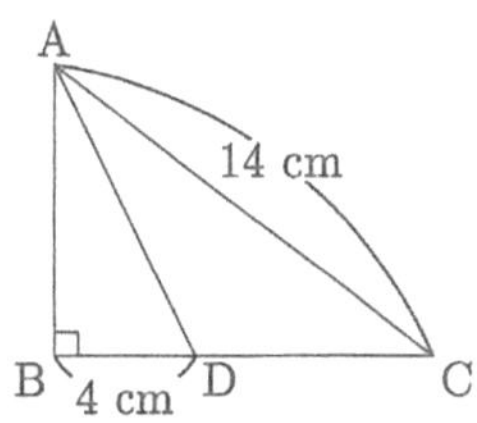

(13) $(x+2)(x-2)$　を展開しなさい。

(14) 600　を素因数分解しなさい。

(15) x^2+x-12　を因数分解しなさい。

(16) $3\sqrt{2}\times\sqrt{10}$　を計算しなさい。

(17) 2次方程式　$x^2-10=0$　を解きなさい。

(18) 関数$y=-x^2$で，xの変域が$-2\leqq x\leqq 1$のときのyの変域を求めなさい。

2　右の図のように，放物線$y=ax^2$上に4点A，B，C，Dがあります。点Aの座標は（－2，8）点Bのx座標は－1，線分AD，BCはともにx軸に平行です。このとき，次の問いに答えなさい。

(1)　aの値を求めなさい。

(2)　点Cの座標を求めなさい。

(3)　四角形ABCDの面積を求めなさい。

(4)　点Bを通り，四角形ABCDの面積を2等分する直線の方程式を求めなさい。

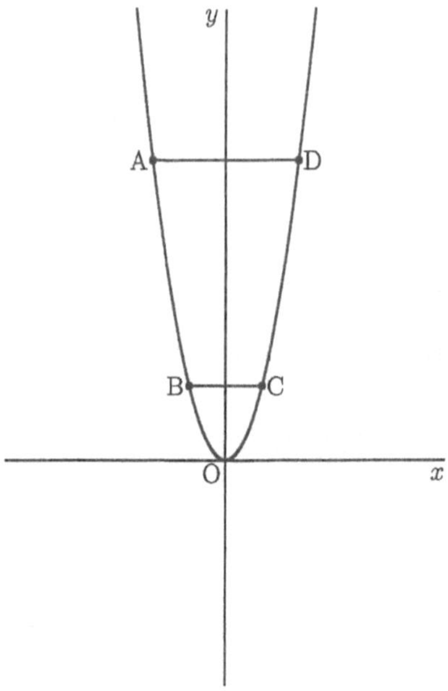

3　右の図は，立方体ABCD-EFGHと，その頂点を表す文字A～Hを1つずつ書いた8枚のカードです。このうち，たくろうさんはA～Dの4枚，ひとみさんはE～Hの4枚から，よくきってそれぞれ1枚ずつカードを取り出します。取り出した2枚のカードが表す頂点を結んだ直線について，次の問いに答えなさい。

(1)　カードの取り出し方は全部で何通りあるか求めなさい。

(2)　この直線が，平面ABCDに垂直になる確率を求めなさい。

(3)　この直線が，直線EFとねじれの位置になる確率を求めなさい。

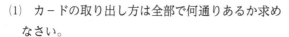

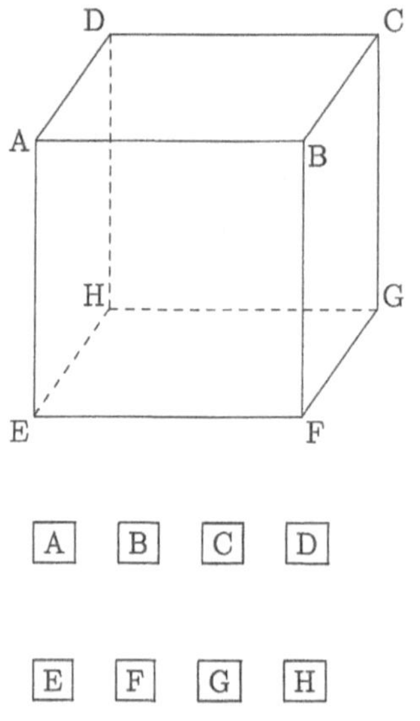

【英　語】（45分）〈満点：100点〉

1　次の英文を読み，設問に答えなさい。

One day, Bill and I made a plan to *kidnap a child and get a *ransom of ①two thousand *dollars. We chose a ten-year-old boy. His father's name was Mr. Smith, and he was very rich.

One evening we went to Mr. Smith's house, kidnapped the boy and took him to a mountain *hut. I went to the town again to buy food, but Bill and the boy stayed there. When I came back to the hut, I saw Bill and the boy（　A　）the fire. "I am a big and strong man! Call me Cowboy!" the boy shouted. Bill said to me, "We were *playing Cowboys. He is all right now, but ②I had a hard time with him when you were in the town." When we were eating dinner, I asked（ア）him, "③Hey, Cowboy,（ 1. go　/　2. would　/　3. you　/　4. to　/　5. like ）home?" "Not at all. I don't have any fun at home. Please don't take me home again!" the boy answered.

Early next morning, Bill shouted suddenly. When I saw him, the boy was sitting（　B　）Bill's back. In his hand, he had a large *stick. "Help! He is going to kill me!" Bill shouted. I took the stick from his hand and said to him, "If you are not going to be good, I'll take you home!" "I'll be good. Please, don't send me back home," the boy answered.

That night, Bill said to me, "Perhaps, the ransom should be one thousand five hundred *instead of two thousand. I don't think his father is going to pay two thousand dollars for a boy like him." I agreed（　C　）him. I sent a letter to his father and told him to pay ④the ransom for his son. Two days later, we got a letter（　D　）his father.（イ）It said, "Gentlemen, ⑤you asked（ 1. me　/　2. for　/　3. a ransom　/　4. pay　/　5. to ）my son, but I think it is too much. Bring him to my house safely and pay（ウ）me two hundred fifty dollars, then I will take him back." I was very surprised at the letter. I wanted to *refuse ⑥his offer, but Bill said, "Let's pay two hundred fifty dollars. I don't want to play with him *anymore."

Next day, we took the boy to the house. We gave Mr. Smith ⑦the money and said good-bye to the boy. The boy did not want Bill to go, so he shouted and *tried to catch Bill. Bill became afraid（　E　）him again. Bill asked Mr. Smith, "⑧How（　　　）can you *hold him?" "Well, ⑨I am not as strong as before, but I can promise you for about ten minutes." Mr. Smith answered. "⑩Ten minutes are enough!" Bill said and we got away from the house.

注：*kidnap*：～を誘拐する　*ransom*：身代金　*dollar(s)*：ドル　*hut*：小屋
play Cowboys：カウボーイ遊びをする　*stick*：棒　*instead of*：～の代わりに
refuse his offer：彼の申し出を断る　*anymore*：もうこれ以上　*tried to*：～しようとした
hold：～を捕まえておく

問１　下線部①を数字で表した場合，正しいものを次の選択肢から選び，記号で答えなさい。

ア．200　　イ．2,000　　ウ．20,000　　エ．200,000

問２　(A)～(E)に入る最も適切な語をそれぞれ次の選択肢から選び，番号で答えなさい。

1. of　　2. with　　3. on　　4. by　　5. from

問3　下線部②の内容として，文脈から判断して最も適切なものを次の選択肢から選び，番号で答えなさい。

1. 少年は具合が悪く，世話をするのが大変だった。
2. 少年は乱暴者で，世話をするのが大変だった。
3. 少年は家に帰りたいと泣いて，世話が大変だった。
4. 少年は一生懸命逃げようとするので，世話が大変だった。

問4　下線部(ア)～(ウ)が指すものをそれぞれ次の選択肢から選び，番号で答えなさい。

1. the boy　　2. a letter　　3. Mr. Smith　　4. Bill　　5. ransom

問5　下線部③，⑤の(　　)内の語句を並べかえて，次の日本文を表す英文を完成し，番号で答えなさい。

③「おい，カウボーイ，家に帰りたいか」

⑤「君達は私に息子のために身代金を払うよう頼んだ」

問6　下線部④，⑦の金額をそれぞれ次の選択肢から選び，番号で答えなさい。

1. $250　　2. $1,500　　3. $2,000　　4. $2,500

問7　下線部⑥の内容として最も適切なものを次の選択肢から選び，番号で答えなさい。

1. 身代金を払うので，息子を安全に返してもらいたい。
2. 身代金の金額を下げてもらいたい。
3. 息子を引き取る代わりにお金を受け取りたい。
4. 身代金を払わずに息子を取り戻したい。

問8　下線部⑧の(　　)に当てはまる英語を1語答えなさい。

問9　下線部⑨を日本語にしなさい。

問10　下線部⑩のten minutesとは，何のための時間ですか。最も適切なものを次の選択肢から選び，番号で答えなさい。

1. ビルと私が少年の家に着くまでにかかる時間。
2. ビルと私が少年の家で少年に別れを告げるための時間。
3. ビルと私が少年の父親から金を受け取るための時間。
4. ビルと私が少年の家から逃げ出すための時間。

問11　下の英文で，本文の内容に合うものは○で，合わないものは×で答えなさい。

1. The boy didn't like his home.
2. Both Bill and the boy enjoyed playing Cowboys together.
3. Mr. Smith thought the ransom was very cheap.
4. Bill and I could get money from Mr. Smith.

2　各組で下線部の発音が他と異なるものを1つ選び，番号で答えなさい。

ア．1. choose　2. roof　3. wood　4. moon　5. food

イ．1. bird　2. girl　3. heard　4. word　5. park

ウ．1. open　2. bought　3. blow　4. boat　5. home

エ．1. sun　2. touch　3. Monday　4. cute　5. lunch

オ．1. breakfast　2. cake　3. wait　4. same　5. great

3 各文の(　　)内から最も適切な語(句)を選び，番号で答えなさい。

ア．She (1. isn't　2. wasn't　3. doesn't) speak English well.

イ．The boy (1. stand　2. standing　3. stood) over there is my brother.

ウ．English is (1. speak　2. spoke　3. spoken) in Australia.

エ．Have you ever (1. been　2. were　3. are) to Kyoto?

オ．I want (1. be　2. to be　3. being) an English teacher in the future.

カ．I didn't buy the guitar (1. because　2. but　3. before) I didn't have enough money.

キ．Is there (1. many　2. any　3. few) water in that bottle?

ク．The picture (1. in　2. at　3. on) the wall of your room is beautiful.

ケ．I always enjoy (1. playing　2. to play　3. play) soccer after school.

コ．This is a smart phone (1. makes　2. made　3. making) in China.

4 日本文に合うように，(　　)内の語を並べかえ番号で答えなさい。なお，文頭に来る語も小文字にしてあるので，注意すること。

ア．私はまだ宿題を終えていません。
(1. homework　2. haven't　3. my　4. I　5. finished) yet.

イ．朝食に何を食べましたか。
(1. did　2. have　3. what　4. for　5. you) breakfast?

ウ．あなたは自分の部屋で映画を観ていましたか。
Were (1. movie　2. in　3. the　4. watching　5. you) your room?

エ．私は彼の仕事がいつ終わるのかわからない。
I don't (1. he　2. when　3. know　4. finish　5. will) his work.

5 各組の文がほぼ同じ意味になるように，(　　)に入る適切な語を1語ずつ答えなさい。

ア．A week has seven days.
(1)(2) seven days in a week.

イ．Studying math is difficult for me.
It is difficult for me (3)(4) math.

ウ．We will stay in Okinawa for two weeks.
We (5)(6) to stay in Okinawa for two weeks.

エ．Matt is taller than his brothers.
Matt is the (7)(8) his brothers.

オ．Jimmy must take medicine every day.
Jimmy (9)(10) take medicine every day.

カ．Your watch is not as good as mine.
My watch is (11)(12) yours.

MEMO

大切なことはメモしておこうネ!

スーパー特進
特　進

2021年度

解　答　と　解　説

《2021年度の配点は解答欄に掲載してあります。》

<数学解答>

1 (1) -1 (2) $x+2$ (3) $x=10$ (4) 20% (5) $36+12\pi$
(6) 3.20×10^4 (7) $-8y^5$ (8) 39 (9) $y=\frac{1}{2}x+3$ (10) 19
(11) 51 (12) 26 (13) $4x+8$ (14) 35 (15) $(a-b)(x-y)$
(16) 13 (17) $\pm2\sqrt{2}$ (18) -6

2 (1) $a=2$ (2) 18 (3) $y=3x+5$ (4) 14π

3 (1) 16 (2) $\frac{1}{2}$ (3) 8

○配点○
各4点×25　　計100点

<数学解説>

1 (数・式の計算，1次方程式，反比例，おうぎ形，有効数字，方程式の応用，直線の式，角度，合同，面積，因数分解，平方根，2次方程式，変化の割合)

基本 (1) $-\frac{3}{4}-\left(\frac{1}{2}\right)^2=-\frac{3}{4}-\frac{1}{4}=-\frac{4}{4}=-1$

(2) $\frac{-(x-12)-2(-2x+3)}{3}=\frac{-x+12+4x-6}{3}=\frac{3x+6}{3}=x+2$

(3) $(x+2):(x-2)=3:2$　$3(x-2)=2(x+2)$　$3x-6=2x+4$　$x=10$

(4) yがxに反比例するので，比例定数をaとすると$xy=a$と表すことができる。$x=p$のとき$y=q$とすると$pq=a$　xの値を25%増加させると$x=p\times1.25p=\frac{5}{4}p$となるので，$\frac{5}{4}py=a=pq$
$\frac{5}{4}y=q$　$y=\frac{4}{5}q=0.8q$　となり，yの値は20%減少する。

(5) おうぎ形の半径をrとすると，$2\pi r\times\frac{120}{360}=12\pi$　両辺を2πでわると，$r\times\frac{1}{3}=6$　$r=18$
周りの長さは$18\times2+12\pi=36+12\pi$ cm

(6) 32000km$=3.20\times10^4$km

(7) $12xy^4\div(-3x)\times2y=-\frac{12xy^4\times2y}{3x}=-\frac{12\times2\times xy^5}{3x}=-8y^5$

(8) 十の位の数をx，一の位の数をyとすると，もとの自然数は$10x+y$，十の位と一の位の数を入れかえてできる自然数は$10y+x$と表すことができる。$x+y=12$…①　$10y+x=10x+y+54$
$9y-9x=54$　$y-x=6$…②　①+②より，$2y=18$　$y=9$　これを①に代入して，$x+9=12$　$x=3$　したがって，もとの自然数は39

(9) 平行な直線は傾きが等しいので，求める直線の式は$y=\frac{1}{2}x+b$と表すことができる。

(−2, 2)を通ることから　$2=-1+b$　$b=3$　よって，$y=\frac{1}{2}x+3$

(10) 正五角形は内角の和が180×(5−2)=540なので，1つの内角=540÷5=108　∠BAE=108なので，∠OAB=180−55−108=17　大きい方の∠ABC=360−108=252　∠BCD=108なので，∠OCB=180−108=72　四角形OABCの内角について$x+17+252+72=360$より，$\angle x=19$

(11) 平行四辺形は対角が等しいので∠BCD=∠BAD=116　∠BCE=∠BAD−∠ECD=116−19=97　△ABEはAB=AEの二等辺三角形なので底角は等しく，∠AEB=(180−116)÷2=32　AD∥BCより錯角は等しいので，∠CBE=∠AEB=32　△EBCの内角について，$\angle x$+∠CBE+∠BCE=180　$\angle x+32+97=180$　$\angle x=51$

やや難 (12) △ABDはAB=ADの二等辺三角形なので，AからBDに垂線をおろすと，垂線はBDを二等分する。垂線とBDの交点をHとすると，∠AHD=90，DH=BH$\left(=\frac{1}{2}\times8=4\right)$となる。さらに，∠AHB≡△AHDであり，仮定より∠HAD=∠HAB=∠CADである。DからACに垂線をおろし，ACとの交点をIとする。∠HAD=∠IAD，∠AHD=∠AID=90，AD=ADより，直角三角形の斜辺と1鋭角が等しいので，△AHD≡△AID　合同な図形の対応する辺は等しいので，DI=DH=4　△ACD=$\frac{1}{2}$×AC×DI=$\frac{1}{2}\times13\times4=26$(cm^2)

基本 (13) $(x+2)^2-(x-2)(x+2)=x^2+4x+4-(x^2-4)=x^2+4x+4-x^2+4=4x+8$

(14) $1225=5^2\times7^2=(5\times7)^2=35^2$

(15) $a-b=A$とおくと　$(a-b)x-(a-b)y=Ax-Ay=A(x-y)=(a-b)(x-y)$

(16) 169<170<196より，　$\sqrt{169}<\sqrt{170}<\sqrt{196}$　$13<\sqrt{170}<14$　よって，$\sqrt{170}$の整数部分は13

(17) $3x^2-24=0$　両辺を3でわると，$x^2-8=0$　$x^2=8$　$x=\pm2\sqrt{2}$

(18) $y=-x^2$について$x=2$のとき$y=-2^2=-4$　$x=4$のとき$y=-4^2=-16$　変化の割合=$\frac{-16-(-4)}{4-2}=\frac{-12}{2}=-6$

[2] (関数とグラフ・図形の融合問題，回転体の体積)

(1) A(−2, 8)が$y=ax^2$上の点なので，$a\times(-2)^2=8$　$a=2$

(2) Dはy軸に関してAと対称な点になるので，D(2, 8)　Bは$y=2x^2$上の点で$x=-1$なのでB(−1, 2)　Cはy軸に関してBと対称な点になるので，C(1, 2)　四角形ABCDは等脚台形であり，その面積は(4+2)×(8−2)÷2=18

重要 (3) 求める直線はADと交わるので，その交点をPとする。△APB=$18\times\frac{1}{2}=9$となればよい。

△APB=$\frac{1}{2}$×AP×6=9　AP=3より，P(1, 8)となる。求める直線の式を$y=mx+n$とおくとBを通ることから$-m+n=2$…①　Pを通ることから$m+n=8$…②　①+②より，$2n=10$　$n=5$　これを②に代入して，$m+5=8$　$m=3$　$y=3x+5$

(4) ABの延長とDCの延長はy軸上で交わるのでその交点をQとする。直線ABの式を$y=mx+n$とおくと，Aを通ることから$-2m+n=8$…③　Bを通ることから$-m+n=2$…④　④−③より，$m=-6$　これを④に代入して，$6+n=2$　$n=-4$　よって，$y=-6x-4$より，Q(0,

−4)　体積を求める回転体は，△QAEを回転させてできる円錐から△QBFを回転させてできる円錐をひいたものである。よって，$2^2\times\pi\times12\times\frac{1}{3}-1^2\times\pi\times6\times\frac{1}{3}=16\pi-2\pi=14\pi$

[3]　**(図形と確率，場合の数)**

(1)　たくろうさんの取り出し方は4通り，ひとみさんの取り出し方は4通りあるので，4×4＝16(通り)

やや難　(2)　EFとねじれの位置になるのは，AG，AH，BG，BH，CH，CG，DG，DHの8本になるので，その確率は$\frac{8}{16}=\frac{1}{2}$

重要　(3)　正三角形ができるのは，3本の直線がいずれも正方形の対角線になるときで，△ACF，△ACH，△BDE，△BDG，△EGB，△EGD，△FHA，△FHCの8個

★ワンポイントアドバイス★

45分で小問25題は少し忙しく感じるかもしれない。[1]は基本的な問題が中心ではあるが，解きにくい問題もあるので，上手に問題を選んでスムーズに解答していきたい。過去問演習を通して，時間配分を上手にできるよう慣れておこう。

＜英語解答＞

[1]　問1　handle　問2　water　問3　③　465132　⑧　362451　⑪　514263
問4　a water dispenser　問5　pure drinking water　問6　(給水器を買った店から)別な[もう一つの]水の容器を(を買うこと)　問7　5ガロン[19リットル]
問8　clients　問9　2　問10　ア　3　イ　2　ウ　5　エ　4　オ　1
問11　a water dispenser　問12　bottled
問13　ア　×　イ　○　ウ　×　エ　×　オ　○

[2]　ア　2　イ　1　ウ　3　エ　5

[3]　ア　4　イ　5　ウ　1　エ　2

[4]　ア　1　イ　3　ウ　5　エ　4　オ　2　カ　3　キ　3

[5]　((1)，(2)の順)　ア　good，player　イ　made，excited　ウ　to，do
エ　has，been　オ　better，than

[6]　(3番目，6番目の順)　ア　6，1　イ　4，2　ウ　1，3　エ　4，5　オ　5，7

○配点○

[1]　問5・問6・問8・問12　各3点×4　他　各2点×19(問3各完答)

[2]～[6]　各2点×25([5]・[6]各完答)　計100点

＜英語解説＞

[1]　**(長文読解問題・物語文：指示語，語句整序，内容吟味，語句補充)**

(全訳)　ある週末，メアリーと彼女のパートナーのデイビッドはウォルマートで一緒に買い物に行きました。彼らが店を見回していると，メアリーは何かを見つけ，突然デビッドに「オフィスに

給水器が必要だわ。」と言いました。「何？　どういう意味？」デイビッドは尋ねました。「知らないの？　わかったわ。それについて話すわね。それは機械で，純粋な飲料水を提供するの。大きな5ガロンの水差しをその中にセットして，それだけ。その後，冷たい水が必要な場合は青いハンドルを使って，赤い①ハンドルでお湯を飲むこともできるのよ。これは非常に簡単で便利よ。」とメアリーは言いました。「本当に必要なの？」デビッドは尋ねました。「君はすでにオフィスに水を持っているよね。客に冷たい水を出したい場合は，オフィスの冷蔵庫で②それを冷たくすることができるよ。そこにはコーヒーメーカーもあるよね。③だから君が客に熱い湯を提供するときにはそれを使うことができるよ。君が④それを今すぐ買う必要があるとは思わないな。」と彼は言いました。「ボトル入りの水を買ったらどうなの？」

彼女は彼の反応に腹を立てているように見えましたが，彼は話し続けました。「⑤水がなくなったら，毎月その店から別の水差しを購入する必要があるよね。⑥それは月に30ドルかかるよ。君が毎月⑦それほど多くの水を使うとは思わないな！　⑧1か月に何人の客を獲得できるかがわかるまで，数か月待たないかい？　⑨十分になったら，給水器が必要になるよね。今すぐ購入する必要はないよ。」

彼は彼女に給水器を買うべきではない⑩理由を言い続けました。「君の車のトランクは小さすぎるから，給水器は(ア)トランクに収まらないし，(イ)給水器は後部座席にも収まらないよ。」そして最後に，「これでこの議論は終わりだ！」⑪お互いに何も言わずに，彼らはウォルマートをメアリーの車で去りました。すぐにデイビッドの家に到着しました。彼が(ウ)車から降りた後，彼女は止まってしばらくの間考えました。それから彼女は急にエンジンをかけ，ウォルマートに車で戻りました。彼女は急いで給水器に向かい，店員さんに「1つもらうわ！」と言いました。その機械の箱はメアリーと同じくらい大きかったのですが，彼女は(エ)箱をカートに積んで，車に持って行き，多大な労力を費やしてトランクに入れました。彼女はとても幸せに感じ，それを持って自分のオフィスに戻りました。

その夜，デイビッドが彼女に電話したとき，彼は「君はウォルマートに戻ってあれを買わなかったよね？」と尋ねました。「もちろん買わないわ！」彼女は彼に言いました。「本当に？」「そうよ！」彼女は答えました。「わかった，ぼくは君を信じるよ。」と彼は言って電話を切りました。

翌朝，デイビッドはいつもより早く彼女のオフィスに来て，そこで⑫その物を見つけました。それはとても新しく見えました！　しばらくして，メアリーは(オ)彼女のオフィスに来ました。彼は，「これは何，メアリー？　それは給水器だよね？」と尋ねました。メアリーはとても驚いたように見えましたが，すぐに「いいえ，それは大きな⑬ボトル入りの水よ！　あなたが私にいくつか買うように言ったのよ！」と言いました。

問1　直前にある the blue handle の handle を指している。

問2　直前にある cold water の water を指している。

問3　③　不定詞の副詞的用法は「～するために」という意味で目的を表す。

⑧　間接疑問文なので，〈疑問詞＋主語＋動詞〉の形になる。

⑪　〈without ~ing〉で「～することなしに」という意味を表す。

問4　デイビッドはメアリーが給水器を買うことに反対している。

問5　給水器から得られるのはどのようなものであるかがわかる言葉を探す。3語でという限定があるので，「純粋な飲料水」がふさわしい。

問6　直前にある to buy another jug を指している。

問7　第1段落に，給水器につける水差しは「5ガロンの水差し」だとある。

問8　直前に，「1か月に何人の客を獲得できるかがわかるまで」とあるので，客の数を問題にしていることがわかる。

問9　デイビッドはメアリーが給水器を買うべきでないと思う「理由」を長く話している。

問10　和訳参照。

問11　メアリーがウォルマートに戻って買った給水器を指している。

問12　第1段落でデイビッドはメアリーに「ボトル入りの水を買ったらどうなの？」と言っている。

重要　問13　ア 「メアリーとデイビッドは給水器を買うためにウォルマートへ行った。」 デイビッドは反対しているので，誤り。　イ 「デイビッドは，メアリーが客のために給水器を買うべきだと思わなかった。」 デイビッドは反対しているので，正しい。　ウ 「デイビッドはメアリーのために給水器を買うためにウォルマートへ戻った。」 戻ったのはメアリーなので，誤り。　エ 「メアリーはなんとかして給水器を車で彼女の家に持って行った。」 メアリーは給水器をオフィスに持って行ったので，誤り。　オ 「メアリーはとうとう給水器を手に入れることができたので，とてもうれしかった。」「彼女はとても幸せに感じ」とあるので，正しい。

2 (発音問題)

ア　1 [máuθ]　2 [təgéðər]　3 [θáuzn(d)]　4 [θə:rti]　5 [klɔθ]

イ　1 [tɔ:ks]　2 [pléiz]　3 [bríŋz]　4 [swimz]　5 [tə́:rnz]

ウ　1 [dáiəri]　2 [kláimət]　3 [vílidʒ]　4 [báisikl]　5 [bisáid]

エ　1 [ri:tʃ]　2 [í:vniŋ]　3 [í:vn]　4 [mí:tər]　5 [éntər]

3 (会話文問題：適文選択)

ア 「コトニに着くにはどの線に乗るべきですか。」 4 「2番線乗り場から出る電車に乗りなさい。」

イ 「明日ここに来ませんか。」 5 「わかりました。その時に会いましょう。」

ウ 「サムをお願いします。」 1 「すみませんが，電話をお間違えです。」

エ 「今それを始めねばなりませんか。」 2 「いいえ，その必要はありません。」

4 (語句選択問題：形容詞，代名詞，前置詞，受動態，不定詞，動詞)

ア 「私はそのコンサートのチケットを数枚持っています。」〈a few ～〉で「少しの～，少数の～」という意味を表す。2，3，5は数えられるものには使えない。4はふつう肯定文では使わない。

イ 「今夜は雨が降るだろう。」「雨が降る」と表すときは，It rains とする。

基本　ウ 「彼らは日曜日には授業がない。」「～曜日に」と表す時は on を使う。

エ 「その国では何語が話されますか。」 受動態の文なので〈be動詞＋過去分詞〉という形にする。

オ 「私はボブに買い物に行ってほしいです。」〈want A to ～〉で「Aに～してほしい」という意味を表す。

カ 「私たちのほとんどがそのミュージシャンの名前を知っています。」 前置詞の目的語として代名詞を置く時には目的格にする。

キ 「アレックスは5年前に3か月間日本に住みました。」 ago は過去の時制を表す。

5 (書き換え問題：名詞，SVOC，不定詞，現在完了，比較)

ア 「サリーは上手にテニスをします。」→「サリーはよいテニスの選手です。」〈play ～ well〉は〈a good player of ～〉で書き替えることができる。

イ 「チャーリーはその映画を見たとき，興奮しました。」→「その映画はチャーリーを興奮させました。」〈make A B〉で「AをBにする」という意味になる。

ウ 「私には宿題が多くあります。それを今しなければなりません。」→「私は今しなければならない宿題が多くあります。」 不定詞の形容詞的用法は「～するべき」という意味を表す。

エ 「ブラウンさんは2週間前に大阪に来て，今もそこにいます。」→「ブラウンさんは2週間ずっと大阪にいます。」〈have been in ~〉で「~にずっといる」という意味になる。

基本 オ 「マイクはサムほど上手にギターを弾けません。」→「サムはマイクより上手にギターを弾けます。」 well の比較級は better である。

6 **(語句整序問題:不定詞, 間接疑問文, 接続詞)**

ア (My mother) showed me how to cook the food(.) 「私の母は私のその食べ物の調理の仕方を教えてくれました。」〈how to ~〉で「~する方法(仕方)」という意味を表す。

イ (It was) hard for them to travel abroad at (that time.) 「その時外国旅行をすることは彼らには難しかったです。」〈it is ~ for S to …〉で「Sが…することは~である」という意味になる。

ウ (I) don't remember what time we should leave (here.) 「私たちが何時にここを出発するべきか私は覚えていません。」 間接疑問文なので,〈疑問詞+主語+動詞〉の形になる。

エ (Could you) help me if you have nothing to (do now.) 「もし今何もすることがなかったら, 私を手伝ってくれませんか。」〈nothing to ~〉で「何も~するべきものがない」という意味になる。

オ (The car) was so expensive that she couldn't buy (it.) 「その車はとても高かったので, 彼女はそれを買えませんでした。」〈so ~ that S can't …〉で「とても~なのでSは…できない」という意味になる。

★ワンポイントアドバイス★

6のオでは,〈so ~ that S can't …〉が使われているが, これは〈too ~ to …〉(…するには~すぎる)を使って書き換えられることを確認しておこう。この文を書き換えると The car was too expensive for her to buy. となる。

<理科解答>

1 問1 (1) 20N (2) 280N (3) 式 X=280+50 答 330N
問2 (1) オ (2) ① NH_3 ② 青色 ③ 空気より軽い/水によく溶ける
問3 (1) ① イ ② イ (2) A 目 B せきずい
問4 (1) 露点 (2) 6℃ (3) 7.56g

2 問1 イ 問2 図2のA→図2のB→図1のB→図1のA 問3 140W 問4 4800J
問5 電球A 100Ω 電球B 250Ω
問6 $100 \div 350 = \frac{2}{7}$A $100 \times \frac{2}{7} = 28.57\cdots \fallingdotseq 28.6$ 答 28.6W

3 問1 a 問2 8.5 問3 金属 DとE 理由 f
問4 ア 水銀 イ アルミニウム ウ A 問5 $2Cu + O_2 \rightarrow 2CuO$

4 問1 ア 211 イ 223 ウ 222 問2 222, 223
問3 5番目 ウズラ 10番目 ニホンザル 問4 誤差
問5 210300個 問6 ア

5 問1 柱状図 問2 示相化石 問3 右図 問4 (2)
問5 (5) 問6 (3)

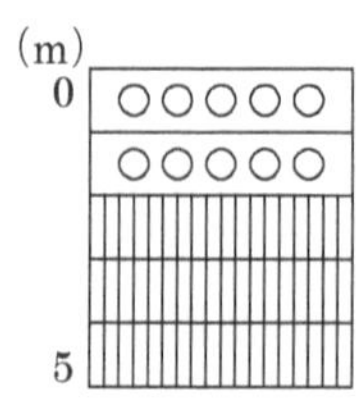

○配点○
1 問1(3)，問3(1)，問4(2)・(3) 各2点×4(問3(1)完答) 問3(2) 3点(完答)
他 各1点×9 2 問1，問2，問3，問6答 各2点×4 他 各3点×4
3 問1，問2 各3点×2 問5 4点 他 各2点×5
4 問4，問5 各3点×2 他 各2点×7
5 問3，問6 各4点×2 他 各3点×4 計100点

<理科解説>

1 (小問集合―浮力，アンモニア，メダカ，乾湿計)

重要 問1 (1) 物体に働く浮力の大きさは，物体が押しのけた水の示す重力に相当する。20Nの水があふれ出たので，浮力も20Nである。

(2) 300Nの水から20Nがあふれ出たので，280Nの重さになる。

(3) 280Nの水と50Nの金属のおもりの重さが台ばかりにかかるので，330Nの重さになる。このとき金属には20Nの浮力が上向きにかかるが，水が物体を押すのと同じ大きさの力で金属が水を押すので，台ばかりにかかる力の大きさは330Nになる。

重要 問2 (1) 水の沸点と水溶液の沸点を比較すると，水溶液の沸点の方が高くなる。このときの沸点の差は水溶液の濃度に比例する。固体から液体への変化を融解という。一般的には，固体から液体に変化すると体積が増加するが，水の場合氷が水にかわると体積は減少する。

(2) ① アンモニアの分子式はNH_3である。 ② アンモニア水はアルカリ性である。BTB溶液はアルカリ性では青色を示す。 ③ アンモニアは空気より軽い気体であり，水に非常によく溶けるので上方置換法で捕集する。

問3 (1) ① メダカは水流に逆らって泳ぐので，右回りに水を回すと左回りに泳ぐ。

② メダカは自分の位置を保つために，縞模様の動きに合わせて同じ方向に泳ぐ。

(2) メダカは周囲の変化を目で感じ取っている。目から入った刺激は神経を通して脳やせきずいに伝えられ，そこからの命令で体を動かす。

重要 問4 (1) このときの温度を露点という。

(2) 表より，乾球の温度が9℃で湿度が60%なので，乾球と湿球の温度差が3.0℃になる。よって湿球の温度は9－3＝6℃になる。

(3) このときの湿度は表より70%と読み取れる。12℃の空気中に含まれていた水蒸気量をxgとすると，$\frac{x}{10.8}\times 100=70$ $x=7.56$gになる。

2 (電力と熱―電力と発熱量)

基本 問1 電球Aの方が電力が大きいので明るい。電力(W)＝電流(A)×電圧(V)より，100Vの電圧をかけると100Wの電球Aにより大きな電流が流れる。

重要 問2 図2では，それぞれの電球に100Vの電圧がかかるので，Aの方がBより明るい。図1ではA，Bにかかる電圧が100Vより小さくなり，かつBの抵抗の方がAより大きいので，Bの方が消費電力が大きく明るい。よって明るい順に，図2のA→図2のB→図1のB→図1のAとなる。

問3 図2ではそれぞれの電球に100Vの電圧がかかるので，回路全体で消費される電力は100＋40＝140(W)になる。

重要 問4 電球Aの消費電力が100Wであり，その80%が熱に変わる。発熱量(J)＝電力(W)×時間(秒)より，100×0.8×60＝4800(J)である。

問5　電力(W)＝電圧(V)×電流(A)＝電圧(V)×電圧(V)÷抵抗(Ω)なので，電球Aの抵抗は100×100÷100＝100(Ω)　電球Bの抵抗は100×100÷40＝250(Ω)になる。

問6　回路全体の抵抗の大きさは100＋250＝350(Ω)であり，回路を流れる電流の大きさは100÷350＝$\frac{2}{7}$(A)になる。よって消費電力は100×$\frac{2}{7}$＝28.57…≒28.6(W)になる。

3　(物質とその変化―密度)

基本　問1　4つの金属のうち，磁石にくっつくのは鉄だけである。

問2　メスシリンダーの目盛りは，下にふくらんだ部分の目盛りを読み取る。図より，8.5mLとなる。

重要　問3　密度＝質量÷体積であり，同じ金属であれば密度が等しくなる。DとEの密度がともに7.8g/cm^{3}になる。

問4　常温で液体の金属は水銀のみである。飲料の缶や1円硬貨に使われている金属はアルミニウムである。表3より，金属Aの密度が2.7g/cm^{3}になる。

重要　問5　銅が酸化されるときの反応式は次の通りである。$2Cu+O_2 \rightarrow 2CuO$　生じる酸化銅は黒色である。

4　(動物の種類とその生活―動物の分類)

基本　問1　ア　ビワコオオナマズは魚類である。魚類は背骨があり，エラで呼吸し，殻のない卵を産む。番号は211である。　イ　エゾナキウサギは哺乳類であり，背骨があり，肺呼吸をし胎生である。番号は223　ウ　リュウキュウヤマガメはハ虫類であり，背骨があり，肺呼吸をし殻のある卵を産む。番号は222

基本　問2　恒温動物は鳥類と哺乳類である。鳥類は222，哺乳類は223である。

問3　12種類の動物を番号の小さい順に並べると，アメリカザリガニ(111)，スルメイカ(111)，ゲンゴロウブナ(211)，ビワコオオナマズ(211)，ウズラ(222)，ニホンカナヘビ(222)，ヤンバルクイナ(222)，リュウキュウヤマガメ(222)，エゾナキウサギ(223)，ニホンザル(223)，トノサマガエル(231)，ハコネサンショウウオ(231)。このうち5番目はウズラ，10番目はニホンザルである。

問4　多くのデータを得ることで，誤差が少なくなる。

問5　小片a～cの平均値は，(690＋715＋698)÷3＝701になる。120.0g中に含まれる卵の数は，701×(120.0÷0.4)＝210300(個)である。

重要　問6　魚の卵や稚魚は他の生物に食べられることが多いので，成魚になれる数が非常に少ない。そのため産卵数が多い。

5　(地層と岩石―柱状図)

基本　問1　ある地点の地層を柱のように表した図を，柱状図という。

基本　問2　その地層ができたころの環境を示す化石を示相化石という。その地層ができた年代を決定するカギとなる化石を示準化石という。

重要　問3　ウの地点の標高が35mなので，イの地点の柱状図の0m地点から5m下の部分がウでは地表面に出ている。ここから5m下までの地層を答える。

基本　問4　凝灰岩が堆積したので，火山の噴火があったと推定される。

基本　問5　粒の大きい岩石から下に堆積していく。下から，小石→砂→泥の順になる。

問6　石灰岩の主成分は炭酸カルシウムであり，チャートの主成分は二酸化ケイ素である。石灰岩はやわらかい岩石で，塩酸をかけると二酸化炭素が発生する。(1)，(2)，(4)の記述は，石灰岩とチャートの説明が逆になっている。

★ワンポイントアドバイス★

標準的なレベルの問題であり，理科全般のしっかりとした幅広い知識が求められる。

＜社会解答＞

1 問1 エ　問2 (1) ③　(2) A ア　B イ　C エ　D ウ　問3 イ
問4 エ

2 問1 (1) ア 仏教　イ イスラーム　ウ キリスト教　(2) ウ　(3) ポルトガルとスペインが植民地にしたため宗主国のキリスト教を信仰している人が多い
問2 (1) ヒンドゥー教　(2) ユダヤ教

3 問1 ウ　問2 フォッサマグナ　問3 火砕流　問4 土石流

4 問1 米　問2 茶　問3 中国　問4 (1) プランテーション農業　(2) カカオ
問5 バイオエタノール

5 縄文時代の狩猟・漁労・採集経済から弥生時代の生産経済に移行した

6 問1 (首相) 吉田茂　(都市) サンフランシスコ　問2 安保闘争
問3 PKO協力法　問4 a Ⅲ　b Ⅰ

7 問1 大航海時代　問2 ウ　問3 銀　問4 南蛮屏風

8 問1 1 ドイツ[プロイセン]　2 内閣総理大臣　問2 岩倉使節団　問3 韓国併合
問4 安重根

9 問1 イ　問2 第一次世界大戦により，英・仏・露などの連合軍に軍需品，ヨーロッパ列強が後退したアジア市場には綿織物などを戦争景気のアメリカ市場には生糸などを輸出し大幅な輸出超過となった。　問3 ア　問4 ウ　問5 世界恐慌

10 問1 (1) EU　(2) ア　(3) 地域主義[リージョナリズム]
問2 A 国連環境開発会議[地球サミット]　B 京都議定書　C パリ協定
問3 (1) 金の卵　(2) ウ　問4 (1) 社会保険，公的扶助，社会福祉，公衆衛生
(2) 介護保険制度　(3) ノーマライゼーション　(4) 合計特殊出生率
問5 イ，エ

○推定配点○

1 各1点×8　**2** 問1(3) 5点　他 各1点×6
3 問1 1点　他 各2点×3　**4** 問4 各1点×2　他 各2点×4
5 5点　**6** 問1・問4 各1点×4　他 各2点×2
7 問2 1点　他 各2点×3　**8** 問1 各1点×2　他 各2点×3
9 問2 8点　問5 2点　他 各1点×3
10 問1・問3・問4(1) 各1点×9　他 各2点×7(問5は完答)　計100点

＜社会解説＞

1 (日本の地理―地理情報システム・北海道の自然など)

問1 様々な地理情報をコンピューターグラフィックで地図化，都市計画や防災などに利用。

重要 問2 (1) 洞爺湖は火山が陥没したあとにできたカルデラ湖。 (2) A 石狩川下流の平野。 B 寒冷地であるが稲作の盛んな平野。 C 日本有数の畑作地帯。 D 泥炭地の多い平野。

問3 札幌市周辺は石狩川やその支流に沿って発展。アは土砂災害,ウは道路防災情報。

問4 支流の豊平川の扇状地を中心に北の石狩川下流の低地に向かって広がっている。

2 (地理―宗教と言語など)

問1 (1) ア 三重塔。 イ モスク。 ウ 大浦天主堂。 (2) 全世界に20億人以上の信者が存在。 (3) コロンブスの新大陸発見以来中南米はスペインやポルトガルの植民地となった。

問2 (1) インドの民族宗教。 (2) ユダヤ人の民族宗教。ヤハウェを唯一神とする最古級の宗教。

3 (地理―地形・自然・災害など)

問1 1960年は「アフリカの年」といわれた。13植民地が独立したのがアメリカ。

重要 問2 明治のお雇い外国人であるドイツの地質学者・ナウマンの命名。

問3 雲仙普賢岳の火砕流では43名の犠牲者が発生した。

問4 谷底や斜面に堆積した土砂が大量の水を含み発生,最近は各地で被害がみられる。

4 (地理―農業・エネルギーなど)

基本 問1 アジアで90%を生産,中国とインドの2か国で世界の約半分を占めている。

問2 日本では静岡や鹿児島などで栽培され防霜ファンが立ち並ぶ光景が知られている。

問3 冷涼で比較的乾燥した土地でも栽培でき世界で最も作付面積が多い作物。

問4 (1) 欧米資本と現地の労働力が結びついて発展。 (2) ギニア湾沿岸などで栽培。

問5 カーボンゼロが注目を浴びているが穀物価格の高騰を引き起こすなど課題も指摘されている。

5 (日本の歴史―縄文～弥生の社会史など)

縄文時代は自然に依存する生活だったが弥生時代になると自然に働きかける生活に変わった。

6 (日本の歴史―戦後の政治・社会史など)

重要 問1 戦後長期にわたり首相を務めた首相。朝鮮戦争が勃発するとアメリカは日本の独立を急いだ。

問2 安保改定をめぐって国論は二分,国会をデモ隊が取り巻く中で新安保条約が成立した。

問3 湾岸戦争の翌年,国際社会が求める日本の国際貢献のために制定。

問4 a 韓国を唯一の合法政府と認定(1965年)。 b 国民に大きな希望を与えた(1949年)。

7 (日本と世界の歴史―政治・経済・文化史など)

問1 スペインやポルトガルを中心に新大陸やアフリカ,アジアなど世界各地に進出した時代。

問2 ゴアとマカオはポルトガルの植民地,マラッカは輸送の大動脈であるマラッカ海峡に臨む地。

やや難 問3 世界遺産にも登録された石見銀山に代表される日本の銀。

問4 安土桃山～江戸初期,南蛮人との交易や風俗などを描いた屏風絵。

8 (日本の歴史―近代の政治外交史など)

重要 問1 1 ベルリン大学などで憲法学を学んだ。 2 太政官制を廃止した内閣制度の首班。

問2 岩倉具視を全権代表とし明治維新の主要メンバーが派遣された使節団。

問3 朝鮮総督府を設けて韓国を完全に日本の植民地とした。

問4 1905年の第2次日韓協約で保護国とされたことに憤慨し義兵運動に参加した活動家。

9 (日本の歴史―近代の政治・経済史など)

問1 日清戦争後には繊維など軽工業分野における産業革命が急速に進行していった。

問2　第一次世界大戦中は海運や造船を中心に空前の好景気になりにわか成金が続出した。
問3　1923年9月1日発生。イとウは1925年，エは1912～13年と1924年。
問4　1924年，第2次護憲運動で首相に就任し普通選挙法と治安維持法を成立させた。
重要　問5　1929年10月，ニューヨークのウォール街で起こった株の大暴落は世界に波及した。

10　(公民―政治のしくみ・国際政治など)
問1　(1)　2020年にイギリスが離脱。　(2)　ポンドを使用。　(3)　ASEANなど各地にみられる。
問2　A　持続可能な開発がスローガン。　B　日本も6%を削減。　C　温暖化防止の新しい枠組。
やや難　問3　(1)　日本の高度成長を支えた若者。　(2)　平均寿命は女性が6歳以上長い。
問4　(1)　予算上では社会保険が圧倒的。　(2)　介護を社会全体で支える制度。　(3)　バリアフリーなどで具体的に推進。　(4)　人口を維持するには2.07が必要だが日本は1.4程度。
重要　問5　条約は内閣が締結し国会が承認，予算は内閣が作成し国会で議決される。

★ワンポイントアドバイス★
分野を問わずさまざまな資料を用いた出題が目立つ。教科書などに掲載されているものに関しては必ず目を通し確認しておこう。

<国語解答>

一　問一　a　むじゅん　b　ほうろう　c　遺跡　d　都合　☆問二　エ
問三　①　ア　②　エ　③　ウ　問四　いろいろな体験をする動機づけを読書から得ること　問五　ウ　問六　自分では言葉にして表現しにくかった事柄
問七　Ⅰ　イ　Ⅱ　ア　☆問八　共感　問九　ウ　問十　(例)　(読書することは)必要だ(と思います。なぜなら)読書を通じて，自分の体験の意味を確認できるからです。

二　問一　a　自慢　b　そっけ　c　歳末　☆d　うる　問二　Ⅰ　イ　Ⅱ　ア
問三　イ　問四　(例)　父がなぜ同じことを何度もくり返すか不思議で，うっとうしく思う気持ち。　問五　③　ウ　④　エ　問六　D　問七　ウ　☆問八　エ

三　問一　①　ウ　②　ア　③　エ　問二　①　四(苦)八(苦)　②　千(変)万(化)
③　二(束)三(文)　問三　①　いわく　②　おりふし　③　ゆえ　④　かよう
問四　(1)　ア　(2)　A　(3)　エ　(4)　C　問五　①　故郷を思ふ
②　備へ有れば患ひ無し　③　牛後と為る無かれ

四　問一　a　ア　b　エ　問二　ウ　問三　日々に過ぎ行くさま，かねて思ひつるには似ず。　問四　(1)　イ　(2)　少年老い易く学成り難し　問五　ア
問六　エ　問七　ア　ひたい　イ　こうべ　ウ　さんがつ

○配点○
[スーパー特進・特進コース]
一　問一～問三　各2点×8　他　各3点×8
二　問一・問五　各2点×6　問四・問七　各4点×2　他　各3点×5
四　問一・問二・問四・問七　各2点×8　他　各3点×3　計100点

[未来創造コース]
一　問一・問三　各2点×7　他　各3点×7
二　問一・問五　各2点×5　問四・問七　各4点×2　他　各3点×4
三　問四(4)　3点　他　各2点×16　計100点

<国語解説>

一 (論説文―大意・要旨，文脈把握，指示語の問題，接続語の問題，脱文・脱語補充，漢字の読み書き，語句の意味)

問一　a　つじつまが合わないこと。「矛」の訓読みは「ほこ」で，「盾」の訓読みは「たて」。
b　あてもなくさすらうこと。「浪」を使った熟語は，他に「波浪」「浪費」などがある。　c　昔の建造物のあった跡。「遺」の他の音読みは「ユイ」で，「遺言」という熟語がある。「跡」の訓読みは「あと」。　d　その時の事情。「都」を「ツ」と読む熟語は，他に「都度」がある。

基本 ☆問二　「錯覚」　ア　四角四面　イ　主客転倒　ウ　一点一画　エ　前後不覚

問三　①　前の「本を読む習慣を持っている人間が多くの体験をすることは，まったく難しくない」と言うより，後の「いろいろな動機づけを読書から得ることがある」と言った方がいいという文脈なので，あれよりもこれを選ぶという意味の語があてはまる。　②「いろいろな体験をする動機づけを読書から得ることがある」という前の例を，後で「藤原新也のアジア放浪の本……を読んで，アジアを旅したくなる若者がいる」と挙げているので，例示の意味を表す語があてはまる。　③「本に誘われて旅をするというのはよくあること」という前に，後で「読書がきっかけとなって体験する世界は広がってくる」と同類の内容を挙げているので，対比の意味を表す語があてはまる。

問四　「それ以上に重要なことは」と続けているので，これまでの内容で読書において「重要」としていることを指示している。直前の段落に「読書がきっかけとなって体験する世界は広がってくる」とあるが，二十三字という指定字数に合わない。同じ内容を述べている部分を探すと，一つ前の段落に「いろいろな体験をする動機づけを読書から得ることがある」とあり，ここから指定字数に合う部分を抜き出す。

問五　前の「こうした文章」は，直前の文の「自分では言葉にして表現しにくかった事柄が，優れた著者の言葉によってはっきりと言語化され」た文章を指示している。このような文章を読んだときの心情を読み取る。直後の段落に「優れた著者が自分と同じ経験や意見を述べてくれている」と同様の内容を述べた部分があり，その後で「安心して自分を肯定できる」と続けている。この内容を述べているウが最も適切。

問六　「暗黙知」について，同じ段落で「暗黙知という言葉がある。自分ではなかなか意識化できないが，意識下や身体ではわかっているという種類の知だ」と説明している。設問に，「――部⑥の後から」とあるので，同じ段落の「この暗黙知や身体知の世界が，はっきりと浮かび上がってくる」に着目する。その直後の文で「自分では言葉にして表現しにくかった事柄が，優れた著者の言葉によってはっきりと言語化される」と具体的に述べており，ここから「暗黙知や身体知」に相当する部分を抜き出す。

問七　Ⅰ「リアリティに即している」で，現実と合っているという意味になる。　Ⅱ「だいごみ」と読む。元は，最高の美味，仏教の最上の教えという意味。

重要 ☆問八　「自分では言葉にして表現しにくかった事柄が，優れた著者の言葉によってはっきりと言語化され」た文章を読んだ時に「覚え」るのは，何か。直後の段落で「優れた著者が自分と同じ経験や意見を述べてくれている」と同様の内容を述べており，この「自分と同じ経験や意見を述べてくれている」ことを，その後で「共感」と言い換えている。(　⑦　)の後の「線を引きたくなる」という表現からも，他人の意見や考えがその通りだと感じる「共感」の気持ちが読み取れる。

重要　問九　最終段落の「これが読書の醍醐味だ……他者と本質的な部分を共有しつつ，自己の一貫性をもつ。これがアイデンティティ形成のコツだ」に，ウが適切。アは，冒頭の段落の内容に合わない。「『自分ひとりの」で始まる段落の「自分にツゴウのいい著者ばかり選んで読むというのは，狭い読書の仕方のように思われるかもしれないが，読書をし始めた頃はとくに，共感を持って読める本の方が加速する」に，「世界が広がらない」とあるイは適切ではない。エの「現在の自分の考え方を否定し」という内容は，本文では書かれていない。

やや難　問十　本文は読書をすることの大切さを述べているので，読書は「必要だ」という立場から答える。「あなたは」と問われているので，自分の考えを自由に述べてもよいし，冒頭の段落の「いろいろな体験をする動機づけを読書から得る」や，「それ以上に」で始まる段落の「読書を通じて，自分の体験の意味が確認される」などの内容を用いてまとめてもよい。「なぜなら」とあるので，「〜からです。」などの形で結ぶ。

二　(小説一情景・心情，文脈把握，指示語の問題，脱文・脱語補充，語句の意味，ことわざ・慣用句)

問一　a　自分に関することを自分でほめて得意になって示すこと。「慢」を使った熟語には，他に「傲慢」「緩慢」などがある。　b　おもしろみや味わい，愛想のこと。「素っ気ない」「味も素っ気もない」などと用いる。　c　年の暮れ。「歳」の他の音読みは「セイ」で，「歳暮」という熟語がある。　☆d　音読みは「ジュン」で，「潤滑」「潤沢」などの熟語がある。

問二　Ⅰ　ここでは，程度がきわめてはなはだしいという意味で用いられている。他に，予想していたこととかなり差があるという意味もある。　Ⅱ　意味がわからなくても，前の「お父さんの弾ける曲だね。」と父に思い出させようとしていることから判断できる。

問三　(　①　)は，直前に「その」とあるので，直前の段落の「思いがけなかった。口のなかで歌詞にあわせて拍子をとりながらドシラソファミレドと弾けば『もろびとこぞりて』になる」ことに対して言っている。「思いがけなかった」から「意外さ」が，「ドシラソファミレドと弾けば」から「単純さ」が読み取れる。

やや難　問四　このときの芙美恵の気持ちを，直後の段落で「なぜ，同じことをくりかえすのか不思議でならなかった……芙美恵は父をうっとうしくさえ思った」と述べている。この言葉を用いて，「〜気持ち。」につなげる形でまとめる。

問五　③　直前の「休みをとりにくい。クリスマスの直前になって」や，直後の「時間をみつけて」から，長い時を経て望んでいたことが実現できるという意味を表す語があてはまる。

④「(　④　)輝く目をしていたのか」で，後の「どのくらいとびきりの笑顔で父を見つめたのか」と同様の表現になる。程度が限りないほど多いという意味を表す語があてはまる。

問六　「やっと自覚した」というのであるから，芙美恵が今まで気づいていなかったことを述べている前後に入る。Ⓓの直後に「父に弾かせず……父はもう『もろびとこぞりて』のことを口にしなくなっていたのだ」とあり，これが，芙美恵が「自覚した」内容にあたるので，Ⓓに入れる。

やや難　問七　直前の文「父が弾く『もろびとこぞりて』をはじめて聞いたときの芙美恵が……輝く目をしていたのか，どのくらいとびきりの笑顔で父を見つめたのか，彼女は記憶をたどってそのときの表情を思いだそうとした」からは，芙美恵が素直に父に受け入れていたころの幸福感を思い出そうとしていることが読み取れる。芙美恵は，父が自分を喜ばせたい一心で「もろびとこぞりて」を弾いたことに気づいていなかった自分を責めたために，「いまの自分の顔を見たくなかった」

のである。この内容を述べているウを選ぶ。アの「仕事を優先している自分を責めている」わけではない。イの「昔の自分には戻れないことを痛感している」とは,本文からは読み取れない。エの「過去の記憶を無くしてしまい」は,本文の内容にそぐわない。

☆問八　冒頭の段落では現在が描かれ,「芙美恵は昔」で始まる段落から「なぜ,同じことを」で始まる段落までは父との思い出を描いた回想シーンとなっている。父の思いは直接描写されていないが,言動から父の思いが読み取れる文章となっている。この表現の特徴として,エが最も適当。アの「幻想的に描いている」,イの「五感を使った表現を巧みに用い」,ウの「視点を父から芙美恵に移す」の部分が適当ではない。

三　(和歌・俳句,漢文・漢詩―熟語,ことわざ・慣用句,品詞・用法,仮名遣い,表現技法,文学史)

問一　①「板」は舞台のことで,役者が舞台にぴったりつく,調和するという意味からできた慣用句。　② 他に「ひいきする」という意味もある。　③「あぶら(がのる)」と読む。

問二　①は「シクハック」,②は「センペンバンカ」,③は「ニソクサンモン」と読む。

問三　① 語頭以外のハ行は現代仮名づかいではワ行に読むので,「いわく」にする。　② 歴史的仮名づかいの「を」は,現代仮名づかいでは「お」にする。　③ 歴史的仮名づかいの「ゑ」は,現代仮名づかいでは「え」。　④ 歴史的仮名づかいの「やう」は,現代仮名づかいでは「よう」。

問四　(1)　同じ平安時代に成立したのはアの『竹取物語』。イは鎌倉時代に成立した軍記物語,ウは江戸時代に成立した俳諧紀行文,エは奈良時代に成立した歌集。

(2)　Aが,最後の句を「白雲」という体言で終えている。

(3)　――部「が」は連体修飾の用法で,同じ用法のものはエ。アは主語を表す用法。イは動詞の一部,ウは体言の代用の用法。

(4)　Aは「桜花」とあるので春,Bは「年の終はり」とあるので冬,Cは「もみぢ」とあるので秋。

問五　① 一・二点ではさまれた「故郷を」を先に書く。　② レ点は一字だけ返るという意味なので,「備へ」「有れば」「患ひ」「無し」の順に書く。　③「無」にレ点があるので,後に読む。「牛後」が一・二点ではさまれているので最初に書き,その後に「為」を書く。最後に「無」を書く。

☆四　(古文,漢文・漢詩―主題・表題,指示語の問題,脱文・脱語補充,語句の意味,品詞・用法,仮名遣い,口語訳,文学史)

〈口語訳〉　今日はその事をしようと思うけれども,思いもよらない急なことがまず出て来て(それに)まぎれて暮らし,待っている人はさしさわりがあって来ず,期待していない人はやって来る。期待していた方面のことはうまく行かず,思いがけない方面のことだけはうまくいく。めんどうだと思っていた事は何事もなくて,やさしいはずのことは大変心を悩ます。毎日毎日が過ぎて行く様子は,前もって思っていたのとは違っている。一年の間もそのようだ。一生の間もその通りだ。

前からの予想は,みなうまくゆかないかと思うと,たまたま,予定通りにいくこともあるので,いよいよ,物事は予定することがむずかしい。(世の中のことは)すべては当てにならないものと心得ていることだけが,真実で間違いはない。

問一　a「ん」は,意志の意味を表す。　b「ことなし」は,漢字で書くと「事無し」。

問二　直前の「障りありて」は,さしさわりがあってという意味なので,来ないという意味の語があてはまる。

問三　直前の文で「一年の中もかくのごとし」と言っており,どのようなことが「一年の中」や「一生の間」と同じなのかを考える。一つ前の文の「日々に過ぎ行くさま,かねて思ひつるには似ず。」に着目する。

問四　(1)「物は定め難し」は,物を定めるのは難しいという意味。理解することが難しいという意味の「難解」が同じ意味・用法で用いられている。

(2)　レ点は一字だけ返るという意味なので,「老い易く」「成り難し」と書く。若いと思っているうちにすぐ年をとってしまうが学問はなかなか成就しない,という意味になる。

重要　問五　最終文の「物は定め難し。不定と心得ぬるのみ,まことにて違はず。」に,アが合致する。

基本　問六　『徒然草』は鎌倉時代の随筆で,作者は兼好法師。鴨長明は『方丈記』の作者。

問七　ア　語頭以外のハ行は現代仮名づかいではワ行に読むので,「ひたい」。　イ　歴史的仮名づかいの「かう」は,現代仮名づかいでは「こう」。　ウ　歴史的仮名づかいの「ぐわ」は,現代仮名づかいでは「が」にする。

★ワンポイントアドバイス★

コースによって解答する設問や大問が違うので,間違えないように十分に注意しよう。

スーパープログレス進学
プログレス進学

2021年度

解　答　と　解　説

《2021年度の配点は解答欄に掲載してあります。》

<数学解答>

1 (1) -6　(2) $x+2$　(3) $x=-7$　(4) $y=-4x$　(5) $36+12\pi$
(6) 3.20×10^4　(7) $-8y^5$　(8) $x=4,\ y=-3$　(9) $y=-2x-2$　(10) 19
(11) 51　(12) 28　(13) $4x+8$　(14) $2^3\times3\times5^2$　(15) $(x+4)(x-3)$
(16) 13　(17) $x=\pm2\sqrt{2}$　(18) $-4\leqq y\leqq0$

2 (1) $a=2$　(2) 18　(3) $y=3x+5$　(4) 14π

3 (1) 16　(2) $\frac{1}{4}$　(3) $\frac{1}{2}$

○配点○
各4点×25　計100点

<数学解説>

1 (数・式の計算, 1次方程式, 比例, おうぎ形, 有効数字, 連立方程式, 直線の式, 角度, 合同, 面積, 素因数分解, 因数分解, 平方根, 2次方程式, 変域)

基本 (1) $-3+(-3)=-6$

(2) $\frac{-(x-12)-2(-2x+3)}{3}=\frac{-x+12+4x-6}{3}=\frac{3x+6}{3}=x+2$

(3) $5x+21=2x$　$5x-2x=-21$　$3x=-21$　$x=-7$

(4) yがxに比例するので, 比例定数をaとすると$y=ax$と表すことができる。$x=2$のとき$y=-8$なので, $2a=-8$　$a=-4$　$y=-4x$

(5) おうぎ形の半径をrとすると, $2\pi r\times\frac{120}{360}=12\pi$　両辺を2πでわると, $r\times\frac{1}{3}=6$　$r=18$
周りの長さは$18\times2+12\pi=36+12\pi$(cm)

(6) $32000\text{km}=3.20\times10^4\text{km}$

(7) $12xy^4\div(-3x)\times2y=-\frac{12xy^4\times2y}{3x}=-\frac{12\times2\times xy^5}{3x}=-8y^5$

(8) $x=2y+10$…①　$3x+y=9$…②　①を②に代入して, $3(2y+10)+y=9$　$6y+30+y=9$　$7y=-21$　$y=-3$　これを①に代入して, $x=2\times(-3)+10$　$x=4$

(9) 傾きが-2の直線を$y=-2x+b$とすると, $(-2,\ 2)$を通ることから, $2=4+b$　$b=-2$
$y=-2x-2$

(10) 正五角形は内角の和が$180\times(5-2)=540$なので, 1つの内角は$540\div5=108$　$\angle$BAE$=108$なので, $\angle$OAB$=180-55-108=17$　大きい方の$\angle$ABC$=360-108=252$　$\angle$BCD$=108$なので, $\angle$OCB$=180-108=72$　四角形OABCの内角について$x+17+252+72=360$より, $\angle x=19$

(11) 平行四辺形は対角が等しいので$\angle$BCD$=\angle$BAD$=116$　$\angle$BCE$=\angle$BAD$-\angle$ECD$=116$

$-19=97$　△ABEはAB＝AEの二等辺三角形なので底角は等しく，$\angle AEB=(180-116)\div 2=32$　AD∥BCより錯角は等しいので，$\angle CBE=\angle AEB=32$　△EBCの内角について $\angle x+\angle CBE+\angle BCE=180$　$\angle x+32+97=180$　$\angle x=51$

やや難 (12) DからACに垂線をおろし，ACとの交点をHとする。$\angle ABD=\angle AHD=90$，AD＝AD，$\angle BAD=\angle HAD$　直角三角形の斜辺と1鋭角が等しいので，△ABD≡△AHD　DH＝DB＝4　$\triangle ACD=\frac{1}{2}\times AC\times DH=\frac{1}{2}\times 14\times 4=28(cm^2)$

(13) $(x+2)^2-(x-2)(x+2)=x^2+4x+4-(x^2-4)=x^2+4x+4-x^2+4=4x+8$

(14) $600=2^3\times 3\times 5^2$

基本 (15) $x^2+x-12=(x+4)(x-3)$

重要 (16) $169<170<196$より，　$\sqrt{169}<\sqrt{170}<\sqrt{196}$　$13<\sqrt{170}<14$　よって，$\sqrt{170}$の整数部分は13

(17) $3x^2-24=0$　両辺を3でわると，$x^2-8=0$　$x^2=8$　$x=\pm 2\sqrt{2}$

(18) $x=-2$のときyが最小になり，最小値$y=-(-2)^2=-4$　$x=0$のときyが最大になり最大値$y=0$　$-4\leqq y\leqq 0$

2 (関数とグラフ・図形の融合問題，回転体の体積)

(1) A$(-2,\ 8)$が$y=ax^2$上の点なので，$a\times(-2)^2=8$　$a=2$

(2) Dはy軸に関してAと対称な点になるので，D(2, 8)　Bは$y=2x^2$上の点で$x=-1$なので，B$(-1,\ 2)$　Cはy軸に関してBと対称な点になるので，C(1, 2)　四角形ABCDは等脚台形であり，その面積は$(4+2)\times(8-2)\div 2=18$

重要 (3) 求める直線はADと交わるので，その交点をPとする。$\triangle APB=18\times\frac{1}{2}=9$となればよい。$\triangle APB=\frac{1}{2}\times AP\times 6=9$　AP＝3より，P(1, 8)となる。求める直線の式を$y=mx+n$とおくとBを通ることから$-m+n=2$…①　Pを通ることから$m+n=8$…②　①＋②より，$2n=10$　$n=5$　これを②に代入して，$m+5=8$　$m=3$　よって，$y=3x+5$

(4) ABの延長とDCの延長はy軸上で交わるのでその交点をQとする。直線ABの式を$y=mx+n$とおくと，Aを通ることから$-2m+n=8$…③　Bを通ることから$-m+n=2$…④　④－③より，$m=-6$　これを④に代入して，$6+n=2$　$n=-4$　よって，$y=-6x-4$より，Q$(0,\ -4)$　体積を求める回転体は，△QAEを回転させてできる円錐から△QBFを回転させてできる円錐をひいたものである。よって，$2^2\times\pi\times 12\times\frac{1}{3}-1^2\times\pi\times 6\times\frac{1}{3}=16\pi-2\pi=14\pi$

3 (図形と確率，場合の数)

(1) たくろうさんの取り出し方は4通り，ひとみさんの取り出し方は4通りあるので，$4\times 4=16$(通り)

(2) 平面ABCDに垂直になる直線はAE，BF，CG，DHの4本。よって，その確率は$\frac{4}{16}=\frac{1}{4}$

やや難 (3) EFとねじれの位置になるのは，AG，AH，BG，BH，CH，CG，DG，DHの8本になので，その確率は$\frac{8}{16}=\frac{1}{2}$

★ワンポイントアドバイス★

まずは基本的な計算問題を確実に解くことが重要。時間をかけずに手早く処理しておきたい。標準的な問題演習をこなしておけば，2・3のような問題も手をつけられるだろう。過去問演習を通して，問題傾向をつかんでおこう。

<英語解答>

1 問1 ア 6 イ 7 ウ 2 エ 5 オ 4 カ 3 キ 1
問2 A 3 B 4 C 1 D 5 E 2
問3 (1) uses (2) used (3) to use 問4 a 2 b 1 c 5 d 3
問5 241635 問6 75%［$\frac{3}{4}$］ 問7 太陽光・風・水(の量) 問8 electricity
問9 (例) I will use my bike, or buses to go to school.

2 ア 3 イ 4 ウ 1 エ 2 オ 4

3 ア 2 イ 3 ウ 1 エ 5 オ 4

4 ア 1 イ 3 ウ 4 エ 2 オ 4 カ 2 キ 3 ク 4 ケ 3 コ 1

5 ((1)，(2)の順) ア has, gone イ too, to ウ taller, than エ got, to オ Both, and

6 (2番目，5番目の順) ア 2，3 イ 2，4 ウ 2，5 エ 6，5 オ 3，5

○配点○

1 問9 4点 他 各2点×23(問5は完答) 2，3，5，6 各2点×20(問5，問6は完答)
4 各1点×10 計100点

<英語解説>

1 (長文読解問題・説明文：指示語，語句補充，語形変化，内容吟味，語句整序)

(全訳) エネルギーは私たちが日常生活のあらゆるものに使用しているので素晴らしいです。エネルギーは物を動かし，物を移動させ，そして物を始めることができるので，私たちは今日生きるために多くの種類のエネルギーを使用しています。エネルギーはどこにでもあり，すべてにありますが，私たちはエネルギーを作ったり，壊したり，失ったりすることはできません。(ア)それはただ別のタイプになるだけです。

エネルギーの一種は熱であり，私たち一人一人がそれを私たちの生活の多くのことに(1)使用します。たとえば，家を暖かくし，料理を作り，水を沸かします。音と光は異なる種類のエネルギーであり，それらは空中(A)の中を移動します。私たちは音を使って，聞いたり，音楽を(B)聴いたり，電話で話したりします。太陽からの光で，私たちは日中に見ることができます。

私たちは毎日コンピューターやスマートフォンなどの装置を使用していますが，それらのほとんどはどのように動きますか？ それらは別の種類のエネルギーである電気を必要とします。それが(C)なければ，それらはまったく働くことができません。今日，私たちはそれを使って家を暖かくし，車やバスを走らせることさえできます！ さらに，電気は私たちに熱，光，音などのさまざまな種類のエネルギーを与えてくれます。それは私たちにとって非常に重要です。

石炭，石油，ガスは化石燃料と呼ばれ，私たちは①熱や電気など必要なエネルギーの多くをそれらから生み出しています。おそらく，私たちに必要なすべてのエネルギーの約75%は，毎日それら(D)から作られています。(ウ)それらの一例はガソリンであり，ほとんどの車はまだガソリンで走っています。それらは非常に便利ですが，問題もあります。(エ)それらのいくつかは大気汚染と温室効果ガスです。これを止めるには，他のエネルギー源が(2)使われる必要があり，他のタイプのエネルギーを作るために(オ)それらを使用するときに，大気汚染や温室効果ガスを生成するようではいけません。

化石燃料には別の問題があり，それはその量です。(カ)それは限られているので，いつまでも(3)使えるわけではありません。今，私たちは化石燃料以外のエネルギー源(E)について考え始めなければなりません。日光，風，水はどうですか？　それらを使用すれば，利用できる②量に制限がないため，問題は解決します。ある場所に行きたいと思ったら，ほとんどの人が歩いたり，自転車に乗ったり，バスや電車に乗ったりすることができ，エネルギーを大幅に節約できます。また，(キ)それらが不要なときに消灯すれば，③エネルギーの量も少なくて済みます。

しかし，将来的には地球上の人々の数が増え，私たちが生きるためにはより多くのエネルギーが必要になるでしょう。それで，④あなたは将来に備えてエネルギーを節約するために何をしますか？

問1　(ア)　直前の文にある energy を指している。エネルギーは変化するだけだと言っている。
(イ)　2つ前の文にある electricity を指している。家を暖かくしたり，車やバスを走らせることさえできるものだという例を挙げている。　(ウ)　2つ前の文にある fossile fuels を指している。ガソリンを例に挙げている。　(エ)　直前の文にある problems を指している。化石燃料を使うことによる問題のことである。　(オ)　直前にある other sources of energy を指している。他のタイプのエネルギーを作るために他のエネルギー源を使うことを考えている。
(カ)　直前の文にある their amount を指している。化石燃料の量には限界があると言っている。　(キ)　直前にある lights を指している。灯りが必要ない時にはと言っている。

問2　(A)　〈through ～〉で「～を通じて」という意味になる。　(B)　〈listen to ～〉は「～を聞く」という意味を表す。　(C)　〈without ～〉で「～なしに」という意味を表す。　(D)　〈be made from ～〉で「～から作られる」という意味を表す。　(E)　〈think of ～〉で「～について考える」という意味を表す。

問3　(1)　主語が one で現在の文なので，三単現のsがつく。　(2)　受動態の文なので〈be動詞＋過去分詞〉という形にする。　(3)　〈be able to ～〉は〈can ～〉と同じように「～できる」という意味を表す。

重要　問4　a　第2段落の第2文に，熱について「家を暖かくし，料理を作り，水を沸かします」とある。
b　第2段落の第4文に，音について「私たちは音を使って，聞いたり，音楽を聴いたり，電話で話したりします」とある。　c　第2段落の最後の文に，光について「太陽からの光で，私たちは日中に見ることができます」とある。　d　第3段落の第2文に，コンピューターについて「それらは別の種類のエネルギーである電気を必要とします」とある。

問5　〈much of ～〉となることに注意する。また，necessary amount と並べることに注意する。文の基本の形は we produce much である。

問6　第4段落の第2文に「私たちに必要なすべてのエネルギーの約75%」が作られるとある。

問7　直前にある「日光，風，水」から得られるエネルギー量について言っている。

問8　電灯を消せばそのエネルギー量を減らせると言っているので，電灯につかわれるエネルギーのことである。

問9　エネルギーの消費を節約するために自分ができることを考え，英文で表す。出来る限り具体的な例を挙げるとよい。また，10語以上という指定があるので，必ず守るようにする。

2　(発音問題)

ア　1　[irʌ́pt]　2　[sʌ́mər]　3　[mjúːzikəl]　4　[ʌ́ndər]

イ　1　[védʒətəbl]　2　[jét]　3　[séntʃəri]　4　[síːn]

ウ　1　[móust]　2　[drɑp]　3　[klɑk]　4　[rɑ́k]

エ　1　[síːt]　2　[ɔlrédi]　3　[wiːk]　4　[íːst]

オ　1　[vílidʒ]　2　[vízətər]　3　[kəntínjuː]　4　[fláit]

3　(会話文問題：適文選択)

ア　「もう一杯コーヒーをもらえますか。」 2 「もちろんです。」

基本　イ　「おいしい夕食をありがとう。」 3 「どういたしまして。」

ウ　「どうしたのですか。」 1 「頭痛がします。」

エ　「駅に着くまでどれくらいかかりますか。」 5 「約20分です。」

オ　「何回東京を訪れたことがありますか。」 4 「4回です。」

4　(語句選択問題：動詞，助動詞，代名詞，there，受動態，不定詞，分詞，慣用句)

ア　「ジロウとサブロウはサッカーをします。」 主語が複数なので play を選ぶ。

イ　「私の父は中国語を読めます。」 can の後には動詞の原形を置く。

ウ　「あなたは今朝母親に電話しましたか。」 this morning は過去を表す。

エ　「私の姉は先週私のためにプレゼントを買いました。」 前置詞の目的語として代名詞を置く時には目的格にする。

オ　「昨日テーブルの上にはバナナが一本もありませんでした。」 主語は bananas で複数であり，過去の文である。

カ　「東京駅は1914年に辰野金吾によって建てられました。」 受動態の文なので〈be動詞＋過去分詞〉という形にする。

キ　「私は彼に7時に来るように言いました。」 〈tell A to ~〉で「Aに～するように言う」という意味になる。

ク　「イスに座っている男性は私のおじです。」 sit on the chair が man を修飾するので，現在分詞の形容詞的用法を使う。

ケ　「私たちが言葉を調べるときに辞書は使われます。」 〈look up ~〉は「～を調べる」という意味を表す。

コ　「星は夜に出てきます。」 come out で「出てくる」という意味を表す。

5　(書き換え問題：現在完了，不定詞，比較，慣用句，前置詞)

ア　「私のおばはインドに行きました。彼女はここにいません。」→「私のおばはインドに行ってしまいました。」 〈have gone to ~〉で「～へ行ってしまった(もういない)」という意味を表す。

イ　「彼はとても速く話すので，私は彼を理解できません。」→「彼は私が彼を理解するには話すのが速すぎます。」 〈too ~ to …〉で「…するには～すぎる」という意味を表す。

基本　ウ　「シロウはゴロウほど背が高くありません。」→「ゴロウはシロウより背が高いです。」 〈not as ~ as …〉で「…ほど～でない」という意味を表す。

エ　「私の兄は昨夜7時に空港に着きました。」 〈get to ~〉で「～に着く」という意味になる。

オ　「タロウは野球が好きです。ハナコも野球が好きです。」→「タロウとハナコの両方が野球が好きです。」 〈both A and B〉で「AとBの両方」という意味を表す。

6 (語句整序問題：未来形，接続詞，不定詞，間接疑問文)

ア (They) are going to meet at the station (at six tomorrow.) 未来のことを表すときは⟨be going to ~⟩を用いる。

イ (I think) that you should go home right (now.) ⟨think that ~⟩で「~と思う」という意味を表す。

ウ (We went to) the park to play baseball yesterday(.) 不定詞の副詞的用法は「~するために」という意味で目的を表す。

エ (I) don't know how to play the guitar(.) ⟨how to ~⟩で「~する方法(仕方)」という意味を表す。

オ (I) do not remember when Ichiro's birthday is(.) 間接疑問文なので，⟨疑問詞＋主語＋動詞⟩の語順になる。

★ワンポイントアドバイス★

5のオでは⟨both A and B⟩が使われている。似た表現に⟨either A or B⟩(AかBのどちらか)があることを覚えておこう。これを主語に用いた場合動詞はBに合わせることに注意する。(例) Either he or I have to do that.

未来創造

2021年度

解 答 と 解 説

《2021年度の配点は解答欄に掲載してあります。》

<数学解答>

1 (1) -6 (2) $-x-1$ (3) $x=-7$ (4) $y=-4x$ (5) 40
(6) 2 (7) $-3a^2b$ (8) $x=4$, $y=-3$ (9) $y=-2x-2$ (10) 72
(11) 32 (12) 28 (13) x^2-4 (14) $2^3\times3\times5^2$ (15) $(x+4)(x-3)$
(16) $6\sqrt{5}$ (17) $\pm\sqrt{10}$ (18) $-4\leqq y\leqq0$

2 (1) $a=2$ (2) (1, 2) (3) 18 (4) $y=3x+5$

3 (1) 16 (2) $\frac{1}{4}$ (3) $\frac{1}{2}$

○配点○
各4点×25 計100点

<数学解説>

1 (数・式の計算,1次方程式,比例,体積,誤差,連立方程式,直線の式,角度,合同,素因数分解,因数分解,平方根,2次方程式,変域)

基本 (1) $-3+(-3)=-6$

(2) $(x-4)-(2x-3)=x-4-2x+3=-x-1$

(3) $5x+21=2x$ $5x-2x=-21$ $3x=-21$ $x=-7$

(4) yがxに比例するので,比例定数をaとすると$y=ax$と表すことができる。$x=2$のとき$y=-8$なので,$2a=-8$ $a=-4$ $y=-4x$

(5) $30\times4\times\frac{1}{3}=40(\text{cm}^3)$

(6) 誤差は測定値と真の値の差は,$40-30=2$(人)

(7) $3a\times(-ab)=-3a^2b$

(8) $x=2y+10\cdots$① $3x+y=9\cdots$② ①を②に代入して,$3(2y+10)+y=9$ $6y+30+y=9$ $7y=-21$ $y=-3$ これを①に代入して,$x=2\times(-3)+10$ $x=4$

(9) 傾きが-2の直線を$y=-2x+b$とすると,$(-2,\ 2)$を通ることから,$2=4+b$ $b=-2$ $y=-2x-2$

(10) 多角形の外角の和は360度なので,$360\div5=72$(度)

(11) △ABDはAB=ADの二等辺三角形なので底角は等しく,∠ABD$=(180-116)\div2=32$
AB∥DCより錯角は等しいので∠x=∠ABD$=32$(度)

(12) DからACに垂線をおろし,ACとの交点をHとする。∠ABD=∠AHD=90,AD=AD,∠BAD=∠HAD 直角三角形の斜辺と1鋭角が等しいので,△ABD≡△AHD DH=DB=4 △ACD$=\frac{1}{2}\times$AC$\times$DH$=\frac{1}{2}\times14\times4=28(\text{cm}^2)$

基本 (13) $(x+2)(x-2)=x^2-4$

(14)　$600=2^3\times3\times5^2$

(15)　$x^2+x-12=(x+4)(x-3)$

(16)　$3\sqrt{2}\times\sqrt{10}=3\sqrt{2}\times\sqrt{2}\times\sqrt{5}=6\sqrt{5}$

(17)　$x^2-10=0$　　$x^2=10$　　$x=\pm\sqrt{10}$

重要　(18)　$x=-2$のときyが最小になり，最小値$y=-(-2)^2=-4$　　$x=0$のときyが最大になり最大値$y=0$　　$-4\leqq y\leqq0$

2　(関数とグラフ・図形の融合問題)

(1)　A$(-2,\ 8)$が$y=ax^2$上の点なので，$a\times(-2)^2=8$　　$a=2$

(2)　Bは$y=2x^2$上の点で$x=-1$なのでB$(-1,\ 2)$　　Cはy軸に関してBと対称な点になるので，C$(1,\ 2)$

重要　(3)　Dはy軸に関してAと対称な点になるので，D$(2,\ 8)$　　四角形ABCDは等脚台形であり，その面積は$(4+2)\times(8-2)\div2=18$

やや難　(4)　求める直線はADと交わるので，その交点をPとする。$\triangle APB=18\times\frac{1}{2}=9$となればよい。

$\triangle APB=\frac{1}{2}\times AP\times6=9$　　AP$=3$より，P$(1,\ 8)$となる。求める直線の式を$y=mx+n$とおくとBを通ることから$-m+n=2$…①　　Pを通ることから$m+n=8$…②　　①+②より，$2n=10$　$n=5$　　これを②に代入して，$m+5=8$　　$m=3$　　よって，$y=3x+5$

3　(図形と確率，場合の数)

(1)　たくろうさんの取り出し方は4通り，ひとみさんの取り出し方は4通りあるので，$4\times4=16$(通り)

(2)　平面ABCDに垂直になる直線はAE，BF，CG，DHの4本。よって，その確率は$\frac{4}{16}=\frac{1}{4}$

やや難　(3)　EFとねじれの位置になるのは，AG，AH，BG，BH，CH，CG，DG，DHの8本になので，その確率は$\frac{8}{16}=\frac{1}{2}$

★ワンポイントアドバイス★

教科書レベルの基本問題をいかに確実に解けるかが重要になる。基本問題を繰り返し練習して，自信をもって試験にのぞめるようにしたい。数学に自信がある人は，他のコースの過去問にも挑戦してみるとよい。

<英語解答>

1　問1　イ　　問2　A　4　　B　3　　C　2　　D　5　　E　1　　問3　2
問4　ア　1　　イ　2　　ウ　3　　問5　③　23541　　⑤　15432　　問6　④　2
⑦　1　　問7　3　　問8　long　　問9　私は以前ほど強くない　　問10　4
問11　1　○　　2　×　　3　×　　4　×

2　ア　3　　イ　5　　ウ　2　　エ　4　　オ　1

3　ア　3　　イ　2　　ウ　3　　エ　1　　オ　2　　カ　1　　キ　2　　ク　3　　ケ　1
コ　2

4　ア　42531　　イ　31524　　ウ　54312　　エ　32154
5　((1), (2)の順)　ア　There, are　　イ　to, study　　ウ　are, going
エ　tallest, of　　オ　has, to　　カ　better, than

○配点○

1　問5・問7・問9　各3点×4(問5各完答)　　問10　4点　　他　各2点×17
2～6　各2点×25(4・5各完答)　　計100点

＜英語解説＞

1　(長文読解問題・物語文：語彙，語句補充，内容吟味，指示語，語句整序，英文和訳)

(全訳)　ある日，ビルと私は子供を誘拐し，①2,000ドルの身代金を受け取る計画を立てました。私たちは10歳の少年を選びました。彼の父の名前はスミス氏であり，彼はとても裕福でした。

ある晩，私たちはスミス氏の家に行き，少年を誘拐して山小屋に連れて行きました。私は食べ物を買うために再び町に行きました。しかしビルと少年はそこにとどまりました。私が小屋に戻ったとき，私はビルと少年が火の(A)そばにいるのを見ました。「ぼくは大きくて強い男だぞ！　ぼくをカウボーイと呼んでくれ！」と少年は叫びました。ビルは私に言いました。「おれたちはカウボーイをやっていたんだ。彼は今は大丈夫だが，②お前が町にいるあいだ，おれは彼とつらい時を過ごしたんだ。」私たちが夕食を食べているとき，私は(ア)彼に「ねえ，カウボーイ，③家に帰りたいかい？」とたずねました。「まったくないね。ぼくは家で何の楽しみもないんだ。二度と家に連れて行かないでほしい。」とその少年は答えました。

翌朝早く，ビルは突然叫びました。私が彼を見たとき，その少年はビルの背中(B)に座っていました。彼の手には大きな棒がありました。「助けて！　彼はおれを殺すつもりだ！」とビルは叫びました。私は彼の手から棒を取り，言いました。「お前がいい子にならないなら，おれはお前を家に連れて行くぞ！」「ぼくはよくなるよ。どうか，ぼくを家に戻さないで。」と少年は答えました。

その夜，ビルは私に言いました。「おそらく，身代金は2,000ではなく1,500になるはずだ。彼の父親が彼のような少年に2,000ドルを払うつもりはないと思う。」私は彼(C)に同意しました。私は彼の父親(D)に手紙を送り，息子の④身代金を支払うように言いました。2日後，私たちは彼の父親から手紙を受け取りました。「紳士諸君，⑤あなたたちは私の息子のために身代金を支払うように頼んだが，多すぎると思う。彼を無事に私の家に連れて来て，(ウ)私に250ドル払えば，私は彼を連れ戻すつもりだ。」私はその手紙に非常に驚きました。私は⑥彼の申し出を断りたかったのですが，ビルは「250ドル払おう。もう彼と遊びたくない」と言いました。

翌日，私たちはその少年を家に連れて行きました。私たちはスミス氏に⑦お金を渡して，少年に別れを告げました。その少年はビルが行ってしまうのがいやだったので，叫んで，ビルを捕まえようとしました。ビルは再び彼を(E)恐れました。ビルはスミス氏に「⑧どれくらい彼を抱きしめていることができますか？」と尋ねました。「まあ，⑨私は以前ほど強くはないが，10分ほどは約束できますよ。」とスミス氏は答えました。「⑩10分で十分です！」とビルは言いました。そして私たちは家から逃げ出しました。

問1　1,000は thousand と表す。

問2　A　〈by ～〉は「～のそばに」という意味を表す。　B　〈on ～〉は「～の上に」という意味を表す。　C　〈agree with ～〉は「～に賛成する」という意味を表す。　D　〈from ～〉は「～から」という意味を表す。　E　〈be afraid of ～〉で「～を恐れる」という意味を表す。

問3　少年がビルに対して行っていることから，少年は言うことを聞かないわんぱくな子であることがわかるので，2が答え。

問4 (ア) 家に帰りたいかとたずねている相手なので「少年」を指している。 (イ) 少年の父親から来た手紙を指している。 (ウ) 少年の父親は自分に金を払えと言っている。

問5 ③ 〈would like to ～〉で「～したい」という意味を表す。 ⑤ 〈ask A to ～〉で「Aに～するよう頼む」という意味を表す。

問6 ④ 前にあるビルの発言に「身代金は2,000ではなく1,500になるはず」とある。

⑦ スミス氏から来た手紙に「私に250ドル払えば」とある。

問7 スミス氏から来た手紙の内容を指しているので，3が答え。

問8 〈how long ～〉は「どれくらいの間～」という意味を表す。

問9 〈as ～ as before〉で「以前と同じくらい～」という意味を表す。

問10 ビルはスミス氏が少年を抱いている間に家から逃げたいと思っていたので，4が答え。

重要 問11 1「少年は彼の家が好きでなかった。」 少年は家には面白いことがなく，帰りたくないと言ったので，正しい。 2「ビルと少年は一緒にカウボーイを楽しんだ。」 ビルはつらかったと言ったので，誤り。 3「スミス氏は身代金が安いと思った。」 スミス氏は少年を受けとるのに金を要求したので，誤り。 4「ビルと私はスミス氏から金を得た。」 二人はスミス氏の家から逃げ出したので，誤り。

2 (発音問題)

ア 1 [tʃu:z] 2 [rú:f] 3 [wud] 4 [mú:n] 5 [fu:d]

イ 1 [bə́:rd] 2 [gə́:rl] 3 [hə́:rd] 4 [wə́:rd] 5 [pɑ́:k]

ウ 1 [óupən] 2 [bɔ:t] 3 [blóu] 4 [bóut] 5 [hóum]

エ 1 [sʌ́n] 2 [tʌtʃ] 3 [mʌ́ndei] 4 [kjú:t] 5 [lʌ́ntʃ]

オ 1 [brékfəst] 2 [keik] 3 [wéit] 4 [séim] 5 [gréit]

3 (語句選択問題：助動詞，分詞，受動態，現在完了，不定詞，接続詞，形容詞，前置詞，動名詞)

基本 ア「彼女は英語を上手に話しません。」 三単現の文を否定文にするときは動詞の前に doesn't を置く。

イ「向こうに立っている少年は私の弟です。」 stand over there が boy を修飾するので，現在分詞の形容詞的用法を使う。

ウ「英語はオーストラリアで話されます。」 受動態の文なので〈be動詞＋過去分詞〉という形にする。

エ「あなたは京都に行ったことがありますか。」〈have been to ～〉で「～へ行ったことがある」という意味になる。

オ「私は将来英語の先生になりたいです。」〈want to ～〉で「～したい」という意味を表す。

カ「私は十分なお金を持っていなかったので，ギターを買いませんでした。」〈because ～〉は「～だから」という意味を表す。

キ「そのボトルには水がありますか。」 many や few は数えられるものにしか使えない。

ク「あなたの部屋の壁にある絵は美しいです。」 on the wall で「壁の上に(の)」という意味を表す。

ケ「私はいつも放課後にサッカーをして楽しみます。」〈enjoy ～ing〉で「～するのを楽しむ」という意味を表す。

コ「これは中国で作られたスマートフォンです。」 make in China が smart phone を修飾するので，過去分詞の形容詞的用法を使う。

4 (語句整序問題：現在完了，疑問詞，進行形，間接疑問文)

ア　現在完了の否定文なので，〈have not＋過去分詞〉という形にする。

イ　疑問詞の what は文の初めに置く。

ウ　進行形の文なので〈be動詞＋～ing〉の形になる。疑問文なのでbe動詞を文の初めに置く。

エ　間接疑問文なので，〈疑問詞＋主語＋動詞〉の形になる。

5 (書き換え問題：there，不定詞，未来形，比較，助動詞)

ア 「1週間には7日あります。」〈there is (are) ～〉は「～がある」という意味を表す。

イ 「数学を勉強するのは私には難しいです。」〈it is ～ for S to …〉で「Sが…することは～である」という意味になる。

基本　ウ 「私たちは2週間沖縄に滞在するつもりです。」 未来のことを表すときは〈be going to ～〉を用いる。

エ 「マットは彼の兄弟より背が高いです。」→「マットは彼の兄弟の中で一番背が高いです」 最上級の文なので〈the＋最上級形〉の形になる。

オ 「ジミーは毎日薬を飲まなければならない。」〈have to ～〉で「～しなければならない」という意味を表す。

カ 「あなたの時計は私のほどよくないです。」→「私の時計はあなたのよりよいです。」〈not as ～ as …〉で「…ほど～でない」という意味を表す。

★ワンポイントアドバイス★

3のエでは，〈have been to ～〉が使われているが，似た表現として〈have been in ～〉があることを覚えておこう。これは「～にずっといる」という意味である。(例) He has been in his room. 「彼はずっと自分の部屋にいます。」

2020年度

★★★★★★★★★★★★★★★★★★★★★★★

入　試　問　題

2020年度

札幌龍谷学園高等学校入試問題（スーパー特進・特進コース）

【数　学】（45分）〈満点：100点〉

【注意】 定規・コンパス・分度器は使用してはいけません。

1　次の問いに答なさい。

(1)　$-\dfrac{3}{7}+\left(-\dfrac{2}{5}\right)$　を計算しなさい。

(2)　$2(x-3)-4(2y-x-5)$　を計算しなさい。

(3)　1次方程式　$2x-3=6x+15$　を解きなさい。

(4)　関数 $y=\dfrac{a}{x}$ について，xの変域が$2\leqq x\leqq 8$のとき，yの変域は$p\leqq y\leqq 5$でした。pの値を求めなさい。

(5)　右の図のおうぎ形の面積を求めなさい。ただし，円周率をπとします。

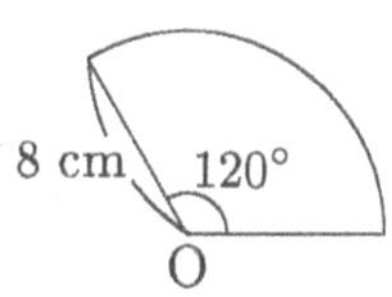

(6)　右の図の直方体ABCD-EFGHにおいて，面ABFEと垂直な辺を次のうち，すべて記号で選びなさい。

ア：辺AD　　イ：辺CD　　ウ：辺EH　　エ：辺CG

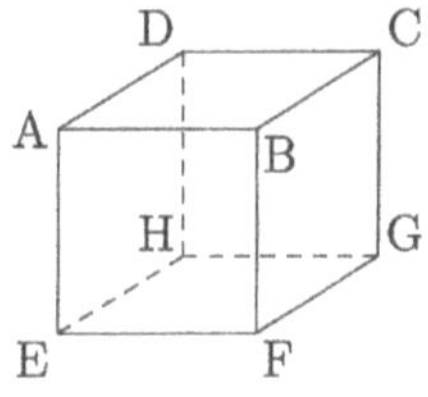

(7)　$\left(\dfrac{3}{2}x^2y\right)^3\div\left(-\dfrac{x^2y^3}{8}\right)$　を計算しなさい。

(8)　連立方程式　$\begin{cases}3x+2y=-2\\6x-3y=10\end{cases}$　を解きなさい。

(9)　変化の割各が1次関数$y=-2x+3$の変化の割合に等しく，$x=3$のとき，$y=-1$となる1次関数の式を求めなさい。

(10)　右の図で，$\ell /\!/ m$のとき，$\angle x$の大きさを求めなさい。

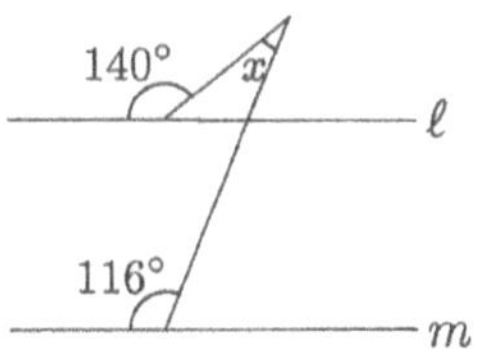

(11)　2つのさいころA，Bを同時に投げ，Aの出た目をa，Bの出た目をbとするとき，$\dfrac{a-b}{2}$が自然数になる確率を求めなさい。

(12)　$(x-4)(x+5)+8$　を因数分解しなさい。

(13)　$\dfrac{\sqrt{24}}{3}+\dfrac{\sqrt{2}}{\sqrt{3}}$　を計算しなさい。

(14)　2次方程式　$x^2+5x-2=0$　を解きなさい。

⒂　右の図で，$\ell /\!/ m$，$m /\!/ n$のとき，xの値を求めなさい。

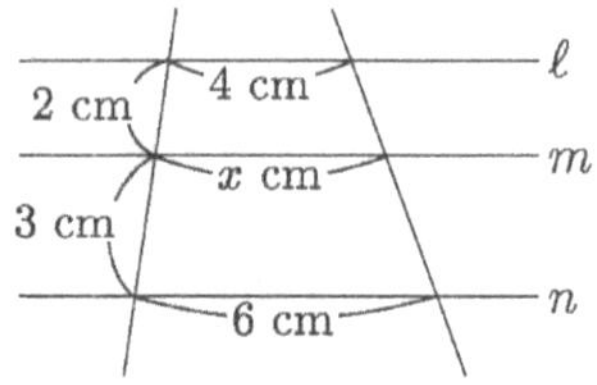

⒃　右の図で，点Oは円の中心です。$\angle x$の大きさを求めなさい。

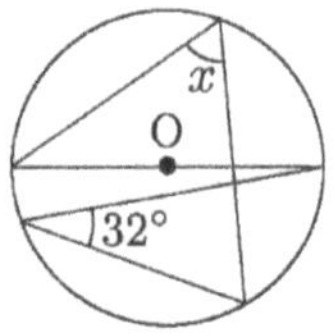

⒄　3時間で2000個の製品をつくる機械があります。この機械を何時間作動させれば80000個の製品をつくることができますか。

2　右の図は，放物線$y=\dfrac{3}{4}x^2$と直線ℓが2点A，Bで交わっていて，Aのx座標は-2，Bのx座標は4です。このとき，次の問いに答えなさい。

(1)　直線ℓの式を求めなさい。

(2)　△OABの面積を求めなさい。

(3)　放物線上に点Pがあり，Pのx座標は0より大きく4より小さいとします。△OABと△PABの面積が等しいとき，Pの座標を求めなさい。

(4)　ℓがy軸と交わる点をC，線分OB上の点をQとします。ただし，Qのx座標は0より大きく4より小さいとします。四角形AOQCと△CQBの面積の比が5：4になるとき，Qの座標を求めなさい。

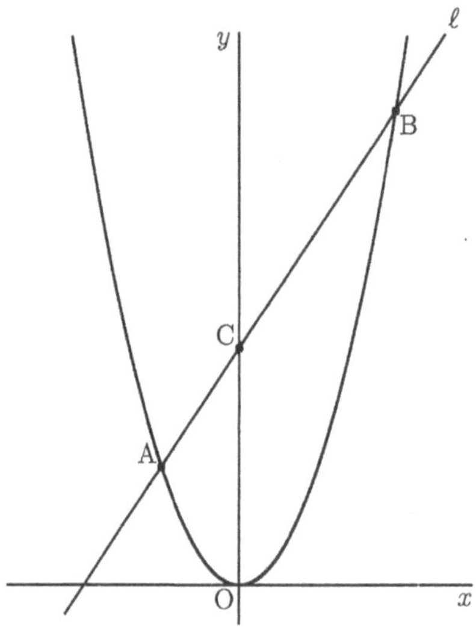

3　右の図(ア)は1辺の長さが4 cmの正四面体で，図(イ)はその展開図です。辺ACの中点をFとします。また，辺OB上に点D，辺OC上に点Eをとり，AD + DE + EFが最小になるようにします。このとき，次の問いに答えなさい。

(1)　AD + DE + EFの長さを求めなさい。

(2)　線分ODの長さを求めなさい。

(3)　線分OEの長さを求めなさい。

(4)　図(ア)において，正四面体OABCと四面体ODEAの体積比を，最も簡単な整数の比で表しなさい。

図(ア)

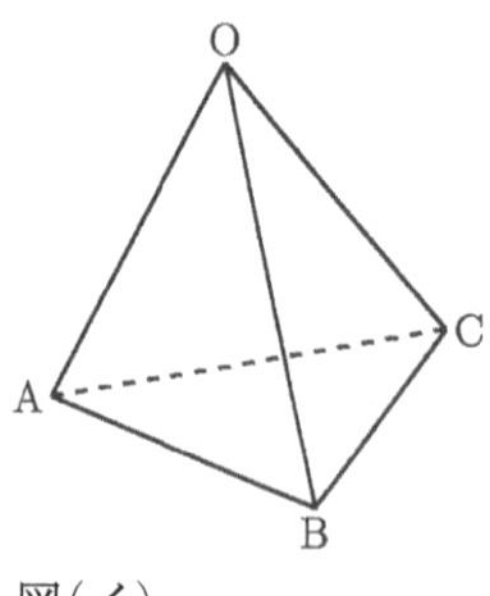

図(イ)

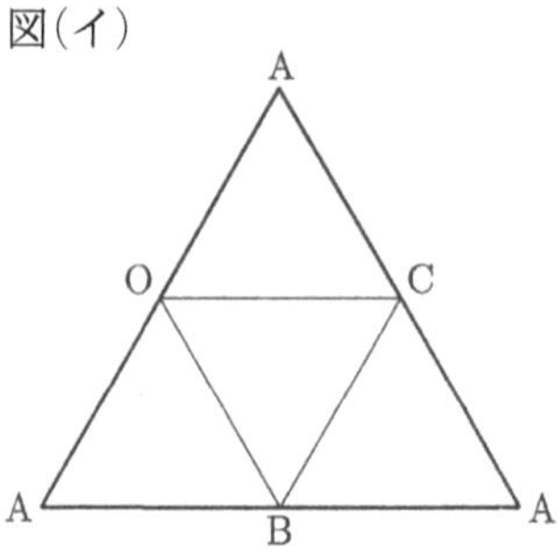

【英　語】（45分）〈満点：100点〉

1　次の英文を読み，設問に答えなさい。

Have you ever heard about *cloning? Yesterday, an *article (　1　) the cloning of pets was in a newspaper. *According to it, a *company in the US has already started ①it. The *president of the company said in the interview, "We can now clone your cat, and some of our *clients are already living with their clone cat. They are happy with it."

②(1. we / 2. do / 3. much / 4. think / 5. how / 6. you) have to pay for the cloning? The *price is very high and ③it will *cost $71,000 (about ¥7,700,000) to clone your cat! First, you have to pay half ④the amount. Then, the company asks an animal doctor to get some *cells (　2　) your cat and grow fresh new cells from them. The company keeps these cells and the doctors there put them into a *female cat. If all goes well, a *kitten is born about 60 days later. The kitten is raised by the company (　3　) about eight weeks, and then ⑤it brings him or her to you after you have paid the *rest.

Let's check what some people think of this cloning of pets. Here is one example. Julia, a 60-year-old lady, says, "I'm very happy with this *technology. When my cat, Hunter, died two years ago, ⑥I was so sad that I didn't want to live alone any longer. When the clone cat came to me, however, ⑦I had a new hope in my life because I thought, 'My Hunter has come back to me!' It looks like my ⑧late Hunter. ⑨I think this (1. people / 2. help / 3. me / 4. like / 5. will / 6. technology). I'd like to say, 'Thank you,' to the company." Do you agree (　4　) her?

"We are a growing company," the president said in the interview. ⑩"We can *handle about ten births a year now, but ⑪(1. goal / 2. more / 3. produce / 4. our / 5. to / 6. is) kittens and *puppies every year." The company is now *experimenting with dogs, and the president believes that the company will *succeed in cloning dogs in about a year." If you keep a dog or a cat now, and if it dies or becomes very sick (　5　) the future, will you want to ask the company to clone ⑫it for you?

注：*clone*：(～の)クローン[複製]をつくる(こと)，クローン(の)　*article*：記事　*according to*：～によれば　*company*：会社，企業　*president*：社長　*client*：顧客・依頼人　*price*：価格　*cost*：(費用が)かかる　*cell*：細胞　*female*：雌の　*kitten*：子猫　*rest*：残り　*technology*：(科学)技術　*handle*：～を扱う　*puppies*：子犬(*puppy*)の複数形　*experiment*：実験をする　*succeed in*：～に成功する

問1　(1)～(5)に入る前置詞を答えなさい。ただし同じ語を繰り返し用いないこと。

問2　下線部①の内容として最もふさわしいものを下から選び，番号で答えなさい。

1. hearing about cloning　2. an article　3. cloning pets　4. a newspaper

問3　下線部②⑨⑪の(　　)内の語を並べかえて，日本文の意味を表す英文を完成しなさい。ただし，解答欄には番号で記入すること。

②「クローンを作るのに私達がどれだけ支払わなければならないとあなたは思いますか」

⑨「この技術によって，私のような人達は救われる，と私は思います」

⑪「私達の目標は，毎年，子猫と子犬をもっとたくさん生み出すことです」

問4　下線部③⑤が指しているものをそれぞれ下から選び，番号で答えなさい。

③1. the price　2. to clone your cat　3. their clone cat　4. to live with your cat

⑤1. the company　2. an animal doctor　3. the kitten　4. the amount

問5　下線部④の内容として最も適切なものを下から1つ選び，番号で答えなさい。

1. クローンの生産量　2. クローンの代金　3. クローンの残金　4. クローンの細胞量

問6　下線部⑥を日本語になおしなさい。

問7　下線部⑦の内容を表すものとして最も適切なものを下から選び，番号で答えなさい。

1. 望ましい人生を過ごしたかった。　2. もう一度生きてみる気になった。

3. 猫との生活が自分の希望だった。　4. 生きることに新たな希望を持ちたかった。

問8　下線部⑧の意味として最も適切なものを下から選び，番号で答えなさい。

1. 最後の　2. 生きている　3. 死んでしまった　4. 最も新しい

問9　下線部⑩の内容を表すものとして最も適切なものを下から選び，番号で答えなさい。

1. 1年に10匹ほどのクローンを生産できる。
2. 1年かけずに，クローンを10匹ほど処理できる。
3. 10匹ほどのクローンは誕生して1年になる。
4. 生産した10匹のクローンは、1年あれば育てられる。

問10　下線部⑫の内容を，日本語で答えなさい。

問11　本文の内容に合うものには○，合わないものには×で答えなさい。

1. You must ask the company to clone your pet after he or she dies.
2. You don't have to pay any money before the clone of your pet is produced.
3. When a new clone kitten is born, you can get it from the company at once.
4. The company has already produced clone puppies.
5. Julia feels that the cat cloned by the company gave a solution to her problem.

2　各組で下線部の発音が他と異なるものを1つ選び，番号で答えなさい。

	1.	2.	3.	4.	5.
ア.	capital	dangerous	damage	add	happen
イ.	souvenir	mouth	loudly	thousand	cloudy
ウ.	sight	ninth	polite	miserable	ride
エ.	medicine	entrance	separate	medium	celebrate
オ.	break	skin	knife	kid	weak

3　各文に対する応答として最も適切なものを右の□から選び，番号で答えなさい。

ア. May I speak to Alex, please?

イ. How long will it take to the station?

ウ. Could you tell me how to get to the airport?

エ. Why don't we play soccer after school?

1. All right. May I leave a message?
2. Sure. Take the train from Track No.6, please.
3. Because I want to go abroad.
4. About fifteen minutes from here.
5. It's good. I'll take it to the station.
6. That's a very good idea.
7. Sorry, he is out now.
8. OK. See you at the airport.

4 各文の(　　)内から最も適切な語(句)を選び，番号で答えなさい。

ア．I did volunteer work (1. during　2. when　3. while　4. between　5. among) my winter vacation.

イ．(1. When　2. Why　3. How much　4. How many　5. How often) times have you been to Osaka?

ウ．Most of (1. we　2. our　3. us　4. ours　5. ourselves) took part in the event last year.

エ．A (1. many　2. much　3. lot　4. little　5. few) days later, I sent it back to Sam.

オ．(1. How　2. What　3. When　4. Where　5. Why) a kind person she is!

カ．That is a good way for them (1. improve　2. improves　3. improved　4. to improve　5. improving) the situation.

5 各組の文がほぼ同じ意味になるように，(　　)に入る適切な語を1語ずつ答えなさい。

ア．Bob came to Kyoto three months ago, and he is still there now.
Bob (1)(2) in Kyoto for three months.

イ．I felt the library didn't have so many books.
I felt (1)(2) so many books in the library.

ウ．When Lisa left the room, she said nothing.
Lisa left the room without (1)(2).

エ．You don't have to get up early tomorrow.
It isn't (1)(2) you to get up early tomorrow.

オ．When did Mack buy the new personal computer?
When (1) the new personal computer (2) by Mack?

6 各文の(　　)内の語を適切に並べかえたとき，(　　)内の3番目と6番目にくる語の番号を答えなさい。

ア．The dress (1. to　2. was　3. buy　4. too　5. him　6. for　7. expensive).

イ．He (1. singers　2. is　3. of　4. famous　5. most　6. one　7. the) in Japan.

ウ．Why (1. do　2. there　3. we　4. to　5. have　6. go　7. by) train?

エ．My (1. told　2. home　3. me　4. when　5. father　6. leave　7. to).

オ．This (1. that　2. program　3. me　4. happy　5. makes　6. the　7. is).

【理　科】（45分）〈満点：100点〉

1　以下の問いに答えなさい。

問1　右の図のように，アルミニウム製のパイプを使ってレールを２本つくり，その間に，Ｓ極を上にして磁石を並べた。このレールの上にアルミニウム製の棒を乗せて，レールに電池から電流を流したところ，アルミニウム製の棒が動き出した。

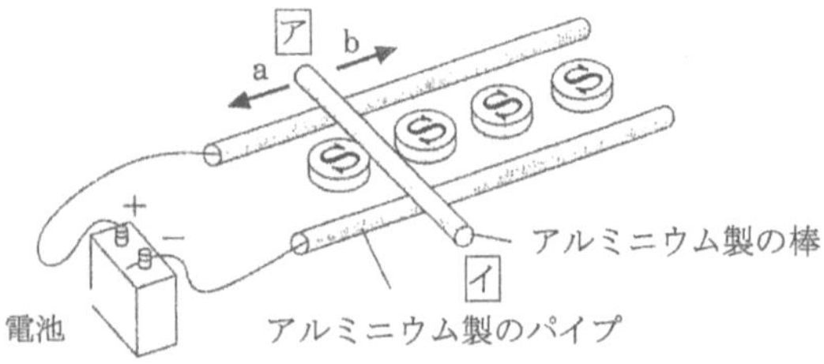

（１）　アルミニウム製の棒を流れる電流の向きを，ア，イを使って答えなさい。

（２）　アルミニウム製の棒は，ａ，ｂのどちらの向きに動き出したか。ａまたはｂの記号で答えなさい。

（３）　この状態で電流を強くすると，アルミニウム製の棒の動きはどうなるか答えなさい。

（４）　電流の流れる向きを切り替え，レールの間に並べてある磁石をすべてＮ極を上にしたとき，アルミニウム製の棒はａ，ｂのどちらの向きに動き出すか。ａまたはｂの記号で答えなさい。

問2　塩酸の入ったビーカーの中にマグネシウムを入れたところ，気体が発生した。

（１）　この反応を化学反応式で表しなさい。

（２）　発生した気体について，正しい内容の文章を下から１つ選び，①～④の記号で答えなさい。

①この気体には刺激臭がある。

②この気体を燃やすと水ができる。

③この気体は有機化合物に分類される。

④この気体は，他の物質の燃焼を助けるはたらきがある。

（３）　このビーカーに水酸化ナトリウム水溶液を十分に加えたところ，気体の発生が止まった。このことについて，誤った内容の文章を下から１つ選び，①～④の記号で答えなさい。

①気体の発生が止まったのは，気体と水酸化ナトリウムが反応したためである。

②起きた反応の名称は，中和と呼ばれる反応である。

③反応によって塩化ナトリウムが生成する。

④水酸化ナトリウム水溶液のかわりに，アンモニア水を加えても同じように気体の発生が止まる。

問3　下の図１と図２はそれぞれ生物のふえ方を，図３と図４はそれぞれ細胞の分裂のしかたを模式的に示している。

図１

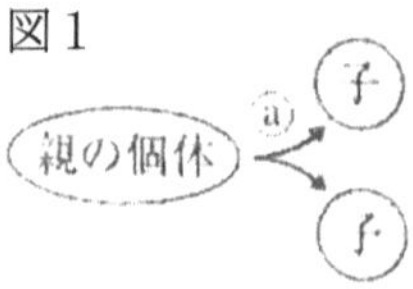

図２

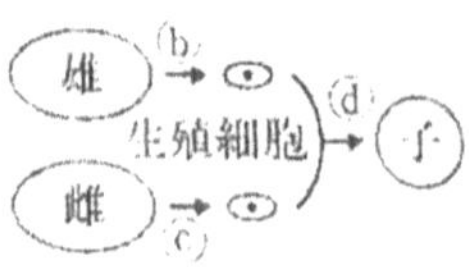

図３

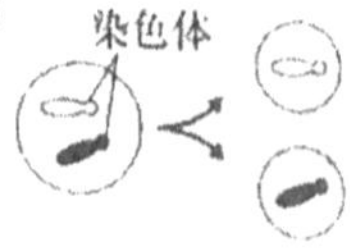

図４

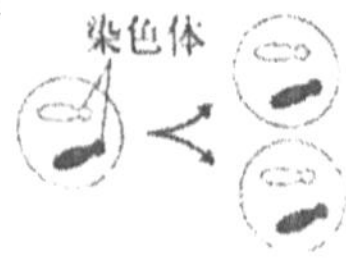

（１）　図１と図２の生物のふえ方をそれぞれ何というか，名称を答えなさい。

（２）　図１と図２のａ～ｄで起こる細胞の分裂は，それぞれ図３か図４のどちらの分裂のしかたをするか。図の番号３または４の数字で答えなさい。

（3） 図2のdでできた細胞は細胞分裂をくり返す。その過程で，自分で食物をとりはじめる前までの個体の状態を何というか，名称を答えなさい。

問4 右の図は，ある崖にみられる地層の断面を観察したときの模式図である。

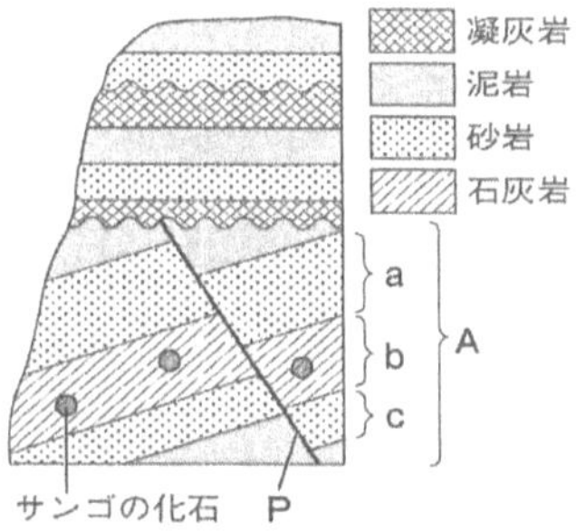

（1） 崖に近づいて各地層を観察しようとさわったら，表面がもろく崩れた。このように崖の表面が崩れやすくなる現象を何というか，答えなさい。

（2） Aの地層には，地面のずれPが見られた。Pを何というか，答えなさい。

（3） Aの地層のbにはサンゴの化石が見られた。bはどのような環境で堆積したと考えられるか。その答えとなる次の文章の（①），（②）から正しい語句をそれぞれ選び，答えなさい。

「bは，（① 温かく・冷たく），（② 深い・浅い）海で堆積した。」

2 以下の問いに答えなさい。

1秒間に400回振動する音さAがある。太郎君は，パソコンを使って，音さAから出る音波のようすを調べたところ，次の図のようになった。

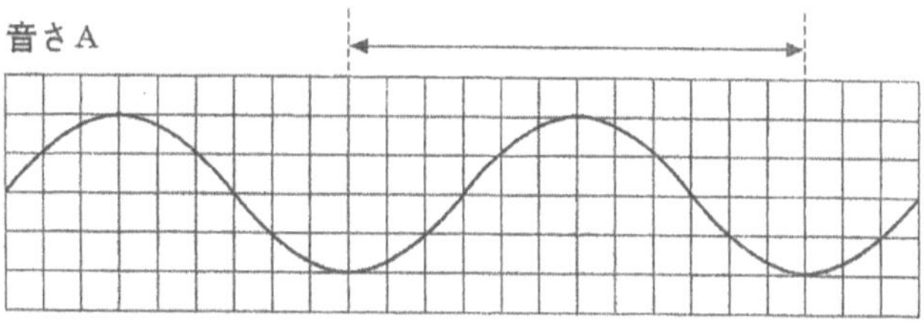

続いて，音さAより高い音が出る音さB，音さAより低い音が出る音さCを用意し，音さA～Cをそれぞれ強くたたいたときに出る音波のようすを調べたところ，異なる音波になった。下の図1～図3はそれぞれ，強くたたいた音さA～Cのどれかを表している。

図1

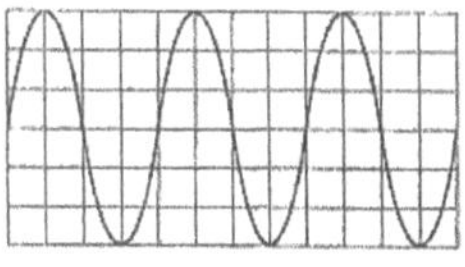

図2

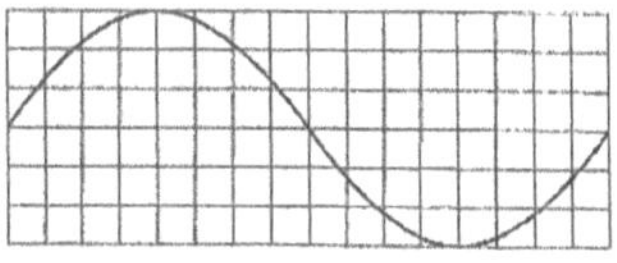

図3

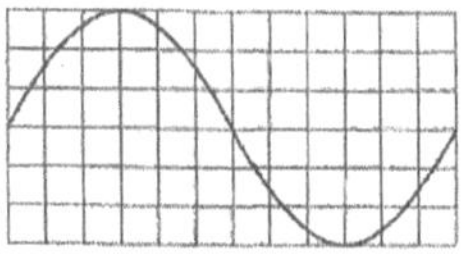

なお，各図における縦軸は音の振幅を，横軸は時間を表し，1目盛りの振幅の大きさ，時間の長さは同じである。また，音さAの図の矢印（⟷）は，音の1回の振動を表している。

実験が終わって，その夜，太郎君は打ち上げ花火を見るために花火大会へ行った。

問1 音さAをたたいて音を発生させ，その振動が空気を伝わるとき，空気は1分間に何回振動するか答えなさい。

問2 音さAの図の横軸の1目盛りが示すのは何秒か，分数で答えなさい。

問3 音さBからでる音波のようすを示しているのは，図1～図3のどれか。1～3の数字で答えなさい。

問4　音さAを強くたたいたときに出る音波のようすを示しているのは，図1～図3のどれか。1～3の数字で答えなさい。

問5　図1の波で表される音波の振動数は何ヘルツか，答えなさい。

問6　打ち上げ花火の光が見えてから，花火の破裂音が聞こえるまで3.5秒かかった。花火の光った位置から太郎君の立っている位置までの距離は何kmか。計算式を示し，小数第2位を四捨五入して答えなさい。ただし，音波の伝わる速さを340 m/sとする。

3　空気について考えたい。そこで，いろいろな物質の気体の状態の密度（0℃における1Lあたりの質量）と沸点を表にまとめた。Ⅰ～Ⅲの文章を読んで，以下の問いに答えなさい。

物質	アルゴン	アンモニア	塩化水素	塩素	酸素	水素	窒素	メタン
密度(g/L)	1.78	0.77	1.64	3.22	1.43	0.09	1.25	0.72
沸点（℃）	−186	−33	−85	−34	−183	−252	−196	−162

Ⅰ　空気とは何かを考える

空気とは，どのような物質なのだろうか。空気の状態を考えると，気体であることが分かる。しかし，空気という元素記号や化学式を探しても見つからない。その理由は「空気はさまざまな物質が混ざっている混合物だから」である。では，空気にはどのような物質が含まれているのだろうか。空気に含まれる物質の体積の割合を調べると，最も多く含まれているのは物質Aで約78%，次に物質Bで約21%，二酸化炭素など他の物質は約1%であることが分かった。また，物質A，Bそれぞれの性質を調べたところ，物質Aは反応性の低い物質だがアンモニアを製造するときの原料であり，物質Bは他の物質の燃焼を助けるはたらきをもつことが分かった。

問1　気体の粒子の運動のようすを説明した文章として正しいものを下から1つ選び，a～cの記号で答えなさい。

a　粒子はあちらこちらに移動でき，形が自由に変わる。

b　粒子はばらばらになって，自由に飛び回っている。

c　粒子は決まった場所からほとんど移動せず，振動している。

問2　物質Aおよび物質Bは何か。表の物質から1つずつ選び，それぞれ化学式で答えなさい。

Ⅱ　空気の密度を考える

空気の重さはどう考えればよいのだろうか。空気は目に見えず，手に取ることも難しく，質量の測定は困難である。そこで空気の密度（g/L）を，含まれている物質それぞれの密度と存在の割合から算出することにする。そこで算出された値は，他の気体が空気より軽いか，重いかを判断する基準値となる。

問3　気体の空気の密度（g/L）を，小数第3位を四捨五入して答えなさい。ただし，空気に含まれているのは，物質Aが80%，物質Bが20%とし，他の物質は考えなくてよい。

問4　水に溶ける性質をもつ塩化水素を実験で捕集するには，下方置換法が適している。その理由を「密度」の語句を用いて20字以内で答えなさい。

Ⅲ　空気の状態変化を考える

すべての物質は，固体，液体，気体という3つの状態をもち，温度や圧力などの条件によって状態が変化する。固体を温めると液体になり，さらに温めると気体になる。一方，気体を冷却すると液体になり，さらに冷却すると固体になる。これらの状態変化では，体積は変化するが，質量は変化しない。

空気の中に存在する物質は全て気体である。そのため空気も他の物質と同じように，温度などの条件が変わると他の状態に変化する。空気に圧力を加えて冷却すると，空気は液体に変化して液体空気がつくられる。このとき体積は（① 大きく，小さく）なる。なお，液体空気には，たくさんの物質が含まれているが，ここでは物質Aと物質Bの２種類のみの混合物として考えることにする。

液体空気を室温に放置しておくと，沸点の（② 高い・低い）ほうの（③ 物質A・物質B）が先に気体になり，分離することができる。このように沸点の違いを利用して混合物を分離する方法を（ ④ ）という。

問５ 文中の（ ① ）～（ ③ ）から正しい語句をそれぞれ選び，（ ④ ）には適する語句を答えなさい。

問６ 固体のドライアイスは室温に放置しておくと，液体ではなく気体になる。このように固体から気体に変わる状態変化を何というか答えなさい。また，この気体の名称を答えなさい。

問７ エタノールは液体から気体に変化すると，体積が490倍になる。液体のエタノール180 gを加熱して気体すると，体積は何Lになるか整数値で答えなさい。なお，液体のエタノールの密度は0.90 g/cm^3（グラム毎立方センチメートル）とする。

4 次の実験１，実験２について，以下の問いに答えなさい。

（実験１）試験管A～Dに水道水を入れ，青色のBTB溶液を加えた。次に，試験管A～Dそれぞれに呼気を吹き込んで，すべての試験管を中性の（ ア ）色にした。さらにAとBにはオオカナダモを入れ，BとCはアルミニウムはくで試験管を包んで光をさえぎるようにし，４本とも光の当たる場所に３時間ほど置いた。その後，試験管A～Dの色の変化を調べた。

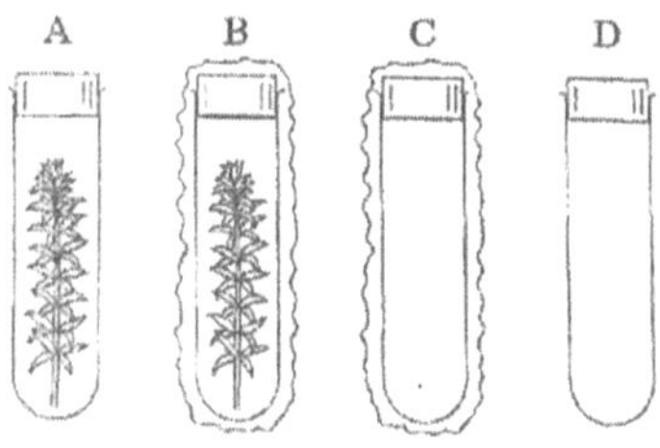

問１ 実験結果を比較するために，調べようとする条件以外はすべて同じ条件にしておこなう実験を何というか，答えなさい。

問２ 文中の（ ア ）にあてはまるBTB溶液の色を答えなさい。

問３ 色が変化した試験管を，A～Dより２つ選び，それぞれ何色に変化したか答えなさい。また，２つの試験管はそれぞれ何性に変化したか答えなさい。

問４ オオカナダモが呼吸をしていることを確かめるには，A～Dのどれとどれを比較するのがよいか。最も適するものを下から１つ選び，ア～カの記号で答えなさい。

ア．AとB　イ．AとC　ウ．AとD　エ．BとC　オ．BとD　カ．CとD

問５ オオカナダモの光合成には光が必要であることを確かめるには，A～Dのどれとどれを比較するのがよいか。最も適するものを問４の選択肢から１つ選び，ア～カの記号で答えなさい。

問６ 色が変化した試験管のうちの１本は，うすい塩酸をごく少量加えたところ，もとの（ ア ）色に戻すことができた。そこで，この試験管を再び光の当たる場所に３時間ほど置いたが，色は（ ア ）色のままで変化しなかった。色が変化しなかった理由となる次の文章の（　　）に適する語句を答えなさい。

「はじめの実験で，水に溶けていた（　　　）をすべて使ってしまったから。」

（実験２）実験の前日の朝から当日の朝まで，アサガオに日光が当たらないようにしておいた。当日の朝，図１のように，ふ入りの葉の緑色の部分にアルミニウムはくをかぶせた。昼まで日光に当てたあとこの葉をアサガオから切り取り，アルミニウムはくを取り去って熱湯の中に１分間つけた。熱湯からこの葉を取り出してエタノールの入ったビーカーにつけ，ビーカーごとお湯で15分間温めた。その後，水洗いし，うすいヨウ素溶液の入ったペトリ皿に入れてから，葉を取り出した。図２は，その結果を観察し，スケッチしたものである。

図１

図２

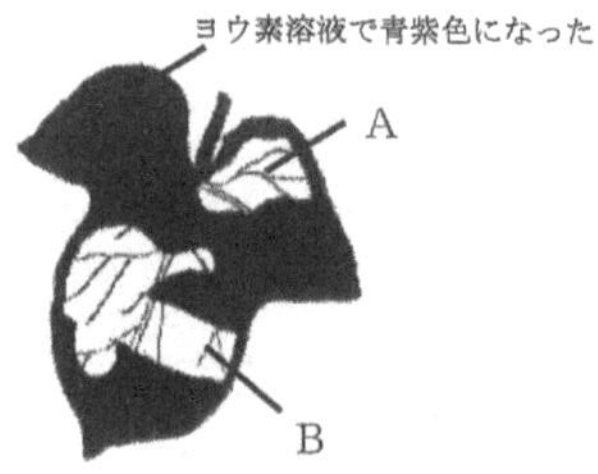

A，Bはヨウ素溶液で青紫色にならなかった

問７　実験の前日の朝から当日の朝まで，アサガオに日光が当たらないようにしておいたのは何のためか。その答えとなる次の文章の（　　　）に適する語句を答えなさい。

「葉の中の（　　　）をなくすため。」

問８　葉をエタノールにつけ，お湯で15分間温めたとき，エタノールの色は何色になったか，答えなさい。

問９　葉を温める際，エタノールの入ったビーカーを直接火にかけずに，お湯で温めたのはなぜか。その答えとなる次の文章の（　　　）に適する語句を答えなさい。

「エタノールは（　　　）するおそれがあるため。」

問10　図２のA，Bが青紫色にならなかった理由として適するものを下からすべて選び，ア～エの記号で答えなさい。

ア．Aは日光があたらなかったから。　　イ．Bは日光があたらなかったから。
ウ．Aは葉緑体がなかったから。　　エ．Bは葉緑体がなかったから。

5　ある地域において地震が発生した。この地震のゆれについて，４地点（ア，イ，ウ，エ）の地震計の記録を調査した。その結果，地震計に記録されていたゆれの大きさやゆれの始まった時刻はそれぞれの地点で異なっていたが，どの地点でも下の図のように，はじめに小さなゆれA，その後に大きなゆれBが記録されていた。各地点のはじめの小さなゆれの始まった時刻aと，その後の大きなゆれが始まった時刻bをまとめたのが下の表である。なお，この地域において地下を構成する岩石や地震のゆれが伝わる条件は一定であり，地震のゆれが伝わる速さやゆれやすさの条件なども同一であるとして，以下の問いに答えなさい。

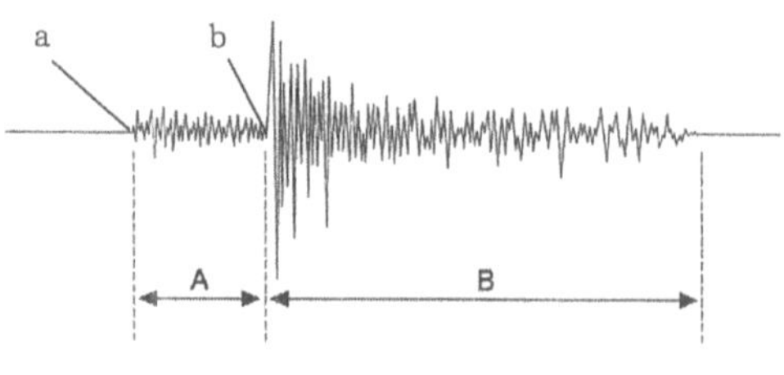

観測地点	時刻 a	時刻 b
地点　ア	９時４６分３６秒	９時４６分５２秒
地点　イ	９時４６分５０秒	９時４７分２０秒
地点　ウ	９時４６分２６秒	９時４６分３２秒
地点　エ	９時４６分４０秒	９時４７分００秒

問１　はじめの小さなゆれＡの名称と，その後の大きなゆれＢの名称を，それぞれ漢字で答えなさい。

問２　Ａの時間を何というか，答えなさい。

問３　各地点のゆれの始まった時刻ａを横軸に，Ａの時間を縦軸に取ってグラフにすると，地震の発生時刻を推測することができる。上の表をもとにして下のグラフを完成させ，地震の発生時刻を答えなさい。

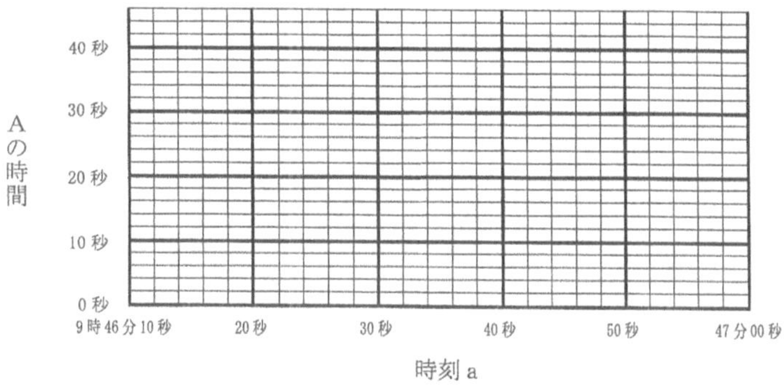

問４　表の４地点のうち，ゆれが最も大きかったと考えられる地点を１つ選び，ア～エの記号で答えなさい。

問５　震度について書かれた次の文章の（　　　）に適する数字をそれぞれ答えなさい。

「震度は，ゆれの強さの程度を数値化したものである。気象庁による震度階級の区分では，最も小さい震度（　あ　）から最も大きい震度（　い　）までの（　う　）階級に分けられている。」

問６　地点エは震源から160 kmの距離にある。この地点エに到達した最初の波の速度は何km/sか，整数値で答えなさい。

問７　地点アは震源から何kmの距離にあるか，整数値で答えなさい。

【社　会】（45分）〈満点：100点〉

1　日本と諸外国との関係についての文を読み，各問いに答えなさい。

中国で①初めての統一国家が誕生し，法による政治が整えられた頃，②日本では本格的に稲作が始まった。

問1　下線部①②の組み合わせとして正しいものを，次のア～エより一つ選び記号で答えなさい。

	①	②
ア	漢	縄文時代
イ	秦	縄文時代
ウ	秦	弥生時代
エ	漢	弥生時代

日本では，③大王の摂政による政治が行われ国内の政治が整うと，中国との国交を樹立させたが，その約50年後，中国と④新羅の連合軍との戦いに大敗した。

問2　下線部③の内容として誤っているものを，次のア～エより一つ選び記号で答えなさい。

ア　隋の進んだ政治のしくみや文化を取り入れるため，小野妹子らを遣隋使としてつかわした。

イ　家柄にとらわれず，有能な人を役人に用いた。

ウ　仏教や儒教の考え方を取り入れ，大王の命令に従うなど，役人の心得を示した。

エ　初めて元号が使われ，政治改革に着手した。

問3　下線部④の位置を，右の地図中のA～Cより一つ選び記号で答えなさい。

日本で律令国家が確立すると，⑤インドや西アジアなどへ通じる道を通って多くの文物がもたらされ，⑥文化が花開いた。

問4　下線部⑤の東西交易路を何というか答えなさい。

問5　下線部⑥の文化名を右の写真を参考にして答えなさい。

中国の影響力が弱まると，日本独自の文化が生まれたが，政治の面では地方政治が混乱し，⑦班田収授の実施も困難になった。

問6　下線部⑦について，下の図を見てAさんが班田を受ける時期を，次のア～オより一つ選び記号で答えなさい。

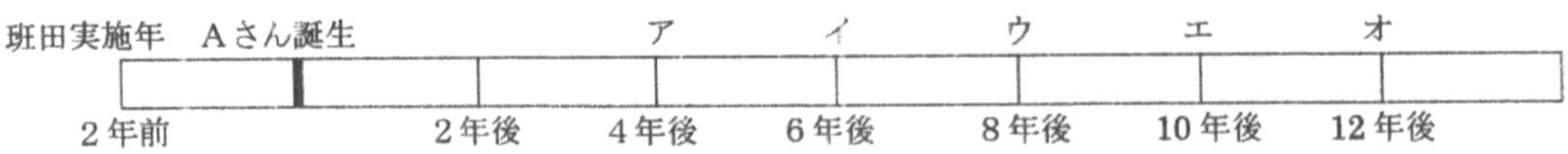

日本が戦国時代を迎えると，ヨーロッパでは新航路の開拓が続き，⑧日本にも目が向けられていった。

問７　下線部⑧に関連して，右の絵はヨーロッパからもたらされた技術をもとにあるものを製造しているところであるが，それは何か答えなさい。

江戸時代のヨーロッパは身分制度が廃止され，市民たちが主権者となり議会を通じて国家を運営するようになった。

問８　下の年表は，江戸時代に発生した世界の出来事を示している。

年代	出来事
1600～	（Ⅰ）
1650～	（Ⅱ）　権利の章典
1700～	↕A
1750～	（Ⅲ）産業革命が始まる

（1）　表中の（Ⅰ）～（Ⅲ）にあてはまる出来事の組み合わせとして正しいものを，次のア～エより一つ選び記号で答えなさい。

ア　（Ⅰ）アメリカの独立
　　（Ⅱ）アヘン戦争
　　（Ⅲ）名誉革命

イ　（Ⅰ）ピューリタン革命
　　（Ⅱ）アメリカの独立
　　（Ⅲ）アヘン戦争

ウ　（Ⅰ）アメリカの独立　（Ⅱ）ピューリタン革命　（Ⅲ）名誉革命

エ　（Ⅰ）ピューリタン革命　（Ⅱ）名誉革命　（Ⅲ）アメリカの独立

（2）　表中のAの時期に該当する日本国内での出来事の組み合わせとして正しいものを，次のア～エより一つ選び記号で答えなさい。

ア　享保の改革―享保のききん　　イ　寛政の改革―天明のききん

ウ　田沼の政治―朱印船貿易　　エ　天保の改革―島原・天草一揆

明治政府は，外国人技術者や学者を招き，欧米の進んだ技術や機械を取り入れ，近代的な産業を育てようとした。

問９　右の絵は，官営富岡製糸場の内部を示している。絵から読み取れることを指定語句をすべて使用して説明しなさい。

指定語句【フランス　　工女】

日本政府は，ロシアの南下を警戒するイギリスと交渉し，陸奥宗光外務大臣のときに⑩日英通商航海条約を結び，領事裁判権の廃止に成功した。

問10　下線部⑩より以前に発生した出来事を，次のア～エより一つ選び記号で答えなさい。

ア　大日本帝国憲法発布　　イ　三国干渉　　ウ　日清戦争　　エ　日露戦争

日本は，日英同盟を理由にドイツに宣戦布告し，連合国側として参戦した。

問 11　日本が中国におけるドイツの拠点を奪った半島名（右の地図の赤い箇所）を答えなさい。

第一次世界大戦後に世界が大きく変化するなか，アメリカの呼びかけにより⑪ワシントン会議が開かれた。

問 12　下線部⑪について，日本の軍部が会議の結果に不満をもった理由を簡単に説明しなさい。

昭和初期，都市の発展とともに生活習慣の欧米化が進んだ。

問 13　欧米化の一つに女性の服装の変化があげられるが，おしゃれをして街を歩く若い女性たちは何と呼ばれたか，右の写真を参考に答えなさい。

日本はソ連と日ソ中立条約を結び，北方の安全を確保したうえで，石油などの資源を求めて，東南アジアへ軍隊を進めていった。⑫アメリカは，日本への石油や鉄の輸出を制限し，イギリス・中国・オランダなどと協力して経済的に孤立させようとした。

問 14　下線部⑫について，各国の頭文字をとって何というか答えなさい。

2　年表を見て，各問いに答えなさい。

年代	日本の動き		世界の動き
1940～	太平洋戦争終わる ①GHQ が改革を指示 日本国憲法公布	I	中華人民共和国誕生
1950～	独立回復　日米安全保障条約を結ぶ 自衛隊発足　55 年体制の成立 ②国際連合加盟	II	朝鮮戦争始まる アジア・アフリカ会議開催
1960～	東京オリンピック開催 日韓基本条約を結ぶ 小笠原諸島の本土復帰	III	ベトナム戦争始まる
1970～	沖縄の本土復帰 日中共同声明 日中平和友好条約を結ぶ	IV	サミット始まる
1980～	貿易摩擦が激しくなる バブル経済 消費税導入	V	
1990～	③国連平和維持活動（PKO）協力法を結ぶ 55 年体制の終わり		湾岸戦争始まる ヨーロッパ連合（EU）発足

問 1　下線部①の内容として正しいものを，次のア～オよりすべて選び記号で答えなさい。

ア　婦人参政権の付与
イ　固定為替相場制の採用
ウ　労働三法の制定
エ　教育委員会の設置
オ　農地改革

問 2　下線部②のきっかけとなった日ソ間の出来事を何というか答えなさい。

問 3　下線部③により初めて自衛隊が派遣された国を，次のア～エより一つ選び記号で答えなさい。

ア　カンボジア　　イ　イラク
ウ　東ティモール　エ　スーダン

問4　次のア～ウの写真が象徴する出来事を答え，該当する年代を年表中のⅠ～Ⅴより一つ選び記号で答えなさい。

ア

イ

ウ

[3]　気候についての文を読み，各問いに答えなさい。

ドイツの気候学者ケッペンは世界の気候を５つに分類しました。

①熱帯は北回帰線と南回帰線の間に広がっています。赤道付近では一年を通して気温が高く，季節による変化が少ない地域となっています。また，その地域では一年を通して雨が多く，②気温が上がると午後から短い時間に激しく降る雨がよくみられます。また，赤道から離れて南北の回帰線に近づくにつれて，（１）季と乾季が明瞭になっていきます。

③乾燥帯は，降水量が少ない地域に広がります。砂漠が形成される要因も地域によって様々です。乾燥帯でも少ない雨が降る地域があり，そこでは④草丈の短い草原が広がります。

私たち日本のほとんどの地域は（２）気候となっています。日本では，⑤季節により風向きが逆となる風の影響を強く受けます。ヨーロッパ南部では，夏に高温乾燥，冬に降水がみられる（３）気候が広がっています。その高緯度側には⑥温暖な西岸海洋性気候が広がっています。亜寒帯は，（４）半球には存在しません。亜寒帯は気温が低いため，⑦針葉樹林帯がみられます。

問1　空欄（１）～（４）にあてはまる語句を答えなさい。

問2　下線部①の地域で，木や原野を焼いてその灰を肥料として作物を育てる農業のことを何というか答えなさい。

問3　下の写真ア・イは下線部①の地域で栽培されているものである。ア・イの植物名を答えなさい。

ア

イ

写真：帝国書院ホームページ

問4　下線部②を何というか答えなさい。

問5　下線部③について，乾燥帯割合が最も高い大陸として正しいものを，次のア～エより一つ選び記号で答えなさい。

ア　南アメリカ大陸　　イ　オーストラリア大陸　　ウ　北アメリカ大陸　　エ　ユーラシア大陸

問6　下線部④を何というか答えなさい。

問７　下線部④が広がる地域で行われる，草と水を求めて家畜とともに移動する牧畜のことを何というか答えなさい。

問８　下線部⑤の名称を答えなさい。

問９　下線部⑥がヨーロッパの高緯度地域でみられる理由を指定語句をすべて使用して説明しなさい。

　指定語句【北大西洋海流　　暖流　　偏西風】

問10　下線部⑦のことを何というか答えなさい。

4　選挙についての文を読み，各問いに答えなさい。

2019年は春と夏に大きな①選挙がありました。春に行われた統一地方選挙では，②都道府県知事・各市区町村長選挙が行われ，新たな北海道知事が誕生しました。夏には③参議院議員選挙が行われ，与党は71議席を獲得，野党は53議席を獲得し，与党の議席は141議席と選挙前の議席数から7議席少なくなる結果となりました。

問１　下線部①に関連して，

（１）　選挙の四つの原則を答えなさい。

（２）　選挙に関する手続きなどを定めた法律を答えなさい。

問２　下線部②に関連して，

（１）　地方公共団体の住民には条例の制定・改廃や監査請求などの権利が与えられているが，これらの権利をまとめて何というか答えなさい。

（２）　東京都で平成14年から導入されている宿泊税のように，地方公共団体では，独自に法定外目的税を導入することが可能である。冬のリゾート地として近年多くの観光客で賑わう北海道のある自治体では，2019年11月より宿泊税を導入した。この自治体を，次のア～エより一つ選び記号で答えなさい。

　ア　余市町　　イ　倶知安町　　ウ　上川町　　エ　斜里町

問３　下線部③に関連して，

（１）　有権者は投票所で二種類の投票用紙を受け取り，それぞれ異なる選挙方法にもとづいて投票をする。この二つの選挙方法について，次の文中の空欄にあてはまる語句を答えなさい。

有権者が政党に投票する選挙制度は（A）という。また，有権者が居住する地域の代表を選び，候補者を選択し投票する選挙制度を（B）という。

（２）　参議院議員選挙では，衆議院議員選挙と異なり，すべての議席を一度に入れ替えるわけではない。参議院で採用されているこの方法について解答欄にあわせて答えなさい。

（３）　国会では衆議院と参議院の二院制が採用されているが，予算先議権など衆議院のみに与えられている権限を総称して何というか答えなさい。

5 図１と図２は，SNS上で話題となった地図を参考に作成したものである。各問いに答えなさい。

図１

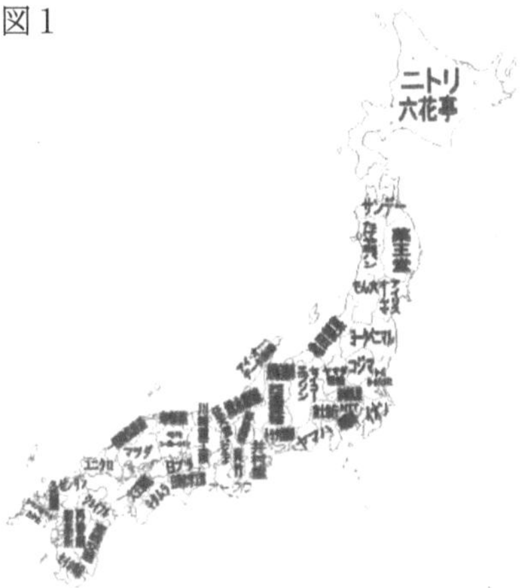

図２

問１　図１を参考に，日本の産業の特徴を説明した文として誤っているものを，次のア～エより一つ選び記号で答えなさい。

ア　生産拠点を海外に置き，安価な商品を生産・販売している企業がある。

イ　電気機器や薬品や日用品などの小売業がさかんで，郊外には大型店舗が出店されている。

ウ　工業原料の多くを輸入に頼っているため，工業地域は東京湾，伊勢湾などの東日本の港湾部に多くなっている。

エ　太平洋ベルトと呼ばれる地域では，自動車関連産業がさかんである。

問２　図１の北海道はニトリと六花亭が主な企業となっている。この二つの企業以外であなたが紹介したい北海道の企業名とその事業内容や商品を具体的に説明しなさい。

問３　下の表は北海道・沖縄・東京・大阪の産業別人口割合を示したものである。A～Dの組み合わせとして正しいものを，次のア～エより一つ選び記号で答えなさい。

都道府県名	第一次産業 (%)	第二次産業 (%)	第三次産業 (%)
A	0.4	17.5	82.1
B	7.4	17.9	74.7
C	4.9	15.1	80.0
D	0.6	24.3	75.1

選択肢	ア	イ	ウ	エ
A	東京	大阪	沖縄	北海道
B	北海道	東京	大阪	沖縄
C	沖縄	北海道	東京	大阪
D	大阪	沖縄	北海道	東京

※第一次産業＝農林水産業　第二次産業＝鉱工業
第三次産業＝サービス業など

資料：2015年国勢調査

問４　図２を参考に，アメリカの産業の特徴を説明した文として誤っているものを，次のア～エより一つ選び記号で答えなさい。

ア　北緯37度の緯線より北の地域はサンベルトと呼ばれ，シリコンバレーと呼ばれる地域にICT産業の企業がある。

イ　清涼飲料水メーカーや飲食店などの企業がみられ，日本の食文化に大きな影響を与えている。

ウ　五大湖周辺の州には自動車産業に関連した企業があり，鉄鋼業や自動車産業がさかんである。

エ　アマゾンやグーグルなどGAFAと呼ばれる大企業が含まれていて，現在の世界のあらゆる情報を支配している。

問５　図２で示された企業の中には，世界に進出している企業がある。このように世界中で活躍している企業を何というか答えなさい。

問6　下の表は日本・アメリカ・ベトナム・中国の産業別の人口割合を示したものである。A～Dの組み合わせとして正しいものを，次のア～エより一つ選び記号で答えなさい。

国名	第一次産業(%)	第二次産業(%)	第三次産業(%)
A	1.4	19.7	78.9
B	27.0	28.1	44.9
C	3.4	25.1	71.5
D	40.2	25.8	34.0

※第一次産業＝農林水産業　第二次産業＝鉱工業
第三次産業＝サービス業など

選択肢	ア	イ	ウ	エ
A	中国	日本	ベトナム	アメリカ
B	日本	ベトナム	アメリカ	中国
C	ベトナム	中国	日本	日本
D	アメリカ	アメリカ	中国	ベトナム

質料：2017年ILO

問7　他国と貿易を行う場合，重要になるのは為替相場である。日本から海外へ輸出する場合，日本側に有利だと考えられるものを，次のア～エより一つ選び記号で答えなさい。

ア　円の価値が外国通貨に対して高くなる「円高」の現象がおき，1＄＝120円だったのが，1＄＝100円になった。

イ　円の価値が外国通貨に対して安くなる「円安」の現象がおき，1＄＝120円だったのが，1＄＝100円になった。

ウ　円の価値が外国通貨に対して高くなる「円高」の現象がおき，1＄＝100円だったのが，1＄＝120円になった。

エ　円の価値が外国通貨に対して安くなる「円安」の現象がおき，1＄＝100円だったのが，1＄＝120円になった。

問8　現在，国際連合やNGOだけでなく多くの企業が「持続可能な地球」であることを意識し，様々な課題に取り組み始めている。次の各問いに答えなさい。

（1）　国際連合の説明として誤っているものを，次のア～エより一つ選び記号で答えなさい。

ア　1945年に発足し，アメリカのニューヨークにおかれている本部では，事務局や専門機関に分かれ活動を行っている。

イ　加盟国の総数は，発足当時は51だったが現在は190を超え，各国はGNIに応じた分担金を負担している。

ウ　世界の平和と安全を維持ずる目的で安全保障理事会が設置され，常任理事国には拒否権が与えられている。

エ　専門機関を通じて世界の人々の暮らしを向上させる努力を行っており，UNHCRは主に識字活動や文化保護を行っている。

（2）　2019年，グレタ・トゥーンベリさんという少女が気候変動サミットで演説を行いました。彼女の運動に賛同する若者たちが世界中で行動をおこしています。気候への影響を減少させる効果がないものを，次のア～エより一つ選び記号で答えなさい。

ア　各国の機関投資家や銀行が融資先を決める際に，環境問題に取り組む企業であるかどうかを，判断の重要な指標にすること。

イ　政府所有の自動車を全て電気自動車にしたり，世界自然遺産での交通手段を二酸化炭素排出の少ないものに替えたりすること。

ウ　発展途上国の経済発展のためには，化石燃料を使用しての工業化はやむをえない。

エ　世界的なスターが，ワールドツアーでの移動に多くの二酸化炭素を排出してしまうことを懸念して，ツアーを取りやめること。

イ　母赤染右衛門が挙周朝臣のために自分の命を差し出す覚悟をもって、住吉神社へお参りに行ったこと。
ウ　母赤染右衛門が挙周朝臣とともに住吉神社へお参りした結果、助かったのでお礼をしてきたこと。
エ　母赤染右衛門が挙周朝臣を住吉神社に連れて行き、願いがかなうように一緒にお参りをしたこと。

問六　――⑧「泣く泣く」とあるが、挙周が泣いたのはなぜか。最も適切なものを次から選び、記号で答えなさい。
ア　自分の身代わりで病気になってしまった母を助けてほしいという思いがあふれたから。
イ　自分を助けたことで母が死んでしまったことを知り、母の愛情の深さを感じたから。
ウ　自分の病気が治り生きながらえたとしても、母がいなければ幸せではないと思ったから。
エ　自分の病気を治すために母が自分の人生をなげうって出家をしたことを知ったから。
オ　自分の病気が治った矢先に母も同じ病気にかかったことを知り、運命に絶望したから。

問七　――部⑨「母子ともに事ゆゑなく侍りけり」とあるが、このような結末になった理由を筆者はどのように考えているか。それを示す部分を本文中から二か所探し、七字と十五字で抜き出して答えなさい。

③申して、七日に満ちける日、＊御幣（みてぐら）のしでに書きつけ侍（はべ）りける、

かはらん（身代わりになりたい）と祈る命は惜しからでさても④別れんことぞかなしき

かくよみてたてまつりけるに、＊神感（じんかん）やありけん、挙周が病⑤よくなりにけり。母＊下向（げかう）して、喜びながら⑥この様を語るに、挙周いみじく歎（なげ）きて、「われ生きたりとも、母を失ひては何のいさみかあらん（何の励みがありましょう）。かつは（その上）不孝の身なるべし」と思ひて、住吉にまうでて⑦申しけるは、「母われにかはりて命終わるべきならば、すみやかにもとのごとくわが命をめして、母をたすけさせ給へ（お助けください）」と⑧泣く泣く祈りければ、神あはれみて御たすけやありけん、⑨母子ともに事ゆゑなく侍りけり（何事もなかったといいます）。

（『古今著聞集』）

＊住吉……住吉神社。
＊御幣のしで……神前に供える布あるいは紙。
＊神感……神が願いを聴きとどけること。
＊下向……神仏に参詣して帰ること。

問一　――部①「まうで」の読みを現代仮名づかいで答えなさい。

問二　――部②「たすかりがたくは」、④「別れんこと」の現代語訳として最も適切なものを次から選び、それぞれ記号で答えなさい。

②「たすかりがたくは」
ア　助けが必要であるので
イ　助からないと思うので
ウ　助かる見込みが少ないならば
エ　助かってほしいと願うならば

④「別れんこと」
ア　別れてしまうこと
イ　別れないでいること
ウ　別れようと言われること
エ　別れようとしないこと

問三　――部③・⑦「申し」の主語を次から一つ選び、それぞれ記号で答えなさい。

ア　挙周朝臣　イ　母赤染右衛門　ウ　神　エ　筆者

問四　――部⑤「が」と同じ用法のものを次から一つ選び、記号で答えなさい。

ア　あやしがりて、寄りて見るに
イ　おどろおどろしくとりなしけるが、目驚きて
ウ　すずめの子を犬君が逃がしつる
エ　二、三十人が中にわづかに一人二人なり

問五　――部⑥「この様」とはどのようなことか。最も適切なものを次から選び、記号で答えなさい。

ア　母赤染右衛門が挙周朝臣を何とか助けるため、神に助けてほしいと願う和歌を詠んだこと。

三　国語総合問題

問一　次のことばの（　）にあてはまる生き物を、漢字一字で答えなさい。

①（　）の居所が悪い

②（　）の耳に念仏

③飛ぶ（　）を落とす勢い

問二　次のことばの意味を下のア～オから一つ選び、それぞれ記号で答えなさい。

①灯台もと暗し

②お茶を濁す

③水を得た魚

ア　余計なことをして汚してしまうこと。

イ　いいかげんなことを言ってその場をごまかすこと。

ウ　華やかな場所には危険がひそんでいるということ。

エ　身近なことはかえってわかりにくいこと。

オ　生き生きとしていること。

問三　次の歴史的仮名づかいを現代仮名づかいに直しなさい。

①ひとこゑ　②くわじ　③ゐなか　④おもふやう

問四　次の古文を読んで、問いに答えなさい。

①つれづれなる（傍線部①）ひるま、宵居などに、姉、継母などやうの人々の（傍線部②）、その物語、かの物語、光源氏（傍線部③）のあるやうなど、ところどころ語るを聞くに、いとどゆかしさまされど、わが思ふままに、そらにいかでかおぼえ語らむ。

（1）――部①「つれづれなる」について。「つれづれなるままに……」から始まる鎌倉時代の文学作品を次から一つ選び、記号で答えなさい。

ア　徒然草　イ　枕草子　ウ　万葉集　エ　平家物語

（2）――部②「の」と同じ用法のものを次から一つ選び、記号で答えなさい。

ア　世になく清らなる玉の男皇子

イ　今は昔、竹取の翁といふ者ありけり

ウ　四条大納言のはめでたく

エ　夕日のさして山の端いと近うなりたる

（3）――部③「光源氏」の生涯を中心に描いた『源氏物語』の成立時代を次から選び、記号で答えなさい。

ア　奈良時代　イ　平安時代　ウ　鎌倉時代　エ　江戸時代

問五　次の漢文の読む順番を、右側の□に数字で答えなさい。

①月□光□如□レ水□　②非□レ礼□勿□レ視□

③池□魚□思□二故□淵□一　④懸□二羊□頭□一売□二狗□肉□一

☆スーパー特進・特進・スーパープログレス進学・プログレス進学コースの受験生は、次の古文問題を解答しなさい。

四　次の古文を読んで、問いに答えなさい。

挙周（たかちか）朝臣、重病をうけて（重い病気にかかって）、たのみすくなく見えければ（余命いくばくもないように見えたので）、母赤染（あかそめ）右衛（ゑ）門（もん）、*住吉にまうでて（傍線部①）、七日籠りて（こもって祈って）、「このたびたすかりがたくは（傍線部②）、すみやかにわが命にめしかふべし（私のいのちと引き換えてください）」と

問二　——部①「何か、とてつもない失敗」とは、ここではどういうことか。三十五字以内で答えなさい。

問三　==部A「ひとしきり」、B「気がとがめて」の意味を次から一つ選び、それぞれ記号で答えなさい。

A「ひとしきり」……
ア　長い間　イ　ひたすら
ウ　しばらくの間　エ　一気に

B「気がとがめて」……
ア　後ろめたい気がして
イ　憎たらしい気がして
ウ　哀しい気がして
エ　叱られた気がし

問四　（　Ⅰ　）～（　Ⅲ　）にあてはまる語を次から選び、それぞれ記号で答えなさい。

ア　ふと　イ　ずうっと　ウ　やっと　エ　そっと

問五　——部②「そんな人」とはどのような人か。本文中の語句を用いて十字程度で答えなさい。

問六　——部③「本のどこがそんなにおもしろいの」とあるが、比喩を用いて本のおもしろさを表現している語句を本文中から抜き出して答えなさい。

問七　本文の内容として合うものを次から一つ選び、記号で答えなさい。

ア　本を持って行ったのは自分だけではなかったことを知り、実は自由に本を持っていける空間にしてくれていたおばあさんの気遣いを察した「ぼく」は、自分の書いた本を置いていくことで恩返しをしている。

イ　本への愛情にあふれたおばあさんとの出会いが「ぼく」に本の面白さを教えてくれたことを、ミツザワ書店を訪れることで改めて実感し、おばあさんの思い出話を聞きながら感謝の気持ちで満たされている。

ウ　久しぶりに訪れたミツザワ書店は、「ぼく」の記憶と何一つ変わっておらず当時のままだったので、より一層おばあさんがいないという喪失感に打ちのめされ、過去のとてつもない失敗を深く反省している。

エ　おばあさんが亡くなったあとのミツザワ書店は、近場に大型書店ができたこともあり経営が厳しく閉店したが、おばあさんの孫にあたる「女の人」は再度開店したいと考えており、「ぼく」も賛同している。

問八　☆スーパー特進・特進・スーパープログレス進学・プログレス進学コースの受験生は、答えなさい。

——部④「（　　）なんておこがましい」について、次の各問いに答えなさい。

（1）（　　）にあてはまる語を本文中から抜き出して答えなさい。

（2）「おこがましい」の意味を次から一つ選び、記号で答えなさい。

ア　おおげさだ　イ　場違いだ
ウ　身の程知らずだ　エ　予想外だ

★未来創造コースの受験生は、次の三　国語総合問題を解答しなさい。

☆スーパー特進・特進・スーパープログレス進学・プログレス進学コースの受験生は、次のページの四　古文問題を解答しなさい。

書店がそのまま立ちあらわれる。

「店は閉めているけれど、そのままにしているんです。片づけるのも処分するのも面倒だというのが本音ですけど。ほとんど倉庫ですね」

女の人とともに、店内に足を踏み入れた。床から積み上げられた本、平台に無造作に積まれた本、レジ台で壁を作る本、棚にぎゅうぎゅうに押しこまれた本――。記憶と異なるのは光だけだった。ガラス戸から黄色っぽい光がさしこんでいた薄暗いミツザワ書店は、今、蛍光灯ののっぺりした明かりに照らし出されている。

「祖母は本当に本を読むのが好きな人でね。お正月なんかに集まっても、ひとりで本を読んでましたよ、子どもみたいに。読む本のジャンルもばらばら。ミステリーのこともあれば、時代小説のこともあったし、あるとき私がのぞきこんだら、ＵＦＯは本当に存在するか、なんて本を読んでいたこともあった。祖母が祖父と結婚した理由っていうのも、祖父が本屋の跡取り息子だったからなんですって。祖父が亡くなってからは、自分の読みたい本ばかり注文して、片っ端から読んで。売り物なのにね」

女の人は積み上げられた本の表紙を、（　Ⅲ　）撫でさすりながら言葉をつなぐ。

「私、子どものころおばあちゃんに訊いたことがあるの。③本のどこがそんなにおもしろいの、って。おばあちゃん、何を訊いてるんだって顔で私を見て、『だってあんた、開くだけでどこへでも連れてってくれるものなんか、本しかないだろう』って言うんです。この町で生まれて、東京へも外国へもいったことがない、そんな祖母にとって、本っていうのは、世界への扉だったのかもしれないですよね」

それを言うなら子どものころのぼくにとって、ミツザワ書店こそ世界への扉だったとぼくは思ったけれど、口には出さなかった。そのかわり、棚を見るふりをして通路を歩き、茶封筒から自分の単行本をすばやく抜き取り、塔になった本の一番上にそっと置いた。

「おばあちゃんは本屋じゃなくて図書館で働くべきだったわね」

「でも、それじゃ、すぐクビになっちゃいますよ。仕事を放り出して本を読み耽っちゃうんだから」思わず言うと、女の人はまた楽しそうに笑った。

本で満たされた店内をぼくはもう一度眺めまわす。埃をかぶった本は、すべて呼吸をしているように思えた。ひっそりと、時間を吸いこみ、吐き出し、だれかに読まれるのをじっと待っているかのように。そのなかに混じったぼくの本は、いかにも新参者という風情で、居心地悪そうだった。しかし幸福そうでもあった。作家という不釣り合いな仕事をはじめたばかりのぼくのように。

礼を言って玄関を出た。門まで見送りにきた女の人は、恥ずかしそうにうつむいて、

「いつかあそこを開放したいと思っているんです」とちいさな声で言った。「④（　　　）なんておこがましいけれど、この町の人が読みたい本を好き勝手に持っていって、気が向いたら返してくれるような、そういう場所を作れたらいいなって思っているんですよ」

「そうなってほしいと、じつはさっき思っていたんです。楽しみにしています」ぼくは言った。

（角田光代「ミツザワ書店」）

問一　〰〰部ａ～ｄのカタカナは漢字を、漢字は読みを答えなさい。

「家の者は友人の家にいっていて、ちょうど今日は留守で、私もひまだったんですよ」

「えーと、あなたは、おばあさんの」

「孫です。三年前にここに引っ越してきて、この家で両親と暮らしています」

「それであの、ミツザワ書店は」

「祖母が伏せってから、ずっと閉めています。あとを継ぎたいという者がだれもいなくて。もともと儲かるような店じゃなかったし、祖母の道楽みたいなものでしたしね。今は駅の向こうに大型書店もできて、うちが店じまいしてもみなさん困ることもないでしょう」

①何か、とてつもない失敗をしでかしたような気になった。自分は凶悪事件の加害者で、警察にいかず被害者の家に自首しにきたような。柱時計の秒針が、やけに大きく耳に響いた。

「じつはお詫びしなきゃならないことがあって今日はここまできたんです」

ぼくはうつむいたまま一気にしゃべった。十六歳の夏の日。秋のはじめの決行。はじめて本読みで夜を明かしたこと。拙い感想。三年前書きはじめた原稿。幾度も書きなおした言葉。とんでもないことになったと思った授賞式。夜襲いかかってくる不安。単行本と、それを手にして思い出したおばあさんのこと。

「本当にすみませんでした」

ぼくは財布から本の代金を取り出してソファテーブルに置き、深く頭を下げた。呆れられるか、ののしられるか、帰れと言われるか、じっと待っていると、子どものような笑い声が聞こえてきた。驚いて顔を上げると、女の人は腰をおりまげて笑っていた。Aひとしきり笑ったあとで、話し出した。

「じつはね、あなただけじゃないの。この町に住んでいた子どもの何人かは、うちから本を持ってってると思うわよ。祖母の具合が悪くなって、それで私たち、同居するために引っ越してきたんだけれど、はじめてあの店を見て、私だって驚いちゃった。持ってけ泥棒って言っているような本屋じゃない。しかも祖母は（　Ⅰ　）本を読んでるし。私も幾度か店番をしたことがあって、何人か、つかまえたのよ、本泥棒」女の人はまた笑い出した。「それだけじゃないの。返しにくる人も見つけたことあるの。持っていったものの、読み終えてB気がとがめて、返しにきたんでしょうね。まったく、図書館じゃあるまいし。こうしてお金を持って訪ねてきてくれた人も、あなただけじゃないの。祖母が生きているあいだも、何人かいたわ。じつは数年前、これこれこういう本を盗んでしまった、って。もちろん、そんな人ばかりじゃないだろうけどね、②そんな人がいたのもたしかよ。あなたみたいにね」それから女の人は（　Ⅱ　）ぼくを見て、

「作家になった人というのははじめてだけれど」と思いついたようにつけ足した。

「本当にすみません」もう一度頭を下げると、

「見ますか、ミツザワ書店」女の人は立ち上がってbテマネきをした。

玄関から続く廊下の突き当たりが、店と続いているらしかった。女の人は塗装の剝げた木製のドアを開け、明かりをつける。

本の持つ独特のにおい、紙とインクの埃っぽいような、甘い菓子のようなにおいがぼくを包みこみ、目の前に、あのなつかしいミツザワ

問六　――部⑤「『うそ』の文化比較」について、柳田國男によると、昔の日本人は「ウソ」をどのようなものととらえていたか。本文中から五字で抜き出して答えなさい。

問七　（　Ⅰ　）～（　Ⅲ　）にあてはまる語の組み合わせとして最も適切なものを次から選び、記号で答えなさい。

ア　（Ⅰ）場　（Ⅱ）個人　（Ⅲ）場
イ　（Ⅰ）個人　（Ⅱ）場　（Ⅲ）場
ウ　（Ⅰ）場　（Ⅱ）個人　（Ⅲ）個人
エ　（Ⅰ）個人　（Ⅱ）場　（Ⅲ）個人

問八　（　ⅰ　）（　ⅱ　）に共通してあてはまる語を次から選び、記号で答えなさい。

ア　つまり　イ　そこで　ウ　たとえば　エ　しかし

問九　――部⑥「社交性を身につけないままで『ノー』と言う」日本人とは対照的に、西洋人の社交性を身につけた「ノー」の言い方とはどのようなものか。「ジョーク」という語を用いて、五十字以上六十字以内で答えなさい。

問十　本文の内容として合うものを次から一つ選び、記号で答えなさい。

ア　日本人は、場を保つことよりも、個人と個人の関係がうまくいくことを優先するため、その場の善悪をはっきりさせることなくまるくおさめるために「うそ」を言ってしまうことがある。
イ　日本人は、その場を保つためにある程度あることないことを話しても責任は問われないが、西洋では発言に対する責任があるため、日本人のように「うそ」を言うことは許容されない。
ウ　日本人は「ノー」と言えない人が多く、場あたりな「うそ」をついてしまい誤解されやすいが、西洋人とつき合うときには相手の文化を踏まえて「ノー」と言うべきである。
エ　日本人にとって「うそ」は、人間関係を保つために必要なものであり、西洋では同じような働きをするものとして「ジョーク」があるが、日本人には無礼に感じられるものである。

問十一　☆スーパー特進・特進・スーパープログレス進学・プログレス進学コースの受験生は、答えなさい。

本文中には次の一文が抜けている。入れる場所として最も適切な箇所を、本文中の1～4から選び、記号で答えなさい。

ジョーク抜きでは対人関係がうまくいかないのである。

二　次の文章を読んで、問いに答えなさい。

ミツザワ書店は「ぼく」が生まれ育った家の近所にある本屋で、いつも読書に夢中になっているおばあさんが営んでいた。高校生だった「ぼく」は、ある日どうしても欲しかった本を万引きしてしまう。二十七歳になった「ぼく」の書いた小説が、ある文学雑誌の新人賞を受賞した。翌年の正月、本の代金を支払い、万引きの謝罪をするため再びミツザワ書店を訪れる。

「あの、えーと、おばあさんはお元気ですか」

女の人は口元に笑みを浮かべたままぼくを見て、

「他界しました。去年の春です」静かな口調で言った。頬をはられたような気持ちでぼくは女の人を見た。そういえば、玄関になんのカザ[a]りもなかったことを今さらながら思い出す。

責任はない（と言っても程度があって、あまりに「場あたり」のことを言うのはよくないと考えられる）。これに対して、欧米人の場合は、どんな場合にでも発言したことについてはその人の責任が伴うので、日本人的「ウソ」は言えない。と言って、すべての人が「ホント」のことばかり話をすると、ギクシャクしてきてたまらない。そこで、ジョークを言うことが必要になる。3

相手から何かが要求されるが、それはトウテイ(e)できそうにない。4 そのとき日本的であれば、相手の気持ちを汲んで、「難しいことですが、何とか考えてみましょう」と言う。（ i ）、これは西洋から見れば「ウソ」である。西洋人の場合は、「ノー」と言うわけだが、このときに場を和らげようとすると、ジョークが用いられる。そのジョークのなかに、相手の気持ちや、自分はどうしてもやりたいとは思うけれどできない、などという気持ちがうまく入れこまれていると、この人は「社交性」があるということで評価される。

「社交的」という言葉は、日本ではむしろ否定的な感じを与える。（ ii ）、欧米では、それはむしろ当然のことである。あちらでは、子どものときから「社交的」であるためのエチケットやふるまいについて訓練される。日本人は「ノーと言えない」などと言われるので、それを意識して、欧米人とつき合うときは、⑥「ノー」と言うべきだと張り切る人がある。残念ながら、そんなときに社交性を身につけないままで「ノー」と言うので、大変粗野に見えたり、無礼に感じられたりする。それぞれの文化は、長い歴史のなかで、全体的にその生き方を洗練してきているので、他の文化とつき合うのは、ほんとうに難しいことである。

（河合隼雄「場の言語」）

問一　〜〜〜部a〜dのカタカナは漢字を、漢字は読みを答えなさい。

☆スーパー特進・特進・スーパープログレス進学・プログレス進学コースの受験生は、〜〜〜部eのカタカナの漢字も答えなさい。

問二　――部①「英語であれば、『サンキュー』と言うべきときも『すみません』と言っている」について。日本人は、他にどのようなときに「すみません」と言っているか。「『サンキュー』と言うべきとき」以外の事例を考えて答えなさい。

問三　（ ② ）にあてはまる言葉として最も適切なものを次から選び、記号で答えなさい。

ア　うそも方便　　イ　うそから出たまこと
ウ　うそ八百　　エ　うそつきは泥棒のはじまり

問四　――部③「これ」の指示する内容を一文で探し、最初と最後の五字をそれぞれ抜き出して答えなさい。

問五　――部④「日本人が、『うそー』という感じで、英語で『liar』と言って物議をかもした」とあるが、どういうことか。最も適切なものを次から選び、記号で答えなさい。

ア　日本人が、日本語の「うそー」の持つ見下す感じを、英語の「liar」で伝えたために、険悪な雰囲気になったこと。
イ　日本人が、日本語の「うそー」という軽い言い方と同じように、英語で「liar」と言ってしまって問題になったこと。
ウ　日本人が、日本語の「うそー」という感じを伝えるために、英語の「liar」を使ったが、的外れで笑われたこと。
エ　日本人が、日本語の「うそー」と英語の「liar」の意味の違いを理解せずに使ってしまい、間違いを指摘されたこと。

【国　語】（四五分）〈満点：一〇〇点〉

【注意】

1　問題は一から四まであります。
2　一、二はコース共通問題です。すべての受験生が解答しなさい。ただし、☆印は、スーパー特進・特進コース、スーパープログレス進学コースの受験生が解答しなさい。
3　三、四はコース別問題です。三は未来創造コースの受験生が、四はスーパー特進・特進コース、スーパープログレス進学・プログレス進学コースの受験生が解答しなさい。
4　字数が指示されている問いについては、句読点や符号も字数に含めて答えなさい。
5　文字や句読点・符号は、はっきりと丁寧に書きなさい。

一　次の文章を読んで、問いに答えなさい。

「すみません」は日本人の好きな言葉である。日に何度も言っている。①英語であれば、「サンキュー」と言うべきときも「すみません」と言っている。日本では、個人と個人との関係を考えるよりは、全体としての場を大切にするので、ともかく場をコワ(a)すことを避けたいと思う。二人の人間のどちらが正しく、どちらがまちがっているか、ということではなく、ともかく二人の場を荒立てずにつくることの表明として、お互いに「すみません」ということが必要になる。

「場」を中心に考えると、個人の発想からすれば「うそ」になることを言わねばならぬときがある。日本では、ある程度の「うそ」は許容されている。「（　②　）」という仏教の言葉もある。③これに対して、欧米では「うそ」は明白に悪とされる。人前で「うそつき」と言われたときは腕力に訴えてもそれに対抗しなくてはならない。これは最大の侮辱である。そんなことを知らぬ④日本人が、「うそー」という感じで、英語で「liar」と言って物議をかもしたことがある。

柳田國男が⑤「うそ」の文化比較を早い時期に試みているのは興味深い。彼は『不幸なる芸術』のなかで「ウソと子ども」「ウソと文学との関係」について論じ、そこで文化比較について少し触れている（『柳田國男全集』第九巻、ちくま文庫）。柳田はウソ、特に子どものウソに対して寛容(b)であるが、その根拠として、昔は「ウソ」は「ヲソ」などと呼ばれていて虚偽という意味よりも、面白いお話という意味が強かった、ということをあげている。「以前は村々には評判のウソツキという老人などが、たいていは一人ずつ住んでいて」人々を楽しませていた。そして、「人望のあるウソは必ず話になっている。むつかしい語で申せばもうブンゲイ化(c)している」というわけである。「とにかくこの人生を明るく面白くするためには、ウソを欠くべからざるものとさえ考えている者が、昔は多かった」。つまり、このような「ウソ」によって、場全体の雰囲気をうまく保てたのである。（中略）

場を保つために、日本では「ウソ」がある。これに対して、西洋ではジョークがあるのではなかろうか。［1］ここで大切なことは、日本では、（　Ⅰ　）の方から発想し、次に（　Ⅱ　）に及んでくるが、西洋では、まず（　Ⅲ　）があり、その次に個人と個人の関係を円滑(d)にする（日本的に言えば、場を保つ）ことが考えられるので、その在り方が異なってくることである。［2］日本人であれば、その場を保つためには、あることないことを適当に話をしても、その言葉に個人としての

MEMO

大切なことはメモしておこうネ！

2020年度

札幌龍谷学園高等学校入試問題
（スーパープログレス進学・プログレス進学コース）

【数　学】（45分）〈満点：100点〉

【注意】 定規・コンパス・分度器は使用してはいけません。

1 次の問いに答えなさい。

(1) $3+(-9)$ を計算しなさい。

(2) $2(x-3)-4(2y-x-5)$ を計算しなさい。

(3) 1次方程式 $3(x+4)=-x$ を解きなさい。

(4) 関数 $y=\dfrac{a}{x}$ について，xの変域が$2\leqq x\leqq 8$のとき，yの変域は$p\leqq y\leqq 5$でした。pの値を求めなさい。

(5) 右の図のおうぎ形の面積を求めなさい。ただし，円周率をπとします。

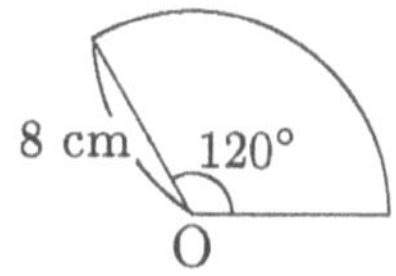

(6) 右の図の直方体ABCD-EFGHにおいて，辺ABとねじれの位置にある辺の本数を求めなさい。

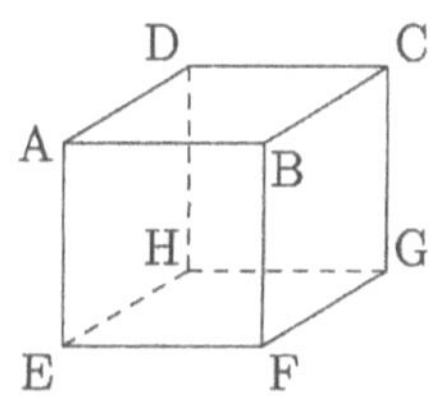

(7) $\left(\dfrac{3}{2}x^2y\right)^3\div\left(-\dfrac{x^2y^3}{8}\right)$ を計算しなさい。

(8) 連立方程式 $\begin{cases}3x+2y=-2\\6x-3y=10\end{cases}$ を解きなさい。

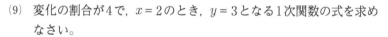

(9) 変化の割合が4で，$x=2$のとき，$y=3$となる1次関数の式を求めなさい。

(10) 右の図で，$\ell /\!/ m$のとき，$\angle x$の大きさを求めなさい。

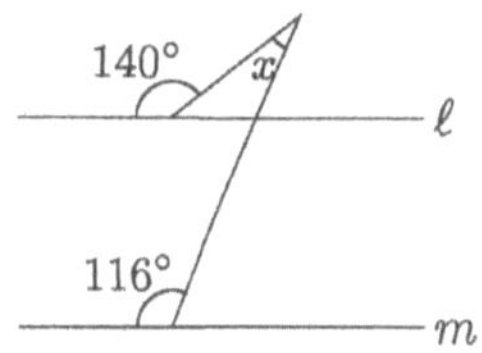

(11) 2つのさいころA，Bを同時に投げ，Aの出た目をa，Bの出た目をbとするとき，$\dfrac{a-b}{2}$が自然数になる確率を求めなさい。

(12) $(x-4)(x+5)+8$ を因数分解しなさい。

(13) $\sqrt{18}-4\sqrt{2}$ を計算しなさい。

(14) 2次方程式 $x^2+5x-1=0$ を解きなさい。

(15) 右の図で，$\ell /\!/ m$，$m /\!/ n$のとき，xの値を求めなさい。

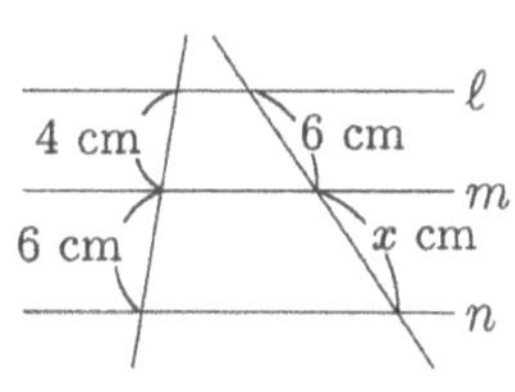

(16)　右の図で，点Oは円の中心です。∠xの大きさを求めなさい。

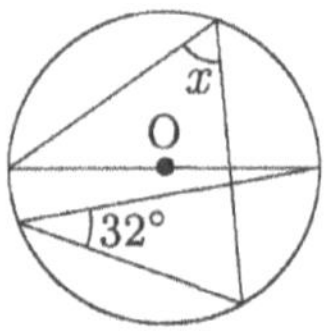

(17)　3時間で2000個の製品をつくる機械があります。この機械を何時間作動させれば80000個の製品をつくることができますか。

2　右の図は，放物線$y=\dfrac{3}{4}x^2$と直線ℓが2点A，Bで交わっていて，Aのx座標は－2，Bのx座標は4です。このとき，次の問いに答えなさい。

(1)　直線ℓの式を求めなさい。

(2)　△OABの面積を求めなさい。

(3)　放物線上に点Pがあり，Pのx座標は0より大きく4より小さいとします。△OABと△PABの面積が等しいとき，Pの座標を求めなさい。

(4)　ℓがy軸と交わる点をC，線分OB上の点をQとします。ただし，Qのx座標は0より大きく4より小さいとします。四角形AOQCと△CQBの面積の比が5：4になるとき，Qの座標を求めなさい。

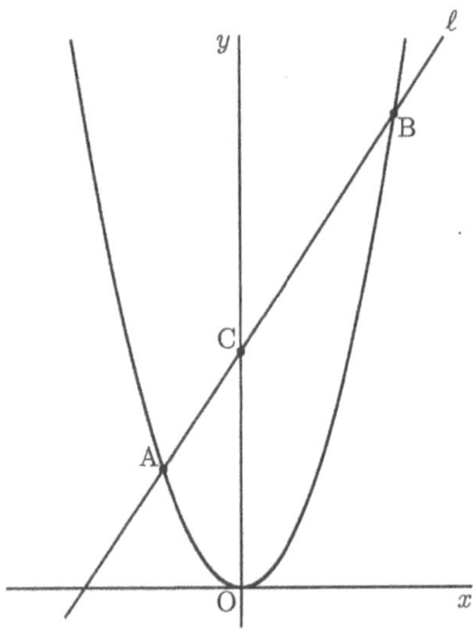

3　右の図はAD∥BCの四角形ABCDで，DE⊥BCです。また，Dを通りABに平行な直線がBCと交わる点をFとします。AB = 13 cm，BC = 20 cm，CD = 15 cm，AD = 16 cmのとき，次の問いに答えなさい。

(1)　線分CFの長さを求めなさい。

(2)　線分EFの長さを求めなさい。

(3)　△CDEの面積を求めなさい。

(4)　△CDEをDEを軸として1回転したときにできる立体の体積を求めなさい。ただし，円周率をπとします。

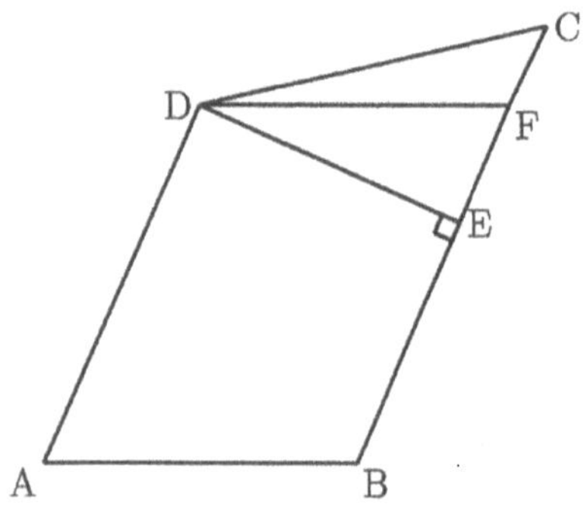

【英　語】（45分）〈満点：100点〉

[1] 次の英文を読み，設問に答えなさい。

People started to use plastic only about 60 years ago, but we can see plastic *everywhere now. Almost all things in supermarkets are wrapped in plastic *packages. When we buy them, we use plastic bags. We also use plastic *containers to keep food fresh. Most products in our daily ①lives are made of plastic and we can't live （　1　） it now. Plastic is so useful to us.

However, part of the plastic *garbage is not ②throw away *properly. There are *thoughtless people [　A　] leave plastic bottles or plastic bags on the street after they finish using them. This plastic garbage is *washed away to rivers （　2　） rain and wind and goes to the sea in the end. Researchers said that about 8 million *tons of plastic is washed away to the sea all over the world every year. Most of this plastic will stay in nature （　3　） hundreds of years because it doesn't *rot like paper and food. ③Some scientists say that (1. than / 2. be / 3. will / 4. there / 5. plastic / 6. more) the fish in the ocean in the future if we continue to use it.

This plastic is very dangerous for animals in the sea. *Leatherback sea turtles are one example. They are the biggest sea turtles （　4　） the world. They are about 2 meters long and *weigh more than 250 *kilograms. To keep their body size, they eat a lot （　5　） food, especially *jellyfish. Because the plastic bags in the ocean look like jellyfish, many leatherback sea turtles eat ④them *by mistake and die. Also, 40 kilograms of plastic bags were ⑤find in the stomach of a dead whale in the Philippines. The whale could not eat because of too much plastic in his stomach and died.

In addition, this plastic in the ocean is also dangerous for human beings. It *eventually becomes small pieces ⑥call "micro-plastic". Like the sea turtles or whales, fish also eat it *accidentally and by eating the fish, humans get micro plastic in their body. This micro plastic also may have bad *effects on our health, too.

However, ⑦It (1. not / 2. change / 3. is / 4. too / 5. to / 6. late) the situation and protect the animals in the sea. If you want to save ⑧them, there are many things you can do for them. You should recycle, reuse, and reduce plastic. Also, you should stop using ⑨single-use plastic products and if you find something [　B　] is made of plastic, please ask yourself, "Do I really need this?" or "Can I find anything else that is not made of plastic?" The future of many animals in the ocean is in our hands.

注：*everywhere*：いたるところに　*package (s)*：包み　*container (s)*：容器　*garbage*：ごみ　*properly*：適切に
thoughtless：心無い　*wash away*：～を洗い流す　*ton (s)*：トン（重量）　*rot*：腐る
Leatherback sea turtles：オサガメ　*weigh*：～の重さがある　*kilograms*：キログラム　*jellyfish*：クラゲ
by mistake：誤って　*eventually*：最終的に　*accidentally*：うっかり　*effect*：影響

問1　下線部①の意味として最も適切なものを下から選び，番号で答えなさい。

1. 住む　　2. 生きる　　3. 生活　　4. 生命

問2　空欄(1)～(5)に当てはまる語をそれぞれ下から選び，記号で答えなさい。

ア．of　　イ．without　　ウ．by　　エ．for　　オ．with　　カ．before　　キ．in

問3　下線部②⑤⑥の各語を適切な形に変えなさい。

問4　空欄A，Bに当てはまる語をそれぞれ下から選び，番号で答えなさい。

1. what　　2. which　　3. where　　4. who

問5　下線部③⑦の(　　)内の語を並べかえて，日本文の意味を表す英文を完成しなさい。ただし，解答欄には番号で記入すること。

③「一部の科学者は将来プラスチックの数が魚の数より多くなるだろうと言っている」

⑦「状況を変えるには遅すぎることはない」

問6　下線部④⑧の表すものをそれぞれ下から選び，番号で答えなさい。

1. plastic bags　　2. jelly fish　　3. human beings　　4. the animals in the sea

問7　下線部⑨の内容として最も適切なものを下から選び，番号で答えなさい。

1. 一度使って，使い捨てるプラスチック製品のこと
2. 一度リサイクルされたプラスチック製品のこと
3. 一度も使われていないプラスチック製品のこと
4. 単独で使用されるプラスチック製品のこと

問8　次の英語の質問に英語で答えなさい。

1. Why do Leather back sea turtles eat plastic bags by mistake?
2. Why did the whale in the Philippines die?

問9　本文の内容に合うものには○，合わないものには×で答えなさい。

1. Plastic products were so expensive that people couldn't buy them about 60 years ago.
2. About 8 million tons of plastic garbage enters the sea every year, and most of it disappears naturally.
3. Plastic is dangerous for animals in the sea and human beings.
4. We can throw away garbage to the sea if it is not made of plastic.
5. To recycle plastic is one of the ways to help animals in the sea.

2　各組で下線部の発音が他と異なるものを1つ選び，番号で答えなさい。

ア.	1. allow	2. around	3. blow	4. tower	5. announce
イ.	1. park	2. worn	3. war	4. taught	5. fall
ウ.	1. air	2. wear	3. hair	4. chair	5. near
エ.	1. loss	2. news	3. century	4. cycle	5. Paris
オ.	1. lady	2. cake	3. baseball	4. breakfast	5. steak

3　各文に対する応答として最も適切なものを，右の［　　］から選び，番号で答えなさい。

ア. May I help you?
イ. Do you have the time?
ウ. What does your father do?
エ. How's it going?

1. He is a doctor at Ryukoku Hospitai.
2. Sure. I'm free now.
3. He is watching TV now.
4. Sure. What do you want?
5. Yes, it's twelve thirty.
6. No, thanks. I'm just looking.
7. Let's go fishing today.
8. Not too bad.

4　各文の(　　)内から最も適切な語(句)を選び，番号で答えなさい。

ア．The boy (1. sing　2. sang　3. singing　4. sung) on the stage is my brother.

イ．There (1. were　2. are　3. was　4. is) a lot of flowers in this park 20 years ago.

ウ．I love dogs (1. or　2. why　3. but　4. because) they are very cute.

エ．(1. When　2. Whose　3. What　4. Where) notebook is this? ―― It's mine.

オ．I (1. was taking　2. took　3. am taking　4. was taken) a bath when my friend called me.

カ．(1. Can　2. Should　3. Must　4. Do) I have to clean my room right now?

5　各組の文がほぼ同じ意味になるように，(　　)内に入る適切な語を1語ずつ答えなさい。

ア．Takahiro drew that picture a long time ago.
That picture (1)(2) by Takahiro a long time ago.

イ．Shall I make dinner tomorrow?
Do you (1)(2) to make dinner tomorrow?

ウ．Angus was so smart that he answered all the questions easily.
Angus was smart (1) to (2) all the questions easily.

エ．I can't play soccer as well as Jiro.
Jiro can play soccer (1) (2) I.

オ．Ann likes watching movies, and Cathy likes watching movies, too.
(1) Ann (2) Cathy like watching movies.

6　各文の(　　)内の語(句)を適切に並べかえたとき，(　　)内の2番目と4番目にくる語(句)を答えなさい。ただし，文頭の語も小文字にしてあるので注意すること。

ア．(1. have　2. how　3. good　4. they　5. long　6. been) friends?

イ．Please (1. to　2. the guitar　3. show　4. play　5. me　6. how).

ウ．The doll I (1. was　2. when　3. I　4. liked　5. is　6. young) still in my parent's house.

エ．Playing tennis is (1. excited　2. very　3. and　4. interesting　5. me　6. makes).

オ．Do (1. know　2. come　3. you　4. will　5. she　6. who) with to the party?

MEMO

大切なことはメモしておこうネ！

2020年度

札幌龍谷学園高等学校入試問題
（未来創造コース）

【数　学】（45分）〈満点：100点〉

【注意】 定規・コンパス・分度器は使用してはいけません。

1　次の問いに答えなさい。

(1)　$3+(-9)$　を計算しなさい。

(2)　$-5-(x-6)$　を計算しなさい。

(3)　1次方程式　$3(x+4)=-x$　を解きなさい。

(4)　yはxに反比例し，$x=-2$のとき$y=9$です。このとき，$x=6$のときのyの値を求めなさい。

(5)　右の図のおうぎ形の面積を求めなさい。ただし，円周率をπとします。

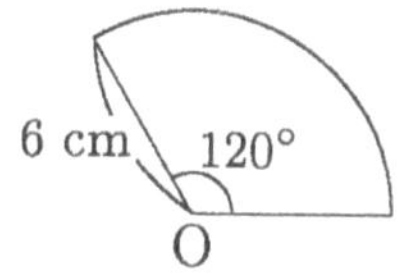

(6)　右の図の直方体ABCD-EFGHにおいて，辺ABとねじれの位置にある辺の本数を求めなさい。

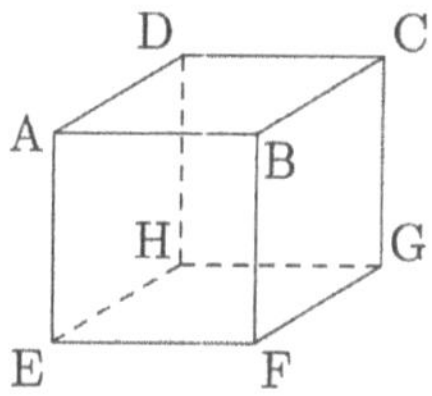

(7)　$6x^2y \div \left(-\dfrac{3}{5}xy\right)$　を計算しなさい。

(8)　連立方程式　$\begin{cases} 2x-y=7 \\ 3x+2y=7 \end{cases}$　を解きなさい。

(9)　変化の割合が4で，$x=2$のとき，$y=3$となる1次関数の式を求めなさい。

(10)　右の図で，$\ell /\!/ m$のとき，$\angle x$の大きさを求めなさい。

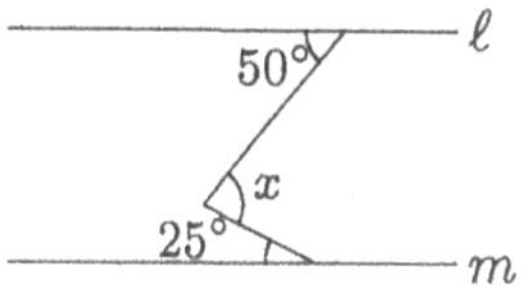

(11)　赤，青，緑，白の4個の玉が入っている袋があります。この中から2個の玉を同時に取り出すとき，青玉が出る確率を求めなさい。

(12)　x^2-81y^2　を因数分解しなさい。

(13)　$\sqrt{18}-4\sqrt{2}$　を計算しなさい。

(14)　2次方程式　$x^2+5x-1=0$　を解きなさい。

(15)　右の図で，$\ell /\!/ m$，$m /\!/ n$のとき，xの値を求めなさい。

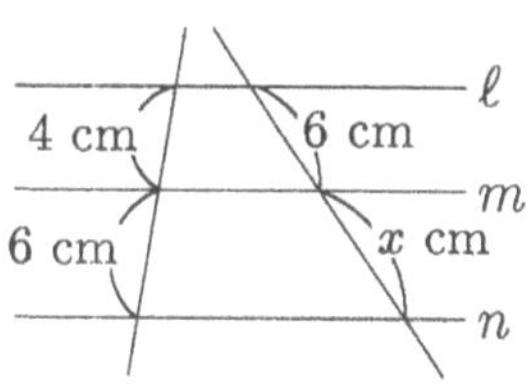

⒃ 右の図で，点Oは円の中心です。$\angle x$の大きさを求めなさい。

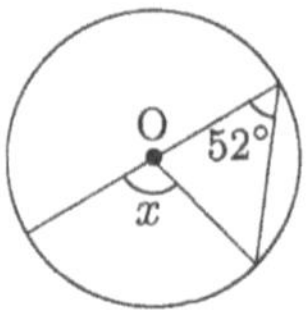

⒄ 3時間で2000個の製品をつくる機械があります。この機械を何時間作動させれば80000個の製品をつくることができますか。

2 右の図のように，放物線$y=ax^2$と直線ℓが点A$(-1,\ 2)$と点Bで交わっています。また，直線mは傾きが4で，原点と点Bを通ります。このとき，次の問いに答えなさい。

(1) aの値を求めなさい。

(2) Bの座標を求めなさい。

(3) 直線ℓの式を求めなさい。

(4) 原点を通り，△OABの面積を2等分する直線の式を求めなさい。

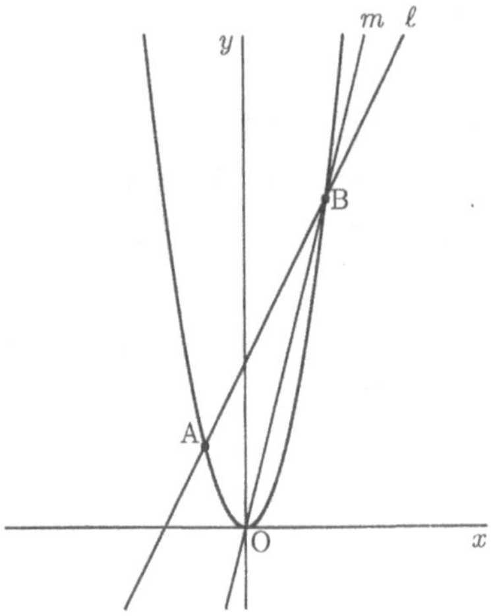

3 右の図はAD//BCの四角形ABCDで，DE⊥BCです。また，Dを通りABに平行な直線がBCと交わる点をFとします。AB = 13 cm，BC = 20 cm，CD = 15 cm，AD = 16 cmのとき，次の問いに答えなさい。

(1) 線分CFの長さを求めなさい。

(2) 線分EFの長さを求めなさい。

(3) △CDEの面積を求めなさい。

(4) △CDEをDEを軸として1回転したときにできる立体の体積を求めなさい。ただし，円周率をπとします。

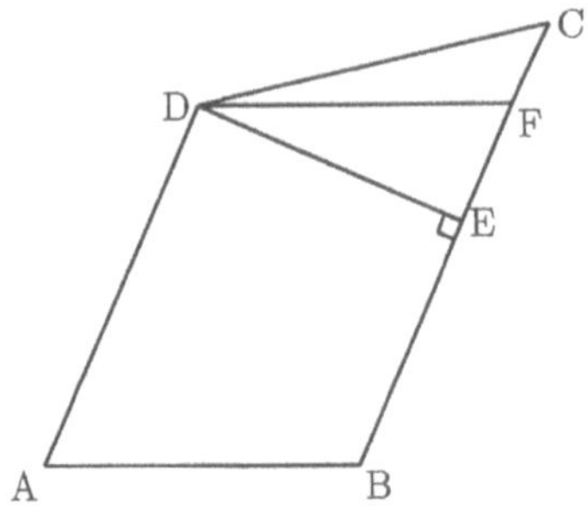

【英　語】（45分）〈満点：100点〉

1　次の英文を読み，設問に答えなさい。

Long ago, there was a clever monkey. He lived in an apple tree on an island.

One day, a *crocodile *swam to the island and met the monkey. The crocodile said, "I'm hungry." Then the monkey gave a red apple (　A　) him. The crocodile became very happy when he ate it.

While the crocodile was eating another apple, the monkey told him interesting stories. The monkey tried to tell ①them to the crocodile *simply, but ② (1. for the crocodile / 2. it / 3. to understand / 4. was / 5. still difacult) such stories.

The next day, the crocodile came back and said, "③May I have two of the apples, please?" He got them and gave his father ④one.

The crocodile went to see the monkey every day. As he was listening to the monkey, ⑤he wanted to be as clever as him. When he told this to his father, ⑥he said, "You should eat the monkey's *heart. Then you'll become clever (　B　) him!"

The next day, he said to the monkey, "⑦ (1. don't / 2. to / 3. why / 4. come / 5. you) my house? Let's have lunch together, then I can thank you (　C　) the apples." "That's a nice idea!" said the monkey, and he went there (　D　) a small boat the next day.

When the monkey tried to eat lunch, the crocodile suddenly said ⑧loudly to the monkey, "Monkey! (　ア　) Then I can become as clever as you!" The monkey was surprised, but said *calmly, "OK...., but my heart isn't here now." "(　イ　)? What are you talking (　E　)?" said the crocodile. "My heart is on the island, in the apple tree! If you want to eat ⑨it, we ⑩must go there together now."

The two of them went back to the island. The monkey said, "Wait here, and I will get my heart," ⑪Then the monkey estarted *climbing up the apple tree. The crocodile tried to follow the monkey, but he couldn't! On the *top of the tree, the monkey cried, "You, ⑫foolish, crocodile! You can't eat my heart, and you can never eat my apples again!" The monkey *laughed at the crocodile, and the crocodile had to give up ⑬his plan.

注：*crocodile*：ワニ　*swam*：*swim*の過去形　*simply*：簡単に　*heart*：心臓
calmly：冷静に　*climb up*：登る　*top*：頂上　*laugh at*：～をあざ笑う

問1　空欄(A)～(E)に入る適切な語をそれぞれ下から選び，番号で答えなさい。

1. about　2. to　3. like　4. by　5. with　6. for　7. into

問2　下線部①④⑥⑨が表すものをそれぞれ下から選び，番号で答えなさい。

①1. interesting stories　2. apples　3. the monkey and the crocodile
④1. an apple tree　2. a red apple　3. the crocodile
⑥1. the monkey　2. the crocodile　3. the crocodile's father
⑨1. an island　2. a red apple　3. the monkey's heart

問3　下線部②⑦の(　　)内の語句を並べかえて，日本文の意味を表す英文を完成しなさい。ただし，解答欄には，番号で記入すること。

②「ワニがそのような話を理解することはまだ難しかった。」

⑦「私の家に来ませんか？」

問4　下線部③⑧⑩とほぼ同じ意味を表す語をそれぞれ下から選び，番号で答えなさい。

③1. Can　　2. Shall　　3. Will

⑧1. in a small voice　　2. in a soft voice　　3. in a big voice

⑩1. have to　　2. would like to　　3. are going to

問5　下線部⑤を，heとhimの内容を明らかにして，日本語になおしなさい。

問6　空欄(ア)(イ)に入れるのに最もふさわしい文をそれぞれ下から選び，番号で答えなさい

ア．1. Give me your apples!　　2. Have lunch together!　　3. Give me your heart!
4. Tell me your interesting stories!

イ．1. What come?　　2. When come?　　3. Why come?　　4. How come?

問7　猿が下線部⑪のような行動をした意図として最も適切な理由を下から選び，番号で答えなさい。

1. 猿は，木の上ならワニは追いかけてこられないと考えた。
2. 猿は，木の上にあるリンゴをワニにあげたいと考えた。
3. 猿は，木の上に登ってワニにお話を聞かせようと考えた。
4. 猿は，木の上に登って島全体を見渡したいと考えた。

問8　下線部⑫と反対の意味の語を下から選び，番号で答えなさい。

1. hungry　　2. interesting　　3. smart　　4. happy

問9　下線部⑬his planの内容を日本語で説明なさい。

問10　本文の内容に合うものには○，合わないものには×で答えなさい。

1. ワニは猿と同じ島に住んでいた。
2. ワニは猿からもらったリンゴを食べてうれしかった。
3. ワニは猿からもらったリンゴを父親にもあげた。
4. ワニは一緒にお昼ご飯を食べようと猿を家に誘った。
5. ワニは父親と一緒に猿の住む島へ行った。

2　各組で下線部の発音が他と異なるものを1つ選び，番号で答えなさい。

ア．1. wait　　2. waste　　3. pain　　4. said

イ．1. news　　2. easy　　3. useful　　4. lose

ウ．1. wood　　2. good　　3. look　　4. cartoon

エ．1. low　　2. snow　　3. allow　　4. own

オ．1. group　　2. young　　3. cup　　4. sun

3　各文に対する応答として最も適切なものを，右の□から選び，番号で答えなさい。

ア．May I help you?

イ．Will you lend me your pen?

ウ．How do you feel now?

エ．What's wrong with you?

オ．Would you like another piece of cake?

1. I have a stomachache.
2. Yes, please. I'm looking for a birthday cake.
3. No, thank you. I've had enough.
4. Not so bad.
5. All right. Here you are.

4 各文の（　）内から最も適切な語(句)を選び，番号で答えなさい。

ア.（1. Who　2. Whose　3. What） smartphone is this? — It's mine.

イ. Have you finished （1. to clean　2. cleaning　3. cleaned） your room ?

ウ. I like baseball （1. much　2. better　3. the best） of all sports.

エ. This is the window （1. break　2. breaking　3. broken） by Mike.

オ. He is the only doctor （1. which　2. that　3. whom） lives in our village.

カ. I （1. sing　2. sang　3. sung） this song last night.

キ. I practiced very hard, （1. so　2. because　3. that） I am tired.

ク. My father doesn't know （1. how　2. what　3. which） to use the computer.

ケ. There （1. is　2. was　3. were） many children in this village.

コ. My daughter is very good （1. at　2. in　3. of） playing the piano.

5 各文の日本文に合うように，（　）内の語を適切に並べかえたとき，（　）内の2番目と4番目にくる語の番号を答えなさい。ただし，文頭にくる語も小文字にしてあるので注意すること。

ア. 父は私にもっと一生懸命勉強するよう言ったのです。

My （1. me　2. told　3. father　4. study　5. to） harder.

イ. あなたは日本に住んで，どのくらいになりますか。

（1. lived　2. long　3. you　4. how　5. have） in Japan?

ウ. 窓の近くに立っている男性を知っていますか。

Do you （1. the　2. know　3. standing　4. man　5. near） the window?

エ. あなたの国では，英語が話されていますか。

（1. in　2. is　3. spoken　4. your　5. English） country?

オ. その質問はとても難しかったので，私は答えることができませんでした。

That question was （1. I　2. that　3. couldn't　4. difficult　5. so） answer it.

6 各組の文がほぼ同じ意味になるように，（　）に入る適切な語を1語ずつ答えなさい。

ア. My grandfather died ten years ago.

My grandfather has （ 1 ）（ 2 ） for ten years.

イ. My birthday is February 11.

I （ 3 ）（ 4 ） on February 11.

ウ. My son always cries before he goes to bed.

My son always cries before （ 5 ）（ 6 ） bed.

エ. His car is better than my car.

My car is （ 7 ） as （ 8 ） as his car.

オ. Mr. Williams is our English teacher.

Mr. Williams （ 9 ）（ 10 ） English.

【国　語】〈四五分〉〈満点：一〇〇点〉

スーパー特進・特進コースの問題を参照して下さい。

スーパー特進
特　進

2020年度

解　答　と　解　説

《2020年度の配点は解答欄に掲載してあります。》

＜数学解答＞

1 (1) $-\frac{29}{35}$ (2) $6x-8y+14$ (3) $x=-\frac{9}{2}$ (4) $p=\frac{5}{4}$ (5) $\frac{64}{3}\pi\,\mathrm{cm}^2$

(6) ア，ウ (7) $-27x^4$ (8) $x=\frac{2}{3}$，$y=-2$ (9) $y=-2x+5$ (10) 24度

(11) $\frac{1}{6}$ (12) $(x+4)(x-3)$ (13) $\sqrt{6}$ (14) $x=\frac{-5\pm\sqrt{33}}{2}$ (15) $\frac{24}{5}$cm

(16) 58度 (17) 120時間

2 (1) $y=\frac{3}{2}x+6$ (2) 18 (3) (2，3) (4) $\left(\frac{4}{3},\ 4\right)$

3 (1) $2\sqrt{13}$cm (2) 1cm (3) $\frac{4}{3}$cm (4) 12：1

○配点○

各4点×25(1(8)完答)　　計100点

＜数学解説＞

1 (数・式の計算，1次方程式，変域,おうぎ形の面積，空間図形の位置関係，連立方程式，角度，確率，因数分解，平方根，相似，円と角，速さ)

基本 (1) $-\frac{3}{7}+\left(-\frac{2}{5}\right)=-\frac{15}{35}-\frac{14}{35}=-\frac{29}{35}$

(2) $2(x-3)-4(2y-x-5)=2x-6-8y+4x+20=6x-8y+14$

基本 (3) $2x-3=6x+15$　$2x-6x=15+3$　$-4x=18$　$x=-\frac{9}{2}$

(4) $2\leqq x\leqq 8$　$p\leqq y\leqq 5$より，xもyも正になることから，$a>0$　このとき，$y=\frac{a}{x}$のグラフはxが増加するとyが減少するグラフとなる。$x=2$のとき$y=5$より$5=\frac{a}{2}$　$a=10$　よって，$y=\frac{10}{x}$より，$x=8$のとき，$y=p=\frac{10}{8}=\frac{5}{4}$

(5) $8\times8\times\pi\times\frac{120}{360}=\frac{64}{3}\pi\ (\mathrm{cm}^2)$

(6) イ，エは面ABFEに平行な辺である。

(7) $\left(\frac{3}{2}x^2y\right)^3\div\left(-\frac{x^2y^3}{8}\right)=\frac{27x^6y^3}{8}\times\left(-\frac{8}{x^2y^3}\right)=-\frac{27x^6y^3\times8}{8x^2y^3}=-27x^4$

(8) $3x+2y=-2$…①　$6x-3y=10$…②　①×2−②より，$7y=-14$　$y=-2$　これを①に代入して$6x-8=-4$　$x=\frac{2}{3}$

(9) $y=-2x+3$の変化の割合は-2なので，求める1次関数の式を$y=-2x+b$とおくと，$x=3$のとき$y=-1$なので，$-1=-6+b$　$b=5$　よって，$y=-2x+5$

(10)　$\ell // m$より同位角は等しいので$\angle a=116$　三角形の外角の定理より，$x=140-a=140-116=24$

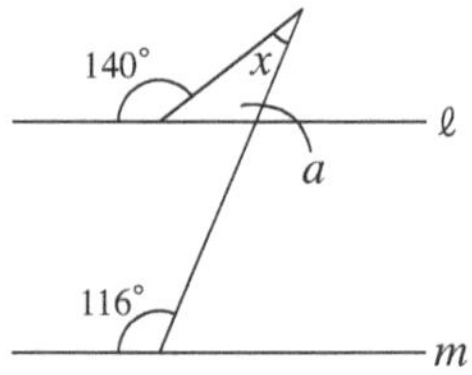

(11)　2つのさいころを投げたとき，目の出方は全部で$6\times6=36$(通り)　$\frac{a-b}{2}$が自然数になるためには，$a-b$が偶数になればよい。$(a,\ b)=(3,\ 1)$，$(4,\ 2)$，$(5,\ 3)$，$(6,\ 4)$，$(5,\ 1)$，$(6,\ 2)$の6通り。したがって，その確率は$\frac{6}{36}=\frac{1}{6}$

(12)　$(x-4)(x+5)+8=x^2+x-20+8=x^2+x-12=(x+4)(x-3)$

(13)　$\frac{\sqrt{24}}{3}+\frac{\sqrt{2}}{\sqrt{3}}=\frac{2\sqrt{6}}{3}+\frac{\sqrt{2}\times\sqrt{3}}{\sqrt{3}\times\sqrt{3}}=\frac{2\sqrt{6}}{3}+\frac{\sqrt{6}}{3}=\sqrt{6}$

(14)　$x^2+5x-2=0$　$x=\frac{-5\pm\sqrt{5^2-4\times1\times(-2)}}{2\times1}=\frac{-5\pm\sqrt{33}}{2}$

(15)　右図のようにBFを結ぶ。$\ell // m$より同位角が等しく，△FCD∽△FABになる。CD：AB＝FC：FA　CD：4＝3：5　$\mathrm{CD}=\frac{12}{5}$　$m // n$より同位角が等しく△BDE∽△BFGになる。DE：FG＝BD：BF＝AC：AF　DE：6＝2：5　$\mathrm{DE}=\frac{12}{5}$　$x=\mathrm{CD}+\mathrm{DE}=\frac{12}{5}+\frac{12}{5}=\frac{24}{5}$(cm)

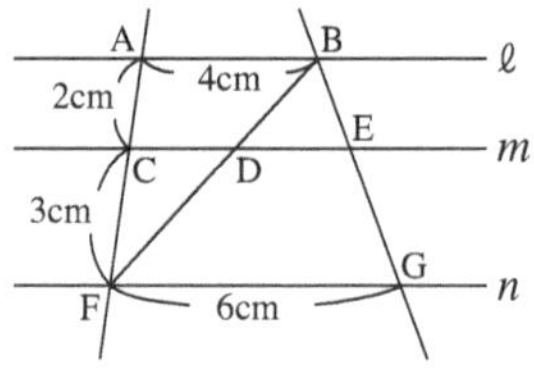

(16)　BEは直径なので，直径に対する円周角である∠BAE＝90　$\overset{\frown}{\mathrm{DE}}$に対する円周角は等しいので∠DAE＝∠DCE＝32　$\angle x$＝∠BAE－∠DAE＝$90-32=58$

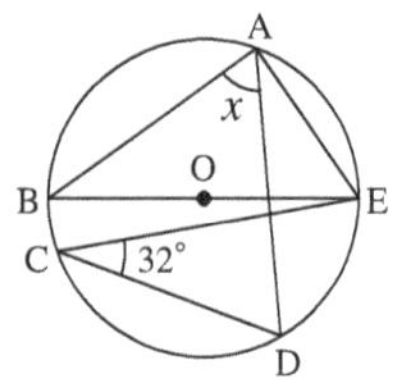

(17)　1個あたりにかかる時間は$\frac{3}{2000}$時間なので，$\frac{3}{2000}\times80000=120$(時間)

2　(関数と図形・グラフの融合問題)

(1)　Aは$y=\frac{3}{4}x^2$上の点で$x=-2$なので，$y=\frac{3}{4}\times(-2)^2=3$　A$(-2,\ 3)$　Bは$y=\frac{3}{4}x^2$上の点で$x=4$なので，$y=\frac{3}{4}\times4^2=12$　B$(4,\ 12)$　求める直線の式を$y=ax+b$とおくと，Aを通ることから$-2a+b=3$…①　Bを通ることから$4a+b=12$…②　②－①より$6a=9$　$a=\frac{3}{2}$　これを①に代入して，$-3+b=3$　$b=6$　よって，直線の式は$y=\frac{3}{2}x+6$

(2)　(1)よりC$(0,\ 6)$　△OAB＝△OAC＋△OBC＝$\frac{1}{2}\times6\times2+\frac{1}{2}\times6\times4=18$

重要　(3)　△OAB＝△PABより，ABを底辺とすると高さも等しくなり，AB//OPとなる。直線OPは直線ℓと平行で原点を通る直線なので$y=\frac{3}{2}x$　Pは放物線上の点でもあるので，$\frac{3}{4}x^2=\frac{3}{2}x$　$x^2-2x=0$　$x(x-2)=0$　$x\neq0$なので，$x=2$　よって，P$(2,\ 3)$

やや難　(4)　△OABと四角形AOQC：△CQB＝5：4より，四角形AOQC＝$18\times\frac{5}{9}=10$　△OAC＝$\frac{1}{2}\times6\times2=6$より，△OCQ＝$10-6=4$となればよい。直線OBは原点を通る直線なので$y=mx$とおくと，Bを通ることから$4m=12$　$m=3$　$y=3x$　Qはこの直線上の点なのでQ$(q,\ 3q)$とおくと，△OCQ＝$\frac{1}{2}\times6\times q=4$　$q=\frac{4}{3}$　よって，Q$\left(\frac{4}{3},\ 4\right)$

3 (空間図形の計量，相似，三平方の定理)

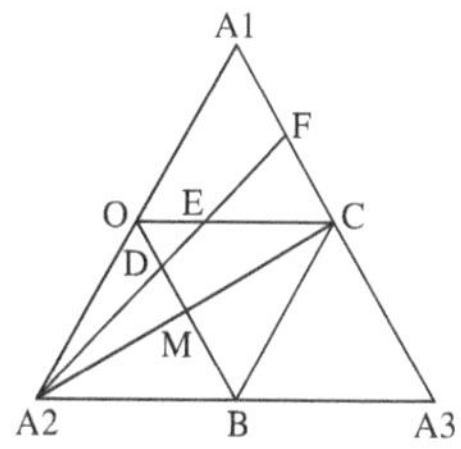

重要 (1) AD＋DE＋EFを最小にするためには，展開図でAとFを直線で結べばよい。右図のようにAをA_1～A_3と区別する。A_1とCの中点をFとし，A_2とFを結ぶ。A_2FとOBとの交点をD，OCとの交点をEとすればAD＋DE＋EFが最小になる。さらにA_2とCを結び，OBとの交点をMとする。$\triangle A_1A_2C$は$A_1A_2=4\times2=8$，$A_1C=4$，$\angle A_1CA_2=90°$の直角三角形であり，三平方の定理により$A_2C=4\sqrt{3}$となる。$\triangle A_2CF$は$A_2C=4\sqrt{3}$，$FC=4\times\frac{1}{2}=2$，$\angle A_2CF=90°$の直角三角形であり，三平方の定理により$A_2F^2=A_2C^2+FC^2=(4\sqrt{3})^2+2^2=52$　$A_2F=\sqrt{52}=2\sqrt{13}$となり，これがAD＋DE＋EFの最小値である。

(2) $OB//A_1A_3$より同位角は等しいので，$\angle A_2OM=\angle A_2A_1C$，$\angle A_2MO=\angle A_2CA_1$　2組の角がそれぞれ等しいので$\triangle A_2OM\backsim\triangle A_2A_1C$　$OM:A_1C=A_2O:A_2A_1$　$OM:4=4:8$　$OM=2$　同様に$\triangle A_2DM\backsim\triangle A_2FC$より　$DM:FC=A_2M:A_2C$　$DM:2=1:2$　$DM=1$　$OD=OM-DM=2-1=1$(cm)

やや難 (3) $OB//A_1C$より錯角は等しいので，$\angle EOD=\angle ECF$，$\angle EDO=\angle EFC$　2組の角がそれぞれ等しいので$\triangle EOD\backsim\triangle ECF$　$OE:CE=OD:CF=1:2$　$OE=OC\times\frac{1}{3}=4\times\frac{1}{3}=\frac{4}{3}$(cm)

(4) 正四面体OABCの体積：正四面体ODEA＝(OA×OB×OC)：(OA×OD×OE)＝(4×4×4)：$\left(4\times1\times\frac{4}{3}\right)$＝12：1

★ワンポイントアドバイス★

45分で小問25題なので，時間の余裕はない。前半の基本的な小問群を短時間で確実に処理する必要がある。後半の大問も標準的な問題ではあるが，練習不足にならないように意識して類題演習をしておこう。

<英語解答>

1 問1 (1) about / on　(2) from / of　(3) for　(4) with　(5) in
問2 3　問3 ② 532641　⑨ 652143　⑪ 416532　問4 ③ 2　⑤ 1
問5 2　問6 私はとても悲しかったので[あまりに悲しくて]，もう(これ以上)一人で生きていたくなかった。　問7 2　問8 3　問9 1　問10 今飼っている犬か猫
問11 1 ×　2 ×　3 ×　4 ×　5 ○

2 ア 2　イ 1　ウ 4　エ 4　オ 3

3 ア 7　イ 4　ウ 2　エ 6

4 ア 1　イ 4　ウ 3　エ 5　オ 2　カ 4

5 ((1)/(2)の順)　ア has / been　イ there / weren't　ウ saying / anything
エ necessary / for　オ was / bought

6 (3番目，6番目の順)　ア 7，1　イ 3，4　ウ 5，2　エ 3，6　オ 2，3

○配点○

1 問6 5点　問7～問9 各3点×3　他 各2点×18(問3各完答)

2～6 各2点×25(5，6各完答)　計100点

＜英語解説＞

1 (長文読解問題・説明文：語句補充，指示語，語句整序，内容吟味，英文和訳，語彙)

(全訳) クローンをつくることについて聞いたことがありますか。昨日，ペットのクローンをつくること(1)に関する記事が新聞に載っていました。それによれば，米国の会社はすでに①それを開始しています。同社の社長はインタビューの中で，「私たちは今，あなたの猫のクローンを作成することができ，私たちの顧客の何人かはすでにクローン猫と一緒に暮らしています。彼らはそれに満足しています。」と言いました。

②クローンをつくる費用はいくら払わなければならないと思いますか。価格は非常に高く，③それはあなたの猫のクローンつくるために71,000ドルの費用がかかります！ まず，半分の④代金を支払う必要があります。その後，同社は動物の医師にあなたの猫(2)からいくつかの細胞を取得し，それらから新鮮な新しい細胞を成長するように依頼します。会社はこれらの細胞を保持し，そこの医師は雌の猫にそれらを入れます。すべてがうまくいけば，約60日後に子猫が生まれます。子猫は約8週(3)間会社によって育てられ，残りを支払った後，⑤それはあなたに彼または彼女を届けます。

このようにペットのクローンをつくることについてどう思うか確認しましょう。一例を次に示します。ジュリアさん(60歳)は「私はこの技術にとても満足しています。2年前に猫のハンターが亡くなったとき，⑥私はとても悲しかったので，もう一人で生きたくありませんでした。しかし，クローン猫が私のところに来たとき，私は『私のハンターが私に戻ってきた！』と思ったので，⑦私は私の人生に新しい希望を持ちました。それは私の⑧故ハンターのように見えます。⑨この技術は私のような人々を助けると思います。私は会社に『ありがとう』と言いたいのです。」と言いました。あなたは彼女に同意しますか。

「私たちは成長している会社です。」と社長はインタビューで言いました。「現在⑩私たちは1年に10ほどの出産を扱うことができますが，⑪私たちの目標は毎年子猫や子犬をもっと生産することです。」同社は現在犬の実験をしており，社長は同社が約1年後に犬のクローンを作成することに成功すると考えています。今犬や猫を飼っていて，将来死ぬか，たいへんな病気になったら，会社に⑫それのクローンをつくってもらいたいと思いますか。

問1 (1) 「～に関して」と表す時には〈on ～〉を使う。 (2) 〈get ～ from [of] …〉で「…から～を取り出す」という意味を表す。 (3) 「～の間」という意味は〈for ～〉で表す。
(4) 〈agree with ～〉は「～に賛成する」という意味を表す。 (5) in the future で「将来に」という意味を表す。

問2 直前にある the cloning of pets を指している。

問3 ② 値段を尋ねる場合は〈how much ～〉を用いる。また do you think という語句が疑問詞の直後に挿入されている。 ⑨ 〈like ～〉で「～のような」という意味を表す。 ⑪ 不定詞の名詞的用法は「～すること」という意味を表す。

問4 ③ 直前の文にある「ペットのクローンをつくること」を指しているので，2が答え。
⑤ クローンでつくられた子猫を持ってくるものなので，1が答え。

問5 直前の文にあるクローンをつくる費用のことを表している。

問6 〈so ～ that …〉で「とても～なので…」という意味になる。

問7 自分が飼っていた猫が亡くなって悲しんでいたが，クローンでつくられた子猫を得てまた生きる希望を感じたということ。

問8 late は「最近死んだ～，故～」という意味を表す。

問9 会社の社長は1年間にクローンでつくることができるものの数を語っている。

問10 直前にある a dog or a cat を指している。

重要 問11 1「あなたは自分のペットが死んだら会社にクローンをつくるよう頼まねばならない。」「頼まねばならない」とは言っていないので,誤り。 2「あなたのペットのクローンがつくられる前にお金を払う必要はない。」半分の代金を先に支払うとあるので,誤り。 3「新しいクローンの子猫が生まれたら,すぐに会社からそれをもらえる。」子猫は約8週間会社で育てられるとあるので,誤り。 4「会社はすでにクローンの子犬をつくった。」文中に書かれていない内容なので,誤り。 5「ジュリアは会社によってクローンをつくられたネコが彼女の問題に対する解答を与えたと感じている。」ジュリアの例の内容に合うので,正しい。

2 (発音問題)

ア 1 [kǽpətəl] 2 [déindʒərəs] 3 [dǽmidʒ] 4 [ǽd] 5 [hǽpn]
イ 1 [sù:vəníər] 2 [máuð] 3 [láudli] 4 [θáuzn(d)] 5 [kláudi]
ウ 1 [sáit] 2 [náinθ] 3 [pəláit] 4 [mízərəbəl] 5 [ráid]
エ 1 [médəsn] 2 [entrǽns] 3 [sépərèit] 4 [mí:diəm] 5 [séləbréit]
オ 1 [bréik] 2 [skín] 3 [naif] 4 [kid] 5 [wik]

3 (会話文問題:適文選択)

ア「アレックスをお願いします。」 7「すみませんが,彼は今いません。」
基本 イ「駅まではどれくらいかかりますか。」 4「ここから約15分です。」
ウ「空港への行き方を教えてもらえますか。」 2「もちろんです。6番線で電車に乗ってください。」
エ「放課後サッカーをしませんか。」 6「それはいい考えです。」
1「わかりました。伝言をお願いできますか。」, 3「外国に行きたいからです。」, 5「それはいいですね。それを駅へ持って行きましょう。」, 8「わかりました。空港で会いましょう。」

4 (語句選択問題:前置詞,疑問詞,代名詞,形容詞,感嘆文,不定詞)

ア「私は冬休みの間にボランティアの仕事をしました。」「~の間に」という意味は〈during +名詞〉で表すことができる。
イ「あなたは何回大阪に行ったことがありますか。」 how many times は「何回」と頻度をたずねる時に使う。
ウ「私たちの多くが去年そのイベントに参加しました。」 前置詞の目的語として代名詞を置く時には目的格にする。
基本 エ「数日後,私はサムにそれを返しました。」〈a few ~〉で「少しの~,少数の~」という意味を表す。
オ「彼女は何と親切な人だろう!」 感嘆文は〈what +(冠詞)+形容詞+名詞〉から始まり,主語と述語がその後に続く。
カ「それは彼らが状況をよりよくするためのよい方法です。」 不定詞の形容詞的用法は「~するための」という意味を表す。

5 (書き換え問題:現在完了,there,動名詞,不定詞,受動態)

ア「ボブは3か月前に京都に来て,彼は今もまだそこにいます。」→「ボブは3か月間ずっと京都にいます。」「ずっと~している」という意味は,現在完了の継続用法で表す。
イ「私はその図書館はあまり多くの本を持っていないと感じました。」→「私はその図書館にはあまり多くの本がないと感じました。」〈there is (are) ~〉は「~がある」という意味を表す。
ウ「リサが部屋を出て行った時,彼女は何も言いませんでした。」→「リサは何も言わずに部屋を出て行きました。」〈without ~ing〉で「~することなしに」という意味を表す。また,〈not ~ anything〉は「全く~ない」という意味を表す。

エ 「あなたは明日早く起きる必要がありません。」〈it is ~ for S to …〉で「Sが…することは~である」という意味になる。

オ 「マックはいつその新しいパソコンを買ったのですか。」→「その新しいパソコンはいつマックによって買われたのですか。」 受動態の疑問文なので〈be動詞+主語+過去分詞〉という語順にする。

6 (語句整序問題：不定詞，比較，助動詞，SVOC)

ア (The dress) was too expensive for him to buy(.) 「そのドレスは彼が買うには高すぎました。」〈too ~ for S to …〉で「Sが…するには~すぎる」という意味を表す。

イ (He) is one of the most famous singers (in Japan.) 「彼は日本で一番有名な歌手の一人です。」〈one of ~〉で「~の中の1つ」という意味になる。

ウ (Why) do we have to go there by (train?) 「私たちはなぜ電車でそこに行かねばなりませんか。」〈have to ~〉で「~しなければならない」という意味を表す。

エ (My) father told me when to leave home(.) 「私の父は私にいつ家を出るべきか言いました。」〈when to ~〉で「いつ~するべきか」という意味を表す。

オ (This) is the program that makes me happy(.) 「これは私を幸福にした番組です。」〈make A B〉で「AをBにする」という意味になる。

★ワンポイントアドバイス★

5のエでは，〈it is ~ for S to …〉が使われているが，これは〈~〉に入る語が人物の性質を表すものである時には for ではなく of を使うことを覚えておこう。
(例) It was kind of him to help me.「私を助けてくれて彼は親切だった。」

＜理科解答＞

1 問1 (1) ア(→)イ (2) b (3) 速くなる (4) b
問2 (1) $Mg+2HCl \rightarrow MgCl_2+H_2$ (2) ② (3) ① 問3 (1) 図1 無性生殖 図2 有性生殖 (2) a 4 b 3 c 3 d 4 (3) 胚
問4 (1) 風化 (2) 断層 (3) ① 温かく ② 浅い

2 問1 24000(回) 問2 $\frac{1}{4800}$(秒) 問3 1 問4 3 問5 1200(ヘルツ)
問6 (式) 340×3.5＝1190m＝1.19km (答) 1.2km

3 問1 b 問2 A N_2 B O_2 問3 1.29(g/L) 問4 塩化水素の密度は空気の密度より大きいから 問5 ① 小さく ② 低い ③ 物質A ④ 蒸留[分留]
問6 (状態変化) 昇華 (気体) 二酸化炭素 問7 98(L)

4 問1 対照実験 問2 緑 問3 (試験管)A，青(色)，アルカリ(性) (試験管)B，黄(色)，酸(性) 問4 エ 問5 ア 問6 二酸化硫黄
問7 デンプン 問8 緑色 問9 引火[爆発，燃焼] 問10 イ，ウ

5 問1 A 初期微動 B 主要動 問2 初期微動継続時間 問3 9(時)46(分)20(秒)
問4 ウ 問5 あ 0 い 7 う 10 問6 8(km/秒) 問7 128(km)

○配点○
[1] 問1(1)(2)(4)・問2(1)・問3(1)(3)・問4(1)(3) 各1点×10 他 各2点×5(問3(2)完答)
[2] 問6(式) 2点 他 各3点×6 [3] 問5 各1点×4 他 各2点×8
[4] 問1・問2 各1点×2 他 各2点×9(問3・問10各完答)
[5] 問1・問2・問4 各2点×4 問5 各1点×3 他 各3点×3 計100点

＜理科解説＞

[1] (小問集合)

基本 問1 (1) 電流は電池の＋極から－極に向かって流れる。

(2) 中指を電流の向き(ア→イ)に合わせ，人差し指を磁力線の向き(下向き)に合わせると，親指は力の向き(b)になる。(フレミングの左手の法則)

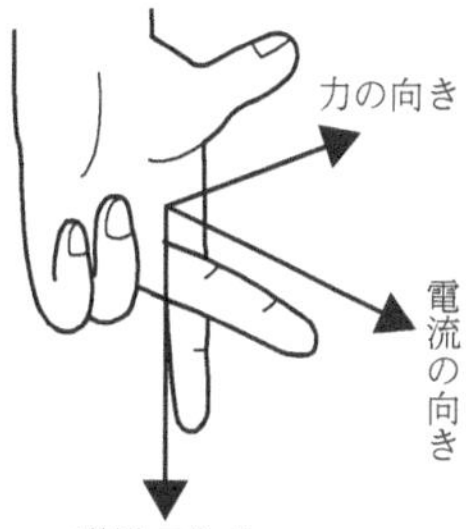

(3) 電流や磁力を強くすると，電流が受ける力も強くなる。

(4) 電流の向きと磁界の向きの両方とも反対にすると，電流が受ける力の向きは変わらない。

基本 問2 (1)・(2) 塩酸とマグネシウムは次のように反応して塩化マグネシウムと水素が生じる。 $Mg + 2HCl \rightarrow MgCl_2 + H_2$

(3) 塩酸と水酸化ナトリウムは次のように反応して塩化ナトリウムと水が生じる。

$HCl + NaOH \rightarrow NaCl + H_2O$

問3 (1) 図1は，親の個体から単独で子の個体が生じる無性生殖を表している。また，図2は，受精によって子が誕生する有性生殖を表している。

(2) 減数分裂により生殖細胞がつくられるので，染色体の数は半分になる。

基本 (3) 受精卵から個体が生じるまでの過程を発生という。

基本 問4 (1) 地表にある岩石が長い時間かけて日光や温度変化などによってぼろぼろになる現象を風化という。

(2) 図は横から引かれるような力が働いてできた正断層である。

(3) サンゴは温かく浅いきれいな海に生息する。

[2] (光と音の性質一音さ)

問1 1分(60秒)間に振動する回数は，400×60＝24000(回)である。

問2 音さAが1回振動するのに12目盛り分の時間がかかるので，1目盛り分の時間は，$\frac{1}{400\times12}=\frac{1}{4800}$(秒)である。

問3 音さBは音さAよりも高い音が出るので，振動数が大きい。

問4 大きい音なので，振動数が同じで振幅が大きい。

やや難 問5 図1では，1回の振動にかかる時間は，$\frac{4}{4800}=\frac{1}{1200}$(秒)なので，振動数は1200ヘルツである。

問6 音波の伝わる速さが340m/秒なので，花火が光った位置までの距離は，340×3.5＝1190(m)より，1.2kmである。

[3] (物質とその変化一空気)

基本 問1 aは液体，cは固体のようすを示している。

基本 問2 物質Aは窒素，物質Bは酸素である。

問3　空気の密度は，1.25×0.8＋1.43×0.2＝1.286(g/L)より，1.29g/Lである。

問4　塩化水素は水に溶けやすいので水上置換で集めることができない。また，空気よりも密度が大きいので下方置換法で集める。

問5　液体窒素は液体酸素よりも沸点が低いので，窒素の方が先に気体になる。

問6　二酸化炭素を冷やすと固体のドライアイスになる。

やや難　問7　密度が0.90g/cm³の液体のエタノール180gの体積は，$\frac{180}{0.90}$＝200(cm³)なので，気体のエタノールの体積は，200×490＝98000(cm³)より，98Lである。

4　(植物の体のしくみ―光合成と呼吸)

問1　オオカナダモの働きを調べる実験なので，オオカナダモを入れた試験管と入れない試験管を比べる。

基本　問2　BTB溶液は酸性で黄色，中性で緑色，アルカリ性で青色である。

重要　問3～問5　試験管Aには日光が当たるので，オオカナダモが水中に溶けている二酸化炭素と水を材料にして光合成を行い，デンプンと酸素をつくる。このとき，液中の二酸化炭素が減少するので，液はアルカリ性になり，青色になる。一方，試験管Bには日光が当たらないので，オオカナダモは呼吸だけを行い，水中に溶けている酸素を吸収して二酸化炭素を出すので，液は酸性になり，黄色になる。

問6　試験管Aに塩酸を加えることで，液は酸性になるが，液中に二酸化炭素が残っていないので，オオカナダモは光合成を行うことができず，液の色は変わらない。

重要　問7　前日までに葉にできたデンプンは夜間に糖に変えられて，体中に運ばれる。

重要　問8・問9　エタノールは引火しやすいので，直接火にかけない。また，エタノールは葉緑素を溶かすので，エタノールは緑色になり，葉は白くなる。

基本　問10　ふの部分には葉緑体がないので，光合成を行うことができない。

5　(大地の動き・地震―地震)

基本　問1　P波による小さなゆれを初期微動，S波による大きなゆれを主要動という。

基本　問2　初期微動継続時間は震源からの距離に比例する。

問3　地点ア～エにP波が届いた時刻aと初期微動継続時間(A)をグラフに表すと，次のようになり，地震の発生時刻が9時46分20秒であることがわかる。

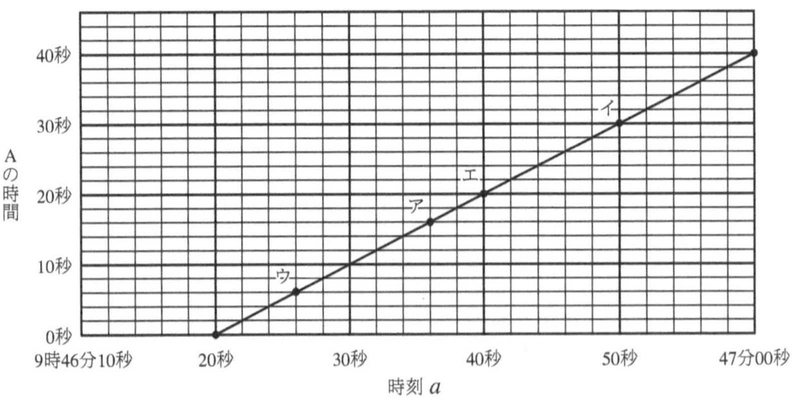

問4　震源からの距離が最も近い地点ウのゆれが最も大きい。

基本　問5　震度は，0・1・2・3・4・5弱・5強・6弱・6強・7の10階級に分けられる。

問6　地点エにP波が届くのは，地震が発生してから20秒後の9時46分40秒である。したがって，P波の速さは，$\frac{160}{20}=8$(km/s)である。

重要 問7　地点アにP波が届くのは，地震が発生してから16秒後の9時46分36秒である。したがって，震源までの距離は，8×16＝128(km)である。

★ワンポイントアドバイス★

生物・化学・地学・物理の4分野において，基本問題に十分に慣れておくこと。その上で，いろいろな分野の応用問題にも取り組んでおく必要がある。

＜社会解答＞

[1] 問1　ウ　問2　エ　問3　C　問4　シルクロード　問5　天平文化　問6　エ　問7　鉄砲　問8　(1)　エ　(2)　ア　問9　フランスの先進技術の導入・普及と工女の養成をはかった。　問10　ア　問11　山東半島　問12　東アジアにおける日本の進出を抑えようとしたため。　問13　モダンガール[モガ]　問14　ABCD包囲陣

[2] 問1　アウエオ　問2　日ソ共同宣言　問3　ア　問4　ア　(出来事)　ベルリンの壁崩壊　(記号)　Ⅴ　イ　(出来事)　東海道新幹線開通　(記号)　Ⅲ
ウ　(出来事)　オイルショック[石油危機]　(記号)　Ⅳ

[3] 問1　(1)　雨　(2)　温暖湿潤　(3)　地中海性　(4)　南　問2　焼畑
問3　ア　油ヤシ　イ　ゴムの木　問4　スコール　問5　イ　問6　ステップ
問7　遊牧　問8　季節風　問9　沖合を暖流の北大西洋海流が流れ，その温かい空気を偏西風が運ぶため。　問10　タイガ

[4] 問1　(1)　普通，平等，直接，秘密　(2)　公職選挙法　問2　(1)　直接請求権
(2)　イ　問3　(1)　A　比例代表制　B　選挙区制　(2)　3(年ごとに)半数(改選)
(3)　衆議院の優越

[5] 問1　ウ　問2　(企業名)　石屋製菓　(内容や商品)　お菓子の製造販売および地元スポーツチームのスポンサー協力　問3　ア　問4　ア　問5　多国籍企業　問6　エ
問7　エ　問8　(1)　エ　(2)　ウ

○推定配点○

[1]　各2点×15　[2]　各2点×6(問4各完答)　[3]　各2点×14
[4]　各2点×8(問1(1)，問3(2)各完答)　[5]　問6～問8　各1点×4　他　各2点×5(問2完答)
計100点

＜社会解説＞

[1] **(日本と世界の歴史―日本と諸外国との関係の歴史に関する問題)**

問1　ウ　中国の中で混乱した状態が統一されたのが紀元前3世紀の秦朝の時代。日本で稲作が本格的に始められるのは弥生時代。

重要 問2　エ　大王の摂政による政治とは，推古天皇の摂政をつとえめた聖徳太子の政治を考える。エはいわゆる大化の改新で初めて大化という元号が使われるので，聖徳太子の時代よりは20年ほど後になる。

問3　663年の白村江の戦いの内容。地図中のCが新羅。Aは高句麗，Bは百済，BとCにはさまっている場所は任那もしくは伽耶。

問4　シルクロードにも北よりと南よりのルートなどいくつかがあった。

問5　奈良時代，聖武天皇の治世の頃とその前後の頃の文化が天平文化。シルクロードを通り唐に伝わった西アジア，南アジアのものと唐の文化の影響を受けた国際色豊かな仏教文化という特徴がある。写真は東大寺の大仏と東大寺正倉院にある螺鈿紫檀五弦琵琶。

やや難　問6　口分田の班給は6歳以上の男女に，6年毎に作成された戸籍をもとに行う。この場合，Aさんが生まれる2年前に班田が行われているので，Aさんの生まれた年から最も近いのはアの4年後になるが，この段階ではAさんはまだ6歳にはなっていないので，対象外である。そのためAさんが最初に口分田を与えられるのはエの10年後になる。

問7　鉄砲が1543年に日本に伝えられると，当初は鉄砲は輸入される形であったが，すぐに国内でも製造が行われるようにはなり，16世紀末には堺が当時の世界でも鉄砲の一大生産拠点となる。日本で鉄砲の製造にあたったのは刀鍛冶の職人たち。

問8　(1)　(Ⅰ)　ピューリタン革命は1642年から1649年。　(Ⅱ)　名誉革命は1688年から1689年。(Ⅲ)　アメリカの独立戦争は1775年から1783年。アヘン戦争は1840年から1842年。

(2)　ア　享保の改革は1716年から1745年までの徳川吉宗の治世。この間の1732年に享保の大飢饉が発生する。寛政の改革は1787年から1793年。天明の大飢饉はその前の田沼意次の時代の1783年から1787年にかけて。田沼意次が老中となるのは1772年で1786年に罷免される。朱印船貿易は豊臣秀吉の時代から徳川家康の頃なので16世紀末から17世紀初頭。天保の改革は1841年から1843年で島原・天草一揆は1637年。

重要　問9　富岡製糸場は1872年に設立。フランスの最新式の技術を導入し，ここに各地の大名や士族の娘を集めて工女として技術を習得させ，その後に国元に返して技術を伝えさせるようにした。

問10　ア　日英通商航海条約を締結したのは1894年7月。大日本帝国憲法の発布は1889年。三国干渉は1895年，日清戦争が勃発するのは1894年8月。日露戦争は1904年。

問11　第一次世界大戦で日本はシャントン半島と南洋諸島でドイツと交戦し，その権益を奪う。

やや難　問12　1921年から22年のワシントン会議の内容は，パリ講和会議では問題視されなかった日本に関するものがあり，海軍軍縮条約では主力艦が米英よりも保有量を抑えられ，四カ国条約では日英同盟が破棄され，九カ国条約では二十一か条要求が大幅に制限を加えられ，日本の東アジアへの進出をかなり抑えられることになった。

問13　昭和は1926年からだが，1920年代の大正時代後半から昭和初期の世界恐慌の頃までの日本で西洋風の服装や風俗がはやり，それを身にまとったり楽しんでいる男性はモダンボーイ，女性はモダンガールなどと呼ばれた。

問14　日本のアジア進出をアメリカ，イギリス，中国，オランダで囲いこみ封じ込めようというのがABCD包囲陣。アメリカAmerica，イギリスBritain，中国China，オランダDutchの頭文字。

2　(日本の歴史―戦後史に関する問題)

重要　問1　GHQが日本で行った政策のいちおう根底にあるのは民主化。この観点で見ると，イ以外はすべて当てはまる。

問2　日本は当初はサンフランシスコ平和条約調印と同時の国際連合入りを狙っていたが，ソ連の反対でサンフランシスコ平和条約調印の際の国際連合入りはならなかった。その後，朝鮮戦争が休戦になり，ソ連の指導者も強硬派のスターリンが亡くなりブルガーニンに代わり，1956年に日ソ共同宣言で国交が戻ると，ソ連の支持も得られて，国際連合加盟ができた。

問3　ア　日本は1990年の湾岸戦争の際に，自衛隊のPKO派遣を狙ったが，法整備が間に合わず，結局1992年にカンボジアのUNTACの活動の一環としてPKO派遣が行われた。

重要 問4 ア 写真は1989年のベルリンの壁崩壊の時のものなので時期はⅤになる。 イ 写真は1964年の東海道新幹線開通の時のものなので時期はⅢになる。 ウ 写真は1973年の第一次オイルショックの際のトイレットペーパーの買い占めの様子を撮ったものなので時期はⅣになる。

3 (地理―世界の気候区分に関連する問題)

重要 問1 (1) サバナ気候やステップ気候は雨季と乾季の区別が比較的はっきりしており，サバナ気候の方が雨季が長く降水量も多い。 (2) 温暖湿潤気候は大陸の東側に多くみられるもので，季節風の影響で四季の変化がみられる。 (3) 地中海性気候は地中海周辺はもちろん，アフリカ大陸の南端，オーストラリア大陸の南端，北アメリカ大陸の西海岸の中緯度，南アメリカ大陸の東海岸の中緯度にみられる。 (4) 亜寒帯(冷帯)は北半球のみで南半球には見られない。北半球の亜寒帯が分布している地域の緯度と同等の緯度の地域には南半球の場合にはあまり陸地がなく，また北半球で亜寒帯がみられる場所は大陸の東西の幅が広い場所の内陸部に多く，南半球で同様に東西の幅が広い大陸はないことなどが南半球に亜寒帯がみられない理由になっている。

問2 焼畑は原始的な農法の一つで，林や草地を焼払って，木や草を除去するとともに，その灰をすきこんで肥料とする。

問3 ア 油やしは熱帯の植物で，その実からパーム油をとる。パーム油は食用油脂としてはマーガリンやチョコレートなどの材料になり，また近年では火力発電の燃料にも使われている。
イ ゴムノキは熱帯の植物で，その樹液からゴムを作る。

やや難 問4 スコールは本来は急激な天候の変化を伴う，風速の増加現象で，激しい雨が降ったり，雷，あるいは吹雪などを伴うことが多い。

問5 乾燥帯の割合はオーストラリア大陸が一番高く57%ほど。南米大陸は14%，北米大陸も14%ほど，ユーラシア大陸は16%ほど。

問6 年降水量が500mmを切り，丈の低い草の草原が広がり樹木はほとんど見られないのがステップ。このステップがみられる気候がステップ気候。

問7 遊牧は家畜とともに飼い主も飼料を求めて移動していく形態。放牧は飼い主は定住し，その住居の周辺で家畜を放し飼いにするもの。また，アルプスなどの地域で見られる移牧は放牧の場所を季節によって山の上と下のように垂直に移動するもの。

問8 季節風モンスーンは大陸と海洋の上の大気の温度の差で風向きが変わるもの。夏場は大陸の上の空気の方が温まり上昇気流が発生し，そこに海の方から空気が移動する。冬場はこれが逆になる。

やや難 問9 ヨーロッパの西側にある大西洋では陸地に近いところを暖流の北大西洋海流が北上しており，その上にある暖かで湿った空気を偏西風が大陸の方へ運んでくるため，比較的高緯度の地域でも年間を通して一定の降水がみられ寒暖の変化も小さめになる。

問10 比較的冷涼な土地や高地ではモミ，マツ，カラマツやトウヒなどの針葉樹の林が広がる。

4 (公民―選挙に関する様々な問題)

重要 問1 (1) 普通選挙は有権者資格の制限をほとんど設けないもの，平等選挙は1人1票とするもの，直接選挙は有権者が議員を直接選ぶもの，秘密選挙は投票の際に無記名で投票することで，誰が誰に投票したのかがわからないようにするもの。 (2) 公職選挙法は1950年に定められた，選挙に関する法律で，総務省がこの法の管轄となる。

問2 (1) 直接請求権は地方自治において，有権者が署名を集めることで地方自治体に様々な事柄を求める権利。 (2) 倶知安町は北海道の西部に位置し，ニセコなどのスキー場や羊蹄山がある。

重要 問3 (1) A 比例代表制は政党毎の得票率に応じて議席を政党に比例配分する方式。若干方式は異なるが衆議院と参議院の両方にある。 B 選挙区制は，一般に行政単位の地区割の選挙区の中で立候補した候補者に投票する方式。衆議院は各選挙区から1人選出する小選挙区制，参議院は都道府県単位の選挙区で有権者数に応じて2人から12人を選出する方式。 (2) 参議院は解散がない代わりに，必ず3年毎に半数ずつ改選する。2019年の参議院選挙では定数が3増え，選挙区74，比例50の計124人の改選が行われた。 (3) 衆議院の方が，参議院よりも任期が短く解散もあるので，選挙の頻度が高く，より民意が反映されやすいということで，衆議院の方に優越が与えられている。

5 (公民―北海道の生産活動に関する問題)

問1 ウ 工業原料を日本は輸入に頼っているのは事実だが，工業地域は太平洋沿いに広がり，東日本の港湾部だけに集中してもいない。

問2 北海道の有名な企業で，その事業内容について知っていることで正確に答えられれば，正解になる。

やや難 問3 ア 一般に，大都市圏は第一次産業の比率は低くなり，地方の方が第一次産業の比率は高くなる。また，地方でも観光が産業の中に占めるウェイトが高い場所は第三次産業の比率が高い。Cの沖縄県は工業があまり発達できず，観光業などの第三次産業への依存度が高い。Dの大阪は，Aの東京と比べると，大都市圏のものにしては工業が盛んなので第二次産業の比率も高くなっている。

問4 ア サンベルトは北緯37度線以南の地。以北ではない。

問5 様々な国々に拠点を持つ企業が多国籍企業。

やや難 問6 エ 都道府県同様，経済の発達度合いで考えていけばある程度は絞り込める。Dの第一次産業が圧倒的に高く，第二次産業も比較的高い状態からベトナムというのが判断できれば，簡単に絞り込める。アメリカと日本とでは似てはいるが，アメリカの方が第一次産業の中で特に農業は機械化が進んでいることで，少ない人手で広大な農地を耕し農業を営んでいる。

問7 エ 日本から海外への輸出に有利に働くのは円安の状況で1ドルが100円から120円になると円安。1円あたりに換算すれば100分の1ドルだったのが120分の1ドルになるので，円の価値が下がっていることになる。

問8 (1) エ UNHCRは国連難民高等弁務官。識字活動や文化保護はUNESCO。 (2) ウ 化石燃料を使用すると二酸化炭素が発生し温暖化を促進してしまうので逆。

★ワンポイントアドバイス★

読む量が多く，考える問題も多いので，要領よく解けそうな問題からどんどん答えていかないと得点しづらい。正誤問題は丁寧に見ていかないと誤りがわかりづらいものもあるので注意が必要。

<国語解答>

一 問一 a 壊 b かんよう c 文芸 d えんかつ e 到底 問二 (例) 人に謝るとき。人を呼び止めるとき。など 問三 ア 問四 日本では,～れている。
問五 イ 問六 面白いお話 問七 ウ 問八 エ 問九 (例) 場を和らげるために相手の気持ちをこめたり,自分はやりたいとは思うができないという気持ちを込めたジョークを用いる言い方。 問十 イ 問十一 3

二 問一 a 飾 b 手招 c むぞうさ d ふぜい 問二 (例) 自分のおかした罪を償わないうちに,おばあさんが他界してしまったこと。 問三 A ウ B ア
問四 Ⅰ イ Ⅱ ア Ⅲ エ 問五 (例) 本や代金を返しに来る人。
問六 世界への扉 問七 イ 問八 (1) 図書館 (2) ウ

四 問一 もうで 問二 ② ウ ④ ア 問三 ③ イ ⑦ ア 問四 エ
問五 イ 問六 ウ 問七 神感やありけん 神あはれみて御たすけやありけん

○配点○
一 問一・問三・問八 各2点×7 問九 5点 他 各3点×7
二 問二 4点 問五・問七・問八(1) 各3点×3 他 各2点×11
四 問一～問四 各2点×6 問五・問七 各3点×3 問六 4点 計100点

<国語解説>

一 **(論説文―要旨,内容吟味,文脈把握,指示語の問題,接続語の問題,脱文・脱語補充,漢字の読み書き,ことわざ)**

問一 a「壊」の音は「カイ」。同音で形の似た「懐」と区別する。「破壊」「壊滅」などの熟語がある。 b「寛容」は,心が広く,他人の言行や過失をとがめずに聞き入れること。「寛」は「寛大」,「容」は「容赦」「容認」などの熟語がある。 c「文芸」は,言語で表現された芸術のこと。小説や随筆,詩歌などのこと。「文芸化」は,言語で表現された芸術のようになっている,ということ。 d「円滑」は,物事がとどこおりなくすらすらと行われる様子。「円」の訓読みは「まる-い」。「円満」などの熟語のほか,「関東一円」のような使い方をする。「滑」の訓読みは「すべ-る・なめ-らか」。「滑走」「潤滑」などの熟語がある。 e「到底」は,下に打ち消しの語を伴って,肯定すべき余地が全くない意味を表す。とても,どうしても。「到」は,同音で形の似た「倒」と区別する。「到達」「殺到」などの熟語がある。「底」の訓読みは「そこ」。「底辺」「徹底」などの熟語がある。

問二 「サンキュー(ありがとう)」以外で「すみません」と言うときを考える。すると,「人に謝るとき」「人を呼びとめるとき」が思いつくだろう。ほかに,「すみません。ここに座っていいですか」のように,人に了承を得るときにも使う。

基本 問三 段落の初めに,「『場』を中心に考えると,個人の発想からすれば『うそ』になることを言わねばならぬときがある」とある。「うそも方便」は,嘘は悪いことではあるが,目的をとげるための手段として,場合によってはうそをつくことも必要だ,という意味。「場を壊すことを避ける」という目的のためには,うそをつくことも必要だというのである。イ「うそから出たまこと」は,初めはうそで言ったことが偶然に事実となること。ウ「うそ八百」は,やたらにうそを言うこと。「八百」は,数が多いことを表す。エ「うそつきは泥棒のはじまり」は,平気で嘘を言うようになると,平気で盗みを働くようになるということ。

やや難 問四 「これ」の後に,「対して,欧米では『うそ』は明白に悪とされる」とある。つまり,「これ」

が指す内容は，「欧米では『うそ』は明白に悪とされる」と対照的な内容だということになる。前の部分に「日本では，ある程度の『うそ』は許容されている。」という一文がある。

問五　「物議をかもす」は，周囲の人々の議論を引き起こすの意味。議論を引き起こすのは，「日本人が，『うそー』という感じで，英語で「liar」と言って」しまったからである。問四でとらえたように，「日本では，ある程度の『うそ』は許容されている」軽いものだが，「欧米では『うそ』は明白に悪とされる」もので，「うそつき」と言われるのは「最大の侮辱」なのである。日本と欧米の「うそ」のとらえ方の違いが，問題を生んでしまったのである。

やや難 問六　「五字」という指示を手がかりにする。「柳田はウソ，特に子どもの～」で始まる文で，「昔は『ウソ』は『ヲソ』などと呼ばれていて虚偽という意味よりも，面白いお話という意味が強かった，ということをあげている」とある。

問七　この文章は，「場」と「個人」の関係について述べている。（Ⅰ）については，第一段落に「日本では，個人と個人の関係を考えるよりは，全体としての場を大切にするので」とあり，「場」があてはまる。（Ⅱ）については，「場」の次にくるものだから「個人」があてはまる。（Ⅲ）については，西洋は日本と対比されていることから，「個人」があてはまる。

基本 問八　（ｉ）は，前の部分では「難しいことですが，何とか考えてみましょう」という言葉を「相手の気持ちを汲んで」と肯定的にとらえている。後では「『ウソ』である」と否定的にとらえている。前後で反対のことを述べているので，逆接の「しかし」があてはまる。（ii）は，前の部分では「否定的な感じ」とあり，後では「当然のこと」とある。ここも，前後で反対のことを述べているので，逆接の「しかし」があてはまる。

重要 問九　西洋人の社交性については，第五段落で説明している。「ノー」と言う時にジョークを用いると，「社交性」があると評価されるのである。ジョークの役割をまとめればよい。「場を和らげる」「相手の気持ちや，自分はどうしてもやりたいとは思うけれどできない，などという気持ちがうまく入れこまれている」と説明されているので，これらの言葉を用いてジョークの役割をまとめる。

問十　イの内容については，第四段落に「日本人であれば，その場を保つためには，あることないことを適当に話をしても，その言葉に個人としての責任はない」，「欧米人の場合は，どんな場合にでも発言したことについてはその人の責任が伴うので，日本人的『ウソ』は言えない」とあるのと一致する。アは，第一段落に「日本では，個人と個人の関係を考えるよりは，全体としての場を大切にする」とあるのと一致しない。ウは，「場あたりな『うそ』をついてしまい誤解されやすい」とは，本文では述べていない。また，「『ノー』と言うべきである」とは主張していない。エは，「……ジョークがあるが，日本人には無礼に感じられるものである」とは述べていない。

重要 問十一　抜き出した文は，西洋人はなぜジョークを言うのか，ジョークが必要なのはなぜか，という疑問についての答えになるものである。③の前の文に「ジョークを言うことが必要になる」とある。

二　**（小説一主題，情景・心情，内容吟味，文脈把握，脱語補充，漢字の読み書き，語句の意味）**

問一　a「飾」の音読みは「ショク」。へんを「食」と書かないように注意する。「装飾」「修飾」などの熟語がある。　b「手招（き）」の「招」は，形の似た「紹」と区別する。「招」の音は「ショウ」。「招待」「招致」などの熟語がある。　c「無造作」は，慎重でなく，簡単気軽に大ざっぱに物事をする様子。「作」を「サ」と読む熟語には「作法」「所作」などがある。　d「風情」は，ここでは，様子，ありさま，気配の意味。「風」を「フ」，「情」を「ゼイ」と読むのは「風情」くらいなので，熟語の形で覚えてしまおう。

問二　「ぼく」が，ミツザワ書店を訪れた目的は，おばあさんに本の代金を払い，万引きの謝罪をするためである。ところが，おばあさんは既に他界して(＝亡くなって)いたのである。それを「とてつもない失敗」と表現している。「本の代金を支払い，万引きの謝罪をしないうちにおばあさんが他界したこと。」(35字)でもよい。

やや難 問三 A「ひとしきり」は，しばらくの間続くことの意味。「ひとしきり笑った」は，しばらくの間笑った，ということ。 B「気がとがめる」は，自分のしたことを後ろめたく思うの意味。

基本 問四 (Ⅰ)は，書店での祖母の様子。「ずうっと」本を読んでいるから，万引きされてしまうのである。 (Ⅱ)は，「思いついたように」と対応する言葉があてはまる。「ふと」は，何かちょっとした拍子にの意味。 (Ⅲ)「撫でさする」という行為に合うのは，穏やかに物事をする様子を表す「そっと」である。

問五 直後に「あなたみたいにね」とある。「そんな人」は，「ぼく」と同じような人であると見当がつく。女の人の会話をさかのぼって読んでいくと，「こうしてお金を持って訪ねてきてくれた人も，あなただけじゃないの」とある。さらに，「返しにくる人も見つけたことあるの」ともある。これらをまとめて「本や代金を返しにくる人」と答える。

問六 「比喩を用いて」とあるのに注意して，女の人の会話を読んでいく。「本のどこがそんなにおもしろいの」と聞かれたおばあさんは，「開くだけでどこへでも連れてってくれるものなんか，本しかないだろう」と答えている。そして，その答えを聞いた女の人は，「本っていうのは，世界への扉だったのかもしれないですよね」と言っている。「世界への扉」は，本の隠喩表現になっている。

重要 問七 イの「本への愛情にあふれたおばあさんとの出会いが「ぼく」に本の面白さを教えてくれた」という内容は，「子どものころのぼくにとって，ミツザワ書店こそ世界への扉だった」という表現に表れている。そして，女の人が話すおばあさんの思い出話を聞きながら，ミツザワ書店への感謝の気持ちで満たされている。アは，「自由に本を持っていける空間にしてくれていたおばあさんの気遣い」が誤り。結果的にそうなっていただけである。ウは，ミツザワ書店が当時のままだったことを理由として，「おばあさんがいないという喪失感に打ちのめされ，過去のとてつもない失敗を深く反省している」という描写はない。ミツザワ書店に足を踏み入れた「ぼく」は，感謝の気持ちで満たされている。エは，「孫にあたる『女の人』は再度開店したいと考えており」が誤り。「いつかあそこを解放したい」とあるのは，書店として開店したいということではない。

重要 問八 (1) 「読みたい本を好き勝手に持っていって，気が向いたら返してくれるような，そういう場所」とあるのは，万引きしたことを謝罪する「ぼく」に対する女の人の会話に「まったく，図書館じゃあるまいし」とあるのと対応している。 (2) 「おこがましい」は，身の程しらずでなまいきであるの意味。町の書店が，町や市が運営する公的な場所である図書館のようなことをするのは「身の程しらずでなまいきである」ということ。

四 **(古文―主題，内容吟味，文脈把握，語句の意味，品詞・用法，仮名遣い)**

〈口語訳〉 挙周朝臣は，重い病気にかかって，余命いくばくもないように見えたので，母の赤染右衛門は，住吉神社にお参りして，七日間こもって祈って，「今回，(息子の命が)助かる見込みが少ないならば，早くわたしのいのちと引き換えてください」と申し上げて，七日間の(祈りの)期日が終わった日に，御幣のしでに書きつけましたのは，

身代わりになりたいと祈る(私の)命は惜しくはないが，何とも(息子と)別れてしまうことが悲しい

と，このように詠んでお供えしたところ，神が願いを聴きとどけたのか，挙周の病気はよくなった。母は神仏に参詣して帰り，喜びながらこの(自分の命を差し出すとお願いした)様子を(挙周に)語る

と，挙周はひどく嘆いて，「私が生きたとしても，母を失っては何の励みがありましょう。その上(私は)不孝者の身になってしまう」と思って，住吉神社に参って申し上げるには，「母が私の身代わりに命を終わらせなければならないならば，早く元のように私の命をお取り上げになって，母をお助けください」と泣く泣く祈ると，神がかわいそうに思ってお助けがあったのか，母子ともに何事もなかったといいます。

基本 問一　「au」の音は「ô」に直す。「mau」は「mô」になるので，「もうで」となる。

やや難 問二　②「がたく」は，漢字では「難く」と書く。助かるのが難しい，ということである。
④「別れんこと」の「ん」は，打ち消しではなく推量の意味で，「別れてしまうだろうこと」の意味になる。

基本 問三　③　母親である赤染右衛門が，神に願いを申し上げている。　⑦　息子である挙周朝臣が，神に願いを申し上げている。

問四　ここは「挙周の病気」の意味。「の」と言い換えられるのは，エの「二，三十人が(の)中に」である。アは「あやしがる(怪しがる)」の一部。イは「けれども」の意味。ウは，主語を表す「が」。

問五　自分の命を差し出す覚悟だという母の言葉を聞いて，挙周はひどく嘆いたのである。

問六　問五と関連させて考える。自分の病気が治ったとしても，母が身代わりで死んでしまっては，生きていることに何の励みもなく，その上，自分は不孝者の身になってしまう，と思ったのである。

重要 問七　息子の挙周朝臣の病期が治った件については，「神感やありけん」とある。母親の赤染右衛門の命が助かった件については，「神あはれみて御たすけやありけん」とある。

★ワンポイントアドバイス★

論説文は筆者の考えや主張を，具体例やキーワードに注目してつかみ，指示語などに注意して説明の筋道を読み取ろう。小説は，会話や場面の描写，表現の意味を手がかりに，人物の内面や心情，考えを正確に読み取るようにしよう。古文は，内容を正しくとらえることを心がけよう。

スーパー進学
プログレス進学

2020年度

解答と解説

《2020年度の配点は解答欄に掲載してあります。》

<数学解答>

1 (1) -6 (2) $6x-8y+14$ (3) -3 (4) $p=\frac{5}{4}$ (5) $\frac{64}{3}\pi\text{cm}^2$

(6) 4本 (7) $-27x^4$ (8) $x=\frac{2}{3}$, $y=-2$ (9) $y=4x-5$ (10) 24度

(11) $\frac{1}{6}$ (12) $(x+4)(x-3)$ (13) $-\sqrt{2}$ (14) $x=\frac{-5\pm\sqrt{29}}{2}$ (15) 9cm

(16) 58度 (17) 120時間

2 (1) $y=\frac{3}{2}x+6$ (2) 18 (3) (2, 3) (4) $\left(\frac{4}{3}, 4\right)$

3 (1) 4cm (2) 5cm (3) 54cm^2 (4) $324\pi\text{cm}^3$

○配点○

各4点×25(1(8)完答) 計100点

<数学解説>

1 (数・式の計算,1次方程式,変域,おうぎ形の面積,空間図形の位置関係,連立方程式,1次関数,平行線と角,確率,因数分解,平方根,2次方程式,相似,円周角の定理,速さ)

基本 (1) $3+(-9)=-6$

(2) $2(x-3)-4(2y-x-5)=2x-6-8y+4x+20=6x-8y+14$

基本 (3) $3(x+4)=-x$ $3x+12=-x$ $4x=-12$ $x=-3$

(4) $2\leqq x\leqq 8$ $p\leqq y\leqq 5$より,xもyも正になることから,$a>0$ このとき,$y=\frac{a}{x}$のグラフはxが増加するとyが減少するグラフとなる。$x=2$のとき$y=5$より$5=\frac{a}{2}$ $a=10$ よって,$y=\frac{10}{x}$より,$x=8$のとき,$y=p=\frac{10}{8}=\frac{5}{4}$

(5) $8\times8\times\pi\times\frac{120}{360}=\frac{64}{3}\pi(\text{cm}^2)$

(6) 辺ABと交わらない,平行でもない直線がねじれの位置にある直線である。辺DH,辺CG,辺EH,辺FGの4本がねじれの位置にある辺である。

(7) $\left(\frac{3}{2}x^2y\right)^3\div\left(-\frac{x^2y^3}{8}\right)=\frac{27x^6y^3}{8}\times\left(-\frac{8}{x^2y^3}\right)=-\frac{27x^6y^3\times8}{8x^2y^3}=-27x^4$

(8) $3x+2y=-2$…① $6x-3y=10$…② ①×2−②より,$7y=-14$ $y=-2$ これを①に代入して$6x-8=-4$ $x=\frac{2}{3}$

(9) 変化の割合が4なので,求める1次関数の式を$y=4x+b$とおくと,$x=2$のとき$y=3$なので,$3=8+b$ $b=-5$ よって,$y=4x-5$

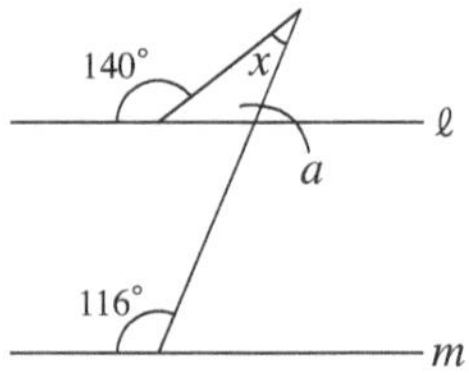

(10)　$\ell /\!/ m$より同位角は等しいので$\angle a=116$　三角形の外角の定理より，$x=140-a=140-116=24$

(11)　2つのさいころを投げたとき，目の出方は全部で$6\times6=36$(通り)　$\dfrac{a-b}{2}$が自然数になるためには，$a-b$が偶数になればよい。$(a,\ b)=(3,\ 1)$，$(4,\ 2)$，$(5,\ 3)$，$(6,\ 4)$，$(5,\ 1)$，$(6,\ 2)$の6通り。したがって，その確率は$\dfrac{6}{36}=\dfrac{1}{6}$

(12)　$(x-4)(x+5)+8=x^2+x-20+8=x^2+x-12=(x+4)(x-3)$

(13)　$\sqrt{18}-4\sqrt{2}=3\sqrt{2}-4\sqrt{2}=-\sqrt{2}$

(14)　$x^2+5x-1=0$　2次方程式の解の公式より，$x=\dfrac{-5\pm\sqrt{5^2-4\times1\times(-1)}}{2\times1}=\dfrac{-5\pm\sqrt{29}}{2}$

(15)　$\ell /\!/ m /\!/ n$より，$4:6=6:x$　$x=9$　9cm

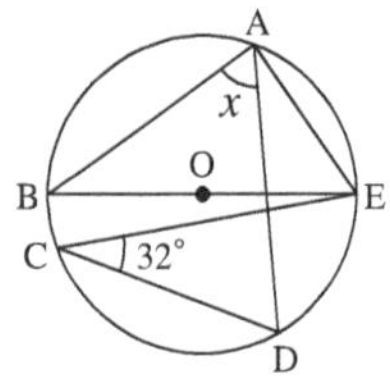

重要 (16)　右図のように円周上の点に名前をつける。BEが直径なので，直径に対する円周角である$\angle BAE=90$　$\overset{\frown}{DE}$に対する円周角は等しいので$\angle DAE=\angle DCE=32$　$\angle x=\angle BAE-\angle DAE=90-32=58$度

(17)　1個あたりにかかる時間は$\dfrac{3}{2000}$時間なので，$\dfrac{3}{2000}\times80000=120$時間

2 （関数と図形・グラフの融合問題）

(1)　Aは$y=\dfrac{3}{4}x^2$上の点で$x=-2$なので，$y=\dfrac{3}{4}\times(-2)^2=3$　A$(-2,\ 3)$　Bは$y=\dfrac{3}{4}x^2$上の点で$x=4$なので，$y=\dfrac{3}{4}\times4^2=12$　B$(4,\ 12)$　求める直線の式を$y=ax+b$とおくと，Aを通ることから$-2a+b=3$…①　Bを通ることから$4a+b=12$…②　②－①より$6a=9$　$a=\dfrac{3}{2}$　これを①に代入して，$-3+b=3$　$b=6$　よって，直線の式は$y=\dfrac{3}{2}x+6$

(2)　(1)よりC$(0,\ 6)$　$\triangle OAB=\triangle OAC+\triangle OBC=\dfrac{1}{2}\times6\times2+\dfrac{1}{2}\times6\times4=18$

重要 (3)　$\triangle OAB=\triangle PAB$より，ABを底辺とすると高さも等しくなり，AB//OPとなる。直線OPは直線ℓと平行で原点を通る直線なので$y=\dfrac{3}{2}x$　Pは放物線上の点でもあるので，$\dfrac{3}{4}x^2=\dfrac{3}{2}x$　$x^2-2x=0$　$x(x-2)=0$　$x\neq0$なので，$x=2$　よって，P$(2,\ 3)$

やや難 (4)　$\triangle OAB$と四角形AOQC：$\triangle CQB=5:4$より，四角形$AOQC=18\times\dfrac{5}{9}=10$　$\triangle OAC=\dfrac{1}{2}\times6\times2=6$より，$\triangle OCQ=10-6=4$となればよい。直線OBは原点を通る直線なので$y=mx$とおくと，Bを通ることから$4m=12$　$m=3$　$y=3x$　Qはこの直線上の点なのでQ$(q,\ 3q)$とおくと，$\triangle OCQ=\dfrac{1}{2}\times6\times q=4$　$q=\dfrac{4}{3}$　よって，Q$\left(\dfrac{4}{3},\ 4\right)$

3 （平面図形の計量，三平方の定理）

(1)　AD//BC，AB//DFなので，四角形ABFDは平行四辺形である。対辺の長さは等しくBF＝AD＝16　CF＝BC－BF＝20－16＝4(cm)

やや難 (2)　EF＝xとおくと，$\triangle$DFEはDF＝AB＝13，EF＝x，$\angle DEF=90$の直角三角形なので，三平方の定理より$DE^2=13^2-x^2=169-x^2$…①　$\triangle$CDEも直角三角形なので三平方の定理より$DE^2=15^2-(x+4)^2=225-(x^2+8x+16)=-x^2-8x+209$…②　①＝②なので$169-x^2=-x^2-8x+209$　$8x=40$　$x=5$　EF＝5(cm)

(3)　$x=5$を①に代入すると$DE^2=169-25=144$　　$DE=12$　　$\triangle CDE=\frac{1}{2}\times CE\times DE=\frac{1}{2}\times 9\times 12=54$ (cm^2)

(4)　立体は，底面の半径がCE＝9cm，高さがDE＝12cmの円錐になるので，その体積は$9\times 9\times \pi\times 12\times\frac{1}{3}=324\pi$ (cm^3)

★ワンポイントアドバイス★

各単元の基本事項を身に付けておけば解けるはずの大問1をまずは大切にしたい。ここで確実に得点できれば後半の問題を，余裕をもって扱えるはずである。後半については，標準的な問題演習で力をつけておく必要がある。

＜英語解答＞

1　問1　3　　問2　1　イ　　2　ウ　　3　エ　　4　キ　　5　ア
問3　②　thrown　　⑤　found　　⑥　called　　問4　A　4　　B　2
問5　③　432651　　⑦　314652　　問6　④　1　　⑧　4　　問7　1
問8　1　(Because) The plastic bags in the ocean [They] look like jellyfish.
2　(Because) The whale [He] could not eat because of too much plastic in his stomach.　　問9　1　×　　2　×　　3　○　　4　×　　5　○

2　ア　3　　イ　1　　ウ　5　　エ　2　　オ　4

3　ア　6　　イ　5　　ウ　1　　エ　8

4　ア　3　　イ　1　　ウ　4　　エ　2　　オ　1　　カ　4

5　((1)/(2)の順)　ア　was / drawn　　イ　want / me　　ウ　enough / answer [do]
エ　better / than　　オ　Both / and

6　(2番目，4番目の順)　ア　5，4　　イ　5，1　　ウ　2，1　　エ　4，6[3，5]
オ　1，5

○配点○
1　問5，問8　各3点×4(問5各完答)　　他　各2点×19　　2～6　各2点×25(5，6各完答)
計100点

＜英語解説＞

1　(長文読解問題・説明文：語彙，語句補充，語形変化，語句整序，指示語，内容吟味)

(全訳)　人々は60年ほど前からプラスチックを使い始めましたが，今ではいたるところにプラスチックが見られます。スーパーマーケットのほとんどすべてのものはプラスチック製の包みで包まれています。私たちがそれらを買うとき，私たちはビニール袋を使用します。また，私たちは食品を新鮮に保つためにプラスチック容器を使用しています。私たちの日常①生活のほとんどの製品はプラスチックで作られており，私たちは今それ(1)なしでは生きていけなくなりました。プラスチックは私たちにとってとても便利です。

しかし，プラスチックごみの一部が適切に②捨てられていません。ペットボトルやビニール袋を使い終えた後，路上に捨てていく心無い人々がいます。このプラスチックごみは雨や風(2)で川に洗い流され，最後には海に行きます。研究者は，毎年約800万トンのプラスチックが世界中の海に流されると言いました。このプラスチックのほとんどは，紙や食べ物のように腐らないので，何百年(3)間も自然の中にとどまります。③一部の科学者は，私たちがそれを使用し続けるならば，将来的に海には魚よりもプラスチックの方が多くなるだろうと言います。

このプラスチックは海の動物にとって非常に危険です。オサガメはその一例です。彼らは世界(4)で最大のウミガメです。彼らは約2メートルの長さであり，250キロ以上の重さがあります。体の大きさを保つために，彼らは(5)たくさんの食べ物，特にクラゲを食べます。海のビニール袋はクラゲのように見えるので，多くのオサガメは誤って④それらを食べて死にます。また，フィリピンの死んだクジラの胃の中で40キロのビニール袋が⑤見つかりました。クジラは胃の中のプラスチックが多すぎて食べることができず，死にました。

加えて，海の中のこのプラスチックは人間にとっても危険です。それは最終的に「マイクロプラスチック」と⑥呼ばれる小片になります。ウミガメやクジラのように，魚もそれをうっかり食べ，その魚を食べることによって，人間は自分の体にマイクロプラスチックを得ます。このマイクロプラスチックも私たちの健康に悪影響を及ぼす可能性があります。

しかし，⑦状況を変えて海の動物を守るのに遅すぎることはありません。あなたが⑧それらを救いたい場合は，あなたが彼らのためにできることがたくさんあります。あなたはプラスチックをリサイクル，再利用，および削減するべきです。また，⑨使い捨てのプラスチック製品の使用をやめて，プラスチック製のものを見つけたら，「私は本当にこれが必要だろうか。」とか，「プラスチック製ではないものを見つけられるだろうか。」と自問してください。海の中の多くの動物の未来は私たちの手の中にあります。

問1　life には「生活」という意味がある。

問2　(1)　〈without ～〉で「～なしに」という意味を表す。　(2)　〈by ～〉で「～によって」という意味を表す。　(3)　〈for ～〉で「～の間」という意味を表す。　(4)　〈in ～〉で「～において」という意味を表す。　(5)　〈a lot of ～〉は「たくさんの～」という意味を表す。

問3　②，⑤　受動態の文なので〈be動詞＋過去分詞〉という形にする。　⑥　過去分詞は「～される」という意味を表す。

問4　A　先行詞が人間で主格なので，4を選ぶ。　B　先行詞が物で主格なので，2を選ぶ。

問5　③　〈there is (are) ～〉は「～がある」という意味を表す。未来形にすると〈there will be ～〉となる。　⑦　〈too ～ to …〉で「…するには～すぎる」という意味を表す。

問6　④　直前にある the plastic bags in the ocean を指している。　⑧　直前にある the animals in the sea を指している。

問7　single-use は「使い捨ての」という意味。

問8　1「オサガメはなぜ誤ってプラスチックの袋を食べるのか。」「海のビニール袋はクラゲのように見えるので」とある。　2「フィリピンのクジラはなぜ死んだのか。」「胃の中のプラスチックが多すぎて食べることができず」とある。

重要　問9　1「プラスチック製品はとても高価だったので，人々は約60年前それらを変えなかった。」文中に書かれていない内容なので，誤り。　2「約800万トンのプラスチックゴミが毎年海に入り，そのほとんどは自然に消える。」「プラスチックのほとんどは，紙や食べ物のように腐らないので，何百年間も自然の中にとどまる」とあるので，誤り。　3「プラスティックは海の中の動物にとっても人間にとっても危険である。」第3段落と第4段落の内容に合うので，正しい。　4「私たちはプラスティックで作られていないならゴミを海に捨てることができる。」文中に書かれていない内容なので，誤り。　5「プラスチックをリサイクルするのは海の中の動物を助ける方法の一つである。」「プラスチックをリサイクル，再利用，および削減するべきだ」と言っているので，正しい。

2 (発音問題)

ア 1 [əláu] 2 [əráund] 3 [blóu] 4 [táuər] 5 [ənáuns]

イ 1 [párk] 2 [wɔ́:n] 3 [wɔ́:] 4 [tɔ́:t] 5 [fɔ́:l]

ウ 1 [έər] 2 [wέər] 3 [hέər] 4 [tʃέər] 5 [níər]

エ 1 [lɔs] 2 [nju:z] 3 [séntʃəri] 4 [sáikl] 5 [pǽris]

オ 1 [léidi] 2 [keik] 3 [béisbɔ́l] 4 [brékfəst] 5 [stéik]

3 (会話文問題：適文選択)

ア 「いらっしゃいませ(何かお手伝いしましょうか)。」 6 「いいえ，けっこうです。ただ見ているだけです。」

イ 「何時かわかりますか。」 5 「はい，2時30分です。」

ウ 「あなたのお父さんは何をしている人ですか。」 1 「彼は龍谷病院の医師です。」

基本 エ 「調子はどうですか。」 8 「悪くありません。」

2 「もちろん。今はひまです。」，3 「彼は今テレビを見ています。」，4 「もちろん。何が欲しいですか。」，7 「今日釣りに行きましょう。」

4 (語句選択問題：分詞，there，接続詞，疑問詞，進行形，助動詞)

ア 「ステージの上で歌っている少年は私の弟です。」 現在分詞は「～しつつある」という意味を表す。

イ 「20年前はこの公園にはたくさんの花がありました。」〈there is (are) ～〉は「～がある」という意味を表す。

ウ 「私はとてもかわいいので犬が大好きです。」 後半が理由を表しているので because を使う。

基本 エ 「これは誰のノートですか。―それは私のです。」 所有者をたずねる時は whose を使う。

オ 「友達が電話してきた時，私はお風呂に入っていました。」 ある時点で行っていた動作を表すので，過去進行形を使う。

カ 「今すぐ自分の部屋を掃除しなければなりませんか。」〈have to ～〉で「～しなければならない」という意味を表す。疑問文にする時は do を使う。

5 (書き換え問題：受動態，不定詞，比較，接続詞)

ア 「タカヒロは昔その絵を描きました。」→「その絵は昔タカヒロによって描かれました。」 受動態の文なので〈be動詞＋過去分詞〉という形にする。

イ 「明日は私が夕食を作りましょうか。」→「明日私に夕食を作ってほしいですか。」〈want A to ～〉で「Aに～してほしい」という意味を表す。

ウ 「アンガスはとても利口だったので，彼はすべての質問に容易に答えることができた。」→「アンガスはすべての質問に容易に答えるほど利口だった。」〈～ enough to …〉で「…するくらい～だ」という意味になる。

エ 「私はジロウほど上手にサッカーができません。」→「ジロウは私より上手にサッカーができます。」 better は well の比較級で「より上手に」という意味を表す。

オ 「アンは映画を見るのが好きで，キャシーも映画を見るのが好きです」→「アンとキャシーは両方とも映画を見るのが好きです。」〈both A and B〉で「AとBの両方」という意味を表す。

6 (語句整序問題：現在完了，不定詞，接続詞，SVOC，間接疑問文)

ア How long have they been good (friends?) 「彼らはどれくらいの間親友でいますか。」「ずっと～している」という意味は，現在完了の継続用法で表す。

イ　(Please) show me how to play the guitar(.)「私にギターの弾き方を教えてください。」〈how to ～〉で「～する方法（仕方）」という意味を表す。

ウ　(The doll I) liked when I was young is (still in my parent's house.)「私が幼かった頃に好きだった人形は今も両親の家にあります。」過去のある時点を指す時は when を使う。

エ　(Playing tennis is) very interesting and makes me excited(.)　あるいは　interesting and makes me very excited(.)「テニスをするのはとても面白くて，私をわくわくさせます。」あるいは「テニスをするのは面白くて，私をとてもわくわくさせます。」〈make A B〉で「AをBにする」という意味になる。

オ　(Do) you know who she will come (with to the party?)「彼女がパーティーに誰と一緒に来るか知っていますか。」間接疑問文なので，〈疑問詞＋主語＋動詞〉の語順になる。

★ワンポイントアドバイス★

4のイでは〈there is (are) ～〉が使われているが，これは時に一般動詞の have を使って書き換えられることを確認しておこう。この文を書き換えると This park had a lot of flowers 20 years ago.（公園は花を持っていた）となる。

未来創造

2020年度

解　答　と　解　説

《2020年度の配点は解答欄に掲載してあります。》

＜数学解答＞

1　(1)　−6　(2)　$-x+1$　(3)　$x=-3$　(4)　$y=-3$　(5)　12π cm²
(6)　4本　(7)　$-10x$　(8)　$x=3,\ y=-1$　(9)　$y=4x-5$　(10)　75度
(11)　$\frac{1}{2}$　(12)　$(x+9y)(x-9y)$　(13)　$-\sqrt{2}$　(14)　$x=\frac{-5\pm\sqrt{29}}{2}$
(15)　9cm　(16)　104度　(17)　120時間

2　(1)　$a=2$　(2)　(2, 8)　(3)　$y=2x+4$　(4)　$y=10x$

3　(1)　4cm　(2)　5cm　(3)　54cm²　(4)　324π cm³

○配点○
各4点×25(1(8)完答)　計100点

＜数学解説＞

1　(数・式の計算，1次方程式，反比例，おうぎ形の面積，連立方程式，1次関数，平行線と角，確率，因数分解，2次方程式，平行線と線分比，円周角の定理，標本調査)

基本　(1)　$3+(-9)=3-9=-6$

(2)　$-5-(x-6)=-5-x+6=-x+1$

(3)　$3(x+4)=-x$　$3x+12=-x$　$4x=-12$　$x=-3$

(4)　yはxに反比例するので，$y=\frac{a}{x}$　$x=-2$のとき$y=9$なので$9=\frac{a}{-2}$　$a=-2\times9=-18$より，$y=-\frac{18}{x}$となり，$x=6$のとき，$y=-\frac{18}{6}=-3$

(5)　$6\times6\times\pi\times\frac{120}{360}=12\pi$ (cm²)

(6)　辺ABと交わらない，平行でもない直線がねじれの位置にある直線である。辺DH，辺CG，辺EH，辺FGの4本がねじれの位置にある辺である。

(7)　$6x^2y\div\left(-\frac{3}{5}xy\right)=6x^2y\times\left(-\frac{5}{3xy}\right)=-\frac{6x^2y\times5}{3xy}=-10x$

(8)　$2x-y=7$…①　$3x+2y=7$…②　①×2+②より，$7x=21$　$x=3$　これを①に代入して，$6-y=7$　$y=-1$

(9)　変化の割合が4なので，求める1次関数の式を$y=4x+b$とおくと，$x=2$のとき$y=3$なので，$3=8+b$　$b=-5$　よって，$y=4x-5$

(10)　∠xの頂点を通り，ℓ，mに平行な直線をひく。平行線の錯角は等しいので∠ア$=50°$，∠イ$=25°$　よって，∠$x=50+25=75$

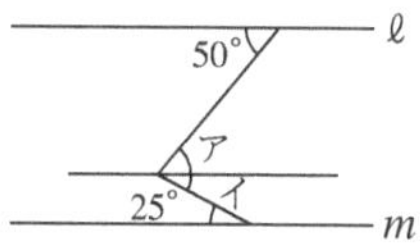

(11)　2個の玉の取り出し方は(赤，青)，(赤，緑)，(赤，白)，(青，緑)，(青，白)，(緑，白)の6通り。その中に青が含まれるのは3通りなので，青玉が出る確率は$\frac{3}{6}=\frac{1}{2}$

(12) $x^2-81y^2=x^2-(9y)^2=(x+9y)(x-9y)$

(13) $\sqrt{18}-4\sqrt{2}=3\sqrt{2}-4\sqrt{2}=-\sqrt{2}$

(14) $x^2+5x-1=0$　2次方程式の解の公式より，$x=\dfrac{-5\pm\sqrt{5^2-4\times1\times(-1)}}{2\times1}=\dfrac{-5\pm\sqrt{29}}{2}$

(15) $l /\!/ m /\!/ n$より，$4:6=6:x$　$x=9$

(16) 円周角の定理により，同じ弧に対する中心角は円周角の2倍なので，$\angle x=52\times2=104$

(17) 1個あたりにかかる時間は$\dfrac{3}{2000}$時間なので，$\dfrac{3}{2000}\times80000=120$(時間)

2 (図形と関数・グラフの融合問題)

基本 (1) A$(-1,\ 2)$は放物線$y=ax^2$上の点なので，$2=a\times(-1)^2$　$a=2$　よって，放物線の式は$y=2x^2$

(2) 直線mは傾きが4で原点を通るので$y=4x$である。$y=2x^2$と$y=4x$の交点がBなので，$2x^2=4x$　$x^2-2x=0$　$x(x-2)=0$　$x=0,\ 2$　$0<x$より，$x=2$　$y=2\times4=8$　B$(2,\ 8)$

重要 (3) 直線ℓの式を$y=cx+d$とおくと，Aを通ることから$-c+d=2$…①　Bを通ることから$2c+d=8$…②　②−①より，$3c=6$　$c=2$　これを①に代入して，$-2+d=2$　$d=4$　よって，直線ℓの式は$y=2x+4$

やや難 (4) ABの中点をMとおくとMの座標は，$\left(\dfrac{-1+2}{2},\ \dfrac{2+8}{2}\right)=\left(\dfrac{1}{2},\ 5\right)$　OMの式を$y=ex$とおくと，Mを通ることから$\dfrac{1}{2}e=5$　$e=10$　よって，求める直線は$y=10x$

3 (平面図形の計量，三平方の定理)

(1) AD//BC，AB//DFなので，四角形ABFDは平行四辺形である。対辺の長さは等しくBF=AD=16　CF=BC−BF=20−16=4(cm)

やや難 (2) EF=xとおくと，△DFEはDF=AB=13，EF=x，∠DEF=90の直角三角形なので，三平方の定理より$DE^2=13^2-x^2=169-x^2$…①　△CDEも直角三角形なので三平方の定理より$DE^2=15^2-(x+4)^2=225-(x^2+8x+16)=-x^2-8x+209$…②　①=②なので$169-x^2=-x^2-8x+209$　$8x=40$　$x=5$　EF=5(cm)

(3) $x=5$を①に代入すると$DE^2=169-25=144$　DE=12　△CDE$=\dfrac{1}{2}\times$CE$\times$DE$=\dfrac{1}{2}\times9\times12=54$(cm^2)

重要 (4) 立体は，底面の半径がCE=9cm，高さがDE=12cmの円錐になるのでその体積は$9\times9\times\pi\times12\times\dfrac{1}{3}=324\pi$(cm^3)

★ワンポイントアドバイス★

中学数学の広い範囲から出題されるが，まずは教科書レベルの問題を確実に解けるようにしておきたい。45分で25問と問題数が多いので，過去問演習を通して，時間配分にも慣れておく必要がある。

<英語解答>

1 問1 A 2 B 3 C 6 D 4 E 1 問2 ① 1 ④ 2 ⑥ 3
⑨ 3 問3 ② 24513 ⑦ 31542 問4 ③ 1 ⑧ 3 ⑩ 1
問5 ワニは猿と同じくらい賢くなりたかった。 問6 ア 3 イ 4 問7 1
問8 3 問9 猿の心臓を食べて，賢くなろうという計画
問10 1 × 2 ○ 3 ○ 4 ○ 5 ×

2 ア 4 イ 3 ウ 4 エ 3 オ 1

3 ア 2 イ 5 ウ 4 エ 1 オ 3

4 ア 2 イ 2 ウ 3 エ 3 オ 2 カ 2 キ 1 ク 1 ケ 3
コ 1

5 (2番目，4番目の順) ア 2, 5 イ 2, 3 ウ 1, 3 エ 5, 1 オ 4, 1

6 ((1)/(2)の順) ア been / dead イ was / born ウ going / to
エ not / good オ teaches / us

○配点○
1 問1 各1点×5 問3・問9 各3点×3(問3完答) 問5 4点 他 各2点×16
2, 3, 5, 6 各2点×20(5, 6各完答) 4 各1点×10 計100点

<英語解説>

1 **(長文読解問題・物語文：語句補充，指示語，語句整序，語彙，英文和訳，内容吟味)**

(全訳) 昔，賢い猿がいました。彼は島のリンゴの木に住んでいました。

ある日，ワニが島に泳ぎ，猿に会いました。ワニは「おなかがすいた」と言った。それから猿は彼(A)に赤いリンゴを与えました。ワニはそれを食べたときとても幸せになりました。

ワニが別のリンゴを食べている間，猿は彼に面白い話をしました。猿は①それらをワニに簡単に伝えようとしましたが，②ワニにとってそのような話を理解するのはまだ難しいことでした。

翌日，ワニが戻ってきて，「リンゴを2つ③ください」と言いました。彼はそれらを得て，彼の父親に④1つを与えました。

ワニは毎日猿に会いに行きました。彼は猿の話を聞いているとき，⑤彼と同じくらい賢くなりたいと思いました。彼は父親にこれを言ったとき，⑥彼は「お前は猿の心臓を食べるべきだ。そうすれば，お前は彼のように賢くなるだろう！」と言いました。

翌日，彼は猿に「⑦私の家に来ませんか。一緒に昼食を食べましょう，そうすれば私はあなたにリンゴ(C)の感謝をすることができます。」と言いました。「それはいいアイデアです！」と猿は言い，彼は次の日に小さなボートでそこに行きました。

猿が昼食を食べようとすると，ワニは突然猿に⑧大声で言いました。「猿よ！ (ア)私にあなたの心臓をください！ そうすれば，私はあなたと同じくらい賢くなることができます！」 サルは驚きましたが，静かに「オッケイ…，でも私の心臓は今ここにありません。」と言いました。「(イ)どうして？ 何(E)のことを言ってるんだ？」とワニは言いました。「私の心臓は島の上，リンゴの木の中にあります！ あなたが⑨それを食べたいなら，今一緒に⑩行かねばなりません。」

二人は島に戻りました。猿は「ここで待っていて，私は私の心臓を持って来ます。」と言いました。⑪その後，猿はリンゴの木を登り始めました。ワニは猿の跡を追おうとしましたが，彼にはできませんでした！ 木の頂上で，猿は「お前は⑫愚かなワニだ！ お前は私の心臓を食べることはできないし，二度と私のリンゴを食べることはできない！」と言いました。猿はワニをあざ笑い，ワニ

は⑬彼の計画をあきらめなければなりませんでした。

問1 (A) 〈give A to B〉で「BにAを与える」という意味になる。 (B) 〈like ~〉は「~のように(な)」という意味を表す。 (C) 〈thank ~ for …〉で「…について~に感謝する」という意味を表す。 (D) 〈by ~〉で「~によって」という意味を表す。 (E) 〈talk about ~〉で「~について話す」という意味を表す。

問2 ① 猿がワニに言った話のこと。 ④ ワニが猿からもらったリンゴのこと。 ⑥ ワニが話した相手の父親のこと。 ⑨ ワニが食べたいと思った猿の心臓のこと。

問3 ② 〈it is ~ for S to …〉で「Sが…することは~である」という意味になる。 ⑦ 〈why don't you ~?〉は「~しませんか」という勧誘の意味を表す。

問4 ③ 許可は may の他に can でも表せる。 ⑧ loudly は「大声で」という意味を表す。 ⑩ 〈must ~〉は〈have to ~〉で書き換えることができる。

問5 1つ目の he はワニを，2つ目の he は猿を指している。〈want to ~〉で「~したい」という意味を表す。〈as ~ as …〉で「…と同じくらい~」という意味になる。

問6 (ア) ワニがしたかったことを言っている。 (イ) ワニは猿が言ったことを理解できなかった。

問7 猿はワニから逃れるために木に登った。

問8 foolish は「愚かな」という意味を表す。

問9 ワニは猿の心臓を食べようと思っていた。

重要 問10 1 ワニは島へ泳いで来たとあるので，誤り。 2 「ワニはそれを食べたときとても幸せになった」とあるので，正しい。 3 「彼はそれらを得て，彼の父親に1つを与えた」とあるので，正しい。 4 ワニは「私の家に来ませんか。一緒に昼食を食べましょう」と言ったので，正しい。 5 父親は行かなかったので，誤り。

2 (発音問題)

ア 1 [wéit] 2 [wéist] 3 [péin] 4 [séd]

イ 1 [nju:z] 2 [í:zi] 3 [jú:sfl] 4 [luz]

ウ 1 [wud] 2 [gúd] 3 [lúk] 4 [kɑrtú:n]

エ 1 [lóu] 2 [snou] 3 [əláu] 4 [óun]

オ 1 [grú:p] 2 [jʌ́ŋ] 3 [kʌp] 4 [sʌ́n]

3 (会話文問題：適文選択)

ア 「いらっしゃいませ(何かお手伝いしましょうか)。」 2 「はい，お願いします。誕生日ケーキを探しています。」

基本 イ 「ペンを貸してもらえませんか。」 5 「わかりました。はい，どうぞ。」

ウ 「今どんな気分ですか。」 4 「悪くないです。」

エ 「どうしたのですか。」 1 「お腹が痛いです。」

オ 「もう1つケーキをいかがですか。」 3 「いいえ，けっこうです。十分もらいました。」

4 (語句選択問題：疑問詞，動名詞，比較，分詞，関係代名詞，動詞，接続詞，不定詞，there，前置詞)

ア 「これは誰のスマートフォンですか。―それは私のです。」 所有者をたずねる時は whose を使う。

イ 「あなたは部屋を掃除し終えましたか。」 〈finish ~ ing〉で「~することを終える」という意味を表す。

ウ 「私はすべてのスポーツの中で野球が一番好きです。」 〈like ~ the best〉で「~が一番好きだ」

という意味を表す。

エ 「これはマイクによって壊されたマドです。」 過去分詞は「～された」という意味を表す。

オ 「彼は私たちの村に住む唯一の医師です。」 lives 以下が doctor を修飾するので主格の関係代名詞を使う。

基本 カ 「私は昨夜この歌を歌いました。」 過去の出来事なので過去形を使う。

キ 「私はとても熱心に練習したので，疲れています。」 直前の部分が理由を表すので so を使う。

ク 「私の父はコンピューターの使い方を知りません。」〈how to ～〉で「～する方法(仕方)」という意味を表す。

ケ 「この村には多くの子供たちがいました。」〈there is (are) ～〉は「～がある」という意味を表す。

コ 「私の娘はピアノを弾くのがとても上手です。」〈be good at ～〉で「～が上手だ」という意味になる。

5 （語句整序問題：不定詞，現在完了，分詞，受動態，接続詞）

ア (My) father told me to study (harder.) 「私の父は私のもっと熱心に勉強するよう言いました。」〈tell A to ～〉で「Aに～するように言う」という意味になる。

イ How long have you lived (in Japan?) 「あなたはどれくらいの間日本に住んでいますか。」「ずっと～している」という意味は，現在完了の継続用法で表す。

ウ (Do you) know the man standing near (the window?) 「あなたは窓の近くに立っている男性を知っていますか。」 現在分詞は「～しつつある」という意味を表す。

エ Is English spoken in your (country?) 「あなたの国では英語が話されますか。」 受動態の疑問文なので〈be動詞＋主語＋過去分詞〉という語順にする。

オ (That question was) so difficult that I couldn't (answer it.) 「その問題はとても難しかったので，私はそれに答えられませんでした。」〈so ～ that S can't …〉で「とても～なのでSは…できない」という意味になる。

6 （書き換え問題：）

ア 「私の祖父は10年前に死にました。」→「私の祖父は10年間ずっと死んでいます。」「ずっと～している」という意味は，現在完了の継続用法で表す。「死んでいる」は dead という形容詞で表す。

イ 「私の誕生日は2月11日です。」→「私は2月11日に生まれました。」〈be born〉で「生まれる」という意味を表す。

ウ 「私の息子は寝る前に必ず泣きます。」 前置詞の目的語として動詞を置く時には動名詞にする。

エ 「彼の車は私の車より良いです。」→「私の車は彼のほど良くないです。」〈not as ～ as …〉で「…ほど～でない」という意味を表す。

オ 「ウイリアムズさんは私たちの英語の先生です。」→「ウイリアムズさんは私たちに英語を教えます。」〈teach A B〉は「AにBを教える」という意味を表す。

★ワンポイントアドバイス★

5のオでは〈so ～ that S can't …〉が使われているが，これは〈too ～ for 人 to …〉「Sが…するには～すぎる」という構文で書き換えられる。この文を書き換えると That question was too difficult for me to answer. となる。

＜国語解答＞ 《学校からの正答の発表はありません。》

一 問一 a 壊　b かんよう　c 文芸　d えんかつ　問二 (例) 人に謝るとき。人を呼び止めるとき。など　問三 ア　問四 日本では，～れている。　問五 イ
問六 面白いお話　問七 ウ　問八 エ　問九 (例) 場を和らげるために相手の気持ちをこめたり，自分はやりたいとは思うができないという気持ちを込めたジョークを用いる言い方。　問十 イ

二 問一 a 飾　b 手招　c むぞうさ　d ふぜい　問二 (例) 自分のおかした罪を償わないうちに，おばあさんが他界してしまったこと。　問三 A ウ　B ア
問四 Ⅰ イ　Ⅱ ア　Ⅲ エ　問五 (例) 本や代金を返しに来る人。
問六 世界への扉　問七 イ

三 問一 ① 虫　② 馬　③ 鳥　問二 ① エ　② イ　③ オ
問三 ① ひとこえ　② かじ　③ いなか　④ おもうよう
問四 (1) ア　(2) エ　(3) イ
問五 ① 1 2 4 3 月光如レ水　② 2 1 4 3 非レ礼勿レ視　③ 1 2 5 3 4 池魚思二故淵一　④ 3 1 2 6 4 5 懸二羊頭一売二狗肉一

○配点○
一 問一・問三・問八　各2点×6　問九　5点　他　各3点×6
二 問二　4点　問五・問七　各3点×2　他　各2点×10
三 問四(2)　3点　他　各2点×16　計100点

＜国語解説＞

一 (論説文―要旨，内容吟味，文脈把握，指示語の問題，接続語の問題，脱文・脱語補充，漢字の読み書き，ことわざ)

問一 a「壊」の音は「カイ」。同音で形の似た「懐」と区別する。「破壊」「壊滅」などの熟語がある。 b「寛容」は，心が広く，他人の言行や過失をとがめずに聞き入れること。「寛」は「寛大」，「容」は「容赦」「容認」などの熟語がある。 c「文芸」は，言語で表現された芸術のこと。小説や随筆，詩歌などのこと。「文芸化」は，言語で表現された芸術のようになっている，ということ。 d「円滑」は，物事がとどこおりなくすらすらと行われる様子。「円」の訓読みは「まる-い」。「円満」などの熟語のほか，「関東一円」のような使い方をする。「滑」の訓読みは「すべ-る・なめ-らか」。「滑走」「潤滑」などの熟語がある。

問二 「サンキュー(ありがとう)」以外で「すみません」と言うときを考える。すると，「人に謝るとき」「人を呼びとめるとき」が思いつくだろう。ほかに，「すみません。ここに座っていいですか」のように，人に了承を得るときにも使う。

基本 問三 段落の初めに，「『場』を中心に考えると，個人の発想からすれば『うそ』になることを言わねばならぬときがある」とある。「うそも方便」は，嘘は悪いことではあるが，目的をとげるための手段として，場合によってはうそをつくことも必要だ，という意味。「場を壊すことを避ける」という目的のためには，うそをつくことも必要だというのである。イ「うそから出たまこと」は，初めはうそで言ったことが偶然に事実となること。ウ「うそ八百」は，やたらにうそを言うこと。「八百」は，数が多いことを表す。エ「うそつきは泥棒のはじまり」は，平気で嘘を言うようになると，平気で盗みを働くようになるということ。

やや難 問四 「これ」の後に，「対して，欧米では『うそ』は明白に悪とされる」とある。つまり，「これ」

が指す内容は,「欧米では『うそ』は明白に悪とされる」と対照的な内容だということになる。前の部分に「日本では,ある程度の『うそ』は許容されている。」という一文がある。

問五 「物議をかもす」は,周囲の人々の議論を引き起こすの意味。議論を引き起こすのは,「日本人が,『うそー』という感じで,英語で「liar」と言って」しまったからである。問四でとらえたように,「日本では,ある程度の『うそ』は許容されている」軽いものだが,「欧米では『うそ』は明白に悪とされる」もので,「うそつき」と言われるのは「最大の侮辱」なのである。日本と欧米の「うそ」のとらえ方の違いが,問題を生んでしまったのである。

やや難 問六 「五字」という指示を手がかりにする。「柳田はウソ,特に子どもの～」で始まる文で,「昔は『ウソ』は『ヲソ』などと呼ばれていて虚偽という意味よりも,面白いお話という意味が強かった,ということをあげている」とある。

問七 この文章は,「場」と「個人」の関係について述べている。(Ⅰ)については,第一段落に「日本では,個人と個人の関係を考えるよりは,全体としての場を大切にするので」とあり,「場」があてはまる。(Ⅱ)については,「場」の次にくるものだから「個人」があてはまる。(Ⅲ)については,西洋は日本と対比されていることから,「個人」があてはまる。

基本 問八 (ⅰ)は,前の部分では「難しいことですが,何とか考えてみましょう」という言葉を「相手の気持ちを汲んで」と肯定的にとらえている。後では「『ウソ』である」と否定的にとらえている。前後で反対のことを述べているので,逆接の「しかし」があてはまる。(ⅱ)は,前の部分では「否定的な感じ」とあり,後では「当然のこと」とある。ここも,前後で反対のことを述べているので,逆接の「しかし」があてはまる。

重要 問九 西洋人の社交性については,第五段落で説明している。「ノー」と言う時にジョークを用いると,「社交性」があると評価されるのである。ジョークの役割をまとめればよい。「場を和らげる」「相手の気持ちや,自分はどうしてもやりたいとは思うけれどできない,などという気持ちがうまく入れこまれている」と説明されているので,これらの言葉を用いてジョークの役割をまとめる。

問十 イの内容については,第四段落に「日本人であれば,その場を保つためには,あることないことを適当に話をしても,その言葉に個人としての責任はない」,「欧米人の場合は,どんな場合にでも発言したことについてはその人の責任が伴うので,日本人的『ウソ』は言えない」とあるのと一致する。アは,第一段落に「日本では,個人と個人の関係を考えるよりは,全体としての場を大切にする」とあるのと一致しない。ウは,「場あたりな『うそ』をついてしまい誤解されやすい」とは,本文では述べていない。また,「『ノー』と言うべきである」とは主張していない。エは,「……ジョークがあるが,日本人には無礼に感じられるものである」とは述べていない。

二 (小説一主題,情景・心情,内容吟味,文脈把握,脱語補充,漢字の読み書き,語句の意味)

問一 a「飾」の音読みは「ショク」。へんを「食」と書かないように注意する。「装飾」「修飾」などの熟語がある。 b「手招(き)」の「招」は,形の似た「紹」と区別する。「招」の音は「ショウ」。「招待」「招致」などの熟語がある。 c「無造作」は,慎重でなく,簡単気軽に大ざっぱに物事をする様子。「作」を「サ」と読む熟語には「作法」「所作」などがある。 d「風情」は,ここでは,様子,ありさま,気配の意味。「風」を「フ」,「情」を「ゼイ」と読むのは「風情」くらいなので,熟語の形で覚えてしまおう。

問二 「ぼく」が,ミツザワ書店を訪れた目的は,おばあさんに本の代金を払い,万引きの謝罪をするためである。ところが,おばあさんは既に他界して(＝亡くなって)いたのである。それを「とてつもない失敗」と表現している。「本の代金を支払い,万引きの謝罪をしないうちにおばあさんが他界したこと。」(35字)でもよい。

やや難 問三 A「ひとしきり」は，しばらくの間続くことの意味。「ひとしきり笑った」は，しばらくの間笑った，ということ。 B「気がとがめる」は，自分のしたことを後ろめたく思うの意味。

基本 問四 (Ⅰ)は，書店での祖母の様子。「ずうっと」本を読んでいるから，万引きされてしまうのである。 (Ⅱ)は，「思いついたように」と対応する言葉があてはまる。「ふと」は，何かちょっとした拍子にの意味。 (Ⅲ)「撫でさする」という行為に合うのは，穏やかに物事をする様子を表す「そっと」である。

問五 直後に「あなたみたいにね」とある。「そんな人」は，「ぼく」と同じような人であると見当がつく。女の人の会話をさかのぼって読んでいくと，「こうしてお金を持って訪ねてきてくれた人も，あなただけじゃないの」とある。さらに，「返しにくる人も見つけたことあるの」ともある。これらをまとめて「本や代金を返しにくる人」と答える。

問六 「比喩を用いて」とあるのに注意して，女の人の会話を読んでいく。「本のどこがそんなにおもしろいの」と聞かれたおばあさんは，「開くだけでどこへでも連れてってくれるものなんか，本しかないだろう」と答えている。そして，その答えを聞いた女の人は，「本っていうのは，世界への扉だったのかもしれないですよね」と言っている。「世界への扉」は，本の隠喩表現になっている。

重要 問七 イの「本への愛情にあふれたおばあさんとの出会いが「ぼく」に本の面白さを教えてくれた」という内容は，「子どものころのぼくにとって，ミツザワ書店こそ世界への扉だった」という表現に表れている。そして，女の人が話すおばあさんの思い出話を聞きながら，ミツザワ書店への感謝の気持ちで満たされている。アは，「自由に本を持っていける空間にしてくれていたおばあさんの気遣い」が誤り。結果的にそうなっていただけである。ウは，ミツザワ書店が当時のままだったことを理由として，「おばあさんがいないという喪失感に打ちのめされ，過去のとてつもない失敗を深く反省している」という描写はない。ミツザワ書店に足を踏み入れた「ぼく」は，感謝の気持ちで満たされている。エは，「孫にあたる『女の人』は再度開店したいと考えており」が誤り。「いつかあそこを解放したい」とあるのは，書店として開店したいということではない。

三 (総合問題—品詞・用法，仮名遣い，漢文の知識，文学史)

基本 問一 ①「虫の居所が悪い」は，機嫌が悪く，ちょっとしたことにもすぐ怒る状態にあるの意味。 ②「馬の耳に念仏」は，人の忠告や意見を少しも聞き入れようとしないことのたとえ。 ③「飛ぶ鳥を落とす勢い」は，権力や勢力が非常に強い様子。

やや難 問二 ①「灯台もと暗し」の「灯台」は，昔の照明器具の一つ。台に立てた支柱の先に油皿を載せて火を灯す台。周囲は明るくなるが，灯台のすぐ下は暗い。近い所は暗い(＝見えにくいのでわからない)ということ。 ②「お茶を濁す」の「濁す」は，曖昧にするという意味がある。 ③「水を得た魚」は，水と魚は切るに切れない関係にあることから，ふさわしい場所を得て生き生きと活躍することを言う。

基本 問三 ① 文語のワ行は「わ・ゐ・う・ゑ・を」となり，現代仮名遣いでは「わ・い・う・え・お」と直す。 ②「くゎ」「ぐゎ」は「か」「が」と直す。 ③「ゐ」は「い」に直す。 ④「おもふやう」は，まず「ふ」を「う」とする。さらに「やう」は「yau」で，「au」は「ô」になるので「yau」→「yô」となって，「おもうよう」となる。

問四 〈口語訳〉 することがない退屈な昼間や，晩に起きているときなどに，姉，継母といった人たちが，その物語，あの物語，光源氏のありさまなど，ところどころ話すのを聞いていると，いっそう知りたいという気持ちが増してくるのだが，私の望むとおりに，どうしてすっかり暗誦して話してくれようか(いや，話してはくれないで，中途半端なままだ)。〈菅原孝標女『更級日記』

より〉

(1) 「つれづれなるままに……」で始まるのは，兼好法師による随筆『徒然草』。イ『枕草子』は，清少納言による平安時代の随筆。ウ『万葉集』は，奈良時代に成立した現存する最古の和歌集。エ『平家物語』は，鎌倉時代に成立した平氏の興亡と源氏との合戦を描いた軍記物語。作者はわかっていない。 (2) 「人々の」が係っていくのは，「ところどころ語る」である。「人々がところどころ語る」のである。主語であることを示す「の」。エは「夕日が差して山の端がとても近くなった」の意味で，主語であることを示す「の」。 ア「この世にないほどの美しい玉のような男皇子」で，連体修飾の「の」。 イ「いまとなっては昔のことだが，竹取の翁という者がいた」の意味で，連体修飾の「の」。 ウ「四条大納言のものはすばらしく」の意味で，体言の代用をする「の」。 (3) 紫式部の『源氏物語』は，平安時代中期の成立。

重要 問五 漢文は，上から読んでいけばよいが，「レ点」と「一・二点」の返り点は，次のように読む。

レ点……下の一字を先に読み，すぐ上の一字に返って読む。

一・二点……一までを先に読み，二字以上離れた二の付いた字に返って読む。

① 書き下し文は「月光水の如(ごと)し」で，「月光は水のようだ」の意味。 ② 書き下し文は「礼に非(あら)ざれば視(み)ること勿(なか)れ」で，「礼にかなっていなければ見てはいけない」の意味。 ③ 書き下し文は「池魚(ちぎょ)故淵(こえん)を思う」で，「池の魚は生まれた池を懐かしく思う(＝故郷を懐かしく思う)」の意味。 ④ 書き下し文は「羊頭(ようとう)を懸(か)けて狗肉(くにく)を売る」で，「看板には羊の頭を掲げて，実際には犬の肉を売る」の意味で，見せかけばかりが立派で，実質が伴わないことのたとえ。

★ワンポイントアドバイス★

論説文は筆者の考えや主張を，具体例やキーワードに注目してつかみ，指示語などに注意して説明の筋道を読み取ろう。小説は，会話や場面の描写，表現の意味を手がかりに，人物の内面や心情，考えを正確に読み取るようにしよう。語句の知識や古典の基礎知識もおさえておく。

MEMO

大切なことはメモしておこうネ！

2019年度

★★★★★★★★★★★★★★★★★★★★★★★★

入　試　問　題

2019年度

札幌龍谷学園高等学校入試問題
（スーパー特進・特進コース）

【数　学】（45分）　＜満点：100点＞

【注意】 定規・コンパス・分度器は使用してはいけません。

1　次の問いに答えなさい。

(1)　98^2 を計算しなさい。

(2)　$\left(\dfrac{2}{3}x^2y^3\right)^2\times\dfrac{81}{8x^3y^2}$ を計算しなさい。

(3)　$(x^2+2x+3)(2x^2-x+5)$ を展開したとき，x^2 の係数を求めなさい。

(4)　$\sqrt{2a}$ が1桁の自然数になるような自然数 a の値をすべて求めなさい。

(5)　1次方程式 $2x-\dfrac{5}{4}(x+1)=4$ を解きなさい。

(6)　連立方程式 $\begin{cases} y=1-x \\ x+\dfrac{y+1}{2}=2 \end{cases}$ を解きなさい。

(7)　右の図の△ABCで点Pは∠B，∠Cの二等分線の交点です。$\angle A=48^\circ$ のとき，∠BPCの大きさを求めなさい。

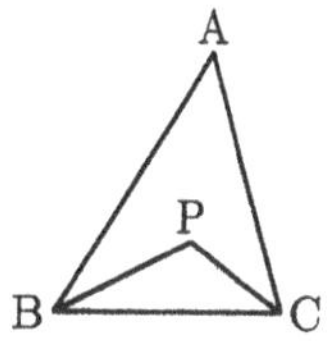

(8)　半径 x cmの円に内接する正方形の面積を y cm^2 とします。y を x の式で表しなさい。

(9)　$\dfrac{5}{37}$を小数で表したとき，小数第百位の数字を求めなさい。

(10)　a^2+4b^2-4ab を因数分解しなさい。

(11)　$(\sqrt{3}+\sqrt{2}-1)(\sqrt{3}+\sqrt{2}+1)$ を計算しなさい。

(12)　大小2個のさいころを同時に投げ，大きいさいころの出た目を a，小さいさいころの出た目を b とするとき，$\dfrac{b}{a}$が整数となる確率を求めなさい。

(13)　$y=ax^2$ で x の変域が $-3\leqq x\leqq -1$ のとき，y の変域が $b-4\leqq y\leqq b$ となるような正の数 a，b の値を求めなさい。

(14)　右の図は1辺の長さが1.5cmの立方体の積み木を積み上げたものです。この立体の体積を求めなさい。

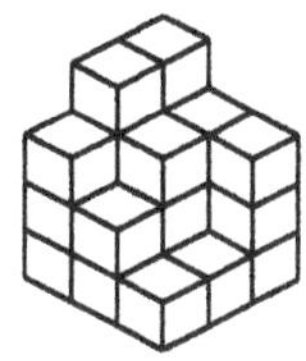

(15)　右の図で線分ABは円Oの直径で，AB // CDです。$\overset{\frown}{AC}:\overset{\frown}{CD}=3:4$ のとき，∠ACDの大きさを求めなさい。

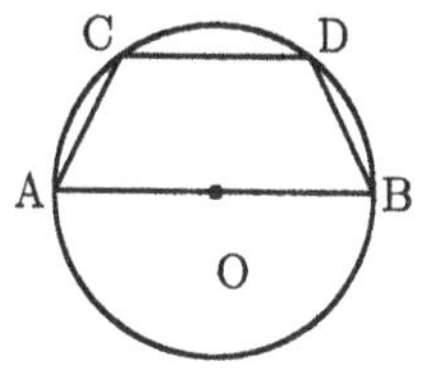

(16)　2次方程式 $5(x-2)^2=10$ を解きなさい。

⒄　以下，ひとみさんとたくろうさんが三平方の定理の導き方について会話をしています。□に当てはまる数式を答えなさい。

図１のように長方形を対角線で切り，A，Bの２つに分け，次に図２のようにBを90°の角をもつ頂点から斜辺に垂直に切りました。図３はできた３つの三角形を並べたものです。

図１

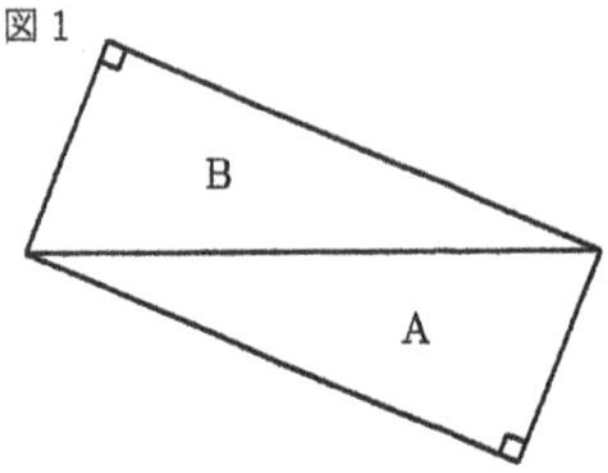

図２

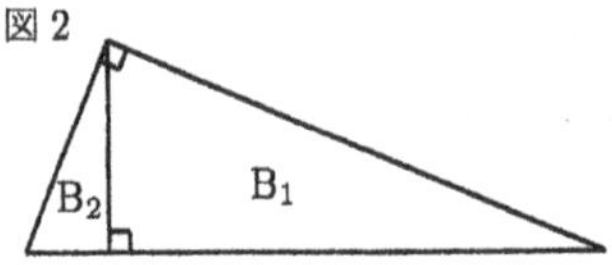

図３

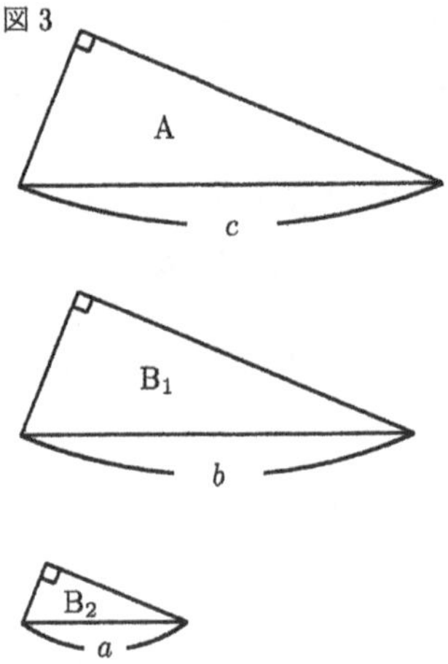

ひとみさん「AとB_1とB_2は相似になるのね。各直角三角形の斜辺a，b，cの間になにか関係はないかしら。」

たくろうさん「B_1とB_2の面積を足すとAの面積になるよね。」

ひとみさん「B_2の面積をSとすると，B_2とB_1の相似比は$a:b$だからB_1の面積はB_2の面積の［①］倍ね。同じように考えるとB_2とAの相似比は$a:c$だからAの面積はB_2の面積の［②］倍ね。」

たくろうさん「うん。そこで（B_2の面積）＋（B_1の面積）＝Aの面積　だから［③S＋　　＝　　］になるね。」

ひとみさん「この式の両辺をSで割って，次にa^2を掛けると［④　　＋　　＝　　］になったわ。」

たくろうさん「この関係式は三平方の定理だね。」

[2]　右の図は，放物線$y=ax^2$と直線$y=\frac{1}{2}x+b$です。放物線と直線の交点をA，B（x座標の値が小さい方をA）とし，直線とx軸，y軸との交点をそれぞれC，Dとします。このとき，次の問いに答えなさい。

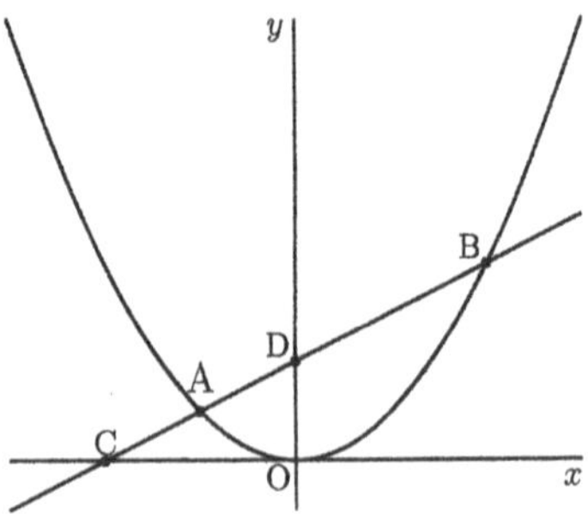

⑴　$a=1$，$b=1$のとき，点Aのx座標を求めなさい。

以下，点Aのx座標を-2，点Bのx座標を４とします。

⑵　a，bの値をそれぞれ求めなさい。

⑶　点Bからx軸におろした垂線とx軸との交点をHとします。四角形DOHBをx軸を回転の軸として１回転させたときにできる回転体の体積を求めなさい。ただし，円周率をπとします。

⑷　点Pを x 軸上にとります。AP＋BP が最小となるときの点Pの x 座標を求めなさい。

3　右の図のように，点Oを中心とし，ABを直径とする半円があります。孤AB上に点Cをとり，線分ACの中点をDとします。また，BDの延長線と孤ABの交点をEとし，∠COBの二等分線と線分BE，線分BCとの交点をそれぞれF，Gとします。円の半径が5㎝，AD＝4㎝のとき，次の問いに答えなさい。

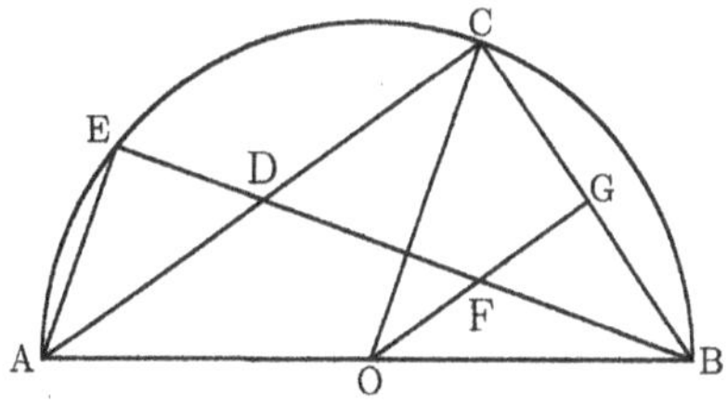

⑴　△ABCの面積を求めなさい。

⑵　線分OGの長さを求めなさい。

⑶　△ADEと△BFGの面積の比を，最も簡単な整数の比で表しなさい。

⑷　線分AEの長さを求めなさい。

【英　語】（45分）　<満点：100点>

1 次の英文を読み，設問に答えなさい。

A lot of *car accidents are now happening all over the world and many people are *injured or killed in (1) them. In order to stop this situation, car *companies around the world are now trying to make *self-driving cars. (2) They think that most of the accidents are *caused by cars *driven by *humans, so they believe that (ア) such cars will have fewer crashes. This means that, if we use cars driven by computers, the number of people who are injured or killed will be reduced. Of course, I hope so, but can ① it be realized soon? I don't believe such a good thing will happen in the near future, because ② the *comparisons between these cars are not *fair.

Now we have a lot of *data for cars driven by people, from all kinds of driving situations, including, for example, driving through heavy rain or on very bad roads. Car companies, however, have collected much of the data about the *safety of computer-driven cars, in only very good *conditions. This is because (3) they wanted to show ③ that they are safer. For example, (イ) such cars usually ran on *one-way, *multi-lane roads. Their most important job is to stay in their own lane and not get too close to the car ahead. Of course, self-driving cars are very good at ④ those jobs, but humans *are*, too! I'm sure ⑤ (1. will / 2. that / 3. take / 4. time / 5. before / 6. more / 7. it) computers alone can drive a car as well as people do now.

It is true that computers can *deal with some dangerous situations when (4) they drive cars, but ⑥ they still can't do so better than people. ⑦ Computers (1. cars / 2. still / 3. and / 4. drive / 5. which / 6. *imperfect / 7. are) people are, too. So, for now, (5) they still need to work together.

Car companies may say, "If more people use self-driving cars, the number of car accidents will be reduced." However, I don't *optimistically think that, in the near future, we will not have to worry about any traffic accidents on roads if we use (ウ) such cars.

So, the most important thing is to *evaluate self-driving cars fairly about their safety. For this, we have to get more *reliable data for a true comparison between cars driven by people and cars driven by computers. With such a better comparison, ⑧ we can (1. whether / 2. can / 3. cars / 4. we / 5. driverless / 6. use / 7. decide) *regularly without any *serious accidents someday.

注：*car accident*：自動車事故　*injured*：ケガをした　*company*：会社，企業　*self-driving*：自動運転の
cause：～を引き起こす　*driven*：*drive*（～を運転する）の過去分詞　*human*：人間
comparison：比較　*fair*：公平な　*data*：データ　*safety*：安全　*condition*：状態
one-way：一方通行の　*multi-lane*：多車線の　*deal with*：～に対処する　*imperfect*：不完全な
optimistically：楽観的に　*evaluate*：～を評価する　*reliable*：信頼できる
regularly：定期的に，いつも　*serious*：深刻な

問1　下線部(1)～(5)が指すものを次から選び，記号で答えなさい。なお，同じ語を繰り返し用いてもよい。また，文頭にくる語も小文字にしてあるので注意すること。

ア．car companies　イ．car accidents　ウ．computers
エ．humans　オ．computers and humans

問2　下線部(ア)～(ウ)が次のどちらを指しているかを，番号で答えなさい。

1. コンピューターが運転する【自動運転の】車　2. 人間が運転する車

問3　下線部①の内容を，日本語で答えなさい。

問4　下線部②の理由として最も適切なものを次から選び，番号で答えなさい。

1. あらゆる車に関する全てのデータが，良い条件の下でしか集められていないから。
2. コンピューターが運転する車のデータだけが，あらゆる条件の下で集められているから。
3. 人が運転する車のデータだけが，あらゆる条件の下で集められているから。
4. 人間が運転する車のデータが，良い条件の下でしか集められていないから。

問5　下線部③の省略部分を補うと次のようになる。(1)～(3)に入る適切な語を，文中から1語ずつ抜き出しなさい。

... that they are safer (1) the cars (2) by (3).

問6　下線部④の内容を，日本語で答えなさい。

問7　下線部⑥は次の内容を表している。(1)～(3)に適切な日本語を入れて文を完成しなさい。

(1)は，まだ(2)と同じ位うまく(3)に対処することができない。

問8　下線部⑤⑦⑧の( )内の語を並べかえて，日本文の意味を表す英語を完成しなさい。なお，解答欄には，番号で記入すること。

⑤「コンピューターだけで車を運転するようになるには，きっともっと多くの時間がかかると私は思う」

⑦「車を運転するコンピューターは依然として不完全だし，人間もまたそうなのだ」

⑧「運転者のいない車を定期的に使えるのかどうかを，私達は決める［判断する］ことができる」

2　各組で下線部の発音が他と異なるものを1つ選び，番号で答えなさい。

ア．1. sociable　2. nose　3. improve　4. chose　5. noble
イ．1. customer　2. luck　3. funny　4. hunger　5. bury
ウ．1. peace　2. meant　3. weak　4. seat　5. east
エ．1. those　2. seventh　3. thousand　4. Thursday　5. month
オ．1. allows　2. walks　3. gives　4. repairs　5. swims

3　各文に対する応答として最も適切なものをあとの □ から選び，番号で答えなさい。

ア．Why don't you come here next week?
イ．Which line should I take to get to the airport?
ウ．Are you ready to order?
エ．Who broke this window?

1. I guess Bob did.
2. Because I want to come here next week.

3. Please take the train from Track No.5.
4. Yes. I can take your order.
5. I see. Please take me to the airport.
6. I'd like a hamburger and an apple pie, please.
7. OK. See you then.
8. It's Sally's window.

4 各文の（ ）内から最も適切な語(句)を選び，番号で答えなさい。

ア. A (1. many 2. much 3. little 4. few 5. lot) weeks ago, I borrowed the book from John.

イ. He is interested (1. with 2. of 3. at 4. in 5. under) studying abroad very much.

ウ. Most of (1. they 2. their 3. them 4. theirs 5. themselves) know the name of the writer.

エ. Maria left Tokyo for Australia (1. on 2. in 3. at 4. of 5. with) September 22.

オ. It will stop (1. rain 2. raining 3. rained 4. to rain 5. to be raining) soon.

カ. Mack has two cats. One is black, and (1. other 2. another 3. the other 4. others 5. the others) is white.

5 各組の文がほぼ同じ意味になるように，（ ）に入る適切な語を1語ずつ答えなさい。

ア. I saw the movie after studying science yesterday.
I saw the movie after (1) (2) science yesterday.

イ. When he heard the news, he became very happy.
The news (1) (2) very happy.

ウ. Your idea is very good.
(1) (2) your idea is!

エ. These are the pictures which were drawn by Jane in Sydney.
These are the pictures (1) (2) in Sydney.

オ. The snow covered all of the houses in the village three days ago.
All of the houses in the village (1) covered (2) the snow three days ago.

6 各文の（ ）内の語を適切に並べかえたとき，（ ）内の3番目と6番目にくる語の番号を答えなさい。

ア. The (1. are 2. students 3. my 4. playing 5. that 6. park 7. in) classmates.

イ．Could you (1. where　2. ticket　3. me　4. to　5. tell　6. buy　7. the)?

ウ．The bicycle (1. couldn't　2. so　3. was　4. he　5. buy　6. that　7. expensive) it.

エ．I think health (1. the　2. of　3. is　4. most　5. thing　6. all　7. important) to us.

オ．Do you know (1. Tom　2. to　3. been　4. how　5. times　6. has　7. many) Kyoto?

【理　科】（45分）　＜満点：100点＞

1　以下の問いに答えなさい。

問1　右の図のように，かべに取り付けた大きな鏡の前に，A～Dの4人が立っている。この鏡にうつる像について，以下の問いに答えなさい。

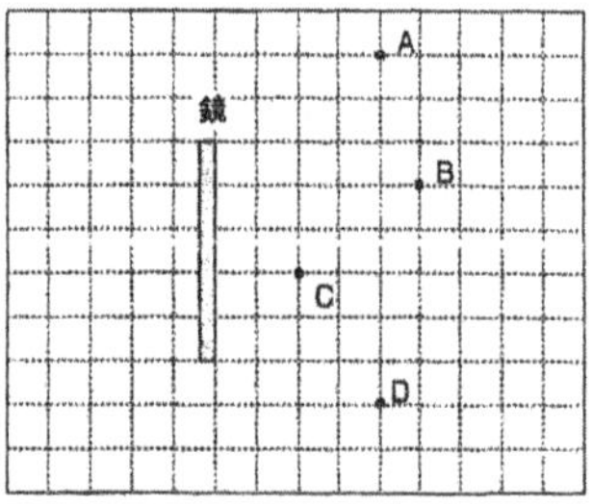

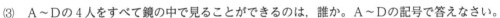

(1)　鏡にうつったAさんを見ることのできる人は何人いるか，答えなさい。

(2)　A～Dの4人の中で，鏡にうつった自分の像を見ることができないのは誰と誰か。A～Dの記号で答えなさい。

(3)　A～Dの4人をすべて鏡の中で見ることができるのは，誰か。A～Dの記号で答えなさい。

問2　次の2つの文章を読んで，以下の問いに答えなさい。

文章1　1円硬貨10枚の体積と質量を測定したところ，質量10.0g，体積3.7cm^3であった。

文章2　水は氷になると，水に浮かぶ。この理由は，水は氷になると（　ア　）はそのままで（　イ　）が大きくなり，その結果（　ウ　）が小さくなるからである。

(1)　1円硬貨1枚は何gか小数第一位まで答えなさい。

(2)　1円硬貨の密度を，単位をつけて小数第二位まで答えなさい。

(3)　文章2の空欄（ア）～（ウ）を埋めなさい。

問3　4本の試験管A～Dを用意した。A～Dにはデンプン溶液を5cm^3ずつ入れ，試験管A，Bにはだ液を2cm^3ずつ，試験管C，Dには純水を2cm^3ずつ加えた。4本の試験管を（　①　）℃の湯に入れたビーカーに10分間入れた。

その後，②試験管A，Cにヨウ素液を加えたら変化が見られた試験管があった。また，③試験管B，Dには（　④　）を入れてベネジクト液を少量加え，ガスバーナーで加熱をしたら変化が見られた試験管があった。

(1)　（①）にあてはまる温度として最も適するものを下から1つ選び，記号で答えなさい。

ア　20℃　　イ　40℃　　ウ　60℃　　エ　80℃

(2)　下線部②および③の結果を踏まえて，次の(i)および(ii)は，試験管A～Dのどの結果とどの結果を比べることでわかるか。試験管の記号で答えなさい。なお，解答する際は「AとB」のような形で解答すること。

(i)　だ液のはたらきで，デンプンがなくなったことを確かめるために比較する試験管。

(ii)　だ液のはたらきで，麦芽糖などがつくられたことを確かめるために比較する試験管。

(3)　（④）にあてはまる語句を答えなさい。

(4)　だ液中に含まれる消化酵素のはたらきで，上記のような現象が生じる。だ液に含まれる消化酵素とは何か，名称を答えなさい。

問4　次のページのA，Bの天気図は日本の天気で，代表的な季節のものである。

(1)　Aの天気図において，北緯27度から40度にかけて東西にのびる前線の名称を答えなさい。

(2)　Bの天気図の気圧配置として最も適するものを下から1つ選び，記号で答えなさい。また，この季節を漢字1文字で答えなさい。

ア　北高南低　　イ　西高東低　　ウ　東高西低　　エ　南高北低

⑶　Bの天気図において，点Pの気圧を答えなさい。

A

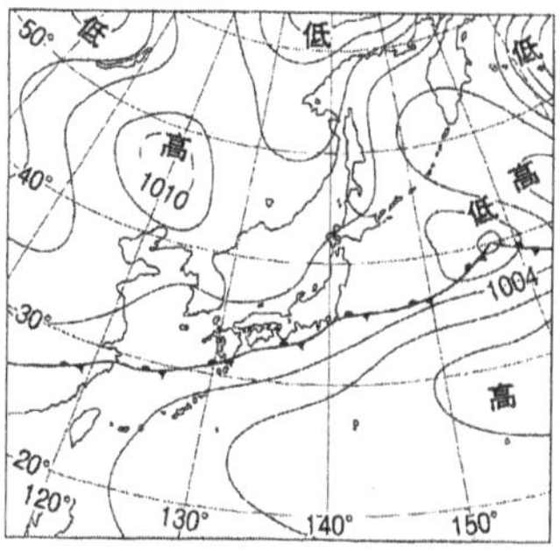

B

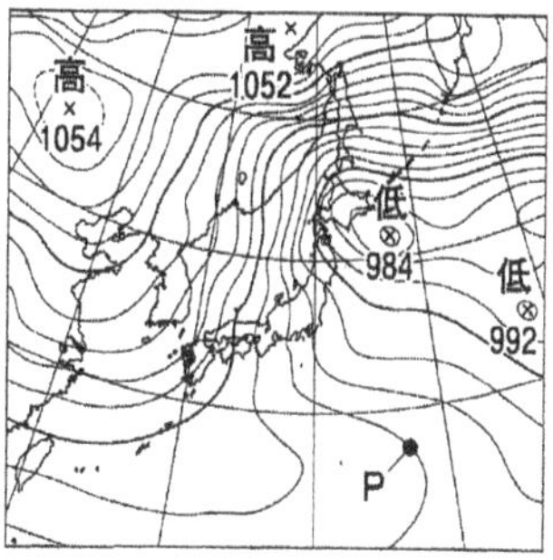

2　以下の問いに答えなさい。

図１は，電車の中におもりをつるしたようすを表したものである。

この電車が右向きに動き出した。図２は，この電車の速さと時間の関係を表している。

図１

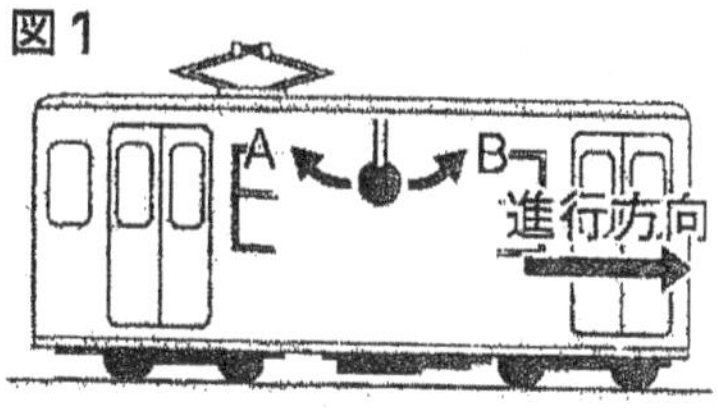

図２

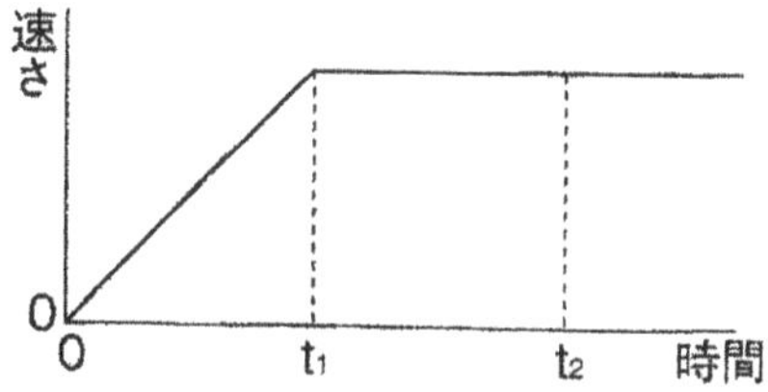

問１　電車が動き出してからt_1秒までの間，おもりはどうなるか。最も適するものを下から１つ選び，記号で答えなさい。

ア　Aの方向に動いてから，もとの位置にもどる。

イ　Aの方向に動いたままの状態で止まっている。

ウ　Bの方向に動いてから，もとの位置にもどる。

エ　Bの方向に動いたままの状態で止まっている。

オ　図１の状態のまま変わらない。

問２　電車が動き出してからt_1～t_2秒の間，おもりはどうなるか。最も適するものを下から１つ選び，記号で答えなさい。

ア　Aの方向に動いたままの状態で止まっている。

イ　Bの方向に動いたままの状態で止まっている。

ウ　図１と同じ位置にある。

問３　t_1～t_2秒の間の電車の運動は何運動というか，答えなさい。

問４　t_1～t_2秒の間の電車の速さが時速90kmであったとき，1秒間に電車が進む距離は何mか，求めなさい。

問５　走っている電車が急に止まると，おもりはどうなるか。最も適するものを下から１つ選び，記号で答えなさい。

ア　進行方向と同じ方向に動く。　　イ　進行方向と反対の方向に動く。　　ウ　動かない。

問６　t_1～t_2秒の間に，おもりをつるしたひもの部分を切ると，おもりは電車内のどこに落ちるか。最も適するものを下から１つ選び，記号で答えなさい。

ア　真下　　イ　真下よりややAの方向　　ウ　真下よりややBの方向

問７　これらの現象を説明する法則名を答えなさい。

3 「二酸化炭素を石灰水に通すと白く濁る。」これを化学反応としてとらえ，この現象について理解を深めるため，以下で考察していこう。

考察1　二酸化炭素について考える。

二酸化炭素を化学式で表すと（　①　）である。二酸化炭素が（　ア　）として水に溶けて，水溶液になったものを（　イ　）という。（　イ　）は飲料水として私たちの身の周りに多く存在し，その名から分かる通り，（　ウ　）性を示す。二酸化炭素が水と反応して（　イ　）が生成する様子を化学反応式で表すと次のようになる。なお，このとき生成物は，（　イ　）の1種類だけである。

（　①　）＋ H_2O → （　②　）

考察2　石灰水について考える。

石灰水とは，水酸化カルシウム水溶液のことであり，この水溶液の（　ア　）である水酸化カルシウムは化学式で（　③　）と表され，（　エ　）性を示す。なお，水酸化カルシウム水溶液は，酸化カルシウムを水に溶かす（水と反応させる）ことでも生成できる。

考察3　二酸化炭素を石灰水に通すときに起こる反応を考える。

二酸化炭素を石灰水に通すと，まず，二酸化炭素は水と反応することで（　イ　）となり，その後，水酸化カルシウムとの反応が次のように起こる。

（　②　）＋（　③　）→（　④　）＋（　⑤　）H_2O

（　イ　）が（　ウ　）性で，石灰水が（　エ　）性であることを考えれば，この反応は，（　オ　）反応ということができる。白い濁りの原因となっている物質は，この反応の（　カ　）である炭酸カルシウムと判断できる。炭酸カルシウムもまた身の周りに多く存在する物質であり，（　A　）など白い物質の成分として知られている。また，炭酸カルシウムは水に溶けにくい。

考察4　「濁る」という現象について考える。

水溶液中で反応が起こると，一般的には，溶液の色が変化したり，沈殿という現象が見られる。今回のテーマのように「濁る」という現象が起こるのはなぜだろうか。実はこの「白く濁る」現象も，長い時間が経過すると，重力にともなって「白い沈殿」となる。

「濁り」は，沈殿として集まる前の段階であり，粒子が細かく存在した状態である。二酸化炭素は，物質の三態の中で最も細かく活発に動き回る状態の（　キ　）として存在している。この細かい（　キ　）の二酸化炭素が反応したことで，生成物の炭酸カルシウムもまた細かい粒子となる。この粒子は水に溶けにくく，水の流れである（　ク　）の中で生じるため，生成物の炭酸カルシウムもまた水とともに（　ク　）し，この現象が水溶液の「濁り」と見なされる。

問1　(ア)～(ク) に適する語句を入れなさい。

問2　①～④に適する化学式，⑤に適する数字を入れなさい。なお，②と④に入る化学式は下から1つずつ選びなさい。

②と④の化学式　：　H_2CO_3　　H_2SO_4　　HC10　　$NaHCO_3$　　$CaCO_3$

問3　(A) に入る物質として最も適するものを下から1つ選び，記号で答えなさい。

a　チョーク　　b　和紙　　c　Tシャツ　　d　ビニール袋

問4　「酸化カルシウムを水に溶かす（水と反応させる）」ついて答えなさい。

(1)　化学反応式で表しなさい。

(2)　この現象は発熱する反応として知られている。この現象と最も関係の深いものを次のページから1つ選び，記号で答えなさい。

a　駅で売られている弁当には，ひもを引くと水蒸気が発生して温まるものがある。
b　乾燥パスタをゆでるときに，高温でゆで上がるように入れるものがある。
c　雪が降っているとき，道路が凍らないように道路にまくものがある。
d　水蒸気が発生している所で，メガネやガラスが曇らないように付けるものがある。
e　鉄粉の入った袋には，酸素と反応して発熱するものがある。

問5　「(オ) 反応」について，誤った内容の文章を下から1つ選び記号で答えなさい。

a　酸性の物質とアルカリ性の物質が互いの性質を打ち消し合う反応である。
b　塩酸と水酸化ナトリウム水溶液を混ぜて食塩水ができるときの反応である。
c　水素イオンと水酸化物イオンが結びついて水ができる反応である。
d　アンモニアを集めた丸底フラスコにスポイトから水を入れるときの反応である。

4　R君は，理科の授業でヒトの血液について，iPadを用いて勉強しました。すると，以下のようなことがわかりました。

(わかったことⅠ)

血液の中には，いろんな種類の小さな粒（①赤血球，白血球，血小板）があり，②血液の液体成分もあることがわかった。

(わかったことⅡ)

ヒトの血液がどのようにからだを循環しているかを調べたところ，血液は図1のように，心臓を出てから肺をめぐってふたたび心臓に戻る経路と，③心臓を出てから肺を除くからだの各部分をめぐってふたたび心臓に戻る経路の2つがあることがわかった。

(わかったことⅢ)

ヒトの心臓のつくりについて調べたところ，④心臓は4つの部屋に分かれていて，4か所に「弁」とよばれるものがあることがわかった。

図1

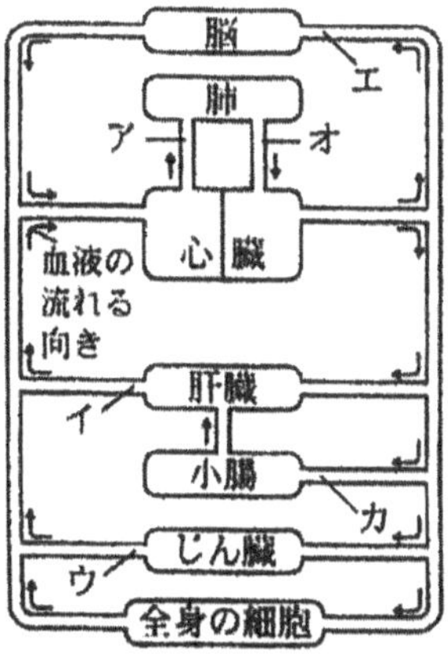

図2

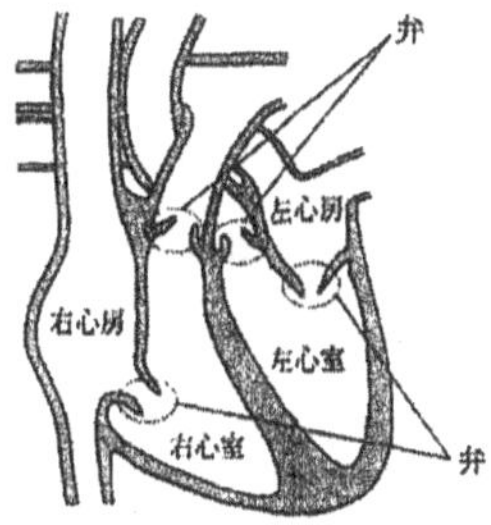

問1　下線部①について，血液中でどのようなはたらきをしているか。「酸素」という語を用いて簡潔に答えなさい。

問2　下線部②について，この液体成分を何というか。名称を答えなさい。

問3　下線部③について，このような循環を何というか。名称を答えなさい。

問４　図１について，以下の⑴～⑵について答えなさい。

⑴　動脈血が流れている場所をすべて選び，ア～カの記号で答えなさい。

⑵　次のＡ，Ｂの物質が最も多く血液の中に流れている場所として最も適するものを１つ選び，図１中の記号で答えなさい。

Ａ　ブドウ糖　　Ｂ　二酸化炭素

問５　下線部④について，以下の問いに答えなさい。

⑴　「弁」とはどのようなはたらきを担っているものですか。最も適するものを下から１つ選び，記号で答えなさい。

ア　汚れた血液をきれいにするはたらきがある。

イ　血液の流れをわざと止めて，細胞に十分な栄養を行き渡らせるはたらきがある。

ウ　細菌を殺す役目を担っている。

エ　血流が一定方向に流れていくような役割を担っている。

⑵　右心室と左心室から血液が押し出されている心臓のようすを表している図を，下から１つ選び，記号で答えなさい。

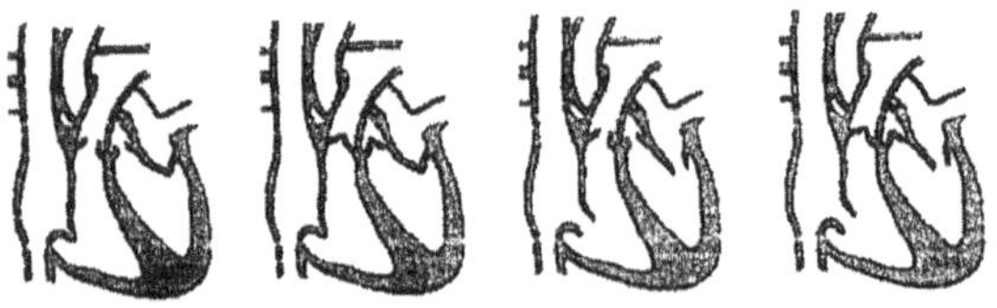

ア　　イ　　ウ　　エ

5　Ａ君，Ｂ君，Ｃ君はそれぞれ日本のある地域の３ヶ所に住んでいる。３人の会話から問いに答えなさい。

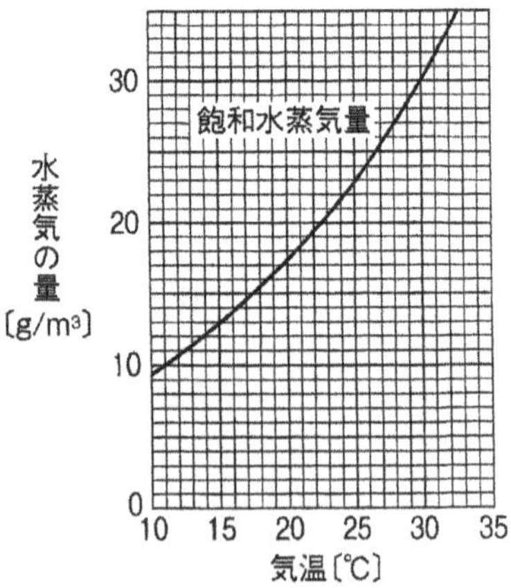

Ｃ君「今年の○月○日は暑かったよね。僕のところは午後に最高気温が32℃にもなったよ。」

Ａ君「僕の家は標高1900mの山の中腹にあって，Ｃ君が住んでいる方向に山頂があるんだけど，この日は昼頃に僕の家から山頂に向かって雲ができて動いていったよ。」

Ｂ君「僕のところは，この日の午前は晴れていて，気温が27℃で湿度は70%，Ａ君の家のほうに向かって強い風が吹いていたよ。Ａ君が住んでいる方向はなだらかな斜面になっていて，見晴らしがよかったよ。」

Ａ君「ところで，水蒸気が飽和していない空気は100m上昇するごとに温度が１℃下がるんだってね。」

Ｂ君「けど雲の中では，空気中の水蒸気が（　　）を放出するために，100m上昇するごとに温度が0.5℃しか下がらないんだよ。」

Ｃ君「僕のところは乾燥した空気がＡ君の住んでいる山のほうから吹いていたね。山頂は見えていたよ。」

問１　Ｂ君が住んでいるところの水蒸気の量は何ｇ／m^3か，前のページのグラフを使い整数値で答えなさい。

問２　Ａ君が住んでいるところのこの日の昼の気温として最も適するものを下から１つ選び，記号で答えなさい。

ア　15℃　　イ　20℃　　ウ　25℃　　エ　30℃

問３　問２の結果よりＡ君の家は，Ｂ君の家より何メートル高いところにありますか。最も適するものを下から１つ選び，記号で答えなさい。

ア　500m　　イ　700m　　ウ　1000m　　エ　1300m

問４　Ｂ君の会話の中で（　）に適する語句を答えなさい。

問５　Ｃ君の住んでいるところで起こった現象の名称と，その理由の文にあてはまる語句ア～ウをそれぞれの（　）より選んで答えなさい。

理由「この時期，太平洋には南から大きくはり出してくる（ア　オホーツク海・小笠原・シベリア）気団があり，日本海には（イ　低気圧・高気圧）があるという気圧配置になるため，（ア）気団から（ウ　乾いた・湿った）空気が山をこえて（イ）に向かって吹くために発生する。」

【社　会】（45分）　＜満点：100点＞

1　次の問いに答えなさい。

私たちが住んでいる地球は，地軸がⅠ（ア　20.4度　イ　23.4度　ウ　26.4度）傾いた状態で，約1日周期で自転をしています。そのため，日本などの中緯度の地域では四季の変化があり，高緯度の地城は①白夜も見られます。そのような地球について学習をするなら，地球儀が最適といえます。

地球儀は，地球の形をそのまま縮めたもので，大陸や島の形や位置が正しく表されています。地球儀は，地図で描きたい四つの情報である距離，面積，角度，（A）が正しく描かれています。地球を平面の地図に描く際には，これら四つの情報をすべて正確に描くことはできません。例えば，メルカトル図法は等角図法です。そのため，Ⅱ（ア　高緯度　イ　低緯度）になればなるほど地図のゆがみが大きくなります。メルカトル図法を使用して学習すると，地図上の形が実際の形のように認識してしまいがちですが，地球儀を見ると実際の形との違いに驚くことがあるかもしれません。

地球儀をよく見ると，縦横に線が引かれています。赤道と並行に引かれている線を（B）といい，北極点と南極点を結んでいる線を（C）といいます。緯度0度の線を赤道といいます。また，経度0度の線は，②イギリスの旧グリニッジ天文台を通る線で（D）といいます。日本の経度は東経135度，兵庫県明石市を基準と定めています。

問1　空欄（A）～（D）にあてはまる語句を答えなさい。

問2　本文中のⅠ，Ⅱの選択肢として，正しいものを一つずつ選び記号で答えなさい。

問3　下線部①はどのような現象か，説明しなさい。

問4　下線部②が12月31日午後4時のとき，日本の時刻が何月何日の何時となるか答えなさい。

問5　下の図を見て，⑴⑵の理由として正しいものを，語群ア～オより一つずつ選び記号で答えなさい。

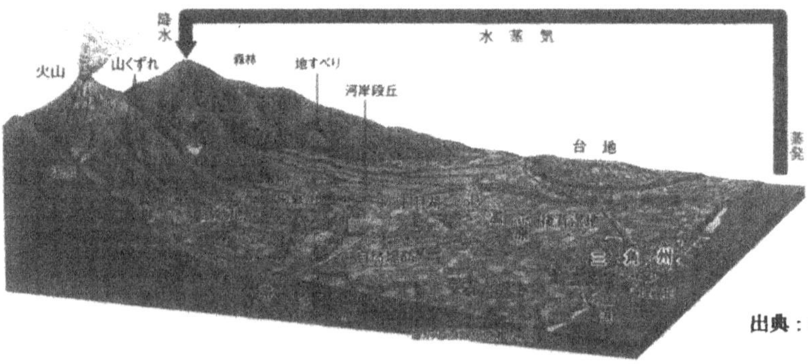

出典：帝国書院より

⑴　扇状地では，人は扇端から住み始めることが多い。

⑵　氾濫原では，人は自然堤防に住み始めることが多い。

＜語群＞

ア　湧水帯があるため，きれいな水を手に入れやすい。

イ　河川は水無川となり地下を流れるため，井戸を使用すればきれいな水を手に入れやすい。

ウ　洪水時，微高地のために比較的安全といえる。

エ　洪水時，湿地のために過剰に流れてくる水を吸収しやすく比較的安全といえる。

オ　河口部にみられる堆積地形で，水が手に入れやすい。

2　図を参考に，次の問いに答えなさい。

図１

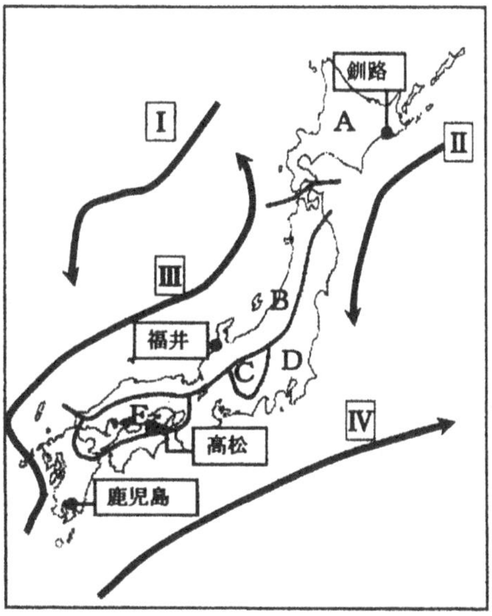

図２

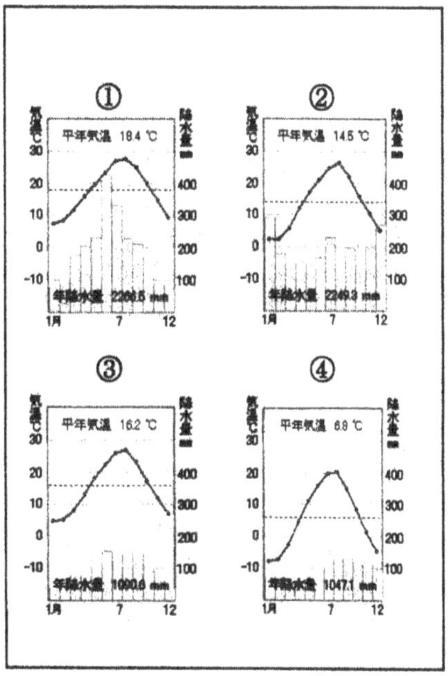

問１　図１のＡ～Ｅの地域の気候として正しいものを，次のア～カより一つずつ選び記号で答えなさい。

ア　瀬戸内の気候　　イ　冷帯（亜寒帯）　　ウ　日本海側の気候　　エ　中央高地の気候

オ　太平洋側の気候　　カ　南西諸島の気候

問２　図１の海流Ⅰ～Ⅳの名称について正しい組み合わせを，次のア～エより一つ選び記号で答えなさい。

ア　Ⅰ＝日本海流　　Ⅱ＝対馬海流　　Ⅲ＝リマン海流　　Ⅳ＝千島海流

イ　Ⅰ＝リマン海流　　Ⅱ＝千島海流　　Ⅲ＝日本海流　　Ⅳ＝対馬海流

ウ　Ⅰ＝日本海流　　Ⅱ＝千島海流　　Ⅲ＝リマン海流　　Ⅳ＝対馬海流

エ　Ⅰ＝リマン海流　　Ⅱ＝千島海流　　Ⅲ＝対馬海流　　Ⅳ＝日本海流

問３　図２の雨温図①～④が示す都市を，図１よりそれぞれ選びなさい。

問４　日本の気候についての説明文ア～エより誤っているものを一つ選び，記号で答えなさい。

ア　夏には暑く湿った太平洋から張り出す高気圧，冬には寒く乾燥したシベリア高気圧の影響を強く受ける。

イ　日本の大部分は大陸東岸に多く見られる温暖湿潤気候に属し，北海道は亜寒帯に属している。

ウ　季節風の影響を受け，温帯の中でも四季が明瞭であり，本州以南では梅雨がある。

エ　夏から秋にかけては，温帯低気圧である台風が日本列島を襲い，しばしば風水害が引き起こされる。

問５　次の説明文に該当する自然災害の名称を答えなさい。

⑴　泥や砂などが水と一体となって高速で流下する現象で，昔は鉄砲水と呼ばれていた。

⑵　台風や強い低気圧の接近により，海水面が平常より高くなる現象。

問６　2018年の日本は，夏の酷暑，豪雨や台風の強風などによる甚大な気象災害に見舞われた。それらを踏まえてこれからの日本人に求められる防災意識として必要なことは何か説明しなさい。

3　次の文は，それぞれの時代の人々にスポットライトをあてたものである。問いに答えなさい。

> 律令時代の農民は，①たて穴住居で生活し，朝廷から与えられた②土地を耕作し，重い③税を課せられた。

問１　下線部①が最初につくられた時代の出来事として正しいものを，次のア～エより一つ選び記号で答えなさい。

ア　日本列島には，ナウマンゾウなどの大型動物が移動し，動物を追って人類もやってきた。

イ　邪馬台国の卑弥呼を倭国王にしたところ，争いがおさまった。

ウ　青森県の三内丸山遺跡では，大きな建物をつくり，遠くの地城と物の交換を行っていた。

エ　青銅器は，豊作を神に祈る祭りの道具として使われていた。

問２　下線部②について，

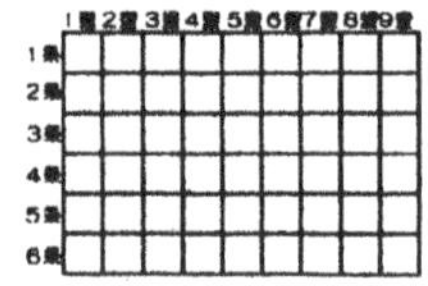

⑴　この土地を何というか右図を参考にして答えなさい。

⑵　農民に⑴の土地を貸し与える制度を班田収授法というが，その内容をまとめた以下の文の空欄（Ⅰ）にあてはまる数字を答えなさい。

> （Ⅰ）年ごとに作成される戸籍をもとに，（Ⅰ）歳以上の男女に土地を与え，死去した場合は国に返還する制度。

問３　下線部③をまとめた下表の中で正しいものを，次のア～エより一つ選び記号で答えなさい。

	ア	イ	ウ	エ
租	男－負担あり 女－負担あり	男－負担あり 女－負担あり	男－負担あり 女－負担なし	男－負担あり 女－負担なし
庸	男－負担あり 女－負担なし	男－負担あり 女－負担なし	男－負担あり 女－負担あり	男－負担あり 女－負担あり
調	男－負担あり 女－負担なし	男－負担なし 女－負担あり	男－負担あり 女－負担なし	男－負担なし 女－負担あり
雑徭	国元での労役	都での労役	国元での労役	都での労役
防人	北九州の防衛	都の防衛	北九州の防衛	都の防衛

> 室町時代になると，④農民が団結するなど地域を自分たちで運営する動きがあり，自分たちのことは自分たちで解決する⑤自力救済の考えにより行動するようになった。

問４　下線部④を代表する村を何というか答えなさい。

問５　下線部⑤について，

⑴　代表的な行動に一揆があるが，下の一揆や戦乱を古い順に並べた時，正しいものを次のア～エより一つ選び記号で答えなさい。

> A　応仁の乱　　B　正長の土一揆　　C　加賀の一向一揆　　D　山城の国一揆

ア　A→C→D→B　　イ　B→D→C→A　　ウ　B→A→D→C　　エ　A→B→C→D

⑵ 「正長の土一揆」について，右の碑文に記されている「ヲヰメ」とは借金のことである。
借金の帳消しを求めることを何というか，解答欄に合わせて答えなさい。

⑶ 「応仁の乱」で京都の町が焼け野原となったが，町衆の願いで復興した祭りの名称を下の絵を参考にして答えなさい。

江戸幕府は⑥兵農分離をさらに進め，身分を区別する制度をかためていった。江戸幕府の農民は，⑦収穫した米の約40%を年貢として納め，年貢を納める（Ⅱ）と農地を持たない水呑百姓などに分かれていた。⑧農具や肥料の進化により米の生産量が増加してくると，その地の風土に合った⑨特産物も生産されるようになった。

問6　文中の空欄（Ⅱ）にあてはまる語句を答えなさい。

問7　下線部⑥について，身分制社会の土台をつくった人物を答えなさい。

問8　下線部⑦は，「四〇六〇」と表すことができる。〇の中にあてはまる文字を漢字で答えなさい。

問9　下線部⑧について，右絵の農具の名称と用途の組み合わせとして正しいものを次のア～エより一つ選び記号で答えなさい。

	農具の名称	用　途
ア	唐箕	手回しの翼で起こす風でもみ殻を飛ばす
イ	唐箕	穀粒の大きさにより振るい分ける
ウ	千石どおし	穀粒の大きさにより振るい分ける
エ	千石どおし	手回しの翼で起こす風でもみ殻を飛ばす

問10　下線部⑨について，右の地図は各地の特産物の生産地を表しているものである。生産地と特産物との組合せとして正しいものを一つ選び記号で答えなさい。

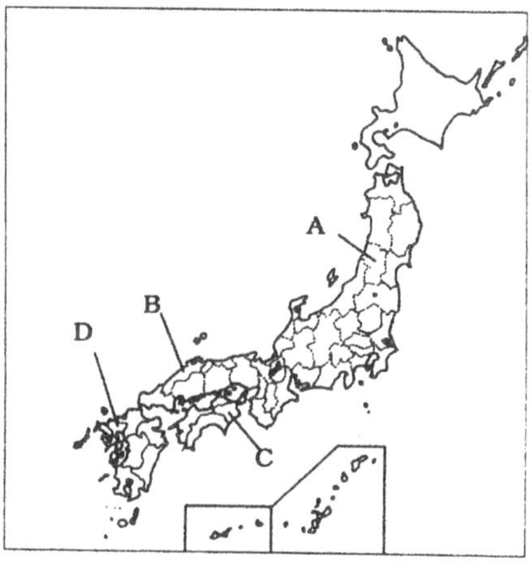

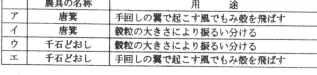

ア	A 藍	B 石見の銀
	C 紅花	D 有田焼
イ	A 藍	B 有田焼
	C 紅花	D 石見の銀
ウ	A 紅花	B 石見の銀
	C 藍	D 有田焼
エ	A 紅花	B 有田焼
	C 石見の銀	D 藍

大正時代は，⑩政党や民衆が内閣を倒す運動から始まった。その後，⑪政党政治が行われ⑫社会運動もさかんになった。

問11　下線部⑩を何というか答えなさい。

問12　下線部⑪について，本格的政党内閣を組織した立憲政友会の党首を次のア～エより一つ選び記号で答えなさい。

ア　加藤高明　　イ　原敬　　ウ　大隈重信　　エ　桂太郎

問13　下線部⑫に関連して，

⑴　下の文を読み，関係する語句を「○○○宣言」という形で答えなさい。

全国に散在するわが部落の人々よ，団結せよ！…人の世に熱あれ，人間に光あれ！

⑵　この当時のアイヌ民族の扱いはどのようなものであったか，簡単に説明しなさい。

問14　右の年表は大正時代の出来事を表している。（A）～（C）にあてはまる出来事の組合せとして正しいものを，次のア～エより一つ選び記号で答えなさい。

1913	大正政変
1914	（A）
1918	（B）
1921	ワシントン会議に出席
1923	（C）
1925	普通選挙法制定

ア　A　関東大震災発生　　B　治安維持法制定　　C　第一次世界大戦参戦
イ　A　第一次世界大戦参戦　　B　米騒動が起こる　　C　関東大震災発生
ウ　A　第一次世界大戦参戦　　B　関東大震災発生　　C　米騒動が起こる
エ　A　関東大震災発生　　B　第一次世界大戦参戦　　C　治安維持法制定

日本軍は太平洋戦争の目的を，アジア民族の繁栄を目指すという（Ⅲ）の建設とした。日本は，総力戦にのぞむため⑬植民地の朝鮮や台湾の人々を「皇国臣民」にする政策を行った。戦後日本は，韓国との交渉を進め，韓国政府を「朝鮮にある唯一の合法的政府」と認め，⑭韓国との国交を樹立した。

問15　文中の空欄（Ⅲ）にあてはまる語句を答えなさい。

問16　下線部⑬を何というか答えなさい。

問17　下線部⑭について，日韓で国交正常化を目的に調印した条約は何か，当時の首相の名前とともに答えなさい。

4　次の文を読み，問いに答えなさい。

2018年11月11日，①第一次世界大戦終結から100年を迎えました。欧州では，記念式典や戦死者を悼む行事が各地で行われました。第二次世界大戦後には②国際連合が創設されましたが，世界では戦争はなくならず，貧困や飢餓，紛争など人類の課題は山積みです。

世界はいま，どのような状況なのでしょうか。

2015年の国連サミットでは，③「SDGs」（右図）

が採択されました。これは「持続可能な開発目標」です。その内容は多岐にわたり「誰も取り残さない」ことがうたわれています。裏を返せば，あらゆる分野，あらゆる国家に課題があり，「取り残されている存在」があるということなのです。

また，各国の政治情勢はどうでしょうか。前述の11月11日，フランスのパリで行われた式典において，マクロン大統領は「自国の利益を優先する④ナショナリズムの流れ」を批判しました。これは，各国で台頭しているポピュリズムや自国の利益中心の考え方への警鐘と評されています。欧州では大量の移民をめぐって国内世論が分かれ，アメリカでも分断がおきているといわれています。

このような国際社会が抱える課題，各国の動静をしっかりと見つめながら，日本のあり方を考えていきましょう。

問１　下線部①に関連して，

⑴　1914年にはじまったこの戦争のきっかけとなる事件は，どのような事件であったか。次のア～エより正しいものを一つ選び記号で答えなさい。

ア　労働者保護などの請願書を提出しようとした市民に軍隊が発砲して死傷者が出て，その騒動が他国へも波及したという血の日曜日事件

イ　オーストリアの帝位継承者夫妻が訪問先のサライェボで，ボスニアの青年に狙撃されたサライェボ事件

ウ　ロシア革命に対して，イギリス，フランス，日本，アメリカなどが出兵したシベリア出兵

エ　宗主国の支配下におかれた地域の市民が，ハーグの万国平和会議に密使を送ったハーグ密使事件

⑵　この戦争が終結した後に，アメリカ大統領ウィルソンの14カ条の原則により成立した国際機関の名称を答えなさい。

問２　下線部②に関連して，

⑴　次のａ，ｂは専門機関の仕事内容を紹介した文である。それぞれの機関名をアルファベットの略称で答えなさい。

ａ　教育，科学，文化の発展と推進を目的とした専門機関

ｂ　人間の健康を基本的人権の一つととらえ，その達成を目的として設立された専門機関

⑵　次のア～エより誤っているものを一つ選び，記号で答えなさい。

ア　国際連合の本部は，アメリカのニューヨークにおかれている。

イ　安全保障理事会の常任理事国は５カ国，任期２年の非常任理事国は10カ国である。

ウ　平和維持活動を行っており，その内容は停戦監視や軍事的措置などである。

エ　各国の分担金は，支払い能力に応じて定められ，総会での議決権もこれに準じている。

問３　下線部③に関連して，

⑴　「貧困をなくそう」という目標も掲げられている。次のア～エより誤っているものを一つ選び記号で答えなさい。

ア　世界には，1日1.25ドル未満で生活する人々，学校にいけない子どもたちが存在しているが，その大きな要因は紛争である。

イ　地球全体では，すべての人が食べるのに十分な食料が生産されているものの，必要とするすべての人々にうまく分配されていない状況がある。

ウ　先進国においては，社会保障制度も整備されており，食料も十分確保できることから飢餓で

死亡する人はいない。

エ　サハラ以南のアフリカの最貧国と，アジアの新興国や中東の産油国などの国々との経済格差が広がり，南南問題と呼ばれている。

⑵「つくる責任，つかう責任」という目標も掲げられている。1962年にアメリカのケネディ大統領がかかげた四つの権利を，解答欄に合わせて答えなさい。

問４　下線部④に関連して，次の二つの言葉の意味として正しいものを，ア～ウから一つずつ選び記号で答えなさい。

A　テロリズム　　B　リージョナリズム

ア　政治的な単位と文化的あるいは民族的な単位を一致させようとする思想や運動

イ　地域的に近接し，一定の共通性や利害を共にする複数の国が，経済的，社会的，軍事的にその関係を強化すること

ウ　政治的な目的を達成するために暴力および暴力による脅迫を用いること

5　次のグラフを見て，問いに答えなさい。

Ⅰ　平成30年度　北海道一般会計予算　【単位：億円】

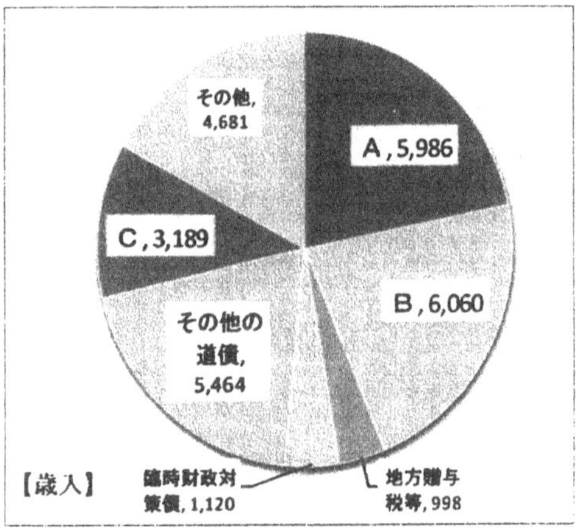

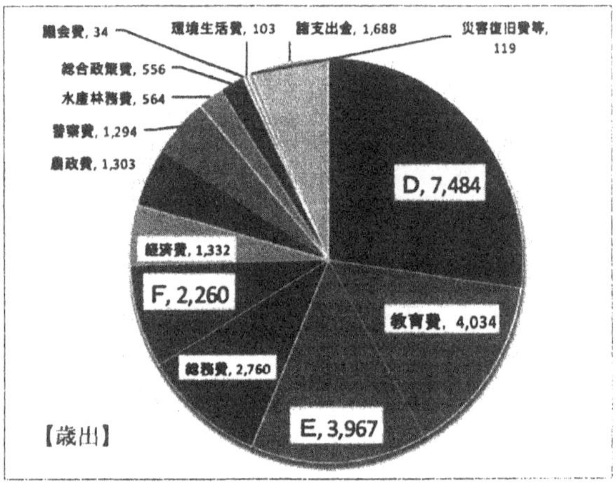

Ⅱ　平成30年度　道民一人あたり予算【単位：円】

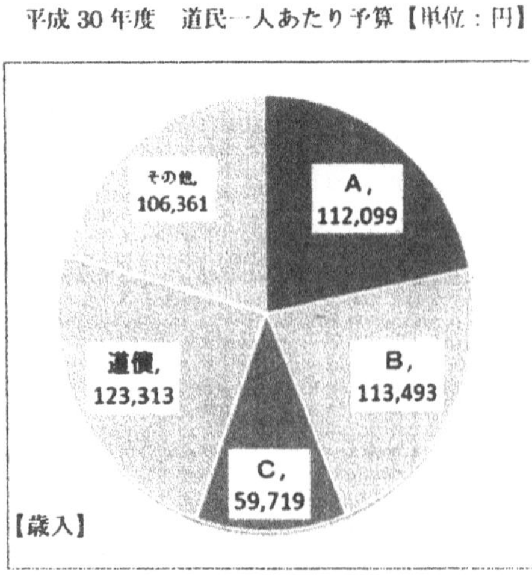

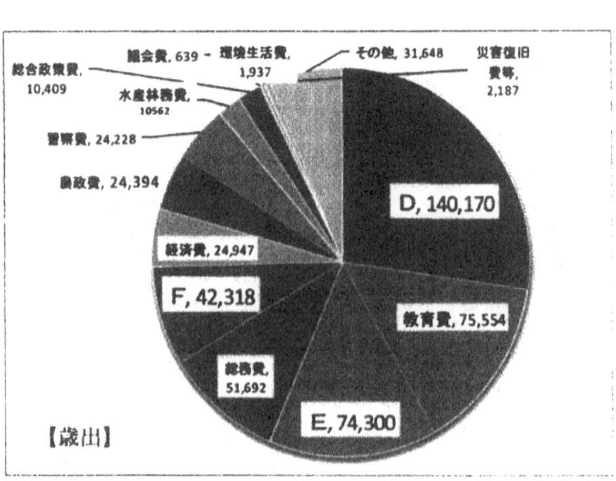

問１　Ⅰ，Ⅱのグラフの空欄Ａ～Ｆにあてはまる語句を語群から選び，記号で答えなさい。
＜語群＞
ア　公債費　　イ　道税　　ウ　地方交付税　　エ　保健福祉費　　オ　国庫支出金
カ　建設費

問２　Ⅰのグラフより，一般会計のうち一般財源は1,659億円である。歳入の約何パーセントにあたるか答えなさい。

問３　Ⅱのグラフより，道民一人あたり歳出の金額は514,985円である。道民一人あたり歳入のうち，道債の占める割合は約何パーセントにあたるか答えなさい。

問４　2019年10月より消費税率が10％に引き上げられる予定である。

⑴　増税と同時に導入される，酒類・外食を除く飲食料品や新聞などは税率を８％のまま据え置く制度を何というか答えなさい。

⑵　消費税は，社会保障のために使われている。ａ年金，ｂ医療，ｃ介護，ｄ子ども子育て支援の四つの経費を金額が多い順番に並べ替え記号で答えなさい。

問５　文中の空欄（Ａ）～（Ｅ）にあてはまる語句を答えなさい。

租税には所得税や法人税など，税負担者と納税者が同じである（　Ａ　）と，消費税のように税負担者と納税者が異なる（　Ｂ　）がある。（Ａ）は，収入や所得に応じて税率が異なるため，（　Ｃ　）的公平であるとされ，一方の（Ｂ）は，全員に一律の税率が掛けられるため（　Ｄ　）的公平であるといわれている。租税は法律にもとづいてその税率等が定められており，これを（　Ｅ　）主義という。

問一　――部①「知られじ」、④「毀り笑はるる」、⑤「双なき」の現代語訳として最も適切なものを次から選び、それぞれ記号で答えなさい。

①知られじ　ア　知られたい　イ　知られまい　ウ　知らせよう　エ　知らないだろう

④毀り笑はるる　ア　失敗し大笑いする　イ　無視して笑いもしない　ウ　悪口を言い笑いあう　エ　けなされ笑われる

⑤双なき　ア　二つもない　イ　比類無い　ウ　一人だけ　エ　並ぶべき

問二　――部②「かく言ふ」とあるが、言った内容はどこまでか。本文中から最後の五文字を抜き出して答えなさい。

問三　――部③「一芸も習ひうることなし」とあるが、なぜか。理由として最も適切なものを次から選び、記号で答えよ。

ア　人に見せたくて練習をしているのに、自分で見せびらかすのは恥ずかしいと考えて、いつまでも披露しないから。

イ　人知れず努力することが芸能の習得には必要なのに、人にみせびらかすことばかり考えているので一芸も上達しないから。

ウ　十分に習得してから人前でみせようと思うといつまでもその機会がなく、結局一芸も習得せずに終わるから。

エ　いきなり上達することを期待するあまり、基礎基本の練習をおろそかにしてしまうため、一芸も習得することができないから。

問四　〰〰部ａ「送れ」、ｂ「終に」の品詞名を漢字で答えなさい。

問五　本文の内容と合うものを次から一つ選び、記号で答えなさい。

ア　芸能を身につけようとする人は、しっかりと基礎を学んで上達してから上手な人達の中に交じって披露すべきである。そうでなければ恥ずかしい思いをしてしまい、とても上手の位まではたどり着くことはできないものだ。

イ　もともとその芸能に天賦の才能がない場合であっても、その芸能の道をやむことなく努力し続けた場合は、才能はあっても稽古に励まない人よりは上達するので、十分に習得しないうちから人前で披露する必要はない。

ウ　芸能を身につけようとする人は、いっこうに未熟なうちから上手な人の中に入り交じって、人から馬鹿にされても練習に励むようにすれば、たとえ勝手気ままに振る舞っていても、当代一の名声を手に入れることができる。

エ　もともとその芸能に素質や才能が無い人の場合は、まだ未熟なうちから修行をおこたらず、勝手気ままにせずに過ごしていれば、たとえ芸の道では大成しなくとも、稽古に励まない者よりは、人徳も備わるものである。

オ　芸能を身につけようとする人は、未熟なうちから上手な人の中に交じって、笑われても恥ずかしいと思わず稽古に励むべきである。そうすれば、天賦の才能がなくても、最後には上手の位と言われるまでに達することができる。

問六　本文の出典である『徒然草』の筆者名を漢字で答えなさい。

問七　次の語の読みを現代仮名づかいで答えなさい。

Ａ　をりふし　Ｂ　あふぎ　Ｃ　いうげん

問五　――部③「まったく白々とした気分にさせられる。だがゆかいではある」とはどういうことか。最も適切なものを次から選び、記号で答えなさい。

ア　清水の幼い言い分や無駄に一生懸命な態度には興ざめだが、赤坂の言葉に反応して表情を変える様はおもしろい。

イ　清水の押しつけがましい言葉や態度にはあきれるが、主張の中には納得できる部分もあり興味を引かれている。

ウ　清水の熱血教師ぶりを見ると気分が悪くなるが、懸命に自己主張する姿は生徒の模範となるもので好感が持てる。

エ　清水の無防備に愛を信じる言動にはうさん臭さを感じるが、自己陶酔して愛について語り続ける様子は滑稽（こっけい）だ。

問六　「赤坂」「清水」「児玉」の考えにあてはまるものを次から二つずつ選び、それぞれ記号で答えなさい。

ア　愛とは何かを理解している人は多くない。

イ　愛は募金や寄付行為の原動力となる。

ウ　人々を救うのは愛ではなく金の力だ。

エ　世間で愛と信じられているものは愛とは異なる。

オ　親子や肉親への愛はある。

カ　愛などというものは絶対に存在しない。

キ　アイドルに会いたいと思う気持ちは愛だ。

ク　チャリティーに愛はある。

問七　――部⑤「自己満足の親切」となり得る事例として最も適切なものを次から選び、記号で答えなさい。

ア　車椅子で電車に乗ろうとしたがエレベーターがなく階段のところであきらめかけていたところ、周りの方が駅員さんに声をかけてくれて、無事に階段を上りホームに着くことができた。

イ　美容師になるという夢を実現させるために専門学校への進学を考えていたが、資金がなく困っていたところ、祖父が何も言わずに入学金を貸してくれた。

ウ　通学途中に財布を落としてしまい携帯電話もなく途方に暮れていると、近くにいたビジネスマンが警察に電話したり、一緒に財布を探したりしてくれた。

エ　以前から好みではないと伝えてあった柄のハンカチを、「使ってみれば良さがわかる」と言って、友人が私の誕生日にプレゼントしてくれた。

三　次の古文を読んで、問いに答えなさい。

能をつかんとする人（芸能を身につけようとする人）、よくせざらんほどは、なまじひに（中途半端に）人に①知られじ。うちうちよく習ひえてさし出でたらんこそ、いと心にくからめ（奥ゆかしいだろう）と常に言ふめれど、②かく言ふ人、③一芸も習ひうることなし。いまだ堅固かたほなる（まだまったく未熟なうちから）より、上手の中にまじりて、④毀（そし）り笑はるるにも恥ぢず、つれなく過ぎて嗜（たしな）む（稽古する）人、天性その骨（こつ）（才能）なけれども、道になづまず、みだりに（勝手気ままに）せずして年をa送れば、堪能（かんのう）（芸達者で）の嗜（たしな）まざるよりは、b終（つひ）に上手の位にいたり、徳たけ（十分で）、人に許されて（認められて）、⑤双（ならび）なき名をうる事なり。

（『徒然草』）

「公益法人への寄付は、税金の控除対象ですからね」

「…………」

まっとうな意見を、（　Ⅱ　）レイタンに言ってやると、④清水は絶望したようにおしだまった。

（中略）翌日赤坂は、定年退職間際の同僚児玉に誘われ、二人で校庭にある花壇の手入れをすることになる。

「ああ、そういえば、この間、愛はあるかという話をしていましたね」

とつぜん児玉が言った。胸のうちをミスかされたようで、どきっとした。

「え」

「あれからずっと考えていたんですよ」

「はあ」

ずっと？　児玉の中に流れている時間はどうなっているのだろうか。

「そうしたら、ますますわからなくなりましたよ。私たちは、愛という言葉の本当の意味を正しく理解しているのですかね」

「愛は愛でしょう。夫婦間にはともかく、親子や肉親に対しての思いが愛でしょう」

日ごろは、愛などないと公言しているものの、今は、（　Ⅲ　）親子の愛にはすがりたかった。

なのに、児玉は容赦なかった。

「それ、本当に愛でしょうか。われわれが愛だと思っているのは、案外、ほかのものかもしれません。支配とか期待とか、あるいは単なる⑤自己満足の親切とか」

「期待……」

赤坂は顔をひきつらせた。

（まはら 三桃『伝説のエンドーくん』）

問一　〰〰部ａ～ｄのカタカナは漢字を、漢字は読みを答えなさい。

問二　（Ⅰ）～（Ⅲ）にあてはまる語を次から選び、それぞれ記号で答えなさい。

ア　せめて　　イ　まさか　　ウ　おおかた　　エ　きわめて

オ　なぜ

問三　――部①「祈るような目をして、答えを待っている」から、――部④「清水は絶望したようにおしだまった」に至るまでの「清水」の気持ちとして最も適切なものを次から選び、記号で答えなさい。

ア　赤坂に一矢報いる覚悟で話しかけたが、すべて論破されてしまい、すっかり自信を失ってしまった。

イ　愛について温かな意見交換をしたいと思っていたが、赤坂の薄情な返事に気持ちが冷めてしまった。

ウ　わずかな望みを持って赤坂に話しかけたが、思うような答えを得ることができず失望してしまった。

エ　愛とお金は関係ないという答えを求めていたのに、お金のことばかり話す赤坂に辟易してしまった。

問四　――部②「ステレオタイプ」の意味として最も適切なものを次から選び、記号で答えなさい。

ア　大声を張り上げ自己主張すること。

イ　型にはまり画一的であること。

ウ　子供じみた言動で接すること。

エ　浅はかな考えを言い散らすこと。

問八　本文の主旨として最も適切なものを次から選び、記号で答えなさい。

ア　「学び」は、新しい体験から得た知識を忠実に受けとめ、以後の生き方を修正するなかで成立する。

イ　「学び」は、静的で理性的な面と動的で情緒的な面の両方を、違和感なく体験できた時に成立する。

ウ　「学び」は、たとえつまらなそうな話題であっても、話し手を敬う気持ちと姿勢があれば成立する。

エ　「学び」は、機械的な暗記中心の受験勉強であっても、新たな知識を求める意欲があれば成立する。

オ　「学び」は、体験から知識をつくりあげ、本質を究明することによって深い喜びを伴って成立する。

問九　本文中の═══部について。あなたがこれまで経験した「学び」のなかで、最も「感動」した事例を、五十字以内で述べなさい。

□二　次の文章を読んで、問いに答えなさい。

中学校教師の赤坂は、生徒の前でも「愛はない」と公言していた。そんな赤坂に若い体育教師の清水がおずおずと話しかけてきた。

「あの。先生は、この世に愛がないとお考えなのでしょうか」

①祈るような目をして、答えを待っている。

「ははん」

赤坂は鼻を鳴らした。（　Ⅰ　）生徒たちが、この熱血教師に告げ口でもしたのだろう。大げさに。

「ええ、そうですが」

だからわざとあっさりと言ってやる。案の定、清水の顔に驚愕（きょうがく）の色がうかんだ。一拍置いて、顔が一気に赤くなった。

おもしろかった。赤坂が腹の中で笑っていると、清水はにじりよってきた。

「せ、先生、それはちがいますよ。若輩者が恐縮ですが、愛はあると思います。それに愛は大きな力です。愛は地球を救うくらいですから」

興奮しているせいか、論旨に筋が通っていない。というよりひどく稚拙（ちせつ）だ。この男の②ステレオタイプの熱血さには、③まったく白々とした気分にさせられる。だがゆかいではある。

もう少しだけ、つきあってやろう。

「ほう。チャリティーイベントですか。でも清水先生、それ、見たことがあるんですか。実際に、愛とやらが地球を救っているところを。実際に救っているのは、募金された金だと思いますけどね」

「それをつき動かしているのが、愛ではないでしょうか。うちのクラスの生徒たちだって、今年は募金を集めて、地元の会場に行くって言ってます」

「貧乏人が小銭集めて、アイドルに会えるならいいんじゃないの？」

「そんな」

清水は下くちびるをぷるぷるとふるわせた。どうにもストレートな思考回路だが、負けずぎらいでもあるようで、なんとか言葉をつないでくる。

「じゃあ、お金持ちの寄付はどうですか。愛でしょう。アイドルなんか関係なくても、愛があるからするんです」

ぬれたような瞳で、愛、愛、と清水はくりかえす。

いしたこと言ってませんね」とつまらなさそうな顔をして言った。

（　Ⅰ　）その先輩は私に「そんな姿勢で話を聞いてはいけないよ。どんなつまらなさそうに見える話でも、こちらの姿勢しだいでは学べることがあるんだ」と言って私を諫めたのだ。

若い私は、このことばになるほどと思うとともに、瞬間ガーンときたのを今でも覚えている。そうか、こちらのアンテナの立て方で、ちょっとした体験からもたくさんのことを学べるのだと、そのときとっさに悟ったのだ。（　Ⅱ　）、上手に生きる人というのは、小さな体験から本質的なことをも深く「学び」とれる人なのかもしれない。生きることは「学び」の質や深さに支えられる面があるのだ。

「学び」はその意味で、⑤教育のしかたによる面と、私たちの姿勢による面があって、双方に左右される営みだということになる。教育のしかたによる面があるというのは、（　Ⅲ　）機械的な暗記や受験勉強では、これまで述べてきたような「学び」が成立しないということでわかるだろう。ただ単に暗記するだけでは、ことがらについての以前の知識が新しい事態を説明するために修正され、発見の喜びを伴って新たにつくりあげられるというような心身のダイナミックな営みは保証されない。押しつけられた学習や何らかの報酬（たとえば高い偏差値）を期待するような学習では、そもそも新しい「知識」をつくりだしたいという動機が十分伴わない。

「学び」は小さなものでもよい、感動を生み、自分で「知識」を創造する意欲をかき立ててくれるものであるべきだ。私は自分自身の経験によって、学校での「学び」によってつぎのような「知識」が生まれてきたとき、深い喜びを感じると考えている。すなわち、その「学び」によって、自分が生きている時代の現実そのものがより深く見えてくるとき、また、その時代を生きている自分自身が何をして生きていきたい存在であるのかということが見えてきたとき、そして、この私が誰といっしょに生き、誰に支えられ、誰を支えて生きているのかということがわかってきたとき、である。

時代が見え、自分が見え、他者が見える、そうした「知識」が創造できる「学び」をこそ、私たちは求めているのだと思う。こうした学びが学校で保証されるとともに、体験からできるだけ自分で深く「学ぶ」訓練としての「学び」もが保証される、そんな学校を私たちは求めているのだ。

（汐見 稔幸『「学び」の場はどこにあるのか』）

問一　～～部ａ～ｄのカタカナは漢字を、漢字は読みを答えなさい。

問二　――部①「両者」とは何を指すか。本文中から十五字で抜き出して答えなさい。

問三　――部②「これ」の指示する内容を、解答欄の語（……こと。）に続くように本文中から二十字で抜き出して答えなさい。

問四　（③）にあてはまる品詞名を漢字で答えなさい。

問五　――部④「私たちの『学び』の姿勢」を比喩を用いて表現している語句を、本文中から抜き出して答えなさい。

問六　（Ⅰ）～（Ⅲ）にあてはまる語を次から選び、それぞれ記号で答えなさい。

ア　また　　イ　ひょっとしたら　　ウ　たとえば　　エ　すると

問七　――部⑤「教育のしかたによる面」について。「教育」を行う学校は、どのような「学び」の場であるべきだと筆者は考えているか。本文中の語句を用いて六十字以上七十字以内で答えなさい。

【国　語】（四五分）〈満点：一〇〇点〉

【注意】字数が指示されているものについては、句読点や符号も字数に含めて答えなさい。

一　次の文章を読んで、問いに答えなさい。

新しく体験したことがそれまでの自分の「知識」と矛盾するような場合、あるいは体験がなくてその事態や物事についての「知識」がない場合、人は新しい体験とそれまでの「知識」が矛盾しなくてすむように、自分の「知識」のほうを修正して①両者を両立させるような新たな「知識」をつくりあげたり、新しい体験を自分なりに納得のいく新しい「知識」につくりあげたりする。これは「知識」がaコウジに変容したこと、あるいは新たな「知識」が創造されたことを意味している。

こうしたプロセス、つまり、なんらかの体験をしたときに、その体験を理解し了解できるように、それまで持っていた自分の「知識」を修正し、その体験をも含めて理解できるように発展させて新たな「知識」をつくりあげたり、未知のことを体験し、その体験を何らかのかたちでbソウカツし、教訓を導いて、自分なりに納得のいく「知識」をつくりだしたりすること、②これを「学ぶ」といっているのだ。（　③　）形が「学び」。簡単に言うと、「学び」とは体験から何らかの新しい「知識」を導き出す心身の営みのことを言う。

「学び」のプロセスは、何らかの感情の動きを伴っている。たとえば、新しい事態を以前の「知識」で理解できないでいたときに誰かから説明を受け、なるほどそうだったのかと納得し、それを取り込んで新しい「知識」を自分の中につくるとき、その人は（小さな）感動という感情を体験するはずだ。自分で調べて発見して納得し、新しい「知識」をc自前でつくりあげるときも、感情の大きな動きを体験する。やったぁ！というのに似た感情だ。だから「学び」というのは、静的で冷たい心の動きではなく、動的で情的な、人間にとってとてもうれしい営みになるはずだ。

こう考えると、私たちは日常、たえず「学び」を経験していることがわかる。ちょっとした体験から、私たちは「こういう場合は○○したら失敗する」というような「知識」を日頃勝手に導き出したりしているからだ。こうした場合でも「学び」がおこなわれていることになる。ただ、「学び」にはある種の感動がともなうものであるということをふまえると、同じ「学び」にも浅い深いがあると考えたほうが適切だろう。「学び」が深いほど、感動が大きい。あるいは、「学び」が深ければ深いほど、心身に新しいものが付け加わる度合いが大きく、行動までもがそれによって変化することがある、ということだ。

「学び」の意味をこのように考えてくると、そこに必ずしも「教え」ということが必要とは限らないということが理解されるだろう。もちろん、「教え」が深い「学び」をdユウハツすることはあるし、そうした「教え」を私たちは期待しているのだが、「学び」にとって「教え」が絶対条件でないということを確認しておくことは大切なことだ。

と同時に、そうだとすると、④私たちの「学び」の姿勢ということが大事な問題になってくる。「学び」は体験から新しい「知識」を導き出す営みだから、体験からどれだけ深い「知識」を導き出せるかということが、私たち自身に問われるようになるからだ。

私は大学生のとき、先輩の学生とある講演会を聞きにいったことがあった。そのとき、講演がつまらないものに思われて、その先輩に「た

MEMO

大切なことはメモしておこうネ！

2019年度

札幌龍谷学園高等学校入試問題（スーパープログレス進学・プログレス進学コース）

※理科・社会・国語はスーパー特進・特進コースと共通問題です。

【数　学】（45分）　　<満点：100点>

【注意】 定規・コンパス・分度器は使用してはいけません。

1　次の問いに答えなさい。

(1) $(-2)^3-4^2$ を計算しなさい。

(2) $3(x+2y)+2(x-y)$ を計算しなさい。

(3) $\left(\frac{2}{3}x^2y^3\right)^2\times\frac{81}{8x^3y^2}$ を計算しなさい。

(4) $(x^2+2x+3)(2x^2-x+5)$ を展開したとき，x^2 の係数を求めなさい。

(5) 1次方程式　$0.4x+2=0.6x-4$　を解きなさい。

(6) x^2-16y^2 を因数分解しなさい。

(7) 連立方程式 $\begin{cases} y=1-x \\ x+\frac{y+1}{2}=2 \end{cases}$ を解きなさい。

(8) $2\sqrt{3}+\sqrt{48}-\sqrt{27}$ を計算しなさい。

(9) 2次方程式 $5(x-2)^2=10$ を解きなさい。

(10) 2次方程式 $x^2+ax-(5a+3)=0$ の1つの解が $x=3$ であるとき，次の問いに答えなさい。

① a の値を求めなさい。

② もう1つの解を求めなさい。

(11) 半径 x cmの円に内接する正方形の面積を y cm²とします。y を x の式で表しなさい。

(12) 関数 $y=2x^2$ について，x の変域が $-1\leqq x\leqq 2$ のときの y の変域を求めなさい。

(13) 大小2個のさいころを同時に投げ，大きいさいころの出た目を a，小さいさいころの出た目を b とするとき，$\frac{b}{a}$ が整数となる確率を求めなさい。

(14) 右の図で，$\angle x$ の大きさを求めなさい。

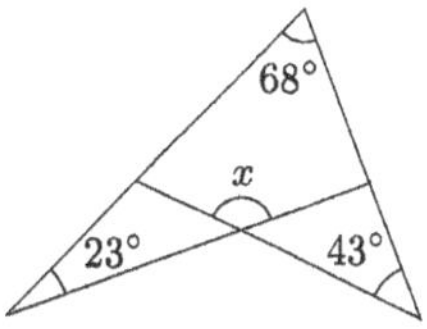

(15) 右の図はAD // BCの台形ABCDです。AB，DC，ACの中点をそれぞれE，F，Gとし，E，G，Fは一直線上にあります。AD＝6cm，BC＝10cmのとき，EFの長さを求めなさい。

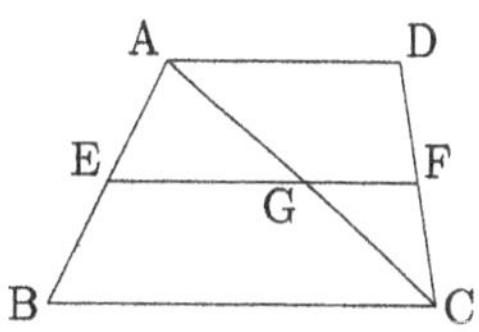

(16) $\sqrt{\frac{24}{5}n}$ が自然数となるような最も小さい自然数 n の値を求めなさい。

(17) $\frac{1}{a}:\frac{1}{b}=1:3$ のとき，$\frac{a^2-3b^2}{ab}$ の値を求めなさい。

2　右の図は，放物線 $y=ax^2$ と直線 $y=\frac{1}{2}x+b$ です。放物線と直線の交点をA，B（x 座標の値が小さい方をA）とし，直線と x 軸，y 軸との交点をそれぞれC，Dとします。このとき，次の問いに答えなさい。

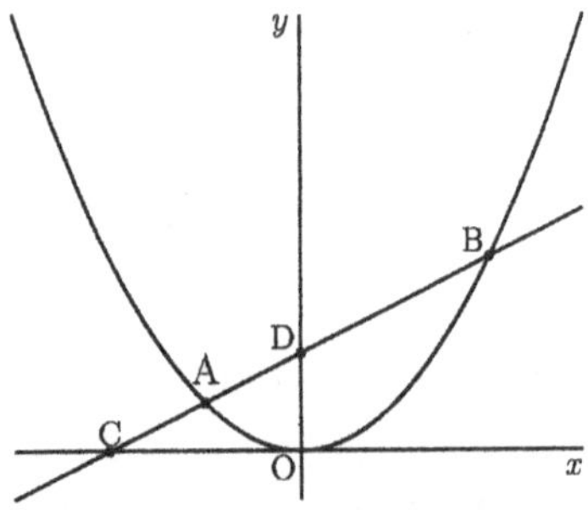

(1)　$a=1$，$b=1$ のとき，点Aの x 座標を求めなさい。

以下，点Aの x 座標を-2，点Bの x 座標を4とします。

(2)　a，b の値をそれぞれ求めなさい。

(3)　点Bから x 軸におろした垂線と x 軸との交点をHとします。四角形DOHBを x 軸を回転の軸として1回転させたときにできる回転体の体積を求めなさい。ただし，円周率を π とします。

(4)　点Pを x 軸上にとります。AP＋BPが最小となるときの点Pの x 座標を求めなさい。

3　右の図は長方形ABCDを，頂点Cが頂点Aに重なるようにEFを折り目として折ったときの図です。
AB＝$2\sqrt{6}$ cm，BC＝6 cm，AE＝x cmとするとき，次の問いに答えなさい。

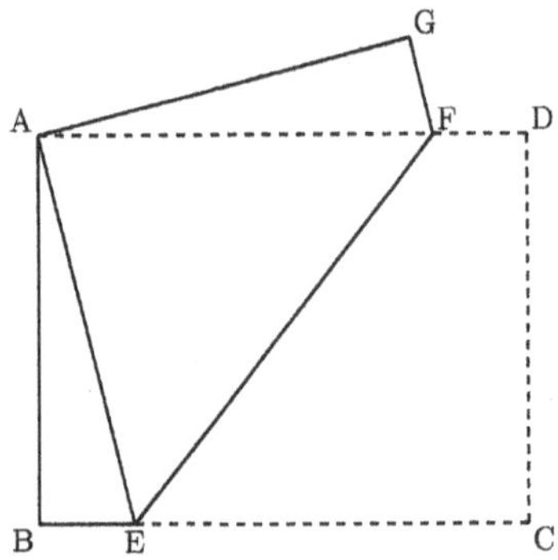

(1)　線分BEの長さを x を用いた式で表しなさい。

(2)　x の値を求めなさい。

(3)　△AEFの面積を求めなさい。

【英　語】（45分）　＜満点：100点＞

1　次の英文を読み，設問に答えなさい。

Long ago, there was a king in an eastern country. He had many *wise *ministers, and the wisest one was Rishi. One day, a foreign *merchant came to the king's castle. After greeting the king, (A) he said, "Great King, people say that you have wise ministers. I would like to test them." Then, the merchant showed three dolls to the king and said to him, "Sir, these dolls have a secret. They look (1) but are in fact (2). ① No one has found the difference yet. If your ministers can find (B) it, it shows that your ministers are truly wise." The king was interested (ア) his idea and agreed.

The king thought that his ministers could answer (C) it soon because the question was very easy. He called some of his ministers and told them to find the difference between the dolls. After three days, none of them were able to find any differences. ② The king started to worry. (3) he called his wisest minister, Rishi. When Rishi came, the king showed him the dolls and said, "Rishi, these dolls are different. I want you to find out how they are different. I didn't call you before because I didn't think the question was difficult, (4) no one could find the difference. The *pride of our country now depends (イ) you." Rishi received the dolls (ウ) the king and went back. The merchant's question was very (5) for him, too, but (エ) last he found the difference.

Rishi came back to the king's castle (オ) the dolls. He said to the king and the merchant, "These dolls are different. The first one and the second one are bad, and only the third one is good." The king asked, "How so?

Rishi put a hair into the right ear of the first doll. The hair came out from its mouth. Then, he put another hair into the second doll's right ear. The hair came out from ③ the other ear. Finally, he put a hair into the right ear of the third doll. The hair went to its heart, and never came out. Then Rishi said to the king and the merchant, "The first doll *represents (6). The second doll represents (7). The third doll represents (8)."

The king was happy to hear Rishi's answer and ④(1. of / 2. him / 3. gifts / 4. gave / 5. lot / 6. a).

注：*wise*：賢い　*minister*：大臣　*merchant*：商人　*pride*：誇り　*represent*：～を表す

問1　下線部（A）～（C）が表すものを次から選び，番号で答えなさい。

1. the king　2. Rishi　3. the merchant　4. the minister
5. the doll　6. the question　7. the difference

問2　空欄（ア）～（オ）に入る最も適切な語を次から選び，番号で答えなさい。

1. from　2. at　3. with　4. in　5. on

問3　空欄（1）（2）に入る最も適切な語を次から選び，記号で答えなさい。
ア. different　イ. beautiful　ウ. the same　エ. easy

問4　下線部①を日本語に直しなさい。

問5　下線部②の理由として適切なものを次から選び，番号で答えなさい。
1. 自分の大臣が賢いことを示せないと思ったから。
2. 商人に国を乗っ取られるかもしれないと思ったから。
3. リシが商人の問題を解けないと思ったから。
4. 王様自身が商人の問題を解けないと思ったから。

問6　空欄（3）（4）に入る最も適切な語を次から選び，記号で答えなさい。
ア. but　イ. so　ウ. in fact　エ. for example

問7　空欄（5）に入る最も適切な語を，文中から一語で抜き出しなさい。

問8　下線部③を次のように言いかえた時，（　）に入る最も適切な語を答えなさい。
the doll's (　　　) ear

問9　空欄（6）～（8）に入る最も適切なものを次から選び，記号で答えなさい。
ア. people who tell secrets to others
イ. people who keep secrets
ウ. people who don't understand anything they hear

問10　下線部④の（　）内の語を，意味が通るように並べかえ，番号で答えなさい。

問11　本文の内容に合うものには○，合わないものには×で答えなさい。
1. The merchant came to sell his dolls.
2. The merchant thought his question was very easy.
3. No ministers were able to find the dolls' secret.
4. Rishi made a hole in the dolls.
5. The dolls represented different types of people.

2　各組で下線部の発音が他と異なるものを1つ選び，番号で答えなさい。

ア. 1. there　2. through　3. these　4. than　5. they
イ. 1. taught　2. call　3. abroad　4. bought　5. know
ウ. 1. great　2. rain　3. mail　4. said　5. train
エ. 1. back　2. act　3. sad　4. Japan　5. watch
オ. 1. mean　2. reason　3. please　4. easy　5. break

3　CとDの関係がAとBの関係と同じになるように，Dの（　）に入る適切な語を答えなさい。

	A	B	C	D
ア	good	better	bad	(　　)
イ	sing	song	live	(　　)
ウ	go	went	write	(　　)
エ	easy	difficult	strong	(　　)
オ	city	cities	knife	(　　)

4 各文の（ ）内から最も適切な語（句）を選び，番号で答えなさい。

ア. This is the most exciting movie (1. who 2. whose 3. that 4. why) I have ever seen.

イ. They don't have enough water (1. drink 2. to drink 3. drinking 4. drinks) in their country.

ウ. I will help you (1. if 2. and 3. that 4. why) you are busy tomorrow.

エ. He (1. is 2. was 3. have been 4. has been) ill in bed since last week.

オ. Yuki is the oldest (1. in 2. of 3. from 4. at) the five girls.

カ. These pictures (1. paint 2. painted 3. was painting 4. were painted) by our teacher.

キ. Can you see the bird (1. who 2. which 3. whose 4. what) is flying over there?

ク. I have already finished (1. do 2. does 3. to do 4. doing) my homework.

ケ. (1. What 2. Where 3. When 4. Why) will you do next Sunday? —I will go shopping with my friends.

コ. That news made (1. we 2. our 3. us 4. ours) happy.

5 各組の文がほぼ同じ意味になるように，（ ）に入る適切な語を1語ずつ答えなさい。

ア. This question is too difficult for me to answer.
This question is (1) difficult (2) I can't answer it.

イ. Jim can swim faster than I.
I (1) swim as (2) as Jim.

ウ. Don't speak in the library.
You (1) (2) speak in the library.

エ. Ken plays baseball well.
Ken is (1) at (2) baseball.

オ. The mother smiled at her son and her son smiled at the mother, too.
The mother and her son smiled at (1) (2).

6 各文の（ ）内の語(句)を適切に並べかえたとき，（ ）内の2番目と5番目にくる語(句)の番号を答えなさい。なお，文頭にくる語も小文字にしてあるので注意すること。

ア. (1. easy 2. to 3. is 4. me 5. it 6. for) ride a horse.

イ. (1. where 2. know 3. do 4. he 5. you 6. is) now?

ウ. Could (1. me 2. how 3. get 4. you 5. to 6. tell) to the airport?

エ. This (1. written 2. 200 years 3. a book 4. ago 5. about 6. is).

オ. I (1. her 2. play 3. the 4. will 5. to 6. ask) piano in the concert.

MEMO

大切なことはメモしておこうネ！

2019年度

札幌龍谷学園高等学校入試問題(未来創造コース)

【数　学】（45分）　＜満点：100点＞

【注意】 定規・コンパス・分度器は使用してはいけません。

1　次の問いに答えなさい。

(1)　$-3-(-8)$ を計算しなさい。

(2)　$(-2)^3-4^2$ を計算しなさい。

(3)　$3(x+2y)+2(x-y)$ を計算しなさい。

(4)　1次方程式 $0.4x+2=0.6x-4$ を解きなさい。

(5)　x^2-16y^2 を因数分解しなさい。

(6)　連立方程式 $\begin{cases} 3x+4y=1 \\ 2x-y=8 \end{cases}$ を解きなさい。

(7)　$2\sqrt{3}+\sqrt{48}-\sqrt{27}$ を計算しなさい。

(8)　$a=\sqrt{5}+\sqrt{3}$，$b=\sqrt{5}-\sqrt{3}$ のとき，$3a^2-3b^2$ の値を求めなさい。

(9)　2次方程式 $x^2-4x-32=0$ を解きなさい。

(10)　2次方程式 $x^2+ax-(5a+3)=0$ の1つの解が $x=3$ であるとき，次の問いに答えなさい。

①　a の値を求めなさい。

②　もう1つの解を求めなさい。

(11)　八角形の内角の和を求めなさい。

(12)　関数 $y=2x^2$ について，x の変域が $-1 \leqq x \leqq 2$ のときの y の変域を求めなさい。

(13)　2枚の硬貨A，Bを同時に投げるとき，1枚は表で1枚は裏が出る確率を求めなさい。

(14)　右の図で，$\angle x$ の大きさを求めなさい。

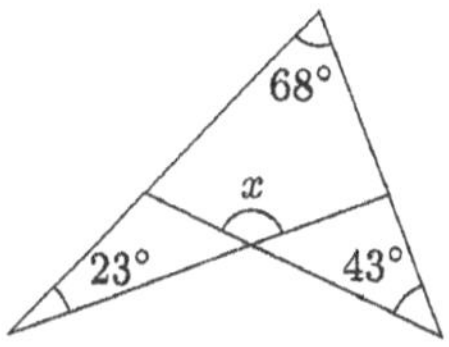

(15)　右の図はAD // BCの台形ABCDです。AB，DC，ACの中点をそれぞれE，F，Gとし，E，G，Fは一直線上にあります。AD＝6㎝，BC＝10㎝のとき，EFの長さを求めなさい。

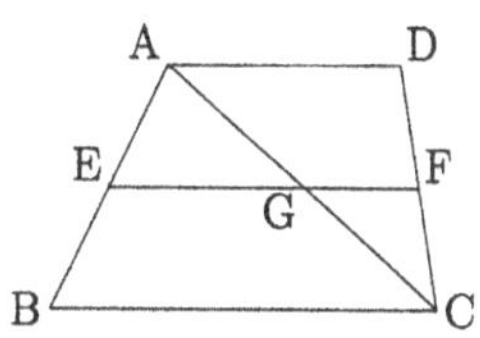

(16)　$\sqrt{\dfrac{24}{5}n}$ が自然数となるような最も小さい自然数 n の値を求めなさい。

(17)　$\dfrac{1}{a}:\dfrac{1}{b}=1:3$ のとき，$\dfrac{a^2-3b^2}{ab}$ の値を求めなさい。

2　右の図のように，関数 $y = x^2$ のグラフ上に３点A，P，Bがあります。A，P，Bの x 座標がそれぞれ4，a，-2 のとき，次の問いに答えなさい。ただし，$-2 < a < 4$ とします。

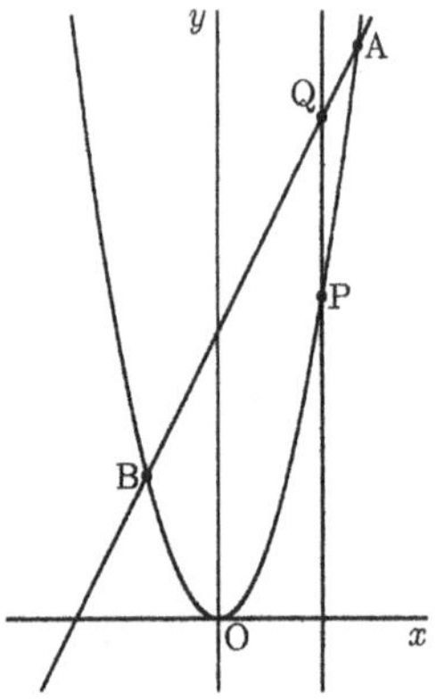

(1)　$a = 2\sqrt{2}$ のとき，点Pの y 座標を求めなさい。

(2)　直線ABの方程式を求めなさい。

(3)　点Pを通り y 軸に平行な直線と直線ABとの交点をQとするとき，PQの長さを a を用いた式で表しなさい。

(4)　△APBの面積が24のとき，a の値を求めなさい。

3　右の図は長方形ABCDを，頂点Cが頂点Aに重なるようにEFを折り目として折ったときの図です。AB＝$2\sqrt{6}$ cm，BC＝6 cm，AE＝x cmとするとき，次の問いに答えなさい。

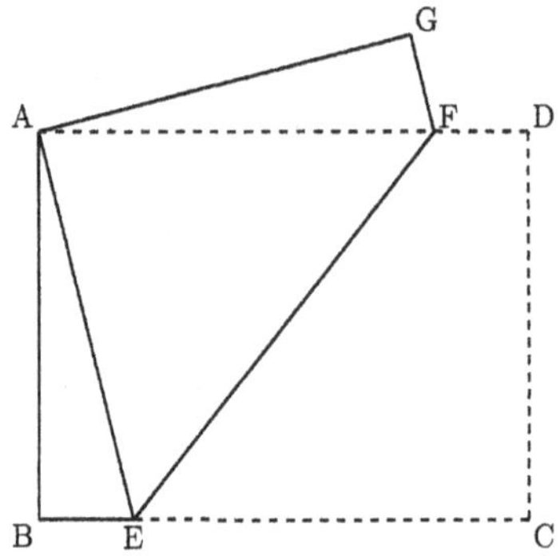

(1)　線分BEの長さを x を用いた式で表しなさい。

(2)　x の値を求めなさい。

(3)　△AEFの面積を求めなさい。

【英　語】（45分）　＜満点：100点＞

1　次の英文を読み，設問に答えなさい。

Emma was very kind and loved drawing pictures. One day, when she drew some pictures on the ground with a branch, a woman came to her and said, "① Your pictures are very good! Why are you ② draw on such a place? How about ③ paint on some paper?" Emma said, "④ I want to do so, but I can't, because my family is so *poor that I can't buy any paper." "Oh, ⑤ (1. poor / 2. a / 3. girl / 4. what)! Here's a *paintbrush and some paper. I'll give them to you," said the woman. Emma said "Thank you," and ⑥ feel so happy.

"Well, what will I paint?" she thought. She was hungry then, so she painted some bread and milk. [A], they came out from the paper. ⑦ They looked like the *real things, so she ate them and said, "Wow! They're good! A *magic paintbrush!"

Then, she thought "⑧ I (1. make / 2. happy / 3. all the poor people / 4. can), if I use ⑨ this. I want to help other poor people like me." She began to paint anything that each of them wanted. For example, (ア) for the farmers, (イ) for the teachers and (ウ) for the children. All of them became happy (エ) they got them.

One day, the king heard about Emma's paintbrush. He called her to his room and said, "⑩ Give me your paintbrush. I want to get a lot of money!" "[B]? You already have enough! I'll never give this to you," said Emma. The king got *angry and decided to kill her and get her paintbrush. However, Emma was very [C], so she painted a big lion with big teeth. [D] it came out and ⑪ the king was eaten by it.

Emma came back to her village and kept making people happy. Emma used the paintbrush only for the people (オ) were poor.

注：*poor*：貧しい　*paintbrush*：絵筆　*real*：本物の　*magic*：魔法の　*angry*：怒った，腹を立てた

問1　下線部①が表すものを次から選び，番号で答えなさい。

1. 地面に枝で描かれた絵　2. 地面に石で描かれた絵
3. 紙の上に鉛筆で描かれた絵　4. 紙の上に木の蜜で描かれた絵

問2　下線部②③⑥⑩の各語を，適切な形にかえなさい。ただし，変える必要がない場合は，そのままの形を解答欄に記入すること。

問3　下線部④が表す内容を次から選び，番号で答えなさい。

1. 私は紙の上に絵を描きたい。　2. 私は地面に絵を描きたい。
3. 私は小枝で絵を描きたい。　4. 私は上手に絵を描きたい。

問4　下線部⑤⑧が次のページの日本語の意味を表すように，(　) 内の語(句)を並べかえ，その並び順を番号で答えなさい。

⑤「なんという貧しい女の子でしょう！」

⑧「私は貧しい人々みんなを幸せにすることができる。」

問5　下線部⑦⑨が指すものを，⑦は4語，⑨は3語で，本文中からそれぞれ抜き出しなさい。

問6　空欄（ア）（イ）（ウ）に入る最も適切な語(句)の組み合わせを次から選び，番号で答えなさい。

1.（ア） pencils　（イ） toys　（ウ） soy beans

2.（ア） soy beans　（イ） pencils　（ウ） toys

3.（ア） toys　（イ） soy beans　（ウ） pencils

問7　下線部⑪を，it の内容を明らかにして，日本語に直しなさい。

問8　空欄（エ）（オ）に入る最も適切な語を次から選び，番号で答えなさい。

1. which　2. where　3. who　4. when

問9　［A］［B］［C］［D］に入る最も適切な語を次から選び，番号で答えなさい。

A：1. Usually　2. Gently　3. Already　4. Suddenly

B：1. How　2. Where　3. Why　4. When

C：1. sick　2. clever　3. popular　4. sleepy

D：1. Quickly　2. Kindly　3. Probably　4. Hurry

問10　本文の内容に合うものには○，合わないものには×で答えなさい。

1. エマは女の人から魔法の絵筆だけをもらった。
2. エマはお腹が空いていたのでパンとミルクを描いた。
3. エマは自分を好きになってくれる人たちを助けようと思った。
4. エマは王様に魔法の絵筆を渡すように言われた。
5. エマは王様から身を守るためにライオンの絵を描いた。

2　各組で下線部の発音が他と異なるものを1つ選び，番号で答えなさい。

ア. 1. break　2. great　3. dead　4. steak

イ. 1. only　2. mother　3. country　4. cup

ウ. 1. easy　2. weather　3. evening　4. feeling

エ. 1. asks　2. gives　3. tells　4. shows

オ. 1. looked　2. watched　3. passed　4. loved

3　次の対話文を読み，（　）に入る最も適切なものを選び，番号で答えなさい。

ア. A：Why don't we go to the new Italian restaurant this evening?

B：(　　　) but I can't. I have to go home early today.

1. I had spaghetti,　2. It's tomorrow,

3. I don't have any,　4. Thank you for inviting me,

イ. A：I'd like to talk to Ms. Kato, please.

B：I'm sorry, she's out now. (　　　)

A：Yes, please tell her I'm going to be late for the meeting.

1. Please try again.　2. Can I take a message?

3. I think I know him, too.　4. Will you call her back?

ウ．A：What are you going to do this winter?
　B：(　　　).
　1. I'll go to Hawaii.
　2. You'll love Hawaii.
　3. You want to go there again.
　4. I'm from Hawaii.

エ．A：Excuse me. Can I walk to the station from here?
　B：(　　　) Please ask someone else.
　1. It's the blue train.
　2. Yes, it's very cold.
　3. Sorry, I don't know.
　4. Turn right at the next corner.

4　各文の（　）内から最も適切な語(句)を選び，番号で答えなさい。

ア．The baby (1. slept　2. is sleeping　3. was sleeping) in the bed now.

イ．What is the language (1. spoken　2. spoke　3. speaking) in Australia?

ウ．I have a lot of things (1. do　2. to do　3. doing) today.　So I'm very busy.

エ．Tom can (1. between　2. both　3. neither) speak and write French.

オ．Takuya is good at (1. playing　2. to play　3. played) the piano.

5　各文の日本文に合うように，（　）内の語(句)を適切に並べかえたとき，（　）内の2番目と4番目にくる語(句)の番号を答えなさい。なお，文頭にくる語も小文字にしてあるので注意すること。

ア．私がその店で買ったドッグフードは中国で作られた。
　The dog food (1. made　2. at the shop　3. I　4. was　5. bought) in China.

イ．札幌駅へ行く道を教えてください。
　(1. the way　2. tell　3. you　4. me　5. could) to Sapporo Station?

ウ．君に家までの地図を描いてもらいたいのですが。
　I (1. a map　2. you　3. draw　4. want　5. to) to your house.

エ．私は去年ここで何が起きたか覚えていません。
　I (1. happened　2. remember　3. don't　4. what　5. here) last year.

オ．これほど美しい虹を見たことがありません。
　I (1. such　2. never　3. seen　4. have　5. a) beautiful rainbow.

6　各組の文がほぼ同じ意味になるように，（　）に入る適切な語を1語ずつ答えなさい。

ア．Takeshi can sing better than Michiru.
　Michiru cannot sing (　1　) well (　2　) Takeshi.

イ. Nobody but Ken can answer this question.
(1) (2) can answer this question.

ウ. Michiko has a plan to study abroad next year.
Michiko is (1) (2) study abroad next year.

エ. To finish this work in a week is difficult for us.
(1) is difficult for us (2) finish this work in a week.

オ. My mother can play the flute very well.
My mother is (1) (2) play the flute very well.

カ. Toshio likes fruit, for example, oranges and bananas.
Toshio likes fruit (1) (2) oranges and bananas.

問二　次の漢文の読む順番を右側の□に数字で答えなさい。

①　有□(レ) 備□ 無□(レ) 患□

②　行□(二) 百□ 里□(一) 者□ 半□(二) 九□ 十□(一)

③　歳□ 月□ 不□(レ) 待□(レ) 人□

問三　次の漢文を書き下し文にしなさい。

①　挙(ゲテ)(レ) 頭(ヲ) 望(ム)(二) 山 月(ヲ)(一)。

②　宋 人(ニ) 有(リ)(二) 耕(ス)(レ) 田(ヲ) 者(一)。

③あまたが中に　ア　ほとんどいない中で
イ　他にいない中で
ウ　あまってしまった中で
エ　たくさんいる中で

⑥かひなし　ア　あてがない
イ　もったいない
ウ　どうしようもない
エ　効果がない

問二　――部②「国の境のうちは」の後に省略されている語句を本文中から四字で抜き出して答えなさい。

問三　――部④「志ある人」の説明として最も適切なものを次から選び、記号で答えなさい。
ア　別れを惜しんで旅路を心配してくれる親切な人
イ　海の荒波にも負けないほど粘り強く屈強な人
ウ　国境まで見届けなくてはという義務感が強い人
エ　海にも劣らない大きな野心を持っている人

問四　――部⑤「より」と同じ用法のものを次から一つ選び、記号で答えなさい。
ア　聞きしよりもまして
イ　大空より、人、雲に乗りて下り来て
ウ　あやしがりてよりて見るに
エ　ただひとり徒歩より詣でけり

問五　――部⑦の和歌の解釈として最も適切なものを次から選び、記号で答えなさい。
ア　私を気遣ってくれる岸の人々の心は海を渡って届いたので、思い出が残っているうちに手紙を書いたほうがいいだろう。
イ　私を気遣ってくれる岸の人々の心は海を渡って届いたが、お礼を書いて送る手紙もないので気づかずにいることだろう。
ウ　岸の人々を思いやる私の心は海を渡っていくけれども、その心を書いて送る手紙もないので気づかずにいることだろう。
エ　岸の人々を思いやる私の心は海を渡って届いたが、手紙を書いてやりとりをしなければいずれ忘れられてしまうだろう。

問六　本文の出典は平安時代に成立した『土佐日記』である。作者名を漢字で答えなさい。また、同時代に成立した文学作品を次から一つ選び、記号で答えなさい。
ア　源氏物語　イ　平家物語
ウ　万葉集　エ　徒然草

問七　次の語の読みを現代仮名づかいで答えなさい。
①くちをし　②ゆゑ　③あふぎ

三　次の各問いに答えなさい。

問一　□に身体の一部を表す漢字一字を入れて慣用句を用いた文を完成させなさい。
①　合格して□をなでおろした。
②　借金を□をそろえて返した。
③　あの人はいつも□が低く丁寧だ。
④　□が浮くようなお世辞を言う。
⑤　彼は怒り出したら□に負えない。

問八　（Ⅰ）〜（Ⅳ）にあてはまる語を次から選び、それぞれ記号で答えなさい。

ア　また
イ　ひょっとしたら
ウ　たとえば
エ　すると
オ　ただ

問九　――部⑦「教育のしかたによる面」について。「教育」を行う学校は、どのような「学び」の場であるべきだと筆者は考えているか。本文中の語句を用いて六十字以上七十字以内で答えなさい。

問十　本文の主旨として最も適切なものを次から選び、記号で答えなさい。

ア　「学び」は、新しい体験から得た知識を忠実に受けとめ、以後の生き方を修正するなかで成立する。
イ　「学び」は、静的で理性的な面と動的で情緒的な面の両方を、違和感なく体験できた時に成立する。
ウ　「学び」は、たとえつまらなそうな話題であっても、話し手を敬う気持ちと姿勢があれば成立する。
エ　「学び」は、機械的な暗記中心の受験勉強であっても、新たな知識を求める意欲があれば成立する。
オ　「学び」は、体験から知識をつくりあげ、本質を究明することによって深い喜びを伴って成立する。

問十一　本文中の＝＝部について。あなたがこれまで経験した「学び」のなかで、最も「感動」した事例を、五十字以内で述べなさい。

二　次の古文を読んで、問いに答えなさい。

九日の①つとめて、*大湊（おおみなと）より「奈半（なは）の泊りを追はむ（港に向かおう）」とて漕（こ）ぎ出でけり。これかれ互（たがひ）に、「②国の境のうちは」とて、見送りに来る人③あまたが中に、*藤原のときざね・橘のすゑひら・長谷部のゆきまさらなむ、*御館（みたち）より出で給（たう）び（お出ましになった）し日より、ここかしこに追ひ来る。この人々ぞ、④志ある人なりける。この人々の深き志は、この海にも劣らざるべし。これ⑤より、今は漕ぎ離れてゆく。これを見送らむとてぞ、この人どもは追ひ来ける。かくて、漕ぎゆくまにまに（漕ぎ進むにつれて）、海のほとりに留（とま）れる人も遠くなりぬ（遠くなってしまった）。船の人も見えずなりぬ（見えなくなってしまった）。岸にもいふことあるべし（話したいことがあるだろう）。船にも思ふことあれど、⑥かひなし。かかれど（こんな状態だけれど）、この歌をひとり言（ごと）にして、やみぬ（やめにした）。

⑦思ひやる心は海を渡れども文（ふみ）しなければ知らずやあるらむ

（『土佐日記』）

*大湊・奈半…地名。現在の高知県内にある土地。
*藤原のときざね・橘のすゑひら・長谷部のゆきまさ…土佐の国の役人。
*御館…土佐の国の国司の官舎。

問一　――部①「つとめて」、③「あまたが中に」、⑥「かひなし」の現代語訳として最も適切なものを次から選び、それぞれ記号で答えなさい。

①つとめて
ア　早朝　　イ　夕方
ウ　努力をして　　エ　勤務をして

いしたこと言ってませんね」とつまらなさそうな顔をして言った。（　Ⅰ　）その先輩は私に「そんな姿勢で話を聞いてはいけないよ。どんなつまらなさそうに見える話でも、こちらの姿勢しだいでは学べることがあるんだ」と言って私を諫（いさ）めたのだ。

若い私は、このことばになるほどと思うとともに、瞬間ガーンときたのを今でも覚えている。そうか、こちらのアンテナの立て方で、ちょっとした体験からもたくさんのことを学べるのだと、そのときとっさに悟ったのだ。（　Ⅱ　）、上手に生きる人というのは、小さな体験から本質的なことをも深く「学び」とれる人なのかもしれない。生きることは「学び」の質や深さに支えられる面があるのだ。

「学び」はその意味で、⑦教育のしかたによる面と、私たちの姿勢による面があって、双方に左右される営みだということになる。教育のしかたによる面があるというのは、（　Ⅲ　）機械的な暗記や受験勉強では、これまで述べてきたような「学び」が成立しないということでわかるだろう。（　Ⅳ　）単に暗記するだけでは、ことがらについての以前の知識が新しい事態を説明するために修正され、発見の喜びを伴って新たにつくりあげられるというような心身のダイナミックな営みは保証されない。押しつけられた学習や何らかの報酬（ほうしゅう）（たとえば高い偏差値）を期待するような学習では、そもそも新しい「知識」をつくりだしたいという動機が十分伴わない。

「学び」は小さなものでもよい、感動を生み、自分で「知識」を創造する意欲をかき立ててくれるものであるべきだ。私は自分自身の経験によって、学校での「学び」によってつぎのような「知識」が生まれてきたとき、深い喜びを感じると考えている。すなわち、その「学び」によって、自分が生きている時代の現実そのものがより深く見えてくるとき、また、その時代を生きている自分自身が何をして生きていきたい存在であるのかということが見えてきたとき、そして、この私が誰といっしょに生き、誰に支えられ、誰を支えて生きているのかということがわかってきたとき、である。

時代が見え、自分が見え、他者が見える、そうした「知識」が創造できる「学び」をこそ、私たちは求めているのだと思う。こうした学びが学校で保証されるとともに、体験からできるだけ自分で深く「学ぶ」訓練としての「学び」もが保証される、そんな学校を私たちは求めているのだ。

（汐見稔幸『「学び」の場はどこにあるのか』）

問一　〰〰部a～hのカタカナは漢字を、漢字は読みを答えなさい。

問二　――部①「両者」とは何を指すか。本文中から十五字で抜き出して答えなさい。

問三　――部②「プロセス」の意味として最も適切なものを次から選び、記号で答えなさい。

ア　過程　　イ　変化　　ウ　意味　　エ　結果

問四　――部③「これ」の指示する内容を、解答欄の語『……こと。』に続くように本文中から二十字で抜き出して答えなさい。

問五　（④）にあてはまる品詞名を漢字で答えなさい。

問六　――部⑤「そこに必ずしも『教え』ということが必要とは限らない」と、ほぼ同義の語句を、本文中から二十字で抜き出して答えなさい。

問七　――部⑥「私たちの『学び』の姿勢」を比喩を用いて表現している語句を、本文中から抜き出して答えなさい。

【国　語】（四五分）〈満点：一〇〇点〉

【注意】　字数が指示されているものについては、句読点や符号も字数に含めて答えなさい。

一　次の文章を読んで、問いに答えなさい。

新しく体験したことがそれまでの自分の「知識」とa矛盾するような場合、あるいは体験がなくてその事態や物事についての「知識」がない場合、人は新しい体験とそれまでの「知識」が矛盾しなくてすむように、自分の「知識」のほうを修正して①両者を両立させるような新たな「知識」をつくりあげたり、新しい体験を自分なりにb納得のいく新しい「知識」につくりあげたりする。これは「知識」が高次に変容したこと、あるいは新たな「知識」が創造されたことを意味している。

こうした②プロセス、つまり、なんらかの体験をしたときに、その体験を理解し了解できるように、それまで持っていた自分の「知識」を修正し、その体験をも含めて理解できるようにcハッテンさせて新たな「知識」をつくりあげたり、dミチのことを体験し、その体験を何らかのかたちで総括し、eキョウクンを導いて、自分なりに納得のいく「知識」をつくりだしたりすること、③これを「学ぶ」といっているのだ。（　④　）形が「学び」。簡単に言うと、「学び」とは体験から何らかの新しい「知識」を導き出す心身のf営みのことを言う。

「学び」のプロセスは、何らかの感情の動きを伴っている。たとえば、新しい事態を以前の「知識」で理解できないでいたときに誰かから説明を受け、なるほどそうだったのかと納得し、それを取り込んで新しい「知識」を自分の中につくるとき、その人は（小さな）感動という感情を体験するはずだ。自分で調べて発見して納得し、新しい「知識」をg自前でつくりあげるときも、感情の大きな動きを体験する。やったぁ！というのにh似た感情だ。だから「学び」というのは、静的で冷たい心の動きではなく、動的で情的な、人間にとってとてもうれしい営みになるはずだ。

こう考えると、私たちは日常、たえず「学び」を経験していることがわかる。ちょっとした体験から、私たちは「こういう場合は〇〇したら失敗する」というような「知識」を日頃勝手に導き出したりしているからだ。こうした場合でも「学び」がおこなわれていることになる。ただ、「学び」にはある種の感動がともなうものであるということをふまえると、同じ「学び」にも浅い深いがあると考えたほうが適切だろう。「学び」が深いほど、感動が大きい。あるいは、「学び」が深ければ深いほど、心身に新しいものが付け加わる度合いが大きく、行動までもがそれによって変化することがある、ということだ。

「学び」の意味をこのように考えてくると、⑤そこに必ずしも「教え」ということが必要とは限らないということが理解されるだろう。もちろん、「教え」が深い「学び」を誘発することはあるし、そうした「教え」を私たちは期待しているのだが、「学び」にとって「教え」が絶対条件でないということを確認しておくことは大切なことだ。

と同時に、そうだとすると、⑥私たちの「学び」の姿勢ということが大事な問題になってくる。「学び」は体験から新しい「知識」を導き出す営みだから、体験からどれだけ深い「知識」を導き出せるかということが、私たち自身に問われるようになるからだ。

私は大学生のとき、先輩の学生とある講演会を聞きにいったことがあった。そのとき、講演がつまらないものに思われて、その先輩に「た

MEMO

大切なことはメモしておこうネ！

スーパー特進
特　　進

2019年度

解　答　と　解　説

《2019年度の配点は解答欄に掲載してあります。》

＜数学解答＞

[1] (1) 9604　(2) $\frac{9}{2}xy^4$　(3) 9　(4) $a=2,\ 8,\ 18,\ 32$　(5) $x=7$

(6) $x=2,\ y=-1$　(7) 114度　(8) $y=2x^2$　(9) 1　(10) $(a-2b)^2$

(11) $4+2\sqrt{6}$　(12) $\frac{7}{18}$　(13) $a=\frac{1}{2},\ b=\frac{9}{2}$　(14) 81cm³　(15) 117度

(16) $x=2\pm\sqrt{2}$　(17) ① $\frac{b^2}{a^2}$　② $\frac{c^2}{a^2}$　③ $S+\frac{b^2}{a^2}S=\frac{c^2}{a^2}S$　④ $a^2+b^2=c^2$

[2] (1) $\frac{1-\sqrt{17}}{4}$　(2) $a=\frac{1}{4},\ b=2$　(3) $\frac{112}{3}\pi$　(4) $-\frac{4}{5}$

[3] (1) 24cm²　(2) 4cm　(3) 16：13　(4) $\frac{12\sqrt{13}}{13}$cm

○配点○

[1] (1)～(16) 各4点×16((4)・(6)完答)　(17) 各1点×4　[2]・[3] 各4点×8

計100点

＜数学解説＞

[1] **(数・式の計算，因数分解，平方根，1次方程式，2次方程式，2乗に比例する関数，角度，円の性質，三平方の定理，相似，確率)**

基本 (1) $98^2=(100-2)^2=100^2-2\times100\times2+2^2=10000-400+4=9604$

(2) $\left(\frac{2}{3}x^2y^3\right)^2\times\frac{81}{8x^3y^2}=\left(\frac{2x^2y^3}{3}\right)^2\times\frac{81}{8x^3y^2}=\frac{4x^4y^6\times81}{9\times8x^3y^2}=\frac{9}{2}xy^4$

(3) $(x^2+2x+3)(2x^2-x+5)$を展開すると，左の(　)内に項が3つ，右の(　)内に項が3つあるので，全部で3×3＝9(個)の項ができる。その中でx^2の項は$x^2\times5$，$2x\times(-x)$，$3\times2x^2$の3項，係数だけみると，$1\times5+2\times(-1)+3\times2=5-2+6=9$

(4) $\sqrt{2a}$は1桁の自然数であるから，$1\leqq\sqrt{2a}\leqq9$となる。$1^2\leqq(\sqrt{2a})^2\leqq9^2$より，$1\leqq2a\leqq81$　$2a$は自然数の2乗の数なので，1，4，9，16，25，36，49，64，81が考えられるが，このうち条件を満たすものは偶数となる。よって，$2a=4,\ 16,\ 36,\ 64$より，$a=2,\ 8,\ 18,\ 32$

(5) $2x-\frac{5}{4}(x+1)=4$　両辺を4倍して整理すると，$3x=21$　$x=7$

(6) $y=1-x$…①　$x+\frac{y+1}{2}=2$…②　②×2より，$2x+y+1=4$…②′　①を②′に代入すると，$2x+1-x+1=4$　$x=2$　さらに，これを①に代入して，$y=1-2=-1$

(7) ∠ABP＝∠PBC＝b，∠ACP＝∠PCB＝cとおくと，三角形ABCの内角について，$48+2b+2c=180$　$24+b+c=90$　$b+c=66$　△PBCの内角について，∠BPC＋$b+c$＝180なので，∠BPC＋66＝180　∠BPC＝114(度)

(8) 円に内接する正方形をABCD，対角線ACとBDの交点をOとすると，Oは円の中心でもあり，

OA＝OB＝OC＝OD＝xである。よって，$y=\frac{1}{2}\times \mathrm{OA}\times \mathrm{OB}\times 4=2x^2$

(9)　$\frac{5}{37}=5\div 37=0.135135\cdots$　　小数点以下には，「135」が繰り返し並んでいる。$100\div 3=33$あまり1となるので，小数第百位には，33回の「135」がくりかえされたあと，34回目の1が並んでいる。

(10)　$a^2+4b^2-4ab=a^2-4ab+4b^2=(a-2b)^2$

(11)　$(\sqrt{3}+\sqrt{2}-1)(\sqrt{3}+\sqrt{2}+1)=\{(\sqrt{3}+\sqrt{2})-1\}\{(\sqrt{3}+\sqrt{2})+1\}=(\sqrt{3}+\sqrt{2})^2-1^2=3+2\sqrt{6}+2-1=4+2\sqrt{6}$

(12)　2つのさいころを投げたとき，目の出方は$6\times 6=36$(通り)ある。この中で，$\frac{b}{a}$が整数となるのは$(a,\ b)=(1,\ 1)$，$(1,\ 2)$，$(1,\ 3)$，$(1,\ 4)$，$(1,\ 5)$，$(1,\ 6)$，$(2,\ 2)$，$(2,\ 4)$，$(2,\ 6)$，$(3,\ 3)$，$(3,\ 6)$，$(4,\ 4)$，$(5,\ 5)$，$(6,\ 6)$の14通り。よって，その確率は，$\frac{14}{36}=\frac{7}{18}$

重要 (13)　yの変域が$b-4\leqq y\leqq b$で，bが正の数なので，$y=ax^2$のグラフは，原点を頂点とし，上に開いた放物線であることがわかる。変域$-3\leqq x\leqq -1$の範囲ではxが増加するときyが減少する関数なので，$x=-1$のとき，$y=b-4$　　$y=ax^2$に代入すると，$b-4=a\times(-1)^2$　　$b-4=a$…①　$x=-3$のとき，$y=b$　　$y=ax^2$に代入すると，$b=a\times(-3)^2$　　$b=9a$…②　　②を①に代入すると，$9a-4=a$　　$8a=4$　　$a=\frac{1}{2}$　　これを②に代入すると，$b=\frac{9}{2}$

(14)　立方体の数を1段ごとに数える。1番下の段には$3\times 3=9$(個)，下から2段目には7個，下から3段目には6個，一番上の段には2個，全部で$9+7+6+2=24$(個)　　したがって，1辺の長さが1.5cmの立方体が24個なので，全体の体積は，$1.5\times 1.5\times 1.5\times 24=1.5\times 1.5\times 1.5\times 2\times 2\times 2\times 3=1.5\times 2\times 1.5\times 2\times 1.5\times 2=3=3^4=81(\mathrm{cm}^3)$

やや難 (15)　$\overset{\frown}{\mathrm{AC}}:\overset{\frown}{\mathrm{CD}}=3:4$なので，OC，ODを結ぶと，∠AOC：∠COD＝3：4　　∠AOC＝$3a$，∠COD＝$4a$とおくことができる。AB//CDなので錯角は等しく，∠OCD＝∠AOC＝$3a$，△OCDはOC＝ODの二等辺三角形なので，∠ODC＝∠OCD＝$3a$　　△OCDの内角の和について，$4a+3a+3a=10a=180$　　$a=18$(度)となる。△OACはOA＝OCの二等辺三角形なので，∠ACO＝$(180-3a)\div 2=(180-54)\div 2=63$　　∠OCD＝$3a=54$　　∠ACD＝∠ACO＋∠OCD＝63＋54＝117(度)

(16)　$5(x-2)^2=10$　　両辺を5で割ると，$(x-2)^2=2$　　$x-2=\pm\sqrt{2}$　　$x=2\pm\sqrt{2}$

(17)　①　$\mathrm{B_2}$と$\mathrm{B_1}$は相似で相似比(対応する辺の比)が$a:b$なので，面積の比は，($\mathrm{B_2}$の面積S)：($\mathrm{B_1}$の面積)＝$a^2:b^2$　　よって，$\mathrm{B_1}$の面積＝$\frac{b^2}{a^2}\mathrm{S}$

②　$\mathrm{B_2}$とAは相似で相似比(対応する辺の比)が$a:c$なので，($\mathrm{B_2}$の面積S)：(Aの面積)＝$a^2:c^2$　よって，Aの面積＝$\frac{c^2}{a^2}\mathrm{S}$

③　($\mathrm{B_2}$の面積)＋($\mathrm{B_1}$の面積)＝Aの面積なので，$\mathrm{S}+\frac{b^2}{a^2}\mathrm{S}=\frac{c^2}{a^2}\mathrm{S}$

④　③の式の両辺にa^2をかけると，$a^2\mathrm{S}+b^2\mathrm{S}=c^2\mathrm{S}$　　両辺をSでわると，$a^2+b^2=c^2$

2　(図形と関数・グラフの融合問題，回転体の体積)

(1)　$a=1$のとき放物線は$y=x^2$　　$b=1$のとき直線は，$y=\frac{1}{2}x+1$となる。点Aは放物線と直線の交点なので，$x^2=\frac{1}{2}x+1$を解けばx座標が求まる。両辺を2倍して整理すると，$2x^2-x-2=0$

$x=\frac{1\pm\sqrt{1+16}}{2\times 2}$　$x=\frac{1\pm\sqrt{17}}{4}$　交点は2つあるが，x座標の小さい方が点Aなので，$x=\frac{1-\sqrt{17}}{4}$

(2)　Aは$x=-2$で放物線上の点なので，$y=a\times(-2)^2=4a$　A$(-2,\ 4a)$　直線上の点なので，$y=\frac{1}{2}\times(-2)+b=-1+b$　よって，$4a=-1+b$…①　Bは$x=4$で放物線上の点なので，$y=a\times 4^2=16a$　B$(4,\ 16a)$　直線上の点なので，$y=\frac{1}{2}\times 4+b=2+b$　よって，$16a=2+b$…②　②－①より，$12a=3$　$a=\frac{1}{4}$　①に代入すると，$1=-1+b$　$b=2$　よって，放物線の式は，$y=\frac{1}{4}x^2$　直線の式は，$y=\frac{1}{2}x+2$となる。また，A$(-2,\ 1)$，B$(4,\ 4)$である。

重要 (3)　直線$y=\frac{1}{2}x+2$とx軸$(y=0)$の交点がCなので，C$(-4,\ 0)$　H$(4,\ 0)$である。四角形DOHBを，x軸を回転の軸として1回転させたときにできる回転体の体積は，△CBHをx軸を回転の軸として1回転させたときにできる円すいから，△CDOを，x軸を回転の軸として1回転させたときにできる円すいを引いたものになるので，$\mathrm{BH}^2\times\pi\times\mathrm{CH}\times\frac{1}{3}-\mathrm{DO}^2\times\pi\times\mathrm{CO}\times\frac{1}{3}=4^2\times\pi\times 8\times\frac{1}{3}-2^2\times\pi\times 4\times\frac{1}{3}=\frac{128}{3}\pi-\frac{16}{3}\pi=\frac{112}{3}\pi$

(4)　Aからx軸に垂線をおろし，x軸との交点をIとする。x軸に関してAと対称な点をA′とすると，A′$(-2,\ -1)$　△PAI≡△PA′Iとなるので，AP＝A′Pとなり，AP＋BPを最小にするためには，A′P＋BPを最小にすればよい。そのためには，直線A′Bとx軸の交点をPとすればよい。A′Bの式を$y=mx+n$とおくと，A′を通ることから，$-2m+n=-1$…①　Bを通ることから，$4m+n=4$…②　②－①$=6m=5$　$m=\frac{5}{6}$　これを②に代入すると，$\frac{10}{3}+n=4$　$n=\frac{2}{3}$　A′Bの式は，$y=\frac{5}{6}x+\frac{2}{3}$となる。Pは$x$軸上の点で$y=0$であることから，$\frac{5}{6}x+\frac{2}{3}=0$　両辺を6倍して，$5x+4=0$　$x=-\frac{4}{5}$

3 (円の性質，長さ，面積，相似)

基本 (1)　ABが直径なので，△ABCは∠ACB＝90の直角三角形である。AB＝5×2＝10　AC＝4×2＝8　三平方の定理より，$\mathrm{BC}=\sqrt{10^2-8^2}=6$　$\triangle\mathrm{ABC}=\frac{1}{2}\times\mathrm{BC}\times\mathrm{AC}=\frac{1}{2}\times 6\times 8=24(\mathrm{cm}^2)$

(2)　△OBCはOB＝OCの二等辺三角形なので，∠COBの2等分線はBCを垂直に2等分し，CG＝BG　△BACでBCの中点がG，BAの中点がOとなるので中点連結定理より，$\mathrm{OG}=\frac{1}{2}\times\mathrm{AC}=\frac{1}{2}\times 8=4$(cm)

やや難 (3)　ABが直径なので，∠AED＝90　∠BGF＝90　よって，∠AED＝∠BGF…①　$\overparen{\mathrm{EC}}$に対する円周角なので，∠EAD＝∠GBF…②　①，②より2組の角がそれぞれ等しいので，△ADE∽△BFG　△BCDでGがBCの中点なので，$\mathrm{BG}=\frac{1}{2}\times\mathrm{BC}=\frac{1}{2}\times 6=3$　OG//ACより，$\mathrm{GF}=\frac{1}{2}\times\mathrm{CD}=\frac{1}{2}\times 4=2$　△GBFについて三平方の定理より，$\mathrm{BF}=\sqrt{\mathrm{GF}^2+\mathrm{BG}^2}=\sqrt{4+9}=\sqrt{13}$　△ADEと△BFGは辺の比がAD：BF＝4：$\sqrt{13}$の相似な三角形なので，面積の比は，$4^2:\sqrt{13}^2=16:13$

(4)　AE：BG＝AD：BF　AE：3＝4：$\sqrt{13}$　$\mathrm{AE}=\frac{3\times 4}{\sqrt{13}}=\frac{12\sqrt{13}}{13}$(cm)

★ワンポイントアドバイス★

広い範囲からの出題なので頭の切り替えがたいへんだが，1番の小問集合でどれだけ確実に得点できるかが重要になる。2番，3番の出題は中学3年生で学習する何なので，練習不足にならないよう，しっかり準備をしておきたい。

<英語解答>

1 問1 (1) イ (2) ア (3) ア (4) ウ (5) オ 問2 ア 1 イ 1 ウ 1 問3 ((交通)事故で)ケガをしたり亡くなったりする人[死傷者・ケガ人や死者]の数が減ること。 問4 3 問5 1 than 2 driven 3 people [humans]
問6 自分の車線にとどまり，前方の車に近づきすぎないこと[という作業・仕事]
問7 1 コンピューター 2 人間 3 危険な状況
問8 ⑤ 2713645 ⑦ 5417263 ⑧ 7142653

2 ア 3 イ 5 ウ 2 エ 1 オ 2

3 ア 7 イ 3 ウ 6 エ 1

4 ア 4 イ 4 ウ 3 エ 1 オ 2 カ 3

5 ((1)(2)の順) ア I, studied イ made, him ウ How, good エ Jane, drew オ were, with

6 (3番目，6番目の順) ア 7, 1 イ 1, 7 ウ 7, 1 エ 4, 2 オ 5, 3

○配点○

1 問3・問4 各3点×2 問6・問8 各4点×4 他 各2点×14(問8各完答)

2～6 各2点×25(5・6各完答) 計100点

<英語解説>

1 **(長文読解問題・説明文：指示語，内容吟味，語句挿入，語句整序)**

(全訳) 現在，世界中で多くの自動車事故が起こっており，(1)それらにおいて多くの人がケガをしたり死亡したりしています。こうした状況を止めるために，世界中の自動車会社が自動運転車を作ろうとしています。(2)彼らは事故のほとんどは人間によって運転される車によって引き起こされると考えているので，(ア)そのような車の衝突は少なくなると考えています。つまり，コンピューターが運転する車を使用すると，ケガをしたり死亡したりする人の数が減ります。もちろん，そう願っていますが，①それはすぐに実現できるのでしょうか。②これらの車の比較は公平ではないので，近い将来このようなよいことが起こるとは私は信じられません。

私たちは今では，例えば大雨や非常に悪い道路を運転するなど，あらゆる種類の運転状況から，人々が運転する車のための多くのデータを持っています。しかし，自動車会社は，コンピューターによって運転される車の安全性に関するデータの多くを非常に良好な条件で収集しています。これは，(3)彼らが③それらはより安全であることを示したかったからです。例えば，(イ)このような車は通常，多車線の一方通行の道路を走ります。それらの最も重要な仕事は，自分の車線にとどまり，前方の車に近づきすぎないことです。もちろん，自動運転車は，④それらの仕事に非常に優れていますが，人間もそうです！ ⑤私は，人間が今するのと同じくらい上手にコンピューターだけで車を運転できるまでには，もっと多くの時間がかかると思います。

確かに，コンピューターは(4)それらが車を運転する際に危険な状況に対処できますが，それでも⑥人よりもうまくはできません。⑦車を運転するコンピューターはまだ不完全で，人々もそうです。だから，今のところ，(5)それらはまだ一緒に働く必要があります。

自動車会社は「自動運転車を使う人が増えれば，自動車事故の件数は減るだろう」と言うかもしれません。しかし私は，近い将来，(ウ)このような車を使えば道路上の交通事故を心配する必要はないと楽観的には思いません。

そこで最も重要なことは，自動運転車の安全性について公平に評価することです。そのためには，人が運転する車とコンピューターが運転する車との真の比較のために，より信頼性の高いデータを取得する必要があります。このようなより良い比較では，⑧我々はいつか重大な事故なしで定期的に無人運転車を使用するかどうかを決定することができます。

問1 (1) 自動車事故でケガをしたり死亡したりすることについて言っている。 (2)，(3) 自動運転車を広めようとする会社の考えを表している。 (4) コンピューターが車を運転する場合について述べている。 (5) コンピューターも人間もともに不完全なので，両者が共働しなければならないと言っている。

問2 (ア)，(ウ) 直前の文にある self-driving cars を指している。 (イ) 直前の文にある computer-driven cars を指している。

問3 直前の文の内容を指している。コンピューターが運転する車を使用すると，ケガをしたり死亡したりする人の数が減ることは実現するかと尋ねている。

問4 後に続く内容から考える。人間が運転する車については，様々な状況下におけるデータがそろっているが，コンピューターが運転する車については，ある一定の条件下のデータしかないことを指摘している。

問5 自動車会社は，コンピューターが運転する車は人間が運転する車より安全だということを示したがっている。

問6 直前の文にある to stay in their own lane and not get too close to the car ahead の部分を指している。

重要 問7 直前の部分にある computers can deal with some dangerous situations when they drive cars を指している。コンピューターは危険な状況に対処できるが，人間より上手くはできないことを指摘している。

問8 ⑤ (I'm sure) that it will take more time before (computers alone can drive a car as well as people do now.) 〈that S V〉という形のthat節は「～こと」という意味を表す。
⑦ (Computers) which drive cars are still imperfect and (people are, too.) which drive cars が computers を修飾している。 ⑧ (With such a better comparison, we can) decide whether we can use driverless cars (regularly without any serious accidents someday.) whether は「～かどうか」という意味を表す。

2 (発音問題)

ア 1 [souʃəbl] 2 [nouz] 3 [impruːv] 4 [tʃouz] 5 [noubl]
イ 1 [kʌstəmər] 2 [lʌk] 3 [fʌni] 4 [hʌŋər] 5 [beri]
ウ 1 [piːs] 2 [ment] 3 [wiːk] 4 [siːt] 5 [iːst]
エ 1 [ðouz] 2 [sevnθ] 3 [θauznd] 4 [θəːrzdei] 5 [mʌnθ]
オ 1 [əlauz] 2 [wɔːks] 3 [givz] 4 [ripeərz] 5 [swimz]

3 (会話文問題：適文選択)

ア「来週ここに来ませんか。」 7 「わかりました。ではその時に。」

イ「空港に行くにはどの線に乗ればいいですか。」 3 「5番線で電車に乗ってください。」

基本 ウ「ご注文されますか。」 6 「ハンバーガーとアップルパイをお願いします。」

エ「誰がこの窓を割りましたか。」 1 「ボブがしたと思います。」

2 「来週ここに来たいからです。」, 4 「はい。ご注文をうかがいます。」, 5 「わかりました。私を空港に連れて行ってください。」, 8 「それはサリーの窓です。」

4 (語句選択問題:形容詞,前置詞,代名詞,動名詞)

ア「数週間前に私はジョンから本を借りました。」〈a few ~〉で「少しの~,少数の~」という意味を表す。

イ「彼は外国で勉強することにとても興味を持っています。」〈be interested in ~〉で「~に興味を持つ」という意味を表す。

基本 ウ「彼らのほとんどはその作家の名前を知っています。」 前置詞の目的語として代名詞を置く時には目的格にする。

エ「マリアは9月22日にオーストラリアに向けて東京を出発しました。」 日付を表す時には on を使う。

オ「すぐに雨は止むでしょう。」〈stop ~ ing〉で「~することを止める」という意味を表す。

カ「マックは2匹のネコを飼っています。1匹は黒で,他のは白です。」 2つあるものについて説明するときは,〈one ~ , the other ~〉という表現を用いる。

5 (書き換え問題:動名詞,SVOC,感嘆文,関係代名詞,受動態)

ア「私は昨日理科を勉強した後に映画を見ました。」〈after ~ing〉で「~した後に」という意味になる。

イ「彼はそのニュースを聞いた時,とても幸福になりました。」→「そのニュースは彼をとても幸福にしました。」〈make A B〉で「AをBにする」という意味になる。

ウ「あなたの考えはとてもよいです。」→「あなたの考えはなんとよいでしょう!」 感嘆文は〈how +形容詞/副詞〉から始まり,主語と述語がその後に続く。

エ「これらはシドニーでジェーンによって描かれた絵です。」→「これらはジェーンがシドニーで描いた絵です。」 Jane drew in Sydney という部分が pictures を修飾するので,目的格の関係代名詞が使われているが,この文では省略されている。

オ「3日前,雪は村のすべての家をおおった。」→「3日前,村のすべての家は雪でおおわれた。」〈be covered with ~〉で「~に覆われる」という意味になる。

6 (語句整序問題:分詞,不定詞,接続詞,比較,間接疑問文)

ア (The) students playing in that park are my (classmates.) 「あの公園で遊んでいる生徒たちは私のクラスメートです。」 playing in that park が students を修飾している。

イ (Could you) tell me where to buy the ticket(?) 「その切符をどこで買うべきか教えてもらえませんか。」〈where to ~〉で「どこで~するべきか」という意味を表す。

ウ (The bicycle) was so expensive that he couldn't buy (it.) 「その自転車はとても高価だったので,彼はそれを買えませんでした。」〈so ~ that S can't …〉で「とても~なのでSは…できない」という意味になる。

エ (I think health) is the most important thing of all (to us.) 「私は,健康は私たちみんなにとって一番大切なものだと思います。」 最上級の文なので〈the most + 形容詞〉の形になる。

オ (Do you know) how many times Tom has been to (Kyoto?) 「トムは何回京都に行ったことがあるか,あなたは知っていますか。」 間接疑問文なので,〈疑問詞+主語+動詞〉の語順になっている。

★ワンポイントアドバイス★

6のウでは,〈so ~ that S can't …〉が使われているが,これは〈too ~ to …〉を使って書き換えられることを確認しておこう。この文を書き換えると The bicycle was too expensive for him to buy. となる。

<理科解答>

1 問1 (1) 2(人) (2) AとD (3) C 問2 (1) 1.0(g) (2) 2.70(g/cm^3)
(3) ア 質量 イ 体積 ウ 密度 問3 (1) イ (2) i AとC
ii BとD (3) 沸騰石 (4) アミラーゼ 問4 (1) 停滞前線
(2) (気圧配置) イ (季節) 冬 (3) 1012(hPa)

2 問1 イ 問2 ウ 問3 等速直線(運動) 問4 (式) $\frac{90 \times 1000}{60 \times 60}$ (答) 25(m)
問5 ア 問6 ア 問7 慣性(の法則)

3 問1 ア 溶質 イ 炭酸(水) ウ 酸 エ アルカリ オ 中和 カ 塩
キ 気体 ク 対流 問2 ① CO_2 ② H_2CO_3 ③ $Ca(OH)_2$ ④ $CaCO_3$
⑤ 2 問3 a 問4 (1) $CaO + H_2O \rightarrow Ca(OH)_2$ (2) a 問5 d

4 問1 酸素と結びつき,体全身に運ぶ役割がある。 問2 血しょう 問3 体循環
問4 (1) エ,オ,カ (2) (A) イ (B) ア 問5 (1) エ (2) ア

5 問1 17~18(g/m^3) 問2 イ 問3 イ 問4 熱 問5 (現象) フェーン現象
ア 小笠原 イ 低気圧 ウ 湿った

○推定配点○
1 各2点×13(問1(2),問2(3)ア~ウ,問3(2) i・ii,問4(2)完答) 2 各2点×7(問4完答)
3 各2点×14(問2の①・②,③~⑤完答) 4 各2点×8(問4(1)完答) 5 各2点×8
計100点

<理科解説>

1 (小問集合)

問1 (1) 図1のように,Aが見ることができる範囲に入るCとDは,Aを見ることができる。

(2) 鏡の正面にいるBとCは,自分の像を見ることができるが,AとDは鏡の正面にはいないので,自分の像を見ることができない。

図1

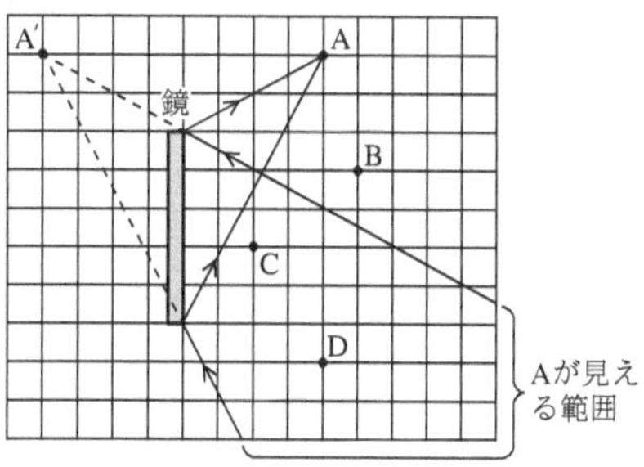

図2

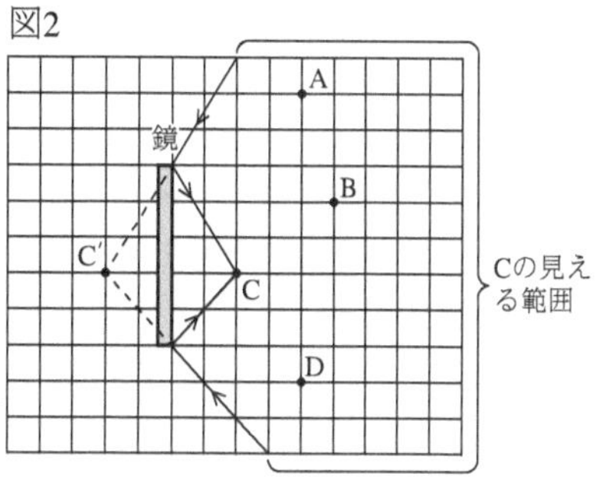

(3) Cが見ることができるのは,図2のようになる。

問2 (1) 1円硬貨1枚は,10.0(g)÷10=1.0(g)である。

(2) 1円硬貨の密度は，$\frac{10.0(g)}{3.7(cm^3)}=2.702\cdots(g/cm^3)$より，$2.70g/cm^3$である。

重要 (3) 水がこおると，体積が約1.1倍になり，密度は約$0.9g/cm^3$となる。

重要 問3 (1) だ液は，体温に近い温度で最もよく働く。 (2) (ⅰ) デンプンにヨウ素液を加えると青紫色になる。 (ⅱ) 麦芽糖にベネジクト液を加えて加熱すると，赤褐色の沈殿が生じる。 (3) 液体を加熱するときは，突沸するのを防ぐため，沸騰石を入れる。 (4) だ液にはアミラーゼ，胃液にはペプシン，すい液にはリパーゼという消化酵素が含まれている。

問4 (1) 初夏や秋の初め頃に，オホーツク海気団と小笠原気団の境目に梅雨前線や秋雨前線などの停滞前線が生じる。 (2) 冬になるとシベリア気団が発達するので，日本付近に西高東低の気圧配置が生じる。 (3) Pは，低気圧付近にある1000hPaの等圧線から3本目に当たるので，1000(hPa)+12(hPa)=1012(hPa)である。

2 (運動とエネルギー―電車の速さ，慣性の法則)

問1 電車が動き出してからt_1秒までの間は，速さが一定の割合で増加しているので，おもりは進行方向とは反対方向に動き，Aの方向に動いたままの状態で止まる。

問2・問3 t_1～t_2秒の間，電車は等速直線運動をしているので，おもりには力が働かず，図1の位置にある。

問4 時速90kmの電車が1秒間に進む距離は，$\frac{90(km)\times1000}{60(秒)\times60}=25(m)$である。

問5 電車が急に止まると，おもりはそのままの運動を続けようとするので，進行方向と同じ方向に動く。

問6 電車とおもりは同じ速さで動いているので，ひもを切ると，おもりは真下に落ちる。

重要 問7 外から力が働かない限り，静止している物体は静止し続け，動いている物体は等速直線運動を続ける。これを慣性の法則という。

3 (酸とアルカリ・中和―石灰水と炭酸水の中和反応)

重要 問1・問2 炭酸水H_2CO_3と石灰水$Ca(OH)_2$の中和反応により，塩である炭酸カルシウム$CaCO_3$と水が生じる。

基本 問3 チョークは，石灰岩などからつくられている。

やや難 問4 酸化カルシウムCaOと水が反応すると，水酸化カルシウムが生じて熱が発生するで，弁当を温めるために使われている。

問5 スポイトから入れた水にアンモニアが溶けて，フラスコの中の気圧が下がり，噴水が起こる。

4 (ヒトの体のしくみ－血液循環と心臓)

重要 問1 赤血球に含まれている赤色の色素タンパク質であるヘモグロビンは，酸素の多い所では酸素と結びつき，酸素の少ない所では酸素を放す性質がある。

重要 問2 血しょうには，養分や不要物や二酸化炭素が溶けて運ばれる。

重要 問3 体循環は，心臓の左心室から始まり，肺以外の全身を通って右心房に戻る血液の流れである。一方，肺循環は，心臓の右心室から始まり，肺を通って左心房に戻る血液の流れである。

問4 (1) オの肺静脈を流れる血液には，酸素が多い動脈血が流れている。また，エやカの動脈にも酸素が多く流れている。 (2) A イの肝静脈には，空腹時などに，肝臓からブドウ糖が多く出される。 B アの肺動脈には，全身を流れた二酸化炭素を多く含む血液が流れている。

重要 問5 (1) 心臓や静脈についている弁は，血液の逆流を防いでいる。 (2) 右心室と左心室から血液が押し出されているときは，心室と心房との間の弁は閉じ，心室と動脈との間の弁は開いている。

5 (天気の変化一湿度とフェーン現象)

問1 B君の所では，気温が27℃で湿度が70%である。一方，図のグラフから，27℃の飽和水蒸気量は25.5g/cm^{3}なので，水蒸気量は，25.5(g/cm^3)×0.7=17.85(g/cm^3)より，約18g/cm^{3}である。

問2 A君の所から雲が発生したので，水蒸気が飽和していることがわかる。したがって，図のグラフから，飽和水蒸気量が18g/cm^{3}のときの気温が約20℃であることがわかる。

問3 B君の所からA君の所までは，27(℃)−20(℃)=7(℃)下がっているので，100(m)×7=700(m)高い所であることがわかる。

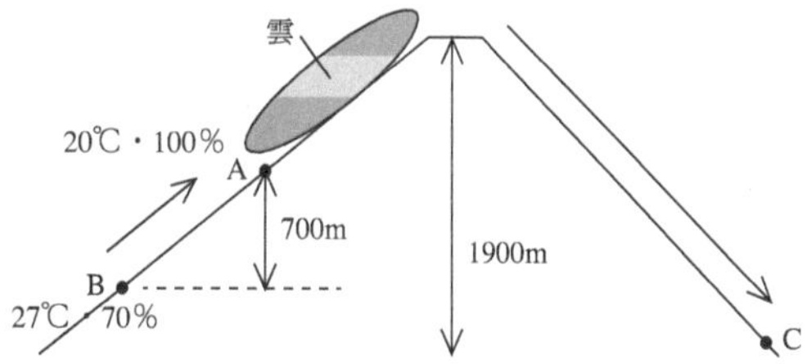

重要 問4 水が水蒸気になるときはまわりから熱を奪うが，水蒸気が水になるときは，まわりに熱を出す。

重要 問5 夏になると，小笠原気団が発達して，南高北低の気圧配置になり，湿った南東の季節風が吹く。

★ワンポイントアドバイス★

生物・化学・地学・物理の4分野において，基本問題に十分に慣れておくこと。その上で，いろいろな分野の応用問題にも取り組んでおく必要がある。

<社会解答>

1 問1 A 方位 B 緯線 C 子午線[経線] D 本初子午線 問2 Ⅰ イ Ⅱ ア 問3 高緯度地方にみられる日没後から日の出前の薄明の状態
問4 1月1日1時 問5 (1) ア (2) ウ

2 問1 A イ B ウ C エ D オ E ア 問2 エ 問3 ① 鹿児島 ② 福井 ③ 高松 ④ 釧路 問4 エ 問5 (1) 土石流 (2) 高潮
問6 日本において起こりうる災害を想定して，防災に関する知識や防災用品を備えておく必要がある。インターネットがなくなっても行動ができる準備をしておく必要がある。

3 問1 ウ 問2 (1) 口分田 (2) 6 問3 ア 問4 惣(村) 問5 (1) ウ (2) 徳政(を求める) (3) 祇園祭 問6 本百姓 問7 豊臣秀吉
問8 四公六民 問9 ア 問10 ウ 問11 護憲運動 問12 イ
問13 (1) 水平社(宣言) (2) 北海道旧土人保護法が制定されたが，アイヌ独自の風俗や慣習の廃止を強要する厳しい同化政策は長く続いた。 問14 イ 問15 大東亜共栄圏 問16 皇民化政策 問17 日韓基本(条約)，佐藤栄作(首相)

4 問1 (1) イ (2) 国際連盟 問2 (1) a UNESCO b WHO (2) エ
問3 (1) ウ (2) 安全である権利，知らされる権利，選択できる権利，意見を反映させる権利 問4 A ウ B イ

5 問1 A イ B ウ C オ D ア E エ F カ 問2 約60%
問3 約24% 問4 (1) 軽減税率(制度) (2) a>b>c>d 問5 A 直接税 B 間接税 C 垂直 D 水平 E 租税法律

○推定配点○

1 問1 各1点×4 他 各2点×6 2 問6 3点 問5 各2点×2 他 各1点×11
3 問13(2) 3点 他 各1点×21 4 各2点×9(問3(2)完答)
5 問1 各1点×6 他 各2点×9 計100点

<社会解説>

1 (地理―地図,緯度経度に関する問題)

重要 問1 A 地図の上で盛り込みたい情報は距離,面積,角度,方位など。 B 緯線は同じ緯度の場所をつないだ線で,赤道と並行な線になる。緯度は地球の赤道面に対する中心角で最大が90度。 C 北極点と南極点を結ぶ地球の表面上の線が経線で子午線ともいう。経線は本初子午線に対する中心角で東西ともに最大180度。 D 本初子午線は0度の経線でイギリスのグリニッジを通る線として設定されている。この線から東西に開く角度が経度。

問2 I 地球が太陽の周りをまわる公転面に対して垂直な軸で自転をしているのではなく23.4度傾いた状態で自転している。この傾きのせいで,約1年かけて公転していく中で,地球上では太陽の南中高度が変化していく。いわゆる春分の日,秋分の日には赤道上で南中高度が90度になり,日本でいう夏至の日には北回帰線上で,冬至の日には南回帰線上で南中高度が90度になる。
Ⅱ メルカトル図法に代表される地図は地球の赤道に接するように地球を紙でかこみ,地球上の情報を地球の中心からその紙に映したかたちになっていて円筒図法と呼ぶこともある。その結果,緯度で90度の北極点,南極点は本来はメルカトル図法の地図上には描くことは不可能になるが,便宜上はその近くまでは描かれていることもある。この理由で高緯度になるほど実際の大きさや形とはかけ離れたものが描かれるようになる。

問3 高緯度の地域で太陽が地平線の下に完全には沈まずに薄明るい状態が日没後も続き,そのまま夜明けになってしまうのが白夜。反対に日が昇らないのが極夜。

問4 イギリスと日本の標準時子午線の経度差は135度で9時間分,日本が先行している。したがって,イギリスで12月31日午後4時の時,日本ではその9時間後の1月1日午前1時となる。

問5 (1) 扇状地が山間から開くところは井戸を深く掘らないと水を得にくいが,扇状地の扇の先の場所は伏流水が地表に出てくることもあり水を比較的得やすい。 (2) 河川が氾濫する場所の場合,自然に形成されている堤防は氾濫した川よりも高い場所になっていることが多いので,水害から逃れることができる。

2 (日本の地理―日本の気候に関する問題)

問1 Aは北海道の気候区,Bは日本海側の気候区,Cは中央高地の気候区,Dは太平洋側の気候区,Eは瀬戸内の気候区になる。

問2 エ Ⅰのリマン海流とⅡの千島海流は寒流,Ⅲの対馬海流とⅣの日本海流は暖流。

問3 ①はこの中で一番平均気温が高く,降水量は冬に少なく夏に多い太平洋岸のものなので鹿児島。②は冬の降水量が多いので日本海側の福井。③は平均気温は①についで高いが降水量が少ないので瀬戸内の高松。④は平均気温が一番低いので釧路。

問4 エ 台風は熱帯低気圧。

問5 (1) 土石流は大雨の際に山の上の水が土砂やそのほか地表にあるものと一緒に流れ落ちてくるもので,水だけでなく大量の土砂なども含むことで破壊力が大きくなっている。 (2) 高潮は強い低気圧によって海水面が吸い上げられるようになり,平常よりも高い水位になる減少。満潮時に高潮と重なると陸地に水が入り水害をもたらすことがある。

やや難 問6　ここ数年，台風や低気圧に伴う風水害の規模が大きくなってきており，ハザードマップなどで危険地域を把握しておくことや，万一に備えての防災用品を備えておくことが必要になってきている。また，現在では情報の収集手段としてインターネットが活用されるようになってきているが，災害時には電力供給が遮断されたり，避難先でインターネットの環境が整わないなどの事態もあり得るので，ラジオなどの情報収集手段の準備も必要だろう。

3　(日本の歴史ー様々な時代の人々に関する問題)

問1　氷河期が終わり，人々が平地に出てきて竪穴住居を作るようになる時代が縄文時代であり，この時代の代表的な遺跡が青森の三内丸山遺跡。

問2　(1)　大化の改新の後，天皇中心の国家体制が築かれ公地公民制が敷かれるようになり，班田収授法がルールとして導入されると，6歳以上の男女に与えられた土地が口分田。　(2)　班田収授法では6年毎に戸籍を作成し，その戸籍に基づいて6歳以上の男女に口分田を与えるようにしていた。

問3　ア　班田収授法の下での農民に課された負担は男性の方が重いものであった。そのため，この時代の戸籍を見るとしばしば男性が戸籍の上だけ性別を偽り負担を逃れようとしていたことをうかがい知ることができる。

重要 問4　室町時代に自治を行う農村が形勢され，それが惣村である。この惣村の中では村人たちの寄り合いという話し合いの場があり，そこで村の中のおきてが定められたり，共有地の入会地の使い方などが定められたりした。

問5　(1)　ウ　Bの正長の土一揆が1428年，Aの応仁の乱が1467年，Dの山城国一揆が1485年，Cの加賀の一向一揆が1488年に起こった。　(2)　借金を帳消しにするのが徳政。　(3)　祇園祭は9世紀に始まったとされ，当初は夏場の感染症などの病気を封じこめる意味があったが，次第に変わってきたとされている。

問6　秀吉の行った太閤検地の後，土地を持つ農民である本百姓と土地を持たない水呑百姓の区別が生まれた。

問7　豊臣秀吉の時代に，それまであった下剋上の風潮を断ち，武士と農民とを完全に分ける兵農分離が行われた。

問8　農民が納めなければならない年貢と自分の取り分との比で，四公六民や五公五民などという表現がとられた。

問9　絵にある器具は唐箕で風を使ってもみ殻と米粒とを分けるのに使われた。

問10　江戸時代に各地でつくられるようになったものの組み合わせでAの山形の紅花，Bの島根の石見の銀，Cの徳島の阿波の藍，Dの佐賀の有田焼。紅花と藍は染料として使う。

問11　1912年に桂太郎内閣が議会にはからずに軍の師団増設を認めたことで，議会側が反発したのが第一次護憲運動で，この中心となったのが尾崎行雄と犬養毅。

問12　1918年の米騒動で寺内正毅内閣が倒れた後，立憲政友会の原敬が一部の閣僚ポストをのぞけばすべて立憲政友会の党員からなる内閣を組閣したのが本格的政党内閣の始まりである。それまでにも政党の党首が首相となる政党内閣はあったが単独の政党だけで内閣を構成したのは原内閣が最初。

やや難 問13　(1)　1922年に結成された全国水平社は，被差別部落の差別撤廃を求める運動を展開した。　(2)　1899年に定められた北海道旧土人保護法は江戸時代から続いたアイヌへの差別を形式的には排除しようとするものではあるが，実質的にはアイヌの文化を否定し本土の人間の生活様式をアイヌの人々に強要する同化政策がすすめられた。

問14　イ　A　1914年に第一次世界大戦が勃発すると大隈内閣は日英同盟を理由に協商側で参戦し，

中国や太平洋の島々でドイツと交戦した。　B　シベリア出兵を見込んで米商人が米の買い占め売り惜しみを行い，米価が高騰したことで暴動がおこったのが米騒動。　C　関東大震災は1923年9月1日に発生。

問15　大東亜共栄圏は欧米の国々の植民地となっていたアジアにおいて日本がアジアの国々と手を組み欧米の支配から脱するのを助け，アジアの地域の繁栄を築くという大義名分のもとで掲げられたもの。

問16　日本が完全に植民地化した台湾や朝鮮半島において，現地民を皇国日本の臣民とするとして名前を日本風にさせたり，日本語を習わせたり，神社への参拝を強要したりしたのが皇民化政策。

問17　1965年に日本の佐藤栄作内閣と韓国の朴正熙政権との間で締結されたのが日韓基本条約で，日本の韓国併合を無効とし，大韓民国政府を朝鮮半島で唯一の合法的な政府とすることなどを定めた。

4　（公民―国際政治に関する様々な問題）

問1　(1)　イ　第一次世界大戦のきっかけとなったのがサラエボ事件。当時のオーストリア帝国の支配下にあったボスニアでセルビア人がオーストリア皇太子夫妻を殺害したもの。　(2)　第一次世界大戦終結後のパリ講和会議で，合衆国大統領ウィルソンが14か条の平和原則を発表し，これによって1920年に設立されたのが国際連盟。ウィルソンが主唱した機関であるが，アメリカは議会の反対により国際連盟には未加盟になった。

問2　(1)　a　UNESCOは国連教育科学文化機関の略。　b　WHOは世界保健機関の略。
(2)　エ　国連の分担金は各国の経済状況に応じて分担率が定められているが，国連総会での議決は各国の経済状態に関係なく一国一票になっている。

やや難　問3　(1)　ウ　先進国とされる国々でも社会保障制度の程度にはかなりの差があり，日本でも社会保障制度が救済できていない人々も少なからずおり，餓死者が出ることもある。　(2)　1962年3月にケネディ大統領が議会に消費者の四つの権利を提出した。それが「安全である権利」「知らされる権利」「選択できる権利」「意見を反映させる(意見を聞き遂げられる)権利」で，さらに1975年にフォード大統領が「消費者教育を受ける権利」をここに付け加えた。

やや難　問4　A　テロリズムとは暴力を使うことで，人々の恐怖(terror)を煽り目的を達成しようとするもの。　B　リージョナリズム　regionalismは近接する国や地域が，共通の利害関係のもとで，社会的，経済的，軍事的に関係を強化して結束，統合する動きのこと。

5　（公民―北海道の財政に関する問題）

問1　円グラフのなかのAが道税，Bが地方交付税，Cが国庫支出金，Dが公債費，Eが保健福祉費，Fが建設費。平成30年度の北海道の一般会計予算は2兆7498億円ほどの規模で，その中で自主財源の道税の比率は22%ほどでこれだけでは足りないので国への依存度や地方債への依存度が高くなっている。

やや難　問2　学校の問題ではここで与えられている数値が1659億だが，16590億の誤りと思われる。16590億を歳入全体の27498億で割ると，約60%となる。

やや難　問3　Ⅱの円グラフの中で道債の123313円を514985円で割ると約24%となる。

問4　(1)　食品や新聞などの一部の品目を旧来の8%の消費税率のままで据え置きにするというのが軽減税率。　(2)　多い順に年金，医療，介護，子ども子育て支援の順。

問5　A　税負担者(担税者)と納税者が同じなのが直接税。　B　税負担者と納税者が異なるのは間接税。　C　所得税でとられている累進課税制度は所得総額に対する税の負担率が極力公平になるようにするために，所得が高くなるにつれて税率も高くなっていく仕組みで，これが垂直的公平。税率だけ見ると不公平に見えるが，負担率でみると公平に近くなる。　D　消費税のように所得に関係なく一律の税率で税を課すのが水平的公平。負担率でみると不公平だが一律の税率という点では公平にも見える。　E　税率や徴税方法など税に関する規則をすべて法律で定めてあるのが租税法律主義。すべての国家行為の裏付けに法があるとする法治主義の中に含まれると考えてよい。

★ワンポイントアドバイス★

時間のわりに問題数が多く，難易度も高い問題があるので，解けそうな問題からどんどん答えていかないと得点しづらい。悩んで考え込む時間をあまりつくらない方がよい。

<国語解答>

一　問一　a　高次　　b　総括　　c　じまえ　　d　誘発　　問二　新しい体験とそれまでの「知識」　問三　体験から何らかの新しい「知識」を導き出す(こと。)　　問四　名詞　問五　こちらのアンテナの立て方　　問六　Ⅰ　エ　　Ⅱ　イ　　Ⅲ　ウ　問七　(例)　時代が見え，自分が見え，他者が見えるような「知識」が創造できる「学び」と，体験から自分で深く「学ぶ」訓練としての「学び」が保証される場。　　問八　オ　問九　(例)　三角形の内角の和が一八〇度であることを，紙に三角形を書いてちぎった角を並べて実感した授業。

二　問一　a　こうじょ　　b　冷淡　　c　見透　　d　ようしゃ　　問二　Ⅰ　ウ　　Ⅱ　エ　Ⅲ　ア　　問三　ウ　　問四　イ　　問五　ア　　問六　(赤坂)　ウ・オ　　(清水)　イ・ク　　(児玉)　ア・エ　　問七　エ

三　問一　①　イ　　④　エ　　⑤　イ　　問二　にくからめ　　問三　ウ　　問四　a　動詞　b　副詞　　問五　オ　　問六　兼好(法師)　　問七　A　おりふし　　B　おうぎ　C　ゆうげん

○配点○

一　問一・問四・問六　各2点×8　　問七　4点　　他　各3点×5

二　問一・問二・問四　各2点×8　　問七　4点　　他　各3点×5

三　問一～問三・問五　各3点×6　　問四・問六・問七　各2点×6　　計100点

<国語解説>

一　(論説文－要旨，内容吟味，文脈把握，指示語の問題，接続語の問題，漢字の読み書き)

問一　a　「高次」は，高い次元，高い程度。「知能は高次の段階に入った」などと使う。　b　「総括」は，個々のものを一つにまとめること。「括」は，ひとまとめにするの意味。「一括」「統括」などの熟語がある。　c　「自前」は，全部の費用を自分で負担して払うこと。音＋訓で読む。「目的地までの交通費は自前だ」のように使う。　d　「誘発」は，ある一つの作用・動きが他の作用・動きを誘い起こすこと。

問二　「自分の『知識』のほうを修正して両者を両立させる」のは，矛盾しなくてすむようにするためである。「知識」と何が矛盾しないようにするかと考えると，傍線部の前の部分で「知識」と対比されているのは「新しい体験」である。十五字という字数制限に注目すると，抜き出すのは「新しい体験とそれまでの『知識』」の部分。

基本 問三 「これ」が直接指しているのは，直前の「なんらかの体験をしたときに……『知識』をつくりだしたりすること」の部分。続く文で，「学ぶ」を「学び」と言い直して，「簡単に言うと，『学び』とは体験から何らかの新しい「知識」を導き出す心身の営みのことを言う」とまとめ直している。「『学び』とは」の後の「体験から……導き出す」が解答になる。

問四 「学び」の形になると，二つ後の段落に「『学び』がおこなわれている」とあるように，「が」をつけて主語にすることができる。主語になることができるのは名詞だけである。

問五 「『学び』の姿勢」について説明するための例として，筆者が大学生のときに講演会を聞きに行ったエピソードが紹介されている。講演の話を聞く姿勢を先輩に注意された筆者は，「こちらのアンテナの立て方で，ちょっとした体験からもたくさんのことを学べるのだ」と知ったのである。話を聞く姿勢とは「『学び』の姿勢」であるから，「こちらのアンテナの立て方」が「『学び』の姿勢」の比喩ということになる。

やや難 問六 Ⅰ「つまらなそうな顔をして言った」という筆者の行動があって，先輩の注意の言葉が続いている。前の事柄を原因・理由とする事柄が次にくることを示す，順接の「すると」があてはまる。 Ⅱ 空欄の後の文の終わりの「かもしれない」と対応するのは，「もしかしたら」の意味を表す「ひょっとすると」である。 Ⅲ「教育のしかたによる面」の例として，「機械的な暗記や受験勉強」が挙げられている。例示の「たとえば」があてはまる。

重要 問七 設問文に「『教育』を行う学校は，どのような『学び』の場であるべきだと筆者は考えているか」とある。つまり，「学び」の場としてどのような学校が望ましいと筆者は考えているかという問いである。文章の最後に「そんな学校を私たちは求めているのだ」とある。「そんな」が指す内容が，筆者が望ましいと考えている学校である。段落の初めの「時代が見え，自分が見え～」から，「そんな」の直前の「～『学び』もが保証される」までの部分を六十字以上七十字以内でまとめる。

問八 オの内容は，本文では次のように説明されている。問三でとらえたように「学び」は「体験から……『知識』を導き出す」こと。第八段落には「小さな体験から本質的なことをも深く『学び』とれる人」とある。第十段落には「『知識』が生まれてきたとき，深い喜びを感じる」とある。ア，「修正」は「知識」についての説明。「生き方を修正する」という説明はない。イ，第三段落に「『学び』というのは，静的で冷たい心の動きではなく」とあるので，不適切。ウ，筆者の講演会についてのエピソードで，「話し手を敬う気持ちと姿勢があれば成立する」とは述べていない。エ，第九段落では「機械的な暗記や受験勉強では……『学び』が成立しない」と述べているので，不適切。

重要 問九 「感動」した事例を挙げることに注意する。解答例は「ああ，なるほど。そういうことか」という感動があった経験について述べている。「学び」と「感動」が結びつく経験なので，「なるほど」と感心した経験を思い出すとよい。

二 (小説一情景・心情，内容吟味，脱語補充，漢字の読み書き，語句の意味)

問一 a 「控除」は，金額や数量などを引き去ること。「控」の訓読みは「ひか－える」。「控訴」などの熟語がある。「除」の訓読みは「のぞく」。「排除」「削除」などの熟語がある。 b 「冷淡」は，同情や熱意を持たない態度のこと。「冷」の訓読みは「つめ－たい・ひ－える・ひ－や・ひ－やす・ひ－やかす・さ－める・さ－ます」。「淡」の訓読みは「あわ－い」。「濃淡」「淡泊」などの熟語がある。 c 「見透かす」は，表面にあらわれないことまで見るの意味。「考えを見透かされる」のように，受け身の形でもよく使われる。「透」の音読みは「トウ」。「透視」「浸透」などの熟語がある。 d 「容赦」は，控えめにすること，手加減をすること。「容赦なく」の形で，手加減をせずに，遠慮なくの意味。「容認」「寛容」「恩赦」「赦免」などの熟語がある。

やや難 問二　Ⅰ　文末の「だろう」と対応するのは「おおかた」。「おおかた」は「多分」の意味で使われている。　Ⅱ「きわめて」は，非常に，このうえなくの意味。非常に冷淡に言ったので，「清水は絶望したようにおしだまった」のである。　Ⅲ「せめて」は，最小限の願望を表す言葉。「少なくとも」の意味。「すがる」は，頼りにする，しがみつくの意味。愛などないと言っているが，少なくとも親子の愛は頼りにしたかったということ。

問三　①「祈るような目」とは，望むものを得たいと願うような表情をしているということを表現している。清水は，赤坂から「この世に愛がある」という答えを引き出そうとしている。しかし，赤坂の冷淡な答えによってその望みは絶たれてしまった(④「絶望した」)のである。

基本 問四　「ステレオタイプ」は，決まりきった形式，方法を表す言葉。「紋切型」のこと。

問五　傍線部③は，清水の言い分や態度についての赤坂の心情を表したもの。直前の「稚拙」は，子供じみていて未熟である様子。「ステレオタイプな熱血さ」は，決まりきった一生懸命さということ。赤坂は，そのような清水の言い分や態度に対して「白々とした(＝興ざめな)気分にさせられる」が，興奮してむきになって反論してくる様子が「ゆかいである」というのである。

問六　赤坂の会話の「愛とやらが地球を救っている……実際に救っているのは，募金された金だと思いますけどね」はウにあてはまる。オは，「今は……親子の愛にはすがりたかった」にあてはまる。清水は，「愛は大きな力」でチャリティーイベントへの募金へと結びつき，お金持ちの寄付行為は「愛があるからする」と発言している。愛はそれらの行為の原動力だというのである。イ・クがあてはまる。児玉は，「愛という言葉の本当の意味を正しく理解しているのですかね」と発言している。アにあてはまる。また，「われわれが愛だと思っているのは，案外，ほかのものかもしれません」と発言している。エにあてはまる。キは，募金はアイドルに会いたいからで，愛ではないという赤坂の発言と合わない。カのように，愛は絶対に存在しないとは誰も発言していない。

重要 問七　「自己満足」は，他人から見ればよい状態ではないのに，自分のことについて自分一人で満足すること。相手が「好みではない」と言っているのに，親切だと思って「『使ってみれば良さがわかる』と言って」プレゼントするのは，自分一人で満足するための行為である。ア・イ・ウの事例は，車いすの人や美容師を目指している人，財布を落とした人にとってもありがたい行為になっているので，自己満足ではない。

三　**(古文一主題，内容吟味，文脈把握，品詞，仮名遣い，文学史)**

〈口語訳〉　芸能を身につけようとする人は，「まだ下手な間は，中途半端に人に知られまい。ひそかに習得してから人前に出るのならば，とても奥ゆかしいだろう」と常に言うようだが，このように言う人は，一芸も習得できることはない。まだまったく未熟なうちから，上手な人の中にまじって，けなされ笑われるのにも恥じずに，平気で(その時期を)過ごして稽古する人は，生まれつきの才能はなくても，その道で停滞せずに，勝手気ままにしないで年を送れば，芸達者で稽古に打ち込まない者よりは，最後に名人の地位に達し，才能も十分で，人に認められて，比類ない名声を得ることになるのだ。

問一　①「じ」は，「～ないだろう」という打ち消し推量の意味を表す。「まい」も打ち消し推量の意味を表す。④「毀(そし)る」は，悪く言う，けなすの意味。「るる」は，受け身を表す。⑤「双なし」は，並ぶものがない，無類であるの意味。

問二　「かく言ふ」は，このように言うの意味。「と常に言ふめれど」とある直前の「～心にくからめ」までが会話。

問三　問二でとらえた会話の内容を言う人が，「一芸も習ひうることなし」ということである。つまり，十分に習得してから人前に出ようと考えていると，そのような機会はなく，一芸も習得できずに終わるというのである。

やや難 問四　a「送れ」の終止形は「送る」で，動詞。　b「終に」は，「いたり」という動詞「いたる」の連用形にかかっていくので，用言を修飾する副詞。

重要 問五　オが，本文の内容を適切に要約している。ア，本文には，「まだまったく未熟なうちから，上手な人の中にまじって」とあるので不適切。イ，「十分に習得しないうちから人前で披露する必要はない」はオと矛盾し，本文の内容と合わない。ウ，本文では，「勝手気ままにしないで年を送れば」と述べているので不適切。エ，「人徳も備わる」とは述べていないので不適切。

基本 問六　兼好，または，兼好法師と答える。

基本 問七　A　ワ行の「を」は，助詞以外であれば「お」と直す。語頭と助詞以外のハ行はワ行に直すが，「をりふし」は「をり」と「ふし」の複合語なので，「ふ」は「ふ」のまま。　B「ふ」を「う」に直すと「あうぎ」となり，「augi」の「au」の音は「ô」と直すので「ôgi(おうぎ)」となる。　C「いうげん」は「iugen」となり，「iu」の音は「yu」と直すので「yugen(ゆうげん)」となる。

★ワンポイントアドバイス★

論説文は筆者の考えや主張を，具体例やキーワードに注目してつかみ，指示語などに注意して説明の筋道を読み取ろう。小説は，表情や言動などの場面の描写を手がかりに，人物の内面や心情，考えを正確に読み取るようにしよう。古文は，内容を正しくとらえることを心がけよう。

スーパー進学
プログレス進学

2019年度

解　答　と　解　説

《2019年度の配点は解答欄に掲載してあります。》

＜数学解答＞

1 (1) -24 (2) $5x+4y$ (3) $\frac{9}{2}xy^4$ (4) 9 (5) $x=30$
(6) $(x+4y)(x-4y)$ (7) $x=2,\ y=-1$ (8) $3\sqrt{3}$ (9) $x=2\pm\sqrt{2}$
(10) ① $a=3$ ② $x=-6$ (11) $y=2x^2$ (12) $0\leqq y\leqq 8$ (13) $\frac{7}{18}$
(14) 134度 (15) 8cm (16) $n=30$ (17) 2

2 (1) $\frac{1-\sqrt{17}}{4}$ (2) $a=\frac{1}{4},\ b=2$ (3) $\frac{112}{3}\pi$ (4) $-\frac{4}{5}$

3 (1) $6-x$cm[$\sqrt{x^2-24}$cm] (2) $x=5$cm (3) $5\sqrt{6}$cm^2

○配点○
各4点×25(1(7)完答)　計100点

＜数学解説＞

1 (数と式の計算，因数分解，1次方程式，2次方程式，平方根，2乗に比例する関数，確率，角度，相似)

基本 (1) $(-2)^3-4^2=-8-16=-24$

基本 (2) $3(x+2y)+2(x-y)=3x+6y+2x-2y=5x+4y$

(3) $\left(\frac{2}{3}x^2y^3\right)^2\times\frac{81}{8x^3y^2}=\left(\frac{2x^2y^3}{3}\right)^2\times\frac{81}{8x^3y^2}=\frac{4x^4y^6\times81}{9\times8x^3y^2}=\frac{9}{2}xy^4$

(4) $(x^2+2x+3)(2x^2-x+5)$を展開すると，左の(　)内に項が3つ，右の(　)内に項が3つあるので，全部で3×3=9(個)の項ができる。その中でx^2の項は$x^2\times5$，$2x\times(-x)$，$3\times2x^2$の3項，係数だけみると，$1\times5+2\times(-1)+3\times2=5-2+6=9$

(5) $0.4x+2=0.6x-4$　両辺を10倍すると$4x+20=6x-40$　$-2x=-60$　$x=30$

(6) $x^2-16y^2=x^2-(4y)^2=(x+4y)(x-4y)$

(7) $y=1-x$…①　$x+\frac{y+1}{2}=2$…②　②×2より，$2x+y+1=4$…②′　①を②′に代入すると，$2x+1-x+1=4$　$x=2$　さらに，これを①に代入して，$y=1-2=-1$

(8) $2\sqrt{3}+\sqrt{48}-\sqrt{27}=2\sqrt{3}+4\sqrt{3}-3\sqrt{3}=3\sqrt{3}$

(9) $5(x-2)^2=10$　両辺を5で割ると，$(x-2)^2=2$　$x-2=\pm\sqrt{2}$　$x=2\pm\sqrt{2}$

(10) ① $x^2+ax-(5a+3)=0$…①の1つの解が$x=3$なので，①に$x=3$を代入して，$9+3a-5a-3=0$　$-2a=-6$　$a=3$
② $a=3$を①に代入すると，$x^2+3x-18=0$　$(x+6)(x-3)=0$　$x=-6,\ 3$　よって，もう1つの解は，$x=-6$

(11) 円に内接する正方形をABCD，対角線ACとBDの交点をOとすると，Oは円の中心でもあり，OA=OB=OC=OD=xである。よって，$y=\frac{1}{2}\times$OA$\times$OB$\times4=2x^2$

(12) $y=2x^2$は$-1 \leqq x \leqq 2$の範囲では，$x=0$のとき最小，最小値$y=0$　$x=2$のとき最大，最大値$y=8$　$0 \leqq y \leqq 8$

(13) 2つのさいころを投げたとき，目の出方は$6\times6=36$(通り)ある。この中で，$\dfrac{b}{a}$が整数となるのは$(a,\ b)=(1,\ 1)$，$(1,\ 2)$，$(1,\ 3)$，$(1,\ 4)$，$(1,\ 5)$，$(1,\ 6)$，$(2,\ 2)$，$(2,\ 4)$，$(2,\ 6)$，$(3,\ 3)$，$(3,\ 6)$，$(4,\ 4)$，$(5,\ 5)$，$(6,\ 6)$の14通り。よって，その確率は，$\dfrac{14}{36}=\dfrac{7}{18}$

(14) 右の図のように頂点に名前をつける。△ACFについて外角の定理により∠CFE＝∠CAF＋∠ACF＝68＋23＝91　△DEFについて外角の定理により，x＝∠CFE＋∠BEF＝91＋43＝134(度)

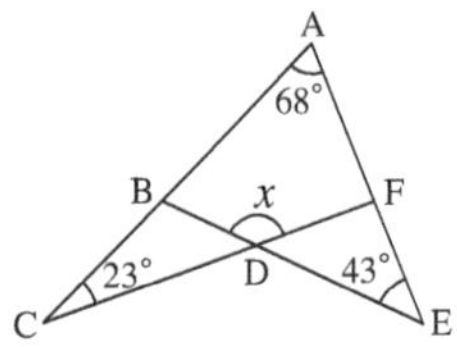

(15) △ABCについて中点連結定理より，$\mathrm{EG}=\dfrac{1}{2}\mathrm{BC}=\dfrac{1}{2}\times10=5$　△CADについて中点連結定理より，$\mathrm{GF}=\dfrac{1}{2}\mathrm{AD}=\dfrac{1}{2}\times6=3$　$\mathrm{EF}=\mathrm{EG}+\mathrm{GF}=5+3=8$(cm)

重要 (16) $\sqrt{\dfrac{24}{5}n}$が自然数となるためには，$\dfrac{24}{5}n$の2乗の数になればよい。$\dfrac{24}{5}n=\dfrac{2^3\times3}{5}n=\dfrac{2^2\times2\times3}{5}\times n$　これを最小とするnは，$2\times3\times5=30$

(17) $\dfrac{1}{a}:\dfrac{1}{b}=1:3$より，$\dfrac{1}{b}=\dfrac{3}{a}$　よって，$a=3b$　これを代入して，$\dfrac{a^2-3b^2}{ab}=\dfrac{9b^2-3b^2}{3b^2}=\dfrac{6b^2}{3b^2}=2$

2 (図形と関数・グラフの融合問題，回転体の体積)

(1) $a=1$のとき放物線は$y=x^2$　$b=1$のとき直線は，$y=\dfrac{1}{2}x+1$となる。点Aは放物線と直線の交点なので，$x^2=\dfrac{1}{2}x+1$を解けばx座標が求まる。両辺を2倍して整理すると，$2x^2-x-2=0$　$x=\dfrac{1\pm\sqrt{1+16}}{2\times2}$　$x=\dfrac{1\pm\sqrt{17}}{4}$　交点は2つあるが，x座標の小さい方が点Aなので，$x=\dfrac{1-\sqrt{17}}{4}$

(2) Aは$x=-2$で放物線上の点なので，$y=a\times(-2)^2=4a$　$\mathrm{A}(-2,\ 4a)$　直線上の点なので，$y=\dfrac{1}{2}\times(-2)+b=-1+b$　よって，$4a=-1+b$…①　Bは$x=4$で放物線上の点なので，$y=a\times4^2=16a$　$\mathrm{B}(4,\ 16a)$　直線上の点なので，$y=\dfrac{1}{2}\times4+b=2+b$　よって，$16a=2+b$…②　②−①より，$12a=3$　$a=\dfrac{1}{4}$　①に代入すると，$1=-1+b$　$b=2$　よって，放物線の式は，$y=\dfrac{1}{4}x^2$　直線の式は，$y=\dfrac{1}{2}x+2$となる。また，$\mathrm{A}(-2,\ 1)$，$\mathrm{B}(4,\ 4)$である。

重要 (3) 直線$y=\dfrac{1}{2}x+2$とx軸$(y=0)$の交点がCなので，$\mathrm{C}(-4,\ 0)$　$\mathrm{H}(4,\ 0)$である。四角形DOHBを，x軸を回転の軸として1回転させたときにできる回転体の体積は，△CBHをx軸を回転の軸として1回転させたときにできる円すいから，△CDOを，x軸を回転の軸として1回転させたときにできる円すいを引いたものになるので，$\mathrm{BH}^2\times\pi\times\mathrm{CH}\times\dfrac{1}{3}-\mathrm{DO}^2\times\pi\times\mathrm{CO}\times\dfrac{1}{3}=4^2\times\pi\times8\times\dfrac{1}{3}-2^2\times\pi\times4\times\dfrac{1}{3}=\dfrac{128}{3}\pi-\dfrac{16}{3}\pi=\dfrac{112}{3}\pi$

(4) Aからx軸に垂線をおろし，x軸との交点をIとする。x軸に関してAと対称な点をA′とすると，

A′(−2, −1)　△PAI≡△PA′Iとなるので，AP＝A′Pとなり，AP＋BPを最小にするためには，A′P＋BPを最小にすればよい。そのためには，直線A′Bとx軸の交点をPとすればよい。A′Bの式を$y=mx+n$とおくと，A′を通ることから，$-2m+n=-1$…①　Bを通ることから，$4m+n=4$…②　②−①＝$6m=5$　$m=\frac{5}{6}$　これを②に代入すると，$\frac{10}{3}+n=4$　$n=\frac{2}{3}$　A′Bの式は，$y=\frac{5}{6}x+\frac{2}{3}$となる。Pは$x$軸上の点で$y=0$であることから，$\frac{5}{6}x+\frac{2}{3}=0$　両辺を6倍して，$5x+4=0$　$x=-\frac{4}{5}$

3 (三平方の定理，面積)

(1) 頂点CがAに重なるように折ったので，CE＝AE＝x　BE＝$6-x$(cm)　あるいは，△ABEについて三平方の定理より，$AE^2=AB^2+BE^2$　$x^2=24+BE^2$　BE＝$\sqrt{x^2-24}$(cm)

(2) △ABEについて三平方の定理より，$AE^2=AB^2+BE^2$　$x^2=24+(6-x)^2$　$x^2=24+36-12x+x^2$　$12x=60$　$x=5$(cm)　【別解】BE＝$\sqrt{x^2-24}$としたとき，$\sqrt{x^2-24}+x=6$　$\sqrt{x^2-24}=6-x$　両辺を2乗して，$x^2-24=36-12x+x^2$　$12x=60$　$x=5$cm

やや難 (3) GF＝DF＝yとおくと，AF＝$6-y$　△AFGについて三平方の定理より，$AG^2+GF^2=AF^2$　AG＝CD＝$2\sqrt{6}$なので，$24+y^2=(6-y)^2$　$24+y^2=36-12y+y^2$　$12y=12$　$y=1$　AF＝$6-1=5$　△AEF＝$\frac{1}{2}$×AF×AB＝$\frac{1}{2}×5×2\sqrt{6}$　$5\sqrt{6}$(cm²)

★ワンポイントアドバイス★

各単元の典型的な出題がされているので，まずは基本事項を確認し，標準的な問題で力をつけていけばよい。短い時間で対応する必要があるので，過去問演習を通して時間配分にも慣れておきたい。

<英語解答>

1 問1 (A) 3　(B) 7　(C) 6　問2 ア 4　イ 5　ウ 1　エ 2　オ 3
問3 (1) ウ　(2) ア　問4 まだ誰もその違いを見つけていない。　問5 1
問6 (3) イ　(4) ア　問7 difficult　問8 left　問9 (6) ア　(7) ウ
(8) イ　問10 426513　問11 1 ×　2 ×　3 ×　4 ×　5 ○

2 ア 2　イ 5　ウ 4　エ 5　オ 5

3 ア worse　イ life　ウ wrote　エ weak　オ knives

4 ア 3　イ 2　ウ 1　エ 4　オ 2　カ 4　キ 2　ク 4　ケ 1
コ 3

5 ((1)(2)の順)　ア so, that　イ can't [cannot], fast　ウ must [should], not
エ good, playing　オ each, other

6 (2番目，5番目の順)　ア 3, 4　イ 5, 4　ウ 6, 5　エ 3, 2　オ 6, 2

○配点○

1・4～6　各2点×45(1問10, 5, 6各完答)　2・3　各1点×10　計100点

<英語解説>

1 (長文読解問題・物語文：指示語，語句補充，英文和訳，内容吟味，語句整序)

(全訳) 昔，東の国に王様がいました。彼には多くの賢い大臣がいて，最も賢かったのはリシでした。ある日，外国の商人が王様の城にやって来ました。王様に挨拶した後，(A)彼は「偉大な王様，人々はあなたが賢い大臣を持っていると言います。私は彼らを試してみたいと思います。」と言いました。その後，商人は王様に3つの人形を見せて，「王様，これらの人形には秘密があります。それらは(1)同じに見えますが，実際には(2)異なっています。①まだ誰もその違いを見つけていません。もしあなたの大臣が(B)それを見つけることができれば，それはあなたの大臣が本当に賢いことを示します。」と言いました。王様は彼の考え(ア)に興味を持って同意しました。

その問題はとても簡単なので，王様は大臣たちはすぐに(C)それに答えることができると思いました。彼は何人かの大臣を呼び，人形の違いを見つけるように言いました。3日後，彼らの誰も違いを見つけることができませんでした。②王様は心配し始めた(3)ので，彼は最も賢い大臣のリシを呼びました。リシが来たとき，王様は人形を見せて「リシ，これらの人形には違いがある。それらがどのように違うかを見つけてほしい。私はその問題は難しいと思わなかったので，前もってお前を呼ばなかった(4)が，誰も違いを見つけることができなかった。我が国の誇りは今お前(イ)にかかっている。」と言いました。リシは王様(ウ)から人形を受け取り，戻って行きした。商人の質問は彼にとっても非常に(5)難しかったのですが，(エ)ついに彼はその違いを見つけました。

リシは人形(オ)を持って王様の城に戻りました。彼は王様と商人に「これらの人形は違っています。最初の1つと2つ目は悪く，3つ目のだけが良いです。」と言いました。王様は「なぜそうなのだ。」と尋ねました。

リシは，最初の人形の右の耳に髪の毛を入れました。髪の毛はその口から出て来ました。そして，彼は2番目の人形の右耳に別の髪の毛を入れました。髪の毛は③もう一方の耳から出て来ました。最後に，彼は3番目の人形の右耳に髪の毛を入れました。髪の毛は中央に入って行き，決して出て来ませんでした。それから，リシは王様と商人に「最初の人形は(6)他の人たちに秘密を教える人々を表しています。2番目の人形は，(7)聞こえることを何も理解しない人々を表しています。3番目の人形は(8)秘密を守る人々を表しています。」と言いました。

王様はリシの答えを聞いて喜び，④彼にたくさんの贈り物を与えました。

問1 (A) 王様に挨拶をしたので，商人である。 (B) 人形の違いを見つけられたら，と言っている。 (C) 王様は，大臣たちは商人の問題にすぐに答えられると思った。

問2 (ア) 〈be interested in ～〉で「～に興味を持つ」という意味を表す。 (イ) 〈depend on ～〉で「～による，～しだい」という意味になる。 (ウ) 〈from ～〉は「～から」という意味を表す。 (エ) at last で「ついに，とうとう」という意味を表す。 (オ) 〈with ～〉は「～を持って」という意味を表す。

問3 直後に「まだ誰もその違いを見つけていません」とあるので，「同じように見えるが，違っている」となる。

問4 no one は「誰も～ない」という意味を表す。また，現在完了の完了用法が「まだ～していない」という意味を表している。

問5 大臣たちは誰も商人の問題に答えられなかったため。

問6 (3) 直前の部分が理由を表しているので，so があてはまる。 (4) 前後の内容が対立しているので，but があてはまる。

問7 直後に「しかし，とうとう」とあるので，リシにとっても難しい問題であったことがわかる。

問8 髪の毛を人形の右の耳に入れたので，「もう一方の耳」は左の耳になる。

問9 (6) 耳から入った髪の毛を口から出すという様子は，聞いたことを話すという意味を表す。
(7) 耳から入った髪の毛がもう一方の耳から出るという様子は，聞いたことが何も残らないという意味を表す。 (8) 耳から入った髪の毛が中央にいたるという様子は，聞いたことを胸の奥にしまうという意味を表す。

問10 〈give A B〉で「AにBを与える」という意味になる。

重要 問11 1 「商人は人形を売りにやって来た。」 文中に書かれていない内容なので，誤り。
2 「商人は彼の問題はとてもやさしいと思った。」 問題はやさしいと思ったのは王様なので，誤り。 3 「大臣たちは誰も人形の秘密を見つけることができなかった。」 大臣のリシは見つけることができたので，誤り。 4 「リシは人形に穴を開けた。」 文中に書かれていない内容なので，誤り。 5 「人形は違ったタイプの人々を表した。」 リシが答えた内容に合うので，正しい。

2 (発音問題)

ア 1 [ðeər] 2 [θruː] 3 [ðiːz] 4 [ðən] 5 [ðei]
イ 1 [tɔːt] 2 [kɔːl] 3 [əbrɔːd] 4 [bɔːt] 5 [nou]
ウ 1 [greit] 2 [rein] 3 [meil] 4 [sed] 5 [trein]
エ 1 [bæk] 2 [ækt] 3 [sæd] 4 [dʒəpæn] 5 [wɑːtʃ]
オ 1 [miːn] 2 [riːzn] 3 [pliːz] 4 [iːzi] 5 [breik]

3 (語彙問題)

ア「よい」,「よりよい」→「悪い」,「より悪い」 比較級形にする。
イ「歌う」,「歌」→「生きる」,「人生」 名詞にする。
ウ「行く」,「行った」→「書く」,「書いた」 過去形にする。
エ「やさしい」,「難しい」→「強い」,「弱い」 反対語にする。
オ「町」,「町の複数形」→「ナイフ」,「ナイフの複数形」 複数形にする。

4 (語句選択問題：比較，関係代名詞，不定詞，接続詞，現在完了，受動態，動名詞，疑問詞，SVOC)

ア「これは私が見た中で一番興奮する映画です。」〈最上級を伴う名詞＋ that ＋現在完了の経験用法〉で「～した中で一番…」という意味を表す。

イ「彼らは十分な飲み水を持っていません。」 不定詞の形容詞的用法は「～するべき」という意味を表す。

ウ「もしあなたが明日忙しいなら，私があなたを手伝いましょう。」「もし～ならば」という意味を表す時は〈if ＋主語＋動詞～〉で表す。

エ「彼は先週からずっと病気で寝ています。」「ずっと～している」という意味は，現在完了の継続用法で表す。

基本 オ「ユキはその5人の少女の中で一番年上です。」 最上級の文で，後ろに複数の名詞があるので of を使う。

カ「これらの絵は私たちの先生によって描かれました。」 受動態の文なので〈be動詞＋過去分詞〉という形にする。

キ「向こうを飛んでいる鳥が見えますか。」 which 以下が bird を修飾している。

ク「私は宿題をすでにし終えました。」 finish，enjoy，stop の後に動詞を置く場合には動名詞にする。

ケ「あなたは次の日曜日に何をしますか。一私は友達と買い物に行きます。」 することをたずねている。

コ「そのニュースは私たちを幸せにしました。」〈make A B〉で「AをBにする」という意味になる。

5 (書き換え問題：接続詞，比較，助動詞，慣用表現，副詞)

ア「この問題は私が答えるには難しすぎます。」→「この問題はとても難しいので，私は答えることができません。」〈so ~ that S can't …〉で「とても~なのでSは…できない」という意味になる。

イ「ジムは私より速く泳ぐことができます。」→「私はジムほど速く泳げません。」〈not as ~ as …〉で「…ほど~ではない」という意味になる。

基本 ウ「図書館の中で話してはいけない。」→「あなたは図書館の中で話してはいけない。」〈must not ~〉は「~してはならない」という禁止の意味を表す。

エ「ケンは上手に野球をします。」→「ケンは野球が得意だ。」〈be good at ~〉で「~が得意だ」という意味になる。

オ「母親は息子に微笑みかけ，息子も母親に微笑みかけました。」→「母親と息子は互いに微笑みました。」「お互いに」という意味は，2人ならば each other で表す。

6 (語句整序問題：不定詞，間接疑問文，分詞)

ア It is easy for me to (ride a horse.) 〈it is ~ for S to …〉で「Sが…することは~である」という意味になる。

イ Do you know where he is (now?) 間接疑問文なので，〈疑問詞＋主語＋動詞〉の語順になる。

ウ (Could) you tell me how to get (to the airport?) 〈how to ~〉で「~する方法(仕方)」という意味を表す。

エ (This) is a book written about 200 years ago(.) written 以下が book を修飾している。

オ (I) will ask her to play the (piano in the concert.)〈ask A to ~〉で「Aに~するよう頼む」という意味を表す。

★ワンポイントアドバイス★

4のウでは，if が使われている。主節が未来を表す文の場合，if や when などで導かれる従属節は現在時制で表すというルールがある。この文の場合，I will help you if you will be busy tomorrow. とするのは，誤りであることを理解しよう。

未来創造

2019年度

解　答　と　解　説

《2019年度の配点は解答欄に掲載してあります。》

＜数学解答＞

1 (1) 5　(2) -24　(3) $5x+4y$　(4) $x=30$　(5) $(x+4y)(x-4y)$
(6) $x=3$, $y=-2$　(7) $3\sqrt{3}$　(8) $12\sqrt{15}$　(9) $x=8$, -4
(10) ① $a=3$　② $x=-6$　(11) 1080度　(12) $0\leqq y\leqq 8$　(13) $\frac{1}{2}$
(14) 134度　(15) 8cm　(16) $n=30$　(17) 2

2 (1) 8　(2) $y=2x+8$　(3) $-a^2+2a+8$　(4) $a=0$, 2

3 (1) $6-x$cm[$\sqrt{x^2-24}$cm]　(2) $x=5$cm　(3) $5\sqrt{6}$cm^2

○配点○
各4点×25(1(6), 2(4)完答)　計100点

＜数学解説＞

1 （数・式の計算，因数分解，平方根，1次方程式，2次方程式，2乗に比例する関数，確率，角度，相似）

(1) $-3-(-8)=-3+8=5$

(2) $(-2)^3-4^2=-8-16=-24$

(3) $3(x+2y)+2(x-y)=3x+6y+2x-2y=5x+4y$

(4) $0.4x+2=0.6x-4$　両辺を10倍して，$4x+20=6x-40$　$-2x=-60$　$x=30$

(5) $x^2-16y^2=x^2-(4y)^2=(x+4y)(x-4y)$

(6) $3x+4y=1\cdots$①　$2x-y=8\cdots$②　$8x-4y=32\cdots$②×4　①＋②×4は$11x=33$　$x=3$
これを②に代入して，$6-y=8$　$y=-2$

(7) $2\sqrt{3}+\sqrt{48}-\sqrt{27}=2\sqrt{3}+4\sqrt{3}-3\sqrt{3}=3\sqrt{3}$

(8) $a=\sqrt{5}+\sqrt{3}$，$b=\sqrt{5}-\sqrt{3}$のとき，$a+b=\sqrt{5}+\sqrt{3}+\sqrt{5}-\sqrt{3}=2\sqrt{5}$　$a-b=\sqrt{5}+\sqrt{3}-(\sqrt{5}-\sqrt{3})=2\sqrt{3}$　よって，$3a^2-3b^2=3(a+b)(a-b)=3\times2\sqrt{5}\times2\sqrt{3}=12\sqrt{15}$

(9) $x^2-4x-32=0$　$(x-8)(x+4)=0$　$x=8$, -4

(10) ① $x^2+ax-(5a+3)=0\cdots$①の1つの解が$x=3$なので，①に$x=3$を代入して，$9+3a-5a-3=0$　$-2a=-6$　$a=3$
② $a=3$を①に代入すると，$x^2+3x-18=0$　$(x+6)(x-3)=0$　$x=-6$, 3　よって，もう1つの解は，$x=-6$

(11) 1つの頂点から，他の頂点に向かって対角線をひくことで，八角形は6つの三角形に分けることができるので，$6\times180=1080$(度)

(12) $y=2x^2$は$-1\leqq x\leqq 2$の範囲では，$x=0$のとき最小，最小値$y=0$　$x=2$のとき最大，最大値$y=8$　$0\leqq y\leqq 8$

(13) 表を○，裏を×で表すと，(A，B)＝(○，○)，(○，×)，(×，○)，(×，×)が考えられる。全部で4通りのうち，1枚は表で1枚は裏であるのは2通りなので，その確率は，$\frac{2}{4}=\frac{1}{2}$

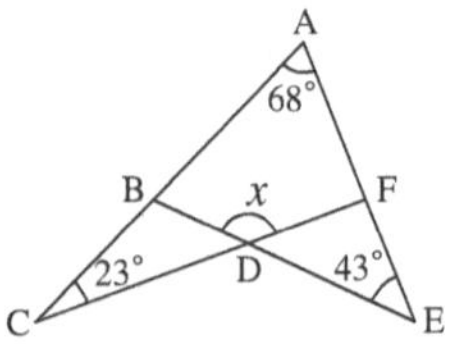

(14) 右の図のように頂点に名前をつける。△ACFについて外角の定理により∠CFE＝∠CAF＋∠ACF＝68＋23＝91　△DEFについて外角の定理により，x＝∠CFE＋∠BEF＝91＋43＝134(度)

(15) △ABCについて中点連結定理より，EG＝$\frac{1}{2}$BC＝$\frac{1}{2}$×10＝5

△CADについて中点連結定理より，GF＝$\frac{1}{2}$AD＝$\frac{1}{2}$×6＝3　EF＝EG＋GF＝5＋3＝8(cm)

(16) $\sqrt{\frac{24}{5}n}$が自然数となるためには，$\frac{24}{5}n$の2乗の数になればよい。$\frac{24}{5}n=\frac{2^3\times3}{5}n=\frac{2^2\times2\times3}{5}\times n$

これを最小とするnは，2×3×5＝30

(17) $\frac{1}{a}:\frac{1}{b}=1:3$より，$\frac{1}{b}=\frac{3}{a}$　よって，$a=3b$　これを代入して，$\frac{a^2-3b^2}{ab}=\frac{9b^2-3b^2}{3b^2}=$

$\frac{6b^2}{3b^2}=2$

2 (図形と関数・グラフの融合問題)

(1) 3点A，P，Bは$y=x^2$上のグラフ上にあり，x座標がそれぞれ$x=4$，a，-2なので，A(4，16)，P(a，a^2)，B(−2，4)である。$a=2\sqrt{2}$のとき，点Pのy座標は，$(2\sqrt{2})^2=8$

(2) 直線ABの方程式を$y=mx+n$とおくと，Aを通ることから$4m+n=16$…①　Bを通ることから$-2m+n=4$…②　①−②より，$6m=12$　$m=2$　これを①に代入して，$8+n=16$　$n=8$　したがって，直線ABの方程式は，$y=2x+8$

(3) Qは，x座標が点Pと同じになり$x=a$　直線AB上の点なので(2)の結果よりQ(a，$2a+8$)と表すことができる。$-2<a<4$の範囲では，点Qの方が点Pより上にあるので，PQ＝(Qのy座標)−(Pのy座標)$=2a+8-a^2=-a^2+2a+8$

(4) BPを結ぶ。△APB＝△APQ＋△BPQ＝$\frac{1}{2}\times(-a^2+2a+8)\times(4-a)+\frac{1}{2}\times(-a^2+2a+8)\times(a+2)=\frac{1}{2}\times(-a^2+2a+8)\times\{(4-a)+(a+2)\}=\frac{1}{2}\times(-a^2+2a+8)\times6=3(-a^2+2a+8)=24$

$-a^2+2a+8=8$　$a^2-2a=0$　$a(a-2)=0$　$a=0$，2

3 (三平方の定理，面積)

(1) 頂点CがAに重なるように折ったので，CE＝AE＝x　BE＝$6-x$(cm)　あるいは，△ABEについて三平方の定理より，$AE^2=AB^2+BE^2$　$x^2=24+BE^2$　BE＝$\sqrt{x^2-24}$(cm)

(2) △ABEについて三平方の定理より，$AE^2=AB^2+BE^2$　$x^2=24+(6-x)^2$　$x^2=24+36-12x+x^2$　$12x=60$　$x=5$cm　【別解】BE＝$\sqrt{x^2-24}$としたとき，$\sqrt{x^2-24}+x=6$　$\sqrt{x^2-24}=6-x$　両辺を2乗して，$x^2-24=36-12x+x^2$　$12x=60$　$x=5$cm

(3) GF＝DF＝yとおくと，AF＝$6-y$　△AFGについて三平方の定理より，$AG^2+GF^2=AF^2$　AG＝CD＝$2\sqrt{6}$なので，$24+y^2=(6-y)^2$　$24+y^2=36-12y+y^2$　$12y=12$　$y=1$　AF＝6−1＝5　△AEF＝$\frac{1}{2}$×AF×AB＝$\frac{1}{2}\times5\times2\sqrt{6}$　$5\sqrt{6}$(cm²)

★ワンポイントアドバイス★

まずは各単元の基本問題をしっかりとけるよう，教科書レベルの問題をたくさん解いておきたい。1番の基本的な小問群でどれだけ確実に得点できるかが大切になる。問題数が多いので，短時間で正確に処理する練習をしておく必要がある。

＜英語解答＞

1　問1　1　問2　②　drawing　③　painting　⑥　felt　⑩　Give　問3　1
問4　⑤　4213　⑧　4132　問5　⑦　some bread and milk
⑨　A magic paintbrush　問6　2　問7　王様は大きな歯を持つ大きなライオンに食べられた。　問8　エ　4　オ　3　問9　A　4　B　3　C　2　D　1
問10　1　×　2　○　3　×　4　○　5　○

2　ア　3　イ　1　ウ　2　エ　1　オ　4

3　ア　4　イ　2　ウ　1　エ　3

4　ア　2　イ　1　ウ　2　エ　2　オ　1

5　(2番目，4番目の順)　ア　5，4　イ　3，4　ウ　2，3　エ　2，1　オ　2，1

6　((1)(2)の順)　ア　as，as　イ　Only，Ken　ウ　going [planning]，to
エ　It，to　オ　able，to　カ　such，as

○配点○
1問3・問6　各3点×2　問7　4点　他　各2点×20(問4各完答)
2～6　各2点×25(5・6各完答)　計100点

＜英語解説＞

1　**(長文読解問題・物語文：内容吟味，語形変化，語句整序，指示語，語句補充)**

（全訳）　エマはとても親切で，絵を描くのが大好きでした。ある日，彼女が枝で地面にいくつかの絵を描いていると，女性が彼女のところに来て，「①あなたの絵はとても良いです！　どうしてそんな所で絵を②描いているのですか。紙に絵を③描いたらどうですか。」と言いました。エマは「④私はそうしたいのですが，私の家族はとても貧しいので，私は紙を買えないのです。」と言いました。「ああ，⑤なんてかわいそうな女の子なんだろう！　ここに絵筆と紙があります。私はあなたにそれらをあげます。」と，女性は言いました。エマは「ありがとう」と言い，とても幸せな⑥気持ちになりました。

「じゃあ，何を描こうか。」と彼女は思いました。彼女はその時おなかがすいていたので，パンと牛乳を描きました。[A]突然，それらは紙から出て来ました。⑦それらは本物のように見えたので，彼女はそれらを食べ，「うわー！　おいしい！　魔法の絵筆だわ！」と言いました。

そして彼女は，「⑨これを使えば，私は⑧貧しい人たちをみんなを幸せにできるわ。私のような他の貧しい人々を助けたいわ。」と考えました。彼女は人々一人一人が欲しがるものは何でも描き始めました。例えば，農家のための(ア)大豆，教師のための(イ)鉛筆，子供のための(ウ)おもちゃ。彼らは皆それらを手に入れた(エ)時に幸せになりました。

ある日，王様はエマの絵筆について聞きました。彼は彼女を部屋に呼んで，「お前の絵筆を私に⑩与えなさい。私はたくさんお金がほしい！」と言いました。「[B]なぜですか。あなたはすでに十分持っています！　私は決してこれをあなたに与えることはありません。」とエマは言いました。王様は怒って彼女を殺して，彼女の絵筆を手に入れることに決めました。しかし，エマはとても[C]賢かったので，彼女は大きな歯を持つ大きなライオンを描きました。それは[D]すぐに出てきて，⑪王様はそれによって食べられました。

エマは村に戻ってきて，人々を幸せにし続けました。エマは(オ)貧しい人々のためだけに絵筆を使いました。

問1　she drew some pictures on the ground with a branch とあるので，1が正しい。

問2 ② 進行形の文なので〈be動詞＋～ ing〉の形にする。 ③ 〈how about ～ ing〉は「～するのはどうですか」という意味を表す。 ⑥ 過去の出来事なので過去形にする。 ⑩ 命令文は動詞の原形から始めるので，変える必要がない。

基本

問3 How about painting on some paper? とあるので，1が正しい。

問4 ⑤ 感嘆文は〈what ＋(冠詞)＋形容詞＋名詞〉から始まり，主語と述語がその後に続く。 ⑧ 〈make A B〉で「AをBにする」という意味を表す。

問5 ⑦ 絵から飛び出して来た bread and milk を指している。それらは本物のように見えたと言っている。 ⑨ エマがもらった magic paintbrush を指している。エマはそれを使って人々を幸せにできると考えた。

問6 それぞれの人物が欲しがると思われるものを選ぶ。

問7 エマは王様に殺されると思い，大きな歯を持つ大きなライオンを描き，王様はそれによって食べられてしまった。

問8 (エ) 接続詞の when が入る。 (オ) 関係代名詞の who が入る。

問9 全訳参照。

重要

問10 1 紙ももらったので，誤り。 2 第2段落の第2文の内容に合うので，正しい。 3 すべての貧しい人を幸せにしようと思ったので，誤り。 4 第4段落の第2文の内容に合うので，正しい。 5 第4段落の最後から2つ目の文の内容に合うので，正しい。

2 (発音問題)

ア 1 [breik] 2 [greit] 3 [ded] 4 [steik]
イ 1 [ounli] 2 [mʌðər] 3 [kʌntri] 4 [kʌp]
ウ 1 [iːzi] 2 [weðər] 3 [iːvniŋ] 4 [fiːliŋ]
エ 1 [æsks] 2 [givz] 3 [telz] 4 [ʃouz]
オ 1 [lukt] 2 [wɑːtʃt] 3 [pæst] 4 [lʌvd]

3 (会話文問題：文選択)

ア A「今晩新しいイタリアンレストランに行きませんか。」 B「誘ってくれてありがとう，でも，行けません。今日は早く家に帰らないといけません。」 1「私はスパゲッティを食べました」，2「それは明日です」，3「私は一つも持っていません」

イ A「加藤さんと話したいのですが。」 B「すみませんが，彼女は今いません。伝言をあずかりましょうか。」 A「はい，ミーティングに遅れると彼女に伝えてください。」 1「もう一度やってみてください。」，3「私も彼を知っていると思います。」，4「彼女に電話し直してもらえますか。」

ウ A「今年の冬は何をするつもりですか。」 B「ハワイに行きます。」 2「あなたはハワイが好きでしょう。」，3「あなたはまたそこに行きたいです。」，4「私はハワイ出身です。」

エ A「すみません。ここから駅まで歩いて行けますか。」 B「すみませんが，私は知りません。」 1「それはブルー線です。」，2「はい，とても寒いです。」，4「次の角で右に曲がってください。」

4 (語句選択問題：進行形，分詞，不定詞，前置詞，動名詞)

基本

ア「赤ちゃんは今ベッドで眠っています。」 進行形の文なので〈be動詞＋～ ing〉の形にする。

イ「オーストラリアで話される言語は何ですか。」「言語」は話される立場にあるものなので，過去分詞を使う。

ウ「私は今日するべきことがたくさんあります。だから，私はとても忙しいです。」 不定詞の形容詞的用法は「～するべき」という意味を表す。

エ「トムはフランス語を話すことと書くことの両方ができます。」〈both A and B〉で「AとBの両方」という意味を表す。

オ「タクヤはピアノを弾くのが得意です。」 前置詞の目的語として動詞を置く時には動名詞にする。

5 **(語句整序問題：関係代名詞，SVOO，不定詞，間接疑問文，現在完了)**

ア (The dog food) I bought at the shop was made (in China.) I bought at the shop が food を修飾している。目的格の関係代名詞が使われているが，この文では省略されている。

イ Could you tell me the way (to Sapporo Station?) 〈tell A B〉で「AにBを言う」という意味になる。

ウ (I) want you to draw a map (to your house.) 〈want A to ～〉で「Aに～してほしい」という意味を表す。

エ (I) don't remember what happened here (last year.) 間接疑問文なので，〈疑問詞＋主語＋動詞〉の形になる。この文では what が主語を兼ねている。

オ (I) have never seen such a (beautiful rainbow.) 現在完了の文なので，〈have ＋過去分詞〉の形になる。〈such a ～〉で「こんな(そんな)～」という意味を表す。

6 **(書き換え問題：比較，副詞，未来，進行形，不定詞，慣用表現)**

ア「タケシはミチルより上手に歌うことができます。」→「ミチルはタケシほど上手に歌うことができません。」〈not as ～ as …〉で「…ほど～でない」という意味を表す。

イ「ケンしかこの問題に答えられません。」〈nobody but ～〉で「～のみ」という意味を表す。

ウ「ミチコには来年外国で勉強する計画があります。」→「ミチコは来年外国で勉強するつもりです(勉強することを計画しています)。」 現在進行形は近い未来の計画を表すことができる。

エ「この仕事を1週間で終えるのは私たちには難しいです。」〈it is ～ for S to …〉で「Sが…することは～である」という意味になる。

オ「私の母親はとても上手にフルートを演奏できます。」〈be able to ～〉は〈can ～〉と同じように「～できる」という意味を表す。

カ「トシオは果物が好きで，例えば，オレンジとバナナです。」→「トシオはオレンジやバナナのような果物が好きです。」〈such as ～〉で「～のような」という意味になる。

★ワンポイントアドバイス★

5のオでは，現在完了を使った表現が使われているが，同じ意味は〈最上級＋現在完了の経験用法〉を使って，「～した中で一番…」とも表現できる。この文を書き換えると，This is the most beautiful rainbow that I have ever seen. となる。

＜国語解答＞

一 問一 a むじゅん b なっとく c 発展 d 未知 e 教訓 f いとなじまえ g じまえ h 似 問二 新しい体験とそれまでの「知識」 問三 ア
問四 体験から何らかの新しい「知識」を導き出す(こと。) 問五 名詞 問六 「学び」にとって「教え」が絶対条件でない 問七 こちらのアンテナの立て方 問八 Ⅰ エ Ⅱ イ Ⅲ ウ Ⅳ オ 問九 (例) 時代が見え，自分が見え，他者が見えるような「知識」が創造できる「学び」と，体験から自分で深く「学ぶ」訓練としての「学び」が保証される場。　問十　オ　問十一　(例)　三角形の内角の和が一八〇度であることを，紙に三角形を書いてちぎった角を並べて実感した授業。

二　問一　①　ア　③　エ　⑥　ウ　問二　見送らむ　問三　ア　問四　イ
問五　ウ　問六　(作者名)　紀貫之　(文学作品)　ア　問七　①　くちおし
②　ゆえ　③　おうぎ

三　問一　①　胸　②　耳　③　腰　④　歯　⑤　手
問二　①　有2㆑備1　無4㆑患3　②　行3㆓百1　里2㆒者4　半7㆓九5　十6㆒　③　歳1　月2　不5㆑待4㆑人3
問三　①　頭を挙げて山月を望む　②　宋人に田を耕す者有り

○配点○
一　問一・問三・問五・問八　各2点×14　問九　4点　他　各3点×6
二　問一・問六・問七　各2点×8　問二・問四　各3点×2　問三・問五　各4点×2
三　各2点×10　計100点

＜国語解説＞

一　(論説文一要旨，内容吟味，文脈把握，指示語の問題，接続語の問題，脱語補充，漢字の読み書き，語句の意味，品詞)

問一　a「矛盾」は，つじつまが合わないこと。「矛」の訓読みは「ほこ」。「盾」の訓読みは「たて」。「矛先(ほこさき)」という熟語がある。「盾をつく(反抗する)」という慣用句がある。
b「納得」は，理解して，もっともだと認めること。「納」には「ノウ・ナッ・トウ」の音読みがある。訓読みは「おさ-める・おさ-まる」。「トウ」と読む熟語は「出納(すいとう＝金銭の出し入れ)」がある。　c「発展」は「展」を「点」や「転」と書かないように注意する。「発」には「ホッ」の音もある。「発作」「発端」などの熟語がある。　d「未知」は，まだ知らないこと，知られていないこと。「未」を形の似た「末(マツ・すえ)」と区別する。　e「教訓」は，人として進むべき道をまちがえないように，教えさとすこと，その教えのこと。「訓」は，教えさとすの意味がある。「訓示」「訓戒」などの熟語がある。　f「営み」は，行為のこと。動詞は「営む」。「営む」は書き取りでもよく出題される。　g「自前」は，全部の費用を自分で負担して払うこと。音＋訓で読む。「目的地までの交通費は自前だ」のように使う。　h「似」の音読みは「ジ」。形の似た「以(イ)」と区別する。「類似」「疑似」などの熟語がある。

問二　「自分の『知識』のほうを修正して両者を両立させる」のは，矛盾しなくてすむようにするためである。「知識」と何が矛盾しないようにするかと考えると，傍線部の前の部分で「知識」と対比されているのは「新しい体験」である。十五字という字数制限に注目すると，抜き出すのは「新しい体験とそれまでの『知識』」の部分。

基本　問三　「プロセス(process)」は，過程の意味。「こうしたプロセス」とは，第一段落で説明されている知識が変容したり創造されたりする過程を指す。

やや難　問四　「これ」が直接指しているのは，直前の「なんらかの体験をしたときに……『知識』をつくりだしたりすること」の部分。続く文で，「学ぶ」を「学び」と言い直して，「簡単に言うと，『学び』とは体験から何らかの新しい「知識」を導き出す心身の営みのことを言う」とまとめ直している。「『学び』とは」の後の「体験から……導き出す」が解答になる。

基本　問五　「学び」の形になると，二つ後の段落に「『学び』がおこなわれている」とあるように，「が」をつけて主語にすることができる。主語になることができるのは名詞だけである。

問六　「必ずしも」は，下に打ち消しの語を伴って，ある条件が満たされても，例外のありうる様子を言う。「きっと…であるというわけではない」という意味。傍線部は，「教え」が条件としてきっと必要であるというわけではない，ということ。言い換えれば，「『学び』にとって『教え』が絶対条件ではない」ということである。

問七　「『学び』の姿勢」について説明するための例として，筆者が大学生のときに講演会を聞きに行ったエピソードが紹介されている。講演の話を聞く姿勢を先輩に注意された筆者は，「こちらのアンテナの立て方で，ちょっとした体験からもたくさんのことを学べるのだ」と知ったのである。話を聞く姿勢とは「『学び』の姿勢」であるから，「こちらのアンテナの立て方」が「『学び』の姿勢」の比喩ということになる。

やや難 問八　Ⅰ「つまらなそうな顔をして言った」という筆者の行動があって，先輩の注意の言葉が続いている。前の事柄を原因・理由とする事柄が次にくることを示す，順接の「すると」があてはまる。　Ⅱ　空欄の後の文の終わりの「かもしれない」と対応するのは，「もしかしたら」の意味を表す「ひょっとすると」である。　Ⅲ「教育のしかたによる面」の例として，「機械的な暗記や受験勉強」が挙げられている。例示の「たとえば」があてはまる。　Ⅳ　直前の文で，「機械的な暗記や受験勉強では……『学び』が成立しない」と述べている。「ただ」は，ひたすら，それればかりの意味。「(ひたすら)単に暗記するだけでは……心身のダイナミックな営み(＝『学び』)は保証されない」というつながり。

重要 問九　設問文に「『教育』を行う学校は，どのような『学び』の場であるべきだと筆者は考えているか」とある。つまり，「学び」の場としてどのような学校が望ましいと筆者は考えているかという問いである。文章の最後に「そんな学校を私たちは求めているのだ」とある。「そんな」が指す内容が，筆者が望ましいと考えている学校である。段落の初めの「時代が見え，自分が見え～」から，「そんな」の直前の「～『学び』もが保証される」までの部分を六十字以上七十字以内でまとめる。

問十　オの内容は，本文では次のように説明されている。問三でとらえたように「学び」は「体験から……『知識』を導き出す」こと。第八段落には「小さな体験から本質的なことをも深く『学び』とれる人」とある。第十段落には「『知識』が生まれてきたとき，深い喜びを感じる」とある。ア，「修正」は「知識」についての説明。「生き方を修正する」という説明はない。イ，第三段落に「『学び』というのは，静的で冷たい心の動きではなく」とあるので，不適切。ウ，筆者の講演会についてのエピソードで，「話し手を敬う気持ちと姿勢があれば成立する」とは述べていない。エ，第九段落では「機械的な暗記や受験勉強では……『学び』が成立しない」と述べているので，不適切。

重要 問十一　「感動」した事例を挙げることに注意する。解答例は「ああ，なるほど。そういうことか」という感動があった経験について述べている。「学び」と「感動」が結びつく経験なので，「なるほど」と感心した経験を思い出すとよい。

二 (古文・和歌―内容吟味，文脈把握，語句の意味，品詞・用法，仮名遣い，文学史)

〈口語訳〉　九日の朝早く，大湊から「奈半の港に向かおう」と言って漕ぎ出した。この人もあの人も，入れ違いに，「国(郡)の境までは」と言って，見送りに来る人がたくさんいる中で，藤原のときざね・橘のすゑひら・長谷部のゆきまさたちは，土佐の国の国司の官舎をお出ましになった日から，ここかしこの(港に)追ってくる。この人々こそ，情の厚い親切な人なのだ。この人々の深い志は，この海の深さにも劣らないだろう。この大湊から，今こそ漕いで離れていく。これを見送ろうとして，この人々が追いかけてくる。このように，漕ぎ進むにつれて，海辺に留まっている人々も遠くなってしまった。船の人も見えなくなってしまった。岸に(いる人)も話したいことがあるだろう。船に(乗っている人)もまだ思うことがあるのだが，どうしようもない。こんな状態だけれど，この歌を独り言につぶやいて，やめにした。

岸の人々を思いやる私の心は海を渡っていくけれども，その心を書いて送る手紙もないので気づかずにいることだろう。

やや難 問一 ①「つとめて」は，早朝の意味で重要古語。 ③「あまた」は「数多」と書いて，たくさんの意味。 ⑥「かひ」は，効果，ききめの意味。

問二 漕ぎ出した船を「国の境のうちは」と言って見送っている場面である。「見送らむ」は，見送ろうということ。

問三 「この人々ぞ，志あるひとなりける」というのである。「この人々」がどういう人かは，直前に書かれている。「土佐の国の国司の官舎をお出ましになった日から，ここかしこの(港に)追って」きて，見送る人々である。

基本 問四 「これ」は，船を漕ぎだす「大湊」を指す。大湊「から」漕ぎ離れてゆくということ。イが「大空から」の意味。アは，「聞いていた以上に」の意味。ウは，「寄って見ると」ということ。エは，「徒歩で」の意味。

重要 問五 「渡れども」の「ども」は，～したけれどもの意味。「文しなければ」の「し」は強調する言葉。「文(手紙)」を強調している。「知らずや」の「や」は係助詞。係り結びで「気づかない」ことを強調している。

基本 問六 『土佐日記』の作者は，紀貫之。歌人で，『古今和歌集』の撰者としても知られる。ア『源氏物語』は，平安時代中期の成立。作者は紫式部。イ『平家物語』は，鎌倉時代前期に成立した軍記物語。作者未詳。ウ『万葉集』は，奈良時代後期に成立した和歌集。現存する日本最古の和歌集。編者未詳。エ『徒然草』は，鎌倉時代後期に成立した随筆。作者は兼好法師。

基本 問七 ① ワ行の「を」は，助詞以外であれば「お」と直す。 ② 同じくワ行の「ゑ」は，「え」と直す。 ③「ふ」を「う」に直すと「あうぎ」となり，「augi」の「au」の音は「ô」と直すので「ôgi(おうぎ)」となる。

三 (慣用句，漢文)

問一 ①「胸をなでおろす」は，ほっとするの意味。 ②「耳をそろえる」は，まとまった金額の，全額をそろえるの意味。 ③「腰が低い」は，他人に対して丁寧でいばらない，態度が控えめであるの意味。 ④「歯が浮くような」は，きざな言動に接して不快になる様子。 ⑤「手に負えない」は，自分の力では処理できない，手がつけられないの意味。

問二 返り点は，次のように読む。レ点は，すぐ上の一字に返って読む。一二点は，一のついた字を先に読み，次に二のついた字を読む。書き下し文は，次のようになる。①「備えあれば患(うれ)いなし」。意味は，いつも事に備えて準備をしておけば，何の心配もなくなるということ。②「百里を行く者は九十を半ばとする」。意味は，何事も終わりのほうほど困難であるから，九分どおりまで来てやっと半分と心得，最後まで気をゆるめるなということ。③「歳月人を待たず」。意味は，年月は人の都合などにはお構いなく，どんどん過ぎ去ってしまうものだということ。

問三 ①「頭」は「こうべ」と読む。②のように，一二点の間にレ点がある場合は，レ点の部分を先に読む。「宋人」は，宋の国の人の意味。

★ワンポイントアドバイス★

論説文は筆者の考えや主張を，具体例やキーワードに注目してつかみ，指示語などに注意して説明の筋道を読み取ろう。古文は，内容を正しくとらえることを心がけよう。慣用句などの言語の知識はふだんから辞書で確認しておこう。漢文の知識は基礎を復習しておくこと。

MEMO

大切なことはメモしておこうネ！

解答用紙集

○月×日　△曜日　天気（合格日和）

◆ご利用のみなさまへ

＊解答用紙の公表を行っていない学校につきましては、弊社の責任において、解答用紙を制作いたしました。

＊編集上の理由により一部縮小掲載した解答用紙がございます。

＊編集上の理由により一部実物と異なる形式の解答用紙がございます。

人間の最も偉大な力とは、その一番の弱点を克服したところから生まれてくるものである。——カール・ヒルティ——

※データのダウンロードは 2024 年 3 月末日まで。

東京学参株式会社

札幌龍谷学園高等学校（特進コース）　2023年度

◇数学◇

※ 133％に拡大していただくと，解答欄は実物大になります。

1

問 1　問 2　問 3

問 4　問 5　問 6

2

問 1　問 2　問 3

問 4　問 5　問 6

3

問 1　問 2　問 3

問 4　問 5　問 6

4

問 1　問 2　問 3

問 4

5

問 1　問 2　問 3

札幌龍谷学園高等学校(特進コース)　2023年度　◇英語◇

※ 149%に拡大していただくと，解答欄は実物大になります。

1

問1

①		

問2

(1)		(2)		(3)		(4)	

問3

(A)	

問4

②	

問5

③		⑧	

問6

(B)		(C)	

問7

問8

④	

問9

⑤	

問10

⑥	

問11

⑦	

問12

⑨	

問13

⑩	

問14

2

ア		イ		ウ		エ		オ	

3

ア		イ		ウ		エ		オ	
カ		キ		ク		ケ		コ	

4

ア	(1)	(2)	イ	(1)	(2)	ウ	(1)	(2)
エ	(1)	(2)	オ	(1)	(2)			

5

ア	3番目	6番目	イ	3番目	6番目	ウ	3番目	6番目	エ	3番目	6番目	オ	3番目	6番目

札幌龍谷学園高等学校(特進コース)　2023年度

◇理科◇

※ 143％に拡大していただくと，解答欄は実物大になります。

1

問1
(1) 音の伝わる速さは光に比べて
(2)

問2
(1)
(2)

問3
(1)①
②
(2)

問4
(1)
(2)

2

問1　問2　問3　問4

問5　問6　問7

3

問1　問2　問3　問4

問5　問6

問7
酸化鉄（Ⅱ）
酸化鉄（Ⅲ）

4

問1　問2

問3
①
②

問4　問5　問6　問7

5

問1

問2
記号
南中高度

問3

問4　問5　問6　問7

札幌龍谷学園高等学校(特進コース)　2023年度　◇社会◇

※ 149%に拡大していただくと，解答欄は実物大になります。

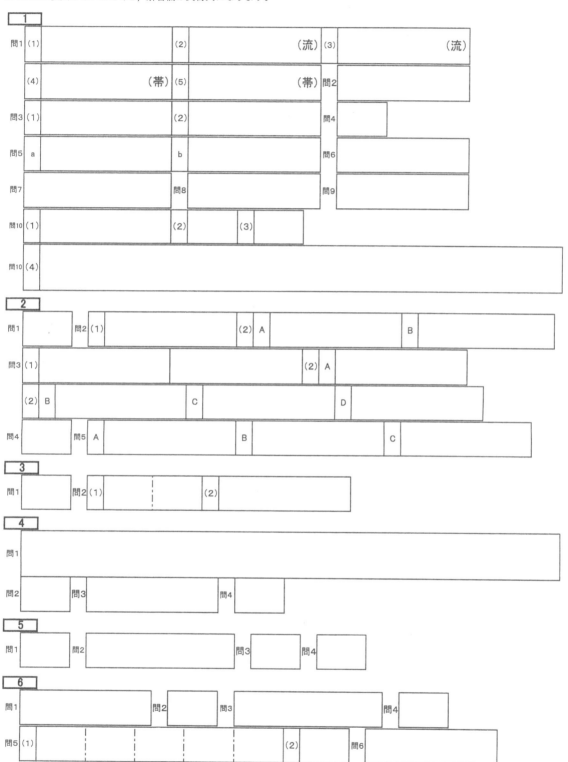

1

問1 (1)　(2)（流）(3)（流）

(4)（帯）(5)（帯）問2

問3 (1)　(2)　問4

問5 a　b　問6

問7　問8　問9

問10 (1)　(2)　(3)

問10 (4)

2

問1　問2 (1)　(2) A　B

問3 (1)　(2) A

(2) B　C　D

問4　問5 A　B　C

3

問1　問2 (1)　(2)

4

問1

問2　問3　問4

5

問1　問2　問3　問4

6

問1　問2　問3　問4

問5 (1)　(2)　問6

2023年度

札幌龍谷学園高等学校（特進コース）

※１４９%に拡大していただくと、解答欄は実物大になります。

◇国語◇

一

問一　a　b　c　d　e☆

問二　〜

問三　〜

問四

問五　II　III

問六　から。

問七

問八☆

問九

二

問一　a　b　c　d☆

問二　I　II

問三

問四　こと。

問五

問六

問七

問八

問九☆

問十　必要だ・必要ない　なぜなら　から。

四　古文問題

問一

問二

問三

問四

問五　ア　イ　ウ

問六　（1）（I）（II）（III）　（2）

札幌龍谷学園高等学校(プログレス進学コース)　2023年度　◇数学◇

※ 132%に拡大していただくと，解答欄は実物大になります。

1

問 1　問 2　問 3

問 4　問 5　問 6

2

問 1　問 2　問 3

問 4　問 5　問 6

3

問 1　問 2　問 3

問 4　問 5　問 6

4

問 1　問 2　問 3

問 4

5

問 1　問 2　問 3

札幌龍谷学園高等学校(プログレス進学コース)　2023年度　◇英語◇

※ 147%に拡大していただくと，解答欄は実物大になります。

1

問1

ア		イ		ウ		エ		オ	

問2

①						

問3

②		③	
⑤		⑦	

問4

④	

問5

⑥	

問6

⑧	

問7

⑨	

問8

⑩		⑪	

問9

1		2		3		4		5	

2

ア		イ		ウ		エ		オ	

3

ア		イ		ウ		エ		オ	
カ		キ		ク		ケ		コ	

4

ア	(1)	(2)	イ	(1)	(2)	ウ	(1)	(2)
エ	(1)	(2)	オ	(1)	(2)			

5

ア	2番目	5番目	イ	2番目	5番目	ウ	2番目	5番目	エ	2番目	5番目	オ	2番目	5番目

札幌龍谷学園高等学校(未来創造コース)　2023年度　◇数学◇

※ 132%に拡大していただくと，解答欄は実物大になります。

1

問 1　問 2　問 3

問 4　問 5　問 6

2

問 1　問 2　問 3

問 4　問 5　問 6

3

問 1　問 2　問 3

問 4　問 5　問 6

4

問 1　問 2　問 3

問 4

5

問 1　問 2　問 3

札幌龍谷学園高等学校（未来創造コース）　2023年度　◇英語◇

※ 147％に拡大していただくと，解答欄は実物大になります。

1

問1

ア		イ		ウ		エ	

問2

①	

問3

②		③		⑤		⑥	

問4

④	

問5

⑦						

問6

1	(1)		(2)	
2	(3)		(4)	
3	(5)		(6)	

問7

1		2		3		4		5	

問8

1		2		3	

2

ア		イ		ウ		エ		オ	

3

ア		イ		ウ		エ		オ	
カ		キ		ク		ケ		コ	

4

ア	2番目	4番目	イ	2番目	4番目	ウ	2番目	4番目	エ	2番目	4番目	オ	2番目	4番目

5

ア	(1)	(2)	イ	(1)	(2)	ウ	(1)	(2)
エ	(1)	(2)	オ	(1)	(2)			

◇国語◇

2023年度　札幌龍谷学園高等学校（未来創造コース）

※149%に拡大していただくと、解答欄は実物大になります。

一
問一　a　b　c　d　e☆
問二　～
問三　～
問四
問五　Ⅱ　Ⅲ
問六　から。
問七
問八☆
問九

二
問一　a　b　c　d☆
問二　Ⅰ　Ⅱ
問三
問四　こと。
問五
問六
問七
問八
問九☆
問十　必要だ・必要ない　なぜなら　から。

三　国語総合問題
問一　①　②　③
問二　①　②　③
問三　①　②　③　④　⑤　⑥
問四　（1）①　②
（2）人ニ有リ耕ス田ヲ者。

札幌龍谷学園高等学校(特進コース)　2022年度

◇数学◇

※ 143％に拡大していただくと，解答欄は実物大になります。

1

問1	問2	問3
問4	問5 $x=$	問6
問7 $x=$　　, $y=$	問8	問9
問１０ $x=$		

2

問1 $y=$	問2 cm^3	問3 点
問4	問5 個	

3

問1 g	問2	問3 度
問4 cm	問5 度	

4

問1	問2	問3
問4		

5

問1 個	問2 cm	問3 cm^2
問4 cm^3		

札幌龍谷学園高等学校(特進コース)　2022年度

◇英語◇

※ 149%に拡大していただくと，解答欄は実物大になります。

1

問1

(1)		(2)		(3)	
(4)		(5)		(6)	

問2

①	

問3

異なるものの記号		指すもの	

問4

②	

問5

③	

問6

④							
⑨							

問7

⑤	

問8

⑥	

問9

⑦	

問10

⑧	

問11

⑩	

問12

⑪	

問13

1		2		3		4	

2

ア		イ		ウ		エ		オ	

3

ア		イ		ウ		エ		オ	
カ		キ		ク		ケ		コ	

4

ア	(1)	(2)	イ	(1)	(2)	ウ	(1)	(2)
エ	(1)	(2)	オ	(1)	(2)			

5

ア	3番目	6番目	イ	3番目	6番目	ウ	3番目	6番目	エ	3番目	6番目	オ	3番目	6番目

札幌龍谷学園高等学校(特進コース)　2022年度

◇理科◇

※ 143％に拡大していただくと，解答欄は実物大になります。

1

問1 (1) N　(2) m

問2 (1) 固体　(1) 液体　(1) 気体　(2)　(3) g

問3 (1) 個　(2) → → → →

問4 (1) 天気　天気記号　(2) 雲の様子　雲の名称

2

問1 A　問2 V　問3 A　問4 V

問5 W　問6 J　問7 Ω

3

問1　問2　問3 と　問4

問5 a　b　c　問6

問7　問8

4

問1　問2 C　D　E

問3 (1)　(2)　(3)

問4 (1) 記号　名称　(2) 記号　名称　問5

5

問1 (1) ア　イ　ウ　(2) %　問2 (1)

問2 (2)　(3) ①　(3) ②　(3) ③

(3) ④　問3 (1) 温暖前線　寒冷前線　(2)

札幌龍谷学園高等学校(特進コース)　2022年度

◇社会◇

※ 161%に拡大していただくと，解答欄は実物大になります。

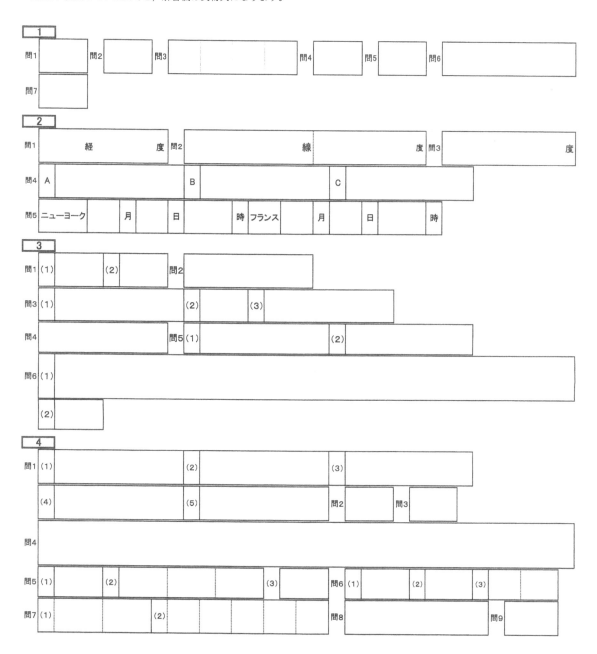

1

問1　問2　問3　問4　問5　問6

問7

2

問1　経　度　問2　線　度　問3　度

問4　A　B　C

問5　ニューヨーク　月　日　時　フランス　月　日　時

3

問1　(1)　(2)　問2

問3　(1)　(2)　(3)

問4　問5　(1)　(2)

問6　(1)

(2)

4

問1　(1)　(2)　(3)

(4)　(5)　問2　問3

問4

問5　(1)　(2)　(3)　問6　(1)　(2)　(3)

問7　(1)　(2)　問8　問9

◇国語◇

札幌龍谷学園高等学校（特進コース）　２０２２年度

※１５４％に拡大していただくと，解答欄は実物大になります。

一

問一　a　b　c　d　e☆

問二　A　B　C

問三　Ⅰ　Ⅱ

問四

問五　（1）☆　35字

（2）（ⅰ）　（ⅱ）

問六

問七

二

問一　a　b　c　った　d☆

問二

問三　②　⑦☆

問四　40字

問五

問六　→　→

問七

問八

四　古文問題

問一

問二　20字　こと。

問三

問四　〜

問五

問六　①　②　③

問七

札幌龍谷学園高等学校(プログレス進学コース)　2022年度　◇数学◇

※143%に拡大していただくと，解答欄は実物大になります。

1

問1	問2	問3
問4	問5	問6
	$x=$	
問7	問8	問9
$x=$　　，$y=$		
問10		
$x=$		

2

問1	問2	問3
$y=$	cm^3	点
問4	問5	
	個	

3

問1	問2	問3
g		度
問4	問5	
cm	度	

4

問1	問2	問3
$a=$		
問4		

5

問1	問2	問3
個	cm	cm^2
問4		
cm^3		

札幌龍谷学園高等学校(プログレス進学コース)　2022年度　◇英語◇

※ 149%に拡大していただくと，解答欄は実物大になります。

1

問1

①		②	
⑦		⑨	

問2

ア		イ		ウ		エ	

問3

③		⑥		⑪	

問4

④						
⑧						

問5

⑤	

問6

⑩	

問7

1		2		3		4		5	

問8

1	(1)	(2)	2	(1)	(2)

2

ア		イ		ウ		エ		オ	

3

ア		イ		ウ		エ		オ	
カ		キ		ク		ケ		コ	

4

ア	(1)	(2)	イ	(1)	(2)	ウ	(1)	(2)
エ	(1)	(2)	オ	(1)	(2)			

5

ア	2番目	5番目	イ	2番目	5番目	ウ	2番目	5番目	エ	2番目	5番目	オ	2番目	5番目

札幌龍谷学園高等学校（未来創造コース）　2022年度　◇数学◇

※ 143％に拡大していただくと，解答欄は実物大になります。

1

問１

問２

問３

問４

問５ $x=$

問６

問７ $x=$　　，$y=$

問８

問９

問１０ $x=$

2

問１ $y=$

問２ cm^3

問３ 点

問４

問５ 個

3

問１ g

問２

問３ 度

問４ cm

問５ 度

4

問１ $a=$

問２

問３

問４

5

問１ 本

問２ 度

問３ cm

問４ cm^2

札幌龍谷学園高等学校(未来創造コース)　2022年度

◇英語◇

※ 147%に拡大していただくと，解答欄は実物大になります。

1

問1

1		2		3		4		5	

問2

①				
③				
④				

問3

ア		イ		ウ		エ		オ		カ	

問4

A		B	

問5

②	
⑥	

問6

⑤	

問7

1		2		3		4		5	

2

ア		イ		ウ		エ		オ	

3

ア		イ		ウ		エ		オ	
カ		キ		ク		ケ		コ	

4

ア			イ			ウ			エ			オ		
	2番目	4番目		2番目	4番目		2番目	4番目		2番目	4番目		2番目	4番目

5

ア			イ			ウ		
	(1)	(2)		(1)	(2)		(1)	(2)

エ			オ		
	(1)	(2)		(1)	(2)

◇国語◇

札幌龍谷学園高等学校（未来創造コース）　２０２２年度

※１５２％に拡大していただくと、解答欄は実物大になります。

一
問一 a　b　c　d　e☆
問二 A　B　C
問三 Ⅰ　Ⅱ
問四
問五（1）☆ 35字
（2）（ⅰ）（ⅱ）
問六
問七

二
問一 a　b　c つた　d☆
問二
問三 ②　⑦☆
問四 40字
問五
問六 →　→
問七
問八

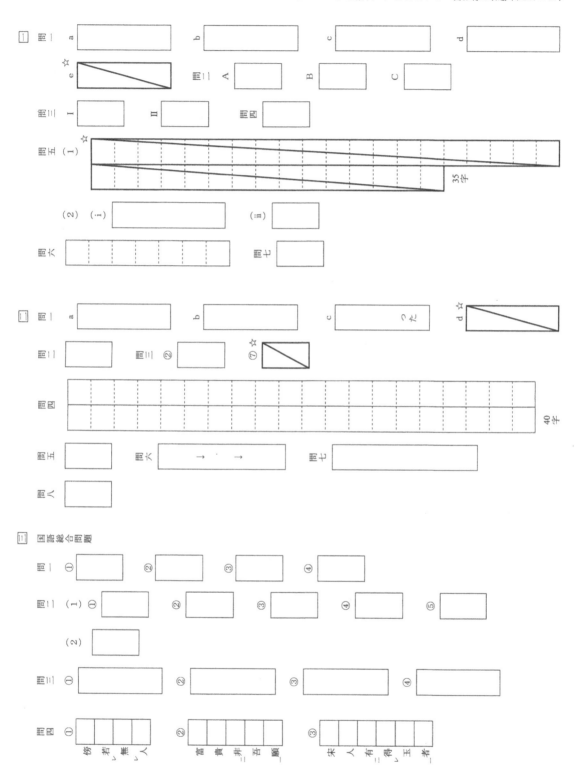

三 国語総合問題
問一 ①　②　③　④
問二（1）①　②　③　④　⑤
（2）
問三 ①　②　③　④
問四 ① 傍若レ無レ人　② 富貴非二吾願一　③ 未三人有レ得二玉者一

札幌龍谷学園高等学校(スーパー特進・特進コース)　2021年度

◇数学◇

※ 145%に拡大していただくと，解答欄は実物大になります。

1

(1)

(2)

(3) $x=$

(4) %

(5) cm

(6) km

(7)

(8)

(9)

(10) 度

(11) 度

(12) cm^2

(13)

(14)

(15)

(16)

(17) $x=$

(18)

2

(1) $a=$

(2)

(3)

(4)

3

(1) 通り

(2)

(3) 個

札幌龍谷学園高等学校(スーパー特進・特進コース)　2021年度　◇英語◇

※ 149%に拡大していただくと，解答欄は実物大になります。

1

問1

①	

問2

②	

問3

③						
⑧						
⑪						

問4

④	

問5

⑤	

問6

⑥	

問7

⑦	

問8

⑨	

問9

⑩	

問10

ア		イ		ウ		エ		オ	

問11

⑫	

問12

⑬	

問13

ア		イ		ウ		エ		オ	

2

ア		イ		ウ		エ	

3

ア		イ		ウ		エ	

4

ア		イ		ウ		エ		オ		カ		キ	

5

	(1)	(2)		(1)	(2)		(1)	(2)
ア			イ			ウ		
	(1)	(2)		(1)	(2)			
エ			オ					

6

	3番目	6番目		3番目	6番目		3番目	6番目		3番目	6番目		3番目	6番目
ア			イ			ウ			エ			オ		

札幌龍谷学園高等学校(スーパー特進・特進コース)　2021年度

◇理科◇

※ 143%に拡大していただくと，解答欄は実物大になります。

1

問1
(1) N　(2) N　(3) 式　答 N

問2
(1)　(2) ①　②

(2) ③

問3
(1) ①　②　(2) A　B

問4
(1)　(2) ℃　(3) g

2

問1　問2 → → →　問3 W

問4 J　問5 電球A Ω　電球B Ω

問6 式　答 W

3

問1　問2　問3 金属 と　理由

問4 ア　イ　ウ

問5

4

問1 ア　イ　ウ　問2

問3 5番目　10番目　問4　問5 個

問6

5

問1　問2　問3 (m) 0 5

問4　問5　問6

札幌龍谷学園高等学校（スーパー特進・特進コース）　2021年度　◇社会◇

※ 156％に拡大していただくと，解答欄は実物大になります。

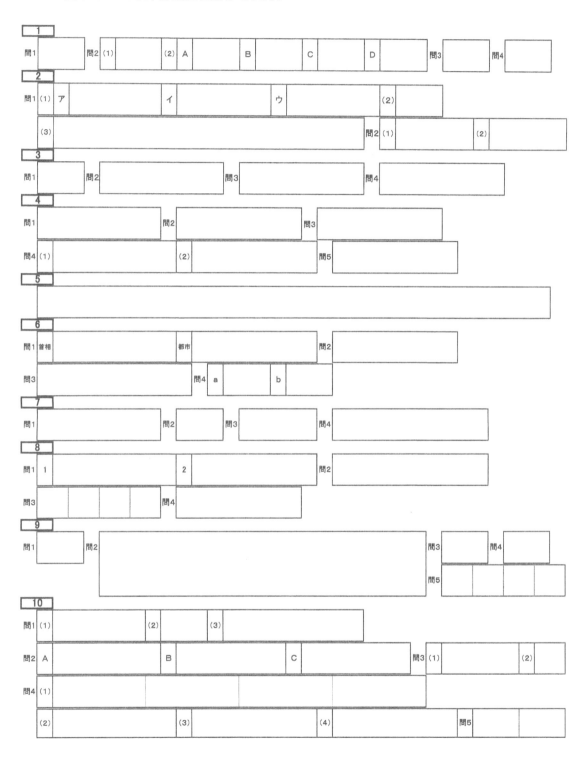

1

問1　問2 (1)　(2) A　B　C　D　問3　問4

2

問1 (1) ア　イ　ウ　(2)

(3)　問2 (1)　(2)

3

問1　問2　問3　問4

4

問1　問2　問3

問4 (1)　(2)　問5

5

6

問1 首相　都市　問2

問3　問4 a　b

7

問1　問2　問3　問4

8

問1 1　2　問2

問3　問4

9

問1　問2　問3　問4

問5

10

問1 (1)　(2)　(3)

問2 A　B　C　問3 (1)　(2)

問4 (1)

(2)　(3)　(4)　問5

◇国語◇

札幌龍谷学園高等学校（スーパー特進・特進コース）　2021年度

※152％に拡大していただくと、解答欄は実物大になります。

一

問一 a　b　c　d

問二☆

問三 ①　②　③

問四 23字

問五

問六 20字

問七 Ⅰ　Ⅱ

問八☆

問九

問十 読書することは（ 必要だ ・ 必要ない ）と思います。なぜなら 30字

二

問一 a　b つ　c　d☆

問二 Ⅰ　Ⅱ

問三

問四 35字

問五 ③　④

問六

問七

問八☆

四 古文問題

問一 a　b

問二

問三

問四（1）　（2）

問五

問六

問七 ア　イ　ウ

◇数学◇

※ 145％に拡大していただくと，解答欄は実物大になります。

1

(1)	(2)	(3)
		$x=$
(4)	(5)	(6)
	cm	km
(7)	(8)	(9)
	$x=$ ， $y=$	
(10)	(11)	(12)
度	度	cm^2
(13)	(14)	(15)
(16)	(17)	(18)
	$x=$	

2

(1)	(2)	(3)
$a=$		
(4)		

3

(1)	(2)	(3)
通り		

◇英語◇

※ 154%に拡大していただくと，解答欄は実物大になります。

1

問1

ア		イ		ウ		エ		オ		カ		キ	

問2

A		B		C		D		E	

問3

(1)		(2)		(3)	

問4

a		b		c		d	

問5

①						

問6

問7

②	

問8

③	

問9

④	

2

ア		イ		ウ		エ		オ	

3

ア		イ		ウ		エ		オ	

4

ア		イ		ウ		エ		オ	
カ		キ		ク		ケ		コ	

5

ア	(1)	(2)	イ	(1)	(2)	ウ	(1)	(2)
エ	(1)	(2)	オ	(1)	(2)			

6

ア	2番目	5番目	イ	2番目	5番目	ウ	2番目	5番目	エ	2番目	5番目	オ	2番目	5番目

札幌龍谷学園高等学校(未来創造コース)　2021年度　◇数学◇

※ 145%に拡大していただくと，解答欄は実物大になります。

1

(1)	(2)	(3)
		$x=$

(4)	(5)	(6)
	cm^3	人

(7)	(8)	(9)
	$x=$　　，$y=$	

(10)	(11)	(12)
度	度	cm^2

(13)	(14)	(15)

(16)	(17)	(18)
	$x=$	

2

(1)	(2)	(3)
$a=$	(　　，　　)	

(4)

3

(1)	(2)	(3)
通り		

札幌龍谷学園高等学校(未来創造コース)　2021年度

◇英語◇

※ 149%に拡大していただくと，解答欄は実物大になります。

1

問 1

①	

問 2

A		B		C		D		E	

問 3

②	

問 4

ア		イ		ウ	

問 5

③					
⑤					

問 6

④	
⑦	

問 7

⑥	

問 8

⑧	

問 9

⑨	

問 10

⑩	

問 11

1		2		3		4	

2

ア		イ		ウ		エ		オ	

3

ア		イ		ウ		エ		オ	
カ		キ		ク		ケ		コ	

4

ア					
イ					
ウ					
エ					

5

ア	(1)	(2)	イ	(1)	(2)	ウ	(1)	(2)
エ	(1)	(2)	オ	(1)	(2)	カ	(1)	(2)

◇国語◇

札幌龍谷学園高等学校（未来創造コース）　２０２１年度

※１５２％に拡大していただくと，解答欄は実物大になります。

一

問一　a　b　c　d

問二☆

問三　①　②　③

問四　23字

問五

問六　20字

問七　Ⅰ　Ⅱ

問八☆

問九

問十　読書することは（　必要だ　・　必要ない　）と思います。なぜなら　30字

二

問一　a　b　つ　c　d☆

問二　Ⅰ　Ⅱ

問三

問四　35字

問五　③　④

問六

問七

問八☆

三　国語総合問題

問一　①　②　③

問二　①□苦□苦　②□変□化　③□東□文

問三　①　②　③　④

問四　（1）　（2）　（3）　（4）

問五　①　②　③

※134％に拡大していただくと，解答欄は実物大になります。

1

(1)	(2)	(3)
		$x=$
(4)	(5)	(6)
$p=$	cm^2	
(7)	(8)	(9)
	$x=$　　，$y=$	
(10)	(11)	(12)
度		
(13)	(14)	(15)
	$x=$	cm
(16)	(17)	
度	時間	

2

(1)	(2)	(3)
		（　　，　　）
(4)		
（　　，　　）		

3

(1)	(2)	(3)
cm	cm	cm
(4)		
：		

札幌龍谷学園高等学校(スーパー特進・特進コース)　2020年度　◇英語◇

※128%に拡大していただくと，解答欄は実物大になります。

1

問1

(1)		(2)		(3)		(4)		(5)	

問2

①	

問3

②						
⑨						
⑪						

問4

③	
⑤	

問5

④	

問6

⑥	

問7

⑦	

問8

⑧	

問9

⑩	

問10

⑫	

問11

1		2		3		4		5	

2

ア		イ		ウ		エ		オ	

3

ア		イ		ウ		エ	

4

ア		イ		ウ		エ		オ		カ	

5

ア	(1)	(2)	イ	(1)	(2)	ウ	(1)	(2)
エ	(1)	(2)	オ	(1)	(2)			

6

ア	3番目	6番目	イ	3番目	6番目	ウ	3番目	6番目	エ	3番目	6番目	オ	3番目	6番目

札幌龍谷学園高等学校(スーパー特進・特進コース)　2020年度

◇理科◇

※130%に拡大していただくと，解答欄は実物大になります。

1

問1 (1) → (2) (3) (4)

問2 (1) (2) (3)

問3 (1) 図1 図2 (2) a b c d (3)

問4 (1) 問4 (2) (3) ① ②

2

問1 回 問2 秒 問3 問4

問5 ヘルツ 問6 式 答 km

3

問1 問2 A B 問3 g/L

問4

問5 ① ② ③ ④

問6 状態変化 気体 問7 L

4

問1 問2 問3 試験管 色 性

問3 試験管 色 性 問4 問5 問6

問7 問8 問9 問10

5

問1 A B 問2 問3 時 分 秒

問4 問5 あ い う 問6 km/秒 問7 km

札幌龍谷学園高等学校(スーパー特進・特進コース)　2020年度　◇社会◇

※128%に拡大していただくと，解答欄は実物大になります。

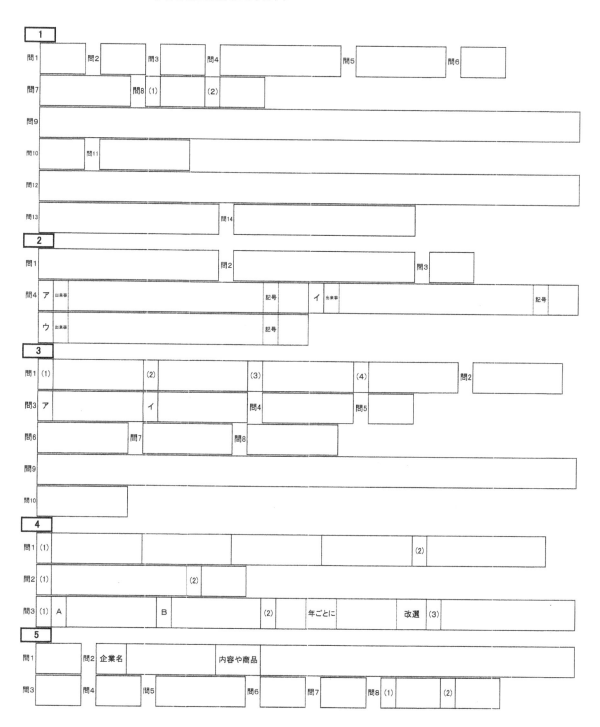

1

問1　問2　問3　問4　問5　問6

問7　問8 (1)　(2)

問9

問10　問11

問12

問13　問14

2

問1　問2　問3

問4 ア 出来事　記号　イ 出来事　記号

ウ 出来事　記号

3

問1 (1)　(2)　(3)　(4)　問2

問3 ア　イ　問4　問5

問6　問7　問8

問9

問10

4

問1 (1)　(2)

問2 (1)　(2)

問3 (1) A　B　(2)　年ごとに　改選 (3)

5

問1　問2 企業名　内容や商品

問3　問4　問5　問6　問7　問8 (1)　(2)

◇国語◇

札幌龍谷学園高等学校（スーパー特進・特進コース）　２０２０年度

※１４７％に拡大していただくと，解答欄は実物大になります。

一

問一　a　b　c　d　e☆

問二

問三　問四　〜

問五　問六　問七　問八

問九　50字　60字

問十　問十一☆

二

問一　a　b　c　d

問二　35字

問三　A　B　問四　Ⅰ　Ⅱ　Ⅲ

問五　問六

問七　問八（１）☆　（２）☆

四　☆古文問題

問一　問二　②　④　問三　③　⑦

問四　問五　問六

問七　7字

15字

◇数学◇

1

(1)

(2)

(3) $x=$

(4) $p=$

(5) cm^2

(6) 本

(7)

(8) $x=$　　，$y=$

(9)

(10) 度

(11)

(12)

(13)

(14) $x=$

(15) cm

(16) 度

(17) 時間

2

(1)

(2)

(3) (　　，　　)

(4) (　　，　　)

3

(1) cm

(2) cm

(3) cm^2

(4) cm^3

◇英語◇

1

問1

①	

問2

1		2		3		4		5	

問3

②		⑤		⑥	

問4

A		B	

問5

③						
⑦						

問6

④		⑧	

問7

⑨	

問8

1	
2	

問9

1		2		3		4		5	

2

ア		イ		ウ		エ		オ	

3

ア		イ		ウ		エ	

4

ア		イ		ウ		エ		オ		カ	

5

ア	(1)	(2)	イ	(1)	(2)	ウ	(1)	(2)
エ	(1)	(2)	オ	(1)	(2)			

6

ア	2番目	4番目	イ	2番目	4番目	ウ	2番目	4番目	エ	2番目	4番目	オ	2番目	4番目

◇数学◇

1

(1)

(2)

(3) $x=$

(4) $y=$

(5) cm^2

(6) 本

(7)

(8) $x=$　　,　$y=$

(9)

(10) 度

(11)

(12)

(13)

(14) $x=$

(15) cm

(16) 度

(17) 時間

2

(1) $a=$

(2) (　　,　　)

(3)

(4)

3

(1) cm

(2) cm

(3) cm^2

(4) cm^3

札幌龍谷学園高等学校(未来創造コース)　2020年度　◇英語◇

1

問1

A		B		C		D		E	

問2

①		④		⑥		⑨	

問3

②					
⑦					

問4

③		⑧		⑩	

問5

⑤	

問6

ア		イ	

問7

⑪	

問8

⑫	

問9

⑬	

問10

1		2		3		4		5	

2

ア		イ		ウ		エ		オ	

3

ア		イ		ウ		エ		オ	

4

ア		イ		ウ		エ		オ	
カ		キ		ク		ケ		コ	

5

	2番目	4番目		2番目	4番目		2番目	4番目		2番目	4番目		2番目	4番目
ア			イ			ウ			エ			オ		

6

	(1)	(2)		(1)	(2)		(1)	(2)
ア			イ			ウ		

	(1)	(2)		(1)	(2)
エ			オ		

◇国語◇

札幌龍谷学園高等学校（未来創造コース）　２０２０年度

一

問一　a　b　c　d

問二

問三

問四　∫

問五

問六

問七

問八

問九　50字　60字

問十

二

問一　a　b　c　d

問二　35字

問三　A　B

問四　Ⅰ　Ⅱ　Ⅲ

問五

問六

問七

三　国語総合問題

問一　①　②　③

問二　①　②　③

問三　①　②　③　④

問四　（１）　（２）　（３）

問五

①　月光如レ水

②　非レ礼勿レ視

③　池魚思二故淵一

④　懸二羊頭一売二狗肉一

◇数学◇

1

(1)

(2)

(3)

(4) $a=$

(5) $x=$

(6) $x=$　　, $y=$

(7) 度

(8)

(9)

(10)

(11)

(12)

(13) $a=$　　, $b=$

(14) cm^3

(15) 度

(16) $x=$

(17) ①

(17) ②

(17) ③ S+　　=

(17) ④ 　+　　=

2

(1)

(2) $a=$　　, $b=$

(3)

(4)

3

(1) cm^2

(2) cm

(3) :

(4) cm

札幌龍谷学園高等学校(スーパー特進・特進コース)　2019年度

◇英語◇

1

問1

(1)		(2)		(3)		(4)		(5)	

問2

ア		イ		ウ	

問3

①	

問4

②	

問5

③	1		2		3	

問6

④	

問7

⑥	1		2		3	

問8

⑤						
⑦						
⑧						

2

ア		イ		ウ		エ		オ	

3

ア		イ		ウ		エ	

4

ア		イ		ウ		エ		オ		カ	

5

	(1)	(2)		(1)	(2)		(1)	(2)
ア			イ			ウ		
エ			オ					

6

	3番目	6番目		3番目	6番目		3番目	6番目		3番目	6番目		3番目	6番目
ア			イ			ウ			エ			オ		

1

問1 (1) 人 (2) と (3) 問2 (1) g

問2 (2) (3) ア イ ウ

問3 (1) (2) i と (2) ii と (3)

問3 (4) 問4 (1) (2) 気圧配置 季節 (3) hPa

2

問1 問2 問3 運動 問4 式

問4 答 m 問5 問6 問7 の法則

3

問1 ア イ ウ エ

オ カ キ ク

問2 ① ② ③ ④

問2 ⑤ 問3

問4 (1) + → (2) 問5

4

問1 問2 問3

問4 (1) (2) A (2) B 問5 (1) (2)

5

問1 g/m³ 問2 問3 問4

問5 現象 ア イ ウ

1

問1	A		B		C		D	
問2	I		Ⅱ		問3			
問4	月　日　時	問5	(1)		(2)			

2

問1	A		B		C		D		E		
問2		問3	①		②		③		④		問4
問5	(1)		(2)								
問6											

3

問1		問2	(1)		(2)		問3	問4
問5	(1)		(2)	を求める	(3)		問6	問7
問8	四　六	問9		問10		問11		問12
問13	(1)	宣言						
	(2)							
問14		問15		問16		問17	条約	首相

4

問1	(1)		(2)		問2	(1)	a		b	(2)
問3	(1)		(2)	権利	権利	権利	権利			
問4	A		B							

5

問1	A		B		C		D		E		F	
問2	約　%											
問3	約　%	問4	(1)		(2)	＞　＞　＞						
問5	A		B		C		D		E			

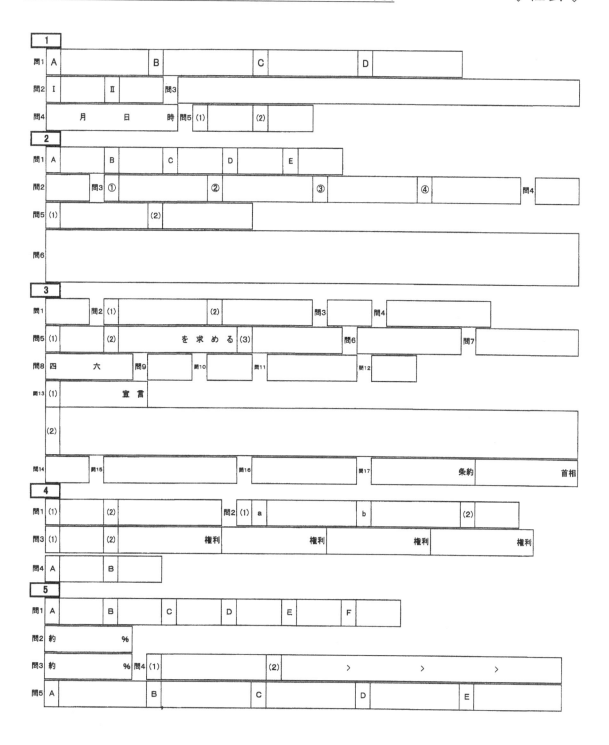

◇国語◇

札幌龍谷学園高等学校（スーパー特進・特進コース）　２０１９年度

一

問一　a　b　c　d

問二

問三　こと。

問四

問五

問六　Ⅰ　Ⅱ　Ⅲ

問七

問八

問九

二

問一　a　b　c　d

問二　Ⅰ　Ⅱ　Ⅲ

問三

問四

問五

問六　赤坂　清水　児玉

問七

三

問一　-①　④　⑤

問二

問三

問四　a　b

問五

問六

問七　A　B　C

1

(1)	(2)	(3)
(4)	(5) $x=$	(6)
(7) $x=$, $y=$	(8)	(9) $x=$
(10) ① $a=$	(10) ② $x=$	(11)
(12)	(13)	(14) 度
(15) cm	(16) $n=$	(17)

2

(1)	(2) $a=$, $b=$	(3)
(4)		

3

(1) cm	(2) $x=$ cm	(3) cm^2

1

問1

(A)		(B)		(C)	

問2

ア		イ		ウ		エ		オ	

問3

(1)		(2)	

問4

①	

問5

②	

問6

(3)		(4)	

問7

(5)	

問8

③	

問9

(6)		(7)		(8)	

問10

④						

問11

1		2		3		4		5	

2

ア		イ		ウ		エ		オ	

3

ア		イ		ウ	
エ		オ			

4

ア		イ		ウ		エ		オ		カ		キ		ク		ケ		コ	

5

	(1)	(2)		(1)	(2)		(1)	(2)
ア			イ			ウ		

	(1)	(2)		(1)	(2)
エ			オ		

6

	2番目	5番目		2番目	5番目		2番目	5番目		2番目	5番目		2番目	5番目
ア			イ			ウ			エ			オ		

◇数学◇

1

(1)

(2)

(3)

(4) $x=$

(5)

(6) $x=$, $y=$

(7)

(8)

(9) $x=$

(10) ① $a=$

(10) ② $x=$

(11) 度

(12)

(13)

(14) 度

(15) cm

(16) $n=$

(17)

2

(1)

(2)

(3)

(4) $a=$

3

(1) cm

(2) $x=$ cm

(3) cm^2

札幌龍谷学園高等学校(未来創造コース)　2019年度

◇英語◇

1

問1

①	

問2

②		③		⑥		⑩	

問3

④	

問4

⑤				
⑧				

問5

⑦		⑨	

問6

問7

⑪	

問8

エ		オ	

問9

A		B		C		D	

問10

1		2		3		4		5	

2

ア		イ		ウ		エ		オ	

3

ア		イ		ウ		エ	

4

ア		イ		ウ		エ		オ	

5

	2番目	4番目		2番目	4番目		2番目	4番目		2番目	4番目		2番目	4番目
ア			イ			ウ			エ			オ		

6

	(1)	(2)		(1)	(2)		(1)	(2)
ア			イ			ウ		
	(1)	(2)		(1)	(2)		(1)	(2)
エ			オ			カ		

◇国語◇

札幌龍谷学園高等学校（未来創造コース）　２０１９年度

□一

問一　a　b　c　d　e　f　g　h

問二

問三

問四　こと。

問五

問六

問七

問八　Ⅰ　Ⅱ　Ⅲ　Ⅳ

問九

問十

問十一

□二

問一　①　③　⑥

問二

問三

問四

問五

問六　作者名　文学作品

問七　①　②　③

□三

問一　①　②　③　④　⑤

問二

① 有レ備無レ患

② 行二百里一者半二九十一

③ 歳月不レ待レ人

問三　①　。

②　。

〈リスニング問題の音声について〉

本問題集掲載のリスニング問題の音声は、弊社ホームページでデータ配信しております。

現在お聞きいただけるのは「2024年度受験用」に対応した音声で、2024年3月末日までダウンロード可能です。弊社ホームページにアクセスの上、ご利用ください。

※本問題集を中古品として購入された場合など、配信期間の終了によりお聞きいただけない年度がございますのでご了承ください。

高校別入試過去問題シリーズ

札幌龍谷学園高等学校　2024~25年度

ISBN978-4-8141-2694-1

発行所　東京学参株式会社
〒153-0043　東京都目黒区東山2-6-4
URL　https://www.gakusan.co.jp

編集部　E-mail　hensyu@gakusan.co.jp
※本書の編集責任はすべて弊社にあります。内容に関するお問い合わせ等は、編集部まで、メールにてお願い致します。なお、回答にはしばらくお時間をいただく場合がございます。何卒ご了承くださいませ。

営業部　TEL　03 (3794) 3154
FAX　03 (3794) 3164
E-mail　shoten@gakusan.co.jp
※ご注文・出版予定のお問い合わせ等は営業部までお願い致します。

2023年10月6日　初版